böhlau

Forschungen zum Römischen Recht

Herausgegeben von
Rolf Knütel und Ulrich Manthe

61. Abhandlung

Gregor Albers

Perpetuatio obligationis

Leistungspflicht trotz Unmöglichkeit im klassischen Recht

BÖHLAU VERLAG WIEN KÖLN WEIMAR

Gedruckt mit Unterstützung des Förderungsfonds
Wissenschaft der VG WORT
Zugl. Dissertation Universität Bonn 2017

Bibliografische Information der Deutschen Nationalbibliothek:
Die Deutsche Nationalbibliothek verzeichnet diese Publikation in der
Deutschen Nationalbibliografie; detaillierte bibliografische Daten
sind im Internet über http://dnb.de abrufbar.

Korrektorat: Anja Borkam, Jena
Satz und Layout: büro mn, Bielefeld
Druck und Bindung: Books on Demand, Norderstedt
Printed in the EU

Vandenhoeck & Ruprecht Verlage | www.vandenhoeck-ruprecht-verlage.com

ISBN 978-3-412-51507-2

Vorwort

Mille viae ducunt hominem per saecula Romam
Alanus ab Insulis (Alain de Lille), 12. Jhdt.

Mein Weg nach Rom führte über das geltende Recht. Im Herbst 2011 machte ich mich daran, zu untersuchen, welche Folgen es hat, wenn eine Schuldner seine Verpflichtungen gegenüber verschiedenen Vertragspartnern nicht sämtlich erfüllen kann. Für dieses Problem – die Kollision vertraglicher Forderungen* – sollte mir die Lehre von der nachträglichen Unmöglichkeit der Leistung nur als Vergleichsrahmen dienen. Wie „die Römer" das Schuldverhältnis verstanden, meinte ich, mir dafür aus der Sekundärliteratur anlesen zu können. Am Ende bin ich über die antike *perpetuatio obligationis* nicht hinaus-, zugleich aber in der Romanistik angekommen mit einer Arbeit, der die umständliche Annäherung mehr genützt als geschadet haben wird.

Es geht um eine historische Dekonstruktion der *constitutio veterum* aus D. 45,1,91,1–6. Den dogmatischen Hintergrund bildet vor allem die Frage nach dem Verhältnis der geschuldeten Leistung zum Ersatz des Interesses. Ich habe danach getrachtet, die Ausführungen auf einen klaren Gedankengang zu beschränken, konnte aber keine Quelle beiseite lassen, die mir für die kritische Würdigung der vertretenen Auffassung bedeutsam erschien. Die Abhandlung ist daher nicht ganz schlank und ebenmäßig geraten. Zusammenfassungen und Querverweise sollen die Orientierung möglichst erleichtern. In aller Kürze sind die zentralen Thesen in einem italienischsprachigen Beitrag entwickelt, der im 65. Band der *Revue Internationale des Droits de l'Antiquité* erscheinen wird.

---

* Dazu immerhin schon Völkerrechtliche Regimekollisionen, Doppelverpflichtung und Konkurs, in: E. Calore / R. Marini (Hg.), Imperium, Staat, Civitas, Stuttgart 2015, 265–319; vgl. aber nun auch J. F. Hoffmann, Prioritätsgrundsatz und Gläubigergleichbehandlung, Tübingen 2016, und M. Kopp, Kollision vertraglicher Forderungen, Baden-Baden 2017.

Dass die Arbeit etwas geworden ist, verdanke ich der Großzügigkeit und dem Wohlwollen von Lehrern und Kommilitonen, Freunden und Familie.

Der akademische Dank gilt an erster Stelle meinem Doktorvater, Herrn Professor Martin Schermaier, für seine uneigennützige und aufwändige Förderung, für das Vorbild seiner wissenschaftlichen Haltung und für viele Gedanken, auf die ich ohne ihn nicht gekommen wäre. An nächster Stelle danke ich Herrn Professor Rolf Knütel, dem Zweitgutachter, für die Verbesserung der Arbeit durch seine überaus gründliche Korrektur sowie dafür, dass er meine Ansprüche an Übersetzungen und an die Handhabung der deutschen Sprache geschärft hat. Weitere wertvolle Hinweise gehen zurück auf den Mitherausgeber der Reihe, Herrn Professor Ulrich Manthe, sowie auf den Freund und ehemaligen Kollegen, Herrn Professor Wolfram Buchwitz. Besonders gefreut habe ich mich über das Interesse von Herrn Professor Horst Heinrich Jakobs und seine Anmerkungen. Ihnen allen bin ich dankbar dafür, dass sie – in unterschiedlichen Stadien – die Lektüre des Textes auf sich genommen haben.

Die Wege nach Rom führen durch Italien. Für die Möglichkeit, im ersten Halbjahr 2014 einen Forschungsaufenthalt an der Universität *Tor Vergata* in Rom verbringen und dies mit der Teilnahme am *Corso di Alta Formazione in Diritto Romano* an der *Sapienza* verbinden zu können, danke ich Herrn Professor Riccardo Cardilli und stellvertretend für alle Dozenten des *Corso* seinem Direktor, Herrn Professor Oliviero Diliberto. Für die Aufnahme in das Nachwuchsprogramm des *Cedant* 2016 in Pavia danke ich dessen Direktoren, Frau Professor Ulrike Babusiaux und Herrn Professor Dario Mantovani, und zugleich allen Referenten.

Rechtshistorisch sozialisiert wurde ich in der Rheinisch-Westfälischen Graduiertenschule „Recht als Wissenschaft". Ich betrachte sie schon deswegen als meine Heimat, weil dort die Rechtshistoriker aus Köln, Münster und Bonn zusammenkommen – den Orten meiner Geburt, des Studiums und der Dissertation. Stellvertretend für all ihre Akteure möchte ich Herrn Professor Peter Oestmann, an dessen Lehrstuhl ich als studentische Hilfskraft angestellt war, für seine Unterstützung seit dieser Zeit danken.

Schließlich möchte ich meinen Dank allen früheren und heutigen Kollegen am Institut für Römisches Recht und Vergleichende Rechtsgeschichte aussprechen für ihre vielfältige Hilfe bei diesem und anderen Projekten; und allen Gesprächspartnern der letzten Jahre für Anregungen und Ermunterung.

Die erstmals im Juli 2016 als fertig betrachtete und am 18. Juli 2017 verteidigte Arbeit nun als Buch endgültig in die Welt zu setzen, fällt mir noch immer nicht leicht. Ich bin gespannt, wie sie sich macht.

Köln, den 12. März 2019 Gregor Albers

Inhaltsübersicht

Inhalt

Einleitung

I. Verurteilung trotz Unmöglichkeit

Ein Römer, der einem anderen durch Stipulation förmlich versprochen hat, einen bestimmten Sklaven zu übereignen, bleibt an sein Wort auch dann gebunden, wenn er den Sklaven anschließend tötet. Er wird vor Gericht behandelt, als ob der Sklave noch lebte. Wie uns der Spätklassiker Julius Paulus (um 200 nach Christus) berichtet, hatten die älteren Juristen beschlossen *(veteres constituerunt)*, dass bei Verschulden die Obligation fortdauere: *quotiens culpa intervenit debitoris, perpetuari obligationem* (D. 45,1,91,3). Weil der Richter im klassischen Formularprozess ohnehin – auch bei Möglichkeit der Leistung – nur auf die Zahlung eines Geldbetrages verurteilt *(condemnatio pecuniaria)*, wird über das Fortdauern der Obligation auf pragmatische Weise ein Ergebnis erzielt, das wir heute als Haftung für zu vertretende Unmöglichkeit beschreiben.

Zum Gemeinen Recht meint MOMMSEN 1853, „daß die durch ein Verschulden des Debitor herbeigeführte Unmöglichkeit der Leistung denselben von seiner Verpflichtung nicht befreien kann". Gegen SAVIGNY und unter späterem Protest von WINDSCHEID setzt er fort: „Ja selbst der Gegenstand der Obligation wird durch eine derartige Unmöglichkeit nicht unmittelbar verändert. […] Der Gläubiger braucht, wenn eine Unmöglichkeit der Leistung eingetreten ist, nicht auf das Interesse zu klagen; er ist vielmehr berechtigt, nach wie vor auf den ursprünglichen Gegenstand der Obligation seine Klage zu richten". Wie in Rom soll der Richter also entscheiden, als sei nichts geschehen. Auf diese Weise schützt MOMMSEN vor Beweisnot: Anders als bei einer auf die Leistung gerichteten Klage müsste der Gläubiger bei einer auf Schadenersatz gestellten ein Verschulden *(culpa)* des Schuldners vortragen und beweisen. Der auf die Leistung gerichtete Titel verhilft dem Gläubiger mittels eines nachgeschalteten Liquidationsverfahrens zum eigentlichen Ziel, demselben wie schon in Rom: Ersatz in Geld.[1]

1 Zu MOMMSEN, Unmöglichkeit, 229 f., näher 80 ff.

Am 19. Februar 1903 urteilt das Reichsgericht unter Anwendung des Bürgerlichen Gesetzbuchs, „daß bei dem nachträglichen Eintritt einer von dem Schuldner zu verantwortenden Unmöglichkeit der Leistung das ursprüngliche Schuldverhältnis unverändert bestehen bleibt“ und daher „auch bei vorliegender, jedoch noch nicht festgestellter Unmöglichkeit auf die Leistung selbst geklagt werden kann, und daß eine entsprechende Verurteilung zu erfolgen hat“.[2] Daher sei die Beklagte zu Recht verurteilt worden, dem Kläger die ihr im April 1900 zum Transport übersandten 36 Rollen Rotationsdruckpapier auszuliefern. Dass die Beklagte dieses Papier versehentlich einer Londoner Firma zugestellt und behauptet hatte, es sei von dieser bedruckt und verbraucht worden, blieb außer Betracht. Den hierüber angebotenen Beweis hatten die Instanzgerichte gar nicht erst erhoben. Der erste Senat billigt das und behandelt die Beklagte, als habe sie die Rollen noch immer in ihrem Besitz. Damit begründet er eine ständige Rechtsprechung, die bis heute nicht aufgegeben worden ist.[3] Sie erlaubt einem an Erfüllung in Natur interessierten Gläubiger, die Leistungsvollstreckung zu versuchen, ohne darüber, ob sie noch Aussicht auf Erfolg hat, eine Beweisführung des Schuldners abwarten und sich der Beweiswürdigung eines Richters beugen zu müssen. Anders als bei Mommsen ist der Leistungtitel hier also nicht nur Mittel zur Erlangung des Ersatzes. Einen auf Ersatz gerichteten Titel hätte der Kläger, so er nur wollte, durch eine Klagumstellung ohne weiteres erwirken können (§ 240 Nr. 3 CPO 1879)[4], weil der Beklagte die seine Haftung begründenden Umstände eingeräumt hatte. Scheitert nun die Vollstreckung aus dem Leistungstitel, so ist der Gläubiger für seinen Ersatzanspruch auf die erste Instanz zurückgeworfen (vgl. § 778 Abs. 2 CPO 1879)[5]. Das Reichsgericht

2 RG, Urteil vom 18.2.1903, I 345/02, RGZ 54, 28 (32).

3 RG, Urteil vom 20.4.1909, III 410/1908, Gruchot 53 (1909) 920; RG, Urteil vom 5.7.1911, I 201/10, SeuffA 67 (1912) Nr. 74; RG, Urteil vom 7.3.1923, V 473/22, JW 1924, 292; RG, Urteil vom 16.5.1923, I 441/22, RGZ 107, 15; OLG Koblenz, Urteil vom 2.2.1960, 3 U 436/59, NJW 1960, 1253; OLG Düsseldorf, Urteil vom 4.10.1990, 10 U 93/90, NJW-RR 1991, 137; OLG Karlsruhe, Urteil vom 21.11.1996, 19 U 136/96, NJW-RR 1998, 1761; OLG Hamm, Urteil vom 20.11.1997, 10 U 119/97, WM 1998, 1949. Zum neuen Schuldrecht sogleich.

4 § 240 Nr. 3 CPO 1879: „Als eine Änderung der Klage ist es nicht anzusehen, wenn ohne Änderung des Klagegrundes […] 3. statt des ursprünglich geforderten Gegenstandes wegen einer später eingetretenen Veränderung ein anderer Gegenstand oder das Interesse gefordert wird“. Entsprechend bis heute; vgl. § 264 Nr. 3 ZPO 2002. Als nachträgliche Veränderung reicht die nachträgliche Kenntnis des Klägers von einem bereits zuvor eingetretenen Umstand. Auch in der Berufungsinstanz kann der Kläger noch umstellen. Dies ergab sich früher als Umkehrschluss aus § 491 Abs. 2 CPO 1879: „Neue Ansprüche dürfen, abgesehen von den Fällen des § 240 Nr. 2, 3, nur erhoben werden, wenn […]“. Heute gilt dasselbe, vgl. BGH, Urteil vom 19.3.2004, V ZR 104/03, BGHZ 159, 295.

5 § 778 Abs. 2 CPO 1879: „Den Anspruch auf Leistung des Interesses hat der Gläubiger im Wege der Klage bei dem Prozeßgericht erster Instanz geltend zu machen“. Entsprechend

schützt ein seltenes, aber im Einzelfall bestehendes spezifisches Interesse an Erfüllung in Natur.[6]

Die drei Lösungen stimmen in einem zentralen Punkt überein: Der Gläubiger verklagt seinen Schuldner erfolgreich weiter auf die eigentliche Leistung, obwohl sie nicht mehr erbracht werden kann oder – im Fall des Reichsgerichts – immerhin der beklagte Schuldner dies behauptet. Alle drei Entscheidungen trägt der gemeinsame und billigenswerte Gedanke, dass sich die Rechtslage des Gläubigers nicht wegen eines vom Schuldner zu verantwortenden Umstands verschlechtern soll. Das Reichsgericht verhilft dem Gläubiger zu einem Versuch, Erfüllung in Natur zu erzwingen. MOMMSEN und Paulus helfen ihm, Ersatz zu erlangen. Folgerichtig unterscheiden sich auch die durch die Gewährung der Leistungsklage vermiedenen Hindernisse.[7]

MOMMSEN vermeidet die Beweislast hinsichtlich der *culpa*. Diese Aufgabe erledigt § 282 BGB 1900, der die Beweislast für den Leistungs- und den Ersatzanspruch gleichsetzt.[8] Das Reichsgericht entlastet den Leistungskläger von den Unwägbarkeiten einer Beweisführung über die Unmöglichkeit trotz feststehender Beweislast des Gegners. Im römischen Recht erscheint die Klage auf die Leistung als der gewachsene, einzig naturgemäße Weg, um den Schuldner haftbar zu machen.

Die drei Lösungen gleichen sich nicht nur. Sie stehen in ideengeschichtlichem Zusammenhang. Zwar beruft sich MOMMSEN selbst an der entscheidenden Stelle nicht ausdrücklich auf das römische Vorbild.[9] Doch seine zeitgenössischen Rezipienten stellen ihn ganz selbstverständlich mit den *veteres* in eine Reihe.[10]

---

bis heute; vgl. § 893 Abs. 2 ZPO 2002.

6 Über diese Rechtsprechung vgl. vor allem JAKOBS, Unmöglichkeit und Nichterfüllung, 232 ff.; außerdem HUBER, Leistungsstörungen II, 773 ff., und KLEY, Unmöglichkeit und Pflichtverletzung, 99 ff. MEINCKE, AcP 171 (1971) 19–43, 24, prägt die griffige Formel, sie gewähre dem Gläubiger „Detektivkompetenzen".

7 KLEY, Unmöglichkeit, die mit JAKOBS, Unmöglichkeit, 73 ff., unter *perpetuatio obligationis* die „Verewigung der Leistungspflicht" versteht (39 f. Fn. 75), beobachtet daher mit Recht, dass dieses Institut „im Laufe der Zeit als Mittel zur Lösung verschiedener Probleme herangezogen wurde" (86).

8 § 282 BGB 1900: „Ist streitig, ob die Unmöglichkeit der Leistung die Folge eines von dem Schuldner zu vertretenden Umstandes ist, so trifft die Beweislast den Schuldner". – Denselben Effekt erzielt jetzt, auf den Ersatzanspruch beschränkt, die negative Formulierung in § 280 Abs. 1 Satz 2 BGB 2002: „Dies gilt nicht, wenn der Schuldner die Pflichtverletzung nicht zu vertreten hat".

9 Zu den Gründen siehe 83 bei Fn. 71.

10 Siehe vor allem BRINZ, Pandekten II.1, § 266 3, insb. Fn. 12. Vgl außerdem die aufeinanderfolgenden Zitate durch WINDSCHEID, Pandekten II, § 264 Fn. 7 a. E. NEUNER fragt sich, was nach „Verbrachthaben einer obligatorischen Leistung" deren Gegenstand sei. Dabei zieht er Paulus heran und berücksichtigt MOMMSEN wenigstens am Rande (Privatrechtsverhältnisse, 174 ff., 184 Fn. 1). Auch HARTMANN, Obligation, 224 ff., erörtert den Text des Paulus im Zusammenhang mit den Folgen nachträglicher Unmöglichkeit. MOMMSEN,

Ähnlich verhält es sich mit dem Reichsgericht. Vordergründig spielen weder MOMMSEN noch Rom für seine Entscheidung eine Rolle. Aber der Senat stützt sich auf eine Stelle aus den Motiven des BGB, die sich wie eine Referenz an das von MOMMSEN vorgebrachte Argument liest.[11] Die frühe Literatur zum BGB zieht die Verbindungslinie. ENNECCERUS fragt sich, als er die Folgen der vom Schuldner zu vertretenden Unmöglichkeit behandelt: „Wird die Forderung in eine Ersatzforderung umgewandelt, ihr Gegenstand also geändert? Oder bleibt sie auf den ursprünglichen Gegenstand gerichtet [...]?" Er holt aus: „Nach gemeinem Recht ist das letztere anzunehmen". Als gleichgesinnten Schriftsteller zitiert er hierfür MOMMSEN, als Quelle Paulus. Erst mit ihrer Unterstützung im Rücken fährt er fort: „Das gleiche dürfte trotz der abweichenden Auffassung der Motive [...] nach dem BGB anzunehmen sein". Dies entspreche dem Urteil des Reichsgerichts.[12] ENNECCERUS verzichtet nicht auf sachliche Gründe. Aber er nutzt die Autorität der Vergangenheit für sein Argument.[13] Umgekehrt sieht sich SIBER als Gegner der Reichsgerichtspraxis genötigt zu erklären, wodurch diese sich vom Beispiel des römischen Rechts unterscheidet.[14] Dass die Tradition normativ wirkt, kann nicht erstaunen, wenn man die ersten Jahre der Geltung eines Gesetzbuches betrachtet, dessen Aufgabe es war, den bestehenden Rechtszustand zu kodifizieren.

Aber die Kontinuität lockt noch heute. Der Bundesgerichtshof lässt offen, ob er die vom Schuldner zu vertretende Unmöglichkeit nach der 2002 in Kraft getretenen Schuldrechtsreform anders behandeln will als das Reichsgericht in Sachen Rotationsdruckpapier.[15] Zwar sehen die meisten Stimmen aus der Literatur der bisherigen Praxis durch den neuen § 275 Abs. 1 BGB[16] den Boden

---

den er sonst reichlich beachtet, ignoriert HARTMANN allerdings gerade bei der Frage des Klagegegenstandes (vgl. insb. 229 ff., 252 f.). Zu den Positionen unten 83 ff.

11 Vgl. RGZ 54, 28 (32): Zur Frage, ob der Gläubiger trotz („noch nicht festgestellter") Unmöglichkeit auf die Leistung klagen kann, verweist das Gericht auf Motive II, 54 (vgl. aber auch Motive II, 50).

12 ENNECCERUS, Schuldverhältnisse, § 271 I, 128 f. Fn. 1. Er distanziert sich hier von Motive II, 50, die mit WINDSCHEID und entgegen MOMMSEN postulieren, dass „die Verbindlichkeit zum Schadenersatze jedenfalls einen anderen Gegenstand hat" (vgl. aber auch die vom RG zitierte Stelle Motive II, 54).

13 Ähnlich 1912 FISCHER, Unmöglichkeit, 69 ff.: Um seine Ansicht zu stützen, dass Richter im Urteil Unmögliches anordnen dürfen, führt auch er Paulus, MOMMSEN und das Reichsgericht an.

14 SIBER JhJb 50 (1906) 55–276, 221 ff., 224, und Planck-SIBER, § 280 2 b) α.

15 BGH, Urteil vom 16. 12. 2009, VII ZR 313/08, NJW 2010, 1068, 1070.

16 § 275 Abs. 1 BGB 2002 lautet: „Der Anspruch auf Leistung ist ausgeschlossen, soweit diese für den Schuldner oder für jedermann unmöglich ist". Hingegen entschied das BGB 1900: „Der Schuldner wird von der Verpflichtung zur Leistung frei, soweit die Leistung in Folge

entzogen.[17] Wegen der Ablösung des § 283 BGB 1900 durch § 281 BGB 2002[18] verliere sie außerdem ihren praktischen Nutzen.[19] Andere meinen jedoch, der Schuldner sei noch immer ohne Beweisaufnahme auf eine Leistung zu verurteilen, deren Unmöglichkeit er behauptet, sofern er diese Unmöglichkeit nach den von ihm vorgetragenen Umständen zu vertreten hätte. Die neue Formulierung des § 275 Abs. 1 BGB bringe keine sachliche Änderung. Den Ausschlag hätten immer schon prozessuale Gründe gegeben, die fortbestünden.[20]

Die Tradition kann aber die an sie herangetragene Erwartung nicht erfüllen. Zwar gilt in Rom wie heute, dass obligationswidriges Verhalten des Schuldners die Rechtsstellung des Gläubigers nicht verschlechtern sollte. Doch diese universelle Wertung zeitigt nicht immer die gleichen praktischen Konsequenzen. Einmal mag sie erforden, dass die Klage auf den ursprünglichen Leistungsgegenstand gewährt wird. Die Gefahren, vor denen ihn dieser Mechanismus in der einen Rechtsordnung schützte, drohen dem Gläubiger im Kontext einer anderen vielleicht gar nicht. Er dient dann entweder einem anderen Zweck oder aber wird überflüssig. So teilt die Regel, dass trotz Unmöglichkeit die ursprünglich geschuldete Leistung eingeklagt werden kann, das Schicksal anderer *legal*

eines nach der Entstehung des Schuldverhältnisses eintretenden Umstandes, den er nicht zu vertreten hat, unmöglich wird".

17 So schon vorausschauend Chr. Knütel JR 2001, 353–355, 355, und Stoll JZ 2001, 589–597, 590. Nach der Reform Zimmer NJW 2002, 1–12, 2; Schur NJW 2002, 2518–2520; Dedek in: Das neue Schuldrecht in der Praxis, 183–202, 195 f.; Gsell JZ 2004, 110–121, 117 f.; Kohler AcP 205 (2005) 93–126, 125 Fn. 83 (allerdings nur für objektive Unmöglichkeit); nun auch Kaiser NJW 2014, 3497–3498.

18 § 283 Abs. 1 BGB 1900: „Ist der Schuldner rechtskräftig verurtheilt, so kann der Gläubiger ihm zur Bewirkung der Leistung eine angemessene Frist mit der Erklärung bestimmen, daß er die Annahme der Leistung nach dem Ablaufe der Frist ablehne. Nach dem Ablaufe der Frist kann der Gläubiger Schadensersatz wegen Nichterfüllung verlangen, soweit nicht die Leistung rechtzeitig bewirkt wird; der Anspruch auf Erfüllung ist ausgeschlossen. Die Verpflichtung zum Schadensersatze tritt nicht ein, wenn die Leistung in Folge eines Umstandes unmöglich wird, den der Schuldner nicht zu vertreten hat". Diese Funktion übernimmt nun § 281 Abs. 1 BGB 2002 mit: „Soweit der Schuldner die fällige Leistung nicht oder nicht wie geschuldet erbringt, kann der Gläubiger unter den Voraussetzungen des § 280 Abs. 1 Schadensersatz statt der Leistung verlangen, wenn er dem Schuldner erfolglos eine angemessene Frist zur Leistung oder Nacherfüllung bestimmt hat […]".

19 Nach Schur NJW 2002, 2518–2520, 2519, präjudiziere der Leistungstitel nicht das für § 281 BGB 2002 nötige Vertretenmüssen des Schuldners vor dem ersten Urteil, auf das es bei § 283 BGB 1900 nicht erneut ankam.

20 Prozessuale Gründe halten für maßgeblich Anders/Gehle, Zivilrecht, L Rn. 17 (13. Aufl.: 365; deutlicher 9. Aufl.: 308 f.); Kaiser MDR 2004, 311–314 (vgl. aber jetzt Kaiser NJW 2014, 3497–3498); Maier-Reimer in: Das neue Schuldrecht in der Praxis, 291–311, 310. Kohler AcP 205 (2005) 93, 112 ff., nimmt subjektive Unmöglichkeit im Sinne von § 275 Abs. 1 Alt. 1 BGB 2002 nur dann an, wenn der Schuldner das Leistungshindernis nicht zu vertreten hat, und erzielt auf diesem Weg hierfür das alte Ergebnis.

transplants: Sie wird zu „law out of context".[21] Es gehört zu den Aufgaben des Rechtshistorikers, die ursprüngliche Bedeutung eines tradierten Instituts aufzuklären, um notfalls blinde Wiedergänger aufzuhalten. Daran gemahnt auch MAYER-MALY, wenn er aus Anlass der „Wiederkehr von Rechtsfiguren" betont: „In der Tat gibt es kein einfacheres Mittel, Juristen zu Reaktionären zu machen, als die Beschränkung ihrer Ausbildung auf ein gerade geltendes Recht".[22]

II. Andere Aspekte der *perpetuatio obligationis*

Die Geschichte der *perpetuatio obligationis* beschränkt sich nicht auf das Phänomen der Leistungsklage trotz Unmöglichkeit. Paulus selbst diskutiert im selben Atemzug, ob die Forderung weiterhin erlassen oder zum Gegenstand einer Bürgschaft oder Schulderneuerung gemacht werden kann. Er bringt den Gedanken einer Verewigung durch Verschulden außerdem mit der Frage in Verbindung, ob ein Schuldner, der in Verzug geraten ist, diesen Zustand auf andere Weise als durch Erfüllung wieder beenden kann.

Die Wirkungsgeschichte zieht weitere Kreise. So findet man mit *perpetuatio obligationis* den modernen Gedanken ausgedrückt, wonach der Ersatzanspruch – mag er auch auf einen anderen Gegenstand gerichtet sein und demnach eine andere Klage erfordern – immerhin dem gleichen Schuldverhältnis entspringt wie der Anspruch auf Leistung in Natur.[23] Für das römische Recht taugt das nicht, weil die römischen Juristen nicht wie wir zwischen dem einzelnen Anspruch und dem Schuldverhältnis „im weiteren Sinne" unterschieden. Auch für die Kennzeichnung moderner Lösungen leistet ein solcher Begriff wenig, weil er bloß Selbstverständliches benennt. Allenfalls das aufgeklärte Naturrecht mag nicht den Vertrag, sondern ein anderes (deliktisches) Schuldverhältnis zur Grundlage des Ersatzanspruches gemacht haben.[24]

---

21 Zum Begriff *legal transplant* vgl. WATSON, Legal Transplants, insb. 21 ff., 95 ff. Der Term soll hier nicht suggerieren, das Transplantat überstünde die Umtopfung ohne Bedeutungswandel. Eine solche Betonung von Kontinuität kritisiert LEGRAND, MJ 4 (1997) 111–124; vgl. aber WATSON EJCL 4 (2000) und seine Betondung von Veränderung in Law out of Context, 1 ff., 92 ff.

22 MAYER-MALY, Die Wiederkehr von Rechtsfiguren, JZ 1971, 1–3, 3.

23 In diesem Sinne verwenden den Begriff VON KÜBEL, Vorlage Nr. 22, in: SCHUBERT (Hg.), Vorlagen Schuldrecht I, 861, oder WIELING Mél. Fritz Sturm (1999) II 1141. HARTING, Positive Vertragsverletzungen, bezeichnet als *perpetuatio obligationis* einmal (in einem engen Sinn) „daß der Fortbestand der untergegangenen Sache bis zum Zeitpunkt der *litis contestatio* fingiert wird" (17, diese Verwendung bei 57 f., 74, 109, 163), andererseits nennt er so (in einem weiteren Sinn) jedes Fortbestehen der Verbindlichkeit trotz Unmöglichkeit (169, 174 Fn. 15).

24 Dazu knapp im zweiten Kapitel, 76 (bei Fn. 39).

Eine alte und mächtige Tradition bezeichnet mit *perpetuatio obligationis* die Zufallshaftung im Verzug. Im Jahr 1866 bemerkt NEUNER, dies sei früher der allgemeine Sprachgebrauch gewesen.[25] Das italienische Zivilrecht bleibt ihm weiterhin treu.[26]

Bis heute wird der Gedanke der Fortwirkung des Leistungsanspruchs darüber hinaus für die Bestimmung des Geldersatzes nutzbar gemacht. Um 1900 begründete man hiermit, dass der klagende Zessionar sein eigenes Interesse liquidiert.[27] Noch immer liefert sie ein entscheidendes Argument dafür, dem Gläubiger unabhängig von einem durch Differenzbetrachtung ermittelten Schaden als Interesseersatz mindestens den Marktwert der Leistung zuzusprechen.[28]

III. Zielsetzung und Aufbau der Arbeit

Alle diese Rechtsfolgen werden oder wurden auf die Idee einer *perpetuatio obligationis* zurückgeführt, die als eines der zentralen Konzepte des römischen Obligationenrechts erscheint. Das provoziert dazu, den Quellengrund, auf dem mit der Lehre von der römischen „Verewigung der Schuld" zugleich diese Traditionen stehen, einer erneuten Prüfung zu unterziehen.

Diese Arbeit sucht zu klären, was sich hinter der bei Paulus referierten Regel verbirgt: Inwieweit kann man von *perpetuatio obligationis* als einem Institut des klassischen Rechts sprechen? Handelt es sich um eine Errungenschaft, die von früheren, republikanischen Juristen eingeführt worden war? Operierten diese und sodann die Klassiker bewusst mit einem solchen Konzept? Weil die Suche nach einer Antwort von D. 45,1,91 ausgehen muss, hat die Arbeit die Gestalt einer Exegese dieser *lex*. Genauer geht es um die Frage, was Paulus meint, wenn er in § 3 schreibt: *veteres constituerunt*, und in § 6 den *effectus huius constitutionis* definiert.

25 NEUNER, Privatrechtsverhältnisse, 184. In der Tat taucht der Begriff etwa bei GLÜCK oder noch bei PUCHTA ausschließlich im Kontext des Verzuges auf: GLÜCK, Pandecten IV.2., § 330 411; PUCHTA, Pandekten, § 268 383 f. Zu MOMMSEN im zweiten Kapitel, 83 (bei Fn. 71).

26 BIANCHI FOSSATI VANZETTI, Perpetuatio, 5 f., kritisiert diesen „richiamo alla terminologia romana" als „ripetizione disattenta, e motivo di confusione" (6).

27 Vgl. RABEL FS Bekker (1907) 187 ff. (= Ges. Schr. 13 ff.) sowie die durch REICHARD ausgedeutete Position VON TUHRS, Grünhuts Zeitschrift 25 (1898) 557 ff. (dazu REICHARD, Drittschadensersatz, 169 ff., dort zu RABEL: 177 ff.).

28 CHR. KNÜTEL AcP 202 (2002) 555–606, 576 ff.

Um dies zu beantworten, konzentriert sich die Arbeit auf die einzelnen rechtlichen Phänomene, die Paulus mittels der *constitutio* erklärt. Hingegen steht die Frage, wann man den Schuldner für verantwortlich hält, also nach den Voraussetzungen für die Haftung und nach ihrer Entwicklung im Laufe der Zeit, nicht im Fokus der Arbeit.[29] Vielmehr wird anhand des übrigen Quellenmaterials überprüft, ob die genannten Effekte tatsächlich eintreten, wenn der Schuldner dafür verantwortlich gemacht wird, dass der Gegenstand der Leistung unterging oder er nicht mehr leisten kann. Die Belege hierfür werden auf Indizien dafür untersucht, dass die Effekte auf eine Entscheidung früherer Juristen zurückgehen. Dieser Großteil der Arbeit fällt auf das dritte und vierte Kapitel: Das dritte ist dem Fortbestand der Klage auf die Leistung gewidmet, das vierte der Zulässigkeit von Erlassquittung, Bürgschaft und Novation.

Hierbei entsteht der Eindruck, dass die von Paulus angesprochenen Verfügungen seit alters her auch dann zulässig waren, wenn die geschuldete Sache unterging oder dem Verkehr entzogen wurde. Erst nach und nach wurden Ausnahmen gemacht (beim Gegenstand der *condictio)* und kamen Zweifel auf (hinsichtlich der *novatio)*. Hinweise auf ein besonderes Rechtsinstitut, welches diese Verfügungen erlaubte, oder gar seine Einführung durch *veteres* finden sich außer in D. 45,1,91 nicht.

Dies weckt den Verdacht, dass zwar die genannten Phänomene alt sind, ihre Erklärung mittels der Autorität der Vorfahen hingegen jünger. Der wahrscheinliche Grund dafür, warum zur Zeit des Paulus eine solche Erklärung gefragt war, wird im fünften Kapitel erarbeitet. Er liegt im Aufkommen des Gedankens, dass das Schulden eines nicht existierenden oder dem Verkehr entzogenen Gegenstands eine Merkwürdigkeit darstellt. Dieser Gedanke steht am spätklassischen Ende dessen, was man als Entwicklung eines Unmöglichkeitsdenkens im römischen Recht bezeichnen kann.

Das sechste Kapitel verbindet die verschiedenen Fäden. Dort wird die These aufgestellt, dass Paulus selbst die Regel formuliert, die er den Vorfahren in den Mund legt. Sie ist nicht als wörtliches Zitat einer Überlieferung zu verstehen. Vielmehr paraphrasiert Paulus die Sichtweise älterer Juristen, wie sie ihm aus der Sammlung des Plautius entgegentritt. Geprägt ist die Regel aber durch die Interessen und die Perspektive des Paulus selbst: Was ihm hier auffällt, war nicht Gegenstand von Überlegung oder Entscheidung der älteren Juristen. Ihnen war eine solche Regel nicht bewusst; sie wäre ihnen einer Erwähnung auch nicht wert erschienen.

29 Vgl. aber die Überlegungen zu D. 45,1,91 pr.-2 im ersten Kapitel II (17ff.), sowie dort III.2 (41f.) die Bemerkungen zum Konzept der *culpa*. Zur Frage einer Erfolgshaftung im frühen Schuldrecht im dritten Kapitel, 134.

Zum Einstieg werden im ersten Kapitel die Quellen abgegrenzt, in denen die Idee einer Verewigung der Schuld anklingt. Anschließend führt es mit einem ersten Zugriff auf D. 45,1,91 an die Deutung der *lex* heran. Das zweite Kapitel gibt eine Geschichte der wissenschaftlichen Auseinandersetzung mit dem Text und der *perpetuatio obligationis* und präsentiert so den Forschungsstand.

Erstes Kapitel: Annäherung an D. 45,1,91

I. Zur Quellenlage

Die überlieferten Texte bieten dürftigen Anhalt dafür, dass die Römer von einer Verewigung der Obligation sprachen.[1]

1. Überblick

Das Substantiv *perpetuatio obligationis* kommt in den Quellen nicht vor. Zeugnis davon, dass die antiken Juristen eine solche Figur kannten, gibt der Spätklassiker Paulus. Wie einführend erwähnt, referiert Paulus in Verbform, die früheren Juristen hätten beschlossen, dass bei *culpa* des Schuldners seine Obligation „verewigt werde": *veteres constituerunt: quotiens culpa intervenit debitoris, perpetuari obligationem* (D. 45,1,91,3; 17 *ad Plautium*).

Paulus bezieht sich hierbei auf Versprechen, die in der Form einer Stipulation abgegeben werden. Er wählt das beliebte Beispiel, dass ein geschuldeter Sklave vor Erfüllung stirbt. Die Regel gilt erstens, wenn der Versprechende herbeiführte, dass er nicht mehr leisten kann *(si effecerit promissor, quo minus solvere possit)* – wenn er also den Sklaven selbst umbrachte. Zweitens greift sie auch ein, wenn der Schuldner vor dem Tod nur in Verzug geriet *(si vero moratus sit tantum)*. In beiden Fällen kann der Gläubiger den Sklaven nach dieser Regel weiterhin verlangen (D. 45,1,91,6: *effectus huius constitutionis ille est, ut adhuc homo peti possit*). Der Beklagte wird in klassischer Zeit nie auf etwas anderes als auf Geldzahlung verurteilt (*condemnatio pecuniaria,* vgl. Gaius Inst. 4,48)[2], sodass der Gläubiger statt des Sklaven dessen Wert erhält.

---

1 Erstmals Gradenwitz SZ 34 (1913) 255 ff.

2 Dazu unten 118 f.

Im selben Traktat verwendet Paulus das Verb auch im Aktiv. Subjekt sind diejenigen, deren *culpa* die Schuld „ewig macht“: *quae personae efficiant perpetuam obligationem.* Selbstverständlich trifft das für den Hauptschuldner zu *(utique autem principalis debitor perpetuat obligationem),* nach bezweifelter Ansicht auch für Bürgen (*accessiones an perpetuent, dubium est* [...] *Pomponio perpetuare placet* [...] *cuius sententia vera est)* (§ 4). Direkt anschließend wandelt der Jurist die Formulierung ab und entscheidet wieder mit Pomponius, dass ein Haussohn, der auf Anordnung des Vaters versprochen hat, durch sein Handeln die väterliche Schuld „ausdehnt“: *an filius familias, qui iussu patris promisit,* [...] *producat patris obligationem. Pomponius producere putat* (§ 5). *Producere* soll offenbar genau dasselbe bedeuten wie *perpetuare.* In D. 46,1,58,1 (22 *quaestionum*) konstatiert Paulus – nun wieder mit der berühmt gewordenen Formulierung – dass auch die Verbindlichkeit eines Bürgen „fortdauert“, wenn der Hauptschuldner seine eigene Obligation „verewigt“ *(cum facto suo reus principalis obligationem perpetuat, etiam fideiussoris durat obligatio).*

Der Sache nach geht es Paulus in diesen Texten um die Haftung des Schuldners bei Stipulation bestimmter Gegenstände. Im selben Kontext umschreibt Paulus im 37. Buch seines Ediktkommentars (D. 22,1,24,2) den Verzug mit ähnlichen Worten: *Mora videtur creditori fieri, sive ipsi sive ei cui mandaverat sive ei qui negotia eius gerebat mora facta sit* [...] *cum procurator interpellaverit promissorem hominis, perpetuam facit stipulationem.*[3] Hier weist der Jurist die Stipulation, nicht die Verbindlichkeit als fortdauernd aus. Auch die Subjektstellung verschiebt sich: Während in D. 45,1,91 die Schuldnerseite durch *culpa* perpetuiert, erscheint die Verewigung jetzt als Folge der Mahnung eines Geschäftsführers des Gläubigers.

Zweifach kennzeichnet *perpetuare* bei Paulus Wirkungen der Prozessbegründung auf die Klage. In fr. Vat. 112 ist ein Gutachten des Juristen überliefert. Er muss entscheiden, ob die höchstpersönliche Klage auf Rückgabe der Mitgift auf die Erben der verstorbenen Frau übergeht, weil sie bereits erhoben wurde.[4] Dabei stellt sich das Problem, dass im Fall ein Dritter die Mitgift für die Frau zurückgefordert hatte.[5] Nach Auskunft des Juristen kann die *actio rei*

3 Der ganze Text im sechsten Kapitel, Fn. 67.

4 Dass die *actio rei uxoriae* auf die Erben der Frau nur dann übergeht, wenn der Mann bereits mit der Rückgabe säumt, ist allgemein anerkannt. Vgl. noch im sechsten Kapitel bei Fn. 88.

5 Fr. Vat. 112: *Apud magistratus de plano L. Titius his verbis a marito repetit. Anicius Vitalis dixit: quoniam praesto est Flavius Vetus iunior, peto rem uxoriam Seiae nomine ab eodem ex legibus et edictis. Dotem et peculium scripta habere se dixit tabulis signatis nec protulit. Flavius Vetus iunior dixit: .... us sum. Duumvirum dixit: sermo vester in actis erit. Quaero, Seia mortua an ad heredes eius rei uxoriae actio transierit, cum is qui repetisset neque tutor Seiae*

uxoriae durch jedermann verewigt werden: *Paulus respondit mulieris nomine postulatum videri et per quemcunque posse actionem rei uxoriae perpetuari.* Das Verewigtwerden meint hier Fortdauer über den Tod hinaus, also Vererblichkeit. So bezeichnet schon Pomponius in D. 45,1,16,1 (6 *ad Sabinum*) eine Stipulation als *perpetua,* weil sie auf die Erben des Gläubigers übergeht.[6]

In D. 27,7,8,1 (9 *responsorum*) benennt Paulus hingegen eine andere Wirkung der Streitbefestigung als Verewigung der Klage: *nam litis contestatione et poenales actiones transmittuntur ab utraque parte et temporales perpetuantur.* Er erkennt wiederum an, dass die *litis contestatio* zur Vererblichkeit führt. Verewigung bezeichnet jedoch nicht dies, sondern steht daneben und bezieht sich auf *actiones temporales.*[7] Auch damit knüpft Paulus an einen älteren, diesmal bei Gaius anzutreffenden Sprachgebrauch an. Gaius spricht von für immer *(perpetuo)* offenstehenden Klagen und unterscheidet diese von solchen, die der Prätor nur binnen Jahresfrist gewährt (Gaius 4,110 und 4,111).[8] Auf diese

---

neque curator neque procurator neque cognitor aut actor eius fuisset neque omnino actionem haberet. Es folgt die im Text zitierte Entscheidung.

6 Pomponius D. 45,1,16,1 (6 *ad Sab.*): *Stipulatio huiusmodi IN ANNOS SINGULOS una est et incerta et perpetua, non quemadmodum simile legatum morte legatarii finiretur.*

7 Paulus D. 27,7,8 (9 *resp.*): *pr. Heredes eius, qui non iure tutor vel curator datus administrationi se non immiscuit, dolum et culpam praestare non debere. § 1 Paulus respondit tale iudicium in heredem tutoris transferri oportere, quale defunctus suscepit. hoc eo pertinet, ut non excusetur heres, si dicat se instrumenta tutelaria non invenisse: nam cum ex omnibus bona fide iudiciis propter dolum defuncti heres teneatur, idem puto observandum et in tutelae actione. sed constitutionibus subventum est ignorantiae heredum. hoc tamen tunc observandum est, cum post mortem tutoris heres conveniatur, non si lite contestata tutor decesserit: nam litis contestatione et poenales actiones transmittuntur ab utraque parte et temporales perpetuantur.* – Gradenwitz SZ 34 (1913) 255 hält die im letzten Satz ausgesprochene Beschränkung auf nach dem Tod erhobene Klagen für interpoliert, weil sie, wie er mit Recht ausführt, zum Anfang von § 1 im Widerspruch steht. Doch kommt er zu seinem Urteil wohl nur, weil er den Zusammenhang von § 1 mit dem *principium* übersieht, das er nicht abdruckt oder erwähnt. Die Einschränkung muss sich auf die Aussage des *principium* beziehen, wonach den Erbe grundsätzlich nicht wegen der Tutorenstellung des Erblassers nach dem Tod selbst Tutorenpflichten treffen. Die Sätze müssen noch nicht einmal durcheinandergeraten, vielmehr kann der Gegensatz mit *hoc... hoc tamen...* ausgedrückt sein.

8 Gaius *(4,110) Quo loco admonendi sumus eas quidem actiones, quae ex lege senatusue consultis proficiscuntur, perpetuo solere praetorem accommodare, eas vero, quae ex propria ipsius iurisdictione pendent, plerumque intra annum dare. (4,111) Aliquando tamen et perpetuo eas dat, velut quibus imitatur ius legitimum, quales sunt eae, quas bonorum possessoribus ceterisque, qui heredis loco sunt, accommodat. furti quoque manifesti actio, quamvis ex ipsius praetoris iurisdictione proficiscatur, perpetuo datur; et merito, cum pro capitali poena pecuniaria constituta sit.* – Der Sache nach unterscheidet schon Gaius beide Formen zeitlicher Begrenzung der Klage (Unvererblichkeit und Befristung) und lässt die *litis constestatio* beide überwinden; vgl. Gaius D. 50,17,139 pr. *(ad ed. praet. urb.): Omnes actiones, quae morte aut tempore pereunt, semel inclusae iudicio salvae permanent.*

befristeten Klagen bezieht sich auch bei Ulpian D. 12,2,9,3 (22 *ad edictum*) ein *obligatio perpetuatur: is, qui temporaria actione mihi obligatus erat* [...] *tempore non liberatur, quia post litem contestatam cum eo perpetuatur adversus eum obligatio.* Die Entfristung der Klage erscheint als Konsequenz der Wirkung des Prozessbeginns auf die Obligation. Der Text erhellt auch die Bedeutung von *actio perpetua* bei Ulpian D. 42,1,6,3 (66 *ad edictum*): *Iudicati actio perpetua est et rei persecutionem continet: item heredi et in heredem competit.* Aufgrund der Verwendung von *perpetuari* in D. 12,2,9,3 darf man annehmen, dass Ulpian die Vererblichkeit in D. 42,1,6,3 nicht als Erklärung des Begriffs *actio perpetua* präsentieren will (etwa so, dass der sachverfolgende Charakter die passive, der „ewige" die aktive Vererblichkeit beschriebe). Vielmehr stehen nebeneinander die Feststellung, dass die *actio iudicati* ewig, also nicht zeitlich befristet ist, und die weiteren Aussagen zu ihrer Vererblichkeit.[9]

Hingewiesen sei noch auf eine Formulierung, die der in D. 45,1,91,3 überlieferten ähnelt, ähnliche Bedeutung hat und in ähnlichem Gewand präsentiert wird wie die *constitutio veterum* des Paulus. Sein Zeitgenosse Tryphonin schreibt in D. 13,1,20 (15 *disputationum*) über die Kondiktion von Diebesgut, das unterging, während der Bestohlene zögerte, eine Klage zu erheben, der sich zu stellen der Dieb bereit gewesen wäre: *tamen durare condictionem veteres voluerunt, quia videtur, qui primo invito domino rem contrectaverit, semper in restituenda ea, quam nec debuit auferre, moram facere.* Weil der Dieb stets als säumig angesehen wird, wollten die älteren Juristen, dass die Kondiktion den Sachuntergang überdauert.[10]

2. Paulus im Plautiuskommentar

Den archimedischen Punkt für das Verständnis dieser Quellen bildet die Abhandlung des Paulus, die Justinian in D. 45,1,91 pr.-6 überliefert. Der Text stammt aus den 18 Bänden des Paulus *ad Plautium.*

Von Plautius, der im ersten Jahrhundert nach Christus geschrieben haben muss,[11] ist uns nichts direkt überliefert. Die Digesten enthalten jedoch Auszüge aus späteren Bearbeitungen, nämlich fast 20 Texte aus dem fünfbändigen Werk seines Zeitgenossen Javolen *ex Plautio,* beinahe 40 Texte der sieben Bände des Pomponius *ex Plautio* (aus der Mitte des zweiten Jahrhunderts) und knapp 200

9 Mehr zum Problem der Vererblichkeit und Entfristung im sechsten Kapitel V.1 (373 ff.).
10 Zum Text unten 177 ff.
11 Vgl. Siber in RE 21,1 (1951) s. v. Plautius, Sp. 45: „vorhadrianisch"; Kunkel, Herkunft, 134: „Zeitgenosse des Caelius Sabinus".

Texte von Paulus, geschrieben um die Wende vom zweiten zum dritten Jahrhundert. Außerdem belegt Ulpian D. 8,3,5,1 (17 *ad edictum*), dass auch Neraz Bücher *ex Plautio* verfasst hat. Auf das Werk von Plautius verweisen daneben auch Paulus D. 24,1,28,3 (7 *ad Sabinum*) und Ulpian D. 7,2,1,3 = fr. Vat. 77 (17 *ad Sabinum*).[12]

Einige der paulinischen Fragmente stellen den früheren und den späteren Juristen in wörtlicher Rede gegenüber (*Plautius* [ait]: [...] *Paulus:* [...]) oder lassen jedenfalls einen der beiden ausdrücklich zu Wort kommen.[13] Deswegen geht man überwiegend davon aus, ursprünglich habe das gesamte Werk eine solche sozusagen dialogische Gestalt gehabt, die es streng in plautischen Bezugstext und Kommentar unterteilte. Spätere Bearbeiter oder die Kompilatoren hätten die Namen der Autoren getilgt, die verbliebenen seien übersehen worden.[14]

Demgegenüber weist Krüger auf drei Stellen hin, die nicht in dieses strikte Schema passen. Sie zeigen einen längeren, fugenlos geführten Gedanken. Krüger schließt aus ihnen vorsichtig, dass Paulus sich „nicht auf solche Anmerkungen beschränkt hat". Das mache auch für andere, jetzt nicht mehr ausgewiesene Stellen ungewiss, ob sie ursprünglich in Text des Plautius und Text des Paulus aufgeteilt waren.[15]

Krügers Beobachtung passt zu neueren Arbeiten, welche die Eigenständigkeit des antiken juristischen Kommentars gegenüber dem Bezugstext betonen. Schon Seidl hat Schulzens Kennzeichnung der Sabinuskommentare als „lemmatisch" kritisiert. Im Unterschied zu den Ediktskommentaren stehe bei ihnen das definierende Erklären einzelner Begriffe, „das ‚Deduktive'", gegenüber der Kasuistik im Hintergrund.[16] Diese Einschätzung teilt Liebs.

12 Zur Überlieferung des Plautius noch im sechsten Kapitel unter I.1 (351 ff.).

13 Allein Plautius erscheint in D. 3,3,61 und D. 39,2,22,1; allein Paulus in D. 20,4,13; beide in D. 34,2,8, D. 35,1,43 pr., D. 35,1,44,10 und D. 35,2,49 pr.

14 Vgl. Riccobono BIDR 6 (1893) 119–179 (stillschweigend); Ferrini, Libri ad Plautium, insb. 186 (Kompilatoren wollen einheitliches Erscheinungsbild kreieren) (= Opere II 220); Weiss SZ 67 (1950) 510 f.; Mayer-Maly Iura 7 (1956) 8–23, insb. 10 (gerade zu unserem Text, stillschweigend); Schulz Geschichte 271. Hingegen zieht Lenel Palingenesia II Sp. 13, Fn. 1 in Betracht, dass Paulus selbst mitunter auf *Plautius (ait)* verzichtete, obwohl er wörtlich von Plautius übernahm; alternativ denkt auch er an Löschung durch die Kompilatoren.

15 Krüger, Quellen, 173 Fn. 115. Die von ihm aufgeführten Texte sogleich Fn. 21. – Eine Anreicherung der Plautiuskommentare mit „gelegentlichen selbständigen Ausführungen" konstatiert schon Gradenwitz SZ 9 (1888) 401, vermutet aber im Grundsatz, sie „seien neue Ausgaben von Plautus' Buch gewesen, mit Litteraturnachträgen bis zur Zeit des Herausgebers". Ähnlich Liebs HLL 4 (1997) § 423.B.1.

16 Seidl St. Betti (1962) IV 117–133, 129, gegen Schulz, Geschichte 262 ff. Der Sabinuskommentar des Ulpian sei allerdings „erkennbar in höherem Grade deduktiv" als die von Pomponius und Paulus. Der Ediktskommentar Ulpians gilt für Seidl ohnehin als „Musterbeispiel einer lemmatisch-deduktiven Methode" und dieser überhaupt als deren „Meister". Dabei räumt

Er verwirft zudem die Annahme, dass sich „alle Erörterungen, die in einem Kommentar enthalten zu sein pflegten, einem bestimmten Stichwort des Grundtextes unterordnen [ließen]. Im Gegenteil, gerade in den Kommentaren zu Juristenschriften [...] haben die Juristen [...] zu den vom Grundtext angeschnittenen Problemkreisen immer neue Kasuistik frei assoziiert. Der Grundtext war eher Anknüpfungspunkt für die Darlegung der Rechtsansichten des Kommentators, der ja oft mehr Ansehen genoss als der Kommentierte".[17] Jüngst spricht BABUSIAUX vom „Kommentar als Haupttext".[18]

Vom zurückhaltenden KRÜGER ausgehend, gelangt man dahin, das Gegenteil der herrschenden Meinung in Betracht zu ziehen: Vielleicht hat Plautius im Orginal der *libri ad Plautium* an keiner Stelle selbst das Wort, sondern der gesamte Text präsentiert sich als einheitlicher Vortrag des Paulus.

In der Forschung ist nicht unbemerkt geblieben, dass kein einziges der dem Plautius zugeschriebenen Fragmente eine eigene Position kundtut. Sie beschränken sich auf Zitate älterer Juristen oder auf die Mitteilung einer allgemeinen Meinung.[19] Die herrschende Meinung nimmt an, dass sämtliche Stellen, in denen Sabinus, Cassius, Proculus, Nerva und Atilicinus zitiert werden, wörtlich von

---

SEIDL ein, dass unser Bild verzerrt sein kann, wenn die Kompilatoren definitorische Texte mit Vorliebe von Ulpian übernahmen.

17 LIEBS St. Volterra (1971) IV 73 Fn. 92. Allerdings geht LIEBS zugleich davon aus, dass die juristischen Kommentare aus sachlicher Notwendigkeit und gerade im Unterschied zu den philologisch lemmatischen stets den kommentierten Text komplett wiedergaben (auch dies gegen SCHULZ, Geschichte, 225 ff.). Nur für Javolen konstatiert LIEBS Referat des Grundtextes in indirekter Rede. – Hinweise auf neue Erkenntnisse auch zu den philologischen Kommentaren bei BABUSIAUX, Kommentar, 17 f.

18 Sie verficht damit eine neue Bewertung von Ulpians Ediktskommentar, ohne allerdings in Frage zu stellen, dass dieser zunächst das Edikt wiedergibt und sodann einzelne Worte daraus erläutert. BABUSIAUX betont, dass die Definitionen über bloße Deduktion hinausgehen, kasuistisch assoziieren, dabei dem praktischen Zweck verpflichtet sind und auch andere Rechtsquellen in den Blick nehmen, und schließt: „Das Edikt ist als Referenztext zwar Inspirationsquelle, Haupttext aber ist der Kommentar" (Kommentar, 55). – Die Bedeutung juristischer Kommentare im Wandel der Zeit beleuchtet und betont nun KÄSTLE-LAMPARTER, Welt der Kommentare. Für eine kompakte Darstellung des römischen Kommentarwesens aus dieser Perspektive vgl. dort, 20–24.

19 Dass Plautius selbst gesichtslos bleibt, gilt nicht nur für den Kommentar des Paulus. Auch die beiden Verweise in den Sabinuskommentaren von Paulus und Ulpian (D. 24,1,28,3 und D. 7,2,1,3 = fr. Vat. 77) beziehen sich auf keine Position des Plautius, sondern allein auf die bei ihm gesammelten Referenzen. Darauf hat schon FERRINI hingewiesen (Libri ad Plautium, 179 = Opere II, 214); vgl. sodann SIBER in RE 21,1 (1951) Sp. 46 und MANTOVANI, Ferrini, 158 f. Fn. 106. Entsprechend charakterisiert BREMER die Arbeit des Plautius als Sammlung und Ordnung allgemein gebilligter Entscheidungen älterer Juristen: *Itaque priorum iuris consultorum responsa praecipua quae iam probata erant, et collegisse et digessisse videtur* (Iurisprudentiae antehadrianae II.2, 221).

Plautius stammen.[20] Doch kann ein nachklassischer Bearbeiter einen ähnlichen Gedanken gehabt und deswegen in seiner Handschrift an solchen Stellen *Plautius:* und *Paulus:* hinzugesetzt haben. Diese Hypothese erklärt am besten, warum sieben Texte diese Hinweise enthalten. Wenn die Kompilatoren der Digesten sich bemüht hätten, dem klassischen Kommentar eine einheitliche Fassade zu geben, wäre ihnen dies wahrscheinlich besser gelungen. Gut möglich also, dass die *libri ad Plautium* zwar von Plautius inspiriert sind, den Bezugstext aber nirgends wörtlich wiedergeben.

Die Frage muss hier nicht für das gesamte Werk entschieden werden. Denn den uns interessierenden Text D. 45,1,91 identifiziert schon KRÜGER als eines der Beispiele für eigenständige Darstellungen des Paulus.[21] Ein Faden verbindet hier die *culpa* des Promittenten mit ihrer Folge, der Verewigung der Obligation. Die Zitate späterer Juristen schließen Plautius aus, denn Celsus, Julian und Pomponius wirkten in der ersten Hälfte und in der Mitte des zweiten Jahrhunderts.[22] Gäbe es nicht die Inskription, so zögerte man nicht, den zitierenden Text als aus einer einzigen Hand stammend anzuerkennen. Es fehlen typische Zeichen des Kommentierens wie die Zustimmung, die Einschränkung, der vorsichtige Widerspruch. Die Präsentation von Fallabwandlungen passt für eigenständige Schriften nicht weniger als für einen Kommentar. Gerade in der Herstellung dieses Zusammenhangs das Werk nachklassischer oder kompilatorischer Überarbeitung zu sehen, besteht kein hinreichender Anlass. So können wir mit dem Vorurteil an den Text herantreten, dass Paulus zu uns spricht.

Das 17. Buch der *libri XVIII ad Plautium,* aus dem der entscheidende Text stammt, gehört zu dem kleineren, nicht dem Amtsrecht, sondern dem *ius civile* gewidmeten Teil des Werkes und handelt von den Kondiktionen. Daneben finden sich hier drei Fragmente zur prozessrechtlichen Sonderstellung von Gesandten.[23] Der untersuchte Auszug befasst sich mit Fragen der Haftung aus Stipulationen, die darauf gerichtet sind, dass eine bestimmte Sache gegeben werde. Folgerichtig haben ihn die Kompilatoren in den Titel *De verborum obligationibus* eingefügt.

20 KRÜGER, Quellen, 173; LENEL, Palingenesia II, Sp. 13 Fn. 1; BREMER, Iurisprudentiae antehadrianae II.2, 223.

21 Quellen, 173 Fn. 115 (neben D. 28,3,56,3 und D. 40,7,20).

22 Vgl. KUNKEL, Herkunft, 146 f., 157 ff., 170 f.

23 Es handelt sich um die Texte Palingenesia I, Sp. 1173, Nr. 1231: D. 5,1,24; 5,1,26; 5,1,28 pr.-4, die gegen LENEL nicht den Anfang, sondern das Ende des Buches gebildet haben und so zum dem Prozess gewidmeten 18. Buch übergeleitet haben dürften: überzeugend FERRINI, Libri ad Plautium, 176 (= Opere II 211), zustimmend SIBER in RE 21,1 (1951) Sp. 47.

II. D. 45,1,91 pr.-2: Voraussetzungen der Haftung

Im *principium* wird ein Grundfall präsentiert, der anschließend dekliniert wird.

1. Haftung für Tun und Unterlassen (pr.)

Paulus D. 45,1,91 pr. (17 *ad Plautium*)

Si servum stipulatus fuero et nulla mora intercedente servus decesserit: si quidem occidat eum promissor, expeditum est. sin autem neglegat infirmum, an teneri debeat promissor, considera[nti] b<im>us,[24] utrum, quemadmodum in vindicatione hominis, si neglectus a possessore fuerit, culpae huius nomine tenetur possessor, ita et cum dari promisit, an culpa, quod ad stipulationem attinet, in faciendo accipienda sit, non in non faciendo? quod magis probandum est, quia qui dari promisit, ad dandum, non faciendum tenetur.

Wenn ich mir einen Sklaven habe versprechen lassen und der Sklave stirbt, ohne dass Verzug vorlag, so liegt die Lösung auf der Hand, wenn der Versprechende ihn tötet. Wenn er ihn aber als Kranken vernachlässigt, so werden wir erwägen müssen, ob der Versprechende haften soll. Ob, wie bei der Vindikation eines Sklaven, wenn dieser vom Besitzer vernachlässigt wird, der Besitzer wegen Verschuldens haftet, so auch wenn er versprochen hat, dass gegeben werde? Oder ob als Verschulden, weil es die Stipulation betrifft, [nur] ein Tun anzunehmen ist, kein Unterlassen? Was eher zu billigen ist, weil derjenige, der versprochen hat, dass übereignet werde, zur Übereignung, nicht zu einem Tun angehalten ist.

Ein durch Stipulation versprochener Sklave stirbt vor Erfüllung. Im Ausgangsfall war der *promissor* nicht in Verzug und die Frage kommt auf, unter welchen Umständen er gleichwohl haftet. Offensichtlich haftet er, wenn er den Sklaven getötet hat *(expeditum est)*[25]. Wenn der Sklave aber starb, weil er krank war und der Schuldner ihn vernachlässigte, ist die Rechtslage nicht so eindeutig. Der Jurist zieht in Betracht, dass ein Besitzer im Rahmen der Vindikation dem Eigentümer hierfür haftete, und erwägt deswegen, ob die Verantwortlichkeit eines *promissor dandi* nur an ein Tun anknüpfen soll und nicht genauso auch an ein Unterlassen.

Der Vergleich mit dem Verhältnis zwischen Eigentümer und Besitzer wurde mit der Begründung für unklassisch gehalten, dass der gutgläubige Besitzer für

24 Wohl ein Schreibfehler; vgl. Kaser SDHI 46 (1980) 93 Fn. 18 im Anschluss an Lenel, Palingenesia I, Sp. 1176, Fn. 2.

25 Hingegen übersetzt Molnár, Haftungsordnung, 110, den Satz mit „Wenn der Versprechende getötet hat, soll er befreit werden". Eine ähnliche Verwendung von *expeditus est* weist Heumann/Seckel *s. v. expedire* für Ulpian D. 22,6,6 (18 *ad leg. Iul. et Pap.*) nach: *neque neglegentia crassa [...] satis expedita sit neque delatoria curiositas exigatur.* Dabei geht es allerdings um Freiheit von den Sanktionen dieser *lex*, nicht von einer Obligation. In D. 45,1,91pr. ist hingegen aus inhaltlichen Gründen vorzuziehen, das „nicht-verwickelt-Sein" auf die Schwierigkeit der Aussage zu münzen, also: „es liegt auf der Hand". Dafür spricht auch, dass der Ausdruck in § 3 ebenso benutzt wird: *expeditum intellectum habet constitutio.*

Verschlechterungen der Sache gerade nicht haftet.[26] Doch kann auch ein Klassiker auf den bösgläubigen oder – wahrscheinlicher – verklagten Besitzer *(in vindicatione)* geschaut haben, denn wie dieser weiß der Stipulationsschuldner, dass er die Sache einem anderen zu überlassen hat.[27]

Der Text legt nahe, anzunehmen, dass die Entscheidung vom formalen Unterschied zwischen Tun und Unterlassen abhängt: Der Schuldner darf den Tod des Sklaven nicht durch positives Tun herbeiführen, er muss ihn aber auch nicht aktiv verhindern, haftet also nicht für Unterlassen.[28] Die Plausibilität solch einer streng formalen Grenzziehung hat Cannata erschüttert. Er verweist auf die Haftung nach der *lex Aquilia*, die ein *occidere*, also ein bestimmtes Verhalten erfordert: Das Verhungernlassen eines fremden Sklaven *(fame necare)* – ein Unterlassen – kann nicht unter *occidere* subsumiert werden, wird aber im Ergebnis – mittels *actio utilis* oder *actio in factum* – wie ein aktives Töten behandelt.[29]

Es erscheint unglaubhaft, dass ein Schuldner nicht verpflichtet gewesen sein soll, den versprochenen Sklaven zu ernähren.[30] Dass ein Fall unterlassener Ernährung anders behandelt worden wäre als der erörterte Fall unterlassener Pflege, erklärt Cannata damit, dass der Schuldner seinen Sklaven

26 Genzmer SZ 44 (1924) 94f.; Sargenti SDHI 20 (1954) 170. Nach Mayer-Maly Iura 7 (1956) 9 gehe das Argument mit dem Besitzer auch deswegen fehl, weil die *actio ex stipulatu* anders als die *rei vindicatio* keine Arbiträrklausel und damit keinen Raum für richterliches Ermessen zulasse, das die „Qualifikation auch von Unterlassungen als culpa“ erlaubt hätte. Dazu aber sogleich.

27 Dass hier mit dem Vindikationsbeklagten verglichen wird, meint auch Wimmer, Besitz, 50; ihm folgt Gröschler Scr. Corbino (2016) III 499.

28 Eine solche formale Eingrenzung der *culpa* auf aktives Tun sehen Arangio-Ruiz, Responsabilità, 15, 28; Sargenti SDHI 20 (1954) 166ff., 193; Mayer-Maly Iura 7 (1956) 9f., Harke, Unmöglichkeit, 41f., Gröschler Scr. Corbino (2016) III 498ff. Diese formale Lesart des *pr.* nötigt Jakobs TR 42 (1974) 27f. zu der Annahme, dass *culpa* in § 3 eine andere Bedeutung annimmt. Ähnlich folgert Santoro AUPA 57 (2014) 183ff. aus ihr, dass die *culpa* nicht ursprünglich die Voraussetzung der *perpetuatio* beschrieben haben könne (dazu bei D. 45,1,91,3, sogleich III.2). – Sehr unscharf hingegen die Abgrenzung von MacCormack TR 41 (1973) 69: „Where the death of the slave has not resulted from the direct act of the promisor but there has been *culpa*, the problem is to decide whether it is through the *culpa* that the performance of the promise has become impossible“. Dies verneint MacCormack bei unterlassener medizinischer Behandlung.

29 Cannata SDHI 32 (1966) 95 Fn. 25. Vgl. Gaius 3,219: … *alio modo damno dato utiles actiones dantur, veluti si quis alienum hominem aut pecudem incluserit et fame necaverit* sowie Ulpian D. 9,2,9,2 (18 *ad ed.*): *Si quis hominem fame necaverit, in factum actione teneri Neratius ait.*

30 Cannata SDHI 32 (1966) 95 spricht von einer „soluzione evidentemente inammissibile“. Auch de Robertis, Responsabilità II, 563f., hält eine Befreiung in diesem Fall für absurd. Er erwägt für die Klassik allenfalls Haftung nur auf die *actio de dolo*, verwirft die Abgrenzung Tun/Unterlassen aber schließlich als nachklassische Glosse. Dass bei Verhungernlassen nicht aus Stipulation gehaftet würde, nehmen allerdings an Hägerström, Verbalobligation, 89, und Harke, Mora, 11; gegen ihn Cannata IURA 57 (2008–2009) 322f.

alltäglicherweise nährt. Hingegen handelt es sich bei der Krankheit um „un fatto straordinario", weswegen die Versorgung in dieser Lage „una specifica attività, superiore alla normale" darstellte. Verhungernlassen sei „un cambiamento nel compartamento normale" und daher „un fatto positivo", Nichtversorgen hingegen „un'omissione": Den Verhungerten töte der Schuldner, den Vernachlässigten die Krankheit.[31] Der Gedanke trifft.

Weniger als um die Normalität bestimmter Erhaltungsmaßnahmen an sich dürfte es aber um die der Stipulation zugrunde gelegte Lastenverteilung gehen.[32] Der Schuldner hat versprochen, das Eigentum an dem Sklaven aufzugeben; nicht mehr: *ad dandum, non faciendum tenetur.* Er muss nicht auf seine Kosten einen bestimmten Erfolg herbeiführen. Daher braucht er bei Eintritt eines Unglücksfalls auch keine zusätzliche Investitionen tätigen: Wieso sollte er Geld nachschießen und eine teure ärztliche Behandlung bezahlen müssen, wenn der Sklave erkrankt, aber frei werden, wenn derselbe Sklave plötzlich und unerwartet verstirbt?

Dieser Gedankengang greift nur bei der Stipulation ein, nicht beim Legat. Wie ebenfalls CANNATA aufzeigt,[33] mutet Ulpian in D. 30,53,4 und 6 (25 *ad Sab.*) dem Erben durchaus zu, für das Vermächtnis zusätzliche Kosten zu schultern: Er haftet, wenn er den Sklaven nicht auslöst, sondern als *noxa* hingibt, oder keine Sicherheit für das gefährliche Grundstück leistet und dies deswegen dem Bedrohten zugewiesen wird. Paulus selbst legt dem Erben die Kosten für die Rückführung eines nach dem Tod des Erblassers entflohenen Sklaven auf (ohne ihn allerdings für eine erfolgreiche Flucht haftbar zu machen): D. 31,8 pr. (8 *ad Plaut.*); ebenso schon Julian und African nach Ulpian D. 30,39 pr. (21 *ad Sab.*) sowie African D. 30,108 pr. (5 *quaest.*).

Dass der Schuldner bis zur Übergabe weiterhin für die Nahrung des Sklaven aufzukommen hat, wird sich für die Parteien hingegen von selbst verstehen; profitiert er doch auch nach wie vor von den Nutzungen. Das Kriterium für die Entscheidung offenbart der letzte Satz: Es geht darum, ob die Behandlung

---

31 CANNATA SDHI 32 (1966) 96.

32 Ähnlich schon HASSE, Culpa, 176f.: „Die Frage also, ob Beschädigungen, die zur *Aquilia* nicht gehören, die also an sich nicht widerrechtlich sind, zu imputiren, hängt lediglich von der Frage ab, wie weit man durch den Contract verpflichtet wurde, mit Aufwendung seiner Kräfte dafür zu streben, daß den anderen kein Schaden treffe". Unklar allerdings HASSES Anwendung auf unser Fragment 159f.: „Hier sollte nur alles ausgeschlossen werden, was nicht zum *dare* gehört, also jedes *non facere*". Auch BIONDI, Contratto, 361, fragt nach der vertraglichen Lastenverteilung, wenn er von der kaufvertraglichen Verpflichtung zu *custodia* abgrenzt. Auch KASER SDHI 46 (1980) 95 (mit Fn. 24) konstatiert, die Römer hätten „nicht mechanisch nach Tun oder Unterlassen [...] unterschieden". Entscheidend sei, ob im Einzelfall – „gewiss seltener" – eine „Nebenpflicht" bestanden habe, aufgrund derer der Schuldner „den Gegenstand vor Beeinträchtigungen schützen" sollte.

33 SDHI 32 (1966) 96ff.

des Kranken noch von dem geschuldeten *dari* umfasst ist. Nach dem, was wir heute über die Auslegung von Stipulationen annehmen,[34] spricht ihr Formalismus nicht dagegen, dass mit der Übereignung eines Sklaven seine vorherige Ernährung als mitversprochen verstanden wird, eine medizinische Versorgung hingegen nicht.

2. Haftung und Eigentümerstellung (§ 1)

Auch die folgenden beiden Paragraphen befassen sich mit den Voraussetzungen der Haftung bei der Stipulation.

Paulus D. 45,1,91,1 (17 *ad Plautium*)

Sed si sit quidem res in rebus humanis, sed dari non possit, ut fundus religiosus puta vel sacer factus vel servus manumissus, vel etiam ab hostibus si capiatur, culpa in hunc modum diiudicatur, ut, si quidem ipsius promissoris res vel tempore stipulationis vel postea fuerit et quid eorum acciderit, nihilo minus teneatur, idemque fiat et si per alium, posteaquam ab hoc alienatus sit, id contigerit. sin autem alienus fuit et ab alio tale quid accidit, non tenetur, quia nihil fecit, nisi si posteaquam moratus est solutionem, aliquid huiusmodi acciderit: quam distinctionem et Iulianus sequitur. item si homo, qui fuit promissoris, ex praecedenti causa ablatus ei fuerit, quod statuliber fuit, perinde habendus sit, ac si alienum promisisset, quia sine facto ipsius desiit eius esse.

Wenn jedoch eine Sache zwar in der Welt ist, aber trotzdem nicht [mehr] gegeben werden kann, wie ein dem Totenkult überlassenes oder ein geweihtes Grundstück oder ein freigelassener Sklave, oder auch wenn einer von den Feinden gefangen wird, so wird über das Verschulden auf diese Weise entschieden, dass, wenn die Sache entweder zur Zeit des Versprechens oder später dem Versprechenden gehört hat und dann so etwas geschehen ist, er gleichwohl haftet. Und dasselbe gilt auch, wenn derlei durch einen anderen geschieht, nachdem die Sache von jenem veräußert worden ist. Wenn es aber eine fremde Sache war und derlei durch einen anderen geschieht, so haftet er [der Versprechende] nicht, weil er nichts gemacht hat, außer wenn irgendetwas auf diese Art geschieht, nachdem er mit der Erfüllung in Verzug geraten ist. Dieser Unterscheidung folgt auch Julian. Auf gleiche Weise, als wenn er einen fremden Sklaven versprochen hätte, wird der Versprechende auch zu behandeln sein, wenn ihm ein Skalve, der ihm gehört hat, aus einer zurückliegenden Ursache entzogen wird, weil er ein Bedingtfreier gewesen ist, da der Sklave [auch hier] ohne sein Dazutun aufgehört hat, ihm zu gehören.

Die Fälle des § 1 werden häufig als solche der „rechtliche[n]" oder „juristische[n] Unmöglichkeit" beschrieben.[35] Ein Grundstück wird zur Grabstätte gemacht

34 Zur Maßgeblichkeit des Parteiwillens bei der Auslegung der Stipulation vgl. Knütel FS Behrends (2009) 223–257; Finkenauer SZ 126 (2009) 305–357; bereits Talamanca, Conventio, 194: „In sostanza, già agli inizi della giurisprudenza classica era stata superata, nei limiti in cui sia mai esistita, un'interpretazione grettamente letterale dei verba stipulationis". Für die prozessualen Folgen vgl. Babusiaux, Id quod actum, 38 ff. – Eine konkludente Vereinbarung eines Erfüllungsortes lese ich in Venuleius D. 45,1,137,4; dazu 325 ff.

35 So Mayer-Maly Iura 7 (1956) 11 bzw. Kaser SDHI 46 (1980) 96.

oder den Göttern geweiht – es gehört damit, wie Gaius in seinem Lehrbuch schreibt, nicht länger menschlichem Recht an[36] –, ein Sklave wird freigelassen oder von den Feinden gefangen, sodass jedes Recht an ihm erlischt.

Die Frage nach der Haftung formuliert der Text wieder als Frage danach, ob *culpa* vorliegt. Dabei stellt Paulus – so erscheint es jedenfalls zunächst – allein auf die Eigentümerstellung ab: Der Schuldner hafte, wenn einer der genannten Zustände eintrat, während ihm die Sache gehörte, oder wenn er die Sache nach Abgabe des Versprechens an einen Dritten veräußert hatte und der andere den Zustand herbeiführte. War die Sache jedoch von Anfang an fremd und führte ihr Eigentümer den Zustand herbei, so hafte der Versprechende dafür nicht – außer er war zu diesem Zeitpunkt mit der Erfüllung im Verzug. Für diese Abgrenzung beruft Paulus sich auf Julian.

Übereinstimmend entscheidet Paulus in D. 46,3,98,8 (15 *quaest.*): *respondi, si alienum hominem promisi et is a domino manumissus est, liberor* sowie (zum Legat) in D. 30,35 (3 *ad Sab.*): *Si heres alienum hominem dare damnatus sit et hic a domino manumissus sit, nihil ex hoc legato debetur.* Außerdem schon Pomponius D. 46,3,92 pr. (9 *epist.*): *Si mihi alienum servum dari promiseris aut testamento dare iussus fueris isque servus, antequam per te staret quo minus dares, a domino manumissus sit haec manumissio morti similis sit: si autem decessisset, non tenearis.* Der Vergleich des Handelns eines Dritten mit dem Naturereignis Tod macht deutlich, dass es Pomponius auf ein Verhalten des Schuldners ankommt. Die gleiche Lösung verbürgt schließlich auch Ulpian D. 45,1,51 (51 *ad ed.*): *Is, qui alienum servum promisit, perducto eo ad libertatem ex stipulatu actione non tenetur: sufficit enim, si dolo culpave careat.*

Die Konsequenz, „daß [der Schuldner] zwar für die vom Eigentümer versagte Überlassung, nicht aber für die von diesem bewirkte Unmöglichkeit einzustehen hat", erscheint Nörr als „unter dem Aspekt der Risikoverteilung eigenartige".[37] Sie lässt sich aber rechtfertigen. Der Text kann voraussetzen, dass die Fremdheit der Sache beiden Parteien bekannt ist. Der Gläubiger darf vom Versprechenden erwarten, dass er die Sache ankauft und den geforderten Preis zahlt. Das Risiko, dass die Sache gar nicht erworben werden kann, übernimmt der Versprechende nach römischer Auffassung hingegen anscheinend nicht. Er trägt das Beschaffungspreisrisiko, nicht das Risiko der Unbeschaffbarkeit. Das erscheint durchaus sachgerecht.

Paulus ergänzt einen weiteren Fall: Jemand verspricht einen ihm gehörenden Sklaven, der vom Voreigentümer unter aufschiebender Bedingung freigelassen wurde. Die Bedingung tritt ein, damit wird der Sklave frei und kann dem Gläubiger nicht mehr übereignet werden. Dann wird der Schuldner behandelt,

36 Gaius 2,3 ff. Vgl. Inst. 2,1,7 ff.

37 Nörr SZ 126 (2009) 6.

als habe er einen fremden Sklaven versprochen, haftet also nicht. Als Grund für die Befreiung gibt Paulus an, dass der Sklave ohne Dazutun des Schuldners aufhörte, ihm zu gehören: *quia sine facto ipsius desiit eius esse.*

Ebenso entscheidet Pomponius D. 46,3,92,1 (Fortsetzung des eben wiedergegebenen Textes): *Sed et si quis servum, quem dari promisit, heres a domino scriptus statuliberum dederit, liberatur.* Hier wurde der Sklave durch den selbst nicht schuldenden Erblasser bedingt freigelassen und dem Gläubiger dann vom Erben übergeben. Zum Legat entscheidet auch Ulpian in D. 30,44,8 übereinstimmend.[38] Die Entscheidung des Neraz, über die Gaius D. 12,6,63 *(libro singulari de casibus)* berichtet, wird sich hingegen auf einen Fall bezogen haben, in dem der Schuldner selbst den Sklaven zum *statuliber* machte; daher wird er durch dessen Übereigung nicht frei: *si is, qui cum certum hominem deberet, statuliberum dederit: nam ideo eum non liberari, quod non in plenum stipulatoris hominem fecerit.* Das Gleiche gilt für Julian D. 46,3,33 pr. (52 *dig.*): *habet actionem* [...] *si hominem stipulatus esset et promissor statuliberum Titio dedisset isque ad libertatem pervenisset.*

Diese Begründung ermutigt dazu, als Kriterium für die Haftung auch in den übrigen Fällen, in denen scheinbar formal auf das Eigentum des Versprechenden abgestellt wird, ein Verhalten des Versprechenden zu suchen.

a. *fundus religiosus factus*

Die Institutionen des Gaius verraten uns, dass ein Grundstück nicht allein deswegen *fundus religiosus* wird, weil ein Toter darin liegt. Erforderlich ist, dass der Eigentümer des Grundstücks, der zudem zum Begräbnis der Leiche befugt sein muss, die Beerdigung veranlasst.[39] Dass er seinem Stipulationsgläubiger hierfür haftet, überrascht nicht.[40] Anders stellt sich der Fall im Vermächtnisrecht dar. Wenn ein Erbe den Erblasser im vermachten Grundstück begräbt, haftet er dem Legatar unter Umständen nicht, falls er seinen Hausvater nirgends anders angemessen beisetzen konnte oder dieser just in dem Grundstück beerdigt zu werden wünschte.[41]

b. *fundus sacer factus*

Weniger leicht erklärt sich die Haftung des Eigentümers dafür, dass das von ihm versprochene Grundstück *sacer* wird. Denn nach Gaius 2,5 geschieht dies

38 Dazu im dritten Kapitel IV.4.e.ee (224 f.).

39 Gaius 2,6: *Religiosum vero nostra voluntate facimus mortuum inferentes in locum nostrum, si modo eius mortui funus ad nos pertineat.* Justinian stellt klar, dass auch genügt, wenn der Eigentümer in das Begräbnis durch einen anderen einwilligt oder dem nachträglich zustimmt (Inst. 2,1,9). Zur Wahl des Begräbnisortes durch den Verstorbenen und zur Bestattung am falschen Ort Kaser SZ 95 (1978) 68 ff.

40 Bereits Sargenti SDHI 20 (1954) 175 ff. sieht hier stets *factum debitoris.*

41 Vgl. Ulpian D. 30,53,7 (25 *ad Sab.*), dazu im dritten Kapitel IV.4.e.bb (220 ff.).

durch Gesetz oder Senatsbeschluss, man könnte also meinen unabhängig vom Zutun des Eigners:[42]

Gaius 2,5

Sed sacrum quidem hoc solum existimatur, quod ex auctoritate populi Romani consecratum est, veluti lege de ea re lata aut senatus consulto facto.[43]	Als ein Heiligtum wird nämlich nur das angesehen, was aufgrund einer Entscheidung des römischen Volkes geweiht wurde, wie zum Beispiel durch ein darüber erlassenes Gesetz oder einen darüber ergangenen Senatsbeschluss.

Stutzig macht jedoch, dass Paulus in D. 45,1,83,5 (72 *ad edictum*)[44] ebenfalls den Fall bildet, dass eine stipulierte Sache später sakral wird. Anders als im untersuchten Fragment werden die Eigentumsverhältnisse dort nicht erwähnt. Vielmehr soll der *promissor* unter der Bedingung haften, dass er zur Sakralisierung beigetragen hat: *liberatur, si sine facto eius res sacra esse coeperit.* Daher darf man wohl annehmen, dass der Jurist auch im fr. 91,1 unterstellt, dass die Weihe des Grundstücks unter Mitwirkung des Eigners erfolgte.[45] Dass dieser Akt häufig auf Betreiben und im Normalfall nicht gegen den Willen des Eigentümers vorgenommen wurde, widerlegen die gaianischen Institutionen nicht. Sie betonen nur, dass der private Wille – anders als bei der Grablegung – nicht ausreichte, um das Terrain dem menschlichen Recht zu entziehen.

Dass die Sakralisierung zusätzlich hoheitlich beschlossen werden musste, kann aus der Bedeutung der Religion oder pragmatisch daraus herrühren, dass wertvoller Grund und Boden nicht unkontrolliert außer Verkehr gezogen werden sollte. Das würde auch erklären, warum in den Provinzen Plätze wie sakrale behandelt wurden, auch wenn sie ohne Beteiligung des Gemeinwesens geweiht worden waren:[46] Provinzialgrund war nicht so hochgeschätzt.

---

42 So in der Tat SARGENTI SDHI 20 (1954) 175, ohne weitere Erklärungsversuche für die Haftung. GENZMER SZ 44 (1924) 96 f. gründet hierauf seinen Interpolationsverdacht.

43 Vgl. auch Inst. 2,1,8: *Sacra sunt, quae rite et per pontifices deo consecrata sunt* […] *si quis vero auctoritate sua quasi sacrum sibi constituerit, sacrum non est, sed profanum.*

44 Zum Text unten 343 ff.

45 CANNATA SDHI 32 (1966) 107 f. mit Fn. 77 nimmt an, eine Widmung des Eigentümers oder immerhin des *possessor* sei stets erforderlich gewesen. Hierzu tendiert auch MACCORMACK TR 41 (1973) 65 Fn. 22. Dass auch der *possessor* weihen kann, schließt CANNATA mit Recht aus Gaius D. 44,6,3 (6 *ad leg. XII tab.*), wonach der Besitzer auf das Doppelte haftet, wenn er die umstrittene Sache weiht. CANNATA lässt offen, ob dieser Sonderfall für Paulus keine Rolle spielt oder ob er den schuldenden Eigentümer auch bei Weihe durch den *possessor* haften lassen will, weil ihn die *poena dupli* entschädigt. Den Fall, dass ein *possessor* das Grundstück außerhalb einer *controversia* weiht, berücksichtigt CANNATA nicht.

46 Vgl. Gaius 2,7.

c. *servus manumissus*

Der nächste Fall in D. 45,1,91,3, wonach ein Eigentümer, der einen Sklaven versprochen hat, für dessen Freilassung haftet, erklärt sich von selbst.

d. *servus ab hostibus captus*

Schwierigkeiten bereitet hingegen, dass der Schuldner haften soll, wenn sein Sklave von Feinden gefangen wird. Der Einfall von Feinden gilt als typischer Fall höherer Gewalt.[47] Im Einzelfall kann die Gefangennahme allerdings durch ein Verhalten des Eigentümers begünstigt worden sein. Darauf kann sogar ein Arglistvorwurf gegründet werden, wie Ulpian D. 30,53,9 anhand des Vermächtnisrechts zeigt:

Ulpian D. 30,53,9 (25 *ad Sabinum*)[48]

Servus legatus si ab hostibus captus sit sine dolo heredis, non praestabitur, si dolo, praestabitur.	Der vermachte Sklave wird, wenn er ohne Arglist des Erben von den Feinden gefangen wird, nicht geleistet werden, wenn aufgrund von Arglist, wird er geleistet werden.

Eine durch *culpa* des Erben verursachte Gefangennahme begegnet bei Ulpian D. 30,47,2. Der Jurist setzt hier die Gefangennahme mit der Flucht des vermachten Sklaven gleich:

Ulpian D. 30,47,2 (22 *ad Sabinum*)

Itaque si Stichus sit legatus et culpa heredis non pareat, debebit aestimationem eius praestare: sed si culpa nulla intervenit, cavere heres debet de restitutione servi, non aestimationem praestare. sed et si alienus servus in fuga sit sine culpa heredis, idem dici potest: nam et in alieno culpa admitti potest: cavebit autem sic, ut, si fuerit adprehensus, aut ipse aut aestimatio praestetur: quod et in servo ab hostibus capto constat.	Wenn daher Stichus vermacht ist und durch Verschulden des Erben nicht erscheint, wird der Erbe seinen Schätzwert leisten müssen. Wenn aber kein Verschulden vorliegt, muss der Erbe für die Rückgewähr des Sklaven Sicherheit leisten, nicht den Schätzwert leisten. Aber auch wenn ein fremder Sklave ohne Verschulden des Erben auf der Flucht ist, kann man dasselbe sagen. Denn auch bei einem fremden Sklaven kann ein Verschulden angenommen werden. Der Erbe wird aber so Sicherheit leisten, dass, wenn der Sklave ergriffen wird, entweder dieser selbst oder sein Schätzwert geleistet werde: was auch bei einem Sklaven feststeht, der von den Feinden gefangen wurde.

47 Vgl. zur Leihe Gaius D. 13,6,18 pr. (9 *ad ed. prov.*): *In rebus commodatis* [...] *casus non praestet, quibus resisti non possit, veluti* [...] *latronum hostiumve incursus*. Ebenso Inst. 3,14,2, die hinsichtlich des Überfalls über Gaius D. 44,7,1,4 (2 *aur.*) hinausreichen. Vgl. schließlich für alle Vertragstypen Ulpian D. 50,17,23 (29 *ad Sab.*): *impetus praedonum a nullo praestantur,* wobei Ulpian dort auch Tod und Flucht nennt und darauf hinweist, dass diese unter besonderen Umständen zu verantworten sein können – was auch für die übrigen Fälle gelten wird.

48 Zum Text unten 222.

Wie bei einem geflohenen Sklaven soll der Erbe sofort den Schätzwert leisten, wenn er die Gefangenschaft verschuldet hat; andernfalls soll er nur für den Fall, dass er des Sklaven wieder habhaft wird – bei unverschuldeter Gefangennahme: für den Fall der Rückkehr aus der Gefangenschaft –, für die Rückgewähr Sicherheit leisten.[49] Dass Ulpian als Voraussetzung einmal den *dolus*, einmal die *culpa* nennt, dürfte damit zusammenhängen, dass er im Sabinuskommentar unter Zweifeln für eine weite Haftung des Erben gegenüber dem Legatar eintrat.[50]

Weil die Leistungsstörung in den übrigen von Paulus in D. 45,1,91,1 genannten Fällen auf ein Verhalten des Eigentümers zurückgeht, darf man vermuten, dass sich Paulus auch den Fall der Gefangennahme des geschuldeten Sklaven so vorstellt, dass der Schuldner sie als dessen Eigentümer obligationswidrig begünstigt hat. Pernice sieht ein Verschulden darin, den geschuldeten Sklaven mit an die Front zu nehmen.[51] Natürlich hat Genzmer Recht, wenn er anmerkt, dies passe nicht, falls schon die Stipulation im Kriegsgebiet abgegeben wurde.[52] Doch ist wahrscheinlicher, dass Paulus nicht diese Situation im Sinn hatte, sondern eine solche, in der der Gläubiger nicht damit zu rechnen brauchte, der Sklave werde dem Risiko einer Gefangennahme ausgesetzt. Unausgesprochen muss er zugrunde legen, dass der Schuldner als Eigentümer „verursacht, dass [der Sklave] in Kriegsgefangenschaft geraten ist" (Kaser).[53]

Der Befund passt zu Paulus D. 46,3,98,8 (15 *quaestionum*). Auch hier geht es um die Gefangennahme eines stipulierten Sklaven:

49 Zur Sicherheitsleistung bei unverschuldeter Flucht eines Sklaven vgl. Giomaro, Cautiones, 71 ff., und Klingenberg, Servus fugitivus, 20 f. Wichtig ist dazu noch Paulus D. 31,8 pr. (8 *ad Plaut.*): *Si quis servum heredis vel alienum legaverit et is fugisset, cautiones interponendae sunt de reducendo eo: sed si quidem vivo testatore fugerit, expensis legatarii reducitur, si post mortem, sumptibus heredis.* Dazu Klingenberg 111. – Zur Sicherheit für den Fall der Rückkehr aus unverschuldeter Gefangenschaft noch unten bei Fn. 56.

50 Dies zeigt Ulpian D. 30,47,5 (22 *ad Sab.*): *Culpa autem qualiter sit aestimanda, videamus, an non solum ea quae dolo proxima sit, verum etiam quae levis est? an numquid et diligentia quoque exigenda est ab herede? quod verius est.* – Für Grosso, Legati, 400 f., beschreiben *dolus* und *culpa* das konkrete Verhalten des Erben in verschiedenen Sachverhalten, ohne dass mit *dolus* ein Mindestkriterium angegeben wäre. Hingegen geht Voci, DER II, 407, davon aus, dass der *dolus* das Kriterium beim Vindikationslegat bildete und die Texte, die auf ihn verweisen, sich darauf bezogen haben müssen.

51 Pernice, Labeo II, 274 f. = II.2.1 112 (2. Aufl.).

52 Genzmer SZ 44 (1924) 97.

53 Kaser SDHI 46 (1980) 96. Ebenso MacCormack TR 41 (1973) 66; Cuena Boy, Rerum natura, 204 ff. (der insb. auch in Betracht zieht, dass Paulus Verzug des Schuldners voraussetzt).

Paulus D. 46,3,98,8 (15 *quaestionum*)[54]

[...] Diversum dicemus, si servus promissus ab hostibus captus sit: hic interim peti non potest quasi ante diem, sed si redierit postliminio, recte tunc petetur: cessavit enim hic obligatio. [...]	[...] Anders werden wir entscheiden, wenn ein versprochener Sklave von den Feinden gefangen würde: In der Zwischenzeit kann er nicht gefordert werden, sozusagen als vor dem Termin, aber wenn er nach dem Heimkerrecht zurückkehrt, dann wird er mit Recht gefordert. Hier hat nämlich die Obligation geruht. [...]

Hier geht Paulus davon aus, dass der Schuldner die Gefangennahme nicht zu verantworten hat. Außer an der Lösung[55] zeigt sich dies auch an einem Vergleich mit den übrigen in dem langen Fragment gebildeten Beispielen. Da werden Sachen eines Dritten versprochen, der für die Vertragsparteien unerwartet auf den Gegenstand einwirkt: Er bebaut das Grundstück, lässt den Sklaven frei, zerlegt das Schiff in seine Bestandteile. Weil es in dem Text gerade um den Wegfall einmal aufgekommener Hindernisse geht, ist die Lösung präziser als in D. 45,1,91,1: Der Schuldner wird nicht gänzlich, sondern nur einstweilen frei. Seine Verpflichtung erwacht wieder, falls der Sklave aus der Gefangenschaft zurückkehrt.

Anders als Ulpian bei unverschuldeter Gefangennahme des vermachten Sklaven (D. 30,47,2) fordert Paulus bei unverschuldeter Gefangennahme des stipulierten Sklaven (D. 45,1,91,1; D. 46,3,98,8) keine *cautio* für den Fall der Rückkehr. Hier scheint die automatisch wiederauflebende Stipulationsschuld zu genügen.[56]

Für die Vermutung, dass Paulus, wenn er in D. 45,1,91,1 die Haftung vom Eigentum des Schuldners abhängig macht, voraussetzt, dass dieser die Gefangennahme

54 Für den gesamten Text vgl. im fünften Kapitel bei und in Fn. 152.

55 Unbegründet erscheint die Annahme von Sargenti SDHI 20 (1954) 182 ff., 192, wonach die Gefangennahme auch bei Verschulden zum Ruhen der Obligation geführt habe. Er stützt sie auf die Überlegung, dass der Sklave verkehrsfähig bleibe und die Leistung daher nicht unmöglich werde (185), was aber für die Frage, ob der Schuldner schon vor Rückkehr des Sklaven aus der Gefangenschaft haftet, nichts zur Sache tut. Zutreffend hingegen in diesem Punkt Harke SZ 123 (2006) 121 f.: „Statt [...] zum Erlöschen [...] führt [die vorübergehende Unmöglichkeit] lediglich dazu, daß die *obligatio* ruht [...]. Die Haftung des Schuldners, der ein vorübergehendes Leistungshindernis zurechenbar herbeigeführt hat, entspricht der beim Eintritt von endgültiger Unmöglichkeit: Unabhängig von den tatsächlichen Verhältnissen gilt die Verpflichtung wegen der *culpa promissoris* als stets erfüllbar und bietet so jederzeit die Grundlage für eine sofortige Verurteilung“. Interessante Gedanken finden sich dort auch zu der Frage, warum die Kriegsgefangenschaft als vorübergehendes Hindernis behandelt wird (110).

56 Hingegen vermutet Medicus SZ 86 (1969) 88 eine Kontroverse über die Frage der Verpflichtung zur Sicherungsleistung.

verursacht, bietet D. 46,3,98,8 eine Stütze. In allen anderen Beispielen geht es hier um fremde Sachen, deren Eigentümer die Erfüllung verhindert. Nur beim gefangenen Sklaven betont Paulus nicht, dass es sich um einen fremden handelt. Dem liegt wohl die Überlegung zugrunde, dass auch ein eigener Sklave leicht gefangengenommen werden kann, ohne dass sein Herr dies zu verantworten hätte. In D. 45,1,91,1 muss daher zum Eigentum des Schuldners noch ein Verhalten hinzugedacht werden.

Vielleicht kritisiert Ulpian den pauschalen Verweis auf das Eigentum als Haftungskritierium, wenn er in D. 30,47,2 betont, dass das Verschulden vom Eigentum unabhängig vorliegen kann: *nam et in alieno culpa admitti potest.* Dass Paulus in D. 45,1,91,1 die Haftung so unscharf an die Eigentümerstellung knüpft, mag daran liegen, dass es ihm vor allem darum geht, darzutun, dass der Schuldner nicht für den Dritteigentümer einstehen muss. Das fügt sich gut an den Gedanken von D. 45,1,91 pr., wonach der Schuldner die Sache aufgeben, nicht aber die Folgen schädigender Ereignisse abwenden muss.

Nach alldem verbleibt die Deutung des Gefangenenfalls im Kern auf dem Stand von Cujaz: *Hic casus non est similis superioribus. Captivitas morti non comparatur. Et ideo, si sine facto promissoris servus captus sit, cessat obligatio, non exstinguitur. Sed, si facto eius capiatur, tenetur in pretium.*[57]

e. *si alienatus sit*

Aus Verantwortung für eigenes Verhalten leitet sich schließlich auch ab, dass der Schuldner haftet, wenn ein anderer die Sache aus dem Verkehr zieht, dem er sie nach Abschluss der Stipulation übereignet hatte. Bereits mit dieser Übereignung verletzt der *promissor* eine berechtigte Gläubigererwartung und muss für die Folgen geradestehen.[58]

f. Zusammenfassung

Als Ergebnis können wir feststellen, dass Paulus in D. 45,1,91,1 nur deswegen an das Eigentum anknüpft, um klarzustellen, dass ein Schuldner, der sich die Sache erst von einem dritten Eigentümer zu beschaffen hat, nicht für dessen

57 Cujaz *ad* D. 45,1,91,1 *(vel etiam ab hostibus),* aus Notae in digesta, im Appendixband, Sp. 271. Weniger prägnant *ad* D. 45,1,91 *(Si servum),* aus Commentarius ad titulum „De verborum obligationibus", in: Opera priora, Band 1, Sp. 1255–1257: *Fit obiter mentio in hac lege servi promissi, et postea capti ab hostibus ante moram. captivitas non comparatur morti* [...] *ideoque sine facto promissoris servo capto ab hostibus, cessare obligationem dicemus non extingui: facto autem eius servo capto, statim tenebitur ad pretium* (Sp. 1256).

58 Man kann den Fall daher als ein Beispiel einer Haftung für *versari in re illicita* zählen. Dazu Wacke FS Hübner (1984), Altmeppen FS Knütel (2009).

Taten haftet. Die Begründungen *quia nihil fecit* und *quia sine facto ipsius desiit eius esse* erlauben den Schluss, dass Paulus den Eigentümer nicht als solchen haften lassen will, sondern nur typischerweise als den ansieht, der das Leistungshindernis durch seine Handlungen zurechenbar verursacht hat. Liegt die Sache im Einzelfall anders, wird der Jurist anders entscheiden.[59] Somit spricht aus inhaltlichen Gründen nichts dagegen, alle Beispiele als klassisch gelten zu lassen.[60]

3. Haftung trotz Unkenntnis der Schuld (§ 2)

Im folgenden § 2 stellt Paulus die Frage, ob ein Verhalten, das nach dem Gesagten als *culpa* zu qualifizieren wäre, die Haftung auch dann auslöst, wenn der Schuldner nicht wusste, dass er schuldete.

Paulus D. 45,1,91,2 (17 *ad Plautium*)

De illo quaeritur, an et is, qui nesciens se debere occiderit, teneatur: quod Iulianus putat in eo, qui, cum nesciret a se petitum codicillis ut restitueret, manumisit.	Man diskutiert, ob auch derjenige haftet, der getötet hat, ohne zu wissen, dass er [diesen Sklaven] schuldete; was Julian hinsichtlich desjenigen vertritt, der freigelassen hat, ohne zu wissen, dass ein Kodizill von ihm verlangte, [diesen Sklaven] herauszugeben.

Paulus kommt auf die einfache Situation zurück, dass der Schuldner den versprochenen Sklaven getötet hat. Zu Unrecht meint Biondo Biondi, hier könne das Problem der Unkenntnis gar nicht aufkommen, „giacchè non si può supporre che il promittente ignori la promessa fatta".[61] Unbekannte Stipulationsschulden

59 Hiermit stimmen überein die knappen Urteile von Biondi, Contratto, 363: „bisogna suppore che tutte quelle ipotesi siano avvenute per fatto del promittente", und Kaser SDHI 46 (1980) 97: „Eine Verfehlung (*culpa*), die auch hier in seinem *facere* liegt, begeht der Schuldner aber nur, wenn er das Ausscheiden der Sache aus dem Rechtsverkehr als Eigentümer herbeigeführt hat", wobei allerdings die Hervorhebung der Eigentümerstellung nach dem oben gesagten irreführt. – Hingegen sieht Mayer-Maly Iura 7 (1956) 13 das Charakteristische gerade in der „an objektiven Kriterien orientierte[n] […] Lösung des Haftungsproblemes"; diese sei „unbezweifelbar klassisch". Cannata SDHI 32 (1966) zeigt zwar auf, dass geschuldete Gegenstände regelmäßig nur durch ein Verhalten des Eigentümers in die von Paulus behandelten Zustände geraten. Er geht aber davon aus, dass Paulus den Eigentümer bewusst auch in den Einzelfällen in die Haftung nehme, in denen er nichts dazu kann, sondern allein ein Dritter das Schuldverhältnis stört. Cannata begründet dies damit, dass den Eigner dann der Regress gegen den Schädiger schütze: ansatzweise zur Sakralisierung 108 Fn. 77, vor allem zur Gefangenschaft 109.

60 Anders die ältere Literatur. Mayer-Maly hat seine Interpolationsannahmen bzgl. der Sakralisierung nach Auskunft von Cannata in einem an diesen gerichteten Brief vom 24. 4. 1966 in Zweifel gezogen und bzgl. der Kriegsgefangenschaft aufgegeben: Cannata SDHI 32 (1966) 107 Fn. 74, 108 Fn. 78.

61 Biondi, Contratto, 361.

lassen sich als Situationen adjektizischer Haftung sowie dann vorstellen, wenn die Stipulationsschuld vererbt wurde.

Wir erhalten Auskunft darüber, wie Julian einen Parallelfall entschieden hat: Haften soll, wer einen Sklaven freilässt, ohne zu wissen, dass ihm fideikommissarisch auferlegt war, diesen einem Dritten herauszugeben. Es erscheint zweifelhaft, ob Paulus damit die Lösung für seinen Fall der Tötung des stipulierten Sklaven gibt.

Dass römische Juristen bei Obligationen auf *dare oportere* zur Beantwortung der Frage, ob der Schuldner die Nichterfüllung herbeigeführt hat und deshalb dafür einstehen muss, immerhin auf das Kennenmüssen der Schuld durchaus abstellten, zeigt Pomponius D. 12,1,5 (22 *ad Sabinum*): *Quod te mihi dare oporteat si id postea perierit* [...] *cum quaeratur, an per te factum sit* [quominus id mihi dares], *animadverti debebi* [...] *etiam si aliqua iusta causa sit, propter quam intellegere deberes te dare oportere.*[62]

Aber vielleicht ist die erbrechtliche Lösung des Julian nicht die des Paulus für den Fall der Stipulation. Das Referat mit *putat* kann Distanz bereits zur erbrechtlichen Entscheidung Julians ausdrücken. Jedenfalls weist dieser Fall gegenüber dem von Paulus angesprochenen Besonderheiten auf. Erstens gleicht die Freilassung dem Tod zwar insofern, als der Sklave als Rechtsobjekt danach nicht mehr existiert. Anders als die Tötung lässt sich aber die Freilassung als eine Form der Verwertung des Sklaven begreifen, die einem Verkauf nicht ganz unähnlich ist: Der Freilasser kommt in den Genuss, Großzügigkeit üben zu können, er gewinnt soziales Prestige und erwirbt die Patronatsrechte. Zweitens hat er den Sklaven als Teil der Erbschaft und damit unentgeltlich erworben. Umso leichter lässt sich rechtfertigen, mit der Haftung aus dem Fideikommiss die genannten Vorteile abzuschöpfen.[63] Drittens könnte für einen Erben vorhersehbar sein, dass der Erblasser fideikommissarisch über einen Sklaven verfügt hat. Angesichts dieser Möglichkeit mag die Freilassung als schuldhaft erscheinen.[64]

Man muss daher in Betracht ziehen, dass Paulus in D. 45,1,91,2 nur auf eine Frage hinweisen wollte, ohne sie für die Stipulation zu beantworten, oder dass

62 Zum Text kurz unten 162 f.

63 Die Unentgeltlichkeit hielt bereits Ludovicus Bologninus (1447–1508) in seiner späten Glosse *de illo* (*ad* D. 45,1,91,2) für ausschlaggebend: Grundsätzlich hafte nicht, wer *iuste ignoraverit*, anders aber der Erbe, *qui obligatur ex causa lucrativa* (Glosse, Band 2, Sp. 2263, *).

64 Kaser SDHI 46 (1980) 98 stellt gleichermaßen auf den Aspekt der Unentgeltlichkeit des erbrechtlichen Erwerbs wie auf den des Verschuldens ab. Eine unterschiedliche Lösung rechtfertige sich daraus, „dass, wer einen Sklaven als Testamentserbe, und damit unentgeltlich, erworben hat, mit der Möglichkeit, dass dieser Sklave im Testament (oder einem Kodizill) weitervermacht ist, rechnen musste“.

in der Kompilation das ursprüngliche Ende der Passage fehlt, dass eine eigene Stellungnahme des Paulus enthielt.[65]

a. Irrelevanz der Kenntnis für Julian

Paulus muss sich auf Julian D. 36,1,26,2 beziehen:

Julian D. 36,1,26,2 (39 *digestorum*)

Si quis filium suum ex asse heredem instituit et codicillis, quos post mortem filii aperiri iussit, fidei eius commisit, ut, si sine liberis decesserit, hereditatem suam sorori suae restitueret, et filius cum sciret, quod in codicillis scriptum esset, Stichum servum hereditarium testamento suo liberum esse iussit: heredes filii pretium eius servi sorori defuncti praestare debent libertate favore sui servata. hoc amplius et si ignorasset filius codicillos a patre factos, nihilo minus heredes eius pretium praestare debebunt, ne factum cuiusquam alteri damnum adferat.

Wenn jemand seinen Sohn zum Alleinerben eingesetzt hat und durch Kodizille, die er nach dem Tod des Sohnes zu öffnen befahl, dessen Gewissenhaftigkeit anvertraute, dass er [der Sohn], wenn er ohne Kinder verstürbe, seine Erbschaft seiner Schwester herausgeben solle, und der Sohn, obwohl er wusste, was in den Zusätzen geschrieben stand, den Erbschaftssklaven Stichus in seinem Testament freigelassen hat, dann müssen die Erben des Sohnes den Wert des Sklaven der Schwester des Verstorbenen [d. h. des Sohnes] leisten, weil die Freiheit durch seine Gunst gerettet wurde. Dies gilt sogar, wenn der Sohn die vom Vater verfassten Kodizille nicht kannte. Nichtsdestotrotz werden seine Erben den Wert des Freigelassenen leisten müssen, damit des einen Handlung nicht einem anderen zum Schaden gereiche.

Dem erbenden Sohn wird durch Fideikommiss aufgegeben, nach seinem Tod die Erbschaft seiner Schwester herauszugeben. Der Erbe lässt jedoch einen Erbschaftssklaven testamentarisch frei. Unabhängig davon, ob der Sohn das Kodizill kannte (so im Ausgangsfall) oder nicht (so in der Abwandlung), haften die Erben des Sohnes seiner Schwester auf den Wert des Sklaven.

Dass die Freilassung überhaupt in beiden Fällen wirksam bleibt, begründet der Text nicht mit dem *favor libertatis* (etwa: *favore libertatis servato;* im Text steht aber die *libertas* selbst im Ablativ).[66] Auch ist die *favore sui* gerettete Freiheit eher nicht „zu seinen [des Sklaven] Gunsten" gerettet,[67] sondern „durch seine [des freilassenden Erben] Gunst". Damit wirft der Text die Frage nach dem Bestand der Freilassung gar nicht auf.[68] *Hoc amplius et si ignorasset* heißt

65 So MAYER-MALY Iura 7 (1956) 15 f., KASER SDHI 46 (1980) 98. MAYER-MALY geht davon aus, dass Paulus die Entscheidug Julians verallgemeinerte; KASER hingegen vermutet, dass er für die Stipulation anders entschied.

66 Insofern zutreffend bereits ROSSHIRT, Vermächtnisse, 203, gegen ZIMMERN AcP 8 (1825) 156.

67 So aber ROSSHIRT, Vermächtnisse, 203.

68 Bedenken gegen den Bestand der Freilassung hätten sich allenfalls auf die folgenden Erwägungen stützen lassen: Erstens werden Fideikommisse mitunter gegen bösgläubige Dritte zur Geltung gebracht; vgl. insb. Scaevola D. 31,89,7 (4 *resp.*) und PS 4,1,15; dazu KASER,

dann nicht „um so mehr bei Unkenntnis des Erben [ist die Freilassung wirksam]“, sondern „ja sogar bei Unkenntnis des Erben [haften die Erbenerben]“.

Die Haftung wird damit begründet, dass des einen Handlung einem anderen nicht zum Schaden gereichen solle. Dies erinnert an die Maxime *neque debet nocere factum alterius ei qui nihil fecit*, der zufolge grundsätzlich eine Haftung für das Verhalten eines Dritten ausscheidet.[69] Stattdessen wird aber hier ein allgemeines Schädigungsverbot formuliert, das zur Haftungsbegründung dient. Es erklärt wenig, ließe sich doch damit auch eine streng objektive Haftung für sämtliche Folgen des eigenen Verhaltens rechtfertigen.

Was Julian für das Fideikommiss entscheidet, bestätigt Marcian D. 30,112,1 für das Damnationslegat hinsichtlich eines dem Erben gehörenden Sklaven:

Marcian D. 30,112,1 (6 *institutionum*)

Cum servum suum heres damnatus dare eum manumiserit, tenetur in eius aestimationem, nec interest, scierit an ignoraverit legatum. Sed et si donaverit servum heres et eum is cui donatus est manumiserit, tenetur heres, quamvis ignoraverit a se eum legatum esse.

Wenn der Erbe, dem vermächtnisweise auferlegt war, seinen Sklaven zu übereignen, diesen freigelassen hat, so haftet er auf dessen Schätzwert, und es kommt nicht darauf an, ob er das Legat kannte oder nicht. Aber auch wenn der Erbe den Sklaven verschenkt hat und ihn derjenige freilässt, dem er geschenkt ist, haftet der Erbe, obwohl er nicht wusste, dass der Sklave zu seinen Lasten[70] vermacht war.

Wie bei Freilassung durch den Erben entscheidet Marcian, wenn der gutgläubige Erbe den Sklaven verschenkt und der Beschenkte ihn freilässt: Weder

---

RP I, § 189 III 1 Fn. 28, 759. Stichus war aber nicht bösgläubig. Zweitens ist nach der *lex Aelia Sentia* eine Freilassung unwirksam, die zur Gläubigerbenachteiligung dient; vgl. insb. Gaius 1,37, *l. s. reg.* 1,15 und Julian D. 42,8,15 (49 *dig.*); dazu Kaser, RP I, § 69 II 4 bei Fn. 53, 297, und Klinck Symp. Wieling (2006) 91. Dabei geht es aber um Fälle der Überschuldung; in unserem Text gibt es kein Anzeichen dafür, dass die Schwester den Wert des Stichus nicht wird einbringen können. Drittens erklärt PS 3,6,91a = D. 40,9,28 die legatswidrige Freilassung eines Sklaven unabhängig von der Kenntnis des Erben für unwirksam: *Heres servum proprium, quem testator legaverat, manumittendo nihil agit, quia scientiae vel ignorantiae eius nullam placuit admitti rationem.* Der Text erstaunt, weil er nicht von einem dem Erblasser gehördenden, vielleicht *per vindicationem* vermachten Sklaven, sondern von einem dem Erben selbst gehörenden handelt. Buckland, Slavery, 465, 581 ff., und Arangio-Ruiz, Responsabilità, 280, verweisen darauf, dass Justinian dem Damnationslegat die Wirkungen des Vindikationslegats zuschrieb. Liebs SZ 106 (1989) 245 f. spricht von einer „Prinzipienwidrigkeit [...] die den Rahmen des Vertretbaren sprengen dürfte und von unbekümmertem bis gedankenlosen Pragmatismus zeugt“. Eine Erklärung sucht Liebs in dem Trend zur Sachverurteilung, der allein schon den Legatar näher an die Sache rückt.

69 Ulpian D. 39,1,5,5 (52 *ad ed.*); dazu Knütel SZ 100 (1983) 359 ff.

70 Mit Knütel/Kupisch/Rüfner/Seiler (Knütel).

die Schenkung noch die anschließende Freilassung durch den Beschenkten befreien den Erben.[71]

Justinian lehrt in Inst. 2,20,16[72] ebenfalls kenntnisunabhängige Haftung des Erben gegenüber dem Vermächtnisnehmer. Die Fallschilderung entspricht der des Marcian, wobei das justinianische Recht nicht mehr zwischen Damnations- und Vindikationslegat unterscheidet. Auf Julian beruft Justinian sich für den Ausgangsfall der Freilassung durch den Erben, nicht für die Variante der Schenkung, die vielleicht nicht weiter als auf Marcian zurückgeht.

Alle drei Texte streichen heraus, dass es auf die Kenntnis des Erben nicht ankommt. Ob mit einem Vermächtnis gerechnet werden konnte, spielt ebenfalls keine Rolle. Es geht nicht um *culpa,* sondern darum, dass der eigentliche Destinatär den durch Erbgang erlangten Vorteil abschöpfen darf.[73]

Deutlich bereicherungsrechtlich argumentiert Julian schließlich in dem Parallelfall, dass jemand einen Sklaven verkauft, der entgegen seiner Annahme nicht ihm, sondern einem anderen per Vindikationslegat vermacht ist. African D. 12,1,23 überliefert die Entscheidung.

African D. 12,1,23 (2 *quaestionum*)

Si eum servum, qui tibi legatus sit, quasi mihi legatum possederim et vendiderim, mortuo eo posse te mihi pretium condicere Iulianus ait, quasi ex re tua locupletior factus sim.	Wenn ich einen Sklaven, der dir vermacht ist, besitze und verkaufe, als sei er mir vermacht, so sagt Julian, dass du nach seinem Tod von mir den Wert kondizieren kannst, weil ich aus deiner Sache bereichert bin.

Julian gewährt ab dem Tod des Sklaven, vor dessen Eintritt der wahre Legatar vindizieren konnte, eine *condictio pretii.*[74] Die Parallelfälle der Freilassung des vermachten

71 Die spätere Freilassung, die freilich erzählerisch an den Ausgangsfall anknüpft, hätte Marican also eigentlich nicht erwähnen müssen. Allenfalls könnte sich vor der Freilassung die Frage gestellt haben, ob der Prätor den Erben dazu anhalten solle, den Sklaven für den Vermächtnisnehmer zurückzuerwerben, indem er mit Verurteilung auf das *duplum* drohte. Zu diesem Mittel indirekten Zwangs im dritten Kapitel IV.4.a (202 ff.).

72 Inst. 2,20,16: … *si vero heredis servus legatus fuerit et ipse eum manumiserit, teneri eum Iulianus scripsit, nec interest, scierit an ignoraverit a se legatum esse. sed et si alii donaverit servum et is cui donatus est eum manumiserit, tenetur heres, quamvis ignoraverit a se eum legatum esse.*

73 Mit bereicherungsrechtlichen Erwägungen erklärt Voci, DER II, 401 ff., 406 ff., ganz allgemein eine die Haftung aus Stipulation übersteigende Haftung aus Legat. Neben die Verantwortlichkeit des Erben für *culpa* trete hier eine „prevalenza dell'interesse del legatario", die verhindere, dass Dispositionen des Erben über den vom Testator bestimmten Gegenstand dem Legatar zum Nachteil gereichten: „la conoscenza o meno, che egli [l'erede] abbia del legato, non muta niente, giacchè non si tratta di sanzionare un atto illecito, ma di evitare un arricchimento ingiustificato" (400).

74 Mehr dazu im dritten Kapitel IV.3.e.aa (186 ff.); der Text 189.

Sklaven, in denen der gutgläubige Erbe auf dessen *aestimatio* haftete, lassen vermuten, dass auch hier der wahre Vermächtnisnehmer in jedem Fall den objektiven Wert des Sklaven erlangt, nicht nur den eventuell dahinter zurückbleibenden Verkaufspreis.[75] Auch dies lässt sich bereicherungsrechtlich deuten: Man kann argumentieren, dass jede Verwertung der Sache den Verwertenden um ihren vollen Wert *locupletior* macht, weil er ihr Potential in voller Höhe für sich verbraucht.[76]

Wir können auf Julian also den Gedanken zurückführen, dass derjenige, der gutgläubig über einen scheinbar endgültig durch Erbgang erlangten Gegenstand verfügt – bezeugt sind die Fälle des Verkaufs und der Freilassung eines Sklaven – dem wahren Begünstigten haftet. Diese Haftung fußt auf bereicherungsrechtlichen Erwägungen.

b. Relevanz der Kenntnis für Paulus

Die Position des Paulus zur Haftung des unwissenden Stipulationsschuldners, die in D. 45,1,91,2 nicht unmittelbar hervortritt, ist auch nirgends sonst überliefert. Auch Texte zur Haftung des Gutgläubigen im Erbrecht fehlen von ihm.

In zwei Texten zur *condictio* gegen denjenigen, der einen herauszugebenden Sklaven freigelassen hat, gibt Paulus allerdings der Kenntnis eine entscheidende Rolle: Nur bei Kenntnis haftet der Kondiktionsschuldner auf den vollen Sachwert; bei Unkenntnis wird nur eine tatsächlich noch im Vermögen vorhandene Bereicherung abgeschöpft.

Paulus in D. 12,6,65,8 (17 *ad Plautium*)

Si servum indebitum tibi dedi eumque manumisisti, si sciens hoc fecisti, teneberis ad pretium eius, si nesciens, non teneberis, sed propter operas eius liberti et ut hereditatem eius restituas.	Wenn ich dir einen nicht geschuldeten Sklave übereignet habe und du diesen freigelassen hast, so wirst du auf dessen Wert haften, wenn du es wissentlich getan hast, wenn unwissend, so wirst du nur wegen seiner Tagewerke als Freigelassener und dafür haften, dass du seine Erbschaft herausgibst.

Paulus D. 39,6,39 (17 *ad Plautium*)

Si is, cui mortis causa servus donatus est, eum manumisit, tenetur condictione in pretium servi, quoniam scit posse sibi condici, si convaluerit donator.	Wenn der, dem von Todes wegen ein Sklave geschenkt wurde, diesen freigelassen hat, wird er mit der *condictio* auf dessen Wert haften, weil er ja weiß, daß von ihm kondiziert werden kann, wenn der Schenker genest.

75 Die herrschende Lesart versteht aber unter *pretium* hier den Preis, vgl. im dritten Kapitel, 189 Fn. 232.

76 Ebenso Lübtow, Condictio, 77 ff., insb. 79. – Für diese Deutung spricht zudem ein Vergleich mit D. 39,6,19; auch dazu unten, 189.

Anders als Julian in den erbrechtlichen Quellen behandelt Paulus die Freilassung so, als sei der Sklave gestorben; sein Wert verloren, nicht realisiert. Auch der unentgeltliche Charakter des Erwerbs durch *donatio mortis causa*, der dem Erwerb durch Erbschaft ganz ähnlich ist, begründet für Paulus keine strengere Haftung. Hier zeigt sich ein anderer Ansatz als der von Julian verfolgte.[77]

c. Zusammenfassung

Insgesamt entsteht der Eindruck, dass Julian schon aus bereicherungsrechtlichen Gründen als gerechtfertigt ansieht, dass ein unentgeltlicher Empfänger auf den Sachwert haftet, wenn er über den Gegenstand verfügt hat. Paulus hingegen lässt unter diesen Umständen nur auf eine noch vorhandene Bereicherung haften und macht eine Haftung auf den Sachwert von Kenntnis abhängig. Dass der Ansatz Julians ihm fremd ist, zeigt sich schon daran, dass er dessen bereicherungsrechtlich zu deutende Entscheidung zum Fideikommiss dem Traktat einfügt, mit dem er die Grenzen der *culpa* auslotet.

Daher ist wahrscheinlich, dass sich Paulus im ursprünglichen Fortgang des Textes der von ihm mit *putat* referierten Lösung Julians schon für dessen erbrechtlichen Fall entgegenstellte. Weil das justinianische Recht sich Julian im Erbrecht anschloss (Inst. 2,20,16), mochten die Kompilatoren sich veranlasst gesehen haben, die abweichende Position des Paulus samt eventuellen Ausführungen zur Stipulation zu tilgen.

III. D. 45,1,91,3: *constitutio veterum* und Verzugsbereinigung

Der folgende § 3 lässt den Rahmen erkennen, der die gesamte Abhandlung trägt. An das einheitliche Haftungskriterium der *culpa*, die den Verzug mit umfasst, knüpft sich eine einheitliche Folge, die mit griffiger Formel als *obligatio perpetuatur* bezeichnet wird.

Paulus D. 45,1,91,3 (17 *ad Plautium*)

Sequitur videre de eo, quod veteres constituerunt, quotiens culpa intervenit debitoris, perpetuari obligationem, quemadmodum intellegendum sit. et quidem si	Es folgt nun eine Betrachtung dessen, was die Vorfahren beschlossen haben, dass [nämlich], wenn Verschulden des Schuldners eingetreten ist, die Obligation verewigt werde.[78] Wie ist dies zu verstehen? Und

77 Der Unterschied bestätigt sich bei Einbeziehung der Entscheidungen Julians zur *donatio mortis causa*. Vgl. die Zusammenfassung zur *condictio pretii* im dritten Kapitel IV.3.f (199 ff.).

78 So einstweilen mit dem üblichen Verständnis. Siehe aber die endgültige Übersetzung im sechsten Kapitel, 370.

effecerit promissor, quo minus solvere possit, expeditum intellectum habet constitutio: si vero moratus sit tantum, haesitatur, an, si postea in mora non fuerit, extinguatur superior mora. et Celsus adulescens scribit eum, qui moram fecit in solvendo Sticho quem promiserat, posse emendare eam moram postea offerendo: esse enim hanc quaestionem de bono et aequo: in quo genere plerumque sub auctoritate iuris scientiae perniciose, inquit, erratur. et sane probabilis haec sententia est, quam quidem et Iulianus sequitur: nam dum quaeritur de damno et par utriusque causa sit, quare non potentior sit qui teneat, quam qui persequitur?

wenn der Versprechende selbst bewirkt hat, dass er nicht mehr erfüllen kann, so ist der Beschluss leicht verständlich. Wenn er aber nur säumig ist, so zweifelt man, ob, wenn er später nicht [mehr] im Verzug ist, der frühere Verzug bereinigt werde. Und der heranwachsende Celsus schreibt, dass derjenige, der mit der Erfüllung des Stichus, den er versprochen hatte, in Verzug geraten ist, diesen Verzug bereinigen könne, indem er ihn nachträglich anbiete. Es handle sich hierbei nämlich um eine Frage nach dem Guten und Billigen; bei dieser Art Fragen werde aber unter der Autorität der Rechtswissenschaft vielfach, so hat Celsus gesagt, verhängnisvoll geirrt. Und gewiss ist diese Auffassung zu billigen, der nämlich auch Julian folgt. Denn wenn es um einen Schaden geht und die Rechtsstellung beider Parteien gleich ist, warum soll dann nicht derjenige besser stehen, der sich verteidigt, als derjenige, der etwas verlangt?

Man versteht den Text üblicherweise so, dass Paulus darin eine von den *veteres* überlieferte Regel behauptet, die geheißen haben muss: *Quotiens culpa intervenit debitoris, obligatio perpetuatur.*

Vorab sei festgehalten, dass andere Quellen bei der Beurteilung der Haftung des Schuldners eine andere Terminologie an den Tag legen. Sie berichten von Situationen, in denen es am ihm lag, dass er nicht mehr leistete *(si per promissorem steterit quo minus daret;*[79] *quam per te factum erit quominus id mihi dares)*[80]. Auch in ihnen geht die stipulierte Sache unter oder der Sklave stirbt, nachdem der Schuldner in Verzug geriet (*mora facta sit,*[81] *post moram*[82]); oder dies geschieht durch ein Verhalten des Schuldners *(facto promissoris)*[83]. Als Folge sprechen sie aus, dass der Gläubiger klagen kann, als ob die Sache noch existierte *(perinde agi ex stipulatu potest, ac si ea res extaret),*[84] und dass der Schuldner nicht weniger haftet, als wenn der Sklave noch lebte *(tenetur nihilo minus, proinde ac si homo viveret),*[85] oder einfach, dass ihn der Schaden trifft *(tuum id detrimentum constat)*[86]. Im umgekehrten Fall, wenn der Schuldner

79 Pomponius D. 45,1,23 (9 *ad Sab.*); Venuleius D. 46,2,31 pr. (3 *de stip.*).
80 Pomponius D. 12,1,5 (22 *ad Sab.*).
81 Venuleius D. 46,2,31 pr. (3 *de stip.*), dort auch: *in mora fueris;* Papinian D. 46,3,95 pr. (28 *quaest.*).
82 Ulpian D. 30,39,1 (21 *ad Sab.*); Ulpian D. 45,1,82,1 (51 *ad ed.*).
83 PS 5,7,4.
84 PS 5,7,4.
85 Ulpian D. 45,1,82,1 (51 *ad ed.*).
86 Pomponius D. 12,1,5 (22 *ad Sab.*) (allgemein für jedes *dare oportere*).

nichts gemacht hat (*nihil fecit,*[87] *sine facto*[88]), ihn kein Verschulden trifft (*sine culpa,*[89] *si dolo culpave careat*[90]), haftet er nicht (*non tenetur),*[91] sondern wird befreit (*liberatur),*[92] die Verbindlichkeit auf natürliche Weise gelöst (*verborum obligatio naturaliter resolvitur),*[93] die Stipulation ausgelöscht (*extinguitur stipulatio),*[94] nichts geschuldet (*nihil debetur)*[95]. Von einer *perpetuatio obligationis* ist dabei jedenfalls sprachlich keine Spur.

Zum Verständnis von D. 45,1,91,3 muss das Problem der Verzugsbereinigung näher beleuchtet werden. Anschließend soll zu der Frage Stellung genommen werden, ob die Subsumierung der Haftungsvoraussetzungen unter den Term *culpa* für das klassische Recht glaubhaft ist.

1. Verewigung und Verzugsbereinigung

Mit der von ihm vorgestellten Verewigungsregel hält Paulus für nicht ohne weiteres vereinbar, einen einmal entstandenen Verzug wieder als aufgehoben anzusehen. Darum sei im Fall des Verzugs die Bedeutung der *constitutio* nicht selbstverständlich. Es wirkt, als müsse Paulus, um über die Verzugsbereinigung zu entscheiden, die *constitutio* auslegen. Dadurch, dass Paulus sich Celsus und Julian anschließt und die Verzugsbereinigung zulässt, erscheint die Regel von der Verewigung präzisiert, vielleicht relativiert, aber in ihrer Geltung unangetastet.

a. Eine Innovation des Celsus

Das Zitat durch Paulus erweckt den Eindruck, dass die Anerkennung der Verzugsbereinigung auf Celsus zurückgeht.[96] Die in dem Text aufgebaute Spannung zu der alten Regel deutet ebenso auf eine Innovation wie der leidenschaftliche Ausbruch gegen die verderblich wirkende Rechtswissenschaft.

Demgegenüber vertritt Madai die Ansicht, es gehe in D. 45,1,91,3 nur um die Frage, welches Schuldnerverhalten die Verzugsbereinigung erfordere. Während

87 Paulus D. 45,1,91,1 (17 *ad Plaut.*).
88 Paulus D. 45,1,83,5 (72 *ad ed.*); Inst. 3,19,2.
89 Pomponius D. 46,3,107 (2 *ench.*); Paulus D. 45,1,37 (12 *ad Sab.*).
90 Ulpian D. 45,1,51 (51 *ad ed.*).
91 Etwa Pomponius D. 45,1,33 (24 *ad Sab.*); D. 46,3,92 pr. (9 *epist.*); Paulus D. 44,7,45 (5 *ad Plaut.*); D. 45,1,91,1 (17 *ad Plaut.*); Ulpian D. 45,1,51 (51 *ad ed.*).
92 Paulus D. 45,1,83,5 (72 *ad ed.*).
93 Pomponius D. 46,3,107 (2 *ench.*).
94 Inst. 3,19,2.
95 Paulus D. 45,1,37 (12 *ad Sab.*).
96 Für Celsus als Erkämpfer der Verzugsbereinigung auch Riccobono jr. AUPA 29 (1962) 183, 299 ff. Harke, Mora, 81, betont neben Celsus auch die Rolle von Julian und Marcellus.

nach Celsus ein aktives Angebot erforderlich sei *(posse emendare eam moram postea offerendo)*, stelle Paulus in den Raum, ob das bloße Unterlassen weiteren Säumens genüge *(an, si postea in mora non fuerit, extinguatur superior mora)*.[97] Die Deutung passt aber ebenso wenig zur Anlage des § 3 als kritische Auseinandersetzung mit der Frage, inwiefern Verzug verewigt, wie zu den vorgebrachten Begründungen.

Auch CANNATA und SANTORO nehmen an, die *purgatio morae* sei älteren Datums. CANNATA hält die Polemik des Celsus für eine Verteidigung des herrschenden Rechtszustandes gegen Advokaten, die als Laien das Prinzip der *perpetuatio* überladen.[98]

SANTORO geht von einem Schulenstreit aus und sieht die Polemik des Celsus gegen die eigenen Schulbrüder gerichtet. Für den Schulenstreit spricht in den Augen von SANTORO ein Zusammenhang mit dem Streit um die Leistung nach Streitbefestigung, der ebenfalls eher die Sabinianer befreiende Wirkungen zuzusprechen bereit waren.[99] Als Bindeglied dient eine Idee, die SANTORO von HARKE übernimmt: Die zunächst als haftungsauslösendes Ereignis konzipierte *mora* werde mit Anerkennung der *purgatio* eher als Zustand begriffen, der wieder enden kann.[100] Darin spiegele sich eine Entwicklung des Denkens über den Prozess, der zunächst als Mittel der Verwirklichung einer Geldhaftung durch *actio*, sodann mit Anerkennung der Leistung nach Streitbefestigung eher als Mittel zur Durchsetzung der Erfüllung einer Obligation erscheine.[101] Diese Parallelisierung übergeht einen Unterschied im haftungsauslösenden Charakter von *mora* und Klage: Dass nach Verzugseintritt die Erfüllung noch zulässig war, stand wohl nie außer Zweifel.

Dass schon Sabinus Verzugsbereinigung anerkannte, soll sich nach CANNATA wie nach SANTORO evident aus Javolen D. 45,1,105 ergeben.[102] Dort geht es aber gar nicht um die Beendigung eines Schuldnerverzugs, sondern um Gläubigerverzug:

Javolen D. 45,1,105 (2 *epistularum*)

Stipulatus sum Damam aut Erotem servum dari: cum Damam dares, ego quo minus acciperem, in mora fui: mortuus	Ich habe mir versprechen lassen, dass mir Dama oder Eros übereignet werde. Obwohl du mir Dama geben wolltest, säumte ich, ihn anzunehmen. Dama verstarb.

97 MADAI, Mora, § 65 475 ff.

98 CANNATA Iura 57 (2008–2009) 287 Fn. 5. Kritisch SANTORO AUPA 57 (2014) 205 mit Fn. 99.

99 Dazu unten 116 und 143 f.

100 Vgl. HARKE, Mora, 26 f.; zustimmend SANTORO AUPA 57 (2014) 204 f. mit Fn. 97, 206 mit Fn. 102; dagegen CANNATA Iura 57 (2008–2009) 308 f.

101 SANTORO AUPA 57 (2014) 207.

102 CANNATA Iura 57 (2008–2009) 311; SANTORO AUPA 57 (2014) 206 Fn. 100; beide ohne weitere Erläuterung.

est Dama: an putes me ex stipulatu actionem habere? respondit: secundum Massurii Sabini opinionem puto te ex stipulatu agere non posse: nam is recte existimabat, si per debitorem mora non esset, quo minus id quod debebat solveret, continuo eum debito liberari.

Ob du meinst, dass ich aus der Stipulation eine Klage habe? Er hat geantwortet: Der Auffassung des Masurius Sabinus folgend, vertrete ich den Standpunkt, dass du aus der Stipulation nicht klagen kannst. Denn Sabinus war zu Recht der Meinung, der Schuldner werde, wenn der Verzug, weswegen er nicht leiste, was er schuldete, nicht an ihm liege, sofort von seiner Schuld befreit.

Von Scaevola und Papinian wissen wir, dass sich die Verbindlichkeit grundsätzlich auf den anderen konzentriert, wenn einer der wahlweise geschuldeten Gegenstände untergeht.[103] Hingegen entscheidet Javolen für den Fall des Gläubigerverzugs – den der wahlberechtigte Schuldner durch Angebot des Dama herbeiführen konnte –, dass der Schuldner durch dessen Tod frei wird. Dafür beruft er sich auf einen Ausspruch des Sabinus: *si per debitorem mora non esset, quo minus id quod debebat solveret, continuo eum debito liberari.*

Teils wird angenommen, Sabinus habe sich nicht zu konkret dem Problem geäußert, das Javolen behandelt. So folgern Seckel und Levy aus der Sentenz, jeder Wahlschuldner werde frei, wenn einer der geschuldeten Gegenstände untergeht, ohne dass er in Verzug war. Damit nehmen sie einen Gegensatz in Kauf zwischen Sabinus und Javolen einerseits und Scaevola und Papinian andererseits.[104] Die Wahlschuld kommt in der Antwort des Sabinus ebenso wenig wie der Gläubigerverzug vor: Man könnte darin auch den ganz allgemeinen Grundsatz lesen, dass ein Schuldner frei wird, wenn er ohne eigenes Dazutun an der Leistung gehindert ist.[105]

Wahrscheinlicher ist aber, dass Sabinus denselben Sachverhalt vor Augen hat, der später Javolen bewegt.[106] Am nächsten liegt, dass der zitierte Satz bedeutet „wenn der Verzug (wie hier) nicht am Schuldner lag (sondern am Gläubiger)“; Sabinus also nur den Gläubigerverzug als entscheidendes Kriterium für die Befreiung hervorstreicht.[107]

Sprachlich und inhaltlich möglich erschiene auch das Verständnis „wenn (im vorausgesetzten Fall des Gläubigerverzugs) nicht (außerdem) Schuldnerverzug vorliegt“. Daraus

103 Vgl. Ulpian/Scaevola D. 13,4,2,3 (27 *ad ed.*) und Papinian D. 46,3,95,1 (28 *quaest.*); dazu im dritten Kapitel IV.2.c (165 ff.).

104 Seckel/Levy SZ 47 (1927) 216; dagegen insb. Haymann SZ 48 (1928) 398 f. Fn. 5.

105 Allgemeine Bedeutung ohne Bezug auf die Wahlschuld unterstellt Haymann SZ 41 (1920) 145 f., der den Satz für das Kaufrecht in Anspruch nimmt. Er versteht ihn aber so, dass der Schuldner nur frei wird, wenn Gläubigerverzug vorliegt.

106 So schon Madai, Mora, § 64 468 Fn. 982; ebenso Riccobono jr. AUPA 29 (1962) 241 f.

107 Für diese Übersetzung insb. Eckardt, Iavoleni epistulae, 38 f.; ihm folgt Harke, Mora, 86.

ließe sich allenfalls entnehmen, dass der Gläubigerverzug dem Schuldner nicht nützt, wenn er vorher in Schuldnerverzug war; also gerade eine Ablehnung der Verzugsbereinigung.

Dass ein bereits bestehender Schuldnerverzug durch anschließenden Gläubigerverzug aufgehoben wird, sodass ein Schuldner danach durch zufälligen Sachuntergang frei würde, sagen jedenfalls weder Sabinus noch Javolen. D. 45,1,105 spricht also nicht gegen Celsus als Innovator.[108]

b. Die Entscheidung und ihre Rezeption

Für Celsus ist die Anerkennung der Verzugsbereinigung nach D. 45,1,91,3 eine Frage *de bono et aequo,* die unter der Autorität der Rechtswissenschaft falsch beantwortet zu werden drohe.[109] Dass die Entscheidung des Celsus den Beifall des anderen Schuloberhaupts Julian fand, berichtet Paulus in D. 45,1,91,3 als bemerkenswerte Besonderheit und Indiz für ihre Richtigkeit. Darauf folgt eine inhaltliche Begründung: *nam dum quaeritur de damno et par utriusque causa sit, quare non potentior sit qui teneat, quam qui persequitur?* Dass diese rhetorische Frage von der Bemerkung zu den *quaestiones de bono et aequo* räumlich getrennt ist, spricht dafür, dass nun nicht mehr Celsus das Wort hat, sondern Julian oder der beipflichtende Paulus selbst.

Das Argument geht von der Risikoverteilung bei Zufallsschäden aus. Wie das *principium* und § 1 zeigen, trifft der Zufall grundsätzlich den Gläubiger: Der Schuldner muss nicht für Handlungen des Sacheigentümers einstehen; ist er selbst Eigentümer, muss er den kranken Sklaven nicht heilen. Außer dem Verlust der Sache muss er keine weiteren Aufwendungen oder eine Ersatzzahlung

108 Dass die Verzugsbereinigung gerade bei den Klagen auf ein *certum* erst so spät akzeptiert wurde, erklärt Harke, Mora, 85 f. damit, dass der Gläubiger hier schon grundsätzlich die Leistungsgefahr trägt. Daher bestand weniger Anlass, über Folgen seines Verzugs nachzudenken.

109 Nach Mayer-Maly Iura 7 (1956) 18 f. griff der Umstand, „dass die Gegner einer Purgierbarkeit der *mora* sich in geradezu positivistisch anmutender Manier auf das Fehlen einer constitutio, einer Regel des Juristenrechtes beriefen, ohne die sie im Bereich des *ius strictum* nicht operieren wollten", das Rechtsverständnis des Celsus an, wonach *ius est ars boni et aequi;* Ulpian D. 1,1,1 pr. (1 *inst.*). – Mantello St. Nicosia (2007) 5 121–142 problematisiert, dass dem Guten und Gerechten in unserer Stelle nur die Herrschaft über einen Teilbereich des Rechts zugesprochen wird (zu dem die *purgatio morae* gehört), während die beiden Qualitäten nach D. 1,1,1 pr. das Recht überhaupt determinieren sollen. Der Autor vermutet, dass sie diese zentrale Position im Denken des Juristen erst nach und nach errungen haben. So erklärt er *Celsus adulescens,* demnach: Celsus *(filius)* als junger Mann. – Hingegen kommt nach Behrends in der Anmerkung des Celsus gerade das „Gefühl" zum Ausdruck, „mit dem Übertritt in das Reich der *aequitas* den Boden unter den Füssen zu verlieren". Dieses Gefühl resultiere aus dem Prozess der Annäherung an die sabinianische Schule durch „fortschreitende Aufnahme materialer Gesichtspunkte in das [G. A.: nach Behrends formale, positivistische, institutionelle] Rechtssystem des Servius Sulpicius" (Kommentar, 458 f. mit Fn. 107).

verkraften. Die Waage schlägt daher zugunsten des Schuldners aus, wenn kein besonderer Gesichtspunkt für oder gegen eine der Parteien ins Gewicht fällt. Erst der Verzug des Schuldners rechtfertigt es, ihn zu benachteiligen und die Gefahr eines Sachunterganges auf ihn überzuwälzen. Säumt jedoch auch der Gläubiger mit der Annahme, so haben beide wieder gleiches Recht *(par causa)*.[110] Der Schaden trifft erneut den Gläubiger.

Wie in D. 45,1,91,3 entscheidet Paulus für Verzugsbereinigung auch in D. 45,1,73,2:

Paulus D. 45,1,73,2 (24 *ad edictum*)

Stichi promissor post moram offerendo purgat moram: certe enim doli mali exceptio nocebit ei, qui pecuniam oblatam accipere noluit.	Wer den Stichus versprochen hat, bereinigt seinen Verzug, indem er [den Stichus] nach Verzugseintritt anbietet. Gewiss nämlich schadet die Einrede der Arglist dem, der angebotenes Geld nicht hat annehmen wollen.

Im Vergleichsfall hat der Gläubiger einen geschuldeten Geldbetrag nicht angenommen. Dem Schulder soll dann eine *exceptio* zustehen. Hier muss stillschweigend vorausgesetzt sein, dass das Geld nach dem Erfüllungsversuch verloren geht.[111] Die Schuld erlischt dann nicht schon *ipso iure*, weil sie sich nicht auf die konkreten Geldstücke beschränkt.[112]

110 Der Satz *si par utriusque causa est, potentior est qui teneat, quam qui persequitur* ist an anderer Stelle nicht bezeugt. Von einem *favor debitoris* spricht Biondi, Contratto, 366 (wohlwollend Knütel, Stipulatio poenae, 186, mit Verweis auf die Behandlung des Schuldners bei der Verfallsbereinigung). Biondi erinnert auch an das „principio generale per cui nel dubbio si mantiene la situazione attuale, rappresentata dal convenuto“. Die Wertung unseres Textes lässt sich unter den Grundsatz *potior est conditio defendentis* fassen. Er dürfte auch der Regel *melior est conditio possidentis* zugrunde liegen, die Ulpian (Julian) D. 6,2,9,4 (16 *ad ed.*) und D. 20,1,10 (73 *ad ed.*) überliefern.

111 Ebenso Kaser, RP I, § 119 II 3 Fn. 31, 516; Knütel, Stipulatio poenae, 190 Fn. 20. Dasselbe gilt für Ulpian D. 46,3,30 (51 *ad ed.*). Fall und Lösung entsprechen dann Marcellus D. 46,3,72 pr. (20 *dig.*), der auf gleiche Weise Stück- und Gattungsschuld gegenüberstellt. Zum Text vgl. im vierten Kapitel II.1.b.bb (3) (255 ff.). – Textkritisch hinsichtlich der Verbindung der beiden Fälle mit *enim* hingegen Cannata Iura 57 (2008–2009) 312 f. Unnötig kompliziert Hägerström, Verbalobligation, 239 f.: Im zweiten Teil von fr. 73,2 gehe es um denselben Fall wie im ersten, nämlich „um die prozessuale Folge der Offerierung des Sachwertes ‚pecunia‘ nach dem Untergang des Dinges nach *mora*“. Weil die Kompilatoren nach Sachuntergang eine Verbindlichkeit zum Schadenersatz angenommen hätten, hätten sie einen Mittelsatz gestrichen, in dem Paulus erklärt habe, dass das Angebot des Sachwertes wegen des abweichenden Schuldgegenstandes keine zivilrechtliche Wirkung haben könne.

112 Vgl. zur unterschiedlichen Wirkung der Verzugsbereinigung bei Spezies- und Gattungsschulden schon Madai, Mora § 65 478; im Übrigen Kaser, RP I, § 119 II 3, 516; Knütel, Stipulatio poenae, 190 f.

2. *Perpetuatio* und *culpa*

Dass in D. 45,1,91,3 die *culpa* als Voraussetzung für das *perpetuari* genannt wird, ist vielfach auf Verwunderung gestoßen. Bis heute wird unsere Vorstellung von den Haftungsvoraussetzungen von einem Entwicklungsmodell geprägt, das wenigstens bis auf JHERING zurückgeht: Das archaische Recht gehorche dem Prinzip objektiver Erfolgshaftung, während *culpa* durch persönliche Vorwerfbarkeit geprägt sei und sich in der Klassik erst am Ende eines langen Prozesses als Haftungskritierum durchgesetzt habe.[113] Dazu passt einerseits schlecht, dass Paulus die Vokabel den *veteres* in den Mund legt. Andererseits hat die Literatur auch Schwierigkeiten, den subjektiv aufgeladenen Begriff der *culpa* mit den in den voranstehenden Abschnitten erörterten Fällen der Haftung in Einklang zu bringen.[114]

Die in dieser Arbeit verfochtenen Deutungen der Abschnitte pr.-2 begegnen diesen Schwierigkeiten nicht. Dass nach Julian der Erbe auch ohne Kenntnis vom Fideikommiss aus diesem haften soll (§ 2), lässt sich mit Verschulden schwerlich erklären. Doch nach der hier vertretenen Auffassung basiert diese Haftung nicht auf *culpa,* sondern auf bereicherungsrechtlichen Erwägungen. Paulus wird die Frage verneint haben, *an et is, qui nesciens se debere occiderit, teneatur.* Sollte der Schuldner für die in § 1 beschriebenen rechtlichen Leistungshindernisse als Eigentümer stets, andernfalls aber nie einstehen müssen, wäre auch dies keine Haftung für Verschulden.[115] Nach der hier vertretenen Auffassung schreibt Paulus aber nur deswegen vom Eigentümer, weil er unterstellt, dass dessen Verhalten den Eintritt des Hindernisses begünstigt hat. Wenn man dem *principium* entnimmt, dass ein Unterlassen bei einer auf *dari* gerichteten Stipulation nie *culpa* darstelle, so widerspricht dies der Einordnung der *mora* als Sonderfall der *culpa* in § 3.[116] Hier wurde jedoch vorgeschlagen, im Text nicht

---

113 Zur durch das Christentum geförderten Entwicklung des modernen Verschuldensbegriffs in Spätantike und Mittelalter vgl. HkK-SCHERMAIER, §§ 276–278, Rn. 27 ff.

114 Schon JHERING stört sich daran, dass „der Schuldner schlechthin für jede Handlung verantwortlich sein [soll], durch welche er sich die Erfüllung der Verbindlichkeit unmöglich macht, ja selbst dann, wenn er ‚nesciens se debere, servum occiderit' […], und diese Haftung […] von dem Juristen unter den Gesichtspunkt der *culpa* gebracht [wird]". Hier werde über die Schuld nicht individuell, sondern abstrakt entschieden; also ausnahmsweise „die Schuldfrage […] Gegenstand eines Rechtssatzes" (Schuldmoment, 48). Gerade in dieser „bis zur Unkenntlichkeit entstellenden" Handhabung des Schuldbegriffs sieht JHERING die Bestätigung, dass die Klassiker nicht anders konnten, als jede Haftung mit *culpa* zu begründen (49).

115 Daher der Interpolationsverdacht insbesondere gegen die Fälle der Weihe des Grundstücks und des von den Feinden gefangengenommenen Sklaven; vgl. zu MAYER-MALY auch oben II.2.f in Fn. 60.

116 Vgl. oben II.1 in Fn. 28.

mehr als die Entscheidung des konkreten Falls zu sehen, dass der Schuldner einen erkrankten Sklaven nicht pflegt.

Heute geht man im Übrigen davon aus, dass die klassische *culpa* weniger subjektiv aufgeladen war als das moderne Verschulden. KASER umschreibt die ursprüngliche, vorklassische *culpa* als ein „typisiertes Verschulden: Man lässt den Täter haften nicht um seiner Tat selbst und ihres schädigendes Erfolges willen, sondern weil erfahrungsgemäss den, der so handelt, ein Schuldvorwurf trifft". Dieses frühe Verständnis, das einer objektiven Haftung nahesteht, hinterlasse noch Spuren in der späteren *culpa*.[117] Treffend erscheint die Beschreibung von SCHIPANI, wonach *culpa* eher eine Verhaltensweise an sich charakterisiert als die Verwirklichung des handelnden Subjekts darin.[118] Ähnlich hat bereits KUNKEL die *culpa* der Klassik erklärt als „durchaus objektiv gefärbt. Ohne ein verschuldetes Ereignis ist eine *culpa* überhaupt nicht denkbar". Er spricht von einem „Haften am objektiven Tatbestand", das aus der „kasuistischen Methode" resultiere.[119]

Culpa im Sinne eines dem obligatorischen Standard nicht genügenden und so die Erfüllung vereitelnden Verhaltens bietet durchaus ein nachvollziehbares Bindeglied für die in D. 45,1,91 betrachteten Fälle. Die Frage, ob schon die *veteres* von ihr sprachen,[120] ist damit allerdings nicht erledigt.

IV. D. 45,1,91,4–5: „Persönlicher Anwendungsbereich" der *constitutio*

Die anschließenden §§ 4 und 5 sind als Auseinandersetzung mit der vorangestellten *constitutio veterum* konzipiert. Sie bestimmen geradezu deren „persönlichen Anwendungsbereich":[121]

117 KASER SDHI 46 (1980) 94f.

118 Vgl. SCHIPANI, Ex lege Aquilia, 131 (insoweit nicht begrenzt auf die aquilianische Haftung): „la riprovevolezza del comportamento in sé e per sé considerato è essenziale, la *culpa* è cioè connessa ad un rimprovero soggettivo, anche se questo non colpisce soltanto gli atteggiamenti intenzionali, ma altresì il mancato controllo – in rapporto ad un modello – dei propri atteggiamenti". Zu unserem Text führt er aus: „*culpa* designa la condotta del soggetto che, al di fuori di ipotesi di caso o forza maggiore, non ha osservato l'obbligo al quale era tenuto" (128f.).

119 KUNKEL SZ 45 (1925) 338f.

120 GRADENWITZ hat den Gedanken eingeführt, Paulus habe in den Tatbestand der überlieferten Regel die *culpa* an die Stelle einer älteren Formulierung gesetzt. Dazu unten 88.

121 Formulierung von MAYER-MALY Iura 7 (1956) 20.

Paulus D. 45,1,91,4–5 (17 *ad Plautium*)

§ 4 Nunc videamus, in quibus personis haec constitutio locum habeat. quae inspectio duplex est, ut primo quaeramus, quae personae efficiant perpetuam obligationem, deinde quibus eam producant. utique autem principalis debitor perpetuat obligationem: accessiones an perpetuent, dubium est. Pomponio perpetuare placet: quare enim facto suo fideiussor suam obligationem tollat? cuius sententia vera est: itaque perpetuatur obligatio tam ipsorum quam successorum eorum. accessionibus quoque suis, id est fideiussoribus, perpetuant obligationem, quia in totam causam spoponderunt.	§ 4 Nun wollen wir sehen, auf welche Personen diese Entscheidung Anwendung findet. Das erfordert eine zweifache Betrachtung. Zunächst wollen wir fragen, welche Personen die Verbindlichkeit zu einer ewigen machen, sodann wem sie dieselbe verlängern. Jedenfalls aber verewigt der Hauptschuldner die Schuld. Ob auch mitverpflichtete Personen *(accessiones)* sie verewigen, ist zweifelhaft. Pomponius nimmt dies an: Warum soll nämlich ein Bürge seine Obligation durch eigenes Verhalten aufheben können? Diese Auffassung ist richtig. Daher werde [durch *culpa* der Bürgen] ihre Schuld und die ihrer Nachfolger verewigt. Auch den für sie mitverpflichteten Personen *(accessionibus)*, das heißt ihren Bürgen, verewigen sie die Obligation, weil diese sich für die gesamte Angelegenheit verbürgt haben *(spoponderunt)*.
§ 5 An filius familias, qui iussu patris promisit, occidendo servum producat patris obligationem, videndum est. Pomponius producere putat, scilicet quasi accessionem intellegens eum qui iubeat.	§ 5 Ob ein Haussohn, der auf Weisung des Vaters versprochen hat, des Vaters Obligation verlängert, indem er den Sklaven tötet, ist [nun] zu betrachten. Pomponius nimmt dies an, indem er den Vater wegen seiner Weisung sozusagen wie eine mitverpflichtete Person *(quasi accessionem)* betrachtet.

Es geht darum, wie sich *culpa* auf andere Personen auswirkt, die ebenfalls für die Erfüllung haften. Dass der Bürge für den Hauptschuldner einstehen muss, erscheint selbstverständlich. Entsprechend hafte der *pater familias* nach Pomponius auf die *actio quod iussu,* wenn der *filius* den versprochenen Sklaven tötet.[122] Als problematisch wird der Fall beschrieben, dass der Bürge handelt. Mit Pomponius wird dafür plädiert, dass er für eigenes Verhalten hafte – wenn etwa der Bürge den versprochenen Sklaven tötet. Diese Haftung erstreckt sich dann selbstverständlich auf die Nachbürgen.[123]

Die Ausführungen zur Bürgschaft bereiten Schwierigkeiten. Weil in der justinianischen Kompilation *sponsores* und *fideipromissores* gar nicht mehr auftreten, erlaubt jeder die Bürgschaft behandelnde Text Zweifel, ob der klassische Jurist wirklich von einem *fideiussor* schrieb. Obwohl schon in klassischer Zeit die *fideiussio* die *sponsio* und die *fideipromissio* praktisch weitgehend verdrängt

122 Dass die Haftung des Vaters überhaupt der Begründung bedarf, mag Solazzi BIDR 38 (1930) 6 f. (= Scr. III 342) nicht glauben und hält den Schluss daher für interpoliert. Dagegen Knütel SZ 100 (1983) 373 f.: Pomponius und mit ihm Paulus begründeten „wegen der prinzipiellen Unbeachtlichkeit des *factum alterius*".

123 Dass Bürgschaft für einen Bürgen zulässig ist, behauptet Ulpian D. 46,1,8,12 (74 *ad Sab.*) als zweifellos. Die Folgen erläutert er in D. 46,1,27,4 (22 *ad ed.*): Der Bürge, für den ein anderer bürgt, ist gegenüber diesem *fideiussor fideiussoris* Hauptschuldner.

hatte,[124] belegt Gaius, dass sich die Juristen noch damit beschäftigten.[125] Von den vermeintlichen *fideiussores* heißt es in § 4 *spoponderunt*, was an die *sponsio* denken lässt.[126] Zudem besteht nach FLUMES Lehre die Besonderheit der älteren Bürgschaftsformen gegenüber der *fideiussio* in der Unabhängigkeit der Bürgenschuld von der Hauptschuld. Dass nach § 4 der Bürge für eigenes Verschulden haften soll, obwohl dieses den Hauptschuldner möglicherweise befreit,[127] erweckt just den Eindruck solcher Unabhängigkeit. Daher besteht der Verdacht, dass der Text in dieser Form nicht von Paulus stammt.

1. Widersprüchliche Zeugnisse zur Bürgenhaftung

Um dem Verdacht nachzugehen, müssen die übrigen Texte gesichtet werden, die das Problem einer Abhängigkeit der Bürgenschuld von der Hauptschuld aufwerfen. Sie sollen zunächst in der überlieferten Fassung betrachtet werden, weil ein Muster einer Eliminierung von *sponsio* und *fideipromissio* sich nicht am einzelnen Text, sondern nur in der Gesamtschau zeigen kann.

a. Inkohärenz bei Paulus

Schon die von Paulus überlieferten Texte vermitteln kein kohärentes Bild von der Haftung des Bürgen für eigenes Verschulden. Unproblematisch ist der Einfluss einer „Verewigung" der Hauptschuld auf die Bürgenschuld, den Paulus auch im 22. Buch seiner *quaestiones* beschreibt:

Paulus D. 46,1,58,1 (22 *quaestionum*)[128]

Cum facto suo reus principalis obligationem perpetuat, etiam fideiussoris durat obligatio, veluti si moram fecerit in Sticho solvendo et is decessit.	Wenn der Hauptschuldner durch sein Verhalten die Verbindlichkeit verewigt, so dauert auch die Verbindlichkeit des Bürgen an; ebenso wie wenn er [der Hauptschuldner] mit der Leistung des Stichus säumte und dieser starb.

124 Auswertung der Urkunden bei NELSON/MANTHE, Kontraktsobligationen, 479 ff. Dazu noch im Kontext der Bürgschaft für die perpetuierte Schuld, unten 284 f.

125 Zu den drei Bürgschaftsformen Gaius 3, 115–127.

126 Vgl. Gaius 3, 116: *Sponsor ita interrogatur: IDEM DARI SPONDES?* – Entschieden FLUME, SZ 113 (1996) 116: „ist ausgeschlossen [...] daß ein Klassiker für die *fideiussores* hat sagen können: *perpetuant obligationem, quia in totam causam spoponderunt*".

127 Vgl. im Gegensatz dazu Papinian D. 4,3,19 (37 *quaest.*): *Si fideiussor promissum animal ante moram occiderit* [...] *debitore liberato per consequentias ipse quoque dimittitur;* dazu sogleich unter 1. b.

128 Dass Paulus D. 46,1,58,1 von einem *sponsor* schrieb, vermuten PUGLIESE St. Paoli (1956) 581 f. und FREZZA, Garanzie I, 85.

Factum und *mora* des Hauptschuldners werden hier nicht - wie im 17. Buch *ad Plautium* - von vorneherein zusammengefasst, stehen aber als gleich zu behandelnde Fälle nebeneinander.

Etwas ausführlicher erläutert Paulus die Beziehung zwischen der Haftung des Hauptschuldners und der des Bürgen im 6. Buch *ad Plautium:*

Paulus D. 45,1,88 (6 *ad Plautium*)[129]

Mora rei fideiussori quoque nocet. Sed si fideiussor servum obtulit et reus moram fecit, mortuo Sticho fideiussori succurrendum est. Sed si fideiussor hominem occiderit, reus liberatur, fideiussor autem ex stipulatione conveniri potest.	Der Verzug des Schuldners schadet auch dem Bürgen. Aber wenn der Bürge den Sklaven angeboten hat und der Schuldner säumte, so muss man nach dem Tod des Stichus dem Bürgen helfen. Wenn aber der Bürge den Sklaven getötet hat, wird der Schuldner befreit, der Bürge aber kann aus der Stipulation in Anspruch genommen werden.

Trotz Verzugs des Hauptschuldners soll dem Bürgen geholfen werden, wenn der Gläubiger die von ihm angebotene Leistung nicht angenommen hat. Die Formulierung deutet darauf hin, dass der Prätor dem Annahmeverzug nur über eine *exceptio doli* Rechnung trägt.[130] Im Gegensatz dazu hebt ein Angebot durch den Schuldner selbst dessen Verzug nach Paulus mit zivilrechtlicher Wirkung auf.[131] Augenscheinlich wird der Verzug des Hauptschuldners durch das Angebot des Bürgen nicht bereinigt. Darin kommt eine gewisse Subsidiarität der Bürgenhaftung zum Ausdruck: Der Hauptschuldner kann den Gläubiger nicht an den Bürgen verweisen.[132] Weil der Bürge für den Hauptschuldner einstehen muss, haftet er zivilrechtlich und bedarf der rettenden *exceptio.*

Tötet der Bürge den geschuldeten Sklaven, so kann der Gläubiger nach D. 45,1,88 nur gegen den Bürgen vorgehen, dies allerdings ganz regulär aus dessen Bürgschaftsstipulation. In der Terminologie von fr. 91: Der Hauptschuldner perpetuiert durch seinen Verzug die Obligation seines Bürgen ebenso wie seine eigene, der Bürge befreit durch seine Tat den Hauptschuldner, perpetuiert jedoch seine eigene Obligation.

129 Für Paulus D. 45,1,88 wird vermutet, dass von einem *sponsor* die Rede war. So außer FLUME, Akzessorietät, 112 ff., sowie SZ 113 (1996) 113 auch PUGLIESE St. Paoli (1956) 581 ff.; FREZZA, Garanzie I, 85; KASER, RP I, § 155 II 4 a) Fn. 47, 664. SOLAZZI Scr. II 264 hält den Gedankengang insgesamt für unecht.

130 So auch FREZZA, Garanzie I, 85.

131 Sofern es sich - wie hier - um eine Stückschuld handelt. Vgl. D. 45,1,73,2 sowie fr. 91,3; dazu oben III.1 (36 ff.).

132 Der Gläubiger hingegen kann wählen, wen er in Anspruch nimmt. Eine Klage gegen den Bügen gilt allerdings nach Gaius D. 47,10,19 (22 *ad ed. prov.*) als *iniuria* gegen den Hauptschuldner, falls dieser solvent ist. Dazu KASER, RP I, § 155 II 4 c) mit Fn. 55, 665; zur Lösung der praktischen Probleme KASER/KNÜTEL/LOHSSE § 57 Rn. 17.

Für den Verzug des Bürgen ist uns von Paulus aber auch eine andere Lösung überliefert, nämlich aus dem 37. Buch *ad edictum:*

Paulus D. 45,1,49 pr. (37 *ad edictum*)[133]

Cum filius familias Stichum dari spoponderit et, cum per eum staret, quo minus daret, decessit Stichus, datur in patrem de peculio actio, quatenus maneret filius ex stipulatu obligatus. at si pater in mora fuit, non tenebitur filius, sed utilis actio in patrem danda est. quae omnia et in fideiussoris persona dicuntur.	Wenn ein Haussohn versprochen hat, dass Stichus gegeben werde, und Stichus starb, während der Sohn im Verzug war, so wird gegen den Vater die Klage wegen des Sondergutes gewährt, soweit auch der Sohn aus der Stipulation verpflichtet bliebe [wenn er in Anspruch genommen worden wäre]. Wenn aber der Vater in Verzug war, wird der Sohn nicht haften, aber eine *actio utilis* gegen den Vater muss gewährt werden. Was alles auch im Hinblick auf einen Bürgen gesagt wird.

Unproblematisch haftet ein Vater weiterhin mit der *actio de peculio,* wenn der Sohn mit einem versprochenen Sklaven in Verzug geriet und der Sklave verstarb. Daneben wird trotz der irrealen Form *maneret* auch der Sohn weiterhin haften. Man wird den Text so verstehen müssen: Gegen den Vater wird die Klage aus dem Pekulium gegeben, soweit auch der Sohn aus der Stipulation verhaftet bliebe – wenn nämlich nicht der Vater, sondern der Sohn in Anspruch genommen würde. Die Lösung stimmt mit § 5 des Traktats über die *perpetuatio obligationis* überein, wonach der Vater mit der *actio quod iussu* belangt werden kann, wenn der Sohn den Sklaven tötet.

War hingegen beim natürlichen Tod des Sklaven allein der Vater in Verzug, wird der Sohn frei. Mangels Verbindlichkeit des Sohnes kann der Vater nicht ohne weiteres *de peculio* haften. Denn die *intentio* einer adjektizischen Klage entspricht derjenigen der entsprechenden Klage gegen den Sohn; der Vater taucht erst in der *condemnatio* auf.[134] Hiervon geht Paulus stillschweigend aus und schafft Abhilfe, indem er eine *actio utilis* gegen den Vater einfordert. Nach dem Schlusssatz soll dasselbe für den *fideiussor* gelten. Demnach haftet auch der Bürge, wenn die Sache während seines Verzuges, aber ohne Verzug des Hauptschuldners untergeht, nur dank einer *actio utilis.*

Wer für die Übereignung eines Stichus bürgt, haftet normalerweise mit der *condictio certae rei,* die auf dem zivilrechtlichen *dare oportere* beruht.[135] Wenn

133 Dass der Text auch ursprünglich vom *fideiussor* handelte, ist anerkannt. So auch FLUME Akzessorietät 46 f. sowie SZ 113 (1996) 114 (dort offen gegenüber Alternativen zu kompilatorischer Herkunft der *actio utilis*); für Echtheit der *actio utilis* bereits SOLAZZI Scr. II 260, 269 f.; dagegen aber PUGLIESE St. Paoli (1956) 584 ff. Vgl. im Übrigen FREZZA, Garanzie I, 85 f.

134 Vgl. LENEL, EP, 281; KASER, RP I, § 141 I 3.

135 Besondere Klageformeln für die Bürgschaft vermuten weder LENEL, EP, 214 ff. noch MANTOVANI, Formule. Die Klage gegen denjenigen, der sich für die Stipulation eines *incertum* verbürgt hatte,

stattdessen eine *actio utilis* erforderlich sein soll, so deswegen, weil das *dare oportere* verneint werden müsste. Augenscheinlich besteht die Obligation des Bürgen ohne Hauptschuld nicht fort, anders gesagt: Sie ist ähnlich akzessorisch wie die Haftung des *pater* gegenüber der des *filius.*[136]

Es verwundert, dass dieses Problem in fr. 88 und fr. 91,4 nicht aufscheint. Teils wird angenommen, in fr. 88 und fr. 91,4 bleibe die genaue Bestimmung der Klage nur ausgespart; doch habe Paulus auch dort an eine *actio utilis* gedacht.[137] Bereits im Fall von fr. 88, wo es heißt: *fideiussor autem ex stipulatione conveniri potest,* wirkt unwahrscheinlich, dass der Jurist es verschwiegen hätte, wenn er das zivilrechtliche *dare oportere,* an das die Erwähnung der Stipulation denken lässt, nicht mehr bejaht hätte. Eindeutig ist wohl fr. 91,4, wo es Paulus gerade um die Fortdauer der Obligation geht, aus der sich die fortdauernde Berechtigung der *condictio* ohne weiteres ergibt.[138]

b. Inkohärenz bei Papinian

Dieselbe Inkohärenz findet sich innerhalb der *quaestiones* des Papinian. Sie tritt hier noch klarer zu Tage, weil es zweimal um ein *factum fideiussoris* geht. Dass die Bürgschaftsklage nicht mehr gegeben sei, wenn der Bürge das geschuldete Tier tötet, referiert D. 4,3,19 als Position von Neraz und Julian:

Papinian D. 4,3,19 (37 *quaestionum*)[139]

Si fideiussor promissum animal ante moram occiderit, de dolo actionem reddi adversus eum oportere Neratius Priscus et Iulianus responderunt, quoniam debitore liberato per consequentias ipse quoque dimittitur.	Wenn der Bürge ein versprochenes Tier vor Verzugseintritt tötet, haben Neratius Priscus und Julian geantwortet, so müsse gegen ihn eine Klage wegen Arglist gegeben werden, weil er ja wegen der Befreiung des Schuldners als Folge selbst auch aus der Haftung entlassen wird.

wurde nach Gaius 4,137 mit einer *praescriptio* versehen. Dazu Steiner SZ 123 (2006) 185–196 sowie Solidarobligationen, 93 ff. Allgemein zur Klageformel bei der Stipulation unten 120 f.

136 Treffend Pugliese St. Paoli (1956) 570 Fn. 2: „Beninteso il vincolo del *pater familias* ha natura pretoria, mentre quello del *fideiussor* riposa sul *ius civile*; tuttavia il loro rapporto con l'obbligazione del *filius* o, rispettivamente, con quella del debitore principale è [...] analogo".

137 So für beide Texte bereits Savigny, System V, 615 Fn. h, und nun Harke, Actio utilis, 241; nur für fr. 91,4 Frezza, Garanzie I, 88 f. (der Unterschied zu fr. 88 erklärt sich für Frezza damit, dass dort vom *sponsor* die Rede war).

138 Dies zeigt D. 45,1,91,6: *Effectus huius constitutionis ille est, ut adhuc homo peti possit.* Dazu unter V (46 f.).

139 Dass Papinian vom *fideiussor* schrieb, zieht niemand in Zweifel. Für Flume handelt es sich um die Kardinalstelle, der er das klassische Regime der *fideiussio* entnimmt; vgl. Akzessorietät, 106, sowie SZ 116 (1996) 111 f. Vgl. im Übrigen Pugliese St. Paoli (1956) 571 ff.; Frezza, Garanzie I, 90 f.

Der Bürge wird das Tier nicht vorsätzlich umgebracht haben müssen. Vielmehr kann seine Arglist darin liegen, sich trotz eigenen Verschuldens auf die wegen der Befreiung des Schuldners sozusagen reflexhaft eingetretene eigene Befreiung zu berufen.[140]

Der Text legt nahe, dass Papinian sich Neraz und Julian anschließt. Teilweise wird allerdings vermutet, dass die Kompilatoren einen Widerspruch Papinians unterdrückten.[141] Denn nach D. 46,3,95,1 soll es gegen einen Bürgen, der den versprochenen Sklaven tötet, gerade keiner *actio de dolo* bedürfen. Nachdem Papinian gegen denjenigen eine *actio de dolo* gewährt, der nach seiner Wahl einen von zwei Sklaven schuldet, wenn der erste durch *factum debitoris,* der zweite zufällig verstirbt,[142] fährt der Jurist fort:

Papinian D. 46,3,95,1 (28 *quaestionum*)[143]

[...] aliter quam in persona fideiussoris, qui promissum hominem interfecit, quia tenetur ex stipulatu actione fideiussor, quemadmodum tenebatur, si debitor sine herede decessisset.	[...] anders als gegen die Person des Bürgen, der den versprochenen Sklaven tötet, weil der Bürge mit der Klage aus der Stipulation gehalten wird, wie er auch gehalten wurde, wenn der Schuldner ohne Erben verstorben war.

Haftung auf die Klage aus der Stipulation entspricht der Lösung des paulinischen Plautiuskommentares (D. 45,1,88 und 45,1,91,4).

140 Vgl. Wacke RIDA 27 (1980) 362 f.; zurückhaltend MacCormack SDHI 52 (1986) 244 f. Absichtliche Tötung fordert Pugliese St. Paoli (1956) 572 f.

141 Als Möglichkeit erwägt dies Frezza, Garanzie I, 91. Steiner, Solidarobligationen, 151 f., nimmt an, die Kompilatoren hätten Papinians Widerspruch gegen die von Neraz und Julian gewährte *actio de dolo* gestrichen, um den Text unproblematisch in D. 4,3 *(De dolo malo)* einfügen zu können. Hierfür erhält Steiner Beifall von Babusiaux, Quaestiones, 117, und Finkenauer SZ 130 (2013) 182. Dass Papinian nur referiert, betonen nun auch Heinemeyer, Akzessorietät, 74 f., und Knütel FS Nishimura (2018) 141 Fn. 23.

142 Zu diesem Hauptteil des Textes vgl. im dritten Kapitel IV.2.c.bb (167 ff.). – Die Annahme von De Martino, L'autonomia, 50 f., der Orginaltext habe davon gehandelt, dass der *fideiussor* den zweiten der wahlweise geschuldeten Sklaven tötet, ist nicht erforderlich.

143 Der ganze Satz ist interpoliert nach Solazzi Scr. II 263 f.; zustimmend Pugliese St. Paoli (1956) 579 ff. (mit dem Vorschlag, Wahlschuldner und Bürge seien zivilrechtlich frei und die *actio de dolo* allein dem Bürgen gewährt worden). Frezza, Garanzie I, 90 ff. geht vom *fideiussor* aus und nimmt auch hier an, dass an eine *actio utilis* gedacht sei (so wohl auch Harke, Actio utilis, 242). Andererseits zieht Frezza in Betracht, dass es sich bei dem Text um die Marginalglosse eines späteren Bearbeiters handeln könne, der sich an Paulus D. 45,1,88 orientierte. Nach Flume, Akzessorietät, 119 f. handelte Papinian vom *sponsor;* in SZ 116 (1996) 112 f. erklärt Flume auch eine inhaltliche Veränderung oder Interpolation für denkbar. Für *sponsor* auch Ziliotto, Obbligazioni, 252 ff.; dagegen Knütel FS Nishimura (2018) 141.

c. Eigenständige Bürgenhaftung bei Scaevola

Beide Positionen, zwischen denen Paulus und Papinian innerlich zerrissen scheinen, sind zudem von anderen Klassikern besetzt. Dass der Bürge aus seiner Bürgschaft für eigene *mora* einstehen muss, obwohl der Hauptschuldner nicht haftet, finden wir bei Scaevola D. 45,1,127:

Scaevola in D. 45,1,127 (5 *quaestionum*)[144]

Si pupillus sine tutoris auctoritate Stichum promittat et fideiussorem dedit, servus autem post moram a pupillo factam decedat, nec fideiussor erit propter pupilli moram obligatus: nulla enim intellegitur mora ibi fieri, ubi nulla petitio est. esse autem fideiussorem obligatum ad hoc, ut vivo homine conveniatur vel ex mora sua postea.	Wenn ein Mündel ohne Einwilligung seines Tutors den Stichus verspricht und einen Bürgen gibt, der Sklave aber stirbt, nachdem vom Mündel Verzug begangen wurde, dann wird auch der Bürge nicht wegen des Verzugs des Mündels verpflichtet. Es wird nämlich so angesehen, dass dort kein Verzug begangen wird, wo es keine Forderung gibt. Der Bürge sei aber insoweit verpflichtet, wie er zu Lebzeiten des Sklaven in Anspruch genommen werde oder später aufgrund eigenen Verzugs.

Der *pupillus*, der ohne Einwilligung ein Versprechen abgab, kann nicht in Verzug gesetzt werden.[145] Daher haftet auch sein Bürge nicht nach dem Tod des geschuldeten Sklaven. Wird aber der Bürge selbst in Verzug gesetzt, so haftet er. Die Haftung des Bürgen für eigenen Verzug bestätigt Scaevola D. 38,1,44:

Scaevola D. 38,1,44 (7 *quaestionum*)[146]

Si libertus moram in operis fecerit, fideiussor tenetur: mora fideiussoris nulla est. at in homine debito fideiussor etiam ex sua mora in obligatione retinetur.	Wenn der Freigelassene mit den Tagewerken in Verzug gerät, so haftet der Bürge. Einen Verzug des Bürgen gibt es nicht. Hingegen wird bei einem geschuldeten Sklaven der Bürge auch aus eigenem Verzug in der Obligation festgehalten.

---

144 Nach FLUME handelte der Text schon deswegen vom *sponsor*, weil seiner Auffassung nach in der Klassik für das nicht autorisierte Mündelversprechen überhaupt kein *fideiussor* bestellt werden konnte; vgl. Akzessorietät 76 ff., 118 f. sowie SZ 113 (1996) 106 ff.; 114 f. Dies schließt FLUME aus dem Gegensatz zwischen Gaius 3,119 und 119a; dazu sogleich 2.b (57 ff.). Zustimmend PUGLIESE St. Paoli (1956) 592 ff. (ursprünglich *sponsor* oder *fideipromissor*). Nach FREZZA, Garanzie I, 49 ff. kann ebenso gut *sponsor* wie *fideiussor* gemeint sein. SOLAZZI Scr. II 261 hält *esse autem …* für interpoliert.

145 Nach Paulus D. 45,1,24 (9 *ad Sab.*) kann Verzug gegenüber dem Mündel selbst dann nicht ohne erneute Einbeziehung des *tutor* begründet wurden, wenn der *pupillus* zunächst vollwirksam durch Stipulation verpflichtet wurde.

146 SOLAZZI Scr. II 261 verdächtigt den Text wegen der Unterschiedlichkeit der Entscheidungen. Dazu FLUME, Akzessorietät, 111 ff., 118 f.: „Der erste Satz bezieht sich auf den *fideiussor*, der zweite auf den *sponsor*" (111); ebenso – mit Raum für Zweifel – SZ 116 (1996) 115. Dagegen HÄGERSTRÖM, Verbalobligation, 271; wie FLUME aber PUGLIESE St. Paoli (1956) 594 ff. Nach FREZZA, Garanzie I, 87 f. kann Scaevola im ganzen Text gleichermaßen auch *sponsor* gemeint haben.

Die abweichende Lösung für *operae libertorum* folgt aus deren höchstpersönlichem Charakter: Der Bürge muss die Dienste nicht selbst leisten und kann damit also auch nicht säumen.[147] Im Allgemeinen jedoch gilt: *fideiussor etiam ex sua mora in obligatione retinetur.*

d. Akzessorietät bei Marcian D. 22,1,32,3–5

Gleichsinnig mit Papinians Referat der *responsa* von Neraz und Julian urteilt über die Bürgenhaftung Marcian D. 22,1,32,5 (4 *regularum*). Der Kontext ähnelt dem des Plautiuskommentars: Auch Marcian behandelt recht umfassend, wie sich das Verhalten einzelner Mithaftender auf die Verpflichtung der anderen auswirkt. Anders als Paulus stellt Marcian zunächst nur die Folgen des Verzugs dar und erweitert den Blick nur für die Bürgschaft auf den durch eigenes Verhalten herbeigeführten Sachuntergang:

Marcian D. 22,1,32,3–5 (4 *regularum*)[148]

§ 3 Quid ergo: si et filius familias et pater ex persona eius teneatur (sive iussu eius contractum est sive in rem versum est patris vel in peculium), cuius persona circa moram spectabitur? et si quidem pater dumtaxat <de peculio>[149] convenietur, ex mora sua non tenetur: in filium

§ 3 Was also: Wenn sowohl der Haussohn als auch seinetwegen sein Vater haften (ob auf dessen Weisung kontrahiert wurde oder ob etwas für das Vermögen des Vaters verwendet wurde oder in Höhe des Sonderguts), auf wessen Person wird wegen des Verzugs geschaut werden? Und wenn nämlich der Vater mit der Klage wegen des Sondergutes in Anspruch genommen wird,

147 Vgl. zur Bürgschaft für persönlich zu erbringende Leistungen insb. Paulus D. 45,1,49,1 (37 *ad ed.*) und Ulpian D. 46,3,31 (7 *disp.*): Wer dafür bürgt, dass der Hauptschuldner die ungestörte Wegenutzung gewährt, darf gleichwohl selbst die Nutzung stören. Wer für ein vom Hauptschuldner persönlich zu erbringendes Werk bürgt, wird ohne Zustimmung des Gläubigers nicht dadurch frei, dass er es selbst verrichtet. – Treffend Kniep, Mora, 303: „Denn wenn z. B. heutzutage sich jemand dafür verbürgte, daß ein Dienstbote zuziehe, so ist seine Meinung keineswegs, daß er ungünstigen Falls das Stiefelputzen u. s. w. statt des Dienstboten übernehmen werde […]. Eine Mahnung des Gläubigers dahin, daß der Bürge schnell die Stiefel putze, würde demnach auch heutzutage […] unwirksam sein".

148 Der Text gilt vielfach als stark überarbeitet. Insbesondere wird aus inhaltlichen Gründen die Klage gegen den Sohn auf das vom Vater nicht Erlangte *(in filium – praestet)* angegriffen; vgl. etwa Solazzi Scr. II 274; Pugliese St. Paoli (1956) 587 ff: Flume, Akzessorietät, 44 ff., 107 lässt nur stehen: *si pater dumtaxat <de peculio> convenietur, ex mora sua non tenetur. Item si fideiussor solus moram fecerit, non tenetur;* offengelassen SZ 113 (1996) 113. Gegen Klassizität der *actio utilis* in § 5 auch Pugliese 589; dafür hingegen bereits Solazzi Scr. II 260, 269 f.; Frezza, Garanzie I, 92.

149 Bereits etwa Flume, Akzessorietät, 45, zuletzt Knütel/Kupisch/Seiler/Behrends (Behrends). Die in die *condemnatio* eingefügte Beschränkung kennzeichnet die *actio de peculio.* Die Ergänzug erklärt, warum auch im letzten Satz des § 3 nur noch von der *actio de peculio* die Rede ist. – Bei der vorherigen Aufzählung der möglichen Haftgründe für den Vater *(sive – peculium)* mag es sich mit Solazzi Scr. II 259 Fn. 1 um eine eingeschobene

tamen dabitur actio in hoc, ut, quod minus a patre actor consecutus est, filius praestet: quod si filius moram fecerit, tunc actor vel cum ipso in solidum vel cum patre dumtaxat de peculio habebit.	so haftet er aus seinem Verzug nicht. Gegen den Sohn wird dennoch eine Klage gegeben werden, damit er leiste, was der Kläger vom Vater weniger erlangt hat. Wenn aber der Sohn Verzug begeht, dann wird der Kläger gegen ihn selbst auf das Ganze oder gegen den Vater nur wegen des Sondergutes eine Klage haben.
§ 4 Sed si duo rei promittendi sunt, alterius mora alteri non nocet.	§ 4 Aber wenn es zwei gibt, die als Gesamtschuldner versprochen haben, schadet der Verzug des einem dem anderen nicht.
§ 5 Item si fideiussor solus moram fecerit, non tenetur, sicuti si Stichum promissum occiderit: sed utilis actio in hunc dabitur.	§ 5 Ebenso [wie der Vater] haftet [auch] der Bürge nicht, wenn nur er in Verzug gerät; ebenso [wenig] wie wenn er den versprochenen Sklaven tötet. Aber gegen ihn wird eine *actio utilis* gegeben werden.

Hinsichtlich der Haftung von Vater und Sohn (§ 3) stimmt die Lösung des Marcian mit der von Paulus überlieferten überein: Der Vater haftet für eigene *mora* nicht aufgrund der *actio de peculio*. Paulus hatte daher im Ediktskommentar mit einer *actio utilis* geholfen (D. 45,1,49 pr.). Hingegen muss der Vater für Verzug des Sohnes einstehen; was sich ebenso aus dem Plautiuskommentar des Paulus ergab (D. 45,1,91,5).

Große Schwierigkeiten bereitet hingegen der dazwischen eingeschobene Satz. Bei Verzug des Vaters solle eine Klage gegen den Sohn gegeben werden, damit dieser dasjenige leiste, was vom Vater nicht erlangt werden konnte. Das widerspricht erstens dem Zeugnis von Paulus D. 45,1,49 pr., wonach der Sohn für die *mora* des Vaters nicht haftet. Zweitens schlägt die Klagemöglichkeit gegen den Sohn den Grund dafür aus der Hand, warum der Vater nicht selbst aus der adjektizischen Klage für seinen Verzug einstehen soll: Dies erschien als eine aus dem akzessorischen Charakter der väterlichen Haftung herrührende bloße Folge der Befreiung des Sohnes. Drittens lässt sich nicht erklären, dass der Sohn für den Verzug des Vaters haften soll, obwohl der Vater selbst dafür nicht haftet. Viertens verwundert die Beschreibung des Haftungsinhalts als das vom Vater nicht Erlangte. Das erweckt den Eindruck, als sollte auch der Sohn, wenn gegen den Vater die *actio de peculio* bestand, jetzt nur bis zur Grenze des *peculium* haften: als wäre diese neue Haftung des Sohnes akzessorisch zu der des Vaters, obwohl die Dinge eigentlich umgekehrt liegen müssten.

Es wird nicht besser, wenn man den gesamten Text statt auf die Haftung nach Sachuntergang auf andere Folgen des Verzuges bezieht. Der vorangehende § 3 sowie die justinianische Verortung im Titel *de usuris* lassen an die Verzinsung denken. Auch die Basiliken beziehen die Haftung *ex mora* an dieser Stelle auf Zinsen.[150]

Glosse handeln. Ebenso gut kann der Jurist sich nach dem lehrhaften Exkurs beispielhaft auf die *actio de peculio* konzentriert haben.

150 Vgl. Bas. 23,3,32 bei HEIMBACH, Band 2, 710 = SCHELTEMA/VAN DER WAL, Serie A Band 3, 1126. Nicht ohne Anlass ist daher die auf Zinsen zielende Deutung der Glosse *non tenetur* zu D. 22,1,32,3 (Band 1, Sp. 1710).

Kniep[151] schiebt Marcian „eine Art Rechenkunststück" unter: Der Gläubiger dürfe die Zinsen zwar vom Vater nicht zusätzlich fordern, aber die vom Vater beanspruchte Zahlung (in Höhe der Hauptforderung) zunächst als Zinsen anrechnen, um den deswegen offen bleibenden Betrag der Hauptforderung sodann gegenüber dem Sohn geltend zu machen. Im Ergebnis haftete aber auch dann der Sohn für die *mora* des Vaters, womit der Grund wegfiele, warum der Vater selbst nicht haften sollte.

Mandry[152] zieht in Betracht, dass Marcian noch eine andere Konsequenz der *mora* erwog: Man hätte dem Vater verwehren können, sich auf eine während seines Verzuges eingetretene Verminderung des *peculium* oder der ihm zugefallenen Bereicherung zu berufen. Vielleicht wurde sogar argumentiert, dass der Vater durch seinen Verzug die Schuld des Sohnes ganz auf seine Verantwortung nimmt. Hiergegen antwortete der Jurist: *non tenetur,* verwiese aber tröstend darauf, dass die Klage gegen den Sohn weiterhin unvermindert besteht. Mangels anderer Hinweise für eine Entgrenzung der adjektizischen Haftung im Verzug ist dies nicht wahrscheinlich.

Eher trifft *in filium tamen dabitur actio in hoc, ut, quod minus a patre actor consecutus est, filius praestet* eine Aussage zur Klagenkonsumtion: Was mit der Klage gegen den Vater nicht erlangt wurde, kann - vielleicht nach prätorischer Restitution - noch vom Sohn eingeklagt werden. Ob dies klassischem Recht entspricht, muss hier nicht entschieden werden. Über das Ausbleiben der Konsumtion wundern sich jedenfalls schon die byzantinischen Lehrmeister.[153] Die romanistische Literatur fragt sich, ob in der Klassik die *actio de peculio* die Klage gegen den Sohn gänzlich, nur bis zur Höhe des *peculium* oder gar nicht auslöschte.[154] Für Beschränkung der Tilgungswirkung auf die Höhe des Sondervermögens spricht Ulpian D. 15,1,30,4 (29 *ad ed.*): *Is, qui semel de peculio egit, rursus aucto peculio de residuo debiti agere potest.* Jedoch lässt die Abweichung von D. 15,1,32 pr. (2 *disp.*) gegenüber *Frag. Argentoratensia* I A (FIRA II, 308 f.: *rescissorium iudicium*) vermuten, dass man in der Klassik mitunter weite Konsumtionswirkung annahm und dies mittels prätorischer Rechtsbehelfe korrigierte, während die Kompilatoren diesen Zwischenschritt zu unterschlagen suchen.[155] Solazzi bemerkt, dass dies die These von Kniep wahrscheinlich macht, wonach in unserem Fall der Prätor über Konsumtion hinweghilft *(dabitur actio).*[156] Für die vergleichbare Klage gegen den Bürgen bezeugt die *Gai Epitome* 17,2 = 2,9,2 die Konsumtion der Klage gegen den Hauptschuldner. Justinian schafft diese Wirkung mit C. 8,40,28 (a. 531) ab; sie gilt ganz überwiegend als klassisch.[157]

151 Kniep, Mora I, § 24 240 ff.

152 Mandry, Familiengüterrecht II, 307 f.

153 Vgl. Sch. ad Bas. 23,3,32 bei Heimbach, Band 2, 710 (Nr. 6) = Scheltema/Holwerda, Serie B Band 4, 1676 f. (Nr. 14).

154 Levy Konkurrenz I, 241 Fn. 1, konstatiert das Fehlen von Quellen; Solazzi Scr. II 273 hält Konsumtion für gewiss; Pokrowsky SZ 16 (1895) 33 ff., 47 f. lehnt sie ab.

155 Dazu insb. Lenel, EP, 283 ff.

156 Solazzi Scr. II 271 unter Bezug auf Kniep, Mora I, § 24 245 ff.

157 Vgl. Steiner, Solidarobligationen, 159; Schmieder, Duo rei, 230 ff.; Kaser/Hackl § 43 II.2, Kaser, RP I, § 155 II 4 c, RP II, § 278 I 2 b, Sacconi, Obbligazioni solidali, 24 ff., Liebs, Klagenkonkurrenz, 250 f. mit Fn. 82, Levy BIDR 55–56 (1951) 207–221. Anders für die Klage gegen den *fideiussor* Buckland Juridical Review 53 (1941) 281–297; Kühling, Klagenkonkurrenz, 36 ff.

Im folgenden § 4 konstatiert Marcian knapp, dass der Verzug eines Gesamtschuldners dem anderen nicht schade.[158] Die Überleitung mit *sed* betont den Gegensatz zur Haftung des Vaters für die *mora* des Sohnes. In § 5 wendet Marcian sich der Bürgschaft zu: *Item si fideiussor solus moram fecerit, non tenetur, sicuti si Stichum promissum occiderit: sed utilis actio in hunc dabitur.*

Der Bezug der Parallele *(item)* ist ebenso wenig eindeutig wie das Subjekt des Nichthaftens *(non tenetur)*. Bezieht man *item* auf die Lage bei den *duo rei*, so kann man lesen, dass ein Bürge für seinen eigenen Verzug – oder dass der Hauptschuldner für den Verzug des Bürgen[159] – ebenso wenig haftet wie ein Gesamtschuldner für den Verzug des anderen. Wahrscheinlich greift das *item* aber bis auf den Verzug des *pater familias* in § 3 zurück: Ein *fideiussor* haftet für eigenen Verzug aus der Bürgschaft ebenso wenig, wie ein Vater aufgrund der *actio de peculio* für eigenen Verzug haftet. Die Bemerkungen zum Verzug des Sohnes und der Gesamtschuldner sind in den hauptsächlichen Gedankengang bloß eingeschoben, der sich mit den vergleichbaren Fragen der Haftung von Vater und Bürge befasst.

Ebenso wenig wie für eigenen Verzug haftet der Bürge, wenn er den Sklaven tötet. Marcian hilft dem Gläubiger in beiden Fällen – wie bei Verzug auch Paulus im Ediktskommentar (D. 45,1,49 pr.) – mit einer *actio utilis* gegen den Bürgen.[160]

e. African D. 46,3,38,4

Dafür, dass der Bürge nicht ohne weiteres aus der Bürgschaftsstipulation haftet, wenn er den geschuldeten Gegenstand vernichtet, wird auch African D. 46,3,38,4 in Anspruch genommen:

African D. 46,3,38,4 (7 *quaestionum*)[161]

Si quis pro eo reverso fidiusserit, qui cum rei publicae causa abesset, actione qua	Wenn jemand für einen Zurückgekehrten gebürgt hat, der, als er im Dienste des Gemeinwesens abwesend

158 Zur Haftung von Gesamtschuldnern füreinander gleich 3 (62 f.).

159 So Knütel/Kupisch/Seiler/Behrends (Behrends).

160 Hingegen soll sich nach Steiner, Solidarobligationen, 152 f., das *sicuti* auf *tenetur* beziehen, nicht auf *non tenetur*: Für eigene *mora* hafte der Bürge nicht so, wie er hafte, wenn er den Sklaven getötet hätte, sondern bloß mit der *actio utilis*, die Steiner allein als auf die Zinsen gerichtet sieht. Inhaltlich konzipiert Steiner so einen Gegensatz zwischen der Haftung des Bürgen für eigenes *factum* und der Unbeachtlichkeit eigenen Verzuges. Dazu sogleich (bei Fn. 169).

161 Auch nach Solazzi Scr. II 266 ff. ist der Text im Wesentlichen klassisch. Flume, der ihn dem *fideiussor* zuordnet (Akzessorietät 107 Fn. 1), lässt SZ 113 (1996) 113 offen, von wem die Lösung mittels *restitutio* herrührt. Pugliese St. Paoli (1956) 577 f. wird durch den Widerspruch zu Papinian/Julian D. 4,3,19 zu der Annahme veranlasst, die Position des Vergleichs *(quaemadmodum)* habe sich verschoben. African habe nebeneinandergestellt, dass mit Ablauf der Restitutionsfrist im Verhältnis zum Hauptschuldner auch die Klage gegen den Bürgen genauso erlösche wie dann, wenn der Bürge den geschuldeten Sklaven getötet habe. Frezza, Garanzie I, 92 f.

liberatus sit, deinde annus praeterierit, an fideiussor liberetur? quod Iuliano non placebat, et quidem si cum fideiussore experiundi postestas non fuit: sed hoc casu in ipsum fideiussorem ex edicto actionem restitui debere, quemadmodum in eum fideiussorem, qui hominem promissum occidit.

war, irgendwie von der Klage befreit wurde, und danach das Jahr vergangen ist – ob der Bürge frei wird? Was Julian ablehnte, und zwar wenn [auch] gegen den Bürgen keine Möglichkeit zur Rechtsverfolgung bestand. Aber in diesem Fall muss gegen den Bürgen selbst nach dem Edikt die Klage wiederhergestellt werden, wie gegen denjenigen Bürgen, der den versprochenen Sklaven getötet hat.

Den Hintergrund des Ausgangsfalles bildet, dass der *praetor* gegen denjenigen, der während seiner Abwesenheit in Staatsgeschäften durch Fristablauf von einer Klage befreit wurde, Wiedereinsetzung in den vorigen Stand verheißt, und zwar bis zu ein Jahr nach dem Zeitpunkt, zu dem die Rechtsverfolgung wieder möglich ist: *actionem inter annum, quo primum de ea re experiundi potestas erit,* [...] *in integrum restituam* (Ulpian D. 4,6,1,1; 12 *ad edictum*). African wirft die Frage auf, ob nach Ablauf dieses Jahres auch ein Bürge des zurückgekehrten Schuldners von jeder Haftung frei wird. Julian habe dieses Ergebnis nicht gebilligt, falls der Gläubiger bisher noch nicht gegen den Bürgen vorgehen konnte – die Stelle spricht in wörtlicher Übereinstimmung mit dem Edikt von fehlender *experiundi potestas.* Grundsätzlich hätte der Gläubiger also anscheinend die Wiedereinsetzung auch gegen den Bürgen allein verfolgen können.[162] Im Fall jedoch war der Bürge vielleicht noch immer oder überhaupt erst inzwischen seinerseits verreist. Dann könne die Klage gegen den Bürgen (weiterhin) restituiert werden.

Damit verhalte es sich ebenso – das setzt vielleicht African hinzu – wie bei einem Bürgen, der den versprochenen Sklaven töte. Es scheint plötzlich ein ganz anderer Fall – ohne jede Abwesenheit – verhandelt zu werden und auch da eine Wiedereinsetzung stattfinden zu sollen.[163] Dies stößt aber auf Bedenken: Die anderen Fallgruppen der Wiedereinsetzung ähneln diesem Fall nicht, und uns fehlen weitere Hinweise auf einen Wiedereinsetzungsgrund des Wegfalls der Hauptschuld. Auch müsste African dann hier eine andere Position vertreten als Julian, der nach Papinian D. 4,3,19 die *actio de dolo* zum Einsatz bringen wollte, wenn der Bürge das geschuldete Tier tötet.[164]

162 Diesen Schluss zieht Hartkamp FS Daube (1974) 145 f.

163 Dafür Solazzi Scr. II 268 f.: Die Wiedereinsetzung sei erforderlich, weil der Bürge mit dem Hauptschuldner frei werde, und mache den Weg frei für eine *actio utilis;* sowie De Martino, L'autonomia, 51 ff.: Die gegen den bei African verhandelten *sponsor* bestehende *actio ex stipulatu* sei zunächst durch Konsumtion erloschen. Doch verrät die Stelle nichts über eine Klage gegen den Hauptschuldner. Steiner, Solidarobligationen, 152, akzeptiert die *restitutio* ohne weiteres als den von African vorgesehenen Rechtsbehelf; mit ihr Finkenauer SZ 130 (2013) 181.

164 Darauf verweisen Pugliese St. Paoli (1956) 576 f. und Wacke SZ 88 (1971) 130.

Um diesen Bedenken zu begegnen, mag man eine Parallele, die das *quemadmodum* rechtfertigt, schon darin sehen, dass in beiden Fällen der Bürge haftet, obwohl der Hauptschuldner nicht mehr in Anspruch genommen werden kann.[165] Zudem ließe die Parallelisierung mutmaßen, dass der Bürge auch nach African/Julian nicht zivilrechtlich aus seiner Stipulation haftet, sondern er erst durch ein Eingreifen des Prätors haftbar gemacht wird – also mittels *actio de dolo* oder *actio utilis.*[166]

Besser erklärt sich der Vergleich aber, wenn man annimmt, dass die Abwandlung noch an den Ausgangsfall anknüpft: Der Bürge tötet den geschuldeten Sklaven nach Ablauf der zum Erlöschen der Hauptschuld führenden Frist, aber vor Ablauf der Frist für die Wiedereinsetzung. Wurde bisher nicht wiedereingesetzt, so mag die Wiedereinsetzung *cum rei publicae abesset* nach wie vor als der richtige Rechtsbehelf erscheinen. Eine Wiedereinsetzung gegen den Hauptschuldner kam wegen des Dazwischentretens durch den Bürgen nicht mehr in Betracht. Das zusätzliche Problem, dass die Hauptschuld auch wegen des Todes untergegangen wäre, veranlasste nicht, stattdessen die *actio de dolo* zu gewähren. Denn es genügte die Wiederherstellung der Klage auf dem Stand vor Fristablauf (der zugleich vor dem Tod lag). Das Problem der Akzessorietät wirft die Entscheidung also nur hinsichtlich der Folgen der Verfristung und der Möglichkeit der Wiedereinsetzung auf; die hinzukommende Tötung des Sklaven ist bedeutungslos.

2. Versuch einer Erklärung

Als Zwischenstand für die Haftung des Bürgen ergibt sich, dass dieser stets aus der Bürgschaft für *mora* und *factum* des Hauptschuldners einzustehen hat. Wie er für eigenes Verhalten haftet, ist hingegen unklar. Auf Fortbestand der Klage aus der Bürgschaft deuten:

- Scaevola D. 45,1,127 (5 *quaestionum*) und D. 38,1,44 (7 *quaestionum*) [bei *mora*]
- Papinian D. 46,3,95,1 (28 *quaestionum*) *[qui promissum hominem interfecit]*
- Paulus D. 45,1,88 (6 *ad Plautium*) *[si hominem occiderit]*
- Paulus/Pomponius D. 45,1,91,4 (17 *ad Plautium*) [bei *culpa* (§ 3)]

Die folgenden Stellen gehen hingegen vom Erlöschen der Bürgschaftsklage aus und gewähren stattdessen gegen den Bürgen eine …

165 Schon Burchardi, Wiedereinsetzung, 530 f., sieht den Vergleich als hierauf beschränkt an; ebenso Wacke SZ 88 (1971) 129 f.

166 Wacke SZ 88 (1971) 130 zieht diese Konsequenz nicht, sondern lässt offen, ob African gegen den Bürgen aufgrund von *perpetuatio obligationis* oder mit der *actio de dolo* vorgehen will.

... actio de dolo:
- Papinian/Neraz/Julian D. 4,3,19 (37 *quaestionum*) *[si ante moram occiderit]*

... actio utilis:
- Marcian D. 22,1,32,5 (4 *regularum*) [bei *mora* und *si occiderit*]
- Paulus D. 45,1,49 pr. (37 *ad edictum*) [bei *mora*]

a. Andere Erklärungsversuche

Um das Bild zu harmonisieren, sind verschiedene Erklärungen vorgeschlagen worden. Nach Riccobono und Solazzi betrafen die Zeugnisse für eine Eigenhaftung aus der Bürgschaftsstipulation von Anfang an die *fideiussio*. Im Zuge der Integration von *ius honorarium* und *ius civile* sollen die Kompilatoren die prätorischen Klagen durch die Klage aus der Stipulation ersetzt haben.[167] Das lässt aber die Frage offen, warum diese Ersetzungen nicht konsequent durchgeführt wurden.

Frezza nimmt unplausibel an, bei der gegen den *fideiussor* gewährten *actio ex stipulatu* handele es sich um die andernorts zugebilligte *actio utilis*.[168] Der Gegensatz zwischen den beiden Texten Papinians bleibt bestehen.

Die Übersicht macht deutlich, dass die Quellen sich auch nicht ordnen, wenn man – wie Anja Steiner – zwischen *mora* und *factum* des Bürgen abgrenzt.[169] An sich erschiene durchaus plausibel, dass der Bürge, weil er eben nicht Hauptschuldner ist, nicht in Verzug gesetzt werden kann, solange nicht auch der Hauptschuldner sich in Verzug befindet. Davon ganz unberührt wäre seine Haftung dafür, dem Hauptschuldner die Erfüllung unmöglich zu machen.[170]

Aber Scaevola bezeugt, dass der Bürge selbst säumen kann. Zudem bezieht Paulus sich in D. 45,1,91,4 auf die *culpa* seiner *constitutio veterum*, schert damit *mora* und *factum fideiussoris* über einen Kamm und bejaht die Bürgenhaftung (anders als – nur bei *mora* – in D. 45,1,49 pr.). Auch bei Papinian, der nur von der Tötung des geschuldeten Sklaven bzw. Tieres handelt, bliebe der Konflikt bestehen.

Die von Anja Steiner verteidigte Vermutung, die Kompilatoren hätten in D. 4,3,19 Papinians Widerspruch gegen die von Neraz und Julian gewährte

167 Riccobono, Dal diritto romano, 614 ff.; Solazzi Scr. II 266.

168 Frezza, Garanzie I, 87 ff.

169 Steiner, Solidarobligationen, 152 f.

170 Den kategorialen Unterschied betont auch *Pugliese* St. Paoli (1956) 590 f. Er kennzeichnet als selbstverständlich, dass der *fideiussor* bei den Klassikern für die Tötung eines geschuldeten Sklaven oder Tieres immerhin aufgrund prätorischen Eingriffs haftet. Dies stellt nämlich ein Delikt dar, für das Paulus D. 4,3,18,5 (11 *ad ed.*) dem Gläubiger die *actio de dolo* sogar gegen einen unbeteiligten Dritten gewährt.

actio de dolo gestrichen,[171] wäre nicht unwahrscheinlich, wenn sie das Problem löste. Um sich auch über den Widerspruch bei Paulus zu beruhigen, müsste man aber weiter annehmen, Paulus habe entweder in D. 45,1,91,4 entgegen § 3 und trotz D. 46,1,58,1 die *mora* nicht einbezogen oder vertrete hier eine andere Position als in D. 45,1,49 pr. Auf diesen Voraussetzungen bauend, könnte man im Übrigen konstatieren, dass zwischen den Juristen über die Wirkung von *mora* und *factum fideiussoris* Streit herrschte. In Summe ist dies weniger wahrscheinlich als die These FLUMES, dass die Widersprüche aus einem mechanischen Austausch von *sponsio* und *fideipromissio* durch *fideiussio* herrühren.

b. Unterschiede der Bürgschaftsformen (FLUME)

Ein Jurist mag im Laufe seines Wirkens unterschiedliche Auffassungen vertreten.[172] Dass aber sowohl Papinian als auch Paulus in der Frage der Bürgenhaftung ihren Standpunkt gewechselt haben sollen, ist nicht wahrscheinlich. Näher liegt dann doch, dass die Widersprüche zwischen den Aussagen sich dadurch erklären, dass diese sich ursprünglich auf unterschiedliche Bürgschaftstypen bezogen.

Das führt auf die von FLUME entwickelte These, wonach sich die verschiedenen Bürgschaftsstipulationen in der Klassik hinsichtlich ihrer Abhängigkeit von der Hauptschuld unterschieden. Nach seiner Deutung von Gaius 3,119 und 119a konnten *sponsio* und *fideipromissio* nur begründet werden, wenn eine Verbalobligation zugrunde lag, die als Rechtsakt geschehen sein, aber nicht notwendig eine Verbindlichkeit erzeugt haben musste. Hingegen erforderte die *fideiussio,* dass irgendeine Hauptschuld jedenfalls als Naturalobligation bestand – sei sie *verbis, litteris, consensu* oder auf andere Weise entstanden.

Gaius

3,118 Sponsoris vero et fidepromissoris similis condicio est, fideiussoris valde dissimilis.	3,118 Der Sponsionsbürge und der Fideipromissor unterliegen ähnlichen Bedingungen, der Fideiussor ganz anderen.
3,119 Nam illi quidem nullis obligationibus accedere possunt nisi verborum, quamvis interdum ipse, qui promiserit, non fuerit obligatus, velut si mulier aut pupillus sine tutoris auctoritate aut quilibet post mortem suam dari promiserit.	3,119 Denn jene können nämlich keinem Geschäft beitreten außer einer Verbalobligation, [und dies] obwohl manchmal derjenige selbst, der versprochen hat, [daraus] nicht [zivilrechtlich] verpflichtet wurde, wie zum Beispiel wenn eine Frau oder ein Mündel ohne Zustimmung des Tutors versprochen hat oder jemand

171 Siehe oben Fn. 141.

172 Einen Sinneswandel bei Paulus vermutet KNIEP, Mora, § 26 294, 298.

at illud quaeritur, si servus aut peregrinus spoponderit, an pro eo sponsor aut fidepromissor obligetur.	versprochen hat, dass nach seinem Tod etwas gegeben werde. Hingegen wird daran gezweifelt, ob, wenn ein Sklave oder ein Fremder durch Sponsion versprochen hat, für diesen ein Sponsor oder ein Fideipromissor verpflichtet werde.
3,119a Fideiussor vero omnibus obligationibus, id est sive re sive verbis sive litteris sive consensu contractae fuerint obligationes, adici potest. at ne illud quidem interest, utrum civilis an naturalis obligatio sit, cui adiciatur; adeo quidem, ut pro servo quoque obligetur, sive extraneus sit, qui a servo fideiussorem accipiat, sive ipse dominus in id, quod sibi debeatur.	3,119a Ein Fideiussor hingegen kann allen Geschäften hinzugefügt werden, das heißt unabhänig davon, ob sie durch Sachhingabe, durch Worte, durch Schrift oder durch Konsens abgeschlossen wurden. Und es kommt gewiss auch nicht darauf an, ob die Verbindlichkeit, der er hinzugefügt wird, eine zivile oder [nur] eine Naturalobligation ist. Dies geht nämlich so weit, dass der Fideiussor auch für einen Sklaven verpflichtet wird, unabhängig davon, ob es sich um einen Außenstehenden handelt, der vom Sklaven einen Fideiussor annimmt, oder um den Herrn selber wegen etwas, das ihm [vom Sklaven] geschuldet wird.

FLUMES Deutung setzt voraus, dass Gaius mit *obligatio* unmittelbar nacheinander einmal den verpflichtenden Rechtsakt, dann die begründete Verbindlichkeit bezeichnet.[173] Wegen des von ARANGIO-RUIZ nachgewiesenen gaianischen Sprachgebrauchs erscheint dies gut möglich: Als Voraussetzung für *sponsio* und *fideipromissio* handelt Gaius von den *obligationes verborum,* womit er Stipulationen als Rechtsgeschäfte bezeichnet („[il] negozio in cui si fondono domanda e risposta"). Die *fideiussio* hingegen erfordert eine *obligatio* schlechthin *(utrum civilis an naturalis)* und bezieht sich damit auf die Verbindlichkeit „come rapporto giuridico avente la sua causa eventuale in un negozio".[174]

Starkem Widerspruch begegnet FLUMES Annahme, nach Auffassung von Gaius habe die Stipulation eines Mündels ohne Einwilligung des Tutors nicht als Grundlage für eine *fideiussio* dienen können, weil sie nicht einmal eine Naturalobligation erzeuge. Wo sich in den Digesten *fideiussio* für ein solches Mündelversprechen finde, beruhe dies auf Interpolation der Kompilatoren, die erstens in solchen Fällen eine Naturalobligation annähmen und zweitens ohnehin die *fideiussio* nicht mehr akzessorisch konzipierten.[175] Dass bei Gaius das Mündel in diesen Fällen keine Naturalobligation produziert, schließt FLUME daraus, dass *sponsio* und *fideipromissio* möglich sein sollen, *quamvis* [...] *ipse, qui promiserit, non fuerit obligatus.* Aus dem Gegenüber von 3,119 und 119a folgert FLUME sodann, dass eine *fideiussio,* die schließlich irgendeine Schuld voraussetzt, nach Gaius für solche Hauptschuldner unwirksam wäre.

---

173 Für unwahrscheinlich halten dies etwa DAVID SZ 53 (1933) 611; FEENSTRA, Études Macqueron (1970) 306; HEINEMEYER, Akzessorietät, 65.

174 Vgl. FLUME SZ 113 (1996) 98 und ARANGIO-RUIZ BIDR 65 (1962) 197 f.

175 Vgl. Akzessorietät, 70 ff., 76 ff., sowie SZ 113 (1996) 105 ff. Insbesondere hiergegen richtet sich die auf DE MARTINO und FREZZA gestützte Kritik KASERS FS Herdlitczka (1972) 156 ff.

Doch kann man Gaius auch so verstehen, dass er *obligatio* insgesamt in drei verschiedenen Bedeutungen verwendet: Bei *sponsio* und *fideipromissio* spricht er erstens von der Verbalobligation als Rechtsakt und sodann zweitens vom Mündel, das *non fuerit obligatus,* womit er das Schulden im üblichen Sinne meint, nämlich als *civilis obligatio.* Bei der *fideiussio* greift er zunächst diese Bedeutung auf: Es reicht jede zivilrechtliche Schuld, egal wie sie entstand. Dann erst erweitert er drittens den Blick auf die *obligatio naturalis,* indem er ergänzt, sogar diese genüge für die *fideiussio* statt der *obligatio civilis* als Hauptschuld. Dass das Versprechen des Mündels keine Naturalobligation erzeugt, sagt Gaius nach dieser Lesart nicht. Auch das *inutilis* in 3,176 kann sich auf die Unfähigkeit zur Erzeugung einer klagbaren Obligation beschränken. Der Jurist konstruiert dann in diesem Punkt keinen Gegensatz zwischen *sponsio/fideipromissio* und *fideiussio,* sondern enthält sich einer Aussage darüber, ob auch die *fideipromissio* für ein solches Mündelversprechen wirkt. Folglich ist die Diskussion um die Frage, seit wann die Mündelstipulation eine Naturalobligation begründet, für Flumes Akzessorietätsthese in Wahrheit nicht ausschlaggebend.

Die konstatierte Akzessorietät projiziert Flume auf das weitere Schicksal der *fideiussio:* Sie setze die Obligation des Hauptschuldners nicht nur für ihre Entstehung voraus. Vielmehr dauere diese Abhängigkeit an, sodass auch die Bürgenschuld bei *capitis deminutio* des Hauptschuldners erlösche und der Bürge nicht aus der Bürgschaftsstipulation für eigenen Verzug und eigenes *factum* haften könne, wenn der Hauptschuldner freiwerde.

Ursprünglich hatte Flume angenommen, dass der *fideiussor* sich auch stets auf die dem Hauptschuldner zukommenden *exceptiones* berufen könne, *sponsor* und *fideiussor* hingegen nicht. Davon ist er später[176] abgerückt: Ob die *exceptio* gewährt werde, beurteile sich vielmehr in der Person des *fideiussor* ebenso selbständig wie beim *sponsor* und *fideipromissor.* Unterschiede hinsichtlich des Durchschlagens von Einreden auf die Bürgenschuld lägen in Wesen und Zweck der verschiedenen Einreden begründet.

Erst in nachklassischer Zeit fasste man die *fideiussio* nicht mehr nur als Einstehen für fremde Schuld, sondern auch als selbständige Verpflichtung des Bürgen auf, sodass der Unterschied zu den außer Gebrauch gekommenen Bürgschaftsformen nicht mehr wahrgenommen wurde. Daher ersetzten nachklassische Bearbeiter oder die Kompilatoren diese bedenkenlos durch die *fideiussio.*[177]

Eine Bestätigung dafür, dass sich *sponsio* und *fideipromissio* auf die Hauptstipulation als Rechtsakt, die *fideiussio* hingegen auf die Hauptschuld als Rechtsverhältnis stützt, sieht Flume darin, dass nach Gaius 3,116 der *fideiussor* die Hauptschuld *(ID)* auf seine Treue nehme, während *sponsor* und *fideipromissor* dasselbe wie der Hauptschuldner *(IDEM)* erneut versprächen. Doch kann *id*

176 SZ 113 (1996) 123 ff.

177 Vgl. Flume, Akzessorietät, 128 ff. – Von einem ähnlichen Ausgangspunkt kommend, vermutet Pastori, Negozio verbale, 118 ff., eine umgekehrte Entwicklung: In der Klassik sei auch die *sponsio* zunehmend akzessorisch verstanden worden.

auch für *idem* abgekürzt sein.[178] In den Urkunden findet sich der von FLUME angenommene Unterschied nicht.[179] Hingegen sprechen die in Gaius 4,137 überlieferten Klageformeln in der Tat dafür, dass sich die Haftung von *sponsor* und *fideipromissor* auf die Hauptstipulation als Rechtsakt bezieht: *QUOD* [...] *STIPULATUS EST, QUO NOMINE* [...] *SPONSOR EST*. Mit einem Bezug der Haftung des *fideiussor* auf die Hauptschuld ist jedenfalls vereinbar, wenn dieser verklagt wird auf *QUOD* [...] *PRO LUCIO TITIO* [...] *FIDE SUA ESSE IUSSIT*.[180]

FLUMES These bietet eine konsistente und plausible Erklärung des Widerspruchs bei Papinian und Paulus. Wo der Bürge aus der Bürgschaftsstipulation haftet (so Papinian D. 46,3,95,1, Paulus D. 45,1,88), weil er sich diese perpetuiert (so Paulus D. 45,1,91,4), muss von der *sponsio* oder der *fideipromissio* die Rede gewesen sein. Wirklich von der *fideiussio* sprachen sie hingegen, wo gegen den Bürgen bloß eine *actio utilis* (Paulus D. 45,1,49 pr.) oder eine *actio de dolo* (Papinian mit Neraz und Julian D. 4,3,19) gegeben wird.[181]

c. Ein klassischer Meinungsstreit über die Akzessorietät?

Ob man FLUME so weit folgen muss, dass auch Scaevola in D. 38,1,44 und D. 45,1,127 sowie der von Paulus zitierte Pomponius nicht von der *fideiussio* gehandelt haben können, ist damit allein noch nicht gesagt. Erwägen lässt sich, ob vielleicht nicht alle Klassiker mit der fortdauernden Abhängigkeit der *fideiussio* von der Hauptschuld einverstanden waren. Einen Anhaltspunkt für die Hypothese eines Meinungsstreits bietet in dem für Paulus überlieferten Text die Passage *accessiones an perpetuent, dubium est*. Vielleicht artikuliert Paulus, der ausweislich des Ediktskommentars meint, den *fideiussor* nur mit *actio utilis* in Anspruch nehmen zu können, Zweifel an dieser Lösung und referiert eine abweichende Meinung des Pomponius.[182]

---

178 Vgl. NELSON/MANTHE, Kontraktsobligationen, 155; dazu in unserem Zusammenhang HEINEMEYER, Akzessorietät, 60.

179 Zutreffend HEINEMEYER, Akzessorietät, 61 ff. Vgl. zur Fassung der Bürgschaftsurkunden unten 284 f.

180 Auf die Stellen hat STEINER mit ihrer Analyse in SZ 123 (2006) 185–196 aufmerksam gemacht. Wohl zu weitgehend hat sie die Formeln zunächst als umfassende Bestätigung von FLUMES Lehre gewertet (196). Später (Solidarobligationen, 101) ist sie ins Gegenteil verfallen und sieht in beiden Formeln einen Bezug auf die Hauptschuld und daher einen Indikator gegen FLUME.

181 Vgl. FLUME, Akzessorietät, 105 ff., und SZ 113 (1996) 111 ff. Ihm folgt SCHULZ, Classical law, 496 f., 500 f. Aber auch KASER, RP I, § 155 II 4 a, 664, stimmt insofern mit FLUME überein.

182 Dagegen FLUME SZ 80 (1963) 490 f.: „Daß hier ein Zweifel unter den Klassikern bestanden habe, ist unglaubhaft [...] Nur in Parenthese sei vermerkt, daß [...] eine neue Art von Pandektenharmonistik entstanden ist, welche nun in dem ‚Meinungsstreit' die Zauberformel für die Harmonisierung gefunden hat. Handelt es sich dabei nicht auch um ‚semplicistiche soluzioni'?" (seine Interpolationsannahmen gegen FREZZA verteidigend).

Wenn man aber einmal soweit ist, die *fideiussio* in Papinian D. 46,3,95,1 und Paulus D. 45,1,88 sowie D. 45,1,91,4 fremden Händen zuzuschreiben, dann erklärt deren Wirken auch in den Scaevola-Stellen deren inhaltliche Abweichung einfacher und damit wahrscheinlicher als ein Meinungsstreit. Vermutlich haben spätere Bearbeiter *accessiones an perpetuent, dubium est* anstelle der Unterscheidung des Paulus zwischen den verschiedenen Bürgschaftsformen eingefügt.

d. Konsequenzen für D. 45,1,91,4

Dass Paulus im Traktat über die *perpetuatio* ursprünglich jedenfalls auch über die praktisch wichtige *fideiussio* schrieb, darf man voraussetzen. Spätere Bearbeiter fassten die Erörterungen zu den verschiedenen Bürgschaftstypen zusammen und sprachen von *accessiones.*[183] Sie zogen dabei die von Paulus für die *sponsio* vertretene Lösung zu der *fideiussio,* weil für sie näherlag, dass der Bürge weiterhin aus der ursprünglichen Klage haftete: Warum sollte er sich durch eigenes Handeln davon befreien können?

Verdunkelt wurde durch den Eingriff, ob *factum* oder *mora* des Bürgen sich auf die Haftung seiner Erben auswirken. Nach Auskunft von Gaius 3,120 geht im klassischen Recht nur die Haftung des *fideiussor* auf seine Erben über, die von *sponsor* und *fideipromissor* hingegen nicht.[184] Die Bemerkung im Plautiuskommentar, dass die Bürgen auch ihren Nachfolgern die Schuld verewigen, wird den *fideiussores* gewidmet gewesen sein und darauf hingewiesen haben, dass ihre Erben in die Schuld auch dann eintreten, wenn der Schuldgegenstand nicht mehr existiert, dass sie also die Folgen der *culpa* des Erblassers tragen.[185] Weniger wahrscheinlich bezog Paulus sich auf die Erben von *sponsores* und *fideipromissores* und sprach aus, dass auch diese ausnahmsweise dann haften, wenn der Erblasser sich im Verzug befand oder den geschuldeten Gegenstand zerstörte.[186]

183 Mit Flume, Akzessorietät, 115 ff., und SZ 113 (1996) 115 f; ebenso Pugliese St. Paoli (1956) 596 f. So erklären sich auch die maskulinen Formen *ipsorum* und *eorum;* vgl. schon Solazzi BIDR 38 (1930) 4 (= Scr. III 341).

184 Gaius 3,120: *Praeterea sponsoris et fidepromissoris heres non tenetur, nisi si de peregrino fidepromissore quaeramus et alio iure ciuitas eius utatur; fideiussoris autem etiam heres tenetur.* Vgl. auch Gaius 4,113.

185 Haftung der Erben trotz Sachuntergang problematisiert (und bejaht) Ulpian in D. 13,1,7,2 (42 *ad Sab.*) für die *condictio furtiva* (dazu im dritten Kapitel IV.3.c). Ähnlich wird auch die Frage der Haftung für *dolus* des Erblassers von Venuleius D. 46,7,19 pr. (9 *stip.*) und Papinian D. 45,1,121,3 (11 *resp.*) (jeweils zu einer vom Erblasser abgegebenen *stipulatio doli*) sowie von Paulus D. 27,7,8,1 (9 *resp.*) angesprochen (nach Treu und Glauben zu beurteilende Klagen).

186 Man beachte aber die These von Bianchi Fossati Vanzetti zur Bedeutung der *perpetuatio* für die Vererblichkeit; vgl. unten 108. Zum Problem im sechsten Kapitel V.1 (373 ff.).

3. Zur Haftung von Gesamtschuldnern füreinander

Die Haftung mehrerer Gesamtschuldner füreinander kommt in der Abhandlung über die *constitutio veterum* nicht vor. Das fällt deswegen auf, weil Paulus sich hiermit im 6. Buch *ad Plautium* befasst. Dort verzichtet er jedoch auf das Vokabular der *perpetuatio obligationis:*

Paulus D. 50,17,173,2 (6 *ad Plautium*)

Unicuique sua mora nocet. Quod et in duobus reis promittendi observatur.	Jedem einzelnen schadet [nur] sein [eigener] Verzug. Das beobachtet man auch bei zwei Stipulationsschuldnern.

Der Text dürfte im Plautiuskommentar unmittelbar vor D. 45,1,88 gestanden haben, wo Paulus hervorhebt, dass der Verzug des Hauptschuldners zugleich dem Bürgen schadet.[187] Er konstruiert damit einen Gegensatz: Jedem Gesamtschuldner schadet, wie es der allgemeinen Regel entspricht, nur sein eigener Verzug.[188] Übereinstimmend heißt es auch bei Marcian D. 22,1,32,4, dort im Gegensatz zur Haftung des *pater* ebenso wie der des Bürgen: *Sed si duo rei promittendi sunt, alterius mora alteri non nocet.*[189]

Im Kontrast zur Einzelwirkung des Verzugs bei Gesamtschuldnern steht eine Äußerung von Pomponius im 5. Buch *ex Plautio* zum *factum:*

Pomponius D. 45,2,18 (5 *ex Plautio*)[190]

Ex duobus reis eiusdem Stichi promittendi factis alterius factum alteri quoque nocet.	Von den Handlungen zweier Stipulationsschuldner desselben Stichus schadet die Handlung des einen auch dem anderen.

Haftung des einen Gesamtschuldners für den anderen befremdet auf den ersten Blick, weil die Gesamtschuld in Rom kein sonderlich enges Band knüpft.[191]

187 Zu D. 45,1,88 oben 45.

188 Vgl. LENEL, Palingenesia I, Sp. 1158, Nr. 1133. – Allerdings hängt die generelle Aussage *(unicuique…)* etwas in der Luft. Der vorstehende Text ist nicht bekannt. Bereits D. 22,1,38 schwenkt von der im 6. Buch des Kommentars hauptsächlich behandelten Mitgift auf das mit dem Verzug verknüpfte Problem der Haftung für Früchte ein. Gegen LEVYS These, mit Gesamtschuld und Bürgschaft würden mehrere Anwendungsfälle eines Satzes nebeneinandergestellt, wonach die *mora* jedem Beteiligten schade *(unicuique mora nocet),* vgl. FLUME, Akzessorietät, 113 f.

189 Zu Marcian D. 22,1,32,4 oben 50 ff.

190 Aus inhaltlichen Gründen für Interpolation etwa PUGLIESE St. Paoli (1956) 571 (mit ALBERTARIO). Einen Überblick über die Interpolationsvermutungen gibt SCHMIEDER, Duo rei, 157, Fn. 602.

191 Jüngst erst konstatiert SCHMIEDER, Duo rei, 157, „Aussichtslosigkeit, die Quelle zur Erweiterung unserer Erkenntnis nutzbar zu machen".

Die Erfüllung und ihre Surrogate wirken zwar für alle Gesamtschuldner. Doch berechtigt die Gesamtschuld den Leistenden nicht zum Regress bei den anderen Gesamtschuldnern.[192] Das lässt die Haftung besonders hart erscheinen. Gleichwohl passt das Ergebnis: Wer einspringen muss, wenn ein anderer nicht leistet, der wird erst recht herangezogen werden dürfen, wenn der andere durch sein Verhalten die Erbringung der Leistung verhindert, indem er etwa den geschuldeten Sklaven tötet.

Es entsteht der Eindruck, dass Plautius *mora* und *factum debitoris* eines Gesamtschuldners unterschiedlich behandelt. Einen Schlüssel zum Verständnis kann man darin suchen, dass der Gläubiger es selbst in der Hand hat, beide Gesamtschuldner zu mahnen und so in Verzug zu setzen. Unterlässt er dies, soll er dem nicht angemahnten später nicht den Verzug des anderen entgegenhalten können. Dass die Gesamtschuldner füreinander einzustehen haben, wäre demnach der Grundsatz, die Einzelwirkung des Verzuges eine Ausnahme, um den Gläubiger dazu anzuhalten, es nicht bei der Mahnung eines Gesamtschuldners zu belassen. Mit dieser Wertung ist vereinbar, dass bei der Bürgschaft und der Haftung des Vaters für den Sohn nach dem hier verfochtenen Verständnis *mora* und *factum* nicht unterschiedlich behandelt wurden: Dass der Hintermann für den Verzug des Vordermanns mithaftet, ohne selbst gemahnt worden zu sein, rechtfertigt sich dadurch, dass der Gläubiger es eigentlich nur mit dem Hauptschuldner bzw. *filius* zu tun hat, für den der Hintere einsteht.[193]

Wurden *mora* und *factum debitoris* bei Gesamtschuldnern unterschiedlich behandelt, dann könnte darin zugleich die Erklärung dafür liegen, warum Paulus die Gesamtschuldner bei seinen Ausführungen zum „persönlichen Anwendungsbereich" der *perpetuatio obligationis* nicht erwähnt: Sie hätten das einheitliche Bild der *culpa* gesprengt, das er durch die Verbindung beider Formen von Leistungsstörungen zu zeichnen sucht. Ein ganz entschiedenes Urteil über die Haftung von Gesamtschuldnern füreinander erlauben die spärlichen Quellen allerdings nicht. Für Ungewissheit sorgt die Frage, inwieweit für Gesamtschulden aus unterschiedlichen Schuldgründen gemeinsame Regeln galten.[194]

192 Zu den beschränkten Wirkungen der Gesamtschuld vgl. Schmieder, Duo rei, 80 ff., 161 ff. (zum fehlenden Regressanspruch), und Steiner, Solidarobligationen, 39 ff., 91.

193 Steiner, Solidarobligationen, 66 ff., setzt die unterschiedliche Behandlung von *mora* und *factum* bei Gesamtschuldnern damit in Verbindung, dass eine Gesamtschuld entstehen könne, obwohl für beide Schuldner unterschiedliche Leistungstermine, nicht aber, wenn unterschiedliche Haftungsmaßstäbe vereinbart wurden. Der Zusammenhang ist aber lose; schließlich geht es nicht um die Frage, ob Haftungsmaßstäbe für beide Schuldner gelten, sondern darum, ob der eine bei Haftung des anderen mithaftet.

194 Pomponius votiert in D. 30,48,1 (6 *ad Sab.*) sehr bestimmt gegen eine Haftung von aus Legat verpflichteten Miterben füreinander in dem Fall, dass einer von ihnen den vermachten

4. Zusammenfassung

Der Rundumblick zur wechselseitigen Haftung von Bürgen und Hauptschuldner, Vater und *filius* sowie von Gesamtschuldnern füreinander lässt die Abhandlung des Paulus aus dem 17. Buch seines Kommentars *ad Plautium* in einem besonderen Licht erscheinen. Es fällt auf, dass nur Paulus die Frage, ob jemand dafür einstehen muss, dass der andere den geschuldeten Gegenstand zerstört, und die Frage, ob er für Verzug des anderen einstehen muss, in einem Atemzug beantwortet, indem er sie unter einen Begriff fasst: *culpa perpetuat obligationem.* Im Gegensatz dazu steht die von Paulus im 6. Buch des Kommentars stattdessen gewählte Formulierung: *Unicuique sua mora nocet* [...]. *Mora rei fideiussori quoque nocet. Sed si fideiussor hominem occiderit...* (D. 50,17,173,2 und D. 45,1,88). Sie stimmt nicht nur mit der Wortwahl Marcians überein (D. 22,1,32,4), sondern passt vor allem auch zu der des Pomponius in seinen Werk *ex Plautio* (D. 45,2,18): *Ex duobus reis eiusdem Stichi promittendi factis alterius factum alteri quoque nocet.* Diese Indizien lassen möglich erscheinen, dass auch Plautius zwischen *mora* und *factum* unterschied; vor allem deuten sie darauf, dass er formulierte: *mora alterius alteri nocet* oder *factum alterius alteri nocet.* Sie nähren die Vermutung, dass die Frage, ob *culpa* des einen seine Obligation und die des anderen „perpetuiert", von Paulus selbst stammt. Dessen *quaestiones* nehmen insofern eine Mittelstellung ein, als er hier (D. 46,1,58,1) *factum* und *mora* unterscheidet, aber ebenfalls von *obligationem perpetuat* und *durat obligatio* spricht.

V. D. 45,1,91,6: „Effekt" der *perpetuatio obligationis*

Im letzten Teil der von den Kompilatoren an diese Stelle übernommenen Abhandlung befasst Paulus sich mit der Wirkung der *constitutio veterum* und dem weiteren Schicksal der Obligation im Rechtsverkehr:

Sklaven tötet. Auf den Kontrast zu D. 45,2,18 hat Knütel SZ 100 (1983) 377 hingewiesen. – Einen recht versteckten und unsicheren Hinweis darauf, dass die *culpa* eines von mehreren Gesamtschuldnern nur gegen diesen wirkte, gibt auf dem Gebiet der Verwahrung Papinian D. 45,2,9,1 (27 *quaest.*). Die Idee von Binder, Korrealobligationen, 272 f., hat trotz Schmieder, Duo rei, 155 Fn. 618 (mit Levy, Konkurrenz I, 210 f. Fn. 5b) etwas für sich: Müsste ein Gesamtschuldner grundsätzlich für das Verhalten des anderen einstehen, dann hätte man eine Klarstellung erwartet, dass der nicht privilegierte Gesellschafter auch für *culpa* des privilegierten wegen des *pactum* nicht haftet, da hier erst recht ein gesellschaftsrechtlicher Rückgriff beim Privilegierten droht. Papinian hält es aber nur für nötig, von der *culpa communis* zu sprechen.

Paulus D. 45,1,91,6 (17 *ad Plautium*)

Effectus huius constitutionis ille est, ut adhuc homo peti possit: sed et acceptum ei posse ferri creditur et fideiussorem accipi eius obligationis nomine. novari autem an possit haec obligatio, dubitationis est, quia neque hominem qui non est neque pecuniam quae non debetur stipulari possumus. ego puto novationem fieri posse, si hoc actum inter partes sit, quod et Iuliano placet.	Der Effekt dieser Entscheidung besteht darin, dass der Sklave weiterhin gefordert werden kann. Aber man nimmt auch an, dass für ihn weiterhin der Empfang quittiert werden und für diese Obligation ein Bürge bestellt werden kann. Ob die Obligation allerdings noviert werden kann, darüber besteht Zweifel, weil wir uns weder einen Sklaven der nicht ist, noch Geld, das nicht geschuldet wird, versprechen lassen können. Ich glaube, dass eine Novation vorgenommen werden kann, wenn die Parteien dies wollen, was auch Julian billigt.

Obwohl er allgemein von der „Verewigung“ spricht, bezieht Paulus sich konkret auf den Ausgangsfall des versprochenen Sklaven. Vor allem anderen hebt er hervor, dass nach vorangehender *culpa* der Sklave aufgrund der *constitutio* trotz seines Todes weiterhin gefordert werden kann. Praktisch hat dies zur Folge, dass der Gläubiger vom Schuldner den Wert des Sklaven erhalten wird.

Anschließend erörtert Paulus, ob nach dem Tod des geschuldeten Sklaven noch auf andere Weise über die Forderung verfügt werden kann. Auch dies begreift er anscheinend als *effectus* der *constitutio.* Der Gläubiger könne noch immer quittieren, den Sklaven erhalten zu haben. So kann er dem Schuldner die Forderung erlassen.[195] Auch ein *fideiussor* könne gestellt werden.[196] Bedenken gegen die Zulässigkeit einer Novation begründet Paulus damit, dass weder das Versprechen eines nicht existierenden Sklaven noch das einer nicht geschuldeten Geldsumme zum Zweck der Novation tauge. Gleichwohl hält er die Novation mit Julian jedenfalls unter Umständen für möglich: *si hoc actum inter partes sit.*[197]

Kann die Forderung nach dem Tod des Sklaven nicht nur eingeklagt, sondern ebenso erlassen, verbürgt und noviert, also auch durch Delegation mit einem anderen Schuldner oder Gläubiger nachgebildet werden, dann bleibt der durch sie repräsentierte wirtschaftliche Wert im bisherigen Umfang verkehrsfähig. Bürgschaft oder Wechsel auf einen solventeren Schuldner wird der Gläubiger häufig als Preis für eine Stundung eingefordert haben. Ein Gläubigerwechsel ermöglichte die Liquidierung der Forderung unter Abwälzung des Insolvenzrisikos. Allerdings wird in der Literatur bezweifelt, dass Paulus die Novation auch im Drei-Personen-Verhältnis erlaubt.

195 Dazu im vierten Kapitel I (236 ff.).
196 Dazu im vierten Kapitel IV (284 ff.).
197 Dazu im vierten Kapitel II (238 ff.).

Die Analyse dieser Wirkungen soll im Zentrum der vorliegenden Auseinandersetzung mit der *perpetuatio obligationis* stehen; ihr sind das dritte und das vierte Kapitel gewidmet. Nach der ersten Annäherung an die Quelle lohnt aber nun zunächst der Blick darauf, wie die Wissenschaft die Regel, von der uns Paulus berichtet, bisher aufgefasst hat.

Zweites Kapitel: Die *perpetuatio obligationis* der Romanistik

I. Vom Mittelalter bis zum Humanismus

Schon die früheren Interpreten von D. 45,1,91 entwickelten unterschiedliche Ansätze zum Verständnis der *constitutio veterum.*

1. Die Basiliken

Die Basiliken werfen bloß Schlaglichter auf den Gedankengang des Paulus. Jeder Hinweis auf *veteres constituerunt* fehlt. Immerhin konstatieren sie, dass der Schuldner durch Verzug seine Obligation verewige.[1]

2. Die Glosse

Auch ACCURSIUS schenkt der *constitutio veterum* wenig Aufmerksamkeit. Seine berühmte Auflistung der Effekte des Verzugs in der Glosse *difficilis est* zu D. 22,1,32 pr.[2] verweist nicht auf die Abhandlung des Paulus. Der Glossator kennzeichnet D. 45,1,91,3 als allgemeine Auseinandersetzung mit dem zuvor im Einzelfall erörterten Problem der *culpa.*[3] Die in § 6 genannten Wirkungen der *constitutio* präsentiert ACCURSIUS als Antwort auf die sich ihm aufdrängende Frage, welchen Zweck sie hat.[4] Erst sein Sohn FRANCISCUS verwendet einige

1 Vgl. HEIMBACH Bas. 43,1,88 (Band 4, 308 f.) = SCHELTEMA/VAN DER WAL Bas. 43,1,91 (Serie A Band 6, 1952 f.). Siehe auch Bas. 23,3,24 (zu D. 22,1,24,2); vgl. HEIMBACH, Band 2, 703 f., mit Sch. 3 und 5 = Serie A Band 3, 1123, mit SCHELTEMA/HOLWERDA, Serie B Band 4, 1667 f., Nr. 4–7, 10. Mehrfach wird die Klagemöglichkeit gegen den Erben betont.

2 Band 1, Sp. 1708 f.

3 Glosse *Sequitur* zu D. 45,1,91,3: *Cum in speciebus certis de culpa locuti simus: sequitur ut videamus in genere* (Band 2, Sp. 2264).

4 Glosse *Effectus* zu D. 45,1,91,6: *Quaereret aliquis, quae est utilitas huiusmodi constitutionis? Ad quod respon.* (Band 2, Sp. 2265).

Worte darauf, zu beschreiben, worum es sich bei ihr überhaupt handeln soll: um eine alte und erprobte Rechtsregel, *vetus et approbata regula in iure.*[5]

3. Bartolus und Baldus

Bartolus lässt die Natur der Regel wieder außen vor. Ihn interessiert ihre Hauptwirkung, dass der Sklave noch gefordert werden kann, und die prozessuale Umsetzung: Weil die untergegangene Sache Gegenstand der Obligation bleibe, müsse auch auf sie, nicht auf den Schätzwert geklagt werden.[6] Baldus übernimmt bereitwilliger als seine Vorgänger die Formulierung des Paulus[7] und beschreibt die Wirkungen der *constitutio* erstmals als Fiktion.[8]

4. Cujaz

Cujaz erläutert die Regel der *veteres* sehr elegant als allgemeine Formulierung eines in den ersten Paragraphen von D. 45,1,91 angewandten Prinzips. Er rügt, dass die „ewige" Schuld nach Verzugsbereinigung doch wieder soll erlöschen können: Offenbar perpetuiere die *mora* nicht im gleichen Sinne wie das Töten

5 Franciscus Accursius, *Casus* [*sequitur*] zu D. 45,1,91: *Est vetus et approbata regula in iure: quotiens quis moram facit, perpetuatur obligatio...* Interessanterweise bewertet er die Tötung des Sklaven als Unterfall der *mora: ...sed haec regula recipit talem limitationem, sive distinctionem. Nam si promissor ipse est causa morae, quia occidit hominem promissum: tunc tenetur: quia occidit : nec potest moram purgare. Si vero tantum moram fecerit in solvendo, et extat res promissa: potest postea offerendo moram purgare* (Glosse, Band 2, Sp. 2262).

6 Bartolus *ad* D. 45,1,91,6 (*Effectus huius*), in: Super digesto novo, Band 2, 37r: *In obligationibus dandi res perempta post moram durat in obligatione quo ad petitionem acceptilationis et novationis* [...]. *Confideo homo est in obligatione: et per consequens in actione non estimatio: ideo si quis peteret estimationem ageret sine actione.* Ob der Richter auf den Wert oder die Sache verurteile, liege in dessen Ermessen, jedenfalls werde auf den Wert vollstreckt: *Quero qualiter formabitur sententia. Respondeo in arbitrio iudicis est damnare in estimatione* [...] *vel damnare ad hominem et executio fiet in estimatione.* Vgl. auch Bartolus *ad* D. 12,4,15 (*cum servus*), Rn. 3, in: Super digesto veteri, Band 2, 45v: *Secundo opponitur et videtur quod re perempta debeat agi ad estimationem* [...] *iste passus est difficilis multum. Finaliter ego teno in obligatione rem dari vel reddi debere agi ad ipsam rem ut hic etiam lex* [D. 45,1,91,6] *et* [...] *Fiet tamen executio in estimatione: et etiam condemnatio poterit fieri in estimatione* [...]. *Sed in obligatione rem restitui potest agi et peti ipsa res et peti estimatio...*

7 Baldus *ad* D. 45,1,91,3 (*sequitur*), in: Super digesto novo, 19r, erklärt die Bedeutung so: *Perpetuari. ut non finiat rei interitu: non autem de longioris temporis extensione.*

8 Vgl. die Ausführungen zu *acceptilatio*, *fideiussio* und *novatio*, Baldus *ad* D. 45,1,91,4–6 (*Nunc videamus*), in: Super digesto novo, 19r: Diese Geschäfte setzten voraus, dass *obligatio* [...] *substentatur in fictione.* Bei *fideiussio* und *novatio* sei sogar eine zweite Fiktion nötig, um die dadurch neu zu begründende Schuld als vorhanden zu behandeln.

des Sklaven durch den Schuldner. Bei der *constitutio* handele es sich um eine *regula iuris antiqui*, eine Regel alten Rechts.[9]

5. Donellus

Viel ausführlicher setzt sich Donellus in einer über mehr als dreißig Spalten reichenden Kommentierung mit unserer Stelle auseinander.[10] Er stellt klar, dass *constitutio* hier keine Kaiserkonstitution meint, sondern das, was die alten Rechtsgelehrten entschieden *(id quod decreverunt)*, ausgesprochen *(quod pronunciarunt)*, wie sie abgegrenzt hätten *(quod de hac re definierunt)*. Ihm fällt auf, dass Paulus den Satz gleichwohl wie eine Rechtsregel behandelt und dass die gesamte Abhandlung nur ihrer Interpretation dient *(ut ius certum interpretatur Paulus hoc capite, in eaque interpretatione totum caput versatur)*. Anfangs erörtere Paulus, wann *culpa* vorliege. Das den § 3 einleitende *sequitur* bedeute nicht, dass nun erst von der *constitutio* gesprochen werde. Es kündige bloß an, dass statt ihrer Voraussetzungen ab jetzt die durch die *veteres* vorgesehenen Folgen der *culpa* zum Thema würden, eben die *perpetuatio obligationis*.[11] Inhaltlich

9 Cujaz *ad* D. 45,1,91 (*Si servum*), aus Commentarius ad titulum „De verborum obligationibus", in: Opera priora, Band 1, Sp. 1255–1257: ... *Ex superioribus constituenda est haec regula talis, Culpam debitoris perpeturare obligationem. Culpa duplex ext, Mora et occisio, eive similis manumissio, aut dedicatio. Mora perpetuat, sed purgari potest. itaque plane non perpetuat* [...] *Constitutio veterum dicitur hac lege id est regula iuris antiqui, ut* [infra D. 47,1,1] *constitutio civilis* ... (Sp. 1256). Die Wirkungen erklärt er ohne ausdrücklichen Bezug auf eine Fiktion, sondern bloß mit Verweis darauf, dass die Obligation behandelt wird, als ob der Sklave noch lebte: *Huius regulae effectus ii sunt: Ut homo qui facto promissoris periit, adhuc peti possit. Fiet autem in aestimationem condemnatio* [...]. *Aestimatio peti non potest, quia aestimatio proprie non debetur, ut in fine legis ait, Neque in pecuniam quae non debetur, sed officio iudicis aestimatio venit et quasi debetur* [...]. *Ut ei obligationi quasi facto promissoris productae nec extinctae fideiussor applicari possit, qui accessionis nomine hominem promittat. Ut acceptilatio hominis promissi et mortui, quasi fit adhuc in rebus humanis, valeat. Ut si ex alia causa is homo debeatur, etiam eo perempto novari possit obligatio et transferri in verborum obligationem. Valet igitur petitio, fideiussio, novatio, acceptilatio hominis mortui* [...] *quando scilicet facto sive culpa promissoris mortuus est. alioquin non valet* (Sp. 1256 f.) – Vgl. auch die knapperen Notae in digesta, im Appendixband, Sp. 271, ohne zusätzlichen Gehalt.

10 Donellus, Commentarius ad titulum „De verborum obligationibus", in: Opera omnia, Bd. 11, Sp. 1363–1396.

11 Vgl. Donellus *ad* D. 45,1,91pr–1 (*Si servum*): *Re debita perempta, si quidem prius, quam per debitorem, sev debitoris culpa fieret, quominus daret, et debitorem liberari placet. sin postea; placet eum perpetuo ita teneri, ut si res exstaret* [...] *Efficitur hoc posterius veterum regula, qui de hac re ita definierunt. Culpa debitoris perpetuat obligationem, sev ut Paulus refert* [in § 3]: *quoties culpa debitoris intervenit, perpetuatur obligatio. Cuius haec est sententia: si debitoris culpa intervenerit, quominus rem daret, quam illum dare oportuit, eaque deinde aut perempta sit, aut exempta hominum commerciis, aut deterior facta, deinceps quae ante, quam ea contigissent, fuerat obligatio, fit perpetua: idest sic in posterum debitor tenetur, quasi res*

führt Donellus die Regel auf einen einzigen Gedanken zurück: Verschlechterte sich die Sache durch Verschulden des Schuldners oder in seinem Verzug, dann werde in allem so verfahren, als existiere die Sache noch so, wie sie zuvor geschuldet war *(consequens esse apparet, ut quaecunque locum habent, cum extat vere res promissa eadem et tunc locum habeant omnia)*. Hieraus ergeben sich die einzelnen Wirkungen des § 6. Donellus präsentiert sie als Abweichungen von der Norm: Bürgen können normalerweise nicht ohne Hauptschuld gestellt werden, und Stipulationen scheitern, wenn ihr Gegenstand nicht existiert. Probleme bereitet ihm, dass die Sache weiterhin gefordert werden können soll: *Nam quomodo deberetur, aut praestaretur ipsum corpus, quod non est?* Er nimmt an, dass die Obligation sich nach Zerstörung der Sache auf ihren Schätzwert richtet und die *constitutio* bloß bewirkt, dass Forderung und Leistung des Schätzwertes nun als Forderung bzw. Leistung der untergegangenen Sache gilt: *sed quia cum aestimatio petitur, aut praestatur, ipsa res debita videtur peti et praestari: cum aestimatio pro ea re praestetur subsidio.*[12]

---

initio debita etiam nun exstaret talis, qualis ante debebatur [...]. *Hanc regulam Paulus ubique hoc capite appellat constitutionem* [...] *intelligens non constitutionem aliquam Principum, ut in usu iuris hoc verbum sine adiuncto accipi solet* [...] *sed constitutionem veterum iuris auctorum, sev Iurisprudentum, idest, ut ipse interpretatur in* [§ 3], *id quod veteres de hac re constituerunt, quod constituerunt idest, ut aliis verbis hoc idem alibi exprimitur, quod decreverunt, quod pronunciarunt, quod de hac re definierunt* [...]. *Haec definitio veterum pro iure certo ac constituto obtinuerat. Ideo eam, ut ius certum interpretatur Paulus hoc capite, in eaque interpretatione totum caput versatur: nam et illud, quod in principio tractat, quam culpam debeamus accipere, quae debitori noceat, aperte eius regulae interpretatio est, cum regula de culpa debitoris concepta sit. Et quod in* [§ 3] *ita scriptum est, Sequitur videre de eo, quod veteres constituerunt, quoties culpa intervenit debitoris, perpetuari obligationem; non hanc significationem habet, quasi dicat Paulus nihil se dixisse prius de hac constitutione veterum, et ideo sequi, ut de ea dicat, quod perspicue falsum esset; sed hoc voluit, se de culpa debitoris dixisse, at nihil dum de eo quod veteres caverunt hanc culpam perpetuare obligationem: se de culpa prius dixisse; sed nondum de perpetuatione, quam veteres huic tribuunt: itaque hoc sequi, ut de eo videamus...* (in: Opera omnia, Bd. 11, Sp. 1363–1365). – Vgl. außerdem *ad* D. 45,1,91,3 (*Sequitur*): *Dixit, quam culpam intelligere deberemus in illa regula veterum, culpa perpetuatur obligationem. Nunc docet, quam verum sit, quod de hac culpa veteres ita statuerunt, quoties culpa intervenit debitoris, perpetuari obligationem* (Sp. 1381–1383).

12 Zur Wirkung der *constitutio* vgl. bereits das Zitat in der vorigen Fn. sowie vor allem Donellus *ad* D. 45,1,91,6 (*Effectus huius*): *Hoc constitutio culpam debitoris perpetuare obligationem, idest, efficere, ut perinde teneatur debitor culpa admissa, quasi semper res extaret: consequens esse apparet, ut quaecunque locum habent, cum extat vere res promissa eadem et tunc locum habeant omnia, cum aut debitor fecit, quominus res dari posset, aut post eius moram res periit: quem effectum esse dicit Paulus superioris constitutionis. Si res extaret, peti posset: ergo et post culpam debitoris si perierit, peti adhuc poterit, inquit. Non quod corpore rei sublato non debeatur iam aestimatio, ac non debeat ipsa peti, et condici: nam quomodo deberetur, aut praestaretur ipsum corpus, quod non est?* [...] *sed quia cum aestimatio petitur, aut praestatur, ipsa res debita videtur peti et praestari: cum aestimatio pro ea re praestetur subsidio. Item si res extaret, posset accepto*

II. Aufstieg zu einer Zentralfigur im neunzehnten Jahrhundert

An der Wende vom achtzehnten zum neunzehnten Jahrhundert spielte die *perpetuatio obligationis* in der Lehre des römischen Rechts eine bescheidene Rolle, die im Kontext des Verzuges angesiedelt war. Bis zum Ende dieses Jahrhunderts wird sie zu einer Zentralfigur des römischen Obligationenrechts erhoben.

1. Als Erklärung der Verzugshaftung

GLÜCK nennt 1797 die *perpetuatio* als erste Wirkung des Verzugs: „Die Verbindlichkeit des Schuldners wird durch Verzögerung perpetuirt, das heißt, die *mora* des Schuldners macht, daß die Verbindlichkeit desselben fortdauert, welche ausserdem ihrer Art nach erloschen seyn würde". Daher befreie der Sachuntergang einen Speziesschuldner nicht. Nur in einer Note merkt er an, dass Paulus der Perpetuierung noch andere Wirkungen zuschreibt, und verweist dafür auf DONELLUS.[13] Von der *perpetuatio* gesondert bezeichnet GLÜCK den Übergang der Gefahr für die Sache als weitere Folge des Verzugs und spricht sich in diesem Zusammenhang dafür aus, dass der Schuldner frei wird, wenn er beweist, dass die Sache auch nach rechtzeitiger Leistung beim Gläubiger untergegangen wäre.[14]

a. CARL OTTO VON MADAI

Eine Schlüsselstellung weist der *perpetuatio obligationis* erstmals MADAI zu. In seiner 1837 erschienenen *Lehre von der Mora* macht er sie zu dem einen, die Wirkungen des Schuldnerverzugs beherrschenden Prinzip, aus dem er dessen sämtliche Folgen ableitet. Bei schuldhafter Zerstörung der Sache durch den Schuldner „wird zu seinem Nachtheil die Fortdauer des Objects fingirt, er bleibt nach wie vor zur Leistung desselben verpflichtet, und muß, da er nicht mehr das Object selbst prästiren kann, dessen Werth ersetzen. Während also früher seine Verbindlichkeit in sofern eine relative war, als sie bedingt erschien durch die Fortexistenz des Objects, wird sie jetzt [...] eine von allem Zufall unabhängige, eine *obligatio perpetua* [...] Dieselbe Wirkung wird nun der *mora* des

ferri [...] ergo et post culpam perempta accepto ferri poterit. Eadem si extaret, eius rei nomine recte fideiussores intervenirent, qui alioqui sine obligatione principali, cui accedant, obligari non possunt [...]. Proinde et re post culpam amissa, fideiussor recte dabitur eius obligationis nomine. Postremo re extante liceret creditori eam rem iterum stipulari a debitore, aut quovis alio novandi animo, ut prior obligatio tolleretur, et contraheretur nova [...]. Quare et si post culpam perierit, licebit creditori idem facere; tametsi dici soleat rem quae non est, in stipulatum deduci non posse (in: Opera omnia, Bd. 11, Sp. 1395 f.).

13 GLÜCK, Pandecten 4.2., § 330 411 f. (lit. a) mit Fn. 38.

14 GLÜCK, Pandecten 4.2., § 330 414 ff. (lit. d).

Schuldners beigelegt".[15] Die *mora* macht die Schuld unabhängig vom Fortbestand des Objekts. Daraus folge, dass der Schuldner nicht deswegen frei werde, weil die Sache beim Gläubiger gleichfalls untergegangen wäre.[16]

Auch die Verpflichtung zur Herausgabe von Früchten, zur Zahlung von Verzugszinsen und zum Ersatz des Interesses „sehen wir nicht als besondere, durch positive Verordnung eingeführte Strafen der Mora, vielmehr als Folgen an, die sich nothwendig von selbst aus der Natur der Mora, und namentlich der durch dieselbe eintretenden *perpetuatio obligationis* ergeben".[17] MADAI täuscht darüber hinweg, dass er die übrigen an die *mora* anknüpfenden Verpflichtungen wesentlich mit der Überlegung begründet, dass der Schuldner dem Gläubiger ab Verzugseintritt die Sache unrechtmäßig vorenthält. Denn hieraus bestimmt MADAI den Umfang der (perpetuierten) Leistung.

b. Carl Wilhelm Wolff

Die Arbeit MADAIS trifft sogleich auf die Kritik durch WOLFF. Eine Spitze gegen MADAI bildet schon der Rat, Literaturnachweise „in dem als Materialiensammlung sehr schätzbaren neuesten Werke über die Mora" aufzusuchen.[18] WOLFF begrenzt in seiner *Lehre von der Mora* (1841) die *perpetuatio obligationis* erneut auf den Übergang der Gefahr für Sachuntergang. Das übergeordnete Prinzip bildet für WOLFF dabei der Interesseersatz. Demgemäß trete die Haftung nur ein, wenn die Sache nicht auch beim Schuldner untergegangen wäre.[19]

WOLFF unterteilt das ganze Werk danach, ob nur objektive Nichterfüllung vorliegt oder ob diese dem Schuldner auch vorwerfbar ist; er spricht von objektiver und subjektiver Mora. Das Prinzip des Interesseersatzes und damit die *perpetuatio obligationis* in seinem Sinne lässt er nur bei Letzterer gelten.

c. Friedrich Mommsen

Auch MOMMSEN beharrt in seinen *Beiträgen zum Obligationenrecht* (1853/55) auf einer beschränkten Tragweite der Floskel: „Die Worte *perpetua fit (perpetuatur)*

15 MADAI, Mora, § 44 275.

16 MADAI, Mora, § 46, 300: „die ideale, unvergängliche Sache ist durch die Mora Gegenstand seiner obligatorischen Verbindlichkeit geworden" (ausführliches Zitat im sechsten Kapitel bei Fn. 96). MADAI wendet sich hiermit gegen die Deutung des MARTINUS, von der er schreibt, sie sei „fast zu einer *opinio communis* geworden" (296).

17 MADAI, Mora, § 50 333. Das Gesetz bestimme diese Folgen lediglich näher (334). Im Widerspruch hierzu und zu den weiteren Ausführungen kündigt MADAI in der Einleitung zunächst an, neben den aus der *perpetuatio* abgeleiteten auch rein positivrechtliche Wirkungen des Verzugs behandeln zu wollen (§ 43, 270 f.).

18 WOLFF, Mora, im Vorwort, V.

19 WOLFF, Mora, § 40 461 ff.

obligatio [...] bezeichnen nichts weiter, als daß ein später eintretender Casus den Schuldner regelmäßig nicht von seiner Verpflichtung befreit". MOMMSEN wendet sich gegen eine Haftung des Schuldners in dem Fall, dass die Sache auch beim Gläubiger untergegangen wäre: Sie kollidierte mit seiner Konzeption des Interessebegriffs. Er weist darauf hin, dass MADAI die von ihm angenommenen Wirkungen der *perpetuatio* entgegen Paulus allein für die *mora* vereinnahmen wolle. *Perpetuatio* bedeute keine Haftung unabhängig von hypothetischen Kausalverläufen, gerade weil sie „nicht nur als Folge der Mora, sondern in gleicher Weise als Folge der Culpa angeführt wird, obgleich doch im letzteren Fall die Verpflichtung aufgehoben wird, wenn aus einem später eintretenden Ereignis sich ergiebt, daß der Schuldner, auch abgesehen von der culposen Rechtsverletzung, die Obligation nicht hätte erfüllen können".[20]

d. Karl Friedrich Ferdinand Kniep

In dem zweibändigen Werk über *Die Mora des Schuldners nach Römischem und heutigem Recht* (1871–1872) bilanziert KNIEP, dass MADAI für die unbedingte Zufallshaftung bislang „wenig Beifall gefunden" habe.[21] Dies wird sich nach seinem eigenen Diskussionsbeitrag ändern. KNIEP gelingt es, die Debatte zu entspannen, indem er das römische Recht vom geltenden scheidet.

In Rom sei die „Obligationsverlängerung" eingeführt worden, weil zunächst „das Schicksal der Condiction ganz vom Schicksale der Sache abhängig gewesen" sei: „War die Sache kleiner geworden, so war es auch die Condiction; war die Sache zu Grunde gegangen, so hatte die Condiction dasselbe Loos gehabt. Die Obligation auf Sachleistung war in ihrem ersten Zuschnitt zu kurz geraten. Machen wir das Ding länger: dachten die Alten".[22] KNIEP nimmt eine „Einführungsconstitution" (!) an, als deren wörtliche Wiedergabe er D. 45,1,91,3 begreift.[23] Ihre Folgen bestimmt KNIEP in Übereinstimmung mit MADAI: „Soweit diese Rechtsregel Platz griff, hatte demnach der Römische Geschworne in den Werth zu verurtheilen, den die Sache zur Zeit der Mahnung, beziehungsweise Contractsculpa gehabt hatte".[24] Hieraus folgt die unbedingte Zufallshaftung: „Und weil der Geschworne lediglich in den Werth verurtheilen sollte, den die Sache im Augenblicke der Mahnung gehabt hatte, mußte ihm das spätere Schicksal der Sache gleichgültig sein".[25]

20 MOMMSEN, Mora, § 20 199. Dazu noch unten 377.
21 KNIEP, Mora II, § 65 40.
22 KNIEP, Mora II, § 63 8 f.
23 So neben Mora II, § 63 8, auch in Mora I, § 30 329.
24 KNIEP, Mora II, § 63 9.
25 KNIEP, Mora II, § 63 9 f.

Nach und nach sei die Regel auf auf andere Klagen ausgedehnt worden. „Die gutgläubigen Obligationen auf Sachen waren von Haus aus auf's Interesse angelegt. Die Römer hätten sich darauf beschränken müssen: diesen Begriff, der anfangs ziemlich roh auftrat, in jeder Beziehung zu vervollkommen; und von demselben die Oblgiationsverlängerung, die gar nicht dazu paßte, fern zu halten [...]. Es war eine Abirrung vom rechten Wege, als die Römer die Obligationsverlängerung auf die gutgläubigen Obligationen übertrugen, und ebenso als sie bei Fideicommissen die unbedingte Haftung für Zufall für eine Folge der Mahnung erklärten".[26] Kniep findet den Schulterschluss mit Mommsen dadurch, dass er die Haftung auf das Interesse als die sachgerechte und im aktuellen Recht richtige Lösung kennzeichnet.

2. Als Widerpart der Unmöglichkeitslehre

Ebenso wie die genannten Autoren die *perpetuatio* der Haftung für ein nach der Differenzmethode zu berechnendes Interesse entgegensetzen – sei es als Ausnahme oder als historisches Gegenbild –, so nutzen spätere Autoren die *constitutio*, um die Vorstellung zu konturieren, dass Unmögliches nicht geschuldet sein kann.

a. Unmöglichkeit und das Verhältnis von Leistungsanspruch und Geldersatz im Gemeinen Recht

Die Entwicklung der Unmöglichkeitslehre hängt mit der Fokussierung der Obligation auf die Erfüllung in Natur zusammen, die mit deren Erzwingbarkeit einhergeht.[27]

aa. Rückblick auf die Entwicklung bis ins neunzehnte Jahrhundert

Schon die Glossatoren begreifen die naturale Durchsetzbarkeit als ein Problem des Inhalts der Obligation.[28] Denn sie fragen, ob der Schuldner sich durch Zahlung des Interesses befreien kann. Wenn ja, handele es sich nach Azo eigentlich um eine Wahlschuld.[29] Wenn nein, gewähren sie umgekehrt meist dem

26 Kniep, Mora II, § 65 41.

27 Zur Bedeutung der Unmöglichkeit für den „Übergang von der Sach- zur Geldleistung" vgl. HkK-Schermaier, § 275 Rn. 31–35. Zur Geschichte des Erfüllungszwangs vgl. Dawson Michigan Law Review 57 (1959) 495–538, Nehlsen-von Stryk AcP 193 (1993) 529–555 und Rütten FS Gernhuber (1993) 939–959.

28 Das betont Schermaier in seiner Rezension von Repgen: SZ 115 (1998) 640–647, 643.

29 Vgl. Azo, Brocardica n. 40, zum Kauf: *lex permittit ut possit praestito interesse liberari ut* [C. 4,49,4]. *Obligatus ergo est sub alternatione ad hoc uel ad illud, unde alterum praestando liberatur. ut* [D. 23,3,10,6] (zitiert nach Dondorp, Precise cogi, 36 Fn. 76). Vergleichbar

Gläubiger freie Wahl, ob er vom Schuldner Leistung oder Geld verlangt.[30] Um diese Wahlmöglichkeit abzubilden, wird später der Kommentator BARTOLUS konstruieren, dass gerade keine Verbindlichkeit mit alternativem Inhalt vorliege (den der Schuldner noch nach Verurteilung bestimmen könnte), sondern zwei verschiedene Obligationen.[31]

Bereits MARTINUS, der – anders als die drei anderen *doctores* – den Verkäufer zur Erfüllung zwingen will, schränkt ein, hierfür müsse die Sache noch existieren und – so jedenfalls eine Überlieferung – dem Schuldner die Übergabe möglich sein *(si res exstat et possibilitas tradendi)*.[32]

Es gibt auch erste (schwache) Anzeichen für einen Vorrang der Naturalerfüllung, also eine Einschränkung der Wahlfreiheit in die andere Richtung, dass nämlich der Gläubiger nur bei Unmöglichkeit oder unter anderen besonderen Voraussetzungen Ersatz verlangen kann. Etwa ODOFREDUS meint, Geldverurteilung sei zulässig, wenn die zu übereignende Sache beschädigt oder im Wert gesunken sei.[33] Ein Umkehrschluss ergäbe, dass einem Gläubiger, dem Erfüllungszwang zur Verfügung steht, die Ersatzklage grundsätzlich versperrt bleibt. Für DURANTIS vermutet REPGEN, bei ihm sei „die Unmöglichkeit [...] Voraussetzung für die Interesseleistung".[34]

Die Rolle der Unmöglichkeit erschöpft sich nicht darin, dass sie einen praktischen Grund dafür darstellt, dass der Gläubiger die tatsächliche Erfüllung nicht erzwingen kann. WOLLSCHLÄGER zeigt, wie THOMAS VON AQUIN ein der aristotelischen Ethik entstammendes Konzept der Unmöglichkeit in den juristischen Diskurs des Mittelalters transportiert: Das Gebot der Klugheit, keine unmöglichen Pläne

---

auch die Position von ODOFREDUS für alle *obligationes faciendi*, dazu DONDORP 35, 45 f.; REPGEN, Vertragstreue, 117 ff. Der Kommentator BUTRIGARIUS beschreibt später all diese Verbindlichkeiten als Wahlschulden, vgl. DONDORP 39 Fn. 101 und 49, und REPGEN, 175 ff.

30 So zu AZO, HUGOLIN und ACCURSIUS, jeweils für *obligationes faciendi*, DONDORP, Precise cogi, 44 ff. Ähnlich DILCHER SZ 78 (1961) 277, 283 ff., 290 f. REPGEN, Vertragstreue, deutet AZO (77 ff.) und ACCURSIUS (89 ff.) anders.

31 BARTOLUS *ad* D. 45,1,72 *(Stipulationes non dividuntur)* Rn. 35: *Non tamen intellegias, quod sit una obligatio continens duas res alternative, immo sunt duae obligationes, una facti inducta ab homine, alia ad interesse subrogata a lege alternative* (in: Super digesto novo, Band 2, 28v; hier aber übernommen aus REPGEN, Vertragstreue, 333 f., der die Rn. 35–40 des Kommentars zur *lex* anhand der Ausgabe Venedig 1602 wiedergibt und übersetzt). Dazu REPGEN 191 f., 205 f., DONDORP, Precise cogi, 49 f. Für BARTOLUS geht es nur um solche Verbindlichkeiten auf ein Tun, die Elemente des Gebens in sich tragen.

32 Vgl. HÄNEL (Hg.), Vetus Collectio, 47 (zu § 60: *Utrum venditor teneatur praecise ad rem tradendam?*). Zum Kampf des MARTINUS mit den anderen drei *doctores* um Erfüllungszwang beim Kaufvertrag, insb. zu den verschiedenen Überlieferungen aktuell DONDORP, Precise cogi, 32 ff.

33 ODOFREDUS *ad* D. 13,3,3: *res extat sed detoria facta est, et tunc iudex sequetur aestimationem que est tempore condemnationis* (zitiert nach DONDORP, Precise cogi, 28 f. Fn. 48).

34 REPGEN, Vertragstreue, 63.

zu schmieden, verwandelt sich in ein moralisches Urteil und schließlich in einen Rechtssatz: *impossibilium nulla obligatio.*[35] Die Vorstellung, dass Unmögliches nicht gesollt sein kann, treibt einen Keil zwischen Naturalerfüllung (die unmöglich sein kann und dann nicht gesollt ist) und Interesseersatz (der möglich bleibt). Was man auch schlicht betrachten könnte als verschiedene Arten, auf die später Vollstreckung in Frage kommt, muss man unter diesen Vorzeichen als unterschiedlichen Inhalt der Schuld ansehen. Die Naturalleistung tritt dabei als eigentlicher Gegenstand der Obligation in den Vordergrund.

Diese Fokussierung der Obligation auf die tatsächliche Erfüllung macht notwendig, dass man den Ersatzanspruch auf eigene Füße stellt. Er findet Anschluss an das Deliktsrecht. KAUFMANN beschreibt, wie Rezeption und *Usus Modernus* die engen Grenzen der römischen *lex Aquilia* überwinden und sie neu formen „zu einer umfassenden Schadensersatzklage wegen außervertraglicher Schädigungen".[36] Er weist zudem nach, dass auch bei Schlechterfüllung von Verbindlichkeiten Klagen und Urteile auf die *lex Aquilia* gestützt werden.[37] Die Praxis greife auf die *actio legis Aquiliae* anstatt auf Vertragsrecht zurück, um so weit wie möglich „das gesamte Recht der Schadenszufügungen unter einheitliche Gesichtspunkte zu stellen".[38]

Das Naturrecht setzt diesen Trend fort.[39] GROTIUS formuliert die deliktische Generalklausel, wonach jeder den Schaden ersetzen soll, der dadurch entsteht, dass er anders handelt, als er müsste.[40] PUFENDORF lässt keine Zweifel, dass aus

35 WOLLSCHLÄGER Symp. Wieacker (1970) 154–179. Präzisierungen bei SCHERMAIER, Debet homo, 217 ff.

36 KAUFMANN, Actio legis Aquiliae, 125. Vgl. auch SCHRÖDER, Schadenszufügung; JANSEN, Haftungsrecht, 289 ff.; IMMENHAUSER, Vertrag und Delikt, 169.

37 KAUFMANN, Actio legis Aquiliae, 110 ff. Für ihre Verwendung bei „Nichterfüllung der dem Schuldner obliegenden Hauptleistung" zeigt er nur einen einzigen Fall (116), der keine Rückschlüsse erlauben dürfte. – Weitere Beispiele zur Heranziehung der *lex Aquilia* für Haftung bei „positiven Vertragsverletzungen" bringt HARTING, Positive Vertragsverletzungen, 65 ff.

38 KAUFMANN, Actio legis Aquiliae, 117.

39 So schon der Hinweis von KAUFMANN, Actio legis Aquiliae, 117 f. Fn. 70. Einen Überblick über Haftung im Naturrecht bietet außer JANSEN, Haftungsrecht, 313 ff., 334 ff., und IMMENHAUSER, Vertrag und Delikt, 173 ff., auch KUPISCH, Responsabilità.

40 GROTIUS, De iure belli ac pacis, 2,17,1: *Maleficium hic appellamus culpam omnem, sive in faciendo, sive in non faciendo, pugnantem cum eo quod aut homines communiter, aut pro ratione certae qualitatis facere debent. Ex tali culpa obligatio naturaliter oritur si damnum datum est, nempe ut id resarciatur.* Zum Beitrag von GROTIUS vgl. außer den in Fn. 39 genannten FEENSTRA, Doctrine of liability. Dessen Urteil, erst PUFENDORF sei die „extension of *alterum non laedere* to non-performance of a contract" zuzuschreiben (und vorzuwerfen) (161 Fn. 170), ist fragwürdig. Erfüllung lässt sich als ein „aufgrund einer besonderen Eigenschaft" Gesolltes unter die zitierte Definition von GROTIUS subsumieren. So wohl auch JANSEN, Haftungsrecht, 331 Fn. 414, nach dem GROTIUS „offenbar auch vertragliche Ansprüche deliktisch schützen will". Dass GROTIUS dies intendiert, stützt nach dem ersten

diesem allgemeinen Schädigungsverbot auch die Haftung für Nichterfüllung einer Verbindlichkeit folgt.[41] Diese Verselbständigung des Ersatzanspruches ist es, die praktikabel macht, einen Vertrag bei anfänglicher (auch nur subjektiver) Unmöglichkeit stets für nichtig zu erklären: Wer die Unmöglichkeit fahrlässig verkennt, haftet dem anderen dann aus Delikt. Daran macht WOLLSCHLÄGER fest, dass von den Vernunftrechtlern „Erfüllungspflicht und Haftung im Schuldverhältnis getrennt gesehen werden".[42]

bb. Ein Gegensatz zwischen SINTENIS und SAVIGNY

In der Theorie des neunzehnten Jahrhunderts rücken Primärerfüllung und Interesseleistung mitunter wieder näher zusammen. Einen Impuls dafür gibt das Lehrbuch des Gaius, das NIEBUHR 1816 in Verona wiederentdeckt. Erst dieser Text macht bekannt, dass im klassischen Formularprozess ausschließlich auf Geld verurteilt wurde.[43] Die Darstellung von Gaius lädt dazu ein, dies als ein rein prozessuales Phänomen aufzufassen.[44] Dem folgt SINTENIS in seinem Beitrag von 1838 zu der Frage: *Was ist Gegenstand der Klagen aus Obligationibus ad faciendum überhaupt und der actio emti im Besonderen, d. i. worauf sind*

Anschein auch der Folgesatz, wonach ein Schaden unter anderem dann vorliegt, wenn jemand nicht bekommt, was ihm aufgrund eines Vertrages zusteht *(Damnun* [...] *est* [...] *cum quis minus habet suo, sive illud suum ipsi competit ex mera natura, sive accédente facto humano, puta dominio, aut pacto, sive ex lege).* Darauf gründet IMMENHAUSER, Vertrag und Delikt, 178 f., Fn. 672, seinen Eindruck, dass bei GROTIUS „die Haftungsordnung [...] eine Einheit bildet". Man kann allerdings auch deuten wollen, GROTIUS berücksichtige zwar das Ausbleiben geschuldeter Leistungen als Schaden (sodass etwa ein Dritter mir haftet, wenn er meinen Schuldner auf verbotene Weise an der Erfüllung hindert), nicht aber die Nichtleistung als verbotene Handlung. Die gegenteilige Deutung darf schon wegen der allgemeinen Fassung der Definition des *maleficium* als wahrscheinlicher gelten, auch wenn GROTIUS anschließend kein vertragsrechtliches Beispiel bringt.

41 Das beobachtet auch SCHIEMANN JuS 1989, 345–350, 349. PUFENDORF, De officio hominis et civis, 1. Buch, 6. Kapitel, § 5 (113 f.): *Damnum etsi proprie ad rerum laesionem pertinere videtur; ita tamen late à nobis heic accipitur, ut notet omnem laesionem, corruptionem, diminutionem, aut sublationem ejus quod nostrum jam est, aut interceptionem ejus, quod ex jure perfecto debebamus habere, sive id datum sit à natura, sive accedente facto humano aut lege atributum; aut denique ommissionem ac denegeationem alicujus praestationis, quam alter nobis ex obligatione perfecta exhibere tenebatur.* Hier tritt deutlich nicht nur die entgangene Leistung als Schadensposten auf, sondern das Unterlassen oder Verweigern einer Leistung als Ursache dafür, dass der Andere (also der Schuldner) haftet. Vgl. auch hierzu die in Fn. 39 Genannten sowie FEENSTRA, Doctrine of liability, 160 ff.

42 WOLLSCHLÄGER, Unmöglichkeitslehre, 76 ff., 80.

43 Das bezeugen SINTENIS ZfCP 11 (1838) 20–88, 79, und WÄCHTER, Erörterungen II, 14–33, 15 Fn. 1, 21.

44 Vgl. Gaius 4,48; dazu unten 118. – Die Bedeutung des Fundes für die Diskussion um Inhalt von Schuld und Verurteilung sowie Art der Vollstreckung unterstreicht schon RÜTTEN FS Gernhuber (1993) 947.

diese nach heutigem Rechte zu richten, wie ist die Verurtheilung zu fassen, und wie die Hülfe zu vollstrecken?[45] Er nimmt es auf sich, das römische Recht aus der „prozessualisch-historischen" Perspektive zu untersuchen.[46] Dabei trennt er strikt zwischen dem Inhalt der Schuld, dem Klageziel, der Verurteilung und der Exekutionsform. Für das justinianische ebenso wie für sein zeitgenössisches Recht räumt er dem Gläubiger freie Wahl ein, ob er auf Leistung oder Interesse klagt. In beiden Fällen könne sich der Schuldner bis zur Verurteilung durch Naturalleistung befreien.[47] Verurteilt werde nach Antrag, doch nur die reine Sachherausgabe erzwinge das Gericht mit letzter Konsequenz. Zu einem Tun – einschließlich der Übereignung, auch beim Kauf – halte es bloß „bei einer mäßigen Strafe an Geld oder Gefängnis" an; am Ende „bleibt dem Kläger nichts übrig, als (im Executionsverfahren) einen Antrag auf Ersatz seines Schadens und des Interesses zu machen".[48] Primärleistung und Interesseersatz spalten für SINTENIS also nicht die materielle Schuld – die richtet sich immer auf die eigentliche Leistung. Vielmehr handelt es sich bei ihm bloß um verschiedene Verurteilungs- und Exekutionsformen für ein und dieselbe Obligation. Dazu passt, dass er sich mit Unmöglichkeit der Leistung gar nicht beschäftigt.[49]

Diese prozessuale Deutung des Gegenstandes von Urteil und Vollstreckung begegnet aber starkem Widerstand: vor allem von SAVIGNY und seiner „Modifikationslehre".[50] Die Obligation ist bei SAVIGNY „Herrschaft über eine einzelne Handlung der fremden Person".[51] Bereits mit dieser Definition legt SAVIGNY

45 SINTENIS ZfCP 11 (1838) 20–88. Dazu RÜTTEN FS Gernhuber (1993) 947 ff.

46 SINTENIS ZfCP 11 (1838) 20, 51.

47 SINTENIS ZfCP 11 (1838) 20, 71 f. (zum Recht des *Corpus Iuris*) und 84 f. (zur Gegenwart, mit dem Hinweis: „Wir werden also lediglich auf das Justinianeische Recht zurückverwiesen").

48 SINTENIS ZfCP 11 (1838) 20, 85. Zur Begründung sogleich Fn. 49.

49 Er kennt nur die „Unmöglichkeit", den Beklagten gegen dessen Willen zu einem Handeln zu veranlassen. Damit begründet er, warum nach Verurteilung zu einem *facere* nur behutsame Durchsetzungsversuche zulässig sind: SINTENIS ZfCP 11 (1838) 20, 67.

50 So in Anlehnung an SAVIGNYS Vorlesung bezeichnet in HkK-SCHERMAIER, §§ 280–285 Rn. 57 Fn. 457. SCHERMAIER arbeitet die Bedeutung von SAVIGNY für die Unmöglichkeitsdogmatik heraus und räumt so Missverständnisse über die Stoßrichtung von MOMMSEN aus: § 275 Rn. 32 ff. – Irreführend ist SCHERMAIERS Referat von *Georg Friedrich Puchta*, wonach bei ihm die Modifikation vom Prozessrecht abhinge (§§ 280–285 Rn. 58). PUCHTA äußert zwar, dass die allgemeine Frage, ob auf die Sache oder auf den Geldwert verurteilt werde, eine Frage des Prozessrechts sei. Er nimmt allerdings die Fälle aus, „wo dieser direct Gegenstand der Forderung ist (sey es von Anfang, oder durch nachherige Verwandlung)" – also gerade die Fälle der Unmöglichkeit (Pandekten, § 239, 348). PUCHTA geht es also nur um die Frage, ob für eine bestimmte Art von Forderung (z. B. für *obligationes faciendi*) überhaupt Zwangsmittel bereitstehen oder nicht. – Wie SAVIGNY auch WÄCHTER in seiner Replik auf SINTENIS: Erörterungen II, 24 und 26.

51 SAVIGNY, System I, § 53, 339.

das Wesen der Schuld in die tatsächliche Erzwingbarkeit.[52] Auf das Interesse richte sie sich nur bei *dolus* oder *culpa* des Schuldners – nämlich dann, wenn er sich die Erfüllung schuldhaft unmöglich mache. Dies verwandle den Inhalt der Obligation.[53]

Nicht nur die Fixierung auf die Naturalerfüllung, auch die Rolle von *dolus* und *culpa* spiegelt naturrechtliches Denken. Hierin verwirklicht sich die haftungsrechtliche Generalklausel. Denn SAVIGNY bildet eine einheitliche Kategorie von „unerlaubten Handlungen", die er danach unterteilt, ob sie neue Obligationen begründen oder – durch Herbeiführung der Unmöglichkeit – bestehende Obligationen modifizieren. Vertragsbruch ist Delikt.[54]

Damit verankert SAVIGNY die Frage, was der Gläubiger erzwingen kann, im materiellen Recht. Zwar ordnet er die verschiedenen Gegenstände nicht zwei verschiedenen Obligationen zu, aber zwei klar abgegrenzten Zuständen einer Obligation. Dabei schweißt er den Anspruch auf Interesseersatz an die notwendige Bedingung, dass die Leistung unmöglich geworden sein muss. So realisiert er einen Vorrang der Naturalerfüllung.

cc. FRIEDRICH MOMMSEN

Gegen dieses Modell SAVIGNYS wendet sich MOMMSEN, der mit seiner *Unmöglichkeit der Leistung* (1853) auf Seiten von SINTENIS Position bezieht.[55] Obwohl gerade MOMMSEN für die Unmöglichkeit einen stärkeren Platz im materiellen

52 Ähnlich ARP, Anfängliche Unmöglichkeit, 97 ff., dazu unten bei Fn. 139. – Mit etwas anderer Perspektive spricht auch HARTING, Positive Vertragsverletzungen, 97, dem pandektistischen Begriff des subjektiven Rechts Konsequenzen für das Leistungsstörungsrecht zu: dadurch „konzentriert sich das Interesse der Juristen notwendig auf die klagbaren Hauptpflichten. Die lediglich auf der *bona fides* beruhenden Nebenpflichten werden daneben nicht mehr beachtet". Ihm folgt KLEY, Unmöglichkeit, 82 f. Fn. 52.

53 Vgl. dazu SAVIGNY, Obligationenrecht II, § 51, 5 sowie § 81, 286.

54 Dies geht am deutlichsten aus der Vorlesungsmitschrift der Pandektenvorlesung 1824/25 hervor (HAMMEN, 254 f.); weniger ergiebig sind SAVIGNYS eigene Notizen (AVENARIUS, 280 f.).

55 Mit dem Vorrang der Naturalerfüllung, der SINTENIS besonders interessierte, befasst MOMMSEN sich indes nicht. Bei einer Aufzählung der Fälle, in denen der Schuldner statt der ursprünglichen Leistung das Interesse zahlen muss, nennt MOMMSEN allerdings neben der nicht casuellen und der nicht wahren Unmöglichkeit die Situationen, in denen der Schuldner bloß nicht leisten will. Dazu führt er aus: „Hier kann es gleichfalls nicht zweifelhaft sein, daß, sofern die ursprüngliche Leistung nicht erzwungen werden kann, ein Aequivalent geleistet werden muß" (MOMMSEN, Interesse, 66). Man könnte das so verstehen, dass die Unerzwingbarkeit notwendige Bedingung dafür sei, dass der Gläubiger das Interesse fordern kann. Doch nannte MOMMSEN vorher den Unwillen des Schuldners ohne Einschränkung als (also wohl: hinreichenden) Grund für die Ersatzleistung. Darum darf man wohl lesen: Ein Äquivalent muss geleistet werden, sodass dem Gläubiger geholfen ist, auch wenn es ihm nicht gelingt, die ursprüngliche Leistung zu erzwingen.

Recht erstreiten will, überträgt er ihr nicht die von SAVIGNY zugewiesene Aufgabe. Ihm geht es darum, zwei Effekte, für welche beide der Gedanke der Unmöglichkeit herangezogen wird, unter diesem Begriff gemeinsam darzustellen und so ihren „inneren Zusammenhang" aufzuzeigen: die obligationshindernde Wirkung bestimmter anfänglicher Leistungshindernisse und die befreiende Wirkung bestimmter nachträglicher Störungen.[56] Genauere Betrachtung offenbart, dass er die anfängliche Unmöglichkeit anders definiert als die nachträgliche. Denn subjektive Unmöglichkeit, also eine Unmöglichkeit, „deren Grund entweder in den rein persönlichen Verhältnissen des Schuldners oder in dessen Verhältnis zum Gegenstand der Obligation liegt", zählt für MOMMSEN grundsätzlich nicht als „wahre" Unmöglichkeit, wenn sie bei Begründung der Obligation schon besteht, wohl aber regelmäßig, wenn sie erst nachträglich eintritt.[57] Damit kennt MOMMSEN in Wahrheit gerade keinen einheitlichen Unmöglichkeitsbegriff.[58]

Allerdings fällt der Unterschied bei genauerer Betrachtung weniger groß aus: So soll nach der Auffassung von MOMMSEN „wahre" anfängliche Unmöglichkeit auch in manchen Fällen subjektiver Unmöglichkeit gegeben sein: wenn dem Schuldner die Sache gehört, sie aber faktisch seiner Verfügungsgewalt entzogen ist.[59]

In jedem Fall – das betont MOMMSEN selbst – unterscheiden sich die anfängliche und die nachträgliche Unmöglichkeit in ihrer Wirkung. Bei anfänglicher Unmöglichkeit komme nach der Regel des Celsus nie eine Verbindlichkeit zustande: *Impossibilium nulla obligatio est.*[60] Nachträgliche Unmöglichkeit hingegen befreie den Schuldner nur, wenn sie zufällig eintrete.[61] Bei zu vertretender

56 MOMMSEN, Unmöglichkeit, VI f.

57 Zum Begriff der subjektiven Unmöglichkeit MOMMSEN, Unmöglichkeit, 5. Zu ihrer unterschiedlichen Bewertung einmal als grundsätzlich unechte, einmal als grundsätzlich „wahre" Unmöglichkeit siehe einerseits 21 f., andererseits 27. Anders als nach dem Verständnis von § 275 Abs. 1 Alt. 1 BGB 2002 reicht für nachträgliche subjektive Unmöglichkeit im Sinne MOMMSENS aus, wenn der Schuldner die „Disposition" über die Sache verliert. Nicht erforderlich ist, dass er keine Möglichkeit hat, sie sich wieder zu beschaffen (32).

58 Für im Ansatz verfehlt hält sein Vorhaben deswegen HARTMANN, Obligation, 248 ff. Vorbehalte gegen die Bestimmung der „wahren" Unmöglichkeit danach, welche Rechtsfolge eintritt, äußern auch die Rezensenten WINDSCHEID, KritZgesRw 2 (1855) 106, 107 f., und BRINZ, Kritische Ueberschau 5 (1857) 278, 281 f.

59 MOMMSEN, Unmöglichkeit, 18 ff.

60 Zu CELSUS D. 50,17,185 (8 *dig.*) vgl. MOMMSEN, Unmöglichkeit, 103 ff.

61 Unglücklich HkK-SCHERMAIER, § 275 Rn. 25: „Der Begriff nachträgliche Unmöglichkeit hat bei Mommsen jedenfalls zwei Voraussetzungen: einerseits muss die geschuldete Leistung nach Vertragsschluss unerfüllbar geworden sein, andererseits darf der Schuldner dies nicht zu vertreten haben". Anders als von der bloß subjektiven nachträglichen Unmöglichkeit

Unmöglichkeit – darin besteht der Gegensatz zu Savigny – bleibe die Verbindlichkeit völlig unverändert. Zwar könne nur noch mit der Ersatzleistung erfüllt werden, aber fordern – und mit Erfolgsaussicht einklagen – könne der Gläubiger noch immer die Naturalleistung.[62]

Mommsen verfolgt mit dieser Konstruktion vor allem einen ganz praktischen Zweck. Es geht ihm darum, dem Gläubiger ohne Beweisschwierigkeiten zum Interesseersatz zu verhelfen. Wie sich die Beweislast für die *culpa* verteilt, hatte Glück 1797 erklärt: Klagt der Gläubiger auf die Naturalleistung, obliegt es dem Schuldner, sich zu exkulpieren, will er eine Verurteilung vermeiden. Richtet der Gläubiger seine Klage hingegen auf das Interesse, dann muss er selbst die *culpa* beweisen, weil „die allgemeine gute Vermuthung, welche ein jeder für sich hat, eine Pflichtverabsäumung voraus zu setzen nicht gestattet".[63] Hier zeigt der Anspruch auf das Interesse wieder eine erstaunliche Nähe zum Delikt.[64] Er ist nicht selbstverständliches Kind der Obligation, sondern – wie jeder Schadenersatzanspruch – schlicht Folge der *culpa*, die der Kläger als Klagegrund beweisen muss. Mommsen schätzt die prozessuale Situation ebenso ein wie Glück. Dass der Kläger auch bei Unmöglichkeit auf die Leistung selbst soll klagen können, dient dazu, ihm den Beweis der *culpa* zu ersparen: „Diese Klage kann der Schuldner nicht dadurch abwenden, daß er sich auf die Unmöglichkeit der Erfüllung beruft, indem diese allein auf die Verpflichtung keinen Einfluß hat; er muß vielmehr, um die Klage abzuwenden, beweisen, daß die Leistung ohne sein Verschulden unmöglich geworden ist".[65] Den für Mommsen selbstverständlichen Kontrast zur Klage auf das Interesse erschließt erst seine Darstellung eines Sonderfalls. Stehe eine Obligation unter einer aufschiebenden Bedingung und mache der Schuldner die Erfüllung vor Bedingungseintritt unmöglich, dann könne die Obligation nicht entstehen, der Gläubiger könne dennoch mit der vertraglichen Klage das Erfüllungsinteresse fordern; „daraus aber, daß die Klage in diesem Fall nicht auf den ursprünglichen Gegenstand der Obligation, sondern allein auf das Interesse gerichtet werden kann, ergiebt sich

---

sagt Mommsen von der zu vertretenden gerade nicht, es handele sich nicht um „echte" Unmöglichkeit.

62 Dass nicht mehr in Natur, sondern nur noch in Geld erfüllt werden kann, betont Mommsen insb. Mora, 20. Dabei wird er voraussetzen, dass die Parteien sich auf eine Geldzahlung einigen. Anders jetzt Sakaguchi, Unmöglichkeit, der insb. der Formulierung, die Unmöglichkeit wirke „erst dann [...], wenn erfüllt werden soll", entnimmt, es komme in dem Moment, in dem der Gläubiger zur Zahlung von Ersatz auffordere, zu einer Umwandlung des Schuldgegenstandes (86 f.).

63 Vgl. Glück, Pandecten 4.2, § 324c, 361 ff., 362.

64 Vgl. zu *Usus modernus* und Naturrecht oben aa ab Fn. 36; zu Savigny bb bei Fn. 54.

65 Mommsen, Unmöglichkeit, 230.

die praktisch wichtige Folgerung, daß dem Gläubiger hier der Beweis obliegt, daß die eingetretene Unmöglichkeit der Leistung und die dadurch gehinderte Entstehung der Obligation in einem Verschulden des Debitor ihren Grund gehabt haben".[66]

Es geht MOMMSEN im Ausgangsfall natürlich nicht darum, den Schuldner zu einer unmöglichen Handlung anzuhalten. Im Gemeinen Prozess leitet das erkennende Gericht die Vollstreckung. Es hat dabei beachtliche Spielräume. Insbesondere kann auch aufgrund eines Leistungsurteils unter Umständen auf das Interesse vollstreckt werden. Dazu wird dessen Höhe in einem sogenannten Liquidationsverfahren festgesetzt.[67] Darum kann MOMMSEN dem Gläubiger auch mittels des Leistungsurteils dazu verhelfen, Ersatz zu erlangen.[68]

Die Flexibilität in der Vollstreckung geht allerdings nicht so weit, dass der Gläubiger zwischen beiden Vollstreckungsformen frei wählen könnte. Die Prozessrechtsliteratur des neunzehnten Jahrhunderts lässt durchblicken, dass das Liquidationsverfahren nur dann zum Zuge kommt, wenn sich bei der Vollstreckung Probleme ergeben: weil ein Zahlungsanspruch noch nicht bestimmt ist, weil der Schuldner sich hartnäckig weigert oder eben, weil sich die Vollstreckung als unmöglich erweist.[69]

Neben der Beweislast hat MOMMSEN noch eine zweite, „minder wichtige" Konsequenz im Sinn: Die Verurteilung auf die Leistung hat einen Eigenwert, wenn die Erfüllung im Nachhinein wieder möglich wird. Dann kann der Gläubiger direkt die Realvollstreckung aufnehmen.[70]

MOMMSEN erfasst die Frage, wann der Gläubiger statt der Sachleistung das Interesse erhält, also entschieden praktisch. Er begreift sie – wie SINTENIS, und wie Gaius – als Problem des Prozessrechts. Gegen SAVIGNY verweigert er

66 MOMMSEN, Unmöglichkeit, 230 ff., 231.
67 Vgl. zum Geldersatz als Problem der Vollstreckung allgemein WÜRTHWEIN, Vertragsverletzungen, 69 ff.
68 Vgl. schon ROHG vom 27.2.1897, Seuffert's Archiv 34 (1879) Nr. 196, 292: Mitunter klage der Gläubiger auf Erfüllung, „obwohl er weiß, daß die Erfüllung des Vertrags nicht mehr ausführbar ist". Dies geschehe „etwa in der Absicht, die Feststellung des Geldäquivalents für die Erfüllung dem Exekutionsverfahren vorzubehalten". – In jüngerer Zeit skizziert diesen vollstreckungsrechtlichen Hintergrund WOLLSCHLÄGER, Unmöglichkeitslehre, 147 f. Hingegen beobachtet HkK-SCHERMAIER, § 275 Rn. 34, Ansätze zur Lösung des Problems im Erkenntnisverfahren: „ohne weiteres, also ohne Rücksicht auf das Klagebegehren, verurteilten die Gerichte zum Interesseersatz, wenn die Sachleistung unmöglich geworden oder das Interesse des Gläubigers an der Sachleistung weggefallen war".
69 Vgl. etwa LINDE, Lehrbuch, § 368, 444 f. sowie § 373, 450; BAYER, Vorträge, § 335, 1116; OSTERLOH, Lehrbuch II, § 229 Fn. 17, 146 f.; WETZELL, System, § 14 Fn. 16, 104, § 46, 500, § 50, 588, ENDEMANN, Civilprozeßrecht, § 253, 997 f. Hierüber schweigt WOLLSCHLÄGER, Unmöglichkeitslehre, 147 f.; unklar auch WÜRTHWEIN, Vertragsverletzungen, 70 f.
70 Vgl. MOMMSEN, Unmöglichkeit, 230 Fn. 2, 294 f. Fn. 8.

so insbesondere der nachträglichen, nicht entschuldigten Unmöglichkeit eine Bedeutung im materiellen Recht.

MOMMSENS Lösung erinnert an die römische. Gleichwohl vermeidet er in diesem Kontext den Term *perpetuatio obligationis* ebenso wie einen Hinweis auf Paulus D. 45,1,91. Hierfür hat HARTING die überzeugende Erklärung gefunden, dass MOMMSEN dem Begriff ausweicht, weil er für die Ansicht steht, wonach der Schuldner bei Verzug selbst dann haftet, wenn der Sachuntergang auch im Falle rechtzeitiger Leistung beim Gläubiger eingetreten wäre. MOMMSEN, der jene Auffassung bekämpft, wird sie erst recht nicht auf andere Fälle des Verschuldens übertragen wissen wollen und daher den Term als allgemeine Bezeichnung von Situationen nachträglicher Unmöglichkeit meiden.[71]

Ergänzen muss man allerdings, dass MOMMSEN die gemiedene Parallele gerade bei seiner Argumentation zum Verzug doch zieht: Er weist darauf hin, dass MADAI die von ihm angenommenen Wirkungen der *perpetuatio* entgegen Paulus allein für die *mora* vereinnahmen will.[72] Jedoch passt das durchaus damit zusammen, dass er sie bei der Argumentation zur nachträglichen Unmöglichkeit (also zur *culpa,* der anderen Seite des Problems) aus Vorsicht nicht ins Spiel bringt, um die Gegenauffassung nicht zu Analogieschlüssen anzuregen.

dd. BERNHARD WINDSCHEID

Den Ausschlag für die Wirkung von MOMMSENS Lehre gibt ihre Rezeption durch WINDSCHEID. In seinem Lehrbuch schließt er sich MOMMSEN für den Bereich der nachträglichen subjektiven Unmöglichkeit an: Bei ihr will auch WINDSCHEID die Forderung weiter auf den ursprünglichen Gegenstand richten. Im Übrigen aber erhebt er für das geltende Recht seinen mächtigen Widerspruch.

Er erklärt, bei nachträglicher objektiver Unmöglichkeit „kann das Forderungsrecht auf den unmöglichen Leistungsgegenstand ebenso wenig fortbestehen, wie es darauf bei dem jetzt vorhandenen Zustand hätte entstehen können; es besteht nur mit verändertem Leistungsgegenstand fort".[73] Der Gläubiger kann also gerade nicht mehr auf die Leistung selbst klagen. Eine andere Begründung als diese Analogie zu anfänglichen Leistungshindernissen bietet WINDSCHEID nicht.[74]

71 HARTING, Positive Vertragsverletzungen, 129 f.

72 MOMMSEN, Mora, 199. Vgl. oben bei Fn. 20 sowie zur Sachfrage unten 377 f.

73 WINDSCHEID, Pandekten II, § 264, 56 f. Fn. 7.

74 Die Analogie erscheint unglücklich. Denn die anfängliche subjektive Unmöglichkeit soll zwar (im Gegensatz zur anfänglich objektiven) die Entstehung der Forderung nicht behindern, aber (im Gegensatz zur nachträglich subjektiven) die Forderung bloß als auf das Geldäquivalent gerichtet entstehen lassen: WINDSCHEID, Pandekten II, § 264, 55.

Während WINDSCHEID zur anfänglichen Unmöglichkeit nicht mit Sachgründen argumentiert, sondern allein aus den Quellen, muss er zur nachträglichen durch Autorität oder Intuition überzeugen. Denn die römischen Quellen weiß er gegen sich: Er zitiert den Paulustext zur *perpetuatio obligationis* und räumt ein, die früheren römischen Juristen hätten auch bei objektiver Unmöglichkeit angenommen, weiterhin sei die ursprüngliche Leistung geschuldet. So seien sie damit umgegangen, dass die Höhe des Interesses noch festgestellt werden musste.

Die größere Bedeutung, die WINDSCHEID der Unmöglichkeit zuschreibt, dürfte zusammenhängen mit seinem Verständnis des Verhältnisses von materiellem Recht und Prozess. Seine berühmte Entdeckung des Anspruchs begründet WINDSCHEID vor allem damit, dass der Prozess dem materiellen Recht diene und dessen Entscheidungen umzusetzen habe. Das Klagerecht sei nur ein „Schatten des Rechts", und Anspruch tauft er eben dieses materielle Recht, das jede Klage voraussetzt.[75] Mit dieser reduzierten, spiegelnden Funktion des Prozesses verträgt sich die von MOMMSEN vorgeschlagene Lösung nicht: Auch die Entscheidung, ob auf die Leistung in Natur oder das Interesse vollstreckt wird, will WINDSCHEID nicht dem Prozess überlassen, sondern im materiellen Recht austragen. Damit rückt zudem die Bestimmung der Höhe des Interesses in den festen Griff des materiellen Rechts.[76]

In Beweisnot will allerdings auch WINDSCHEID den Gläubiger nicht bringen: Anders als GLÜCK und MOMMSEN geht er davon aus, dass der Schuldner bei der Ersatzklage gleichermaßen beweisen muss, dass er die Unmöglichkeit nicht zu vertreten hat. Denn auch der Ersatzanspruch sei „unmittelbare Folge der Obligation", und für seine Befreiung von der Obligation trage der Schuldner die Beweispflicht.[77]

b. Eine Stütze für die Lehre vom römischen Unmöglichkeitsdenken

Das Interesse für das Verhältnis von Leistungs- und Ersatzanspruch musste, wenn man das antike römische Recht betrachtete, auf die *perpetuatio obligationis* führen.

75 Vgl. WINDSCHEID, Actio, 229f. bzw. 223.

76 Auf letzteres weist HkK-SCHERMAIER §§ 280–285 Rn. 58.

77 Vgl. WINDSCHEID KritZgesRw 2 (1855) 106, 127f. Entsprechend später § 282 BGB 1900: „Ist streitig, ob die Unmöglichkeit der Leistung die Folge eines von dem Schuldner zu vertretenden Umstandes ist, so trifft die Beweislast den Schuldner".

aa. Carl Neuner

Es ist Neuner, der die Lehre von der *culpa* im Schuldverhältnis oder von der nachträglichen Unmöglichkeit für die *perpetuatio obligationis* erobert. In seinem Systementwurf *Wesen und Arten der Privatrechtsverhältnisse* (1866) macht er sie zum Grundpfeiler des römischen Leistungsstörungsrechts. Neuner geht davon aus, dass die römischen Obligationen zwar auch zu Sorgfalt, aber stets nur auf Naturalerfüllung verpflichteten: „die Leistung des Interesses ist nicht einmal eventuell *in obligatione*". Darum sei bei verschuldeter Unmöglichkeit die *perpetuatio obligationis* nötig: „An sich nämlich hat die Obligation, nach dem obigen Vordersatz über ihren Gegenstand, durch Unmöglichgewordensein der Naturalerfüllung, auch wenn dasselbe *culpa debitoris* herbeigeführt ist, immerhin aufgehört zu existiren, so gewiß wie das Eigenthum aufgehört hat, wenn sein Objekt von einem Dritten zerstört worden ist; ein Ersatz für das Verbrachte kann daher an sich nicht auf Grund der ursprünglichen Obligation gefordert werden, so gewiß wie der Eigenthümer gegen den Dritten, welcher ihm das Eigenthumsobjekt schuldhaft zerstört hat, nicht auf Grund des (ja gar nicht mehr vorhanden) Eigenthumsrechts einen Ersatzanspruch erheben kann". Es bedürfe daher eines positiven Rechtssatzes, um das „Postulat der Gerechtigkeit" zu erfüllen, den Schuldner haftbar zu machen. Die Römer hätten sich dagegen entschieden, die Haftung direkt eigenständig aus dem Verschulden zu begründen, um den Zusammenhang mit der Obligation zu erhalten und weil einer Deliktshaftung unter anderem der Nachteil zu eigen sei, dass sie nicht auf die Erben des Schuldners übergehe. Aufgrund der *perpetuatio* hingegen „gilt die Erfüllung des ursprünglichen Inhalts der Obligation als noch fortwährend möglich. Folglich wird der Schuldner nunmehr verklagt, nicht als könnte er nicht mehr *in natura* erfüllen, müßte aber, weil er dies schuldvoll nicht mehr könne, das Interesse leisten, sondern als wolle er nicht erfüllen".[78] Damit etabliert Neuner die *perpetuatio* als einen der Obligation eigentlich wesensfremden juristischen Trick und verschafft ihr zugleich eine „ganz allgemeine Tragweite", indem er sie als Gegenbegriff an die Unmöglichkeit bindet. Er kritisiert, dass man die *perpetuatio obligationis* bisher bloß als Erklärung für die Zufallshaftung im Verzug betrachtete. Als Ursache vermutet Neuner: „[W]eil man die eventuelle Ersatzpflicht des Schuldners schon *ex ipsa obligatione* heutzutage als selbstverständlich ansieht, hat man diese Ansicht ohne weiteres auch in das römische Recht hineingetragen".[79] So habe man nicht bemerkt, dass sie der

78 Neuner, Privatrechtsverhältnisse, 179 f.
79 Neuner, Privatrechtsverhältnisse, 184.

perpetuatio bedurft hätten, um trotz Unmöglichkeit die Ersatzforderung aus der eigentlich auf Naturalerfüllung beschränkten Obligation herleiten zu können.

bb. Gustav Hartmann

Neuners Ansatz bestimmt die Diskussion über die römische *perpetuatio* bis in die Gegenwart in der durch Hartmann zugespitzten Form. Hartmann leistet in seinem Werk über *Die Obligation* (1875) oberflächlich Widerstand gegen Neuner, indem er die subtile Unterscheidung aufstellt, wonach die Schuld zwar formell weiterhin auf die Sache selbst ziele, materiell aber doch nur noch dem Erfüllungsinteresse gelte. Anders als Neuner will Hartmann den von ihm allein anerkannten formellen Fortbestand auch nur bei den *obligationes verborum* gelten lassen. Für sie übernimmt er allerdings Neuners Begründung, „dass sie streng genommen nur auf den buchstäblich bezeichneten Zweck sich richten können. Deshalb erscheint [...] die künstliche Denkform nothwendig, als seien immer noch die Voraussetzungen der Naturalerfüllung gegeben und die letztere selbst *in obligatio*". Mit diesem Zuschnitt stärkt Hartmann Neuners Argument noch, indem er eine Feinheit ergänzt, die später Karriere macht: „Am schärfsten prägt sich diese Nothwendigkeit aus bei der *formula* der *intentio certa* auf ‚dari rem ipsam oportere' selbst, wenn diese auch nach wirklich erfolgtem Untergang der Sache noch statthaft und begründet sein soll. Hingegen bei den Obligationen, wo der Inhalt von vornherein nach dem ‚quidquid dare facere oportet ex fide bona' sich bestimmt, war natürlich für die Aufrechterhaltung des Klaganspruchs die Fiction ganz unnötig, als bestehe die untergegangene Sache [...] in Natur noch fort".[80] Dies ist die Geburtsstunde des Verständnisses der *perpetuatio obligationis* als prozessuale Fiktion bei den Klagen auf *certam rem dare*.[81]

cc. Alfred Pernice

Ins gleiche Horn stößt kurz darauf Pernice in seinem Werk über *Das römische Privatrecht im ersten Jahrhundert des Prinzipats* (1878). Daraus, dass die *perpetuatio* eine alte Ausnahmeregel sei *(veteres constituerunt)*, leitet er ab, es habe an sich von alters her ein Grundsatz gegolten, nach dem Unmöglichkeit die *condictio* ausschließe.[82] Allerdings nimmt Pernice an, dem Gläubiger sei

80 Hartmann, Obligation, 233.

81 Siber prägt hierfür 1928 den Ausdruck, aufgrund der *perpetuatio* könne „der Logik der Formel zuwider noch auf *rem dari oportere* geklagt werden": Römisches Privatrecht, 250.

82 Pernice, Labeo II (1. Aufl.), 270: „Mir scheint nun eine doppelte Annahme unabweislich: 1. der Satz, so wie er überliefert ist, ist eine alte republikanische Rechtsregel, deren inneren Gründen, soweit sie nicht auf der Hand liegen, nachzuspüren müssig ist: denn ihre Bedeutung

in klassischer Zeit die Wahl eingeräumt worden, statt der Sache selbst in die *intentio* der Klageformel ihren Schätzwert aufzunehmen.[83]

dd. Alois Brinz

Auch Alois Brinz leistet in der zweiten Auflage seines Lehrbuchs (1879) der neuen Auffassung Schützenhilfe, indem er die Bedeutung der *constitutio* für das *dare oportere* des Prozessformulars betont.[84] In der ersten Auflage (1857) hatte Brinz die *perpetuatio* noch unauffällig im Rahmen der *mora* abgehandelt.[85] Im Hinblick auf die anfängliche Unmöglichkeit ist Brinz vorsichtig: Ob trotz ihrer eine Verpflichtung entstehen könne, sei unsicher. Beim Kauf komme es überhaupt nicht auf die Unmöglichkeit, sondern auf die Sachexistenz an.[86]

III. Die Romanistik seit 1900

Auf diesem Stand findet die moderne Romanistik die Lehre von der *perpetuatio obligationis* vor. Weiterhin behandeln manche Autoren sie unter dem Gesichtspunkt des Verzugs (1.). In jüngerer Zeit bemüht man sie vermehrt zur Beantwortung der Frage nach einer römischen Unmöglichkeitslehre, was an die Debatte zum Verhältnis von Schuld und Haftung anknüpft (2.). Nur eine kleinere Gruppe von Autoren interessiert sich für das Paulus-Traktat und die *constitutio veterum* an sich, ohne dabei von vornherein auf ein anderes Thema zu zielen (3.). Keine erneute Erwähnung finden bei dem folgenden Referat die Studien zur vertraglichen Haftung, die sich ebenfalls häufig mit der *perpetuatio* befassen, aber im ersten Kapitel bei der Annäherung an D. 45,1,91 bereits berücksichtigt wurden.

---

würde sich durch die Kenntnis der Motive, aus denen sie stammt, weder schärfer bestimmen noch modificieren. Aber 2. setzt der Ausdruck dieser Regel notwendig die Anschauung schon voraus, dass das Unmöglichwerden der geschuldeten Leistung die Klage (Condiction) ohne Weiteres aufhebe: denn das *perpetuari* steht überall im geraden Gegensatze zum *exstingui*". Ebenso in der 2. Aufl. (1900): II.2.1, 109. Dies geht gegen Bernhöft, vgl. im fünften Kapitel bei Fn. 130.

83 Vgl. das Zitat im dritten Kapitel bei Fn. 191.

84 Brinz, Pandekten II.1, § 266 252 f., insb. Fn. 13: „Diese *perpetuatio obligationis* ist eine Erfindung ‚der Alten' […]; bewußt geht letztere darauf aus, eine Sache die in Wahrheit nicht mehr gefordert (so wenig gefordert als stipulirt) werden kann, dennoch intendirbar zu machen".

85 Pandekten I, § 128 549.

86 Vgl. Pandekten II.1, § 246, 127 ff.

1. Zum Verzug

Die Diskussion im Kontext des Verzugs gliedert sich um das neugewonnene Thema Verzug und Verschulden (a.) und die alte Frage nach der Zufallshaftung (b.). Daneben tritt eine historisierende Betrachtung, die bis zu den einzelnen Juristen differenziert (c.).

a. Verzug und Verschulden (Heymann, Gradenwitz, Genzmer)

Heymann zieht die *constitutio* 1913 als Beleg dafür heran, dass die republikanischen Juristen den Verzug als Unterfall der *culpa* konzipierten, und sieht hierin einen Beleg dafür, dass sie *Verschulden beim Erfüllungsverzug* als notwendige Bedingung voraussetzten. Damit rechtfertigt sich auch der von Heymann angenommene „pönale Grundcharakter" der Verzugsfolgen.[87] Gradenwitz sucht dieser Auffassung durch eine speziell der *perpetuatio* gewidmeten Abhandlung den Boden zu entziehen. Er erklärt für unglaublich, „daß in der einen Obligationsstelle Paulus die *constitutio veterum* wörtlich zitierte", obwohl die bezeugte Formulierung im Übrigen „an den Klassikern, soweit sie Justinian überliefert hat, vorbeiging!". Vielmehr müsse es sich um „eine Verwandlung der alten Regel in Paulinisches Latein, eine Umschreibung" handeln. Sei aber *perpetuari* nicht alt, so liege nahe, dass die *veteres* auch nicht von *culpa* gesprochen hätten, sondern von dem sonst häufig belegten *facere und stare quo minus.* Damit entfalle Heymanns Argument.[88] Was anstelle von *perpetuari obligationem* gestanden haben könnte, lässt Gradenwitz offen.[89] Aufgrund der Kritik befasst sich Genzmer 1924 erneut und differenziert mit dem subjektiven Tatbestand des Schuldnerverzugs.[90] Die Wirkung der *perpetuatio obligationis* fasst er wie Hartmann, Pernice oder Brinz als durch die Prozessformel bedingt auf. Die Fiktion werde allerdings nicht schon mit Eintritt des Verzugs, sondern erst ab dem Zeitpunkt des Untergangs der Sache benötigt, sodass in Wahrheit die Verewigung erst dann eintrete.[91]

b. Unbedingte Zufallshaftung (Arnò, Niedermeyer)

Arnò deutet die Regel 1928 innovativ als Stellungnahme des Quintus Mucius dafür, den säumigen Schuldner haften zu lassen, obwohl die Sache auch beim

87 Heymann, Erfüllungsverzug, 19 ff., 29. Zustimmend hinsichtlich des Strafcharakters Schulz, Einführung, 106 ff.

88 Gradenwitz SZ 34 (1913) 255–274, Zitate 259 f., 272 f.

89 Dazu hat jetzt Santoro einen Vorschlag gemacht, siehe gleich unter 3.g (115 f.).

90 Genzmer SZ 44 (1924) 86–163, 92 ff.

91 Genzmer SZ 44 (1924) 102 f. Seltsam ist die dort entwickelte Vorstellung einer „zweimaligen *perpetuatio*".

Gläubiger untergegangen wäre. Für ARNÒ handelt es sich um eine allgemeine Fassung der Regel über die Zufallshaftung des Diebes aus Pomponius D. 13,1,16 (38 *ad Quintum Mucium*) und Tryphonin D. 13,1,20 (15 *disputationum*).[92] Den entstandenen Schulenstreit[93] habe Alexander Severus im Sinne von Quintus Mucius entschieden.[94] Dass Paulus sich auf die Autorität der *constitutio* bezieht, versteht ARNÒ als Ausdruck eigener Distanz zu ihrem Inhalt. Zum Beweis dienen ihm die der *purgatio morae* geltenden Zweifel des Paulus, inwieweit die *mora* verewigt (vgl. in D. 45,1,91,3: *si vero moratus sit tantum, haesitatur...*)[95].

Auch NIEDERMEYER nimmt die *perpetuatio* 1951 allein für die Ersatzpflicht trotz hypothetischen Untergangs beim Gläubiger in Beschlag. Nach NIEDERMEYER handelt es sich hingegen um eine Regel des Sabinus, die Pomponius D. 12,1,5 (22 *ad Sabinum*) wiedergebe: *Quod te mihi dare oporteat si id postea perierit, quam per te factum erit quominus id mihi dares, tuum fore id detrimentum constat.*[96] Erst die Byzantiner hätten sich mit der Frage befasst, ob der Verzug notwendige Bedingung für den Schadenseintritt war. Bei seiner Rekonstruktion geht Niedermeyer so weit, die *constitutio* aus D. 45,1,91,3 für „falsch" zu erklären, weil diese Folge nur für den Verzug zutreffe, während „ohne *mora* jedes Verschulden, das nicht Zerstörung der Substanz darstellt, durch einen bedeutenderen Zufall, der die *res* zufällig zerstörend trifft [...] ausgeräumt wird".[97]

c. Historische Relativierung (RICCOBONO JR.)

Ganzheitlich alle Folgen der *mora* (wie auch ihre Voraussetzungen) unterwirft RICCOBONO JR. 1962 einer umfassenden historischen Analyse. Als Inhalt der ursprünglichen Maxime vermutet er: „ogni qualvolta interviene un comportamento volontario del debitore nello inadempimento assoluto o *pro tempore*, questi non è liberato dall'obbligazione". So hätten die älteren Juristen die nötigen Abstriche in Worte gefasst, die man von dem Gedanken machen müsse, dass die Obligation durch Unmöglichkeit ihren Sinn verliere.[98] Anlage und

---

92 Dagegen RICCOBONO JR. AUPA 29 (1962) 129 ff., insb. 131 Fn. 23. – Zur Tryphonin-Stelle (mit *condictio durare* als Wille der *veteres*) im dritten Kapitel IV.3.b (177 ff.).

93 Gegen einen Schulenstreit RICCOBONO JR. AUPA 29 (1962) 118 Fn. 17 und 203 Fn. 25.

94 Das entnimmt ARNÒ den allgemeinen Aussagen zur Gefahrtragung in C. 2,19,1 (a. 223) und C. 6,47,3 (a. 224).

95 ARNÒ AG 100 (1928) 143–183, insb. 158, 159 ff.

96 Entgegen HEYMANN und SCHULZ (eben Fn. 87) wirkt nach NIEDERMEYER hier kein Strafgedanke. - Zum Text kurz unten 162 f.

97 NIEDERMEYER FS Schulz (1951) I 399–457, 448. Dies hatte bereits MOMMSEN gegen MADAI eingewandt; vgl. oben bei Fn. 20. Zur Sachfrage unten 377 f.

98 RICCOBONO JR. AUPA 29 (1962) 123 f.

wesentliche Gedankenführung des Traktats D. 45,1,91 habe Paulus von Plautius übernommen. Ob dieser die Struktur der schulmäßigen Abhandlung – „una nuova sistemazione della dottrina della *mora*" – seinerseits aus früherer Quelle erhielt, lässt RICCOBONO offen.[99] Die Entscheidung über die Zulässigkeit von *constitutum debiti,* Bürgschaft und Novation gehe erst auf Julian zurück[100] und belege – wie auch die Anerkennung der Verzugsbereinigung mit Celsus – die für die Römer charakteristische Verbindung von Traditionalismus und Kreativität im Umgang mit ihrem Recht.[101]

2. Zur Unmöglichkeitslehre

Die Autoren, die auf die *perpetuatio obligationis* im Kontext der Unmöglichkeit der Leistung zu sprechen kommen, lassen sich unterteilen in solche, die die tradierte Vorstellung von der römischen Unmöglichkeitslehre zu relativieren und dekonstruieren (a.), und andere, die sie gegenüber jenen Angriffen zu rechtfertigen suchen (b.).

a. Relativierungen und Dekonstruktionen

Die Reihe der Kritiker reicht von RABEL über BETTI, JAKOBS und andere bis zu SCHERMAIER.

aa. ERNST RABEL

Die Unmöglichkeitslehre des zwanzigsten Jahrhunderts nimmt ihren Ausgang von der historischen Kritik RABELS, die er 1907 in zwei Festschriftbeiträgen entwickelt.[102] Dass die Gültigkeit eines Geschäfts die Existenz seines Gegenstandes in der körperlichen Welt voraussetze, sei frührömische Anschauung, für die man mit der Zeit den Ausdruck gefunden habe, das Objekt müsse *in rerum natura* sein. Dass diese Regel in ihrer Substanz jedenfalls auf die Republik zurückreiche, werde dadurch bestätigt, dass die *veteres* in ihrer *constitutio* eine Ausnahme dazu schufen.[103] Die Formulierung hingegen gehe auf die φύσις der

99 RICCOBONO AUPA 29 (1962) 264 ff., 266.

100 Vgl. AUPA 29 (1962) 317 ff., 455 f.

101 Vgl. AUPA 29 (1962) insb. 291 ff. (zur Thematisierung der Verzugsbereinigung im ersten Jahrhundert).

102 Der Artikel mit dem Titel *Origine de la règle: ‚impossibilium nulla obligatio'* aus Mél. Gérardin (1907) erschließt und diskutiert die Quellen, ohne daraus alle Schlussfolgerungen so klar zu ziehen, wie RABEL sie in dem überwiegend dem geltenden Recht gewidmeten Beitrag in FS Bekker (1907) 171–237 zusammenfassend darlegt (193 ff.).

103 Vgl. Mél. Gérardin (1907) 487, FS Bekker (1907) 195 und 201. Hier argumentiert RABEL wie PERNICE.

griechischen Erkenntnistheorie zurück, der die Römer auch das Schulbeispiel vom nicht existierenden Hippozentaurus entnahmen.[104] Eine auf die Unmöglichkeit der Leistung schauende Lehre habe sich in Ansätzen erst später entwickelt. Bedingung sei die Übernahme des griechischen Wortpaares δυνατόν/ἀδύνατος in die lateinische Sprache gewesen. Bereits SCIALOJA hatte zum Studium der unmöglichen Bedingungen die Auskunft WÖLFFLINS eingeholt, dass die lateinischen Übersetzungen *possibilis* und *impossibilis* erstmals bei Quintilian nachgewiesen sind.[105] Bei Labeo D. 28,7,20 pr. findet sich (ebenso wie noch bei Julian D. 30,104,1) stattdessen das griechische Fremdwort: *ἀδύνατος condicio pro non scripta accipienda est*. Während SCIALOJA jede juristische Verwendung der lateinischen Ausdrücke vor Julian als Produkt späterer Veränderungen ansieht, nimmt RABEL an, schon Sabinus habe sie in die Rechtssprache eingeführt.[106]

Die neue *impossibilitas* bezeichne das schlechthin Menschenunmögliche; dasjenige, was ohne Rücksicht auf die Fähigkeit des Einzelnen nicht eintreten könne. Dies entspreche nicht nur ihrem juristischen Ursprung aus der Existenzregel, sondern zudem dem philosophischen Sprachgebrauch.[107] Um ein umfassendes und strenges Dogma habe es sich bei der Unmöglichkeitslehre nie gehandelt, vielmehr hätten die Römer von ihr nur „tastende Verwendung" gemacht, und zwar „vorzugsweise bei Stipulationen und letztwilligen Verfügungen".[108] Die alte Regel von der notwendigen Existenz des Vertragsgegenstands erfuhr zum Schutz gutgläubiger Käufer zahlreiche Ausnahmen. Die nachträgliche Unmöglichkeit habe nie eine wichtige Rolle gespielt: „Quant à l'impossibilité postérieure à la naissance de l'obligation, elle n'a jamais empêché les jurisconsultes de la République de perpétuer, c'est-à-dire de maintenir l'obligation. Au surcroît, cette sorte d'impossibilité n'a joué qu'un rôle accessoire dans la théorie des contrats de bonne foi".[109] RABEL bricht einen tiefen Riss in die seit FRIEDRICH MOMMSEN kanonische Unmöglichkeitsdoktrin, indem er die Formel *impossibilium nulla obligatio* zeitlich einordnet, ihren Anwendungsbereich

104 Mél. Gérardin (1907) 494 ff., 507, FS Bekker (1907) 196
105 Vgl. SCIALOJA BIDR 14 (1901) 5–46, 26 f.
106 Vgl. Mél. Gérardin (1907) 488 ff., FS Bekker (1907) 196 ff. Vermittelnd KÜBLER SZ 30 (1909) 431: „dürften die in Frage stehenden Ausdrücke, die wir bei Gaius bereits fest eingebürgert haben, schon im ersten christlichen Jahrhundert in die juristische Literatur eingedrungen sein". – Zur Frage im fünften Kapitel unter I und II.1.
107 Vgl. Mél. Gérardin (1907) 508 ff., FS Bekker (1907) 197 ff. – Jedoch weist WOLLSCHLÄGER darauf hin, dass Aristoteles auch einen handlungstheoretischen, vom individuellen Vermögen geprägten Unmöglichkeitsbegriff kennt. Dazu knapp zu Beginn des fünften Kapitels, unter I.
108 FS Bekker (1907) 199 f.
109 Mél. Gérardin (1907) 511 f., FS Bekker (1907) 200 f.

auf Stipulation und Legat beschränkt und ihr die ältere Regel von der nötigen Existenz des Geschäftsgegenstandes an die Seite stellt. Gleichwohl bleibt er der traditionellen Auffassung verhaftet, wenn er erstens anfängliche und nachträgliche Hindernisse zusammendenkt, indem er das Alter seiner Regel aus der *perpetuatio obligationis* herleitet, und diese Regel von der nötigen Existenz zweitens unterschiedslos auf alle Rechtsgeschäfte bezieht. Besonders betont werden soll, dass RABEL die Vorform der römischen Unmöglichkeitsregel an den Vertragsgegenstand anknüpfen lässt und erst ihre Spätform an die geschuldete Leistung – und auch dies nicht an die konkrete Leistungserbringung durch den Schuldner, sondern nur abstrakt in dem Sinne, dass eine solche Leistung irgend denkmöglich sein muss. Damit bereitet RABEL den Arbeiten von FLUME und ARP den Weg, die die anfängliche Unmöglichkeit als ein Problem der obligationsbegründenden Rechtsakte beschreiben. Zudem legt RABEL Material für ein starkes Argument gegen die Lehre von der prozessualen Fiktion bereit, ohne dies allerdings auszuführen. Für das geltende Recht verteidigt er, dass auch Unmögliches gesollt sein kann: „Daraus, daß ich etwas nicht leisten kann, folgt notwendig, daß ich es nicht leisten werde; oder besser gesagt, das eine ist dasselbe wie das andere […]. Mitnichten folgt aber daraus, daß ich es nicht schuldig sein kann. Die Obligation verläuft vielleicht im Sande, die Stipulation ist *inutilis*. Aber sie kann doch, rein logisch betrachtet, existieren, als das Band zwischen den Personen, das sie ist. Die Obligation enthält nur ein Soll; aber dieses auch, wenn der Schuldner insolvent ist und sein Konto im Schicksalsbuch lauter ‚Soll' und gar kein ‚Haben' verzeichnet".[110] So lässt sich ein auf Unmögliches gerichtetes *oportere* denken.

bb. EMILIO BETTI

Diesen Gedanken arbeitet BETTI heraus, der in in seinem Entwurf *La struttura dell'obbligazione romana* (1919/1955) einen vor allem theoretisch gerüsteten Angriff gegen die Übertragung modernen Unmöglichkeitsdenkens auf die Antike führt. Inspiriert von der Diskussion um Schuld und Haftung[111] sieht BETTI das Wesen der römischen Obligation darin, dass der Gläubiger vom Schuldner den Geldwert der Leistung erlangen kann.[112]

110 FS Bekker (1907) 178.

111 Einen Überblick gibt DIESTELKAMP, Schuld und Haftung.

112 BETTI unterscheidet zwei Charakteristika der Obligation: „debito e responsabilità". Auch zum „debito" gehört für ihn wesentlich nur, dass der Gläubiger den Schuldner für die Leistung in Geld haftbar machen kann (Struttura, 4). Ein Schulden im Sinne von Leistensollen tritt regelmäßig, aber nicht zwingend hinzu (38). Die Naturalobligation sei von den Römern bloß untechnisch als Obligation bezeichnet worden (29). „Responsabilità" meint demgegenüber

Die Obligation „non crea, come oggi, un vero e proprio obbligo di eseguire la prestazione". Vielmehr habe gegolten: Der Schuldner „si trovi nella condizione di star garante al creditore pel caso che non si verifichi un fatto da costui atteso e la delusione dell'aspettativa sia a esso debitore imputabile".[113] Darin liege der Grund, warum nachträgliche Unmöglichkeit, so sie verschuldet oder im Verzug[114] eintrete, die Obligation im Kern nicht verändere.[115] Die *intentio* der Klage *(si paret oportere)* könne hiergegen nicht ins Feld geführt werden, weil das *oportere* eben trotz Unmöglichkeit der Leistung zu bejahen sei, weil der Schuldner weiterhin hafte.[116]

cc. Giuseppe Grosso

Weniger radikal, aber mit ähnlichem Ansatz relativiert auch Grosso in seinem Lehrbuch *Obbligazioni* (1947/66) das Gewicht der römischen Unmöglichkeitsdoktrin mit Blick auf die Basis der Obligation in der Haftung: „Questo concetto persistente di vincolo di responsabilità, il modo in cui da esso trae la sua sostanza il concetto di una *necessitas*, di un *oportere* [...], spiega che questa *necessitas*, questo *oportere*, possa essere indirizzato ad una prestazione che il debitore non è in grado di compiere, come è nel caso di impossibilità meramente soggettiva, come è nel caso di impossibilità sopravvenuta per causa imputabile al debitore o duranta la *mora* [...] E qui l'azione è sempre fondata sull'*oportere* diretto a quella prestazione".[117] Die Aussage, dass sich das *oportere* trotz Unmöglichkeit auf die ursprüngliche Schuld richte, beschränkt Grosso nicht auf bestimmte Klagetypen.

dd. Horst Heinrich Jakobs

Auf derselben Linie rückt 1969 Jakobs dem herkömmlichen Verständnis der *perpetuatio obligationis* näher zu Leibe. Selbst sofern in der Klassik „die

die Art und Weise der Durchsetzung, die sich in Rom stets gegen die Person richte (4). – Die Verwendung des Ausdrucks „responsabilità" tendiert hier vom üblichen Gebrauch im Sinne der deutschen „Verantwortlichkeit" hin zu einem Gebrauch im Sinne der deutschen „Haftung", also eines „assoggettamento a un potere di aggressione"; vgl. Teoria generale II, 28 ff.

113 Betti, Struttura, 31.

114 Ebenso für die Litiscontestatio Struttura, 21 ff.

115 Vgl. bereits Atti Torino 51 (1915/16) 1027 f.

116 Betti, Struttura dell'obbligazione, 30 ff., 38 mit Hinweis auf Pomponius D. 12,4,15. – Gegen das Argument aus der *perpetuatio* für den Haftungscharakter der Obligation (in einer von Bettis Lehrer Gino Segrè vorgebrachten Version) wendet sich Giovanni Pugliese, Actio, 218 ff., 226, der damit die *perpetuatio* wie Pernice oder Rabel als Ausnahme von der Regel konzipiert. Gegen Pugliese polemisiert Betti, Struttura, 127.

117 Grosso, Obbligazioni, 41.

Verpflichtung zur Leistung als zum Wesen der Obligation gehörig begriffen" wurde, so musste wegen der Geldverurteilung „in der praktisch-prozessualen Verwirklichung der Obligation nach wie vor deren historisch älterer Aspekt: die Haftung für das Ausbleiben der Leistung dominieren. Bei der am prozessualen Rechtsbehelf orientierten Denkweise [...] mußte [den Römern] folglich auch die Leistungspflicht juristisch wenig interessant erscheinen".[118] Überall in den Quellen werde die Entscheidung der „Frage nach dem Bestand der Obligation [...] davon abhängig gemacht [...], ob die Voraussetzungen der Haftung des Schuldners vorliegen". Bei dem „sogenannten Perpetuierungsgrundsatz" handele es sich folglich um „gar nichts Ungewöhnliches", sondern um die selbstverständliche Regel, dass der Schuldner verurteilt wird, wenn er für die Nichterfüllung einstehen muss.[119]

Auch für das geltende Recht gewinnt Jakobs aus der Haftung den Maßstab dafür, welche Anstrengungen der Gläubiger vom Schuldner verlangen darf: nämlich die, deren Unterlassen der Schuldner vertreten müsste. Jakobs resümiert: Der Gleichlauf dessen, was dem Schuldner bei Nichtleistung zuzurechnen ist, mit dem, was der Gläubiger von ihm verlangen darf, führt in der Regel zur „Abhängigkeit des Leistensollens von dem Mangel einer Verschuldung".[120]

Dieser Haftungsgrundsatz habe „für *bonae fidei* Klagen nicht anders als für strengrechtliche gegolten". Dass die *perpetuatio* in den Quellen nur bei der Stipulation auftauche, besage nichts, weil sie ja ohnedies nur in zwei Paulus-Texten nachgewiesen sei: Aus dieser kleinen Stichprobe lasse sich nichts verallgemeinern.[121] Aufgrund dieser letzten Aussage wird Jakobs mitunter als Streiter für eine bedeutendere Rolle der *perpetuatio* im römischen Recht wahrgenommen.[122] Auch wenn er ihr rein formal einen größeren Anwendungsbereich zuschreibt, dürfte das Gegenteil Jakobs Intention treffen: Er spricht der *perpetuatio* jegliche Konsequenz, jede Anwendung ab, indem er sie auf eine Selbstverständlichkeit reduziert. Ob die Formulierung von Paulus stammt, lässt Jakobs offen. Er erwägt, ob der Spätklassiker vielleicht – wie wir heute – stärker von der Leistungspflicht her denkt als seine Vorfahren.[123]

---

118 Jakobs, Unmöglichkeit, 174 f.

119 Jakobs, Unmöglichkeit, 178 f.

120 Jakobs, Unmöglichkeit, 205. Damit schließt sich Jakobs im Wesentlichen der von Hartmann für das geltende Recht entwickelten Position an. Zum römischen Recht vertrat jener allerdings eine andere Auffassung; vgl. oben 86.

121 Jakobs, Unmöglichkeit, 182.

122 Insb. von Kaser, dazu unten bei Fn. 198.

123 Jakobs, Unmöglichkeit, 187 f.

ee. Christian Wollschläger

Der mehr und mehr zu Tage tretenden Kritik am romanistischen Unmöglichkeitsdogma verleiht Wollschläger eine neue Dimension. Indem er die *Entstehung der Unmöglichkeitslehre* (1970) des modernen Rechts aufdeckt, insbesondere ihre Wurzeln im letztlich auf Aristoteles und Thomas zurückgehenden Naturrecht,[124] macht er die Brille sichtbar, mit der wir auf das römische Recht schauen, und nährt damit die Vermutung, dass unser Bild durch diese Gläser stärker geprägt wird als durch das antike Objekt. In seiner eigenen Darstellung der Antike verlässt Wollschläger selber sich allerdings auf die von ihm entdeckte Brille in größerem Ausmaß als Betti oder Jakobs, denn er führt die Nichtigkeit anfänglich unmöglicher Stipulationen nach wie vor auf das zu verneinende *oportere* der Klageformel zurück.[125] Wollschläger nimmt als herrschende Ansicht, „in alter Zeit" habe selbst die verschuldete nachträgliche Unmöglichkeit von der Haftung aus der Stipulation befreit. Dem hätten die republikanischen Juristen mit ihrer *constitutio* erst abgeholfen.[126] Dagegen zweifelt er etwas zaghaft „[o]b die *veteres* tatsächlich eine solche Rechtsänderung herbeiführten oder mit der Fiktion nur auf einen ernstgenommenen rabulistischen Einwand reagierten", und bemerkt mit vollem Recht: „Jedenfalls ist ein Rechtszustand schwer vorstellbar, bei dem sich der Schuldner dadurch vom Haftungszugriff befreien konnte, daß er den stipulierten Sklaven eigenhändig umbrachte".[127]

ff. Werner Flume

Um die Perspektive der römischen Juristen auf die Fälle zu rekonstruieren, die wir heute als solche der Unmöglichkeit der Leistung empfinden, verweist Flume 1990 auf seine Beobachtung, dass die Klassiker sich kaum mit Schuldverhältnissen beschäftigten: In ihrer Vorstellung vom Obligationenrecht seien Klagerechte aus bestimmten Geschäften erwachsen, also aus Rechtshandlungen. Rechtsgeschäft und Klage seien sozusagen kurzgeschlossen gewesen.[128]

---

124 Symp. Wieacker (1970) 154–179. Dazu schon oben bei Fn. 35.

125 Wollschläger, Unmöglichkeitslehre, 11. – Treffend Arp, Anfängliche Unmöglichkeit, 99: Wollschlägers Auffassung des *oportere* sei „um so weniger nachvollziehbar, als Wollschläger an anderer Stelle selbst überzeugend nachgewiesen hat, daß jene Beziehung von vernünftigem Willen und Unmöglichem, die Aristoteles aufgestellt hat, für das römische Recht irrelevant war".

126 So in der Tat – allerdings später – Wacke RIDA 27 (1980) 360; Ankum, Responsabilità, 137 ff. Dazu noch kurz unten 134.

127 Wollschläger, Unmöglichkeitslehre, 37 f. mit Fn. 17.

128 Vgl. Flume, Rechtsakt, 23 ff., mit Verweis auf Labeo nach Ulpian D. 50,16,19 (11 *ad ed.*): *contractum autem ultro citroque obligationem.* – Zustimmend zuletzt Santoro AUPA 57 (2014) 189 ff.

Wir Heutigen sehen die Unmöglichkeit als Problem der Leistungspflicht, wenn wir meinen, dass diese sich auch aufgrund eines von uns an sich als wirksam empfundenen Rechtsgeschäfts nie auf Unmögliches richten könne. Die römischen Juristen hätten sich nicht für die Frage interessiert, ob das Unmögliche geleistet werden kann, sondern die auf Unmögliches gerichtete Stipulation und den Kauf einer nicht existenten Sache für unwirksam erachtet. Das Gleiche habe gegolten, wenn sich diese Geschäfte auf freie Menschen oder dem Verkehr entzogene Gegenstände bezogen. Damit spricht FLUME nur über die anfängliche Unmöglichkeit. Hinsichtlich der nachträglichen bleibt er unentschlossen. Die Formulierung *perpetuari obligationem* könne nicht von den *veteres* stammen, „weil in republikanischer Zeit *obligatio* noch nicht ein Terminus der Juristensprache war".[129] Inhaltlich ist auf Grundlage seiner Ansicht „ohne weiteres einsichtig, daß die Nichtexistenz des Leistungsgegenstandes bei Vornahme der Stipulation und der nachträgliche Wegfall des Leistungsgegenstandes unterschiedlich behandelt werden. Ist die Stipulation gültig zustandegekommen und damit die *actio* hinsichtlich des Leistungsgegenstandes begründet, drängt sich die Perpetuatio-Regel doch geradezu auf".[130] Andererseits scheint FLUME der tradierten Unmöglichkeitslehre einzuräumen, dass der Fortbestand des Leistungsgegenstandes eigentlich wegen des *dare oportere* der Formel Bedingung der Klage war. Denn er hält es wegen des Formelwortlauts für zulässig, die *perpetuatio* als prozessuale Fiktion zu bezeichnen. Jedenfalls materiellrechtlich begründe die *perpetuatio* die Fiktion, dass der Gegenstand fortbestehe, und ermögliche so die Novation.[131]

gg. Thorsten Arp

FLUME kann sich auf die kurz zuvor erschienene Arbeit von JAKOBS Schüler ARP stützen. Schon ARP deutet die *Anfängliche Unmöglichkeit* (1988) im Sinne der von FLUME andernorts vertretenen Rechtsaktbezogenheit der römischen Juristen. Vor allem befasst er sich mit der Frage, wie die Klassiker das Attribut *impossibilis* verstanden. Es meint nicht nur – wie RABEL unter Berufung auf die philosophischen Wurzeln annimmt – „das Urteil, es sei aus Gründen der objektiven Beschaffenheit der Dinge sicher, daß ein bestimmtes Ereignis nicht eintrete". Vielmehr zeigt ARP für die juristischen Quellen überzeugend: „[impossibilis] wird häufig in übertragenem Sinne als Bezeichnung für das verwendet, was nicht sinnvoll, nicht rechtens, nicht folgerichtig ist, und es

129 FLUME, Rechtsakt, 103.
130 FLUME, Rechtsakt, 106.
131 FLUME, Rechtsakt, 103 ff., 105.

wird vereinzelt damit bezeichnet, was so schwierig ist, daß sich praktisch unüberwindbare Hindernisse entgegenstellen".[132] Diese Erkenntnis verknüpft ARP mit FLUMES Rechtsaktlehre und formuliert so die „These: Es kommt auf die zum Zeitpunkt der Stipulation bereits feststehende Unmöglichkeit der Erfüllung überhaupt nicht in erster Linie an [...]. Die Tatsache, daß die römischen Juristen die Stipulation nicht als solche anerkannt haben, obwohl die zur Erhaltung der Form erforderlichen Worte gesprochen worden sind, beruht auf der Divergenz zwischen Inhalt des Schuldversprechens und Wirklichkeit, die das Schuldversprechen unter jedem Aspekt sinnlos, absurd, ‚impossibilis' machte".[133] Könne eine Stipulation nicht umgesetzt werden, bilde dies allerdings „ein starkes Indiz für die Absurdität und damit die Nichtigkeit des Vertrages". Hierzu verweist ARP darauf, dass der Stipulationsschuldner unabhängig von einer Gegenleistung und abstrakt vom wirtschaftlichen Zweck des Geschäfts verspricht. In der Regel bestehe daher kein Anlass, ihn an ein undurchführbares Versprechen zu binden.[134] Wenn hingegen ausnahmsweise eine Haftung des Promittenten in Frage gestanden habe, sei die Stipulation als sinnvoll und daher trotz Unmöglichkeit nicht als wirkungslos angesehen worden. Die apodiktischen Quellen, welche die Stipulation eines verstorbenen Sklaven für unwirksam erklären, setzen nach ARP unausgesprochen voraus, dass der Versprechende vom Untergang nichts weiß. Er räumt ein, dass es für seine Auffassung genauso wenig einen Beleg gibt wie für die herkömmliche. Mit Recht hält ARP allerdings für selbstverständlich, „daß der Promittent auf den Wert des Sklaven haften muß", wenn er in Kenntnis des Todes verspricht. Mutig postuliert ARP noch darüber hinaus, dass der Versprechende gerade mit der Stipulationsklage habe belangt werden können: „[E]s fragt sich nur, ob der *stipulator* diesen Anspruch *ex stipulatione* geltend machen kann oder nur mit einer *in factum* konzipierten Klage. Dies ist nicht unser Thema. Es muß aber doch jedermann klar sein, daß das auf der *fides Romana* beruhende Stipulationsversprechen gerade dann der Grund der Haftung sein mußte, wenn das Vertrauen des Stipulators so schändlich mißbraucht wurde wie in diesem Fall".[135] Beim Kauf sieht ARP das gleiche Prinzip am Werk: Existiere der Gegenstand nicht oder sei er dem Verkehr entzogen, sei das Geschäft sinnlos, sofern der Verkäufer nicht haftet. Die Römer hätten es vorgezogen, den Kauf für unwirksam zu halten, weil sie sonst entweder dem Verkäufer Haftung ohne

132 ARP, Anfängliche Unmöglichkeit, 78 ff., Zitate 79 (gegen RABEL) und 85.
133 ARP, Anfängliche Unmöglichkeit, 86 f.
134 ARP, Anfängliche Unmöglichkeit, 88.
135 ARP, Anfängliche Unmöglichkeit, 89 f. Zum Problem im fünften Kapitel bei Fn. 116.

Verschulden hätten auferlegen oder dem Käufer den Preis ohne Gegenleistung hätten abverlangen müssen.[136]

Dass mit gültigem Kaufvertrag die Kaufpreisklage unbedingt entstünde, leitet ARP aus der sofortigen Gefahrtragung des Käufers und der „Entäußerungsnatur" des Kaufvertrages ab. Verschuldensunabhängige Haftung habe sich allerdings beim Verkauf des Freien als Sklave seit Licinnius Rufinus D.18,1,70 (8 *reg.*) entwickelt; vgl. Pomponius D.18,1,4 (9 *ad Sab.*) sowie Paulus D.18,1,5 (5 *ad Sab.*) andererseits. Bei den übrigen *res extra commercium,* dem Fall von Modestin D.18,1,62,1 (5 *reg.*), habe der Verkäufer hingegen vermutlich nur für *dolus* gehaftet. Ebenso verhielt es sich nach ARP bei Nichtexistenz der Sache.[137] - Demgegenüber nimmt PETERS bei Sachuntergang wegen Paulus D.18,1,15,1 (5 *ad Sab.*) unter Umständen auch ohne Kenntnis eine Haftung des Verkäufers auf das Erfüllungsinteresse an.[138]

Zur nachträglichen Unmöglichkeit schwenkt ARP auf JAKOBS Position ein: Unmögliches kann gesollt sein, wodurch die *perpetuatio* zu einer Banalität schrumpft. Ergänzend zu WOLLSCHLÄGER führt ARP aus, das moderne Verständnis von *impossibilium nulla obligatio* gehe auf SAVIGNYS Lehre zurück, wonach die Obligation ungewisse zukünftige Ereignisse in solche verwandelt, die notwendig eintreten werden.[139]

hh. MARTIN SCHERMAIER

Für die skeptische Richtung macht sich gegenwärtig vor allem SCHERMAIER stark, der die Unmöglichkeit auf engsten Raum zurückdrängt: „Gewiss ist nur, dass formelle Versprechen – etwa die Stipulation oder das Damnationslegat – ungültig waren, wenn der Versprechensinhalt auf etwas Unwirkliches gerichtet war". SCHERMAIER erklärt sich die Unwirksamkeit damit, dass die Römer diese Versprechen nicht als Begründung von Sollenssätzen, sondern als sakral bekräftigte Versicherungen über die Realität aufgefasst hätten: Du wirst den Sklaven von mir erhalten. Wenn etwas „Unwirkliches" versprochen sei, handele es sich um einen „Meineid". SCHERMAIER vermutet, es sei diese „Diskrepanz von Versprechen und Wirklichkeit", die „den Vertrag scheitern ließ".[140] Dass in Rom ein Kaufvertrag nichtig ist, wenn die verkaufte Sache nicht existiere, deutet auch er als ein Überbleibsel aus der Zeit des Barkaufs, bei dem die Sache,

136 ARP, Anfängliche Unmöglichkeit, 101 ff.

137 ARP, Anfängliche Unmöglichkeit, 111 f., im Gegensatz zu 120 ff.

138 PETERS FS Kaser (1976) 299 f. Von einer Garantiehaftung geht PETERS dabei allerdings nicht aus, obwohl ARP (120 ff.) ihm dies unterstellt: „Beide Parteien haben insoweit eben sorgfältig zu verfahren; das Maß ihrer Prüfungspflicht ergibt sich aus den Umständen des Falles" (300).

139 ARP, Anfängliche Unmöglichkeit, 97 ff.

140 HkK-SCHERMAIER § 275 Rn. 13.

die sogleich übereignet wurde, präsent sein musste.[141] Die Unmöglichkeit soll also, wie von RABEL angedeutet, nur bei formellen Versprechen regieren. Wie JAKOBS streitet SCHERMAIER dafür, dass sie auch hier keine Rolle mehr spiele, sobald die Verbindlichkeit einmal entstanden sei. „Weil zwischen Sach- und Interesseleistung nicht unterschieden wird, ist es immer derselbe Leistungsinhalt, der geschuldet bleibt“. Nachträgliche Erfüllungshindernisse können die Schuld also nur unverändert lassen oder ganz aufheben, sodass auch kein Ersatz mehr fließt: „Das römische Recht der nachträglichen Unmöglichkeit ist ein Recht der nachträglichen Leistungserschwerung [...]. Eine Befreiung von der Leistungspflicht kommt nur in betracht, wenn der Schuldner die Nichterfüllung nicht zu vertreten hat“.[142] Ähnlich wie FLUME und anders als JAKOBS zieht SCHERMAIER hieraus aber nicht die vollen Konsequenzen, sondern postuliert: „[E]ine Verurteilung [schied] grundsätzlich aus, wenn der Vorrat aufgebraucht oder die Sache zerstört war“. Damit bleibt auch für ihn die *perpetuatio obligationis* eine Ausnahme, eine „Fiktion“.[143]

ii. CARLO PELLOSO

Anders verhält es sich bei PELLOSO, der in seinem Beitrag *Il concetto di ‚actio‘ alla luce della struttura primitiva del vincolo obbligatorio* (2011) im Ganzen der Auffassung von BETTI oder JAKOBS folgt und in der *perpetuatio obligationis* ein weiteres Indiz dafür sieht, dass noch den Klassikern das Schulden nicht zur Struktur der Obligation gehört habe.[144]

b. Rechtfertigungen und traditionelle Darstellungen

Andere Stimmen verteidigen im Grundsatz die tradierte Konzeption von einer römischen Unmöglichkeitslehre.

---

141 HkK-SCHERMAIER § 275 Rn. 14 sowie vertiefend FS Végh (2010).

142 SCHERMAIER AUPA 51 (2006) 254 ff.; vgl. auch St. Labruna (2007) VII 5081–5098.

143 Vgl. die konventionelle Herleitung aus dem Formelwortlaut in HkK-SCHERMAIER vor § 275 Rn. 16, die Bezeichnung als „Fiktion“, die „erforderlich“ sei, in § 275 Rn. 20. Außerdem insb. AUPA 51 (2006) 260: „Das *dare oportere* des Schuldners zu behaupten setzte voraus, dass die in der *intentio* beschriebene Leistung auch erbracht werden konnte. Wäre dies anders gewesen, hätte es der Konstruktion der ‚Verewigung der Verbindlichkeit‘ (*perpetuatio obligationis*) nicht bedurft“. Freilich erklärt SCHERMAIER diese Voraussetzung für die Bejahung der *intentio* nicht aus dem Gedanken der Unmöglichkeit der Leistung.

144 PELLOSO, Actio, 262 ff., 272, mit dem angesichts des Wortlauts der *intentio* unglücklich formulierten Postulat einer „estraneità dell'*oportere* alla struttura dell'*obligatio*“. Dagegen SANTORO AUPA 57 (2014) 195 Fn. 60.

aa. Dieter Medicus

Dazu zähle ich auch Medicus, obgleich dieser in seinem Beitrag, der wie die Arbeit von Jakobs aus dem Jahr 1969 datiert, eine merkwürdige Zwitterstellung bezieht. Einerseits plagen auch ihn die Zweifel daran, warum die Römer für eine Klage trotz Unmöglichkeit einer Fiktion bedurft haben sollen: „Unmöglich kann nie die Haftung sein, sondern nur ihre Ablösung durch die Erbringung der vereinbarten Leistung".[145] Dass für die Klassiker Unmögliches nicht geschuldet war, stellt er aber nicht ernsthaft in Frage, sondern begibt sich auf die Suche nach irgendeiner „Funktion der Leistungsunmöglichkeit im römischen Recht". Diese Funktion soll ihm zugleich erklären, warum für die nachträgliche und nur für die nachträgliche Unmöglichkeit mit der *perpetuatio* eine Ausnahme vom Nichtgeschuldetsein des Unmöglichen gemacht worden sei. Einen solchen neuen „letzten Grund" findet Medicus in der „Unbeholfenheit gegenüber dem Problem, eine Lösungssumme oder einen Marktpreis bei Nichtexistenz der zu schätzenden Sache festzustellen". Wie auch die Berechnungsregel der *lex Aquilia* zeige, führe die Bestimmung des Wertes einer zerstörten Sache die Römer an die Grenzen ihrer Vorstellungskraft. Sie seien bei der anfänglichen Unmöglichkeit nicht bereit gewesen, den Gegenstand als existent zu denken, um ihn in dieser fiktiven Gestalt zu bewerten. Wenn die Sache erst nach Entstehung der Obligation unterging, habe man sich hingegen beholfen, weil ihre Existenz dann zumeist noch nicht so lange zurücklag. Medicus verkennt natürlich nicht, dass es sich hierbei um eine „ziemlich grobe Typisierung" handelt, und rechtfertigt, solche seien im alten Recht üblich gewesen.[146] Aber erstens wäre diese Typisierung wirklich sehr grob: Wie lange die Sache zum Entscheidungszeitpunkt schon untergegangen ist, hängt insbesondere vom Wissen des Gläubigers, dass die Sache zerstört wurde, und von der vereinbarten Leistungszeit ab; nicht weniger als davon, ob sie vor oder nach Begründung der Obligation unterging.[147] Zweitens kann man sich eine archaische Regel, wonach vergangene Sachen nicht schätzbar sind, schwerlich als überhaupt mit Blick auf den Zeitpunkt des Untergangs relativierbar vorstellen: Wieso sollten vor einem Jahr zerstörte Objekte unvorstellbar und deswegen unschätzbar sein, vor einer Woche zerstörte Objekte hingegen vorstellbar und schätzbar? Geht es hingegen nicht um eine strenge Festlegung auf die Gegenwart, sondern eigentlich pragmatisch um Beweisprobleme, dann wäre es willkürlich, den Zeitpunkt

145 Medicus SZ 86 (1969) 67–104, 70.

146 Medicus SZ 86 (1969) 75 ff., Zitate 103, 79.

147 Vgl. auch Arp, Anfängliche Unmöglichkeit, 100: Die Erklärung „ist ohne innere Berechtigung".

des Geschäftsabschlusses als Grenze festzulegen und nicht eine vom Prozessbeginn rückzurechnende Frist.

bb. Jan Dirk Harke

Auf die klassische Annahme, eine auch nur im Nachhinein sich auf Unmögliches richtende Verpflichtung habe in Rom nicht bestehen können, stützt Harke sein Modell des römischen Obligationenrechts. Stillschweigend liegt diesem die weitere Prämisse zugrunde, Grundlage jeder Verurteilung sei eine Pflichtverletzung des Schuldners. Den unterschiedlichen Einfluss der Unmöglichkeit auf verschiedene Obligationen erklärt Harke aus der Verschiedenheit des durch das jeweilige Schuldverhältnis begründeten Pflichtenprogramms.[148] Er knüpft damit an eine Idee von Franz Wieacker an, der meint, die Römer hätten bei den *iudicia stricti iuris* den für den Gläubiger eintretenden Leistungserfolg, bei den *bonae fidei iudicia* hingegen die Leistungshandlung des Schuldners betrachtet.[149]

Für Harke besteht bei nach Treu und Glauben beurteilten Schuldverhältnissen außer der (erfolgsbezogenen) Leistungspflicht auch eine Pflicht „zur Rücksicht auf den Vertragspartner". Nur den auf die Leistung selbst gerichteten „Anspruch" schließe die Unmöglichkeit aus – anders die Treuepflicht: „Dieses Verhaltensgebot ist stets erfüllbar; und es sorgt ohne weiteres für eine Haftung wegen eines vorwerfbar herbeigeführten Leistungshindernisses".[150] Nicht klar wird allerdings, ob Harke so auch eine Haftung begründen will, wenn der Schuldner vor dem Vertragsschluss die später versprochene Leistung unmöglich macht – die Rücksichtsnahmepflicht soll ja erst aus dem Vertrag erwachsen. Unklar bleibt außerdem, wie sich nachträgliche Leistungshindernisse unterhalb der Schwelle objektiver Unmöglichkeit auswirken.[151] Einen Sonderfall bildet auch für Harke der Kauf, dessen Unwirksamkeit bei Fehlen einer *res* auch er mit dem Barkauf erklärt.[152]

148 Besonders deutlich: Harke, Unmöglichkeit, 31.

149 Wieacker FS Nipperdey (1965) I 802. Terminologisch unterscheidet beide, dass Wieacker nur für die verhaltensbezogene Perspektive von Pflichten spricht.

150 Harke, Römisches Recht, 101.

151 Während die Darstellung in Unmöglichkeit, 42 ff., nahelegt, dass der Schuldner stets frei wird, wenn er nicht gegen eine Verhaltenspflicht verstößt (so bereits Wieacker FS Nipperdey), erweckt Römisches Recht, 103, den Eindruck, beim Kaufvertrag trete die Verhaltenspflicht zur erfolgsbezogenen Leistungspflicht hinzu, sodass nach der zur Stipulation vorgebrachten Argumentation (dazu sogleich) nur objektive Unmöglichkeit befreien dürfte.

152 Vgl. Unmöglichkeit, 31 ff. Dort auch zum Kauf verkehrsunfähiger und eigener Sachen: Zwischen den drei Nichigkeitsgründen bestehe jedenfalls in der Klassik „keine Verbindung"; sie würden „nicht auf den gemeinsamen Gesichtspunkt einer Unmöglichkeit der Leistung zurückgeführt" (36). Ebenso Error, 178 ff.; knapp Römisches Recht, 103 f.

Strengrechtliche Verbindlichkeiten hingegen – namentlich die aus Stipulationen – verpflichteten den Schuldner nur auf die Leistung selbst. Darum könnten sie nicht entstehen, wenn sie auf Unmögliches gerichtet seien, und müssten eigentlich untergehen, wenn ihre Erfüllung nachträglich unmöglich werde. Bestätigt werde dies durch die Überlegung, dass die unmögliche Leistung keinen Schätzwert habe.[153] Diese natürliche Folge umgehe die *perpetuatio obligationis*, indem sie nach Art einer „wahrhaften Ausnahmeregelung"[154] die Möglichkeit der Erfüllung fingiere. In Wirklichkeit verurteile der Richter dann aber nicht, weil der Schuldner nicht geleistet, sondern weil er eine „Nebenpflicht" verletzt habe, die Leistung nicht unmöglich zu machen. Implizit erkenne die *perpetuatio* daher an – wenn dies auch durch die Fiktion der fortdauernden Möglichkeit der Leistung verborgen werde –, dass den Schuldner eine solche Verhaltenspflicht treffe. So erweitere sie den Schuldinhalt der strengrechtlichen Verbindlichkeit.[155]

Dass „diese Grenze [...] bereits überschritten war", hätten die römischen Juristen selbst nicht bemerkt. Denn aus Respekt vor eben dieser Grenze weigerten sie sich, ein Unterlassen als Verschulden zu werten – dies würde voraussetzen, eine Pflicht anzuerkennen, die Unmöglichkeit durch aktives Tun zu vermeiden. Harke spricht hier von einer „inkonsequente[n] Handhabung der *perpetuatio obligationis*".[156] Eine weitere Inkonsistenz sieht Harke darin, dass ein Stipulationsschuldner durch keine anderen nachträglichen Leistungshindernisse als durch objektive Unmöglichkeit frei geworden sei – auch nicht durch subjektive Unmöglichkeit.

Dies folgert Harke aus Venuleius D. 45,1,137,5 (1 *stipulationum*),[157] weil er annimmt, allein solche Umstände könnten die Obligation vernichten, die auch ihr Entstehen verhinderten. Die Strenge belege, dass die Römer, auch wenn sie unbewusst verhaltensbezogene Pflichten zugrunde gelegt hätten, die erfolgsbezogene Leistungspflicht daneben gleichwohl aufrechterhalten hätten: Der Schuldner hafte selbst dann, wenn er allen Verhaltenspflichten nachgekommen sei.[158]

---

153 Harke stützt sich auf Modestin D. 45,1,103 (dazu im fünften Kapitel IV.2.; 341 f.), wendet sich dabei aber gegen die Idee von Medicus, die Römer hätten Vorstellungsschwierigkeiten bei der Bewertung: „Die unmögliche Leistung ist zwar schätzbar, aber eben wertlos" (Mora, 168). Harke folgt hierin Kaser SDHI 46 (1980) 127 f.

154 Harke, Unmöglichkeit, 40.

155 Harke, Error, 172 f; Römisches Recht, 101 f. – Vgl. bereits Wieacker FS Nipperdey (1965) Bd. 1 802, der die *perpetuatio* als „Einbruch der subjektiven Verhaltensanforderungen an den Schuldner in das Spiel der strengrechtlichen Klagen" beschreibt.

156 Harke, Unmöglichkeit, 42, und Error, 173 Fn. 58.

157 Dazu im fünften Kapitel III.1 (324, 329).

158 Nach Harkes Lehrbuch mache dies deutlich, dass die römischen Juristen sich den wahren Haftungsgrund, nämlich die Verletzung von Verhaltenspflichten, „nicht eingestehen"

Die *perpetuatio obligationis* verwundert HARKE auch deswegen, weil sie den Verzug mit umfasst: Hätte man eine Haftung bei Verzug nicht direkt aus der Verletzung der Leistungspflicht begründen können? Dass man auch hier „derselben Denkform“ wie im Fall schuldhafter Zerstörung der Sache bedurfte, lasse darauf schließen, dass die Leistungspflicht die Rechtzeitigkeit der Leistung nicht umfasse. So erkläre sich auch, dass derjenige, der sich schuldlos im Recht glaubt, verurteilt werden könne (weil er die Leistungspflicht verletzt habe), obwohl er durch die Einlassung auf das Klagebegehren nicht in Verzug gerät: „Da die falsche Erwartung des Schuldners aber die Verurteilung wegen seiner Leistungspflicht nicht hindern kann, muß diese unabhängig von der Pflicht zur rechtzeitigen Leistung sein“.[159]

Weil man für die Stipulation keine Nebenpflicht zur rechtzeitigen Leistung habe anerkennen wollen, habe man den Zeitpunkt des Verzugseintritts zum maßgeblichen Zeitpunkt für die Berechnung des Gläubigerinteresses an der Leistung bestimmt. Daraus folge – hier formt HARKE den Gedanken von MADAI erneut – die unbedingte Zufallshaftung als nötige Konsequenz.[160] Die unbedingte Zufallshaftung auch bei Obligationen auf ein *incertum* und bei *bonae fidei iudicia* zeige, dass die Römer hierbei mit der gleichen Technik der Vorverlegung des Berechnungszeitpunkts arbeiteten.[161]

Schon der Ansatz von HARKES Systementwurf reizt zum Widerspruch. Woher greift er die Idee, obligatorische Haftung folge in Rom aus der Verletzung von Pflichten – seien es „Leistungspflichten“ oder „Nebenpflichten“? Die von HARKE selbst aufgedeckten Inkonsequenzen seines Modells sprechen sicherlich nicht dafür. Schon die Klageformel der *condictio* widerlegt HARKES Vorstellung: Der Beklagte wird verurteilt, wenn – und weil – er die Hingabe der Sache schuldet *(si paret dare oportere),* und nicht etwa, wie HARKE annimmt, wenn und weil er dadurch, dass er nicht leistet, eine Pflicht zur Überlassung

(Römisches Recht, 102). HARKE scheint hierbei vorauszusetzen, die von ihm bei der Stipulation angenommene erfolgsbezogene Leistungspflicht sei unter der Hand von verhaltensbezogenen Pflichten ersetzt worden. Das entspricht nicht seinen früheren Darstellungen, wonach die verhaltensbezogenen Pflichten zur Leistungspflicht unbemerkt hinzutraten: Unmöglichkeit, 42 f., Error, 173, HkK-HARKE § 311a Rn. 3. Seine Position zu strengrechtlichen Verbindlichkeiten verändert HARKE also genau gegenläufig zu seiner Auffassung von den nach *bona fides* beurteilten: Die Gutglaubensobligationen bestehen im Jahrbuch nur aus Verhaltenspflichten, im Lehrbuch aus Verhaltens- und Erfolgspflichten, die strengrechtlichen Obligationen bestehen im Jahrbuch neben der Erfolgspflicht auch aus Verhaltensgeboten, im Lehrbuch eigentlich nur noch aus Verhaltensgeboten.

159 HARKE, Mora, 11 f.

160 HARKE, Mora, 14 ff.

161 HARKE, Mora, 29 ff.

verletzt hätte. Solch eine Formulierung beschreibt das Konzept des „Schadensersatz statt der Leistung" der §§ 280, 281, 283 BGB 2002. Dafür, dass die Römer so gedacht hätten, fehlt jeder Anhalt. Damit wird die gesamte nach Art der Pflichten und ihrer Möglichkeit oder Unmöglichkeit differenzierende Konstruktion hinfällig. Weitergehende Auseinandersetzung verdient gleichwohl die These, „[a]nfängliche Nichtigkeit des Versprechens und nachträgliche Befreiung des Schuldners" seien bei der Stipulation „nur Erscheinungsformen desselben Prinzips", nämlich der Unmöglichkeit der Leistung. Hierfür kann HARKE sich auf einen Grundsatz stützen, der in den Quellen vereinzelt aufscheint: dass Geschäfte unwirksam werden, wenn sie in einen Zustand gelangen, in dem sie nicht hätten entstehen können.[162]

cc. Francisco Cuena Boy

CUENA BOY sucht in *Estudios sobre la imposibilidad de la prestación. La imposibilidad jurídica* (1992) und *Rerum natura e imposibilidad física de la prestación en el derecho romano* (2010) antike Entsprechungen für die modernen Konzepte der rechtlichen und tatsächlichen Unmöglichkeit. Sein besonderes Interesse gilt den verwendeten Ausdrücken, so dem Gebrauch von *natura rerum, non posse* und *(im)possibilis,* aber auch der Umschreibung der Haftungsvoraussetzungen mittels *per debitorem stare, factum debitoris, mora, culpa.* Mit der Frage, wie die Rechtsfolge der von Paulus konstatierten *perpetuatio obligationis* vorzustellen ist, befasst er sich nicht. Allerdings lässt CUENA BOY erkennen, dass er einen Gegensatz zwischen der Haftung des Schuldners und *impossibilium nulla obligatio* sieht.[163]

3. Zur *perpetuatio obligationis* selbst

Die gegensätzlichen Auffassungen zum römischen Unmöglichkeitsrecht prägen auch die Positionen der Autoren, die speziell über die *perpetuatio obligationis* gearbeitet haben.

a. Axel Hägerström

Als ein Beitrag zur Diskussion um die Lehre vom Verzug wurde eben dargestellt, dass GRADENWITZ 1913 das vereinzelte *perpetuari obligationem* zu

162 HARKE, Unmöglichkeit, 40. Hier und andernorts verweist er auf die Formulierung *quoniam una atque eadem causa et liberandi et obligandi esset, quod aut dari non possit aut dari possit* aus Paulus D. 45,1,83,5 (72 *ad ed.*). Dazu unten 344 ff.

163 Rerum natura, 189 (indem er CANNATA referiert).

einem Ausdruck des Paulus selbst erklärte, der nicht auf *veteres* zurückreichen könne. Auf Widerspruch stieß GRADENWITZ damit bei HÄGERSTRÖM, der nicht gesondert über die *perpetuatio* schreibt, gleichwohl aber ein eigenständiges Bild von ihr zeichnet. In seiner postum erschienenen Monographie *Über die Verbalobligationen* (1941) hat er sich eigentlich mit der Frage befasst, ob die Stipulationsschuld durch den Willen der Kontrahenten oder die verwendeten Worte bestimmt werde.

Entschiede der Wille, dann müsste nach HÄGERSTROM die Obligation nach Sachuntergang automatisch auf Ersatzleistung gerichtet sein, die als *incertum* einzuklagen wäre – denn was sonst sollten die Parteien für diesen Fall wünschen? Die *perpetuatio* beweise das Gegenteil. Insofern denkt HÄGERSTRÖM ähnlich wie HARTMANN, der die Anwendung der *perpetuatio* (nur) auf Verbalobligationen mit deren beschränktem Inhalt erklärte. Im Plautiuskommentar „sagt Paulus direkt, dass in unserm Falle keine Obligation zum Schadenersatz vorliegt. Dass die Kondemnation in jedem Stipulationsprozesse auf *pecunia* geht, hat nichts mit der Obligation zu schaffen".[164]

Die Regel entspringe der „*auctoritas iuris consultorum*, die selbst zivilrechtlich geltende Regeln konstituieren konnten".[165] Sie müsse jedoch so alt sein wie die Klagbarkeit des Versprechens einer bestimmte Sache selbst, weil dessen rechtliche Sanktionierung sonst wenig Sinn gehabt hätte.[166]

Auch die bei Paulus überlieferte Formulierung sei entgegen GRADENWITZ authentisch. Sie leiste die nötige Klarstellung, dass weiterhin die untergegangene Sache in die *intentio* der Klageformel aufgenommen werden kann,[167] und damit mehr als ein alternativ vorstellbares bloßes *tenetur:* „Welch angemesseneres Wort hätten die ‚Alten' anwenden können, um auszudrücken, dass auch nach dem Untergang das Ding selbst, nicht sein Wert, gefordert werden kann?? [...] Weshalb sollte [Paulus] [die Konstitution] fehlerhaft wiedergegeben haben, wenn sie

164 HÄGERSTRÖM, Verbalobligation, § 7 (86 ff.), 88 (mit Blick auf *pecuniam, quae non debetur* in D. 45,1,91,6). – Beim Legat soll hingegen nach dem Willen des Testators die Ersatzleistung geschuldet sein: HÄGERSTRÖM 99.

165 HÄGERSTRÖM, Verbalobligation, 87. Diese Kompetenz belegt HÄGERSTRÖM ungenügend mit Cicero, *De officiis* 3,65; dazu im sechsten Kapitel bei Fn. 36.

166 HÄGERSTRÖM, Verbalobligation, 90, weist darauf hin, dass die *actio de dolo malo* erst durch AQUILIUS GALLUS eingeführt wurde (vgl. Cicero, *De officiis* 3,60). Demgegenüber reiche die *actio ex sponsione* nach *sponsio certae rei* bis auf die Zwölf Tafeln zurück (so deutet er Gaius 4,17a, wo allerdings nur die Klage auf eine bestimmte Summe explizit genannt ist). Zum Alter der Klagen auf einen bestimmten Gegenstand vgl. unten 129 f.

167 Als Beleg hierfür zieht HÄGERSTRÖM neben PS 5,7,4 und Ulpian D. 45,1,82,1 (78 *ad ed.*) (dazu unten 123) auch Marcellus D. 46,3,72,1 (20 *dig.*) heran, wo eine *petitio servi* nach dessen Tod erwogen wird (dazu im vierten Kapitel II.1.b.bb (3), 255 ff.).

selbst, sachlich gesehen, von den Juristen allgemein vorausgesetzt wird??" Die dürftigen wörtlichen Zeugnisse erklärten sich daraus, dass die prozessuale Frage einerseits den Klassikern selbstverständlicher „geschichtlicher Erklärungsgrund für das notwendige formelle Verfahren bei der Aktion", andererseits den Byzantinern lästiges „Überbleibsel eines alten sinnlosen Formalismus" gewesen sei.[168]

b. Theo Mayer-Maly

Mayer-Maly hingegen schließt sich anlässlich seiner textkritischen Exegese *Perpetuatio obligationis: D. 45,1,91* (1956) in der Sache Gradenwitz an und will *quotiens culpa intervenit debitoris* dem Paulus zuschreiben. Der Ausdruck sei nicht später interpoliert, sondern wegen seiner Kürze „gegenüber dem schwerfälligen Ediktsstil (*per debitorem steterit, quo minus daret*) einem spätklassischen Autor ohne weiteres zuzutrauen".[169]

Zur Provenienz des Audrucks *perpetuari obligationem* äußert er sich nicht. Inhaltlich sollen die „Vorklassiker" hiermit auf „[d]ie unerträglichen Konsequenzen der Regel ‚impossibilium nulla est obligatio' im Falle einer vom Schuldner zu vertretenden Leistungsstörung" reagiert haben. In anderem Zusammenhang definiert er *constitutio* als „Regel des Juristenrechtes", und er spricht davon, dass unter die *perpetuatio* „subsumiert" wurde.[170] Hinsichtlich des „persönlichen Anwendungsbereichs" (§§ 4–5) schließt Mayer-Maly sich im wesentlichen Flume an. Die „Zusammenfassung der Wirkungen" im letzten Paragraphen hält der österreichische Autor für „ein nachklassisches Resumée einer viel ausführlicheren Erörterung bei Paulus": Es sei widersprüchlich, die *litis contestatio* als unproblematisch anzusehen, die *novatio* aber nicht. Als Fremdkörper empfindet er die „gar nicht hineinpassende *pecunia, quae non debetur*" und den „Vorbehalt abweichender Parteienvereinbarung". Dem stellt Mayer-Maly als klassisches Muster den Anfang von PS 5,7,4 gegenüber: *Cum facto promissoris res in stipulatum deducta intercidit, perinde agi ex stipulatu potest, ac si ea res extaret.*

c. Maria Bianchi Fossati Vanzetti

Eine Monographie über die *Perpetuatio Obligationis* hat 1979 Bianchi Fossati Vanzetti vorgelegt. Darin will sie die Frage beantworten, wie die Römer die Haftung bei Nichterfüllung konzipierten: „l'obbligazione si perpetua e diviene

168 Hägerström, Verbalobligation, Beilage 16 (246 ff.), Zitate 248 f., 247.

169 Mayer-Maly Iura 7 (1956) 18. Mayer-Maly empfindet als überwiegende Ansicht, die Formulierung nachklassischer Intervention zuzuschreiben. Das trifft aber für Gradenwitz nicht zu und auch sonst wohl nur nur für den von Mayer-Maly zitierten Niedermeyer.

170 Mayer-Maly Iura 7 (1956) 6, 18.

inalterabile, vincolando definitivamente il debitore, al quale nel successivo processo si chiede sempre la prestazione originariamente dovuta".[171] Dass hiermit ein Begriff bezeichnet ist, den auch die Römer kannten und der für sie diese Bedeutung hatte, stellt BIANCHI FOSSATI VANZETTI nicht in Frage, obwohl sie GRADENWITZ darin zustimmt, dass die Alten vermutlich nicht von *perpetuari* gesprochen hätten.[172]

Sie beschreibt die *perpetuatio* als eine Fiktion, kraft derer die Unmöglichkeit der Leistung ignoriert werde.[173] Die Tragweite der *perpetuatio* will die Autorin nicht auf strengrechtliche Klagen auf ein *certum* beschränken. Die herrschende Auffassung projiziere unzulässig modernes Recht in die Antike, indem sie annehme, im Anwendungsbereich einer Formel *QUIDQUID DARE FACERE OPORTET* habe es der *perpetuatio* nicht bedurft: Meist unausgesprochen liege dem die Vorstellung zugrunde, dass bei Unmöglichkeit die Ersatzleistung geschuldet und zum Gegenstand der *intentio* geworden sei. Hierfür vermisst die Autorin jeden Beweis.[174] Ihrer Auffassung nach bedienten sich die Römer der Fiktion einerseits schon im Legisaktionenverfahren[175] und andererseits auch bei strengen Klagen auf ein *incertum* sowie bei nach Treu und Glauben zu beurteilenden Klagen, weil die Haftung überall durch Klage auf die Leistung in Natur realisiert wurde. Für das Alter des Instituts führt sie erstens ins Feld, dass zur Urzeit die Haftung gewiss nicht wegen Unmöglichkeit der Leistung erloschen sei. Zweitens habe die Klage auf eine bestimmte Geldsumme das Muster für später sanktionierte Schuldinhalte geliefert; eine Klage, bei der die Unmöglichkeit mit Sicherheit keine Rolle spielt.[176] Dieses Argument zieht die Autorin auch für die Klagen auf eine unbestimmte Leistung und die *bonae fidei iudicia* heran: Warum sollten die Juristen hierfür ein neues Leistungsstörungsrecht erfunden haben, anstatt von der älteren Klage die Denkform zu übernehmen, dass stets die Leistung selbst Schuld- und Klaginhalt bleibt?[177]

---

171 BIANCHI FOSSATI VANZETTI, Perpetuatio, 1 (als zweites Modell; dies ist das römische: 4 f.).

172 Perpetuatio, 7 Fn. 11. An anderer Stelle (15 Fn. 24) erläutert BIANCHI FOSSATI VANZETTI, Paulus beziehe sich auf Juristen des ersten oder zweiten Jahrhunderts vor Christus, die das Institut aber nicht erfunden hätten: „esso hanno solo teorizzato una situazione nata dalla realtà dell'antico diritto".

173 Vgl. schon 4 f. und sodann *passim*.

174 Perpetuatio, 10 f., 39 f.

175 Auch die Spruchformeln basierten auf der Forderung der Leistung: „Il creditore, agisse egli *sacramento*, *per iudicis postulationem* o *per condictionem*, affermava solennemente la propria pretesa. Nel caso di distruzione dell'oggetto dovuto, se non vi fosse stata una finzione di sopravvivenza, egli non avrebbe potuto usare gli schemi formali, che sappiamo immutabili" (Perpetuatio, 12). – Zur *perpetuatio* im Legisaktionenverfahren vgl. im dritten Kapitel I.3 (126 ff.).

176 Perpetuatio, 13 f.

177 Perpetuatio, 15, 34.

Als weitere Indizien für die Geltung der *perpetuatio* bei den *bonae fidei iudicia* benennt die Autorin vor allem die Zufallshaftung im Verzug.[178] Weiterhin beruft sie sich auf Javolen D. 24,3,66 pr. (6 *ex post. Lab.*), wonach Publius Mucius entschieden hat, der Licinnia sei für die Mitgiftgegenstände einzustehen, weil ihr Mann den Aufruhr verschuldet habe, bei dem sie zerstört wurden.[179] Schließlich weist Bianchi Fossati Vanzetti auf Pomponius D. 45,1,23 hin, wo der Jurist die *perpetuatio* bei Stipulation und Legat erläutert. Der Text stehe deswegen im 9. Buch *ad Sabinum*, das im Übrigen vom Kauf handelt (weswegen Lenel die *inscriptio* korrigiert), weil Pomponius habe aufzeigen wollen, dass die Lösungen sich entsprechen.[180]

Bianchi Fossati Vanzetti bestimmt die *constitutio* näher so: „quando il comportamento del debitore determina inadempimento, l'obbligazione rimane inalterabile".[181] Sie wendet sich hiermit gegen Genzmer, der die Wirkung auf den Prozess beschränkt und daher bei *mora* die *perpetuatio* erst mit dem nachfolgenden Sachuntergang eintreten lässt. Bianchi Fossati Vanzetti betont, dass die Fiktion nicht nur prozessual, sondern auch materiellrechtlich gewirkt habe.

Neben den in D. 45,1,91,6 diskutierten Folgen mache die *perpetuatio* eine bisher aktiv oder passiv unvererbliche Obligation übertragbar.[182] Die Autorin beruft sich hierzu auf die Lehre, wonach Stipulationen auf ein *facere* grundsätzlich unvererblich seien, eine einmal bestehende Haftung wegen einer Obligationsverletzung jedoch auf die Erben übergehe. Zwar sei falsch, den Ersatz als neuen Gegenstand der Obligation zu begreifen und die Vererblichkeit damit zu erklären, dass nun kein Tun mehr, sondern ein Übereignen geschuldet sei.[183] In der Sache treffe jedoch zu, dass Verzug und verschuldeter Sachuntergang die Schuld auch über den Tod hinaus perpetuierten, und zwar für die Gläubiger- wie für die Schuldnerseite. Quellenbelege findet Bianchi Fossati Vanzetti allerdings nur zur *actio rei uxoriae*, was sie mit der besonderen Brisanz des Themas erklärt.[184]

Die zweite Hälfte des Buches widmet die Autorin den Grenzen der *perpetuatio obligationis*. Sie identifiziert zwei Schuldgegenstände, deren Charakter diese Denkform verbiete: Leistung von *operae* durch Freigelassene und die Überlassung eines Nießbrauchs. Hier begründe einerseits jeder Verzug Unmöglichkeit. Andererseits dürfe der Gläubiger erst nach Ablauf des Zeitraums klagen, in dem

178 Dazu schon Perpetuatio, 9, und dann 47 ff.

179 Perpetuatio, 35 f.

180 Perpetuatio, 37.

181 Perpetuatio, 45.

182 Perpetuatio, 53 ff., 60 ff.

183 Die Autorin gibt sich hier (Perpetuatio, 60 Fn. 115) als Angreiferin gegen eine von ihr als herrschend dargestellte Lehre, der sie aber wohl nur Voci, nicht auch Scherillo und Biondi treffend zuordnet; vgl. im sechsten Kapitel Fn. 86 und Fn. 95.

184 Perpetuatio, 63. Für die Texte vgl. im sechsten Kapitel V.I (373 ff.).

der Schuldner die Dienste zu erbringen bzw. den Nießbrauch zu gewähren habe. Damit sei die Unmöglichkeit Voraussetzung der Klage. Fingiere man nun mit der *perpetuatio* die Möglichkeit der Leistung, so verliere die Klage ihre Grundlage.[185] Weil es nicht zur *perpetuatio* komme, könne man hier mit Recht davon sprechen, dass der Schuldner, nachdem er seine Dienste nicht zur angewiesenen Zeit erbracht habe, statt dieser nunmehr Schadenersatz schulde.[186]

Bianchi Fossati Vanzettis theoretische Herleitung dieser Sonderstellung überzeugt nicht, sondern erscheint gegenüber ihren vorigen Ausführungen inkonsequent. Wenn die *perpetuatio obligationis* dem Gläubiger erlaubt, Unmögliches zu intendieren, dann liegt die einzige Besonderheit der absoluten Fixschuld darin, dass die Leistung zum Klagezeitpunkt nicht nur manchmal, sondern immer unmöglich ist, weil vor Fälligkeit noch nicht geklagt werden konnte. Wieso sollte es aber keine Formel gegeben haben, die so konzipiert war, dass der Kläger dem Beklagten stets etwas Unmögliches abverlangte? Die Bejahung ihrer Voraussetzungen hätte dann nicht bloß mitunter von der Denkform der *perpetuatio obligationis* abgehangen (wie bei der *condictio certae rei* nach zu vertretendem Sachuntergang), sondern notwendig immer erfordert, dass der Beklagte als auf etwas Unmögliches verpflichtet angesehen wurde, nämlich auf die Leistung von Diensten in der Vergangenheit. Grund für einen konzeptionellen Unterschied gibt es nicht.[187]

Im Ergebnis macht die Autorin selbst sich nicht von der durch sie als modernistisch kritisierten Vorstellung frei, bei Unmöglichkeit müsse ein Ersatzanspruch an die Stelle des Leistungsanspruchs treten, wenn sie den Fortbestand der Leistungspflicht als Fiktion charakterisiert (sei sie auch „in modo più o meno inconciso“ entstanden[188]) statt – wie Betti oder Jakobs – als etwas den Römern Selbstverständliches. Gänzlich verhaftet bleibt sie der von ihr bekämpften Idee in der Überlegung, dass bei solchen Klagen, die stets die Unmöglichkeit der

185 So die Autorin mehrfach ausdrücklich, vgl. Perpetuatio, 65, 76, 91, 104, 110.

186 „[S]orge per lui e per il garante l'obbligo derivante dalla mora, obbligo che però non potrà mai consistere nella prestazione dell'*opera*, che ormai è inadempibile per chiunque: si tratterà soltanto di risarcire il danno portato al creditore“ (Perpetuatio, 84). Weniger klar in der Zusammenfassung 104 f.: „Da questo punto di vista si può ben dire che oggeto del giudizio sarà soltanto il valore delle *operae* non praestitae. L'impossibilità di applicare la *perpetuatio obligationis* a questa particulare ipotesi giustifica il fatto che le fonti parlino a volte dell'*actio operarum* come di un'azione avente a oggetto un valore pecuniaria“.

187 In der Sache dieselbe Kritik äußert Waldstein, Operae, 353 f., gegen Cosentini und Pescani. Seine knappe Ablehnung der These von Bianchi Fossati Vanzetti steht in Fn. 63 und 67. – Zur *actio operarum* noch im dritten Kapitel IV.1.a.dd (161 f.), zum Nießbrauch als Schuldgegenstand dort unter 4.c (214 f.).

188 Bianchi Fossati Vanzetti, Perpetuatio, 38.

Leistung voraussetzen, die *perpetuatio* nicht in Frage komme. Letztlich ähnlich wie CARL NEUNER konstruiert die Autorin damit die *perpetuatio obligationis* (und, als ihre Kehrseite, die Unmöglichkeitslehre) als grundlegende, für das römische Zivilrecht essentielle Rechtsinstitute mit größerem Geltungsbereich als von der herrschenden Meinung angenommen – nicht, wie JAKOBS, als eine zu Unrecht hervorgehobene Selbstverständlichkeit.

d. MAX KASER

In seinem Aufsatz *Perpetuari obligationem* (1980) verteidigt KASER die „traditionell[e] Lehre" gegen die Angriffe von BIANCHI und JAKOBS, nicht ohne sie „durch gewisse, uns unerlässlich erscheinende Präzisierungen zu verstärken".[189] Die neuen Ansätze versuchten, „der *perpetuatio obligationis* einen viel umfänglicheren Inhalt zuzuweisen". Wie die ältere Literatur neige „besonders auch diese neueste" dazu, „die *p. o.* als ein Rechtsinstitut mit feststehenden Voraussetzungen und Wirkungen anzusehen".[190] Hingegen hält er fest: „Die *p. o.* unserer Quellen ist kein ‚Rechtsinstitut', sondern nur ein vom strengen Aktionenrecht erzwungenes Hilfsmittel, um die enggefassten Klagformeln aus zivilem *certam rem dare oportere* in Fällen annehmbar zu machen, in denen nicht mehr die Sache selbst, sondern nur ihr Geldwert gefordert werden konnte".[191]

Dass die *perpetuatio* eine prozessuale Fiktion bewirkt, stützt KASER hinsichtlich der *intentio* auf den Satz *impossibilium nulla obligatio,* worüber er schreibt: „Dieses Prinzip galt den Römern als eine Art Naturgesetz". Weiterhin weist er auf das *tempus* der *condemnatio* hin: Weil die untergegangene Sache bei *litis aestimatio* keinen Wert mehr hatte, hätte die Verurteilung eigentlich auf null lauten müssen. Dass der Fortbestand der Sache fingiert werde, stehe schließlich „ausdrücklich" in den Stellen, nach denen der Gläubiger klagen kann, *ac si homo viveret* bzw. *ac si ea res extaret.*[192]

Die gegenständliche Beschränkung der *perpetuatio* ergibt sich für KASER zum einen aus dem Kontext, in dem die Vokabel in den Quellen auftritt, zum anderen aus der Besonderheit der Formel auf ein *certum.*[193]

---

189 SDHI 46 (1980) 87–146.

190 SDHI 46 (1980) 88 f.

191 SDHI 46 (1980) 133.

192 D. 45,1,82,1 und PS 5,7,4. Dazu unten 123.

193 Zum Anwendungsbereich der *perpetuatio obligationis* zählen nach KASER damit die Klage auf stipulierte Dienste ebenso wie die Klagen auf Einräumung eines stipulierten oder vermachten Nießbrauchs, weil er jeweils von einer auf ein *certum* gerichteten Formel ausgeht (nicht ohne Zweifel hinsichtlich des Nießbrauchs) (135 f.). BIANCHI FOSSATI VANZETTI hatte beide Klagen als auf ein *incertum* gerichtete rekonstruiert und sie darüber hinaus aus ihrem

Dass man sich schon im Legisaktionenverfahren der *perpetuatio obligationis* bediente, hält Kaser eher für unwahrscheinlich. Zwar zeigt er sich überzeugt, dass auch die *legis actio per condictionem* auf ein *dare oportere* abgestellt habe. Doch gibt für ihn den Ausschlag, dass sich keine Anzeichen dafür finden, dass dem Richter Vorgaben für die Schätzung gemacht wurden: „Erst bei der formularen *condictio rei* treffen wir das *rem dare oportere* und das hierauf bezogene *quanti ea res est* (im Präsens!) in einem Satz vereinigt an". Er schließt spekulativ: „Vielleicht war also die *p. o.* wirklich eine Erfindung der *veteres* aus der Frühzeit des Formularprozesses, um die starre Formel der *condictio certae rei*, die eng an die vorangegangene *legis actio* der *lex Calpurnia* und an die parallel gestaltete *condictio certae pecuniae* angeschlossen wurde, nach Untergang oder Beschädigung der Sache praktikabel zu machen".[194]

Eine besondere Form der *perpetuatio* beobachtet Kaser bei der Schlechtleistung. Nachdem die Sache übereignet wurde, stützt der Gläubiger seine Klage gleichwohl auf *dare oportere.*[195] Auch hier könne die *intentio* nur mit Hilfe einer „Fiktion" bejaht werden, nämlich einer solchen, aufgrund derer „die schon geleistete Sache als nicht geleistet behandelt wird".[196]

Nicht fest mit der *perpetuatio* verbunden ist für Kaser hingegen die Haftung des Schuldners für jeden Zufall: „denn die *p. o.* bewirkte nur, dass der Richter trotz des Sachuntergangs in den Sachwert verurteilen konnte, nicht, dass er das immer musste". Kaser betont, dass der Schuldner nur im Verzug auch dann hafte, wenn der Schaden ohnehin eingetreten wäre. Dies erscheint ihm sinnvoll, weil diese Rechtsfolge hier den Charakter einer Strafdrohung hat, die den Säumenden zur Leistung bewegen soll – eine Steuerungsfunktion, die wegfällt, wenn der Schuldner das Objekt vor Verzugseintritt zerstört. Tritt die unbeschränkte Zufallshaftung einerseits nicht in allen Fällen der *perpetuatio* ein, so greift sie andererseits auch jenseits der *perpetuatio,* nämlich auch bei den *bonae fidei iudicia.* Ob sich der Gedanke der Zufallshaftung mit der *perpetuatio* entwickelt hat und dann auf die *bonae fidei iudicia* übersprang, mag Kaser nicht entscheiden.[197]

Die Formulierungen, die Kaser wählt, und die Stoßrichtung, die er seinem Artikel gibt, mögen auf Bianchi Fossati Vanzetti zugeschnitten sein. Jakobs

---

eigentlich auch Klagen auf ein *incertum* umfassenden Begriff der *perpetuatio obligationis* ausgeschieden.

194 SDHI 46 (1980) 129 f.

195 Kaser SDHI 46 (1980) 138 verweist auf Ulpian D. 46,3,27 (28 *ad ed.*) und Scaevola D. 45,1,131,1 (13 *quaest.*). Hinweise dazu im dritten Kapitel, Fn. 316.

196 SDHI 46 (1980) 137 ff.

197 SDHI 46 (1980) 139 ff., 141. – Vgl. zur Zufallshaftung der Sache nach unten 376 ff.

Stellungnahme und ihr Verhältnis zu Kasers eigener Position rückt der Autor nicht ins rechte Licht: Indem Kaser die *perpetuatio* als Fiktion versteht, ist sie für ihn mehr als für Jakobs – und insbesondere nicht weniger „Rechtsinstitut". Das lässt sich schon daran ermessen, dass Kaser, nicht Jakobs, von ihr als von einer „Rechtsregel" spricht oder wenigstens, abmildernd, einer „Faustregel", die die älteren Juristen „als Norm festgesetzt" hätten.[198]

e. Carlo Augusto Cannata

Cannata rekonstruiert in mehreren jüngeren Schriften (1992–2002) die *perpetuatio obligationis* dogmatisch als Auflösung eines Konflikts zweier Prinzipien: Die Regel „naturale e necessaria", dass man von niemandem Unmögliches verlangen darf, widerstreitet dem Gebot der Gerechtigkeit, dass kein Schuldner sich durch obligationswidriges Verhalten selbst von seiner Schuld befreien kann.[199] Der Konflikt werde dadurch aufgelöst, dass bei vom Schuldner zu verantwortender Unmöglichkeit die Obligation fortbestehe, der Schuldner aber nun nicht mehr die Leistung schulde, sondern nur noch ihretwegen hafte, nämlich dergestalt, dass er die Geldverurteilung erleiden müsse.[200] In historischer Hinsicht geht Cannata davon aus, dass die *veteres* den bei Paulus überlieferten Satz wirklich so geprägt haben, und zwar im zweiten Jahrhundert vor Christus. Insbesondere hält er auch *quotiens culpa intervenit debitoris* für die ursprüngliche Formulierung, weil er davon ausgeht, dass die vertragliche Haftung sich nach dem Vorbild der Dogmatik der aquilanischen Haftung ausbildete und sich erst später auf den Zufallsuntergang im Verzug erstreckte.[201] Den zeitlichen Rahmen setzt Cannata mit dem Erlass der *lex Aquilia* auf der einen Seite (von ihm auf ca. 200 vor Christus datiert) und dem Rechtsstreit über die Mitgift der Licinnia (D. 24,3,66 pr.) auf der anderen, weil Publius Mucius hier die *perpetuatio obligationis* anwende (kurz nach dem Tod von Gaius Gracchus, 121 vor Christus).

Damit hätten die alten Juristen aber keine Regel aufgestellt, sondern die Folgen der *culpa debitoris* nur dogmatisch beschrieben: Die *constitutio* „non consisteva in una regola, ma in una definizione dommatica". Cannata übersetzt *constituerunt* mit „stabilirono", und zwar im Sinne von „sie haben festgestellt" (und nicht „beschlossen"). Die Juristen ordnen die Verewigung nicht an, sie

198 SDHI 46 (1980) 91. In Summe scheint Kaser der Auffasung von Jakobs nicht gerecht zu werden. Die konzeptionelle Kritik 131 f. vermag ich mit der angegriffenen Position nicht zur Deckung zu bringen.

199 Vgl. vor allem FS Mayer-Maly (2002) 95 f.; zuvor bereits Sem. Complut. 4 (1992) 50 f. (von dort das Zitat) und nun IURA 57 (2008–2009) 290 ff.

200 Sem. Complut. 4 (1992) 55 f.; FS Mayer-Maly (2002) 96; IURA 57 (2008–2009) 291 f.

201 FS Mayer-Maly (2002) 90 sowie ausführlich in Responsabilità, 109 ff.

beobachten sie.[202] Darum könne man für diese Zeit auch nicht vom einer Fiktion sprechen: „la finzione non ha cittadinanza in una definizione dommatica".[203] Subjekt ist der Schuldner. Indem er sich der Chance beraubt, seine Obligation zu erfüllen, macht er diese endlos und bleibt dauerhaft gebunden.[204] So entledigt sich CANNATA des Problems einer gestaltenden Wirkung der *constitutio* und erübrigt die Frage nach der Rechtslage vor ihr.[205]

Indes habe die *constitutio* im Laufe der Zeit ihren Charakter verändert: „i giuristi classici trattarono la *constitutio* dei *veteres* come una regola". Denn den Klassikern sei es darum gegangen, praxistaugliche Formulierungen zu finden, die nicht nur von Juristen, sondern auch etwa von Anwälten oder Richtern verstanden würden. Darum schrieben sie statt des enigmatischen *perpetuatur obligationem* lieber explizit, dass der Sklave weiterhin eingeklagt werden könne, oder ordneten unmissverständlich an, den Schuldner zu behandeln, als ob der Sklave noch lebe (PS 5,7,4; Ulpian D. 45,1,82,1): Hiermit erst sei aus der dogmatischen Deutung nun doch die eine Fiktion vorschreibende Regel geworden. Paulus, der die alte Formel wiedergibt und ausdeutet, wolle damit ihre Bedeutung für Laien verständlich machen und einzelne problematische praktische Fragen lösen: „non intende affatto chiedersi che cosa i *veteres* avessero inteso esprimere con la loro *constitutio*, perché precisa solo aspetti della sua portata pratica".[206] Mit anderen Worten: Für den Praktiker gewinnt die Dogmatik normative Kraft, er klammert sich an sie als einen Leitfaden seines Verhaltens. Paulus mag selbst

202 Diese These hat CANNATA in Sem. Complut. 4 (1992) angedeutet, wo er die *constitutio* kennzeichnet als „operazione dommatica di astrazione, che isola l'obbligazione dai fatti" (54). In der späteren Form hat er sie in Responsabilità, 119, sowie Labeo 41 (1995) 410 f. aufgestellt und schließlich ausgeführt FS Mayer-Maly (2002) 94 (von dort das Zitat). Vgl. auch IURA 57 (2008–2009) 290 ff.

203 FS Mayer-Maly (2002) 95 und bereits in Responsabilità, 119 f. Entschieden in IURA 57 (2008–2009) 290: „È ben vero che l'idea della finzione potrebbe vedersi far capolino in due passi delle nostre fonti, ma si tratta di testi che evidentemente sono stati scritti per istruiere, sull'impiego giudiziale della nozione di *perpetuatio*, dei pratici non molto provveduti dommaticamente". Zu diesen Texten sogleich.

204 FS Mayer-Maly (2002) 94. Eine Andeutung findet sich wiederum schon in Sem. Complut. 4 (1992) 54: „Siccome l'adempimento non è più possibile, il debitore non ha più possibilità di influire sull'obbligazione".

205 CANNATA versäumt in diesem Kontext allerdings, auf Paulus D. 22,1,24,2 (37 *ad ed.*) einzugehen, wonach der Geschäftsführer des Gläubigers durch seine Mahnung die Stipulation verewigt *(cum procurator interpellaverit promissorem hominis, perpetuam facit stipulationem).*

206 FS Mayer-Maly (2002) 91 f. (von dort die Zitate) und 97 ff. Vgl. auch die eben Fn. 203 zitierte Stelle aus IURA 57 (2008–2009). – Eine Übersetzung der „precisa costituzione dommatica basata sull'astrazione" (hier noch als „regola" bezeichnet) „in massima pratica", „[in] una finzione, incolore e approssimativa, anche se praticamente utilizzabile" konstatiert CANNATA bereits Sem. Complut. 4 (1992) 54.

diesem Zauber erlegen sein oder jedenfalls der Versuchung, seine Leser so zu verzaubern. Dann bediente er sich der Suggestivkraft der alten Worte, um aus einem eigentlich nur induzierten Merkspruch zu deduzieren.

Die mit der *perpetuatio obligationis* bezeichnete Situation der Haftung beschreibt Cannata so, dass der Schuldner der Klage des Gläubigers unterworfen sei, ohne sie abwenden zu können. Gegenwärtig habe die Obligation kein Objekt, weil der Haftende den Ersatz erst aufgrund der Verurteilung schuldet: „La prestazione secondaria, in effetti, è una specie di fantasma: il dovere di pagare il risarcimento del danno scaturisce dalla sentenza, e non appartiene alla storia dell'obbligazione contrattuale: esso rappresenta un esito della vicenda obbligatoria successivo all'estinzione dell'obbligazione, che in questo caso è intervenuta con l'esercizio dell'azione, cioè la conclusione della *litis contestatio*".[207]

Die umfassende Analyse lässt offen, wie sich die Vorstellung vom Fortbestand der Obligation als Haftung ohne Schuld bei der Anwendung der Prozessformel niederschlug. Für die *condemnatio* vertritt Cannata, die geschätzte *res* sei nicht der geschuldete Gegenstand, sondern die verhandelte Rechtssache.[208] Wie aber das *oportere* die bloße Haftung erfasste, statuiert der Autor nicht deutlich: Müsste Cannata angesichts der von ihm akzeptierten Regel *impossibilium nulla obligatio* hier nicht doch von einer Fiktion sprechen?

f. Armando Torrent

In Auseinandersetzung mit Cannata betont Torrent in seinem Artikel *Quotiens culpa intervenit debitoris, perpetuari obligationem* (2001) die Rolle der *culpa*. Torrent neigt dazu, auch die bei Paulus überlieferte Formulierung den *veteres* zuzugestehen.[209] Er plädiert dafür, dass Haftung im römischen Recht von Anfang an persönliche Verantwortlichkeit vorausgesetzt habe.[210] Die *culpa* erschöpfe sich

---

207 FS Mayer-Maly (2002) 96. Vgl. dazu Gaius 3,180; abgedruckt unten 143. – Die Bezeichnungen „Primär- und Sekundäranspruch" hält Cannata hingegen für korrekt als Bezeichnung der Gläubigererwartung, vgl. in Fn. 37. – Ähnlich schon Sem. Complut. 4 (1992) 55: „il debitore non deve materialmente nulla, perché non può dare nulla"; sowie Responsabilità, 120, und Labeo 41 (1995) 410 f. – Zur praktischen Konsequenz vgl. L'inadempimento delle obbligazioni, 10: „un pagamento effettuato dal responsabile [...] prima della sentenza [...] potrà essere liberatoria solo se accettato dal creditore a titolo di transazione". – Anders die Zusammenfassung „in termini moderni" in Iura 57 (2008–2009) 292: „la stessa obbligazione [...] ha mutuato il suo oggetto: a quello consistente nel dovere di eseguire la prestazione originariamente prevista si è sostituito il dovere di resarcire il danno che l'inadempimento ha prodotto".

208 Iura 57 (2008–2009) 293.

209 Torrent, Quotiens culpa, 877.

210 Torrent, Quotiens culpa, 870, 877.

nicht in der Nichterfüllung, sondern trete als „una suerte de segunda causa de la obligación de resarcimiento" zur Schuld hinzu.[211] Der Autor wendet dies gegen CANNATAS Konzeption des Fortbestandes mangels Erfüllbarkeit. So erlaube die *culpa* – als Ausnahme von *impossibilium nulla obligatio* – deren verändertes Fortbestehen als Haftungsbeziehung.[212]

g. Raimondo Santoro

Jüngst hat SANTORO die Schwierigkeit der *perpetuatio obligationis*, an der sich CANNATA wie PELLOSO reiben, folgendermaßen auf den Punkt gebracht: Die Obligation, die wir uns für die Klassik als ein Schulden beinhaltend vorstellen, bezeichnet in diesem Begriff eine Situation bloßer Haftung. In seinem Aufsatz *Perpetuari obligationem* (2014) löst SANTORO das Paradox historisch auf: Die republikanischen Juristen hätten vom Fortbestand der Klage, nicht von der *obligatio* gesprochen.[213] Mit FLUME stellt er sich auf den Standpunkt, die ältere Zeit habe sich mit Rechtsakt und Klage, nicht mit dem Schuldverhältnis befasst. Dass dieses „binomio" auch Bezugspunkte für die Lehre von der Unmöglichkeit bilde, belegt SANTORO damit, dass einerseits noch Paulus *perpetuare* auch auf die Stipulation bezog (in D. 22,1,24,2).[214] Andererseits nennen zahlreiche Quellen als Rechtsfolge von Leistungsstörungen, dass der Gläubiger gleichwohl klagen könne.[215] Für die These, dass die *veteres* nicht *obligatio perpetuatur*, sondern *actio durat* formuliert haben werden, findet SANTORO eine Stütze in der *condictio furtiva*. Hier bezeugt uns Tryphonin: *durare condictionem veteres voluerunt, quia* [fur] *videtur moram facere.*[216]

Paulus habe nicht nur *culpa* an die Stelle von *stare quo minus* gesetzt, sondern auch *obligationem perpetuari* für *condictionem durare*. So ergänzt SANTORO den Vorschlag von GRADENWITZ, dessen Argument den umgekehrten Weg nahm: Während GRADENWITZ die Absonderlichkeit der *perpetuatio* aufzeigte,

---

211 TORRENT, Quotiens culpa, 876.

212 Zur Notwendigkeit einer Veränderung der Obligation bei Unmöglichkeit TORRENT, Quotiens culpa, 874 f., auch 870 f.

213 SANTORO AUPA 57 (2014) 177–208, 189.

214 SANTORO AUPA 57 (2014) 190 f.

215 SANTORO AUPA 57 (2014) 191 ff. verweist auf PS 5,7,4, Paulus D. 44,7,45 (5 *ad Plaut.*) und D. 45,1,91,6 (17 *ad Plaut.*) sowie Ulpian D. 45,1,82,1 (78 *ad ed.*).

216 Schon ARNÒ hatte Tryphonin D. 13,1,20 (15 *disp.*) für die *perpetuatio* herangezogen. SANTORO bezieht sich außerdem auf Ulpian D. 13,1,7,2 (42 *ad Sab.*) sowie D. 13,1,8 pr. (27 *ad ed.*); 195 ff. Dazu im dritten Kapitel IV.3.b und c (177 ff.). – Allgemein verweist SANTORO zum „valore materiale dell'*actio*" auf Pomponius D. 13,1,16 (38 *ad Quint. Muc.*) *condictione* [ex furtiva causa] *obstringitur* sowie auf die Definition des Celsus D. 44,7,51 (3 *dig.*): *Nihil aliud est actio quam ius quod sibi debeatur iudicio persequendi* (199 ff., 201, 202).

um so die *culpa* zu diskreditieren und das *stare quo minus* an ihre Stelle zu setzen, unterstützen die Zweifel an der *culpa* bei Santoro den Nachweis der *perpetuatio* als „terminologia propria di questo giurista [Paolo]".[217]

Damit zeichnet Santoro die Entwicklung von einem Aktionendenken, in dem nur die Haftung Platz hat, zu einem Obligationendenken, das sich zudem mit dem Schulden beschäftigt. Er zieht so eine Parallele zur von ihm beschriebenen Entwicklung des Grundsatzes *omnia iudicia absolutoria esse* (Gaius 4,114): Früher betrachtete man die Urteilssumme als unwiderruflich verfallen, wenn der Schuldner bei Streitbefestigung noch nicht geleistet hatte, weil die Klage allein auf diese finanzielle Haftung zielte. Die sabinianische Regel, wonach auch eine spätere Leistung noch zum Freispruch führt, bringe die Neuausrichtung der Klage auf den Zweck zum Ausdruck, dass die Schuld erfüllt wird.[218] Mit dieser Hypothese erklärt Santoro zugleich die Schwierigkeiten, denen Celsus nach D. 45,1,91,3 bei seinem Argument dafür begegnet, eine Verzugsbereinigung zuzulassen: Die *mora* werde ursprünglich als haftungsauslösendes Ereignis, nicht als obligationswidriger Zustand verstanden. Ein einmal geschehenes Ereignis lässt sich nicht einfach wieder aus der Welt schaffen.[219] Offen bleiben bei Santoro Anlass und Natur der *constitutio veterum*.

IV. Fazit

Durch seine Konzeption als zusammenfassende Darstellung von Haftungsvoraussetzungen und Folgen bei der Stipulation, durch den Einsatz der synthetisierenden Ausdrücke *culpa* und *obligatio perpetuatur* sowie durch die Bezugnahme auf eine *constitutio veterum*, wie sie weder dem Inhalt noch der Form nach andernorts bezeugt ist, sticht der Text des Paulus im Plautiuskommentar aus dem übrigen Quellenmaterial heraus. Gerade diese Eigenart macht ihn, die *constitutio veterum* und die *perpetuatio obligationis* zu Projektionsflächen für unterschiedliche Vorstellungen vom römischen Obligationenrecht überhaupt: Die *perpetuatio* erscheint als Ausnahme von der Beschränkung der Haftung auf ein nach der Differenzmethode zu berechnendes Interesse oder als von dieser Frage unabhängig, als materiellrechtliche oder prozessuale Überwindung einer

217 Santoro AUPA 57 (2014) 189. Zu Gradenwitz siehe oben bei Fn. 89.

218 Santoro AUPA 57 (2014) 207; dazu im ersten Kapitel, 37 bei Fn. 101 sowie unten 143 f.

219 Santoro lässt sich hierbei von Harkes Deutung der *mora* als Ereignis oder Zustand inspirieren; dazu im ersten Kapitel, 37 bei Fn. 100.

Unmöglichkeitsregel oder aber als selbstverständlich, die *constitutio* als Veränderung oder bloße Beschreibung der Rechtspraxis, die Formulierungen als kompilatorisch, paulinisch, plautisch oder republikanisch.

Um der *constitutio veterum* auf die Spur zu kommen, wird hier der Weg eingeschlagen, den ihr durch den Text zugeschriebenen Effekt auf den Prüfstand zu stellen. Mindestens bei der auf Übereignung einer bestimmten Sache gerichteten Stipulation begreift das Traktat den Klageerfolg nach Sachuntergang als Wirkung einer die *perpetuatio* der Obligation anordnenden Regel der *veteres* und stellt ihm die Zulässigkeit von *acceptilatio, fideiussio* und *novatio* an die Seite. Diese möglichen Konsequenzen müssen vordringlich auf ihre Geltung untersucht werden. Wo sich ihr Vorkommen bestätigt, muss die Frage gestellt werden, ob es neben D. 45,1,91 weitere Anzeichen dafür gibt, dass es sich um Effekte jener Regel handelt: dass die Juristen diese rechtlichen Phänomene als erklärungsbedürftig ansahen, dass sie diese Erklärungen zu einem einheitlichen Gedanken zusammenfügten und dass sie diesen Gedanken mit dem Ausdruck *obligatio perpetuatur* beschrieben. Nach dieser Untersuchung kann D. 45,1,91,3 wieder in den Blick genommen werden, um zu entscheiden, was der Autor meint, wenn er davon spricht, dass *veteres constituerunt.*

Drittes Kapitel: *adhuc homo peti possit*

I. Deutung unter den Bedingungen des römischen Prozesses

Nach D. 45,1,91,6 kann der Gläubiger den vom Promittenten freigelassenen oder getöteten oder den im Verzug zufällig verstorbenen Sklaven weiterhin fordern *(adhuc homo peti possit)*. Um ihre Bedeutung zu erfassen, muss diese Aussage vor den Hintergrund des römischen Prozesses gestellt werden.

1. *Petere* als materiellrechtliches und prozessuales Fordern

Bekanntlich wurde der Beklagte im Formularverfahren ausschließlich auf Geldzahlung verurteilt. Dies geht vor allem aus Gaius 4,48 hervor: *iudex non ipsam rem condemnat eum, cum quo actum est* [...] *<sed> aestimata re pecuniam eum condemnat.*[1] Demgegenüber zeigt das *Corpus Iuris* ein „patchy picture“,[2] welches für das justinianische Recht keine klaren Linien erkennen lässt.[3]

---

1 Vgl. dazu Kaser/Hackl § 54 IV.1, 372 f. Nach Düll SZ 96 (1979) 290–302 soll der mit seiner Klage auf Sachherausgabe Obsiegende die Wahl gehabt haben, ob er die Schätzsumme zur Grundlage der Vollstreckung machte oder mit Hilfe des Prätors die Herausgabe erzwang; dagegen Blank SZ 99 (1982) 303–316; Pennitz, Enteignungsfall, 250 ff. – Zum Mittelteil von Gaius 4,48 und zum Legisaktionenverfahren vgl. unten bei Fn. 31.

2 Zimmermann, Obligations, 773.

3 Zu generellem Leistungsurteil mit Vollstreckung in Natur tendieren Kaser/Hackl § 93 II 2 609 ff. (auch wegen Ausweitung der *actiones arbitrariae*), § 96 IV und V 626 ff. Zurückhaltender außer Zimmermann (vorige Fn.) auch Dilcher SZ 78 (1961) 278 ff.; Winkel, Specific performance, 13 ff., auch Dondorp, Historical Perspective, 267 ff. Während die Digesten im Wesentlichen das Formularverfahren konservieren, deutet Inst. 4,6,32 ganz generell auf Erfüllungszwang. Dort wird der Richter nämlich angehalten, sein Urteil auf einen bestimmten Geldbetrag oder eine bestimmte Sache zu richten *(Curare autem debet iudex, ut omnimodo, quantum possibile ei sit, certae pecuniae vel rei sententiam ferat, etiam si de incerta quantitate apud eum actum est)*. In Einzelfällen weisen Konstitutionen den Richter an, ein geschuldetes Ergebnis tatsächlich herbeizuführen. Vgl. C. 7,4,17 (a. 530) (Durchsetzung eines Vermächtnisses, aufgrund dessen der Bedachte freilassen soll, durch Fiktion

Ulpian D. 6,1,68 bezeugt für den spätklassischen Prozess die Zwangsvollstreckung eines richterlichen Restitutionsbefehls *manu militari.* Die Inskription lautet auf 51 *ad edictum,* wo die Klage aus dem Legat und Sicherheitsleistung für den vermachten Nießbrauch behandelt werden. LENEL korrigiert zu 51 *ad Sabinum*[4] und setzt den Text damit unter andere *De iudiciis:*

Ulpian D. 6,1,68

Qui restituere iussus iudici non paret contendens non posse restituere, si quidem habeat rem, manu militari officio iudicis ab eo possessio transfertur et fructuum dumtaxat omnisque causae nomine condemnatio fit. si vero non potest restituere, si quidem dolo fecit quo minus possit, is, quantum adversarius in litem sine ulla taxatione in infinitum iuraverit, damnandus est. si vero nec potest restituere nec dolo fecit quo minus possit, non pluris quam quanti res est, id est quanti adversarii interfuit, condemnandus est. haec sententia generalis est et ad omnia, sive interdicta, sive actiones in rem sive in personam sunt, ex quibus arbitratu iudicis quid restituitur, locum habet.	Wer dem Befehl des Richters, zu restituieren, nicht gehorcht, mit der Behauptung, er könne nicht restituieren, von dem wird der Besitz, wenn er nämlich die Sache [in Wirklichkeit] hat, aufgrund der Amtsgewalt des Richters durch soldatische Hand übertragen und die Verurteilung erfolgt nur noch wegen der Früchte und wegen der gesamten Rechtslage der Sache.[5] Wenn er aber nicht restituieren kann, so ist er, wenn er nämlich arglistig herbeigeführt hat, dass er es nicht mehr kann, auf das zu verurteilen, wie viel der Gegner ohne jede Begrenzung bis ins Unendliche schwört. Wenn er aber [wirklich] nicht restituieren kann und auch nicht arglistig herbeigeführt hat, dass er es nicht mehr kann, so ist er nicht auf mehr als das zu verurteilen, was die Sache wert ist, das heißt wie viel dem Gegner daran liegt. Dieser Satz gilt allgemein und für alle [Verfahren], bei denen etwas nach Ermessen des Richters zurückzugewähren ist, seien es Interdikte oder dingliche oder persönliche Klagen.

Der Text gilt als von Justinian interpoliert[6] oder nachklassisch überarbeitet[7]. Ulpian kann sich aber auch selbst auf eine *cognitio extra ordinem* beziehen. Zwar legt – wie WINKEL einwendet – der Kontext eines Edikt- oder Sabinuskommentars dies nicht nahe. Ein Verfahren *extra ordinem* begegnet jedoch auch in D. 43,4,3 (68 *ad edictum* [!]).[8] Auch im Beamtenverfahren mag man

der Freilassung) und C. 8,53,35,5a (a. 530) (Erzwingung der Übergabe eines versprochenen Geschenks; weniger deutlich dazu Inst. 2,7,2).

4 Palingenesia II, Sp. 1197 (fr. 2987).

5 Im Kern mit BEHRENDS/KNÜTEL/KUPISCH/SEILER (WOLLSCHLÄGER).

6 KASER/HACKL § 96 IV 626 Fn. 25.

7 WINKEL, Specific performance, 12 und 16.

8 Ulpian D. 43,4,3 (68 *ad ed.*): *pr. Si quis missus fuerit in possessionem fideicommissi servandi causa et non admittatur, potestate eius inducendus est in possessionem, qui eum misit, aut si quis volet uti interdicto, consequens erit dicere interdictum locum habere. sed melius erit dicere extra ordinem* [!] *ipsos iure suae potestatis exsequi oportere decretum suum, nonnumquam etiam per manum militarem* [!]. *§ 1 Constitutum est ab Antonino, ut etiam in bona heredis quis admittatur certis modis. si quis igitur in his bonis non admittatur, dicendum est actionem hanc utilem competere: ceterum poterit uti et extraordinaria exsecutione* [!].

zur Bezeichnung des Begehrens die alten Kategorien übernommen und von Interdikten und persönlichen und dinglichen Klagen gesprochen haben.

Die Aussage des Paulus in D. 45,1,91,6 jedenfalls lässt sich nicht erklären, wenn man annimmt, dass er Zwang zur Naturalerfüllung vor Augen hat. Denn die Übereignung des Sklaven kann nach seinem Tod nicht mehr erzwungen werden. Dass Paulus seine Mitteilung gerade auf ein Kognitionsverfahren münzte, stimmte ohnehin nicht damit überein, dass er mit ihr den Effekt einer Regel der *veteres* beschreiben will. Vielmehr muss das Fordern des Sklaven vor den Hintergrund der Geldverurteilung des Formularverfahrens angesiedelt werden.

Die Formel, an die Paulus denkt, wird die *condictio certae rei* sein. Dass man mit ihr einen als bestimmten Gegenstand versprochenen Sklaven einklagt, ergibt sich aus Ulpian D. 12,1,24:

Ulpian D. 12,1,24 *(libro singulari pandectarum)*[9]

Si quis certum stipulatus fuerit, ex stipulatu actionem non habet, sed illa condicticia actione id persequi debet, per quam certum petitur.	Wenn jemand sich etwas Bestimmtes hat versprechen lassen, so steht ihm die *actio ex stipulatu* nicht zu. Vielmehr muss er dies mit jener „kondiktizischen" Klage beitreiben, mit der etwas Bestimmtes gefordert wird.

Hingegen stand die *actio ex stipulatu* nach Gaius 4,136–137, der ihre Formel mitteilt, gegen denjenigen zur Verfügung, *qui incertum promiserit.*[10] Weil Gaius andererseits in 4,131 aufgrund einer Stipulation eine allgemeine *formula, qua incertum petimus (condictio incerti)* zum Einsatz bringt, wird der Gläubiger einer Stipulation unbestimmten Inhalts zwischen beiden die Wahl gehabt haben.[11] Die *intentiones* unterscheiden sich nur unwesentlich: Dem *QUIDQUID DARE FACERE OPORTET* bei der *actio ex stipulatu* aus 4,136 steht *QUIDQUID PARET DARE FACERE OPORTERE* bei der *condictio incerti* aus 4,131 gegenüber.

Ob der Klagegrund in der *intentio* mittels eines Zusatzes *EX STIPULATU* in Bezug genommen wurde, ist ungewiss. Dafür spricht Gaius 4,53c: *SI PARET TE SESTERTIA X MILIA EX STIPULATU DARE MIHI OPORTERE.* Andererseits zeigt eine der 1959 bei Pompeji ausgegrabenen Wachstafeln eine auf einen bestimmten Geldbetrag gerichtete *condictio,* bei der der Klagegrund nicht in der

9 Zum Text Saccoccio, Si certum, 30 ff. Ulpian knüpft hier an die Unterscheidung zwischen bestimmtem und unbestimmten Stipulationsinhalt an, die er in D. 45,1,75 (22 *ad ed.*) expliziert (dazu unten 229).

10 Zur Klage Lenel, EP, 151 ff.

11 Vgl. Kaser Labeo 22 (1976) 25 und zuvor Giffard SDHI 4 (1938) 152–162.

intentio, sondern mit einer *praescriptio* eingegrenzt wurde: *EA RES AGETUR DE SPONSIONE.*[12]

Auch bei Klagen auf ein *incertum* wegen Stipulation hält KASER eine Formel mit eingeschaltetem *EX STIPULATU* für unwahrscheinlich, weil angesichts der Vielzahl von Stipulationen hierdurch eine *causa* schwerlich individualisiert werden konnte.[13] KASER geht davon aus, dass bei Wahl der *condictio incerti* der Klagegrund mittels *praescriptio* individualisiert wurde, wie dies für die Klage auf einen bestimmten Geldbetrag der Tafelfund belegt.[14] Die in Gaius 4,136 bezeugte besondere Formel gegen den, *qui incertum promiserit,* identifiziert den Klagegegenstand mittels *demonstratio.*

Wurde der Sklave Stichus versprochen, dann wird der Gläubiger demnach die folgende Formel verwendet haben:

SI PARET NUMERIUM NEGIDIUM AULO AGERIO STICHUM DARE OPORTERE, QUANTI EA RES EST, TANTAM PECUNIAM, IUDEX NUMERIUM NEGIDIUM AULO AGERIO CONDEMNATO; SI NON PARET, ABSOLVITO.	Wenn es sich erweist, dass der Numerius Negidius dem Aulus Agerius den Stichus zu geben schuldet, sollst du, Richter, den Numerius Negidius dem Aulus Agerius auf soviel Geld verurteilen, wie viel die Sache wert ist; wenn es sich nicht erweist, sollst du ihn freisprechen.

Wenn Paulus schreibt, dass der tote Sklave weiterhin gefordert werden könne, dann lässt sich das verwendete *petere* vor diesem Hintergrund unterschiedlich in heutiges Denken übersetzen. Man kann es erstens – mit einem modernen Attribut: materiellrechtlich – als Gegenstück zum Schulden verstehen. Zweitens kann es als prozessuales Einfordern den Vortrag des Klägers bezeichnen, wonach ihm etwas geschuldet sei; also das Intendieren, dass eine gewisse Schuld bestehe. Drittens kann *petere* sich auch pragmatisch darauf beziehen, welche Verurteilung des Beklagten der Kläger begehrt.

Die letzte Variante kommt für *homo peti possit* nicht in Betracht, weil nun einmal nicht auf den Sklaven verurteilt wurde. Der Unterschied zwischen den ersten beiden Bedeutungsvarianten hingegen – einem Einfordern als materiellrechtlich geschuldet und einem prozessualen Intendieren der Schuld – erscheint bei einem zweiten Blick auf die Formel als gekünstelt. Er ist wohl nur aus der heutigen Perspektive sichtbar. Denn die Formel verbindet beide Gesichtspunkte untrennbar: Insofern *homo peti possit* bedeutet, dass der Sklave sozusagen materiellrechtlich gefordert werden kann, also geschuldet ist, ergibt sich daraus zugleich, dass eine *intentio,* die dieses Schulden behauptet, Erfolg haben wird.

12 TPSulp 31,2 = TP 34,2 = TPN 29,2. Vgl. dazu den Nachtrag von SELB, Formeln, 57f., und KASER Labeo 22 (1976) 21ff.

13 KASER Labeo 22 (1976) 18; anders SELB, Formeln, 42f.

14 Anders noch WOLF, Causa stipulationis, 200f. Zum Problem kurz unten bei Fn. 371.

Insofern *homo peti possit* hingegen bedeutet, dass der Richter einer Klage mit auf das Schulden des Sklaven gestützter *intentio* stattgibt, setzt es voraus, dass der Richter die Formelbedingung bejaht, dass der Sklave geschuldet ist. Die „aktionenrechtliche Orientierung" der römischen Juristen[15] führt nicht dazu, dass sie sich über die Frage des Schuldens keine Gedanken machen. Genau hierzu zwingt sie vielmehr die Fassung ihrer *actiones.*[16] Dementsprechend kann man das *adhuc homo peti possit* nicht darauf reduzieren, dass die Haftung fortbesteht. Auch das *dare oportere,* das Schulden, überdauert in der richterlichen Subsumtion unter die Formel den Tod des Sklaven.

Dass dies die Vorstellung des Paulus ist, zeigt auch D. 45,1,91,6. Denn dort stellt er als Problem für die Novation einer perpetuierten Obligation heraus, dass diese entweder durch Versprechen des toten Sklaven oder dadurch bewirkt werden müsste, dass der Gläubiger sich *pecuniam quae non debetur* versprechen ließe. Der Geldersatz, in den der Schuldner verurteilt werden kann, bildet also auch nach dem Tod des geschuldeten Sklaven nicht selbst den Inhalt der Schuld.[17]

Hingegen nimmt Lübtow an, dass die *in ius* konzipierten Klagen bei Unmöglichkeit mit einer fiktizischer Formel erteilt wurden, die auf ein hypothetisches *oportere* abstellten: Der Schuldner hätte leisten gesollt, falls die Störung ausgeblieben wäre.[18] Nach dieser Rekonstruktion hätten die Juristen den Sklaven weder als geschuldet angesehen, noch trüge der Gläubiger im Prozess vor, dass er geschuldet sei, noch forderte er im Prozess eine Verurteilung auf den Sklaven: Das ist mit *homo peti possit* kaum vereinbar.

Kaser hat Lübtow entgegengehalten, dass man dem Kläger schwerlich habe ansinnen können, seine Formel an die Unmöglichkeit anzupassen, wenn er von dieser nichts gewusst habe.[19] Gegen die von Kaser befürchteten Folgen hätte sich allerdings in erheblichem Maße Abhilfe schaffen lassen können, indem man vom Beklagten verlangte, *in iure* über den Eintritt von Unmöglichkeit zu informieren, und ihm als arglistig anlastete, wenn er sich *apud iudicem* auf eine nicht vorab offenbarte Unmöglichkeit berief (und zwar auch

15 Dazu Schulz, Prinzipien, 28 f., der dieses Merkmal der klassischen Jurisprudenz mit ihrer Vorsicht gegenüber Abstraktion erklärt.

16 Auch nach Schulz, Prinzipien, 29, ist die aktionenrechtliche Ausrichtung gerade dadurch gekennzeichnet, dass die Juristen viel Energie darauf verwenden, die Voraussetzungen der proponierten Rechtsbehelfe zu ergründen.

17 Dieser Schluss wird schon gezogen in der Glosse *Nec pecuniam* zu D. 45,1,91,6: *Id est, interesse. Et sic no, interesse non esse in obligatione* (Band 2, Sp. 2265). Zur Novation in D. 45,1,91,6 vgl. im vierten Kapitel II (238 ff.).

18 Lübtow, Condictio, 80: „Auf Grund einer unveränderten Klagformel hätte der Beklagte unweigerlich losgesprochen werden müssen; denn für den iudex war der Wortlaut der Formel maßgebend, die vom Verewigungssatz schwieg. Deshalb muß die Formel fiktizisch gelautet haben".

19 Kaser, RP I, § 119 I 2 Fn. 2,

dann, wenn sie ihm selbst erst nach Streitbefestigung bekannt wurde). Kasers Hinweis, Lübtows Fassung mache „die *perpetuatio* sinnlos", stellt angesichts der Unsicherheiten über unser Institut eher eine *petitio principii* dar.

Vereinbar mit diesem Ausdruck wäre hingegen, dass Paulus sich die Bejahung des *dare oportere* nach dem Tod des Sklaven bei gleichbleibender Formel als Ergebnis einer Fiktion vorstellte. Subtil ließen sich sogar zwei verschiedene Fiktionen unterscheiden: Entweder die Existenz des Gegenstandes wurde fingiert, um das Schulden bejahen zu können, oder das Schulden wurde fingiert, um die *intentio* bejahen zu können. Im ersten Fall könnte man von einer materiellrechtlichen, im zweiten Fall von einer rein prozessualen Fiktion sprechen. Eine solche prozessuale Fiktion durchtrennte den eben aufgezeigten Gleichlauf von *intentio* und materieller Rechtslage.

Dass die Römer den Fortbestand der Sache fingierten, soll nach Kaser in den folgenden Texten „ausdrücklich" stehen:[20]

Ulpian D. 45,1,82,1 (78 *ad edictum*)

Si post moram promissoris homo decesserit, tenetur nihilo minus, proinde ac si homo viveret.	Wenn der Sklave nach Verzug des Versprechenden verstorben ist, so haftet dieser nicht weniger, also wie wenn der Sklave lebte.

PS 5,7,4

Cum facto promissoris res in stipulatum deducta intercedit, perinde agi ex stipulatu potest, ac si ea res extaret.	Wenn die in die Stipulation aufgenommene Sache durch ein Verhalten des Versprechenden untergeht, so kann gleichwohl aus der Stipulation geklagt werden, als wenn die Sache existierte.

Zu diesen Quellen hat Jakobs das Richtige bemerkt: „Auch die beiden mit *ac si* eingeleiteten Nachsätze besagen keineswegs, man müsse sich die Sache so ‚denken', als lebe der Sklave noch, als sei die Sache noch existent. Sie besagen aber auch nicht einmal, daß ‚an sich' mit Untergang des Leistungsgegenstandes das *actione teneri* zu verneinen wäre, sondern gesagt wird nur, daß bei einem Sachuntergang [...] genau so zu entscheiden sei, ‚ac si', d. h. wie in dem Falle, daß die Sache noch existiert, der Sklave noch lebt".[21] Die irreale Formulierung verrät nur, dass der tatsächlich vorliegende Fall ebenso behandelt wird wie der nicht gegebene, nicht aber, ob der Grund dafür darin besteht, dass man sich vorstellt, dieser andere Fall läge vor, die Sache existiere also noch.

20 SDHI 46 (1980) 128.

21 Vgl. Jakobs, Unmöglichkeit, 180 f. Fn. 39. Insoweit zustimmend Flume, Rechtsakt, 103 ff. Diese Erwägungen überzeugen Kaser offenbar nicht: „Anders heute nur Jakobs [...], obwohl er die Belege kennt"; SDHI 46 (1980) 128 Fn. 172.

Zu der Annahme, dass die Bejahung der *intentio* auf eine Fiktion zurückgeht, verleitet in Wahrheit wohl das moderne Vorurteil, welches nicht daran glauben will, die Römer könnten eine unmögliche Leistung als geschuldet angesehen haben.[22] Wahrscheinlich war jedoch die Vorstellung vom Schulden, die sich in der Formel niederschlägt, gerade durch die Funktion bestimmt, als Voraussetzung für die Haftung zu dienen. *Adhuc homo peti possit* bedeutet demnach, dass die Klage des Gläubigers mit der *intentio STICHUM DARE OPORTERE* deswegen weiterhin Aussicht auf Erfolg hat, weil der Schuldner nach wie vor den lebendigen Sklaven schuldet, der Gläubiger ihn nach wie vor fordern darf. Die Verbindlichkeit bleibt bestehen, der Schuldgegenstand bleibt derselbe, die Klage bleibt dieselbe. Diese Hypothese soll im Fortgang der Arbeit bestätigt und präzisiert werden.

2. Zum möglichen Geltungsbereich des Prinzips im Formularverfahren

Paulus spricht *adhuc homo peti possit* in D. 45,1,91,6 für eine Situation aus, in welcher der Promittent eines bestimmten Gegenstandes dessen Untergang zu vertreten hat. Der Jurist wird ein allgemeines Prinzip jedenfalls für alle derartigen Fälle im Sinn haben. Zu erwägen ist, ob er darüber hinaus an andere Obligationen denkt.

Für Obligationen, aufgrund derer der Prätor *in factum* konzipierte Klagen bereitstellte,[23] hätte ein *adhuc peti possit* nicht denselben Aussagegehalt. Als Beispiel diene die *in factum* gefasste Variante der *actio depositi:*

Gaius 4,47

SI PARET AULUM AGERIUM APUD NUMERIUM NEGIDIUM MENSAM ARGENTEAM DEPOSUISSE EAMQUE DOLO MALO NUMERII NEGIDII AULO AGERIO REDDITAM NON ESSE, QUANTI EA RES ERIT, TANTAM PECUNIAM, IUDEX NUMERIUM NEGIDIUM AULO AGERIO CONDEMNATO; SI NON PARET, ABSOLVITO.	Wenn es sich erweist, dass Aulus Agerius bei Numerius Negidius einen silbernen Tisch in Verwahrung gegeben hat und dieser durch Arglist des Numerius Negidius dem Aulus Agerius nicht zurückgegeben wurde, wie viel die Sache wert sein wird, auf soviel Geld sollst du, Richter, den Numerius Negidius dem Aulus Agerius verurteilen, wenn es sich nicht erweist, sollst du ihn freisprechen.

Dass der Numerius Negidius dem Aulus Agerius den Tisch übergeben soll, setzt die Formel nicht voraus. Die Frage nach einem Schulden des Tisches stellt

22 Zum Problem der Bedeutung der Unmöglichkeit der Leistung im römischen Recht vgl. das fünfte Kapitel.

23 Unterscheidung der *in ius* und *in factum* konzipierten Klagen bei Gaius 4,45–46.

sich also nicht. Das gilt unabhängig davon, ob der Tisch noch existiert, sodass sein Untergang allein keinesfalls die Verurteilung verhindert. Es kommt allein darauf an, ob der Beklagte den Tisch in Verwahrung genommen und arglistig nicht zurückgegeben hat – sei es, dass er ihn selbst zerstörte, sei es, dass er ihn zunächst für sich zurückhielt, bevor ein Zufall ihn vernichtete.[24]

Auch für die Obligationen, aus denen mit zwar *in ius* konzipierten, aber unbestimmten Formeln geklagt wird, bedeutete *adhuc peti possit* nicht dasselbe. Grundlage der Verurteilung bildet bei diesen Klagen, was auch immer der Beklagte schuldet (*QUIDQUID DARE FACERE OPORTET*).

Den Begriff einer *formula incerta* und ihr Merkmal, die *intentio* auf *QUIDQUID DARE FACERE OPORTERE*, gibt Gaius 4,54: *Illud satis apparet in incertis formulis pluris peti non posse, quia cum certa quantitas non petatur, sed QUIDQUID ADVERSARIUM DARE FACERE OPORTERET intendatur, nemo potest plus intendere.* An anderer Stelle beschreibt Gaius diese Fassung als eine *formula, qua incertum petimus* (4,131); gleich im Anschluss (4,131a) kennzeichnet er eine Klage mit derartiger *intentio* als *actio incerta* (wenn keine *praescriptio* den Streitgegenstand beschränkt). Für die Bestimmtheit der Klage in diesem Sinn hat es keine Bedeutung, ob der Prätor in die Verurteilungsermächtigung bereits einen Betrag einsetzt oder dem Richter die Bemessung überlässt; insofern spricht Gaius von einer *condemnatio* [...] *vel certae pecuniae vel incertae* (4,49).

Weil die *intentio* keinen einzelnen Gegenstand als geschuldet nennt, ginge auch für diese Formel der prozessuale Aspekt des *adhuc peti possit* ins Leere. Dass man im Fall des Untergangs des Schuldgegenstandes dieser ganz unspezifischen Formel eine andere vorgezogen hätte, erscheint nicht einmal vorstellbar. Die Formel hätte ja selbst dann noch gepasst, wenn die Römer nach verschuldetem Sachuntergang statt der ursprünglichen Leistung nunmehr einen Geldersatz als geschuldet angesehen hätten: Dann hätte dies unter *QUIDQUID DARE OPORTET* subsumiert werden können, der Richter die ihm angemessen erscheinende Summe also nicht erst im Rahmen der Verurteilung, sondern schon auf der Tatbestandsseite des Formelprogramms statt der ursprünglichen Leistung gedanklich eingesetzt.

Den besonderen Sinn, den das *adhuc homo peti possit* in D. 45,1,91,6 hat, indem es beschreibt, dass Schuld und Formel gleich bleiben, kann es bei den Obligationen annehmen, deren Klageformeln in ihrer *intentio* auf ein bestimmtes Schulden abstellen. Daher soll in diesem Kapitel die Aussage des Paulus nicht nur für die Stipulationsschuld, sondern auch für andere derartige Obligationen überprüft werden.

---

24 Vgl. zur Haftung für *versari in re illicita* bei Gebrauchsüberschreitung des Entleihers oder Mieters Wacke FS Hübner (1984) 692 f., Altmeppen FS Knütel (2009) 25 ff.

3. Zur Möglichkeit einer Geltung im Legisaktionenverfahren

Auch wenn PALUS sein *adhuc homo peti possit* für das Formularverfahren formuliert, drängt sich die Frage auf, ob das darin zum Ausdruck kommende Prinzip auch das alte Legisaktionenverfahren beschreiben kann. Denn es soll sich ja um die Konsequenz einer hergebrachten Regel handeln. Ein Überblick über die mutmaßliche Entwicklung zeigt, dass der Satz ohne weiteres auf die Spruchformeln passt.

Ursprünglich durfte der Gläubiger eines rechtsgeschäftlich bestellten Haftungsverhältnisses sich der Person des Schuldners vielleicht ohne Gerichtsverfahren bemächtigen. Eine erste Stufe hätte die Rechtsentwicklung dann bereits genommen, falls der Gläubiger zu einer späteren Zeit die vereinbarte Haftung nicht direkt umsetzen durfte, sondern zunächst aktualisieren musste, indem er sich vom Gerichtsmagistrat mittels *legis actio per manus iniectionem* in die Herrschaft über den Schuldner einsetzen ließ.[25]

Die ersten klagbaren Versprechen waren vermutlich solche auf Zahlung eines bestimmten Geldbetrages. Man kann sich die Stundung einer Kaufpreiszahlung oder die Hingabe eines Darlehens gut als frühe Situationen vorstellen, die in einer bäuerlichen Gesellschaft das Bedürfnis weckten, sich eine zukünftige Leistung rechtlich abzusichern. In den Sinn kommen allerdings auch Sachdarlehen, etwa einer bestimmten Menge Getreides, die vielleicht noch vor Einführung jedes Metallgeldes rechtlichen Schutz beanspruchten. Doch setzt die *legis actio per manus iniectionem* voraus, dass eine Lösungssumme in Geld bestimmt ist, durch deren Zahlung die Vollstreckung vom Schuldner abgewendet werden kann.[26] Hieraus lässt sich zwar nicht folgern, dass die

25 Vor allem BEHRENDS, Zwölftafelprozeß, 36 f., 114 ff., nimmt an, dass die *sponsio/stipulatio* unmittelbar zur *legis actio per manus iniectionem* berechtigt habe. KASER war insoweit durchgehend skeptisch, vgl. Das altrömische ius, 277 f, und SZ 100 (1983) 110 f. Hingegen hielt KASER das *nexum* ursprünglich wegen der durch den Libralakt geschaffenen Teilöffentlichkeit für direkt vollstreckbar (Das altrömische ius, 119 ff.), votierte aber zuletzt dafür, dass es nur eine Beweisaufnahme überflüssig machte, sodass der Prätor wegen der Offenkundigkeit selbst entschied und direkt zur Vollstreckungsklage voranschritt: SZ 100 (1983) 84 ff., 93 („‚unmittelbare Vollstreckung' nicht im Sinn einer Vollstreckung ohne Urteil, sondern nur ohne Einsetzung eines *iudex* für ein Streitverfahren"), 111 f. – Wie der frühe KASER etwa auch CANNATA, Profilo istituzionale I, 42 f., der im Übrigen die historische Wurzel der *l. a. sacramento in personam* im Streit zwischen dem die *l. a. per manus iniectionem* betreibenden Gläubiger und dem für den Schuldner auftretenden *vindex* vermutet: 34, 39 ff. Gegen Haftung mit der *l. a.per manus iniectionem* ohne vorherigen Prozess über ein *dare oportere* WALDSTEIN FS Wesener (1992).

26 Das zeigt insb. SELB GS Kunkel (1984) 429, 436 f. Ein erstes Indiz liefert das Formular bei Gaius 4,21, das die Verurteilung auf einen Geldbetrag voraussetzt: *QUOD TU MIHI IUDICATUS SIVE DAMNATUS ES SESTERTIA X MILIA, QUANDOQUE NON SOLVISTI, OB*

Durchsetzung von Geldforderungen die konzeptionelle Normalität und den frühesten Anwendungsfall von Spruchformeln gebildet habe. Vielmehr wäre dafür auch an die *legis actio sacramento in rem* zu denken sowie an deliktische Klagen, bei denen in einem ersten Schritt über die Tat selbst und nur nachrangig über Lösungsmöglichkeiten für den Täter geurteilt worden sein dürfte.[27] Gleichwohl ist zu konstatieren, dass Vereinbarungen über zu leistendes Geld leichter in den Prozess einbezogen werden konnten, weil nicht erst ein Verfahren zur Wertbestimmung eingesetzt werden musste, um die Auslösung des Schuldners durch Geldzahlung zu ermöglichen. Daher kann man vermuten, dass die Spruchformeln zur Durchsetzung solcher Vereinbarungen früher offen standen als zur Durchsetzung von Geschäften mit anderem Inhalt.[28]

Die überlieferten Zeugnisse aus späterer Zeit, die sich um den Bericht des Gaius gruppieren, zeichnen die Rechtsdurchsetzung im Legisaktionenverfahren schon als einen zweistufigen Vorgang. Die *legis actio per manus iniectionem* konnte außer in anderen, gesetzlich bestimmten Fällen insbesondere aufgrund eines Urteils angestrengt werden, das über einen vorangegangenen Prozess entschied.[29] Bei dem Vorprozess konnte es sich nach der Aufzählung der Klagearten bei Gaius zunächst um die *legis actio sacramento* handeln,[30] später zudem

---

EAM REM EGO TIBI SESTERTIUM X MILIUM IUDICATI MANUM INICIO. Gewicht hat die Darstellung der Personalvollstreckung bei Gellius 20,1,42 ff. Er parallelisiert die Verurteilung mit dem Bekenntnis, einen Betrag zu schulden (*aes confessum* in 42 und 45). Zudem bezieht sich die 46 f. beschriebene Auslösung des Schuldners auf dem Markt auf *quantaeque pecuniae iudicati essent*. Weitere von Selb gefundene Stellen bei den Schriftstellern, die Verurteilung und Auslösung allein mit Geld in Verbindung bringen, sind Livius 6,14,3; 6,18,14; 6,20,6; 23,14,2 f. sowie Cicero, *De oratore* 2,255.

27 Vgl. Selb GS Kunkel (1984) 409 ff., 414 ff. Dazu sogleich bei Fn. 67.

28 Als weitere Argumente hierfür nennt Kaser SZ 90 (1973) 205 f., 213: erstens dass Gaius 4,17a für die *l. a. per iudicis arbitrive postulationem* eine Formel aufführt, die auf eine Geldschuld abzielt, zweitens dass die *l. a. sacramento* eine Schätzung nur mittels besonderen *arbitrium* zuließ und drittens dass die nach Gaius 4,19 durch die *lex Silia* eingeführte *l. a. per condictionem* zunächst ebenfalls nur auf eine bestimmte Geldsumme gerichtet werden konnte. Knütel, Stipulatio poenae, 58 ff., fügt hinzu, dass die Verbürgung als eine mögliche Wurzel der *sponsio* wohl stets die Lösung durch eine vorab vereinbarte Summe erlaubt haben wird, und erinnert daran, dass Varro, *De lingua latina* 5,182 und Festus (ed. Lindsay) 379 und 412 *s. v. stipem* die *stipulatio* ethymologisch auf *stips* (Geldstück) zurückführen.

29 Vgl. Gaius 4, 21: *Per manus iniectionem aeque <de> his rebus agebatur, de quibus, ut ita ageretur, lege aliqua cautum est, velut iudicati lege XII tabularum;* Gellius 20,1,45: *Sic enim sunt, opinor, verba legis: Aeris confessi rebusque iure iudicatis xxx dies iusti sunto. Post deinde manus iniectio esto. in ius ducito.* – Zur juristischen Einordnung der Position des Verurteilten im Wandel der Zeit vgl. jetzt Salomone, Iudicati velut obligatio, mit Gröschler SZ 128 (2011) 657–665.

30 Dass eine *l. a. sacramento* wegen eines *dare oportere* angestrengt werden konnte, belegt auch Probus 4,1 (dazu sogleich). Dass insb. auf eine durch *sponsio* versprochene Geldsumme

um eine *l. a. per iudicis arbitrive postulationem* und schließlich auch um eine *l. a. per condictionem.*

An der hier gezeichneten Linie – stets Personalvollstreckung mittels *legis actio per manus iniectionem,* die eine Lösungssumme voraussetzt, darum höheres Alter der Klagen auf Geldleistung – könnte irremachen, dass nach Gaius 4,48 in der seit Huschke üblichen Lesung einstmals auf die Sache selbst verurteilt wurde: *Itaque et, si corpus aliquod petamus, velut fundum, hominem, vestem <aurum argentum>, iudex non ipsam rem condemnat eum, cum quo actum est, sicut olim fieri solebat, <sed> aestimata re pecuniam eum condemnat.* Just die aus den übrigen Quellen resultierenden Zweifel an einer Sachkondemnation im Legisaktionenverfahren haben diese Textfassung ins Zwielicht gerückt.[31] Sie lässt sich aber mit den übrigen Quellen vereinbaren, wenn man annimmt, dass die Entscheidung über das *sacramentum* in den Augen des Gaius als Urteil über die Sache selbst erschien.[32]

---

geklagt werden konnte, ergibt sich aus Gaius 4,95 (andere Lesart allerdings durch Selb GS Kunkel [1984] 411, nach dem *summa sponsionis* hier das *sacramentum* meint; zum Problem Kaser/Hackl § 14 Fn. 106).

31 Deswegen setzt etwa Lübtow SZ 68 (1958) 358 f. im Anschluss an Nicolau und Collinet *sed* an anderer Stelle ein und bringt so Formularprozess und Legisaktionen in Gleichlauf: *iudex non ipsam rem condemnat eum, cum quo actum est, <sed> sicut olim fieri solebat, aestimata re pecuniam eum condemnat.* Die Lesart hat viel für sich. – Aus derselben Motivation heraus erachtet Kreller SZ 58 (1938) 36–61 die Bemerkung zur Veruteilung auf die Sache selbst und zum früheren Rechtszustand als nachgajanischen Einschub. Diese radikale Annahme erspart ihm zudem, mit allen anderen *aurum argentum* anstelle des im Veronensis geschriebenen *argumentum* lesen zu müssen, denn für ihn ist Randglosse: *argumentum: iudex non ipsam rem condemnat.* Doch ist die Ersparnis gering. Denn der Schreiber hat unzweifelhaft auch in Gaius 2,79 *auro et argento* in *auro aut argumento* verschrieben: *item si ex auro et argento meo vas aliquod feceris.* Darum steht zu vermuten, dass bei Gaius 4,48 dasselbe aufgelistet war wie in Gaius 2,13: *fundus, homo, vestis, aurum, argentum.* Hierauf weist mit Nicolau auch Wenger SZ 59 (1939) 325 hin.

32 Vgl. Kaser/Hackl § 14 VI.2, 104 f. Hingegen nahm Kaser RZ § 19 II 2. 90 f. mit Fn. 20 an, am Ende des persönlichen Sakramentsprozesses habe ein *condemno* des Richters gestanden. Allein hierauf beziehe sich Gaius 4,48. Der dingliche Sakramentsprozess stelle nur das Eigentum fest. Auch deswegen, weil der Besitzer als solcher nicht für die Herausgabe hafte, könne sich auf diese Feststellung keine Vollstreckungsklage stützen. Die Haftung des Zwischenbesitzers für Nichtherausgabe habe deliktischen Charakter. Vgl. auch Kaser RZP § 14 IV 73 mit Fn. 47, VI 2. 76 mit Fn. 68 und § 19 II 1. mit Fn. 15 sowie zuletzt SZ 100 (1983) 94 ff. Dagegen überzeugend Selb GS Kunkel (1984): Obwohl in jedem Sakramentsprozess allein darüber entschieden wurde, wessen *sacramentum* gerecht erfolgte (404 ff.), konnte auf seiner Grundlage die Vollstreckungsklage betrieben werden; auf einen Leistungsbefehl im Sinne eines heutigen Titels kam es dafür nicht an (433 ff.). Speziell zur Haftung nach dinglichem Sakramentsprozess ebenso Hackl FS Wesener (1992): Das Urteil über das *sacramentum* berechtigte zur *manus iniectio,* die der Beklagte außer durch Restitution nur durch Erwirken der Schätzung und Zahlung des doppelten Schätzwertes abwenden konnte. Zur Schätzung bei der dinglichen Sakramentsklage vgl. Tab. XII,3 (in FIRA I 73) nach

Der vorgeschlagenen Linie folgend, schließt sich die Frage an, mit welcher Klage erstmals andere Leistungen als Geld beansprucht werden konnten. Verlässt man sich auf Gaius, so kann dies nicht erst die *legis actio per condictionem* ermöglicht haben, denn der Jurist fragt sich ergebnislos, warum diese Klage eingeführt wurde: *Quare autem haec actio desiderata sit, cum de eo, quod nobis dari oportet, potuerimus aut sacramento aut per iudicis postulationem agere, valde quaeritur* (4,20). Dies steht im unmittelbaren Anschluss an die Bemerkung, dass die *lex Calpurnia* die zuvor nur auf bestimmte Geldsummen zu richtende *condictio* auf die Forderung jedes bestimmten Gegenstandes erweiterte.[33] Wäre der Kreis der überhaupt klagbaren Leistungsinhalte nach Kenntnis des Gaius durch die *condictio* immerhin in ihrer durch die *lex Calpurnia* geschaffenen Gestalt ausgedehnt worden, so hätte Gaius das an dieser Stelle sicherlich erwähnt. In die Gegenrichtung erlaubt die Formulierung aber auch nicht den Schluss, dass schon *sacramento* Klagen auf Leistung bestimmter Sachen gerichtet werden konnten. Denn dem Lehrbuchautor erscheint die *legis actio per condictionem* nur gegenüber der Zusammenschau von *l. a. sacramento* und *l. a. per iudicis arbitrive postulationem* überflüssig.

Gaius verbürgt uns also nicht mehr, als dass mittels der *l. a. sacramento in personam* jedenfalls wegen geschuldeten Geldes geklagt werden konnte und dass Stipulationen nicht nur einer bestimmten Geldsumme, sondern auch bestimmter Sachen spätestens mittels der *l. a. per iudicis arbitrive postulationem* klagbar waren (wenn nicht seit den Zwölf Tafeln, so jedenfalls bereits vor Einführung der *l. a. per condictionem*).

Der Rückschluss aus der Äußerung über die *l. a. per condictionem* (4,20) präzisiert also die Information aus dem ägyptischen Pergament in Gaius 4,17a: *Per iudicis postulationem*

Festus (ed. Lindsay) 518 *s. v. vindiciae.* – Schon Wenger SZ 59 (1939) 315–369 vermutet ähnlich wie Selb und Hackl, dass auch die *l. a. sacramentum in rem* eine Vollstreckung mittels *manus iniectio* erlaubte. Als deren Grundlage vermutet Wenger aber nicht die Entscheidung über das *sacramentum,* sondern ein echtes Leistungsurteil (341 ff.). Dabei leitet ihn eine ganz allgemeine Überzeugung: „Die grundsätzliche Sachkondemnation ist das uns, den Justinianern, den Juristen der Beamtenkognition und – wie wir wenigstens meinen – dem alten römischen Recht selbstverständliche und unserem Rechtsempfinden entsprechende System" (356). Über die klassische Geldverurteilung tröstet Wenger sich mit dem indirekten Zwang zur Restitiution und verweist im Übrigen „auf die kapitalistische Färbung einer obligatorischen Geldkondemnation", ohne den historischen Verlauf damit als ganz befriedigend erklärt anzusehen (368). – Ganz unproblematisch ist Gaius 4,48, wenn man für die *legis actio sacramentum in rem* mit Hackl FS Wesener (1992) 157 f. annimmt, dass nach dem richterlichen Ausspruch über das Sakramentum der Prätor dem Sieger das Eigentum zusprach.

33 Gaius 4,19: *Haec autem legis actio constituta est per legem Siliam et Calpurniam, lege quidem Silia certae pecuniae, lege vero Calpurnia de omni certa re.*

agebatur, si qua de re, ut ita ageretur, lex iussisset, sicuti lex xii tabularum de eo, quod ex stipulatione petitur. Eaque res talis fere erat: qui agebat, sic dicebat: EX SPONSIONE TE MIHI X MILIA SESTERTIA DARE OPORTERE AIO; ID POSTULO; AIAS AN NEGES. adversarius decebat non oportere. Actor dicebat: QUANDO TU NEGAS, TE PRAETOR IUDICEM SIVE ARBITRUM POSTULO, UTI DES. Itaque in eo genere actionis sine poena quisque negabat. Der Jurist verrät uns hier, dass die Klage *per iudicis postulationem* nach den Zwölf Tafeln wegen stipulierter Leistungen statthatte,[34] ohne Sicherheit darüber zu geben, ob schon Leistungen jeder Art umfasst waren.

Was formale Versprechen mit einem unbestimmten Objekt anbelangt, so weist Bianchi Fossati Vanzetti anhand von Catos *De agricultura* nach, dass diese schon im dritten Jahrhundert vor Christus ohne Zuhilfenahme einer Vertragsstrafe durchsetzbar waren. Die Autorin vermutet, dass die *l. a. per iudicis arbitrive postulationem* einschlägig war.[35]

Ein Formelbeispiel für die *l. a. sacramento in personam* gibt unser Gaius-Text nicht; der betreffende Teil fehlt.[36] Jedoch entschlüsselt Valerius Probus die Abkürzung *A. T. M. D. O.* für das Legisaktionenverfahren mit *AIO TE MIHI DARE OPORTERE.* Da hierauf unmittelbar eine dem Sakramentsprozess gewidmete Abkürzung folgt (*Q. N. T. S. Q. P. QUANDO NEGAS; TE SACRAMENTO QUINGENARIO PROVOCO*),[37] muss es sich hier um die Formel handeln, mit der der Kläger einen solchen Prozess einleitete. Für die *l. a. per iudex arbitrive postulationem* überliefert Gaius *EX SPONSIONE TE MIHI X MILIA SESTERTIA DARE OPORTERE AIO* (4,17a), für die *l. a. per condictionem AIO TE MIHI SESTERTIA X MILIA DARE OPORTERE* (4,17b).

34 Dass nach den Zwölf Tafeln keine *l. a. sacramento* mehr nötig war, lässt sich in einen Prozess der „desacramentalizzazione" einordnen, der eine langsame Ausweitung des Gegenstandsbereichs des *oportere* erleichterte: Cardilli, Nexum e oportere, 414ff. (419).

35 Hierbei stützt sie sich auf Gaius 4,17a: Zwar gilt sein Beispiel der Forderung einer bestimmten Geldsumme, doch soll die durch die Zwölf Tafeln gewährte Klage allgemein dem dienen, *quod ex stipulatione petitur.* Die *intentio* müsse den Inhalt des Versprechens wiedergegeben haben, unabhängig von einer eventuellen Unmöglichkeit (31f.). – Dass *per sponsionem* geklagt werden musste, hält sie für unwahrscheinlich, weil dann zur Durchsetzung eines förmlichen Versprechens ein weiteres mit anderem Inhalt hätte abgeschlossen werden müssen: „Non pare possibile che Catone e Manilio consigliassero ai loro assistiti l'uso di promesse solenni secondo le antiche forme civili, se poi per farle valere si doveva ottenere dal debitore un'altra promessa di contenuto diverso dalla prima. Se questo fosse stato il meccanismo dell'azione, nessuno avrebbe usato lo strumento giuridico della *stipulatio* in relazione a una promessa incerta se non per inserirvi una penale" (Perpetuatio Obligationis, 30).

36 Gaius behandelte die persönliche Sakramentsklage vor der dinglichen, nämlich in 4,15. Auf die dort fehlenden Zeilen muss er in 4,16 verweisen, wo er schreibt: *eadem sequebantur, quod cum in personam ageretur.* So die allgemeine Meinung, siehe Selb GS Kunkel (1984) 399.

37 Probus, *De notis iuris* 4,1 und 2 (FIRA II 456).

Ob vermittels des *iudicium* über das *sacramentum* oder direkt bildet den Gegenstand der Entscheidung also stets das *oportere* des Beklagten. Man darf vermuten, dass es sich so auch verhielt, wenn ein anderes *dare* als Geldzahlung oder später ein *facere* eingeklagt wurde.

Die Frage danach, ob der untergegangene Gegenstand oder die unmöglich gewordene Leistung weiterhin geschuldet bleibt, stellt sich also für die Zeit des Spruchformelverfahrens auf gleiche Weise wie für den Formularprozess. Ein prozessualer Grund dafür, von vornherein eine andere, eine verneinende Antwort anzunehmen, ist nicht ersichtlich. Insbesondere gibt es bei den fraglichen *actiones in personam* keinen Anlass, davon auszugehen, dass die eingeklagte Sache *in iure* präsent sein musste. Anders verhält es sich bei der *legis actio sacramento in rem:* Hier dient die Präsenz der Sache dazu, dass die an der Sache Interessierten vom Prozess Kenntnis erhalten.[38]

Im Gegenteil dürfte der prozessuale Kontext auch hinsichtlich der Gefahren einer *pluris petitio* und der Option einer *confessio* ähnlich geblieben sein.[39] Es ist also gut vorstellbar – und soll im Folgenden wahrscheinlich gemacht werden –, dass auch die Spruchformel trotz Untergang oder Unmöglichwerden der Leistung weiterhin auf diese selbst zielte, weil sie geschuldet blieb.

---

38 So rechtfertigt sich auch später bei der formularen *rei vindicatio* das Erfordernis, dass der Beklagte die Sache in seinem Besitz haben muss. Weil der Besitz des Beklagten zur echten Voraussetzung der *rei vindicatio* wird (Überblick bei Pennitz, Enteignungsfall, 281 ff.), hat die Zusprechung der Klage gegen den, *qui dolo malo desiit possidere,* einen anderen Charakter als die Fortdauer von Obligation und Klage gegen den, der wegen *culpa* nicht mehr leisten kann. – Auch datieren die Lösungen ganz unterschiedlich: Bei vorprozessualer arglistiger Besitzaufgabe verhilft augenscheinlich erst Paulus der *rei vindicatio* zum Erfolg, indem er die Lösung überträgt, die das sog. *SC Iuventianum* (129 nach Christus) für die Erbschaftsklage vorsieht. Vgl. Paulus D. 6,1,27,3 (21 *ad ed.*): *Sed et is, qui ante litem contestatam dolo desiit rem possidere, tenetur in rem actione: idque ex senatus consulto colligi potest, quo cautum est, ut diximus, ut dolo praeteritus in hereditatis petitionem veniat.* Dies insb. mit Schipani, Convenuto, 99 ff., 113 ff., Pennitz, Enteignungsfall, 294 ff., Wimmer, Besitz, 39 ff. Für Interpolation (also noch jüngeren Ursprung) weiterhin Kaser SZ 98 (1981) 106 ff., 126; tendenziell anders aber jetzt Kaser/Knütel/Lohsse § 27 Rn. 11. Vgl. im Übrigen González Roldán, Senatoconsulto, 216 ff. Zu arglistigem Besitzverlust in anderen Kontexten jetzt González Roldán, Dolo desinere. Nörr zeigt in FS Liebs 75 (2011), dass Celsus an der Entstehung des sog. *SC Iuventianum* vermutlich gar nicht beteiligt war. Zur Geschichte der heute geläufigen Bezeichnung González Roldán, Senatoconsulto, 31 ff.

39 Zur *pluris petitio* im Legisaktionenverfahren Sacconi, Pluris petitio, 2 ff.; zur *confessio* die Beobachtung von Fiori, Ea res agatur, 200: „Paradossalmente, si hanno meno perplessità rispetto agli effetti della confessione nelle *legis actiones* [...] che rispetto al processo formulare", mit weiteren Hinweisen.

II. Wurzeln dieses Prinzips und die zugrunde liegende Auffassung der Obligation

Die Leistung wurde weiterhin als geschuldet angesehen, wenn der Schuldner es zu vertreten hatte, dass ihr Gegenstand untergegangen war oder sie nicht mehr erbracht werden konnte: Grundsätzliche Erwägungen machen a priori wahrscheinlich, dass die so verstandene Aussage des Paulus das frühe römische Obligationenrecht richtig beschreibt. Hierfür spricht das Erwachsen der Obligation aus dem Haftungsverhältnis (1.), die Funktionsäquivalenz von Obligation und Vertragsstrafe (2.) und schließlich das Prinzip, wonach es dem Prozess vorbehalten blieb, ein Geldäquivalent festzusetzen (3.).

1. Haftung und Unmöglichkeit

Die historische Grundlage der Obligation bildet das Haftungsverhältnis: Noch bevor die Idee einer vertraglichen Verpflichtung gefasst war, konnte ein *pater familias* einem anderen den Zugriff auf seine Person einräumen, um eine Leistung zu garantieren. Akzeptiert man diese herrschende Lehre,[40] so kann man weiter erwägen, ob die vertragliche Haftung ursprünglich die deliktische Haftung zum Zweck eines Kreditgeschäfts nachbildete, dazu diente, nach begangenem Delikt an die Stelle der deliktischen Haftung zu treten, um dem Täter die Befreiung durch Leistung einer vereinbarten Sühne zu ermöglichen, oder sogar älter ist als die deliktische Haftung (dies ist aber unwahrscheinlich).

Welcher Zusammenhang bestand zwischen dieser privaten Haft und älteren religiösen Versicherungen, die den Verfall an die Gottheit nach sich gezogen haben mochten, und in welcher Form sich das Schuldversprechen erstmals neben die Institute sakralen und privaten Einsatzes der Person stellte und sich mit ihnen verwob, in anderen Worten: Welche Bedeutung und welches Verhältnis zueinander den Begriffen *nexum, sponsio* und *stipulatio* zukommen – diese Fragen können angesichts der dürftigen und dunklen Quellen und der sich daran bereits knüpfenden Hypothesen hier nicht angegriffen werden.

Auf einzelne Rekonstruktionen sei lediglich hingewiesen. Mit KASER bezeichnet *nexum* im weiten Sinne alle Libralakte (nach Manilius bei Varro, *De lingua latina* 7,105, Festus (ed. Lindsay) 160 *s. v. nexum*), im engen Sinne denjenigen, der einem anderen die Zugriffsmacht

40 Dagegen allerdings WALDSTEIN FS Wesener (1992) 519 ff. mit der Begründung, dass die Vollstreckung in historisch fassbarer Zeit regelmäßig ein *oportere* voraussetzt und jedenfalls die spätere *stipulatio* vorrangig als auf dieses *oportere* gerichtet erscheint.

auf die eigene Person verschafft (nach Mucius bei Varro a.a.O., Festus [ed. Lindsay] 162 *s. v. nexum aes*). Nur Cicero meint mit *nexum* meist die dem Barkauf dienende *mancipatio.* In der älteren Form habe das *nexum* als Haftungsgeschäft die Aufgabe eines Darlehens übernommen, denn dem sich Verpfändenden wurde im Gegenzug die Valuta zugewogen. Erst nach Fälligkeit durfte der Gläubiger vollstrecken. Die jüngere Form habe die Verpfändung von der Gegenleistung abstrahiert. Mit ihr habe der Schuldner sich in Knechtschaft begeben, um die ihm aus anderem Grund drohende, härtere Personalvollstreckung abzuwenden und seine Schuld abzuarbeiten. Die *sponsio* entspringe den sakralen Eiden, durch sie habe sich der Schwörende für den Fall der Nichterfüllung als *sacer* der Gottheit unterworfen. Erst später habe das Zivilrecht sie klagbar gemacht und schließlich die religiöse Sanktion verdrängt. Eine „zweite, selbständige Wurzel" habe das klagbare Schuldversprechen möglicherweise in Gestellungsversprechen, für die vielleicht die nicht sakrale Formel *stipulari* benutzt worden sei.[41]

Für BEHRENDS hingegen ist das älteste Haftungsgeschäft die *stipulatio.* Die Wortbedeutung „sich jemandem verhalmen" spiele jedoch nicht auf die Bindung des Schuldners an. BEHRENDS erinnert daran, dass die Fetialen, wenn sie sich als Botschafter in feindliches Land begaben, zum Schutz Gras vom Kapitol bei sich führten; dazu Marcian D.1,8,8,1 (4 *reg.*) und Festus (ed. Lindsay) 424 f. *s. v. sagmina.* Ebenso sei der Schuldner durch die *stipulatio,* die ihn der Gewalt des Gläubigers unterwarf, zugleich bis zum Ablauf der Leistungsfrist vor seinem Zugriff geschützt worden. *Sponsio* sei die jüngere Bezeichnung dieses Geschäfts. Die Zwölf Tafeln hätten den Schutz des Schuldners bis zur Vollstreckung verlängert. Bald danach habe man dem Schuldner gewährt, die Personalvollstreckung durch Selbstverknechtung abzuwenden, dies erst sei die Geburt des *nexum* als Haftungsgeschäft. Im Übrigen bezeichne der Begriff zunächst die Grundstücksmanzipation, später allgemein die Manzipation einschließlich ihrer obligatorischen Nebenwirkungen.[42]

PASTORI beschreibt das *nexum* als Verpfändung von Vermögen, auch der eigenen Arbeitskraft, die aber nicht die Person insgesamt zur Disposition gestellt habe. Die ältere *sponsio,* das religiös sanktionierte „star garante", sei später zur Grundlage der *legis actio per iudicis arbitrive postulationem* geworden. Am *oportere* der Spruchformel habe die Jurisprudenz die Figur der Obligation entwickelt. Die *stipulatio* gründe sich demgegenüber auf die *fides* des völkerübergreifenden Verkehrs; noch nach Gaius 3,93 gehört sie dem *ius gentium* an. Der *praetor peregrinus* habe sie in Anerkennung ihrer Ähnlichkeit zur *sponsio* durch Klage bewehrt. Daraufhin hätten sich beide Institute aneinander angenähert, wodurch die *stipulatio* erst zur formstrengen Verbalobligation geworden sei.[43]

---

41 Vgl. RP I, § 9 I 2, § 43, alles auf Basis von KASER, Das altrömische ius, 232 ff. An der Annahme, *sponsio* und *stipulatio* seien zunächst unterschieden gewesen, ist KASER ausweislich TR 37 (1969) 578 allerdings durch ARANGIO-RUIZ BIDR 65 (1962) 193 ff. irre geworden, für den *sponsio* in den Quellen die Schuldnersicht, *stipulatio* die Gläubigersicht auf dasselbe Geschäft bezeichnet.

42 Vgl. BEHRENDS, Zwölftafelprozeß, 34 ff. (wo der vorläufige Schutz des sich unterwerfenden Schuldners noch mit der Etymologie von *spondere* verbunden, *stipulari* hingegen der Haftungsfunktion zugeordnet wird), 152 ff.; RIDA 21 (1974) 137–184 (zum *nexum*); Symp. Wieacker (1991) 43 ff. (mit den neuen Ausführungen zum heiligen Gras). Kritisch zur ethymologischen Ableitung von *stipula* NELSON/MANTHE, Kontraktsobligationen, 105 („reines Phantasiegebilde").

43 Negozio verbale, insb. 53 ff., 161 ff., 195 ff.

Cardilli unterscheidet mit *Damnatio e oportere* zwei Aspekte der klassischen Obligation – Haftung und Schuld –, die er mit dem *nexum* und dem sakralen Versprechen zwei verschiedenen Quellen zuordnet.[44]

Festhalten lässt sich, dass die Existenz des Schuldgegenstandes oder die Möglichkeit oder Unmöglichkeit, die Leistung zu erbringen, im Konzept der Haftung keine Rolle spielt: Bleibt die mögliche oder unmögliche Leistung aus, so verfällt das Pfand. Vielfach wird für die frühste Zeit sogar strenge, verschuldensunabhängige Erfolgshaftung angenommen. Jedenfalls liegt nahe, darauf haben verschiedene Autoren hingewiesen, dass auch die später zu dieser Haftung hinzugedachte Schuld nicht allein deswegen erlischt, weil die Leistung nicht mehr erbracht werden kann.[45] Die Praktikabilität streitet dafür, dass auch ein Schuldner seiner Haftung von Anfang an nicht dadurch entging, dass er sich die Leistung schuldhaft unmöglich machte. Dass Gläubiger sich stets dadurch abgesichert hätten, dass sie ihren Schuldnern das gesonderte Versprechen abverlangten *PER ME NON STARE, QUO MINUS DO / FACIO*, ist nicht wahrscheinlich.[46] Vielmehr wird die Obligation im Ursprung dem Konzept nahegestanden haben, das später als *praestare* rationalisiert wurde.[47]

2. Funktionsäquivalenz von Vertragsstrafe und Leistungsversprechen

Ein weiteres Argument dafür, dass die Irrelevanz eines Unmöglichwerdens der Leistung den römischen Juristen seit alters her eine Selbstverständlichkeit gewesen sein muss, ergibt sich aus der Annahme, dass zunächst nur solche Versprechen klagbar waren, die sich auf die Zahlung einer bestimmten Geldsumme

44 Cardilli, Damnatio e oportere; zum Zwölftafelrecht nun auch Nexum e oportere; pointiert 418 f.

45 So im Kontext der *perpetuatio obligationis* insb. Betti, Jakobs, Medicus. Für ihre Positionen vgl. im zweiten Kapitel III.2.a.bb (92 f.); dd (93 f.); b.aa (100 f.).

46 Dies vermutet aber Ankum, Responsabilità, 137 f.: Die *veteres* hätten jene Formel im Rahmen ihrer notariellen Tätigkeit entwickelt. Ursprünglich sei der Schuldner bei jeder Unmöglichkeit frei geworden (137). Aber schon in der Republik habe die *perpetuatio* als Regel gegolten und zur Folge gehabt, dass mit Unmöglichwerden der Leistung nun der Ersatz geschuldet werde (gegen Cannata) (138 Fn. 10). Ähnlich auch Wacke RIDA 27 (1980) 360, der die *perpetuatio* als Konsequenz eines Verbotes deutet, sich auf die durch eigenes Verhalten herbeigeführte Befreiung zu berufen. Dieses Verbot habe sich aus der Praxis der *clausula doli* entwickelt.

47 Cardilli, Praestare, 185, kontrastiert die in seinem Fokus liegende Haftung wegen einer Einstandspflicht beiläufig mit der *perpetuatio obligationis* bei Verbindlichkeiten auf *rem dare*: Im ersten Fall umschreibe das *praestare* eines Umstands direkt die Haftung für ihn, während im zweien Fall die *culpa* die entscheidende Rolle spiele, um die Obligation in dem Zustand zu erhalten, als wäre der Umstand nicht eingetreten.

richteten. Dann ließen sich andere Leistungen gleichwohl indirekt erzwingen, indem man sie alternativ neben eine Geldschuld stellte oder ihr Ausbleiben zur Bedingung für eine Geldschuld machte. Der Schuldner versprach, entweder den Stichus oder 100 Sesterzen zu leisten (Wahlschuld), oder er versprach, 100 Sesterzen zu leisten, falls er den Stichus nicht leisten werde (bedingte Geldschuld). Die Häufigkeit, mit der solche Versprechen noch in den Digesten begegnen, deutet auf ihre praktische Bedeutung, zu der die hier angenommene Funktion beigetragen haben mag. Bei beiden Konstruktionen muss das Unmöglichwerden der Sachleistung grundsätzlich dazu führen, dass die Geldleistung nun allein geschuldet bleibt bzw. wegen Notwendigkeit des Bedingungseintritts geschuldet sein wird.

Das hat Folgen für die später klagbar gewordenen Obligationen, die direkt die Leistung zum Inhalt haben. Noch die klassischen Juristen sahen durchaus, das hat Knütel aufgezeigt, diese Funktionsäquivalenz zwischen dem Versprechen einer Strafe für den Fall des Ausbleibens einer im Übrigen nicht geschuldeten Leistung (selbständige Vertragsstrafe) und dem Versprechen dieser Leistung selbst. Sie veranlasste sie dazu, beide Fälle mitunter gleich zu behandeln.[48] Dazu betrachtet Knütel den folgenden Text:

Celsus D. 45,1,97 pr. (26 *digestorum*)

Si ita stipulatus fuero: TE SISTI? NISI STETERIS, HIPPOCENTAURUM DARI? proinde erit, atque TE SISTI solummodo stipulatus essem.	Wenn ich mir folgendermaßen habe versprechen lassen: dass du dich stellst? wenn du dich nicht stellen wirst, dass ein Zentaur gegeben wird?, dann wird es sein, als hätte ich mir einzig versprechen lassen, dass du dich stellst.

Knütel hat wahrscheinlich gemacht, dass die römischen Juristen eine Doppelstipulation grundsätzlich nur annahmen, wenn jeder Teil einzeln mit dem Fragewort *SPONDES?* abgeschlossen wurde.[49] Demnach verspricht der Schuldner bei Celsus eigentlich gar nicht, sich zu stellen, sondern nur eine Strafe für den Fall, dass er sich nicht stellt (selbständige oder uneigentliche Vertragsstrafe). Weil die Strafe unsinnig ist – ein Zentaur –, behandelt Celsus ihn jedoch so, als habe er immerhin die Leistung versprochen. Ähnlich wird es sich verhalten bei Paulus D. 45,1,126,3:

48 Knütel, Stipulatio poenae, insb. 74 ff. und 100 f. Hiermit setzt sich Sicari, Pena, 32, 206 ff., 227 f., nicht auseinander.

49 Knütel, Stipulatio poenae, 66 ff., illustriert dies anhand von Paulus D. 17,2,71 pr. (3 *epit. Alf. dig.*). Kritisch allerdings Sturm SZ 97 (1980) 422.

Paulus D. 45,1,126,3 (3 *quaestionum*)

Si ita stipulatus fuero TE SISTI ET, NISI STETERIS, ALIQUID DARI, quod promittenti impossibile est: detracta secunda stipulatione prior manet utilis et perinde erit, ac si TE SISTI stipulatus essem.

Wenn ich mir folgendes habe versprechen lassen: dass du dich stellst und, wenn du dich nicht stellen wirst, dass etwas gegeben wird, was dem Versprechenden unmöglich ist: So bleibt nach Abzug der zweiten Stipulation die erste wirksam und es wird sein, als ob ich mir hätte versprechen lassen, dass du dich stellst.

Allerdings erweckt die Rede von der ersten und zweiten Stipulation den Eindruck, es sei zweifach stipuliert worden. Doch erlaubt der Abschluss *erit, ac si TE SISTI stipulatus essem* den Schluss, dass die Gestellung eigentlich nicht versprochen war.[50] Genauso liegt der Fall drittens auch im folgenden Text:

Paulus D. 38,1,39 pr. (7 *ad Plautium*)

Si ita stipulatio a patrono facta sit: SI DECEM DIERUM OPERAS NON DEDERIS, VIGINTI NUMMOS DARE SPONDES? videndum est, an nec viginti actio danda sit, quasi onerandae libertatis gratia promissi sint, nec operarum quae promissae non sint? an vero operae dumtaxat promissae fingi debeant, ne patronus omnimodo excludatur? et hoc praetor quoque sentit operas dumtaxat promissas.

Wenn der Patron folgende Stipulation formuliert hat: „Versprichst du, 20 zu zahlen, wenn du nicht 10 Tagewerke gegeben haben wirst?", dann ist zu erwägen, ob eine Klage weder auf die Tagewerke gewährt werden darf, die nicht versprochen sind, nochauf die 20, die quasi zur Belastung der Freiheit versprochen wurden. Oder aber müssen nicht immerhin die Tagewerke als versprochen fingiert werden, damit der Patron nicht auf jede Weise [von einer Klage] ausgeschlossen wird? Und dies meint auch der Prätor, dass immerhin die Tagwerke versprochen seien.

Den Hintergrund bildet das Verbot aus der *lex Aelia Sentia,* statt der Dienste eine Geldschuld zu vereinbaren. Daher ist auch das Versprechen einer Strafe für den Fall, dass ein Freigelassener seine *operae* nicht erbringt, unzulässig. Der Jurist deutet es in das zulässigenVersprechen dieser *operae* um.[51] In allen drei Fällen veranlasst ein Mangel der Strafstipulation den Juristen, eine Schuld zu konstruieren: Es soll keinen Unterschied machen, ob die Leistung versprochen ist oder eine Strafe für ihr Ausbleiben.

Die Parallele kann auch gegen den Gläubiger ausschlagen. So spricht Ulpian einem Strafversprechen deswegen den Effekt ab, weil es an das Unterbleiben einer Leistung anknüpft, deren Versprechen unwirksam wäre, weil der Leistungsgegenstand nicht existierte:

---

50 Knütel, Stipulatio poenae, 75, hält dasselbe mit der Begründung für wahrscheinlich, dass nirgends eine Doppelstipulation für die *cautio vadimonium sisti* überliefert ist.

51 Weitere Hinweise bei Knütel, Stipulatio poenae, 76 f.

Ulpian D. 45,1,69 (7 *ad edictum*)

Si homo mortuus sit, sisti non potest nec poeana rei impossibilis committetur, quemadmodum si quis Stichum mortuum dare stipulatus, si datus non esset, poenam stipuletur.	Wenn der Sklave tot ist, kann er nicht gestellt werden, und eine Strafe verfällt für diese unmögliche Angelegenheit nicht, ebenso wenig wie wenn jemand sich hat versprechen lassen, dass ihm der tote Stichus gegeben werde, und sich eine Strafe für den Fall hat versprechen lassen, dass er nicht gegeben werde.

Weil ein toter Sklave nicht vor Gericht gebracht werden kann, verfällt eine deswegen versprochene Strafe nicht. Die Situation wird dem Fall gleich gestellt, dass die Übereignung eines Toten und zur Absicherung zusätzlich eine Strafe stipuliert wird. Auch im ersten Fall dürfte der Sklave schon bei Abgabe der Stipulation tot sein.[52] Dafür spricht neben der Parallele zum zweiten Fall, dass der Tod des Sklaven als Zustand, nicht als Ereignis beschrieben wird. Mit Knütel darf man daher den wesentlichen Unterschied beider Fälle darin sehen, dass im ersten Satz eine selbständige oder uneigentliche Strafstipulation gemeint ist.[53] Diese ist unwirksam wegen der hypothetischen Unwirksamkeit eines hier gar nicht erfolgten Leistungsversprechens.

Wurden statt Stipulationen auf *facere* oder *rem dare* früher Strafstipulationen abgeschlossen (mit einer Strafe, die vielleicht nicht mehr als das Gläubigerinteresse abbildete) und gelten beide Formen noch der klassischen Jurisprudenz mitunter in dem Sinne als austauschbar, dass sie gleichen Regeln unterworfen werden, dann spricht dies dagegen, dass das Unmöglichwerden der Leistung nach ältester Vorstellung grundsätzlich von der Schuld befreit haben soll. Denn wenn der Eintritt der Bedingung, die die Strafe auslöst, nicht mehr verhindert werden kann, muss sie unbedingt verfallen. Die Verurteilung im Prozess um das Schulden der Sachleistung tritt an die Stelle des Strafverfalls, weswegen auch hierfür die Unmöglichkeit irrelevant gewesen sein wird. Dieser Konnex bestärkt im Übrigen die These, dass der Schuldner der Frühzeit verschuldensunabhängig haftete. Dass die späteren Juristen teils eine Vertragsstrafe nicht als verfallen ansahen, wenn es nicht am Schuldner gelegen hatte, dass er nicht leistete, stellt eine rücksichtsvolle Korrektur dar, die vielleicht ihrerseits auf den Gedanken eines Gleichlaufs des Strafversprechens mit dem inzwischen milder verbindenden Leistungsversprechen zurückgeht.[54]

---

52 So auch die allgemeine Lesart und Knütel, Stipulatio poenae, 100. Hingegen bezieht Arp, Anfängliche Unmöglichkeit, 91 ff., die Frage mit ein, ob die Strafe bei nachträglichem zufälligen Tod des Sklaven verfällt.

53 Vgl. Knütel, Stipulatio poenae, 100 mit Anm. 33.

54 Zu den „subjektiven Verfallsvoraussetzungen" vgl. die Ergebnisse von Knütel, Stipulatio poenae, 195 ff., 257 ff.: Einem Impuls von Sabinus folgend, ließen die Klassiker die Strafe

3. Aufwiegen in Geld als *proprium* des Prozesses

Wenn die Verbindlichkeit vom Untergang des geschuldeten Gegenstandes oder einem Unmöglichwerden der Leistung unberührt bleibt, so bringt dies einen erheblichen Vorteil mit sich: Die Frage, wie viel genau die Leistung wert gewesen sein mochte, stellt sich erst bei der Verurteilung. Für das frühe römische Recht erscheint überhaupt charakteristisch, dass es Verbindlichkeiten nicht von selbst eine den Parteien ungewisse Höhe annehmen lässt.

Dass die Römer sich den Eintritt des Geldäquivalentes in die Rechtsbeziehung als einen reibungslos ablaufenden Automatismus vorstellten, ist mehr als unwahrscheinlich. Selbst heute lehrt die Erfahrung, dass solche Wertbestimmungen kaum streitlos vonstatten gehen. Als Geld, Güter und Informationen noch knapper waren,[55] mussten diese Schwierigkeiten eher größer als geringer erscheinen. Es bedurfte stets entweder einer Einigung der Parteien oder eines hoheitlichen Ausspruchs, um zu bestimmen, dass dem Berechtigten statt einer anderen Vermögensposition nunmehr eine bestimmte Menge Geldes zustand. Die sich außerprozessual vollziehende Umwandlung eines andersartigen Rechts in einen Anspruch auf Zahlung eines bis auf den Cent bestimmten Betrages, wie wir sie heute konzipieren, setzt die Überzeugung voraus, alles sei miteinander vergleichbar und finde sein Maß in einer nach überprüfbaren, objektiven Kriterien als gleichwertig erkennbaren Geldsumme. Den Römern kann man solchen Optimismus nicht unterstellen.[56] Die in der *litis aestimatio* getroffene Entscheidung darüber, was die Sache wert ist (*QUANTI EA RES EST*), ist nicht überprüfbare Ermittlung einer der Obligation objektiv entsprechenden Summe, sondern autoritative Bestimmung eines Betrags als ihr angemessenes Aequivalent.

a. Risiken der Bezifferung und ihre Vermeidung

Diese Anschauung vermeidet eine gravierende praktische Schwierigkeit. Hätte man angenommen, dass der Schuldner bereits mit Eintritt der Leistungsstörung den Geldbetrag schuldet, den der *iudex* später einmal bestimmen wird, dann

grundsätzlich nur verfallen, wenn der Schuldner den Bedingungseintritt zu verantworten hatte. In gewichtigen Einzelfällen allerdings *(cautio vadimonium sisti, stipulatio duplae)* blieb es bei der ursprünglichen, objektiven Haftung.

55 Das Ausmaß der „chronischen Münzknappheit" der Römer hat BÜRGE illustriert, der aufzeigt, dass noch in klassischer Zeit viele Geschäfte in Naturalien abgewickelt wurden: SZ 99 (1982) 128–157.

56 In diesen Kontext fügt sich auch die Praxis, das Geldäquivalent einer Leistung im Vorhinein festzusetzen. Hierzu BÜRGE SZ 99 (1982) 135 ff., insbesondere mit dem Hinweis, die Angabe des Geldwertes habe mitunter als Orientierung für letztlich realwirtschaftlich abzuwickelnde Leistungen gedient.

hätte nahegelegen, dass im Fall einer Klage die *intentio* als eine bestimmte auf diesen Betrag zu richten gewesen wäre. Damit hätte man den Parteien die Bewertung in Geld aufgebürdet.

Als Erstes wäre dem Kläger zugemutet worden, die Forderung zu beziffern. Dabei hätte er riskiert, zu viel anzusetzen und in der Folge den gesamten Prozess und sein Klagerecht für die Zukunft zu verlieren *(pluris petitio)*.[57] Reflexhaft wäre auch der Beklagte dem Schätzrisiko ausgesetzt worden: Mitunter hätte er eine *confessio* verweigert, obwohl er die Klage dem Grunde nach anerkannte, wenn er die Höhe des bestimmten Betrages, auf den sie gesetzt war, nicht akzeptierte. Schloss der Richter sich später der Schätzung des Klägers an und gab der Klage in voller Höhe statt, so konnten dem Beklagten Nachteile entstehen: Dabei muss man an die Litiskreszens denken, die nicht nur bei Delikten, sondern auch bei der *actio ex testamento* das Bestreiten bestrafte. Möglicherweise gehört zu den Risiken der Schätzung auch die beiden Parteien nach Gaius 4,13 und 4,171 drohende *poena sponsionis* (und *restipulationis*) *tertiae partis*. Diese Wettversprechen waren bei Klagen *de pecunia certa credita* zu leisten. Unter der *actio certae creditae pecunia* versteht man teils nur eine auf Rückzahlung eines Kredits gerichtete Klage.[58] Teils gilt diese Bezeichnung aber auch als der klassische Name der *condictio certae pecuniae*.[59]

Wegen dieser Risiken wäre allenfalls eine Umstellung auf eine *intentio* praktikabel gewesen, die den Ersatz nicht betragsmäßig nennt, sondern abstrakt in Bezug nimmt.[60] Richteten sich Schuld und Klageformel hingegen auf die ursprüngliche Leistung, so führte dies dazu, dass der Geldwert überhaupt nicht zum streitigen Prozessprogramm gehörte. In der Formel tauchte er nur in der *condemnatio* auf.[61] Auch dort wurde er nicht beziffert, sondern

---

57 Über die *pluris petitio* berichtet Gaius 4,53–60. Zu ihr mit Fokus auf der Konsumtionswirkung Sacconi, Pluris petitio.

58 Kaser, RP I, § 124 I, 531; Mantovani, Formule, 48 Fn. 87.

59 Lenel, EP, 234; Liebs Essays Honoré (1986) 181 mit Fn. 115. Hähnchen, Causa condictionis, 44 ff., 51, vermutet, dass das frühe Formularverfahren die neue *actio certae creditae pecuniae* auch sprachlich gegen die *l. a. per condictionem* abgegrenzt habe, deren zentralen Anwendungsbereich sie abdeckte, indem sie die Forderung eines *creditum* erlaubte. Jedenfalls die Klassik habe die *actio* und die *condictio* vereint und bezeichne mit beiden Begriffen dasselbe. Vgl. bei Hähnchen 44 f. auch zu der auf Savigny zurückgehenden Auffassung, die *actio certae creditae pecuniae* stehe aus sämtlichen bei Cicero, *Pro Q. Roscio* 13 f. genannten Klagegründen zu. – Zur Frage anlässlich von Ulpian D. 12,1,9 pr. noch bei Fn. 132.

60 Zu einer solchen abstrakten Formelgestaltung unten 230 f.

61 Selbst dann, wenn in der *condemnatio* etwas Falsches eingesetzt wurde, etwa der Prätor selbst den Ersatzbetrag abschätzte, stand dieser außer Streit, weil der *iudex* trotzdem an die Formel gebunden blieb. Eine Klagabweisung drohte nicht; der Beklagte konnte gegebenenfalls *restitutio in integrum* beantragen: Gaius 4,57.

umschrieben.[62] Der Kläger musste bei Aufstellung der Formel noch nicht schätzen, und der Beklagte konnte anerkennen, ohne die von ihm zu entrichtende Summe zu präjudizieren.[63]

b. Eine Parallele: Schadensbezifferung im Deliktsrecht

Scheu davor, eine zum Ersatz bestimmte Geldsumme als geschuldet anzusehen, lässt sich jenseits des Feldes der Leistungsstörungen auch im Deliktsrecht erahnen.

Das wohl älteste Regelungsmodell der Delikthaftung überlässt es Geschädigtem und Schädiger, sich über eine Buße zu einigen,[64] und erlaubt die Talion für den Fall, dass die Einigung scheitert: *Si membrum rup[s]it, ni cum eo pacit, talio esto* (Tab. VIII,2 in FIRA I 53).[65] Diese gesetzgeberische Zurückhaltung wird vielfach als charakteristisch für ein noch im Aufbau begriffenes Rechts- und Gewaltmonopol gedeutet, das die private Rache erst nach und nach eindämmt. Doch hängt die Frage, ob eine Schädigung wiedergutgemacht werden kann, mit der Frage, wie (hoch) eine solche Entschädigung ausfallen könnte, untrennbar zusammen. Daher kann ein entscheidender Grund dafür, warum eine intensivere Regelung zunächst nicht durchsetzbar war, gerade darin gelegen haben, dass die Frühzeit die Bestimmung eines Ersatzes für angerichteten Schaden als einen auf objektive Kriterien nicht reduzierbaren Willkürakt ansah, der Kompromiss oder Herrschaft voraussetzte.

Wo in einem zweiten Schritt feste Bußsummen im Gesetz auftreten, ist diese Hürde genommen: Die Pauschalierung lässt die Willkür klar zu Tage treten. Bekannt ist das ebenfalls bereits auf die Zwölf Tafeln zurückgehende Beispiel der für *iniuriae* zu zahlenden Summe von 25 As (Tab. VIII,4 in FIRA I 54), die mit der Zeit zu geringwertig wurde.[66]

62 Es handelte sich dann um eine *condemnatio incertae pecuniae,* vgl. Gaius 4,49.

63 Kaser vernachlässigt das Problem der Abmessung des *quanti,* wenn er in SZ 90 (1973) 210 ff. die ursprüngliche Funktion der Stipulationsklausel *quanti ea res erit* so bestimmt, dass dem Schuldner eine vom Streit um die Wirkung der *datio in solutum* unabhängige Möglichkeit zur außergerichtlichen Befreiung eingeräumt werden sollte (218). Dieser Funktion diente eine solche Klausel im Übrigen wohl weniger wegen des praktisch geringen Unterschieds zwischen einer Befreiung nach Zivilrecht oder prätorischem Recht (der den Streit um die *datio in solutum* ausmacht) als vielmehr deswegen, weil der Gläubiger sich ohne eine solche Klausel außerprozessual nicht mit Geld statt der Leistung zufrieden geben muss; vgl. zur Ersatzzahlung als *datio in solutum* sogleich c (142 ff.).

64 Alt dürfte allerdings auch die Anschauung sein, dass bestimmte Vergehen als Störungen der Sakralgemeinschaft durch gütliche Einigung nicht mehr aus der Welt geschafft werden können; so etwa bei der vorsätzlichen Tötung nach Numa Pompilius (Nr. 16 in FIRA I 13).

65 Ähnlich für die fahrlässige Tötung Tab. VIII,24a (in FIRA I 63) sowie bereits die Gesetze des Numa Pompilius (Nr. 17 in FIRA I 13 f.). In beiden Normen bleibt die beim Scheitern einer Einigung drohende Vergeltung allerdings unausgesprochen.

66 Gellius 20,1,13. – Auch die *actio de arboribus succisis* ging auf 25 As (Tab. VIII,11 in FIRA I 57). Für den fahrlässigen Bruch des Knochen eines Freien soll die Strafe 300 As, für den

Man darf spekulieren, dass erst in einer dritten Phase die Zuversicht gefasst wurde, einen dem Einzelfall angemesseneren Ersatz bestimmen zu können. Diese Aufgabe muss das Gesetz aus der Hand geben und überlässt sie dem Prozess. In den Zwölf Tafeln findet sich ein Schadenersatz in diesem Sinne, um einen pönalen Faktor erweitert, in den verschiedenen Fällen des *furtum* (Tab. VIII,12–18 in FIRA I 57 ff.). Selb hat überzeugend dargelegt, dass der Richter im Sakramentsprozess nur darüber entschied, ob die Tat geschehen war. Anschließend konnte der Beschuldigte beim Prätor die Schätzung der Sache beantragen und die Strafe bezahlen, um den Gerichtsherrn so davon abzuhalten, ihn dem Bestohlenen zu addizieren: „Die verschiedenen *poenae* der alten Zeit sind keine Bußen, die der Täter schuldete, sondern Summen, durch deren Zahlung er sich von der Folge des *furtum* lösen konnte".[67] Noch auf dieser dritten Stufe produziert das Delikt also keine Geldschuld, geschweige denn eine als durch die Schadenshöhe bestimmt gedachte. Was die *actio de pauperie* anbelangt (Tab. VIII,6 in FIRA I 55), so erscheint eine ähnliche Struktur glaubhaft: Nach der indirekten Feststellung der Täterschaft des Tieres durch Urteil über das *sacramentum* der Parteien konnte der Beklagte die Haft seiner Person abwenden, indem er den Vierfüßer auslieferte oder die Schätzung des Schadens beantragte und diesen beglich *(aestimationem noxiae offerre)*.[68]

Auch die prätorische *actio iniuriarum* nimmt die Verpflichtung zur Zahlung einer monetären Kompensation nicht in ihre Voraussetzungen auf, sondern verweist nur für die Verurteilungssumme auf das, was *bonum aequum videbitur*.[69]

Für die späteren, formularen *actiones furti* ebenso wie für die Klagen aus der *lex Aquilia* geht allerdings die herrschende Meinung davon aus, dass sie auf einer *intentio in ius* fußten, nach welcher der Beklagte dem Kläger wegen der Tat die Zahlung des Ersatzes schulde. Für die *actio furti* deutet hierauf vor allem die bei Gaius 4,37 überlieferte fiktizische Formel gegen den Peregrinen, der einem Dieb geholfen oder ihn angestiftet hat: *si paret* […] *pro fure damnum decidere oporteret*.[70] Zweifel erlaubt jedoch der eigenwillige Sprachgebrauch

des Knochen eines Sklaven 150 As betragen haben (Tab. VIII,3 in FIRA I 53).

67 Selb GS Kunkel (1984) 421 ff., 424, Zitat 422.

68 Entscheidende Quelle ist Ulpian D. 9,1,1 pr. (18 *ad ed.*): *Si quadrupes pauperiem fecisse dicetur, actio ex lege duodecim tabularum descendit: quae lex voluit aut dari id quod nocuit, id est id animal quod noxiam commisit, aut aestimationem noxiae offerre.* – Zu erwägen wäre aber auch, dass eine *l. a. sacramento* mit dem Vortrag einschlägig war, das Tier sei geschuldet. Nach der Entscheidung hierüber durch den *iudex* müsste dann die Möglichkeit bestanden haben, die Vollstreckung durch Ersatz des noch zu bestimmenden Schadens abzuwenden.

69 Vgl. zur *actio iniuriarum* Lenel, EP, 397 ff.; Selb Acta Juridica 1978, 29–38; Hagemann, Iniuria, 52 ff.; zu den Wurzeln Völkl, Körperverletzung, 208 ff.

70 Formelrekonstruktion in diesem Sinne bei Lenel, EP, 322 ff. sowie Hackl FS Waldstein (1993).

in der fiktizischen Formel der *actio Publiciana* unmittelbar zuvor. *Oporteret* heißt dort: Es müsste so sein, es wäre so, wenn die fingierte Bedingung zuträfe *(eius ex iure Quiritium esse oporteret)*. Die *lex Aquilia* nennt als Rechtsfolge nach Gaius D. 9,2,2 pr. (7 *ad edictum provinciale*) und Ulpian D. 9,2,27,5 (18 *ad edictum*): *tantum aes domino dare damnas esto*. Die herrschende Meinung misst der Wendung *damnas esto* dieselbe Bedeutung zu wie im Testament, wo sie die mit *condictio* klagbare Schuld des Erben gegenüber dem Vermächtnisnehmer begründet.[71] Nicht ausgeschlossen erscheint aber auch *damnas esto* als Verurteilungsanweisung an den Richter. Dann entspräche die Formel dem Wortlaut des Gesetzes. Sie stellte *in factum* ab auf das *iniuria occidere* oder das *damnum facere* durch *urere frangere rumpere*.

Selbst wenn die herrschende Lehre von der *in ius* konzipierten Formel zutrifft, wird der Kompensationsbetrag nicht als ein *certum* in der *intentio* erschienen sein. Angesichts des angesprochenen Risikos der *pluris petitio* wäre dies zu unpraktisch gewesen.

c. Vorprozessuale Ersatzzahlung als *datio in solutum*

Die Parallele im Deliktsrecht bestätigt den Eindruck, dass das römische Recht davor zurückscheute, Gläubiger und Schuldner einen für sie ungewissen Geldwert als Inhalt der Obligation aufzudrängen. Auf dem Feld der Leistungsstörungen schlägt sich diese Scheu in der strengen Scheidung zwischen Schuldinhalt und Verurteilungssumme nieder. Sie impliziert, dass ein Schuldner, der sich ohne Prozess einer andersartigen Verbindlichkeit durch Zahlung von Geld entledigen wollte, dem Gläubiger *aliud pro alio* als Erfüllung anbot – und zwar auch dann, wenn der Schuldgegenstand untergegangen oder die Leistung auf andere Weise unmöglich geworden war.

Beurteilte der Gläubiger den vom Schuldner angebotenen Betrag als angemessen, so willigte er ein, ihn statt der Leistung anzunehmen. Gaius erörtert die *datio in solutum*[72] wie folgt:

---

71 Folgerichtig die Rekonstruktion bei Lenel, EP, 198 ff., 201 Fn. 3 sowie die Übersetzung von Behrends/Knütel/Kupisch/Seiler (Apathy) mit „soll er verpflichtet sein". Nörr FS Knütel (2009) hält eine allgemeine *condictio incerti ex lege* für einschlägig.

72 Zu den römischen Umschreibungen dieses Geschäfts vgl. Saccoccio, Aliud, 4 ff. und dazu Schermaier Sem. Complut. 23/24 (2010–2011) 439. Schermaiers Anregung, „die Institutionalisierung und begriffliche Fassung der *datio in solutum* der nachklassischen Jurisprudenz zuzuweisen" (447), kann man entgegenhalten, dass das Referat des Gaius über den Schulenstreit (sogleich im Text) bereits eine recht weitgehende Konzeptionalisierung dokumentiert: Offenbar gab es fixierte Meinungen dazu, welche Folge es hat, *si quis consentiente creditore aliud pro alio solverit*. Diese abstrakte Fassung des Problems wird nicht Einzelleistung von Gaius sein.

Gaius 3,168

Tollitur autem obligatio praecipue solutione eius, quod debeatur. Unde quaeritur, si quis consentiente creditore aliud pro alio solverit, utrum ipso iure liberetur, quod nostris praeceptoribus placuit, an ipso iure maneat obligatus, sed adversus petentem per exceptionem doli mali defendi debeat, quod diversae scholae auctoribus visum est.	Vor allem wird aber die Verbindlichkeit durch Leistung dessen aufgehoben, was geschuldet ist. Daher wird diskutiert, ob jemand, der mit Zustimmung des Gläubigers etwas anstelle etwas anderen leistet, *ipso iure* frei wird, wie es unseren Vorgängern gefiel, oder ob er *ipso iure* verpflichtet bliebt, man ihn aber gegen den Kläger durch die Arglisteinrede schützen muss, wie die Autoren der anderen Schule meinen.

Nach der später durchdringenden Auffassung der Sabinianer[73] führte die einvernehmliche Zahlung zum Erlöschen der Schuld, nach den Prokulianern begründete sie nur eine Einrede.

Diese formale Fixiertheit darauf, dass das Schuldband durch präzise Erfüllung abgelöst werden muss, passt zu den Bedenken der Prokulianer gegen eine befreiende Wirkung der Leistung nach Streitbefestigung. Nach Gaius 3,180 beseitigt die Streitbefestigung im *iudicium legitimum*[74] die Obligation. So erklärt Gaius den Satz der *veteres,* wonach der Schuldner vor der Streitbefestigung geben solle, danach verurteilt werden[75] und schließlich den Urteilsspruch erfüllen:

Gaius 3,180

Tollitur adhuc obligatio litis contestatione, si modo legitimo iudicio fuerit actum; nam tunc obligatio quidem principalis dissolvitur, incipit autem teneri reus litis contestatione. Sed si condemnatus sit, sublata litis contestatione incipit ex causa iudicati teneri. Et hoc est, quod apud veteres scriptum est, ante litem contestatam dare debitorem oportere, post litem contestatam condemnari oportere, post condemnationem iudicatum facere oportere.	Außerdem wird die Obligation durch Streitbefestigung *(litis contestatio)* aufgehoben, wenn nur im gesetzmäßigen Verfahren *(iudicium legitimum)* geklagt wird. Denn dann wird die eigentliche Verbindlichkeit aufgelöst, der Schuldner beginnt aber aufgrund der Streitbefestigung zu haften. Wenn er aber verurteilt wird, so beginnt er mit Aufhebung der Streitbefestigung aufgrund des Urteils zu haften. Und das ist das[selbe], was bei den Vorfahren [so] geschrieben steht, der Schuldner solle vor der Streitbefestigung geben, nach der Streitbefestigung verurteilt werden und nach der Verurteilung das Urteil befolgen.

Diese Sichtweise erklärt, warum umstritten war, ob eine Leistung nach Streitbefestigung zu einem Freispruch des Beklagten führen konnte.[76] Die Sabinianer

73 Mit ihnen Justinian in Inst. 3,29: *Tollitur autem omnis obligatio solutione eius quod debetur, vel si quis, consentiente creditore, aliud pro alio solverit.*

74 Definition des *iudicium legitimum* bei Gaius 4,104.

75 Zur Bedeutung des *condemnari oportere* Fiori, Ea res agatur, 121 ff.

76 Dass die *litis contestatio* eine Zäsur für die Zulässigkeit der Naturalerfüllung darstellt, zeigt auch Paulus D. 45,1,84 (74 *ad ed.*) (Stipulation, binnen einer gewissen Frist ein Gebäude zu errichten); dazu Knütel, Stipulatio poenae, 187 f.

erkannten dies allgemein an, die Prokulianer hingegen unter den persönlichen Klagen grundsätzlich nur für die nach der *bona fides* zu beurteilenden.

Gaius 4,114

Superest, ut dispiciamus, si ante rem iudicatam is, cum quo agitur, post acceptum iudicium satisfaciat actori, quid officio iudicis conveniat, utrum absolvere an ideo potius damnare, quia iudicii accipiendi tempore in ea causa fuerit, ut damnari debeat. nostri praeceptores absolvere eum debere existimant; nec interesse, cuius generis sit iudicium. et hoc est, quod vulgo dicitur Sabino et Cassio placere omnia iudicia absolutoria esse. <diversae scholae auctoribus de stricti iuris iudiciis contra placuisse> de bonae fidei autem iudiciis idem sentiunt, quia in eiusmodi iudiciis liberum est officium iudicis. tantumdem et de in rem actionibus putant, quia …

Es steht noch aus, dass wir betrachten, was dem Amt des Richters zukommt, wenn der Beklagte, bevor die Sache entschieden ist, [aber] nach Einlassung auf die Klage den Kläger befriedigt: ob der Richter ihn freisprechen soll oder besser deswegen verurteilen, weil er zur Zeit der Einlassung in einer Lage war, dass er veruteilt werden musste. Unsere Vorgänger meinen, er müsse freigesprochen werden, und es komme nicht darauf an, um was für eine Art von Prozess es sich handele. Und das entspricht dem, was man allgemein sagt, dass es nach Sabinus und Cassius in allen Verfahren zu einem Freispruch kommen könne. Die Autoren der anderen Schule vertreten für die Verfahren strengen Rechts das Gegenteil, für die nach Treu und Glauben zu beurteilenden aber dasselbe, weil das Amt des Richters in diesen Verfahren frei ist. Dasselbe meinen sie auch über die dinglichen Klagen, weil …

Der Streit beweist, wie ernst der Unterschied genommen wurde, ob die Leistung selbst oder ihr Geldäquivalent geschuldet war. Gleichwohl hat Hans Steiner bestritten, dass die Zahlung des Ersatzbetrages eine Leistung an Erfüllungs statt darstelle. Er bringt vor, die *solutio* als Haftungsbefreiung sei ursprünglich stets durch Zahlung erfolgt. Weil die Hingabe von Geld den Zweck der Obligation erfülle, sei sie mehr als nur *datio in solutum*.[77] Doch räumt auch er ein, dass die Geldablöse eine „gütige Verständigung" voraussetzt. Die behauptete Besonderheit einer Leistung von Geld statt der Sachschuld erschöpfte sich also darin, dass bei Einverständnis des Gläubigers die Schuld unstreitig erlosch (nicht nur nach sabinianischer Auffassung).

Dagegen sei zunächst angemerkt, dass rein terminologisch naheliegt, die Relation zwischen einem Gegenstand und seinem *aliud* als umkehrbar zu betrachten: Wenn eine statt Geld gegebene Sache ein *aliud* darstellt, worüber kein Zweifel besteht,[78] so möchte man vermuten, dass dieses Geld, statt der Sache gegeben, ebenfalls ein *aliud* darstellt. Juristische Wertungen hätten natürlich

77 Steiner, Datio in solutum, 128 ff. (treffend zusammengefasst bei Saccoccio, Aliud, 105).

78 Für die Sache als *aliud* gegenüber dem Geld vgl. die bei Saccoccio, Aliud, 74 ff., unter der Überschrift „La *datio in solutum* di una *res pro pecunia*" zusammengestellten Fälle. Deutlich etwa Ulpian D. 13,5,1,5 (27 *ad ed.*), wo der Jurist Getreide, dessen Erfüllung der Schuldner anstelle geschuldeten Geldes zusagt, als *aliud pro debito* bezeichnet und eine Parallele zur Hingabe an Erfüllungs statt in Betracht zieht. Zum Text noch unten 282 f.

zu einer abweichenden Begriffsbildung führen können. Doch hat SACCOCCIO darauf hingewiesen, dass Marcellus in einer von Ulpian D. 12,6,26,4–6 (26 *ad edictum*) zitierten Katene die Hingabe von Geld anstelle eines geschuldeten Grundstückteils ganz parallel wie die Hingabe eines Grundstücks oder von Öl anstelle eines geschuldeten Geldbetrages darstellt und behandelt.[79] Das lässt vermuten, dass die römischen Juristen hinsichtlich des *aliud pro alio solutum* konzeptionell nicht zwischen Geld und anderen Sachen unterschieden. Von der sachlichen Gleichbehandlung zeugt darüber hinaus ein Reskript, mit dem Septimius Severus verbietet, mit Geld anstelle von Getreide zu erfüllen.[80]

Allerdings war nach Javolen D. 46,1,42 (10 *epistularum*) zulässig, dass der *fideiussor* sich auf den Wert der Ware statt auf diese selbst verbürgte, weil *aestimatio rerum quae mercis numero habentur in pecunia numerata fieri potest.*[81] Das spricht indes nicht entscheidend dagegen, dass die *aestimatio* nur mit Zustimmung des Gläubigers zur Erfüllung taugte und insofern als ein *aliud* galt.[82] Denn im Gegensatz zur Erfüllung, mit der die Schuld erlosch, barg eine auf einen Geldbetrag statt der geschuldeten Leistung gestellte Bürgschaft für den Gläubiger nicht das Risiko eines Nachteils, sondern gab ihm eine zusätzliche Sicherheit. Überdies war es der Gläubiger, der die Bürgschaftsstipulation anfragte, sodass hier stets sein – auch bei der *datio in solutum* erforderliches – Einvernehmen gewährleistet war. Letzteres gilt auch für die Novation, sofern man annimmt, dass im klassischen Recht Novation durch Versprechen des Geldwertes zulässig war.[83]

Bleibt man demnach dabei, dass das Angebot einer Ersatzzahlung nicht mehr ist als die Aufforderung, eine *datio in solutum* zu akzeptieren, dann besteht auch kein Anlass, hiervon für den Fall abzurücken, dass der Schuldgegenstand

79 SACCOCCIO, Aliud, 106. Bei Marcellus geht es um die Frage der *condictio* bei Überschätzung der Schuld. Ist die erbrachte Leistung unteilbar (Grundstück statt Geld), so wird sie insgesamt zurückgefordert, ist sie teilbar (zu viel Öl statt Geld, zu hochwertiges Öl statt minderwertigen Öls, Schätzwert des ganzen Grundstücks statt der des halben), so wird nur der überschießende Anteil zurückgefordert.

80 Es handelt sich um P. Columbia 123 Zeile 40 ff., zitiert nach WESTERMANN/SCHILLER, Apokrimata, 7, 10. Dazu SACCOCCIO, Aliud, 106 ff., der sich der überzeugenden Meinung der Herausgeber (22 bzw. 81) anschließt, es gehe hierbei um in Getreide zu entrichtende Abgaben.

81 So der sich aufdrängende Umkehrschluss. Zur Echtheit des Passus überzeugend TALAMANCA Temis 21 (1967) 273 ff., der annimmt, die als *quanti ea res erit* umschriebene *aestimatio* habe bei *fideiussio* und *novatio* als *idem debitum* gegolten. Zur Frage noch im vierten Kapitel II.2 (263 ff., zur Novation) und IV.2 (286 ff., zur Bürgschaft).

82 Für einen Zusammenhang zwischen prozessrechtlichem *aliud petere* und materiellrechtlichem *aliud* bei Bürgschaft, *adstipulatio* und *novatio* allerdings SACCONI, Pluris petitio, 205 ff.

83 Zu dieser Frage im vierten Kapitel II.2 (263 ff.).

inzwischen unterging oder die Leistung unmöglich wurde.[84] Insbesondere hindert nichts daran, den Satz der *veteres* aus Gaius 3,180 gerade auch auf den Fall zu beziehen, dass die Sache nicht mehr existiert: Gleichwohl bleibt grundsätzlich, außer nämlich wenn der Schuldner den Untergang nicht zu vertreten hat, bis zur Streitbefestigung das auf sie bezogene *dare* geschuldet. Erst die Verurteilung produziert eine Geldschuld.

Ohne Einigung mit dem Gläubiger auf eine Ablösung und deren Betrag kann der Schuldner diesen nicht mehr befriedigen und sieht einem Prozess entgegen, den er verlieren wird. Ähnlich betont CANNATA, indem er sich die Erfüllung unmöglich mache, mache der Schuldner sich selbst die Befreiung von der Verbindlichkeit unmöglich. Darin liegt die Verewigung der Obligation.[85]

Die romanistische Literatur zur *datio in solutum* bietet eine Annäherung an die hier interessierende Frage, ob der Sachuntergang oder die Unmöglichkeit den Schuldinhalt verändert, vermittels des Konstrukts einer *datio in solutum necessaria.* Schon die Glosse sammelt Stellen, in denen das Recht den Gläubiger zwingt, sich mit einer anderen Leistung als der eigentlich geschuldeten als Erfüllung zufrieden zu geben.[86] In diesem Kontext wird häufig zuerst auf eine Regelung von Julius Caesar verwiesen, der die Rückzahlung von Krediten durch Hingabe von zum Vorkriegswert zu taxierenden Grundstücken erlaubte.[87] Umgekehrt zählen hierunter aber auch Fälle, in denen der Gläubiger statt der Sachleistung Geld annehmen muss: so vor allem beim Verschaffungsvermächtnis, wenn der Eigentümer die Sache nicht verkauft, beim Doppelvermächtnis derselben Sache und bei der bereicherungsrechtlichen *condictio,* wenn die sich

84 So aber ERHARDT, Litis aestimatio, dem es zwar gerade darauf ankommt, zu zeigen, dass die Römer keine allgemeine Befugnis zur außerprozessualen Geldablöse kannten, der aber stillschweigend davon ausgeht, dass bei Unmöglichkeit anderes gegolten haben muss: 6, 9, 39. – Hingegen fordert STEINER, Datio in solutum, 130, der die Geldzahlung aus der *datio in solutum* hinausdefiniert (vgl. oben bei Fn. 77), insofern in Übereinstimmung mit der hier vertretenen Ansicht auch nach Unmöglichkeit Einigung über die Ersatzzahlung. Er verwahrt sich dabei gegen die Modifikationslehre: „Eine verbreitete Anschauung findet es denn auch so selbstverständlich, die Geldzahlung nach erfolgter Leistungsunmöglichkeit als *solutio* zu behandeln, daß sie deswegen trotz entgegenstehenden Quellenstellen annimmt, es sei mit Eintritt der Leistungsunmöglichkeit der Inhalt des Schuldverhältnisses ein anderer geworden, es werde statt des untergegangenen Objekts Geld geschuldet".

85 Zu CANNATAS Position im zweiten Kapitel III.3.e (112 ff.).

86 Glosse *non potest* zu D. 12,1,2,1, mit der Verallgemeinerung des Accursius: *Aut debetur quantitas: & tunc potest solvi aliud pro alio, aut species: & tunc non, nisi iusta causa interecedat* (Band 1, Sp. 1004 f.).

87 Caesar, *Bellum civile* 3,1,2 f., und Sueton, *Divus Iulius*, 42,2. Das Prinzip greift Justinian auf in Nov. 4 c. 3 (a. 535) und Nov. 120 c. 6 § 2 (a. 544) – Vgl. RÖMER, Zahlungsstatt, 162 ff., STEINER, Datio in solutum, 161 ff., SACCOCCIO, Aliud, 270 ff.

nicht mehr auf die Sache selbst, sondern auf den Wert richtet.[88] Der Begriffsbildung müssen wir nicht nachgehen; doch weist sie uns auf Textstellen, die zu beachten sein werden, wenn es später darum geht, das hier entwickelte Verständnis an den Quellen zu verschiedenen Klagearten zu überprüfen.

Unabhängig davon, ob der geschuldete Gegenstand noch existiert oder die Leistung noch möglich ist, galt also: Wollte der Schuldner sich durch Zahlung der Haftung entziehen, so war er außerhalb des Prozesses auf das Einverständnis des Gläubigers angewiesen. Konnten sich die Parteien nicht auf einen Ersatzbetrag einigen, so rief der Gläubiger den Schuldner vor den Prätor. Dass der noch nicht verurteilte Schuldner sich ohne Zustimmung des Gläubigers durch Zahlung eines Ersatzbetrages von einer Schuld hätte befreien oder durch das Anbieten eines solchen Betrages Gläubigerverzug hätte herstellen können, dafür gibt es keinen Anhaltspunkt.

III. Der Prozess über eine unmöglich gewordene Leistung

Bevor der Satz, dass nach Untergang des Leistungsgegenstandes oder Unmöglichwerden der Leistung diese selbst allein geschuldet blieb, an den Quellen für die einzelnen Obligationen überprüft wird, richten sich letzte Vorüberlegungen darauf, wie der Prozess über die unmögliche Leistung ablief.

1. Bestimmung des Ersatzbetrages durch den *iudex*

Zur Frage, wie der *iudex* den Ersatz bestimmte, wenn der geschuldete Gegenstand unterging, findet sich für die Stipulation ein vereinzeltes Zeugnis von Marcian.

Marcian D. 12,3,5,4 (4 *regularum*)

Plane interdum et in actione stricti iudicii in litem iurandum est, veluti si promissor Stichi moram fecerit et Stichus decesserit, quia iudex aestimare sine relatione iurisiurandi non potest rem quae non extat:	Allerdings wird manchmal auch bei strengrechtlichen Klagen ein Schätzungseid geleistet, wie zum Beispiel wenn jemand, der den Stichus versprochen hat, in Verzug gerät und Stichus verstirbt, weil der Richter die Sache, die nicht existiert, nicht schätzen kann, ohne den Eid aufzuerlegen.

88 Vgl. Römer, Zahlungsstatt, 159, Saccoccio, Aliud, 296. Für Steiner scheiden diese Fälle aus (Datio in solutum, 160 Fn. 2), weil er es ablehnt, die Zahlung von Geld als *datio in solutum* einzuordnen (vgl. soeben bei Fn. 77). Bonini, Datio in solutum necessaria, 36 ff. und Fn. 60, folgt teils Steiner und betont im Übrigen die Singularität der byzantinischen Regelung (soeben Fn. 87), für die er keine Vorläufer anerkennt.

Die Kompilatoren ergänzen hierzu:

Paulus D. 12,3,6 (26 *ad edictum*)

alias, si ex stipulatu vel ex testamento agatur, non solet in litem iurari.	Ansonsten pflegt kein Schätzungseid geleistet zu werden, wenn aus Stipulation oder Testament geklagt wird.

D. 12,3,5,4 wird mitunter für interpoliert gehalten.[89] Die Stelle fällt aus dem Rahmen. Denn der Schätzeid erscheint sonst als Privileg für den Kläger bei den *actiones in rem* und den auf Rückgabe gerichteten *bonae fidei iudicia.*[90] Er diente hier als indirektes Zwangsmittel für die Rückgabe. Zugleich legte der Kläger mit der Schätzung fest, um welchen Preis er den Sachverlust zu verschmerzen bereit war. Die Entscheidung des Beklagten, die Schätzsumme zu zahlen, anstatt die Sache zurückzugeben, rückte den Gesamtvorgang einem freiwilligen Kauf nahe.[91] Beide Aspekte entfallen nach Sachuntergang: Zwang muss zwecklos bleiben, und der Beklagte akzeptiert die Schätzsumme nicht als Kaufpreis, sondern notgedrungen. Aus diesen Gründen unterblieb anscheinend sogar nach richterlichem Restitutionsbefehl die Schätzung in dem Fall, dass der Beklagte nicht zurückgeben konnte – jedenfalls dann, wenn er den Besitz nicht arglistig aufgegeben hatte.[92]

Zweimal heißt es zudem im Titel *De in litem iurando* (D. 12,3), dass nicht bei jeder *culpa*, sondern bloß bei *dolus* geschätzt werde.[93] Auch der Bezug auf die *contumacia*[94] spricht dagegen, dass jede Sache nur deswegen, weil sie wegen

89 Vgl. die bei Harke, Eid, 170 Fn. 43 referierten Positionen von Provera und Chiazzese sowie Kaser/Hackl § 48 IV 340 Fn. 45.

90 Für eine entsprechende Beschränkung der auch hinsichtlich der *bonae fidei iudicia* ganz allgemeinen Formulierung von Marcian D. 12,3,5 pr. *(In actionibus in rem et in ad exhibendum et in bonae fidei iudiciis in litem iuratur)* plädieren überzeugend Grzimek, Taxatio, 146 f f., Kroppenberg SZ 121 (2004) 631, Kindler, Affectionis aestimatio, 176, sowie Harke, Eid, 171 ff.

91 Besonders eindrücklich Julian D. 25,2,22 (19 *dig.*): *qui litis aestimationem suffert, emptoris loco habendus est.* Quellen und Literatur zur Kaufähnlichkeit etwa bei Pennitz, Enteignungsfall, 249 ff., 306 ff., Kindler, Affectionis aestimatio, 170 ff., Harke, Eid, 178 ff.

92 Soweit kann man sich wohl auf Ulpian D. 6,1,68 verlassen: *Qui restituere iussus iudici non paret* [...] *si vero non potest restituere, si quidem dolo fecit quo minus possit, is, quantum adversarius in litem sine ulla taxatione in infinitum iuraverit, damnandus est. si vero nec potest restituere nec dolo fecit quo minus possit, non pluris quam quanti res est, id est quanti adversarii interfuit, condemnandus est* (zum Text oben 119 f.). In diesem Sinne Wenger SZ 59 (1939) 364 ff., 369, Pennitz, Enteignungsfall, 301 mit Fn. 228, Kaser/Hackl § 48 III 339 Fn. 34.

93 Vgl. Paulus D. 12,3,2 (13 *ad Sab.*) und Marcian D. 12,3,5,3 (36 *ad ed.*).

94 *Contumacia* gegenüber der Anordnung auf Rückgabe oder Vorlage erscheint als Grund für die Schätzung in Ulpian D. 12,3,1 (51 *ad Sab.*) und Paulus D. 12,3,2 (13 *ad Sab.*).

vorprozessualen Verschuldens nicht zur Schätzung vorgelegt werden konnte, vom Kläger geschätzt werden durfte.[95] Schließlich zeigt etwa die Schätzung toter Sklaven bei der *lex Aquilia,* dass dem *iudex* durchaus eine Bestimmung des Wertes nichtexistenter Sachen abverlangt wurde (sogar mit Bezug auf verschiedene vergangene Zeitpunkte).

Die Annahme Harkes, der Schätzeid sei bei Klage aus Stipulation nach jedem Sachuntergang nötig gewesen, weil die untergegangene Sache „lediglich einen fiktiven Wert“ habe, eigentlich aber „wertlos“ sei,[96] überzeugt daher nicht. Sie bleibt auch die Erklärung schuldig, warum ein Eid besser als ein anderes Mittel geeignet sein soll, einen „fiktiven Wert“ zu bestimmen.

Mit dem Marcian-Text kann man sich gleichwohl abfinden, wenn man nicht als allgemeine Regel nimmt, dass der Gläubiger immer dann schätzen durfte, wenn die Sache untergegangen war. Es lag im Ermessen des *iudex,* ob er den Eid anordnete, ob er eine Obergrenze festsetzte und ob er sich an die beschworene Summe hielt oder nicht.[97] Der Sachuntergang mag ein zulässiges Motiv dafür dargestellt haben, aus dem der Richter sich im Einzelfall veranlasst sah, für die Bestimmung des Äquivalents auf den Schwur des Klägers zurückzugreifen, weil ihm kein besseres Mittel für die Bewertung zu Gebote stand. Der *iudex* konnte den beschworenen Betrag anhand anderer Informationen auf Plausibilität kontrollieren und den Beklagten daraufhin vom Schwur abweichend verurteilen. Er musste diesen also nicht blind in die Hand des Klägers geben.

2. Einvernehmliches Verfahren nach Anerkenntnis

Räumte der Schuldner nach Untergang des Leistungsgegenstandes oder Unmöglichwerden der Leistung gegenüber dem Gläubiger ein, dass er hierfür einzutreten hatte, einigte man sich aber nicht über die Höhe einer Ersatzzahlung, so musste es gleichwohl zur Leistungsklage kommen. Der redliche Schuldner wird *in iure* anerkannt haben, die – inzwischen unmöglich zu erbringende – Leistung zu schulden. Damit verlor das Verfahren seinen kontroversen Charakter und diente *apud iudicem* nur noch der Festlegung der Ersatzsumme durch richterlichen Spruch; sozusagen eine hoheitliche Dienstleistung, derer die Parteien bedurften, eben weil es kein eindeutiges Kriterium gab, anhand derer sie

95 In der Tat führt auch vorprozessualer *dolus* zum Schätzungseid; vgl. Julian nach Ulpian D. 10,4,5,2 (24 *ad ed.*); Ulpian D. 5,3,25,10 (15 *ad ed.*) sowie D. 6,1,68 (51 *ad ed.*). Zu diesen Fällen Harke, Eid, 167 f. Die Vindikation kommt nach Sachuntergang überhaupt nur bei *dolus* in Betracht; vgl. oben Fn. 38.

96 Harke, Eid, 170 f.

97 Vgl. Marcian D. 12,3,5,1 und 2 (4 *reg.*) und Ulpian D. 12,3,4,2 und 3 (36 *ad ed.*).

ohne gegenseitiges Entgegenkommen und gütliche Einigung den Betrag hätten errechnen können. Obwohl die Quellen diese Vermutung nicht ausdrücklich bestätigen, wird sie durch ihr Material genährt.

a. Schätzverfahren nach *confessio*

Nachweisen lässt sich jedenfalls der Mechanismus, nach welchem auf ein Anerkenntnis mit anderem Inhalt als einer bestimmten Geldschuld ein Prozess folgte, der der Bewertung des Streitgegenstands diente.[98] Für Klagen mit Restitutionsklausel verrät Ulpian D. 42,2,6,2 (5 *de omnibus tribunalis*), dass auch dem Anerkennenden eine Restitutionsfrist eingeräumt und nach deren fruchtlosem Ablauf der Streitwert geschätzt wurde: *dabitur igitur ex his actionibus, ex quibus dies datur ad restituendam rem, confesso tempus ad restitutionem et, si non restituatur, lis aestimabitur.*[99]

Immerhin ein Muster eines Verfahren, das nur noch die Höhe des vom Beklagten zu zahlenden Betrages feststellt, bietet die Klage, die aufgrund der *lex Aquilia* gegen den Geständigen gewährt wird. Nach Ulpian D. 9,2,25,2 (18 *ad edictum*) wird hier ein Richter nicht zum Urteil über die Sache, sondern allein zu ihrer Abschätzung zugewiesen: *iudex non rei iudicandae, sed aestimandae datur.* Uneinigkeit über die Höhe der Ersatzsumme steht einem Geständnis

98 Vgl. für die *confessio incerti* Di Paola, Confessio, 53 ff., und Scapini, Confessione, 55 ff., gegen Demelius, Confessio, 118 ff., 146 ff. – Arangio-Ruiz sieht in solchen Verfahren, bei denen die Parteien nicht über das klägerische Recht stritten, den Ursprung der Formeln mit *demonstratio.* Weil kein Freispruch in Rede stand, habe es hier ursprünglich keine konditionale *intentio* gegeben, sondern nur einen mit *quod* eingeleiteten Bericht des unstreitigen Tatbestandes: St. Cagliari 4 (1912) 75–144. Eine bestechende Hypothese dazu, wie aus diesem Ursprung die späteren Formeln mit *demonstratio* herausbildeten, hat Fiori aufgestellt (Ea res agatur, 231 ff.): Der Magistrat konnte für die *bonae-fidei*-Verträge keine neue *legis actio* schaffen. Stattdessen fingierte er eine *confessio* der immerhin nach *ius gentium* bestehenden Schuld (221 f.) und setzte auf dieser Grundlage ein Schätzverfahren ein. Die Verurteilung machte er aber mittels einer *praescriptio pro reo* (dazu Gaius 4,133) davon abhängig, dass der *iudex* sich vom Klägervortrag überzeugte. So kam es zur Verknüpfung des feststellenden *quod* mit dem konditionalen *si non paret.* Allerdings kann das *quod* der *demonstratio* auch von Anfang an konditional gemeint gewesen sein, vgl. Kaser Labeo 22 (1976) 9 f., insb. Fn. 13 m. w. Nw. Dann entfiele die Spannung zu *si non paret,* die Arangio-Ruiz zu seiner These veranlasste.

99 Zuvor zählt Ulpian die Verfahrensarten auf, für welche *confessus pro iudicato* gilt. Die Verbindlichkeit des alten Wortes leitet er hier aus einer *oratio divi Marci* her, die den Prätor entsprechend verpflichte. Nach dem Zitat in D. 42,1,56 (27 *ad ed.*) bestand die Bindung des Prätors darin, dass ihm untersagt war, das durch Urteil, Eid oder Anerkenntnis Geklärte erneut zu untersuchen *(nihil quaeritur).* – Zu den Zweifeln an der Echtheit der Ulpiantexten und an Inhalt und Bedeutung der *oratio* vgl. Demelius, Confessio, 192 ff., und Scapini, Confessione, 76 ff., 85 ff.

nicht entgegen.[100] Sie ist der Grund dafür, dass trotz bereits vorliegender *confessio* noch ein Richter eingesetzt wird. Die Verurteilung geht trotz der verbliebenen Uneinigkeit auf den einfachen Betrag, nicht, wie gegen den Leugnenden, auf den doppelten.[101]

Dieser Befund eines bloß der Sachabschätzung dienenden Klagverfahrens nach *confessio* wird durch Ulpian D. 42,2,6 pr.-1 nicht in Frage gestellt.

Ulpian D. 42,2,6 pr.-1 (5 *de omnibus tribunalis*)

pr. Certum confessus pro iudicato erit, incertum non erit.	pr. Wer etwas Bestimmtes anerkennt, wird wie ein Verurteilter behandelt, wer Unbestimmtes anerkennt, nicht.
§ 1 Si quis incertum confiteatur vel corpus sit confessus <vel> Stichum vel fundum dare se oportere,[102] urgueri debet, ut certum confiteatur: item eum, qui rem confessus est, ut certam quantitatem fateatur.	§ 1 Wenn jemand etwas Unbestimmtes anerkannt hat, [zum Beispiel,] dass er einen [unbestimmten] körperlichen Gegenstand <oder> „Stichus oder ein Grundstück" zu geben schulde, der muss dazu angehalten werden, dass er etwas Bestimmtes anerkenne; ebenso derjenige, der eine Sache [zu schulden] anerkannt hat, dass er eine bestimte Menge gestehe.

Aus dem Text ergibt sich nicht, dass das Anerkenntnis sich auf einen bestimmten Geldbetrag richten muss.[103] Ulpian erklärt auch das Geständnis, eine bestimmte Sache *(certum)* oder eine bestimmte Menge aus einer Gattung *(certam quantitatem)* zu schulden, als erstrebenswert.[104] Gründe hierfür liegen auf der Hand. Unabhängig davon, ob die unbestimmte Formulierung bloß aus einer Ungenauigkeit resultierte oder die Rechtslage zwischen den Parteien exakt abbildete, fördert es die weitere Abwicklung, wenn – Zustimmung des Gläubigers vorausgesetzt – ab jetzt feststeht, was geleistet und im Fall der ausbleibenden Leistung geschätzt werden soll.

100 Ausdrücklich ergibt sich das aus dem von den Kompilatoren wohl sachlich treffend hinzugefügten Text Paulus D. 9,2,26 (22 *ad ed.*). Vgl. auch Lenel, Palingenesia I, Sp. 1010, Nr. 364.

101 Vgl. Gaius D. 9,2,2,1 (7 *ad ed. prov.*); Ulpian D. 9,2,23,10 (18 *ad ed.*).

102 In der Auflistung der Beispiele fehlt ein *vel* vor *Stichum*. Ob deswegen *Stichum vel fundum dare se oportere* mit Mommsen eine Glosse sein muss, braucht nicht entschieden zu werden. Lenel, EP, 233 Fn. 1 (übereinstimmend Palingenesia II, Sp. 996 Fn. 2) nimmt eine Glosse aus dem Grund an, dass hier die Forderung einer bestimmten Sache als *incertum* klassifiziert werde. Das ist jedoch nicht der Fall, wenn man *Stichum vel fundum dare* nicht als zwei Beispiele, sondern als eines liest: Im ersten Beispiel *(corpus)* hat der Beanspruchte bekannt, eine (unbestimmte) körperliche Sache zu schulden, im zweiten hat er bekannt, entweder den (bestimmten) Sklaven Stichus oder ein (bestimmtes oder unbestimmtes) Grundstück leisten zu müssen. Die Wahlschuld bildet ebenfalls ein *incertum*, wenn der Gläubiger sich nicht das Wahlrecht ausbedingt; vgl. Ulpian D. 45,1,75,8 (22 *ad ed.*) (unten Fn. 153).

103 Dafür nimmt ihn Demelius, Confessio, 118 ff., 146 ff., in Anspruch.

104 So gegen Demelius zutreffend Bruna, Lex Rubria, 205 ff.

Auch Kapitel XXI und XXII der *lex Rubria*[105] bestätigen das Vorkommen der *confessio* einer anderen Leistung, die im anschließenden Prozess in Geld umgerechnet wird.

Beide Kapitel regeln für den Munizipialprozess in *Gallia Cisalpina* Sanktionsmöglichkeiten gegen Prozessverschleppung und Prozessverweigerung. Während das XXI. Kapitel Kredite bis 15.000 Sesterzen erfasst, behandelt das XXII. Kapitel alle anderen Ansprüche bis zu diesem Streitwert. Beide Kapitel verhängen Sanktionen für den Fall, dass der Inanspruchgenommene zunächst anerkennt, dann aber weder erfüllt noch sich durch Einlassung auf einen Prozess *(iudicium)* so verteidigt, wie er müsste.[106] Ein Anschlussprozess mag bei den Klagen auf eine *pecunia credita* erforderlich sein, um Einreden des *confessus* abzuhandeln.[107] Wahrscheinlich ist aber hier doch die Einlassung auf die Vollstreckungsklage gemeint.[108] Bei den nicht auf Geld gerichteten Klagen muss, falls die Leistung ausbleibt, dem Anerkenntnis stets ein Prozess folgen, um den Schätzwert zu bestimmen.[109] Eine Pflicht zur Abgabe einer *sponsio* besteht nur in Einzelfällen.[110] Interessanterweise fallen die Sanktionen auseinander. Bei den Geldschulden besteht sie darin, dass der Geständige einem Verurteilten gleichgestellt wird.[111] Der örtliche Magistrat soll befehlen, ihn für den Schuldbetrag in Geiselhaft zu nehmen.[112] Bei den anderen Schulden hingegen soll fortgefahren werden, als sei gegenüber dem Prätor oder einem anderen Zuständigen in Rom anerkannt worden[113], und der römische Magistrat soll dementsprechend anordnen, sie in Geiselhaft zu nehmen, ihr Vermögen zu ergreifen, zu beschlagnahmen und zu verkaufen.[114]

Mit Simshäuser[115] wird man die unterschiedliche Sanktionierung darauf zurückzuführen haben, dass Geldschulden direkt vollstreckt werden können. Bei anderen Klagen hingegen kam eine Verurteilungsfiktion nicht in Frage, sondern der Anerkennende musste zur Einlassung auf den Schätzprozess gezwungen werden, der wohl weiterhin im *municipium* angesiedelt war. Hierzu diente die Drohung mit den prätorischen Zwangsmaßnahmen, die man dem Munizipalmagistrat offenbar nicht einräumen wollte.[116]

105 FIRA I 173 ff. Text im Folgenden nach der Ausgabe von Bruna, Lex Rubria, 32 ff.

106 XXI,7–8: *neque id quod confessus erit solvet satisve faciet, aut se sponsione iudicioque uteive oportebit non defendet*; XXII,34–38: *neque de ea re satis utei oportebit faciet; aut sei sponsionem fierei oportebit, sponsionem non faciet; aut non restituet neque se iudicio utei oportebit defendet.*

107 Mit Bruna, Lex Rubria, 150 ff., 154 f. Die dabei zu leistende *sponsio* ist die *sponsio tertiae partis* aus Gaius 4,50 und 171; vgl. Bruna 154.

108 Sei es eine *actio iudicati* oder eine *actio ex confessione:* Fiori, Ea res agatur, 202 ff., m. w. Nw.

109 Vgl. Bruna, Lex Rubria, 206, Fiori, Ea res agatur, 208 f.

110 Dazu Bruna, Lex Rubria, 221 ff.

111 XXI,11–15: *omnibus omnium rerum esto, atque utei esset esseve oporteret, sei is* [...] *iure lege damnatus esset fuisset.*

112 XXI,17–19: *tantae pecuniae, quanta ea pecunia erit de qua tum inter eos ambigetur, dumtaxat HS XV* [...] *duci iubeto.*

113 XXII,41–45: *omnibus omnium rerum esto, atque utei esset esseve oporteret, sei is* [...] *de ieis rebus Romae apud praetorem eumve quei de ieis rebus Romae iure deicundo praeesset in iure confessus esset.*

114 XXII,46–48: *duci bona eorum possideri proscreibeive veneireque iubeto.*

115 Simshäuser SZ 93 (1976) 396 ff.

116 An dieser Stelle überzeugt nicht die Deutung von Bruna, Lex Rubria, 207 f., der Prozess solle in Rom in der Sache weitergeführt werden. Grund dafür sei „die Tendenz, dem Munizipalmagistrat

Während diese Quellen belegen, dass Anerkentnisse auch einen anderen Inhalt haben konnten als die Verpflichtung zur Zahlung einer bestimmten Summe und dass ihnen in diesem Fall bei Nichterfüllung ein der Schätzung dienender Prozess folgte, fehlen ausdrückliche Zeugnisse über die Handhabung der *confessio* in Situationen, in denen der Schuldner nicht mehr die Leistung selbst, sondern Ersatz in Geld erbringen wollte.

b. Sachuntergang und irrtümliche *confessio*

Die wenigen Texte, die eine *confessio* nach Sachuntergang erörtern, wurden in der Vergangenheit vor allem unter dem Gesichtspunkt des Irrtums behandelt. Nach dem Prinzip des *adhuc homo peti possit* muss aber solch ein Anerkenntnis nicht irrtümlich abgegeben worden sein, besteht doch die anerkannte Verbindlichkeit in der Tat fort, wenn der Schuldner den Untergang zu vertreten hatte.

Das älteste Zeugnis bringt Paulus im 9. Buch *ad Plautium* mit einem Zitat von Julian.

Paulus D. 42,2,3 (9 *ad Plautium*)

Iulianus ait confessum certum se debere legatum omnimodo damnandum, etiam si in rerum natura non fuisset, et si iam a natura recessit, ita tamen, ut in aestimationem eius damnetur: quia confessus pro iudicato habetur.	Julian sagt, dass auf jeden Fall zu verurteilen sei, wer anerkannt hat, einen bestimmten Gegenstand als Vermächtnis zu schulden, und zwar auch dann, wenn die Sache nicht existiert hatte oder inzwischen [bis zur *confessio*] zu existieren aufgehört habe, jedoch so, dass auf den [einfachen] Schätzwert verurteilt werde: denn der Geständige wird wie ein Verurteilter behandelt.

Mit *omnimodo damnandum* entkoppelt Julian die Wirkung der *confessio* vom schuldrechtlichen Vergleichsmaßstab. Der Anerkennende wird wegen der Sachleistung verurteilt, selbst wenn die Sache schon vor dem Erbfall zerstört wurde und das Legat daher von Anfang an unwirksam war. Hinter der Variante, dass die Sache erst später unterging, können sich zwei sehr unterschiedliche Fälle verbergen. Zunächst denkt man daran, dass das Vermächtnis erlosch, weil der Erbe den Untergang nicht zu vertreten hatte. Auch hier führt allein die *confessio*

verhältnismäßig einfache Sachen zu überlassen". Die Abschätzung in Geld habe jedoch eine besondere Schwierigkeit dargestellt. „Eine objektive Durchführung solcher Wertschätzungen dürfte nicht immer leich gewesen sein. Besonders in kleineren Ortschaften konnte in derartigen Situationen leicht Parteilichkeit auftreten". Mit Recht wendet Simshäuser SZ 93 (1976) 396 ein, dass man dem *municipium* dann auch in Prozessen, wo keine Verweigerung oder Verschleppung vorkam, die Schätzung nicht hätte überlassen dürfen. Brunas „Vermutung, dass der Gesetzgeber [...] aus obigen Gründen lediglich solche Prozesse [...] den Munizipalmagistraten überlassen wollte, die normal verliefen", stützt die Schwierigkeit des Prozesses in Wahrheit nicht auf die nötige Schätzung, sondern auf den unnormalen Verlauf.

zur Verurteilung. Auch in Betracht kommt aber der Fall, dass der Erbe den Untergang zu vertreten hat und daher – bei entsprechendem Beweis – auch ohne *confessio* verurteilt worden wäre. Der Effekt der *confessio* besteht gerade darin, die Unterscheidung zwischen diesen drei Fällen entbehrlich zu machen: Es kommt nicht darauf an, ob der dritte Fall vorliegt, denn der Anerkennende wird in jedem Fall *(omnimodo)* so behandelt. Demnach behandelt das Fragment nicht ein mit Sicherheit sachlich falsches Anerkenntnis, sondern bloß eines, von dem unsicher ist, ob es der Rechtslage entspricht.[117]

Der Hinweis darauf, dass auf den Schätzwert verurteilt wird, stellt keine überflüssige und darum der Interpolation verdächtige Selbstverständlichkeit dar.[118] Vielmehr entscheidet Julian, die *confessio* unabhängig von einer eventuellen Verantwortlichkeit des Erben für den Sachuntergang zu akzeptieren und keine Klage auf das Doppelte einzusetzen.[119]

Anscheinend in direktem Widerspruch zu Julian ist uns eine andere Äußerung des Paulus überliefert.

Paulus D. 42,2,8 (4 *ad Sabinum*)

Non omnimodo confessus condemnari debet rei nomine, quae, an in rerum natura esset, incertum sit.	Nicht in jedem Fall wird der Anerkennende wegen einer Sache verurteilt, von der unsicher ist, ob sie existiert.

Existiert die Sache nicht, so wird man lesen dürfen, dann kommt es auf den Einzelfall an, ob verurteilt wird – gewiss dann, wenn die Sache trotzdem geschuldet bleibt. Paulus gesteht dem Anerkenntnis also geringere Macht zu als Julian.[120]

Auf die Seite Julians schlägt sich hingegen das folgende Zeugnis Ulpians:

Ulpian D. 42,2,5 (27 *ad edictum*)

Qui Stichum debere se confessus est, sive mortuus iam Stichus erat sive post litis contestationem decesserit, condemnandus est.	Wer anerkannt hat, den Stichus zu schulden, der ist zu verurteilen, auch wenn Stichus bereits tot war oder noch nach der Streitbefestigung verstirbt.

117 Diese Erwägung berücksichtigt Mayer-Maly nicht, wenn er das Problem der Stelle definiert als „die objektive und als solche evidente Unrichtigkeit einer *confessio in iure*“: St. Biscardi (1982) III 311.

118 So aber Betti, Atti Torino 51 (1915/16) 1023, der hier den justinianischen Grundsatz der Sachverurteilung gespiegelt sieht.

119 Erkannte ein leistungsfähiger, aber nicht leistungsbereiter Erbe das Legat an, so verweigerte der Prätor den Vorteil der *confessio* und ließ gleichwohl Litiskreszenz eintreten. Diese These wird unter IV.4.a (202 ff.) ausgeführt.

120 Anders Mayer-Maly, nach dem für Paulus die Nichtexistenz der Sache in jedem Fall eine Verurteilung aufgrund *confessio* verhindere und nur die Unsicherheit über die Existenz die Option eines Freispruchs eröffne: St. Biscardi (1982) III 309, 311, 314. Die Annahme resultiert daraus, dass Mayer-Maly hier nicht an die Fälle der *perpetuatio obligationis* denkt.

Die erste Alternative *(mortus iam erat)* unterstellt hier nur Tod zum Zeitpunkt des Anerkenntnisses, anders als bei Julian, wo das *in natura non fuisset* wohl den Entstehungszeitpunkt der Obligation betrachtet. Das Ergebnis ist das Gleiche: Unabhängig von der Rechtslage im Übrigen, insbesondere davon, ob der Schuldner den Sachuntergang zu vertreten hatte, soll wegen des Anerkenntnisses verurteilt werden.

Allerdings weist ein anderer Text aus dem Ediktskommentar in eine andere Richtung.

Ulpian D. 42,2,2 (58 *ad edictum*)

Non fatetur qui errat, nisi ius ignoravit.	Es erkennt nicht an, wer irrt, außer wenn er das Recht nicht kannte.

Dass jeder Irrtum, der nicht auf Rechtsunkenntnis beruht, ein Anerkenntnis ausgeschlossen haben soll, fällt in dieser Allgemeinheit zu glauben schwer.[121] Man scheut sich zu unterstellen, dass dort, wo das falsche Geständnis hält, stets Fälle gemeint sind, in denen ohne Irrtum, also etwa unter Druck oder zum Schutz eines Dritten absichtlich Falsches eingeräumt wurde.[122] Außer zu den angesprochen Stellen steht der Satz auch zu den Texten zur *lex Aquilia* in Gegensatz, nach denen das Geständnis, getötet bzw. verletzt zu haben, nur dann unwirksam ist, wenn der Sklave gar nicht tot, gar nicht verletzt oder auf natürliche Weise gestorben ist. Hier hält auch Julian den Geständigen nicht unbedingt an der *confessio* fest, wie Ulpian berichtet:

Ulpian D. 9,2,23,11 (18 *ad edictum*)

Si quis hominem vivum falso confiteatur occidisse et postea paratus sit ostendere hominem vivum esse, Iulianus scribit cessare Aquiliam, quamvis confessus sit se occidisse: hoc enim solum remittere actori confessoriam actionem, ne necesse habeat docere eum occidisse: ceterum occisum esse hominem a quocumque oportet.[123]	Wenn jemand zu Unrecht gesteht, einen lebendigen Sklaven getötet zu haben, und sich anschließend anheischig macht, [der Klage] entgegenzuhalten, dass der Sklave lebt, so schreibt Julian, dass die [lex] *Aquilia* keine Anwendung findet, obwohl er gestanden hat, getötet zu haben: Die konfessorische Klage soll den Kläger nämlich nur insofern entlasten, dass er nicht zeigen muss, dass [gerade] dieser [der Beklagte] getötet hat; gleichwohl muss der Sklave von irgendjemandem getötet worden sein.

121 Dass der Satz nicht allgemein gilt, ist wesentliches Ergebnis von Mayer-Maly St. Biscardi (1982) III.

122 Die Variante eines Geständnisses unter Druck erwägt Mayer-Maly St. Biscardi (1982) III 308.

123 Vgl. im Übrigen Paulus D. 9,2,24 (22 *ad ed.*) und Ulpian D. 9,2,25 pr. (18 *ad ed.*).

Wurde der Sklave tatsächlich getötet, so kommt es hingegen für die Haftung aus der *lex Aquilia* nicht darauf an, ob der Geständige unschuldig war.

Paulus D. 42,2,4 (15 *ad Plautium*)

Si is, cum quo lege Aquilia agitur, confessus est servum occidisse, licet non occiderit, si tamen occisus sit homo, ex confesso tenetur.	Wenn derjenige, der aus der *lex Aquilia* belangt wird, gestanden hat, den Sklaven getötet zu haben, so wird er aufgrund seines Geständnisses gehalten, auch wenn er ihn nicht getötet haben sollte, sofern der Sklave nur [überhaupt] getötet wurde.

Einem solchen Geständnis kann ein Irrtum zugrunde liegen, etwa im Rahmen eines nächtlichen Unfalls; es kann aber auch andere Gründe haben.[124] Insofern spricht Mayer-Maly zu Recht von einer „objektiven Orientierung“ bei der Bewertung des Geständnisses im Rahmen der *lex Aquilia.*[125]

Ohne alle Lösungsansätze harmonisieren zu wollen, vermutet Mayer-Maly, dass das Anerkenntnis dort mehr Kraft hatte, wo es sich auf den „rechtliche[n] Anspruchsinhalt“ bezog, und weniger, wo es – wie bei der *lex Aquilia* – eigentlich Geständnis über den „tatsächliche[n] Grund der Inanspruchnahme“ war.[126] Auf dieser Basis sei doch eine weitergehende Systematisierung versucht. Die naheliegende Verbindung seiner Unterscheidung zu Ulpians Irrtumstext spricht Mayer-Maly nicht aus: Bringt sie nicht gerade Ulpians Sonderbehandlung der Rechtsunkenntnis zum Ausdruck? Vielleicht bleibt ein Anerkenntnis des eigenen *dare oportere* trotz Irrtums nach Julian und Ulpian deswegen wirksam, weil ein Irrtum über ein *oportere* Rechtsunkenntnis ist.[127]

Das *oportere* gehört zum *ius:* Schließlich ist eine auf *oportere* gestellte *formula in ius,* nicht *in factum concepta* (Gaius 4,45). Demgegenüber wäre das Geständnis von Tatsachen bei der *lex Aquilia* grundsätzlich revisibel. Die Texte, die das Geständnis nur bei Vorliegen bestimmter objektiver Umstände

124 Vgl. soeben bei Fn. 122.

125 Mayer-Maly St. Biscardi (1982) III 314.

126 Mayer-Maly St. Biscardi (1982) III 310. – Interessant ist in diesem Zusammenhang die Frage nach der Formel des Klage aus der *lex Aquilia*; dazu oben 141f.

127 Ähnlich Winkel, Error iuris nocet, 146: „Wenn eine Rechtspflicht den Gegenstand der *confessio in iure* bildet, ist jede Form des Irrtums unerheblich; wenn die *confessio* sich auf eine Tatsache bezieht, muß diese objektiv feststelbar sein“. Als Rechtfertigung der Regel erwägt Winkel, der Beklagte solle nicht dem Risiko einer Verurteilung auf das *duplum* entgehen können, indem er, anstelle sogleich zu bestreiten, zunächst gesteht und hiervon dadurch wieder abrückt, dass er im Verlaufe der *actio confessoria* oder später im Rahmen einer rückfordernden *condictio* Irrtum vorträgt. Zwar ist nicht ersichtlich, dass Ulpian sich nur auf Klagen mit Litiskreszenz bezieht, doch leuchtet das Urteil von di Paola, Confessio, 71f., ein, wonach voreilige *confessiones* gerade bei Klagen mit Litiskreszens vorgekommen sein und gerade diese rechtliche Probleme aufgeworfen haben werden.

für unwirksam erklären, haben eigentlich ein Beweisproblem zum Gegenstand. Dass ein Geständnis irrtümlich erfolgte, kann nur reklamiert werden, wenn seine Unrichtigkeit hinreichend offen zu Tage liegt: sicherlich dann, wenn der vermeintlich Tote noch lebt, schwieriger, wenn bloß gesichert erscheint, dass er ohne äußere Gewalt verstarb. Vielleicht gab Paulus sich anders als Julian nicht damit zufrieden, jeden Irrtum über ein *oportere* als Rechtsunkenntnis unerheblich sein zu lassen, sondern rekurrierte darauf, worauf genau der Irrtum sich bezog. War unsicher, ob die Sache existierte, so sollte nach Paulus nicht immer verurteilt werden: Die Rechtsunkenntnis beruhte dann auf einem Sachverhaltsirrtum. Wusste der Verklagte, dass die Sache untergegangen war, erkannte aber an, weil er rechtlich irrig davon ausging, dass er für den Untergang einzustehen hatte, so hätte auch Paulus ihm nach dieser Deutung verweigert, von seinem Anerkenntnis abzurücken.

Eine Praxis, nach zu vertretenden Leistungsstörungen das Schulden unmöglicher Leistungen anzuerkennen, ist also zwar nicht ausdrücklich belegt. Sie fügt sich aber gut in die Quellen, zumal sie eine kohärente, wenn auch spekulative Deutung der Behandlung des Irrtums beim Anerkenntnis erlaubt. Spiegelbildlich zur *confessio* wird sich im Übrigen auch ein dem Kläger zugeschobener Eid weiterhin darauf gerichtet haben, dass die unmögliche Leistung geschuldet sei.[128]

IV. Überprüfung für verschiedene Obligationen

Die voranstehenden Abschnitte haben das paulinische *adhuc homo peti possit,* verstanden als unveränderter Fortbestand von Verbindlichkeit und Klage trotz Untergang des Leistungsgegenstandes oder Verhinderung der Leistung, als einen Grundsatz des römischen Obligationenrechts plausibel gemacht: Es passt zur Entwicklung des Schuldens aus dem Haften, zum Gleichlauf von Schuld und Vertragsstrafe und zu dem hier entwickelten Prinzip, wonach die Bestimmung eines Geldäquivalents wegen ihres willkürlichen Charakters dem Prozess vorbehalten bleiben musste. Zu prüfen bleibt, ob das übrige Quellenmaterial den herausgearbeiteten Grundsatz bestätigt und dabei Auskunft über die *constitutio veterum* gibt, auf die er zurückzugehen scheint.

128 Nach Paulus D. 12,2,30,1 (18 *ad ed.*) wirkt solch ein Schwur nur, soweit der Schuldner haftet: *Si iuravero te Stichum mihi dare oportere, qui non sit in rerum natura, nec aestimationem mihi praestare reus debet nisi ex causa furtiva vel propter moras: tunc enim etiam post mortem servi aestimatio praestatur.* Dazu HARKE, Eid, 119. Zum Schwur des Beklagten nach Sachuntergang vgl. Ulpian D. 12,2,34 pr. (26 *ad ed.*); dazu HARKE 120 ff.

1. Vorüberlegungen

Die Auswahl des Materials und seine Gliederung bedürfen der Rechtfertigung.

a. Materialauswahl nach der Klageart

Die Eingrenzung beginnt mit der Überlegung, dass ein Unterschied zwischen Sach- und Ersatzleistung nur sichtbar werden kann, wenn eine Klage mit einer bestimmt gefassten und *in ius* konzipierten *intentio* einschlägig ist.[129]

aa. *condictio certae rei*

Im Zentrum der Aufmerksamkeit steht die *condictio certae rei*, und zwar nicht nur, soweit sie aufgrund einer Stipulation erteilt wird (dann möglicherweise mit dem Zusatz *ex stipulatu*).[130] Verbleibende Zweifel zum Begriff und zu den Untergliederungen der *condictio* können dahinstehen, weil sich aus ihnen keine Unsicherheit über den Formelwortlaut ergibt.

In einem sehr allgemeinen Sinn bezeichnet *condictio* – etwa bei Gaius – jede persönliche Klage in Abgrenzung zur dinglichen.[131] Nach dem merkwürdigen Text D. 2,1,9 pr.-3 (26 *ad ed.*) will Ulpian für jede bestimmte Forderung dieselbe Klage *(condictio certi)* gewähren.[132] In D. 13,3,1 pr. reserviert Ulpian (27 *ad ed.*) die Klage mit der Überschrift *Si certum petetur*

129 Vgl. oben I.2 (124 ff.).

130 Dazu oben bei Fn. 12.

131 Vgl. Gaius 4,5: *appellantur autem in rem quidem actiones vindicationes, in personam vero actiones, quibus dari fierive oportere intendimus condictiones* und Ulpian D. 44,7,25 pr. (*l. s. reg.*): *actionum genera sunt duo: in rem, quae dicitur vindicatio, et in personam, quae condictio appellatur* [...] *in personam actio est, qua cum eo agimus, qui obligatus est nobis ad faciendum aliquid vel dandum.*

132 Ulpian D. 12,1,9 pr.-3 (26 *ad ed.*): *pr. Certi condictio competit ex omni causa, ex omni obligatione, ex qua certum petitur, sive ex certo contractu petatur sive ex incerto: licet enim nobis ex omni contractu certum condicere, dummodo praesens sit obligatio: ceterum si in diem sit vel sub condicione obligatio, ante diem vel condicionem non potero agere. § 1 Competit haec actio etiam ex legati causa et ex lege aquilia. sed et ex causa furtiva per hanc actionem condicitur. sed et si ex senatus consulto agetur, competit haec actio, veluti si is cui fiduciaria hereditas restituta est agere volet. § 2 Sive autem suo nomine quis obligatus sit sive alieno, per hanc actionem recte convenitur. § 3 Quoniam igitur ex omnibus contractibus haec certi condictio competit, sive re fuerit contractus factus sive verbis sive coniunctim, referendae sunt nobis quaedam species, quae dignum habent tractatum, an haec actio ad petitionem eorum sufficiat.* Die §§ 4–9 erörtern die Rückforderung von Darlehen problematischer Wirksamkeit. – Saccoccio, Si certum, 53 ff., verteidigt die Stelle als klassisch; Widerspruch bei Sturm SZ 124 (2007) 514 f. Auch Liebs Essays Honoré (1986) 180 ff. hält den Text im Kern für echt. Die Kompilatoren hätten lediglich *condictio certi* statt *actio certae creditae pecuniae* geschrieben (insoweit mit Lenel, EP, 233 f.); Hinweise zu dieser Frage oben bei Fn. 59.

für Geldforderungen.[133] Mit der Weizenkondiktion *(condictio triticaria),* die hiernach zur Klage auf andere Sachen zur Verfügung steht, haben die Kompilatoren den kurzen Titel 13,3 überschrieben.

Die Ulpiantexte sind vereinbar, wenn man D.13,3,1 pr. insgesamt nur auf Klagen bestimmten Inhalts bezieht. Die der *actio ex stipulatu* gemäß D.12,1,24 gegenüberstehende [actio condicticia] *per quam certum petitur* bzw. *condictio certi* muss dann zwei Ausprägungen gehabt haben, nämlich neben der Kondiktion einer bestimmten Geldsumme (*Si certum petetur* im engeren Sinne) für alle übrigen bestimmten Inhalte die nach ihrer Musterformel benannte Weizenkondiktion.[134] Doch gilt die Bezeichnung *condictio triticaria* vielfach als interpoliert.[135]

Von den Anwendungsfällen der *condictio certae rei* bleibt die Rückforderung eines *mutuum* ausgespart.[136] Es ist nicht ersichtlich, dass die Juristen Fälle eines Untergangs der gesamten Gattung diskutiert hätten. Somit stellen sich keine Probleme, die dem Tod des geschuldeten Sklaven vergleichbar wären.

bb. *actio ex testamento*

Neben der *condictio certae rei* rückt die *actio ex testamento* in den Blick, sofern sie auf ein nichtpekuniäres *certum* abzielt. Die Fomeln glichen sich im Wesentlichen.

Dass der Prätor die *actio ex testamento* gesondert proponiert haben muss, ergibt sich schon daraus, dass hier die *condemnatio* auf das *duplum* anzukündigen war.[137] Außerdem gab die *intentio* einen Bezug zum Schuldgrund an.

Diesen Befund überträgt die herrschende Meinung von der *actio incerti.* Aus einer Äußerung von Gaius zum *legatum sinendi modo* lässt sich schließen, dass man aufgrund unbestimmten Legats wegen *QUIDQUID EX TESTAMENTO DARE FACERE OPORTET* klagte.[138] Selb und Kaser gehen davon aus, dass diese Klage regelmäßig ohne *demonstratio* auskam, es

133 Ulpian D. 13,3,1 pr. (27 *ad ed.*): *Qui certam pecuniam numeratam petit, illa actione utitur SI CERTUM PETETUR: qui autem alias res, per triticariam condictionem petet.*

134 So auch das Verständnis von Saccoccio, Si certum, 27 ff.

135 Vgl. Lenel, EP, 239, Kaser, RP I, § 115 III 2 Fn. 42, 492 f., Saccoccio, Si certum, 26 ff.

136 Auch eine mengenmäßig beschriebene Leistung aus einer Gattung kann Gegenstand einer *condictio certae rei* sein. Dabei ist nicht nur an bestimmte Geldbeträge zu denken. Als Inhalt einer *stipulatio certa* zählt etwa auch eine bestimmte Menge Weizens bester Qualität (nicht aber eine Menge guter Qualität, weil zu dem Guten stets noch das Bessere dazugehört); vgl. dazu unten 229 mit Fn. 364.

137 Zur Litiskreszenz vgl. Gaius 2,282: *Item si legatum per damnationem relictum heres infitietur, in duplum cum eo agitur; fideicommissio vero nomine semper in simplum persecutio est* sowie Inst. 3,27,7. Dass Litiskreszenz nur bei der *actio certi ex testamento* einträte, wie Lenel, EP, 368 annimt, erscheint nicht begründet. Vgl. im Übrigen EP, 367 f., Mantovani, Formule, 48 f.

138 Gaius 2,213: *Sicut autem per damnationem legata res non statim post aditam hereditatem legatarii efficitur, sed manet heredis eo usque, donec is tradendo vel mancipando vel in iure cedendo legatarii eam fecerit, ita et in sinendi modo legato iuris est; et ideo huius quoque legati nomine in personam actio est QUIDQUID HEREDEM EX TESTAMENTO DARE FACERE OPORTET.*

aber auch eine *formula incerta ex testamento* mit *demonstratio* für Fälle gegeben habe, in welchen der Klagegegenstand weiter individualisiert werden musste.[139] Die von SELB zudem behauptete ganz abstrakte Fassung einer Formel auf ein *incertum* (in Fällen, in denen eine Individualisierung nicht nötig sei, weil keine Verwechslungsgefahr bestehe) qualifiziert KASER hingegen mangels Belegs, praktischen Bedürfnisses und Praktikabilität überzeugend als unwahrscheinlich.[140] Es herrscht die Auffassung, dass *EX TESTAMENTO* entsprechend auch bei der *actio certi* Formelbestandteil war. Ein Problem bereitet allerdings die Formel in Gaius 2,204.[141] Hier muss Gaius *EX TESTAMENTO* um der Kürze willen ausgelassen haben.[142]

cc. Keine Einbeziehung der *actio rei uxoriae*

Die *actio rei uxoriae* wird nicht vertieft untersucht. Gaius 4,62 zählt sie zu den *bonae fidei iudicia*. In der Romanistik hatte sich die Auffassung durchgesetzt, ihr habe eine *in ius* konzipierte, bestimmt gefasste *intentio* nach dem Muster *SI PARET N. N. A. A. DOTEM PARTEMVE EIUS REDDERE OPORTERE* zugrunde gelegen.[143] Doch hat VARVARO diese Auffassung mit guten Gründen wieder in Zweifel gezogen.[144]

Gleichwohl soll hier erwähnt werden die Entscheidung des Publius Mucius über die Mitgift der Licinnia, der Ehefrau des 121 vor Christus ums Leben gekommenen Gaius Gracchus.[145]

Javolen D. 24,3,66 pr. (6 *ex posterioribus Labeonis*)

In his rebus, quas praeter numeratam pecuniam doti vir habet, dolum malum et culpam eum praestare oportere Servius ait. ea sententia Publii Mucii est: nam is	Servius sagt, dass hinsichtlich der Gegenstände, die der Ehemann abgesehen von Geld als Mitgift hat, dieser für Vorsatz und Fahrlässigkeit einstehen müsse. Das entspricht der Auffassung von Publius Mucius.

139 SELB, Formeln, 30 ff.; KASER Labeo 22 (1976) 16 ff.

140 SELB, Formeln, 30 ff.; KASER Labeo 22 (1976) 18 f.

141 Gaius 2,204: *Quod autem ita* [per damnationem, G. A.] *legatum est, post aditam hereditatem, etiamsi pure legatum est, non, ut per vindicationem legatum, continuo legatario adquiritur, sed nihilo minus heredis est: et ideo legatarius in personam agere debet, id est intendere HEREDEM SIBI DARE OPORTERE.*

142 LENEL, EP, 367; ihm folgt MANTOVANI, Formule, 48 f. Für sein Ergebnis führt LENEL zusätzlich das Beispiel *EX TESTAMENTO DARI SIBI OPORTERE* ins Felde, das Gaius im Rahmen der Erörterung des *aliud pro alio intendere* gibt (4,55), und verweist außerdem auf Julian D. 30,82,1 (33 *dig.*): *recte ex testamento petam EAM MIHI DARE OPORTERE.* Auch KASER, Labeo 22 (1976) 17, der Bedenken gegen die Beweiskraft von Gaius 4,55 äußert, stuft den Einschub *EX TESTAMENTO* insgesamt als „glaubhaft bezeugt" ein.

143 So LENEL, EP, 303 ff.; KASER, RP I, § 81 I Fn. 3; MANTOVANI, Formule, 60.

144 VARVARO, La formula, insb. 42–84. Sein Vorschlag einer unbestimmten Formel mit *demonstratio* 270 ff.

145 Sie wird etwa von BIANCHI FOSSATI VANZETTI und CANNATA als Ausfluss der *perpetuatio obligationis* gedeutet; siehe 108 bzw. 112.

in Licinnia Gracchi uxore statuit, quod res dotales in ea seditione qua Gracchus occisus erat, perissent, ait, quia Gracchi culpa ea seditio facta esset, Licinniae praestari oportere.	Denn der hat im Fall der Licinnia, der Ehefrau des Gracchus, entschieden: Was das betrifft, dass Mitgiftsachen bei jenem Aufruhr zugrunde gegangen seien, bei dem Gracchus getötet wurde, sagt er [Publius Mucius], weil dieser Aufruhr durch Verschulden des Gracchus zustandegekommen sei, müsse der Licinnia dafür eingestanden werden.

Weil der Text das Einstehen für *dolus* und *culpa* thematisiert *(dolum malum et culpam praestare),* wird sich das *praestari* der Entscheidung auf die durch *culpa* herbeigeführte *seditio* beziehen, nicht auf die *res dotales.*[146] Darüber, ob als Schuldgegenstand diese selbst oder ihr Wert gedacht wurden, gibt der Text nichts her.

dd. Zur *actio operarum*

Die *actio operarum* weist die Besonderheit auf, dass der Patron erst dann klagen konnte, wenn der Tag verstrichen war, für den er den Dienst eingefordert hatte; der *libertus* also nicht mehr erfüllen konnte.

Dass trotzdem weiterhin die unmöglich zu erbringenden Dienste als Gegenstand der Forderung angesehen wurden, bezeugt eine Äußerung, die Pomponius D. 38,1,8 pr. dem Labeo zuschreibt: *semper praeterita opera, quae iam dari non possit, petatur.*[147] Indirekt ergibt sich dasselbe aus einer Überlegung von Paulus D. 38,1,37,6 zur *lex Iulia et Papia.* Das Gesetz befreit den *libertus* bei Geburt des zweiten Kindes von seinen Dienstverpflichtungen. Das gilt auch für bereits angewiesene und nicht erbrachte Dienste, nach Julian sogar dann, wenn bereits Klage erhoben ist. Erst nach der Verurteilung geborene Kinder allerdings sollen Paulus zufolge nicht mehr nützen, weil nun bereits eine Geldschuld bestehe *(quoniam iam pecuniam debere coepit).*[148] Dies erlaubt den Umkehrschluss, dass bis zum Prozess weiterhin die Dienste geschuldet waren.[149]

146 Anders Bianchi Fossati Vanzetti, Perpetuatio, 36; sowie Knütel/Kupisch/Seiler/Behrends (Seiler), deren Übersetzung die meinige im Übrigen folgt.

147 Labeo begründet so, warum einem Teilgläubiger ein Teil eines Diensttages geschuldet sein und der Gläubiger diesen auch einklagen kann. Dass der Freigelassene einen solchen Teil nicht leisten kann, weil *opera* unteilbar sind, spielt keine Rolle, da Dienste zum Klagezeitpunkt ohnehin nicht mehr erbracht werden können. Pomponius D. 38,1,8 pr. (8 *ad Sab.*): *Si quando duobis patronis iuraverit libertus operas se daturum, Labeoni placet et deberi et peti posse partem operae, cum semper praeterita opera, quae iam dari non possit, petatur.* Zum Text Bianchi Fossati Vanzetti, Perpetuatio, 75.

148 Zur Prozessnovation siehe oben 143 f.

149 Paulus D. 38,1,37 (2 *ad leg. Iul. et Pap.*): *§ 5 Non solum futurarum, sed etiam praeteritarum operarum liberatio fit. § 6 Iulianus etiam si iam petitae sunt operae, liberis sublatis absolutionem faciendam. sed si iam operarum nomine condemnatus est, non potest liberari, quoniam*

Das Prinzip, wonach die unmögliche Leistung weiterhin gefordert und eingeklagt wird, wenn der Schuldner sich nicht von der Verantwortung entlasten kann, durchdringt also jede einzelne Anwendung der *actio operarum*. Die Untersuchung einzelner Fälle erübrigt sich.

Übrigens bilden gerade die genannten Äußerungen zum Gegenstand der Verbindlichkeit die Grundlage für die herrschende Meinung, dass die *intentio* der *actio operarum* derjenigen der *condictio certae rei* entsprach.[150]

b. Gliederung nach Obligationen

Auch wenn die Auswahl des Stoffes durch die Übereinstimmung in der Klageformel bestimmt ist, differenziert die Darstellung nach dem Klagegrund und damit nach verschiedenen Obligationen. Am Anfang stehen die Leistungsstörungen bei der Stipulation als das von Paulus im Plautiuskommentar direkt behandelte Thema. Anschließend und getrennt davon geht es um die Auswirkung des Sachuntergangs auf Kondiktionen, die – in heutiger Diktion – aus bereicherungsrechtlichen Gründen bestehen. Den Abschluss bildet das Damnationslegat.

Eine solche Herangehensweise dürfte der Perspektive der Klassiker entsprechen. Denn in den untersuchten Texten kommt zum Ausdruck und ist folglich nicht einerlei, ob wegen Stipulation, wegen Legat oder aus anderem Grund geklagt wird.

Zwei verallgemeinernde Formulierungen finden sich allerdings im Sabinuskommentar des Pomponius. In dessen 9. Buch schreibt er über die Haftung aus Legat und Stipulation: *Si ex legati causa aut ex stipulatu hominem certum mihi debeas, non aliter post mortem eius tenearis mihi, quam si per te steterit, quo minus vivo eo eum mihi dares: quod ita fit, si aut interpellatus non dedisti aut occidisti eum* (D. 45,1,23). Im 22. Buch formuliert er noch abstrakter: *Quod te mihi dare oporteat si id postea perierit, quam per te factum erit quominus id mihi dares, tuum fore id detrimentum constat* (D. 12,1,5). Damit artikuliert Pomponius

iam pecuniam debere coepit. Bianchi Fossati Vanzetti schiebt die Quelle mit der Begründung beiseite, die Juristen hätten hier im Sinne des *favor libertatis* ausnahmsweise davon abgesehen, dass eigentlich schon mit der Nichterfüllung nur noch Geld geschuldet war: Perpetuatio obligationis, 107.

150 Vgl. Lenel, EP, 338 ff., Kaser SDHI 46 (1980) 135 f., Waldstein, Operae, 352 ff.; Mantovani, Formule, 49. Anders insb. Bianchi Fossati Vanzetti, die sich (wie Cosentini und Pescani) daran stört, dass die Formel eine stets unmögliche Leistung voraussetzen soll. Dazu bereits oben 108 ff. Die Autorin geht von einer Geldschuld aus und schlägt eine Formel nach folgendem Muster vor: *QUOD A. A. DE N. N. C OPERAS STIPULATUS EST ET EX ILLIS XX INDICTAE NEC PRESTITAE SUNT, QUIDQUID OB EAM REM N. N. A. A. DARE FACERE OPORTET, EIUS IUDEX N. N. A. A. DUMTAXAT SESTERTIUM DECEM MILIA CONDEMNATO, S. N. P. A.* (Perpetuatio, 103 f.).

die Wertung, dass der Schuldner, der die Nichtleistung zu vertreten hat, hieraus den Nachteil tragen muss. Beide Texte verraten aber nicht, wie der Jurist die Haftung des Schuldners konstruiert: worauf sich Obligation und Klage richten sollen. Daher ist auf sie nicht weiter einzugehen.

2. Stipulation

Nur wenigen Quellen zur Stipulation lässt sich ein Hinweis darauf entlocken, was als Gegenstand der Schuld angesehen wurde, wenn der eigentliche Schuldgegenstand nicht mehr erbracht werden konnte. Sie werden hier nach chronologischen Anhaltspunkten durchgesehen.

a. Leistungen in der Vergangenheit (African D. 7,1,37)

African diskutiert im 7. Buch der *questiones* Stipulationen, die aufgrund Zeitablaufs nicht mehr tatsächlich erfüllt werden können. Versprochen waren ein Nießbrauch oder *operae* in einem bestimmten Zeitraum.

African D. 7,1,37 (7 *quaestionum*)

Quaesitum est, si, cum in annos decem proximos usum fructum de te dari stipulatus essem, per te steterit quo minus dares et quinquenium transierit, quid iuris sit. Item si Stichi decem annorum proximorum operas de te dari stipulatus sim et similiter quinquennium praeteriit. Respondit eius temporis usum fructum et operas recte peti, quod per te transactum est quo minus darentur.

Es ist gefragt worden, was rechtens sei, wenn, als ich mir von dir habe versprechen lassen, dass ein Nießbrauch für die nächsten 10 Jahre gegeben werde, du mit der Leistung im Verzug warst und 5 Jahre vergingen. Ebenso, wenn ich mir von dir die *operae* des Stichus für die nächsten 10 Jahre habe versprechen lassen und auf ähnliche Weise 5 Jahre vergingen. Er hat geantwortet, dass der Nießbrauch und die *operae* für die Zeit mit Recht gefordert würden, für die es an dir lag, dass sie nicht geleistet wurden.

Problematisch war, ob der Gläubiger bereits klagen konnte, wenn erst ein Teil der Zeit abgelaufen war, für die der Nießbrauch oder die *operae* versprochen worden waren. Der Jurist bejaht dies nur für die schon verstrichene und verneint es für die noch ausstehende Zeit.

Als Gegenstand der Forderung werden der Nießbrauch und die *operae* für die vergangene Zeit bezeichnet, also Leistungen, die als solche nicht mehr erbracht werden können. Offenbar blieb der Inhalt der Verbindlichkeit von der Unerbringbarkeit der Leistung unberührt.[151] Geht man davon aus, dass in diesen Fällen mit einer bestimmten Klageformel geklagt wurde – was allerdings

151 Zum entgegengesetzten Verständnis von Bianchi Fossati Vanzetti vgl. bereits oben 108 ff.

für den Nießbrauch zweifelhaft ist[152] –, so richtete sie sich weiterhin auf die versprochene Leistung, die in der Vergangenheit zu erbringen gewesen wäre.

b. Gleichklang von *intentio* und *stipulatio:* Gaius 4,53d

Einen Hinweis gibt die Erläuterung der *pluris petitio* durch Gaius 4,53–4,53d. Danach wird eine Klage mit bestimmter *intentio* abgewiesen, wenn der Kläger zu viel gefordert hat, sei es hinsichtlich der Sache selbst *(re),* der Leistungszeit *(tempore),* des Leistungsortes *(loco)* oder – indem er eine Wahlmöglichkeit des Beklagten überging – hinsichtlich der Rechtslage *(causa).* Gaius schließt mit dem Hinweis, die *intentio* der Klageformel müsse so abgefasst werden wie die klagebegründende Stipulation: *Itaque sicut ipsa stipulatio concepta est, ita et intentio formulae concipi debet* (4,53d). Wird der *causa* nach zu viel gefordert, so besteht der Fehler wohl bereits darin, überhaupt eine bestimmte Klageformel zu wählen, obwohl die Stipulation unbestimmt war.[153] In den anderen Fällen geht es um die genaue Fassung der bestimmten Formel, die der Formel der Stipulation entsprechen muss.

Auch wenn Gaius hier nicht ausdrücklich Leistungen behandelt, die nicht mehr erbracht werden können, legt der Satz den Schluss nahe, dass die Unmöglichkeit keine Veränderung der Formel erfordert. Gerade ein bezifferter Ersatzbetrag könnte leicht auch vermögensmäßig ein zu hohes Begehr darstellen.

---

152 Dazu und zu African D. 7,1,36,2 (5 *quaest.*) im Rahmen des Damnationslegats unten, 214 ff. – Zu *operae* als *certum* vgl. Kaser, RP I, § 115 III.2 mit Fn. 43 sowie die Nachweise oben Fn. 150; dagegen Bianchi Fossati Vanzetti, Perpetuatio, insb. 109 f: der Sache nach gehe es um ein *factum.*

153 Als Beispiel für das *causa plus petere* nennt Gaius den Fall, dass der Gläubiger die Formel auf einen von mehreren alternativ stipulierten Gegenständen richtet. Stattdessen hätte wohl die unbestimmte *actio ex stipulatu* verwendet werden sollen (so auch Kaser, RP I, § 116 I 2 mit Fn. 5, der allerdings von einer Streitfrage ausgeht). – Andere verstehen den Text so, dass er eine Formel mit der *intentio ILLUD AUT ILLUD DARI* für erforderlich erklärt: so schon Beseler SZ 45 (1925) 434, der deswegen ein Glossem vermutete. Für klassisch halten solch eine *intentio* hingegen Grosso, Obbligazioni, 186 f.; Provera AUCA 21 (1955) 211; Varvaro, Certum, 142 Fn. 478. Bezeugt wird sie von Theophilus 4,6,33d und Inst. 4,6,33d: *qua de causa talis in ea re prodita est actio, ut quis intendat HOMINEM STICHUM AUT AUREOS DECEM SIBI DARI OPORTERE, id est ut eodem modo peteret, quo stipulatus est* (hier allerdings als Innovation). Aber Gaius spricht überhaupt nur über Klagen mit bestimmter Formel (vgl. 4,54). Nach Ulpian D. 45,1,75,8 ist bei Wahlrecht des Schuldners ein *incertum* versprochen: *Qui ILLUD AUT ILLUD stipulatur, veluti DECEM VEL HOMINEM STICHUM, utrum certum an incertum deducat in obligationem, non immerito quaeritur:* [...] *qui vero sibi electionem non constituit, incertum stipulatur.* – Wie hier Gröschler St. Corbino (2016) III 514 ff. – Zum Zusammenhang zwischen der Bestimmtheit der Stipulation und der Bestimmtheit der *intentio* vgl. noch unten 228, zur Wahlschuld Fn. 364.

c. Tod bei Wahlschuld: Papinian D. 46,3,95 pr.–1

Eine deutliche Bestätigung dafür, dass der untergegangene Gegenstand geschuldet bleibt, gibt ein berühmter Text von Papinian zur Wahlschuld aus Stipulation.

Papinian D. 46,3,95 pr.–1 (28 *quaestionum*)

pr. STICHUM AUT PAMPHILUM, UTRUM EGO VELIM, DARE SPONDES? altero mortuo qui vivit solus petetur, nisi si mora facta sit in eo mortuo, quem petitor elegit: tunc enim perinde solus ille qui decessit praebetur, ac si solus in obligationem deductus fuisset.	Versprichst Du, mir den Stichus oder den Pamphilus, wen von beiden ich will, zu übereignen? Nachdem einer gestorben ist, kann nur der Überlebende gefordert werden, außer wenn es zu einem Verzug hinsichtlich des Toten gekommen war, den der Gläubiger gewählt hatte. Dann nämlich wird auf gleiche Weise ausschließlich derjenige gewährt *(praebetur)*, der verstarb, als wenn nur er allein versprochen gewesen wäre.
§ 1 Quod si promissoris fuerit electio, defuncto altero qui superest aeque peti poterit. enimvero si facto debitoris alter sit mortuus, cum debitoris esset electio, quamvis interim non alius peti possit, quam qui solvi etiam potest, neque defuncti offerri aestimatio potest, si forte longe fuit vilior, quoniam id pro petitore in poenam promissoris constitutum est, tamen, si et alter servus postea sine culpa debitoris moriatur, nullo modo ex stipulatu agi poterit, cum illo in tempore, quo moriebatur, non commiserit stipulationem. sane quoniam impunita non debent esse admissa, doli actio non immerito desiderabitur [...]	Wenn aber dem Versprechenden die Wahl zustand, kann nach dem Tod des einen gleichermaßen der Überlebende gefordert werden. Wenn hingegen der eine durch ein Handeln des Schuldners zu Tode kam, dem die Wahl zustand, so kann zwar zunächst kein anderer verlangt werden, als der, der auch geleistet werden kann, und der Schuldner darf auch nicht den Schätzwert des Verstorbenen anbieten, wenn der vielleicht viel billiger war als der Überlebende. Denn dies ist als Bestrafung des Schuldners zu Gunsten des Gläubigers so bestimmt. Wenn jedoch danach der zweite Sklave ohne *culpa debitoris* verstirbt, kann aus der Stipulation auf keinen von beiden geklagt werden, weil sie dem Gläubiger zum Zeitpunkt des Todes nicht verfiel. Weil aber Straflosigkeit solcher Taten nicht zugelassen werden darf, wird eine *actio doli* nicht zu Unrecht begehrt werden [...][154]

Papinian knüpft seine Darstellung um die Beobachtung, dass bei Tod eines der beiden wahlweise geschuldeten Sklaven unabhängig davon, wem die Wahl zustand, der weiterhin Überlebende gefordert werden kann.

aa. *principium*: Wahlrecht des Gläubigers

Im *principium* wird der Fall behandelt, dass der Gläubiger sich das Wahlrecht ausbedungen hat. Grundsätzlich wird das Wahlrecht dazu geführt haben, dass der Gläubiger mittels einer Klage mit bestimmt gefasster *intentio* klagen konnte und musste, in der allein die von ihm gewählte Leistung aufgenommen wurde.[155]

154 Zum Rest des Textes *(actio de dolo* gegen den *fideiussor)* bereits oben 48 (im ersten Kapitel).

155 Vgl. Ulpian D. 45,1,75,8 (22 *ad ed.*): *qui sibi electionem constituit adiectis his verbis UTRUM EGO VELIM, potest videri certum stipulatus, cum ei liceat vel HOMINEM tantum vel DECEM tantum intendere sibi dari oportere.*

Von Papinian erfahren wir, dass nach dem zufälligen Tod eines der wahlweise geschuldeten Sklaven nur noch der andere verlangt werden kann. Der Schuldner trägt somit bis zur Ausübung der Wahl das Risiko, beide Sklaven zu verlieren. Wegen des Todes vermindert sich sein Vermögen im Ergebnis genau um den Wert beider Sklaven, denn weder darf der Schuldner dem Gläubiger statt des Überlebenden den Wert des Verstorbenen aufdrängen, noch darf der Gläubiger diesen fordern (sei es direkt als Klage auf den Wert, sei es über den Umweg einer Klage auf den Toten selbst). Für den Schuldner macht es also keinen Unterschied, welcher der beiden Sklaven verstirbt. Dem Gläubiger wird trotz des Unglücksfalls erfüllt, er muss sich aber mit dem vielleicht weniger wertvollen Überlebenden zufrieden geben, sein Wahlrecht schlägt ihm der *casus* aus der Hand.[156]

Da Papinian die Beschränkung auf den Überlebenden als allgemeine Regel aufstellt und eine Ausnahme allein für Verzug nach der Wahl ausspricht, muss man annehmen, dass er den vor der Wahl verstorbenen Sklaven auch dann aus der Obligation ausscheidet, wenn der Schuldner den Tod herbeigeführt hat. Auf den ersten Blick erscheint seltsam, dass der Schuldner durch seine Fahrlässigkeit das Wahlrecht des Gläubigers ohne jeden Ausgleich soll verkürzen können. Angeboten hätte sich, dem Gläubiger weiterhin die Wahl des Verstorbenen zu erlauben.[157] Andererseits setzt bereits der Umstand, dass der fahrlässig den Tod eines der beiden Sklaven verursachende Schuldner keinen von beiden behalten darf, hinreichenden Anreiz für sorgfältigen Umgang mit beiden.

Für den Fall, dass die Wahl vom Gläubiger schon ausgeübt wurde, stellt Papinian ausdrücklich die wahlweise der einfachen Stipulation gleich: Bei Tod im Verzug werde ausschließlich der tote Sklave gewährt *(praebetur)*.[158] Demnach kann der Schuldner sich weiterhin nicht durch Leistung des Überlebenden befreien; die Forderung des Gläubigers richtet sich allein auf den Toten.[159] Die

156 Das gleiche Muster zeigt für den Kauf Paulus D. 18,1,46,6 (33 *ad ed.*) (am Ende).

157 Das hält Ziliotto, Obbligazioni, 70, für die Lösung.

158 Ziliotto, Obbligazioni, 70 ff., stört sich an der Formulierung, dass ein Toter geleistet werden soll. Als alternative Deutung des Sachverhalts erwägt sie, dass der Gläubiger nach Ausübung des Wahlrechts in Verzug geriet *(mora facta sit)*, weil der Gewählte angeboten wurde *(praebetur)*. Rechtsfolge sei, dass der Schuldner gänzlich befreit werde, so als sei von Anfang an nur ein Sklave geschuldet gewesen und dieser während Annahmeverzugs verstorben. Doch hebelt Ziliotto damit den Gedanken ganz aus den Angeln: Die Konstruktion *nisi* [...] *tunc enim* weist das *praebetur* als Rechtsfolge, nicht Teil der Fallschilderung aus. Auch zeigt das wiederholte *solus*, dass in Frage steht, welcher Sklave zu leisten ist, nicht aber, ob überhaupt einer.

159 An eine Abkehr des Gläubigers von der einmal getroffenen Wahl ist hier nicht gedacht. Dazu Pomponius D. 45,1,112 pr. (15 *ad Quint. Muc.*) und darüber Knütel FS Nishimura (2018) 137.

Lösung Papinians bestätigt also das *adhuc homo peti possit* des Paulus: Der Tote ist geschuldet, auf ihn wird die *intentio* gerichtet, auf seinen Wert wird der Schuldner im Prozess verurteilt.

bb. § 1: Wahlrecht des Schuldners

Der viel beachtete § 1 soll an dieser Stelle vor allem deswegen besprochen werden, weil manche in dem Text ein Hinweis auf die *constitutio veterum* aus D. 45,1,91,3 entdecken. Im Unterschied zum *principium* wird hier der Normalfall behandelt, in dem das Wahlrecht beim Schuldner liegt. Grundsätzlich konnte der Gläubiger seine Klage dann nicht mit bestimmter *intentio* auf eine der alternativ geschuldeten Leistungen richten, sondern musste dem Schuldner die Entscheidung offenlassen, wohl indem er mit der *actio incerti ex stipulatu* klagte.[160]

Der Abschnitt beginnt mit der Feststellung, dass auch bei Wahlrecht des Schuldners der Tod eines der beiden Sklaven ihn nicht befreit, sondern der Gläubiger den Überlebenden fordern kann (mehr dazu sogleich). Dem Schuldner wird nicht gestattet, im Nachhinein den Toten zu wählen und sich für diesen auf befreienden *casus* zu berufen.[161]

Es folgt der interessanteste Fall, dass der erste Sklave durch Verschulden des wahlberechtigten Schuldners ums Leben kommt. Für diese Variante wird im Text betont, dass der Gläubiger nur den Überlebenden fordern kann und auch der Schuldner keine Wahl mehr hat, sich also nicht durch Zahlung des Wertes des Verstorbenen befreien kann. Die Begründung *quoniam id pro petitore in poenam promissoris constitutum est* wird in der Forschung unterschiedlich verstanden. Weitgehende Einigkeit herrscht darüber, dass es darum geht, dass zur „Bestrafung" des Versprechenden etwas im Recht überhaupt festgesetzt ist. Der Gedanke, Papinian unterstelle unvermittelt eine Strafstipulation,[162] erscheint eher fernliegend.

Teils wird angenommen, bei der festgesetzten „Strafe" handele es sich darum, dass kraft unserer *constitutio veterum* bei *culpa* an die Stelle einer Leistung der Wert trete.[163] Dieser Effekt wird in der Tat auch in den *Pauli Sententiae* als

160 Später vielleicht auch mit einer *intentio* auf *ILLUD AUT ILLUD DARI*; vgl. eben Fn. 153.

161 Ein solcher Gedankengang findet sich nach dem Bericht von Ulpian D. 13,4,2,3 (27 *ad ed.*) bei Scaevola in 15 *quaestionum*.

162 Babusiaux nimmt an, dass der Schuldner sich nicht durch Zahlung des Geldwertes des Toten befreien könne, sei in einer Strafstipulation festgelegt *(in poenam constitutum)* oder ergebe sich jedenfalls daraus, dass er aufgrund einer Strafstipulation mehr als den Geldwert zu zahlen habe (116). Sehr deutlich dagegen jetzt Knütel FS Nishimura (2018) 145 f.

163 In diesem Sinne Bas. 26,5,95 pr.-1, wohl Wacke RIDA 27 (1980) 365 f. Fn. 43; ausführlicher nun Knütel FS Nishimura (2018) 139, Platschek Mél. Coriat (2019) 828 ff.

Sanktion begriffen.[164] Aufgrund dieses Effektes hätte man auf den Gedanken kommen können, dass im Fall der Schuldner die Wahl habe, den Wert des Verstorbenen zu leisten. Doch habe sich die Regel der *veteres* nicht zugunsten des Schuldners auswirken sollen; daher sei es bei Tod durch *factum debitoris* bei der Beschränkung der Forderung auf den Überlebenden geblieben.

Gegen diese Deutung spricht jedoch, dass das im vorliegenden Text die festgesetzte Strafe bezeichnende *id* sich auf *neque defuncti offerri aestimatio potest* bezieht. Wenn der Schuldner etwas anbieten dürfte, könnte dies kaum eine „Strafe" genannt werden. Zur *constitutio veterum,* als deren Rechtsfolge Paulus D. 45,1,91,6 ein Forderungsrecht des Gläubigers, nicht ein Ablöserecht des Schuldners bezeichnet, passte es ohnehin schlecht. Die „Strafe" muss also gerade darin bestehen, dass derjenige, der nach seiner Wahl einen von zwei Sklaven schuldet, wenn er den Tod des einen herbeigeführt hat, seine Haftung nicht auf dessen Schätzwert begrenzen kann.[165]

Daraus folgt für den Ausgangsfall, in dem der Wahlschuldner den Tod des ersten Sklaven nicht verschuldet hat, er also nicht „bestraft" wird, dass es ihm möglich gewesen sein muss, die Haftung auf dessen Wert zu begrenzen. Zwar ist es richtig, dass mehrere Texte anderer Juristen solch eine Option nicht kennen.[166] Andererseits ist sie nicht beispiellos: Auch Ulpian gesteht nach D. 30,47,3 (22 *ad Sabinum*) dem Erben zu, beim Wahlvermächtnis statt des übriggebliebenen Sklaven den Wert des verschwundenen zu leisten.[167] Im Prozess ließ sich solch eine Befugnis mit der *actio incerti ex stipulatu*[168] unproblematisch umsetzen. Auf den ersten Blick scheint sich diese Befugnis des Schuldners nicht mit der Formulierung zu vertragen, dass der Gläubiger den Überlebenden soll fordern können, und zwar gleichermaßen *(qui superest aeque peti possit);* man möchte

164 Das zeigt das Ende von PS 5,7,4: *perinde agi ex stipulatu potest* [...] *ideoque promissor aestimatione eius punitur,* worauf Knütel hinweist; mehr bei Platschek 831.

165 So schon die Glosse *Quoniam id* (Bd. 2, 2434): *Ut non possit offerre aestimationem vilioris;* Heymann, Erfüllungsverzug, 29 („Verzugsfolgen als Strafe").

166 So nimmt African D. 23,5,9,2 (8 *quaest.*) nur den übriggebliebenen Gegenstand in die Mitgift, nicht alternativ den Wert des verstorbenen Sklaven, bei Scaevola kann nach Ulpian D. 13,4,2,3 (27 *ad ed.*) nur der Überlebende gewählt werden, bei Pomponius D. 45,1,16 pr. (6 *ad Sab.*) ist nur noch der geschuldet, den der Gläubiger nicht aus anderem Grund erwarb. Die Texte hat Scialoja BIDR 11 (1898) 65 zusammengetragen. Auch für den Kauf heißt es bei Paulus D. 18,1,34,6 (33 *ad ed.*) uneingeschränkt, dass der Schuldner den Überlebenden zu leisten hat.

167 Dazu unten 4.e.dd (222 ff.). Wacke RIDA 27 (1980) 365 f. Fn. 43, dem zufolge Papinian dem Schuldner diese Möglichkeit nicht einräumt, nimmt eine Kontroverse an. Knütel FS Nishimura (2018) 140 denkt an eine „Auslegungsfrage", Platschek Mél. Coriat (2019) Fn. 29 an Sonderstellung des Legats.

168 Dazu soeben bei Fn. 160.

meinen: wie im *principium*. Der Satz lässt sich aber wie folgt verstehen: Der Gläubiger fordert weiterhin – mit der *actio incerti* – alternativ gleichermaßen den Lebenden wie den Verstorbenen, nicht etwa nur den Lebenden oder (wie im letzten Fall des *principium*) nur den Verstorbenen.

Der vorliegende Text – so, wie er in D. 46,3,95,1 überliefert ist – gewährt dem Schuldner für den Fall des zufälligen Todes die dargestellte Option.[169] Hat der Schuldner hingegen den Tod des ersten Sklaven zu vertreten, wird er insofern „bestraft", als er seine Haftung nicht auf den Wert des Verstorbenen beschränken kann.[170]

Die Rede von einer „Strafe" setzt voraus, dass man die Tötung des ersten Sklaven nicht als zulässige Ausübung des Wahlrechts begriff. Der Schuldner wird sein Wahlrecht nicht durch einfache Erklärung, sondern nur durch tatsächliches Angebot der von ihm gewählten Leistung ausgeübt haben können. Das ist wahrscheinlich, weil das römische Recht dem Schuldner auch bei der Gattungsschuld keine Möglichkeit einräumt, um sein Risiko auf einzelne Stücke zu beschränken, ohne die Leistung schon anzubieten.[171] Nur darum kann die Tötung als tadelnswert erscheinen. Die Sanktion beschränkt sich aber – bis zum Tod des zweiten Sklaven – darauf, dass der Schuldner gerade so behandelt wird, als habe er den zweiten Sklaven gewählt. Sofern der Sachverhalt *in iure* offenbar war, wird der Gläubiger auf den Überlebenden mit bestimmt gefasster *intentio* geklagt haben.

Allerdings ist der Einschub *neque defuncti offerri aestimatio potest, si forte longe fuit vilior, quoniam id pro petitore in poenam promissoris constitutum est* als unklassisch verdächtigt. Scialoja hält die Hinweise auf die Leistung der *aestimatio* des Verstorbenen bei Papinian ebenso wie in Ulpian D. 30,47,3 (22 *ad Sabinum*)[172] für koordiniert eingefügte „tribonianismi".[173] Doch die von Scialoja angeführten Texte anderer Juristen, die dem Schuldner dieses Wahlrecht nicht einräumen, sprechen in Wahrheit eher gegen eine Interpolation: Warum sollte

169 Gegen die hier vorgeschlagene Deutung von *aeque peti possit* Platschek Mél. Coriat 828; für eine Befugnis zur Zahlung des Wertes des Toten auch Babusiaux, Quaestiones, 115.

170 Babusiaux, Quaestiones, 114 f., versteht den Text so, dass der Schuldner den Überlebenden leisten könne, der Gläubiger ihn aber wegen des Wahlrechts des Schuldners nicht einklagen *(si alter sit mortuus, cum debitoris esset electio, non alius peti possit)*. Jedoch erscheint vorzugswürdig, das *alius* nicht mit dem vorstehenden *alter servuus*, sondern als *non alius* mit dem folgenden *quam* zusammenzulesen. Ebenso jetzt Knütel FS Nishimura 145; Platschek Mél. Coriat 824. Das gilt umso mehr, als der Schuldner sich in dieser Variante auch nach Babusiaux nicht durch Zahlung des Schätzwerts des Toten auslösen kann: Was soll der Gläubiger dann anderes einklagen dürfen, wenn nicht den Überlebenden?

171 Anders § 243 Abs. 2 BGB. – Nicht überzeugend daher Platschek Mél. Coriat 832.

172 Dazu soeben bei Fn. 167.

173 Scialoja BIDR 11 (1898) 64 ff.; ebenso zuletzt Ziliotto, Obbligazioni, 42 ff., Fn. 39.

sie so unsorgfältig erfolgt sein? Immerhin wären bereits die Bearbeiter der Edikts- und der Papiniansmasse involviert gewesen, was gegen eine beiläufige Änderung spricht. Vor allem ist mit Justinians „tendenze pietose"[174] kein handgreiflicher Anlass für eine Intervention angegeben. Allenfalls wäre zu erwägen, dass es sich allein bei *quoniam id pro petitore in poenam promissoris constitutum est* um eine nachpapinianische Glosse handeln könnte. Notwendig erscheint die Annahme aber nicht.

Im Fortgang entwickelt Papinian den Fall des verschuldeten Todes dahin weiter, dass nun der zweite Sklave zufällig verstirbt. Dann kann auch dieser nicht mehr gefordert werden *(quamvis interim… tamen si);* die Stipulationsschuld erlischt. Doch gewährt Papinian eine *actio de dolo.* Die Verblüffung hierüber hat Scialoja so in Worte gefasst: „Il primo schiavo è perito per colpa del debitore: ma perchè mai la colpa diventa dolo?"[175] Inzwischen ist die Antwort gefunden: Der *dolus* dürfte in dem Winkelzug des Schuldners liegen, seine Haftung mit der Begründung zurückzuweisen, dass die Obligation nach Tod beider Sklaven auf denjenigen konzentriert sei, für dessen Tod er nichts kann. Denn gerade weil er außer einem Angebot kein rechtmäßiges Mittel dazu hat, die Verbindlichkeit auf einen der Sklaven zu beschränken, darf er nicht den Vorteil daraus ziehen, dass aufgrund seines Verschuldens nun der Gläubiger das Risiko eines Unglücksfalls trägt.[176]

Der Umstand, dass es hier einer *actio de dolo* bedarf, um eigentlich die Nichterfüllung einer Stipulation zu sanktionieren, leitet dann über zum Problem der Haftung des Bürgen bei Freiwerden des Hauptschuldners, wo nach Papinian ein solcher Kunstgriff gerade nicht nötig ist.[177]

174 Scialoja BIDR 11 (1898) 68.

175 BIDR 11 (1899) 67 ff., 68.

176 Vgl. im Ansatz bereits Solazzi Scr. II 263: „doloso è l'inadempimento dell'obbligazione"; sodann Wacke RIDA 27 (1980) 368: „führt die […] selbst geschaffene Einschränkung der Wahlmöglichkeit dazu, daß sich der Schuldner auf den späteren zufälligen Tod des Pamphylus nicht mehr mit befreiender Wirkung berufen darf"; Knütel ZEuP 1994, 267: Der Schuldner „schiebt […] dem Gläubiger die Leistungsgefahr zu [und] darf […], wenn sich diese Gefahr hernach verwirklicht, daraus nicht den Vorteil der Befreiung ziehen"; Ziliotto, Obbligazioni, 49, kennzeichnet das Verhalten des Schuldners unter Verweis auf Cannata als rechtsmissbräuchlich. Nach Babusiaux, Quaestiones, 116, richtet sich der Vorwurf dagegen, dass der Schuldner nach dem Tod beider sein Wahlrecht zugunsten des zweiten ausübe. Nimmt man die vorhergehende Konzentration ernst, kann man aber von keiner Wahl mehr sprechen; treffend jetzt Platschek Mél. Coriat (2019) 826 Fn. 11.

177 Vgl. zum Ende des Textes oben 48 (im ersten Kapitel). – Nach Babusiaux, Quaestiones, 117 f., will Papinian durch den angefügten Fall einen Erst-recht-Schluss auf die Haftung des Wahlschuldners nahelegen. Sie attestiert ihm zugleich Zweifel hinsichtlich der Anwendbarkeit der *actio de dolo* und den Willen zu der „rechtliche[n] Innovation: Auch beim Wahlrecht des Schuldners soll dieser dem Gläubiger für die schuldhafte Vernichtung einer wahlweise geschuldeten Sache einstehen", was sie als Ausweitung der *perpetuatio obligationis*

Offen bleibt die Frage, den Wert welchen Sklavens der Schuldner aufgrund der *actio de dolo* zu zahlen hat. Geht man von seinem Wahlrecht aus, so wird man ihm nur die Schätzung des weniger kostspieligen Sklaven auferlegen.[178] Wenn man allerdings akzeptiert, dass nach dem verschuldeten Tod des ersten Sklaven der Schuldner dadurch bestraft wird, dass er sich zunächst nicht mehr durch Zahlung des Wertes des Toten befreien kann, dann kann man die Haftung bloß auf den billigeren nur halten, wenn man annimt, dass ihm die Wahl nach dem Tod des zweiten neu zugestanden wird, als vermittelnder Ausgleich dafür, dass er für diesen Unglücksfall über die *actio de dolo* einstehen muss. Ebenso gut vorstellbar erschiene, dass Papinian es bei der einmal eingetretenen Beschränkung auf den zweiten beließ und dem Schuldner bloß verwehrte, sich auf die befreiende Wirkung im Fall des Untergangs zu berufen: Dann wäre der Wert des Zweitverstorbenen zu zahlen, auch wenn er höher war.[179]

d. *Pauli Sententiae* und Ulpian

Dem *adhuc homo peti possit* entspricht PS 5,7,4: *Cum facto promissoris res in stipulatum deducta intercidit, perinde agi ex stipulatu potest, ac si ea res extaret*, wonach genauso geklagt werden kann, als wenn die Sache noch existierte.

Keinen Rückschluss auf den Prozess erlaubt hingegen Ulpian D. 45,1,82,1 (78 *ad edictum*): *Si post moram promissoris homo decesserit, tenetur nihilo minus, proinde ac si homo viveret.* Die gleichbleibende Haftung muss nicht eine identische Klageformel meinen und verrät auch nichts über den Schuldinhalt.[180]

e. Zusammenfassung

Die Quellen zur Stipulation einer bestimmten Leistung bestätigen, dass der Schuldner weiterhin ebendiese Leistung zu fordern berechtigt ist, nachdem sie wegen Sachuntergang oder aus anderen Gründen nicht mehr erbracht werden

---

kennzeichnet. Hiergegen ist zu bemerken, dass Papinian doch auch nach ihrer Auffassung weder dem Gläubiger eine Klage auf den Getöteten noch dem Schuldner das Recht zur Zahlung bloß seines Wertes zubilligt. Den Umstand, dass der zweite Sklave nach dem Tod des ersten geschuldet bleibt, kann man schlecht mit *perpetuatio obligationis* erklären, schließlich gilt dies auch bei zufälligem Versterben.

178 So im Ergebnis Kaser/Knütel/Lohsse § 35 Rn. 13, wonach der Schuldner auf den Wert des zuerst Gestorbenen, „vermutlich bis höchstens zum Wert" des danach Gestorbenen haftet; Platschek Mél. Coriat (2019) 832. Offen jetzt Knütel FS Nishimura (2018) 143.

179 So Art. 1193 Abs. 2 Code civil 1804 (außer Kraft mit Ablauf des 30. 9. 2016): „Si toutes deux sont péries, et que le débiteur soit en faute à l'égard de l'une d'elles, il doit payer le prix de celle qui a péri la dernière". Zu den Motiven des Artikels und seiner Abschaffung vgl. Knütel FS Nishimura (2018) 143 f., 149.

180 Zu beiden Texten bereits oben 123.

kann (African: *recte peti,*[181] Papinian: *ille qui decessit praebetur,*[182] PS: *perinde agi ex stipulatu potest, ac si ea res extaret*[183]).

3. Ungerechtfertigte Bereicherung

Nun soll das Einsatzgebiet der *condictio certae rei* untersucht werden, das aus moderner Sicht als bereicherungsrechtlich erscheint. WOLLSCHLÄGER hat aufgezeigt, dass ein Verbot der Eigentumsentziehung als Gedankengut der älteren Stoa „die literarische Jurisprudenz Roms“ von ihren Anfängen an beeinflusste.[184] Das allgemeinere Verbot der Bereicherung auf Kosten anderer kannte die jüngere Stoa; es gehörte als „Naturrechtsgrundsatz“ zur „höheren Allgemeinbildung“ der klassischen Juristen.[185] Handgreiflich wird es an der *regula iuris* bei Pomponius D. 50,17,206 (9 *ex variis lectionibus*): *Iure naturae aequum est neminem cum alterius detrimento et iniuria fieri locupletiorem.* Obwohl dieses theoretische Fundament offenliegt, bleibt überwiegend anerkannt, dass sich die römischen Juristen nur selektiv hierauf stützten und das Kondiktionenrecht fallgruppenweise aufbauten.[186] Die *condictiones* richten sich im Ansatz nicht auf eine durch abstrakten Vermögensvergleich zu ermittelnde Bereicherung, sondern konkret auf einen in bestimmter Weise erlangten Gegenstand.[187]

181 D. 7,1,37; vgl. eben a (163 f.).

182 D. 46,3,95 pr.; vgl. soeben c.aa (165 ff.).

183 PS 5,7,4; vgl. soeben unter d (171).

184 WOLLSCHLÄGER Symp. Wieacker (1985) 41–88. Vgl. insb. 61 ff. zur republikanischen Zeit mit der These, der stoische Satz habe die Ausweitung des *furtum* „zu einem generellen Vermögensdelikt“ begünstigt.

185 WOLLSCHLÄGER Symp. Wieacker (1985) 86. Nach SCHULZ, Actiones, 19 ff., war der wesentliche Gedanke schon bei Aristoteles ausgeführt (dazu WOLLSCHLÄGER 43 ff.). Wichtigstes Zeugnis für den stoischen Satz legt erst der römische Rezipient ab: *Detrahere igitur alteri aliquid et hominem hominis incommodo suum commodum augere magis est contra naturam quam mors* (Cicero, *De officiis* 3,21).

186 Vgl. etwa die historische Rekonstruktion von SANTORO AUPA 32 (1971) 181–512 oder LIEBS Essays Honoré (1986) 163–183. Ein ursprünglich einheitliches Kriterium des unberechtigten Habens entnimmt SACCOCCIO, Si certum, 97 ff., dem Zeugnis Ulpians in D. 12,5,6 (18 *ad Sab.*): *Perpetuo Sabinus probavit veterum opinionem existimantium id, quod ex iniusta causa apud aliquem sit, posse condici: in qua sententia etiam Celsus est.* Gegen die Verallgemeinerung wendet sich STURM SZ 124 (2007) 515 f. auch unter Hinweis auf den von LENEL vorgeschlagenen Ursprungszusammenhang (Palingenesia II Sp. 1075 Nr. 2591). Dort geht es nur um die Frage, ob der Erbe den vermachten Gegenstand vom Vermächtnisnehmer kondizieren kann, falls der keine Sicherheit geleistet hat.

187 Vgl. insb. FLUME FS Niedermeyer (1953) 103 ff. (= St. Bereicherung 27 ff.). Zum ausnahmsweisen Vergleich von Vermögenslagen (und damit zur Berücksichtigung eines Wegfalls der Bereicherung) vgl. NIEDERLÄNDER, Bereicherungshaftung, und MISERA, Bereicherungsgedanke.

Nach traditioneller Lehre rechnet dieser Idealtyp abstrakter Klagen auf *dare oportere* zum ureigenen Herrschaftsbereich der *perpetuatio obligationis;* Störungen bei der Rückgewähr des Gegenstandes werden ebenso beschrieben wie Störungen bei dessen erstmaliger Überlassung.[188] Galt das *adhuc homo peti possit,* so blieb der ursprüngliche Kondiktionsgegenstand weiterhin Objekt der Klage, wenn er im Verzug oder durch anderes Verschulden des Kondiktionsschuldners untergegangen war.

Jedoch berichten die Quellen auch von einer *condictio,* die sich nicht auf den empfangenen Gegenstand selbst, sondern in Abgrenzung dazu auf einen Geldbetrag richtet: Wo von *pretium condicere* die Rede ist, geht es um eine auf das *pretium* gerichtete *intentio.* Das Verständnis wird dadurch erschwert, dass nur der jeweilige Kontext verraten kann, ob *pretium* den objektiven Wert der Sache oder den für sie erhaltenen Preis meint.

Man wird eine solche *condictio pretii* nicht allein deshalb für interpoliert halten dürfen, weil sie aus dem Schema der *perpetuatio obligationis* herausfällt. Das steckte dahinter, wenn Pflüger eine „angeblich[e] Kondiktion des Preises" als „ganz überflüssig" verwarf und Siber befand, gegen den schuldlosen Empfänger hätte der Leistende „nicht mit der mangels ‚perpetuatio' erloschenen ‚condictio indebiti' [vorgehen können], sondern mit einer praetorischen Bereicherungsklage".[189] Zwar ist die Überlegung Bettis verführerisch, die *condictio pretii* basiere auf einer Unterscheidung zwischen Naturalerfüllung und Ersatzleistung, die erst vor dem Hintergrund nachklassischen Erfüllungszwanges Sinn ergebe und deswegen interpoliert sein müsse.[190] Aber dass kein praktischer Zweck erkennbar ist, wegen dessen eine *intentio* auf den Wert einer *intentio* auf die Leistung selbst vorgezogen worden sein sollte, genügt wohl nicht, um ihr Vorkommen für unmöglich zu erklären und solch einen Verdacht zu rechtfertigen.

Ins gegenteilige Extrem schlägt Pernice mit der These, die Hochklassik habe generell zur Wahl gestellt, „bei *cond*[ictiones] *certae rei* statt der Sache selbst ihren Schätzungswert einzuklagen [...], wenn der Kläger vom Untergange oder der Verbringung der Sache weiss, und es vorzieht ihren Wert ohne Umweg zu erhalten".[191]

Angesichts dieses Meinungsgegensatzes wird im Folgenden ausgelotet, unter welchen Umständen nach Untergang des herauszugebenden Gegenstandes

188 Charakteristisch etwa Kupisch, Ungerechtfertigte Bereicherung, 2: „Im Normalfall haftet der Rückgewährschuldner durchaus nach allgemeinen Grundsätzen".

189 Pflüger, Ciceros Rede, 22; Siber St. Riccobono (1936) III 252. Für Interpolation der *condictio pretii* zunächst auch Kaser, Quanti, 115.

190 Betti Atti Torino 51 (1915/16) 1019–1043.

191 Pernice, Labeo II.2.1, 102; vgl. auch II.1 323 f.

oder wegen Unmöglichkeit seiner Herausgabe weiterhin dieser geschuldet blieb, unter welchen Umständen hingegen stattdessen ein Geldbetrag geschuldet wurde.

a. *condictio mortui*: Sabinus u.a. D. 45,1,83,7 & D. 12,4,15

Sehr frühe Zeugnisse belegen die Kondiktion des untergegangenen Gegenstandes. Nach Paulus kennt Sabinus die auf einen toten Sklaven gerichtete Kondiktion.

Paulus D. 45,1,83,7 (72 *ad edictum*)

Stichum, qui decessit, si stipuler, si quidem condici etiam mortuus potuit, ut furi, utiliter me stipulatum Sabinus ait. [...]	Sabinus sagt, wenn ich mir Stichus versprechen lasse, der verstarb, dann ist er mir wirksam versprochen, wenn nämlich der Tote noch hat kondiziert werden können, wie vom Dieb. [...]

Der Text wird im Kontext der Novation nach Sachuntergang ausführlicher behandelt werden.[192] Im Moment interessiert die Redeweise: vom Stichus, der noch als Toter kondiziert werden kann; der Sklave selbst also, nicht sein Wert. Die Stelle hat Beweiskraft nicht nur für die *condictio furtiva*, die bloß ein Beispiel bildet *(ut furi)*. Allgemein sollen Kondiktionen sich weiterhin auf die zerstörte Sache richten, wenn nur der Schuldner haftet.

Dieselbe Auffassung tritt bei Pomponius D. 12,4,15 (22 *ad Sabinum*) zu Tage. Sie eint außer dem kommentierten Sabinus auch Labeo, Proculus und Pomponius. Der Text ist umso wertvoller, als er die zu wählende Klageformel und den Gegenstand der Schuld explizit behandelt.

Pomponius D. 12,4,15 (22 *ad Sabinum*)

Cum servus tuus in suspicionem furti Attio venisset, dedisti eum in quaestionem sub ea causa, ut, si id repertum in eo non esset, redderetur tibi: is eum tradidit praefecto vigilum quasi in facinore deprehensum: praefectus vigilum eum summo supplicio adfecit. ages cum Attio dare eum tibi oportere, quia et ante mortem dare tibi eum oportuerit. Labeo ait posse etiam ad exhibendum agi, quoniam fecerit quo minus exhiberet. sed Proculus dari oportere ita ait, si fecisses eius hominem, quo casu ad exhibendum agere	Als dein Sklave bei Attius in den Verdacht eines Diebstahls geraten war, hast du ihn mit der Vereinbarung zur Folter übergeben, dass er dir zurückgegeben werde, wenn man ihm diesen [Diebstahl] nicht nachweisen würde. Dieser [Attius] lieferte ihn dem Präfekten der Nachtwache aus, als sei er auf frischer Tat ertappt worden. Der Präfekt der Nachtwache hat an ihm die Todesstrafe vollstreckt. Du klagst gegen Attius [mit der *intentio*], dass er dir diesen [den Sklaven] zu geben *(dare)* schulde, weil er dir diesen auch vor dem Tod zu geben schuldete. Labeo sagt, es könne auch auf Vorführung *(ad exhibendum)* geklagt werden, weil er [Attius] nämlich bewirkt habe, dass er [den Sklaven]

192 Siehe unten 240 ff.

te non posse: sed si tuus mansisset, etiam furti te acturum cum eo, quia re aliena ita sit usus, ut sciret se invito domino uti aut dominum si sciret prohibiturum esse.

nicht mehr vorführe. Aber Proculus sagt, es sei [nur] dann geschuldet, dass gegeben werde, wenn du den Sklaven zu seinem gemacht habest, in welchem Fall du nicht auf Vorführung klagen könnest. [Pomponius:] Aber wenn er [der Sklave] deiner geblieben wäre, könnest du [gleichwohl] auch wegen Diebstahls [mit der *condictio*] gegen diesen [den Attius] klagen, weil eine fremde Sache in dem Bewusstsein verwendet wurde, dass sie gegen den Willen des Eigentümers verwendet wurde oder dass der Eigentümer [diese Verwendung], wenn er davon gewusst hätte, verboten hätte.

Die Juristen befassen sich mit der Frage, wie der ursprüngliche Herr eines Sklaven gegen einen Attius vorgehen kann, der diesen Sklaven durch falsche Angaben der Todesstrafe ausgeliefert hat.[193] Der Eigentümer hatte dem Attius den Sklaven übergeben, damit dieser die Vorwürfe prüfe. Mögliche Abläufe einer solchen Übergabe zur Befragung zeigt Papinian D. 19,5,8.

Papinian D. 19,5,8 (27 *quaestionum*)

Si dominus servum, cum furto argueretur, quaestionis habendae causa aestimatum dedisset neque de eo compertum fuisset et is non redderetur, eo nomine civiliter agi posse, licet aliquo casu servum retenturus esset, qui traditum accepisset. potest enim retinere servum, sive dominus pro eo pecuniam elegisset sive in admisso deprehensus fuisset: tunc enim et datam aestimationem reddi a domino oportere. sed quaesitum est, qua actione pecunia, si eam dominus elegisset, peti posset. [...]

Wenn ein Herr seinen Sklaven, der eines Diebstahls beschuldigt wird, zum Zweck der Folter nach vorheriger Abschätzung seines Wertes [als *aestimatus*] übergibt, und ihm diese Tat nicht bewiesen wird, und er nicht zurückgegeben wird, so kann deswegen nach Zivilrecht geklagt werden, wie wenn in einem anderen Fall ein Sklave zurückgehalten würde, den jemand übergeben in Empfang nahm. Er [der andere] kann den Sklaven nämlich [nur dann] zurückhalten, wenn der Herr an dessen [des Sklaven] Stelle das Geld wählt oder wenn er [der Sklave] der Tat überführt wurde. Dann nämlich muss auch ein [bereits] überlassener Schätzwert von dem Herrn zurückgegeben werden. Aber fraglich ist, mit welcher Klage das Geld eingefordert werden kann, wenn der Herr dieses wählt. [...][194]

Weil die Folter schwere Verletzungen des Sklaven erwarten lässt, bedingt sich sein Herr für den Fall, dass die Schuld nicht erwiesen wird, die Option aus, den Sklaven nicht zurückzunehmen. Der Geschädigte muss dann den zuvor einvernehmlich geschätzten Wert des Sklaven bezahlen und darf ihn dafür in seinem jetzigen Zustand behalten. Offenbar kann nicht von vornherein davon

193 Hingegen denkt Pennitz SZ 134 (2017) 178 an einen „Strafexzess des Präfekten".
194 Papinian gewährt eine *acito praescriptis verbis.*

ausgegangen werden, dass jeder Gefolterte gestehen wird.[195] Nur dann, wenn der Sklave gesteht, verbleibt der durch ihn verkörperte wirtschaftliche Wert beim Bestohlenen, womit sich die Noxalhaftung realisiert.[196]

In unserem Fall der ungerechtfertigten Hinrichtung befindet vermutlich bereits der kommentierte Sabinus, der Herr solle auf *eum* [servum] *dare oportere* klagen, weil Attius auch vor dem Tod den Sklaven zu geben schuldete *(quia et ante mortem dare tibi eum oportuerit).* Dem ist die Position von Labeo beigeschrieben, nach dem auch *(etiam)* die *actio ad exhibendum* begründet sei, weil Attius dafür Verantwortung trage, dass er den Sklaven nicht stellte.[197]

Hingegen meint Proculus, dass Attius nur dann geben *(dare)* – nämlich: übereignen – müsse, wenn der Sklave zuvor in sein Eigentum übergegangen sei; dann sei hingegen die *actio ad exhibendum* ausgeschlossen. Hier wendet Proculus sich anscheinend gegen die vorgenannten Juristen, indem er vertritt, dass niemals die *condictio* und die *actio ad exhibendum* zugleich, sondern stets entweder die eine oder die andere vorliege. Vielleicht stellte Proculus aber auch nur den Unterschied der von Sabinus und Labeo entschiedenen Sachverhalten heraus.

Der letzte Satz dürfte die Entscheidung des Pomponius darstellen, also nicht zum Referat aus Proculus gehören: Pomponius weist darauf hin, dass der Geschädigte, so er Eigentümer blieb, auch wegen *furtum* klagen kann. Damit wird er nicht bloß auf die *actio furti* Bezug nehmen,[198] sondern im Kontext der Stelle gerade auf die *condictio furtiva,* denn mit der behauptet der Eigentümer ein *dare oportere.* So widerlegt Pomponius das von Proculus behauptete Ausschließlichkeitsverhältnis zwischen der auf *dare oportere* gerichteten *condictio* und dem Eigentümerrechtsbehelf, der *actio ad exhibendum:* Der bestohlene Eigentümer intendiert *dare opotere* auch ohne *datio.* Jedenfalls in der Lesart des Pomponius hatte Proculus an die *condictio furtiva* nicht gedacht.[199] Auf diese

195 Nachweise zur Begrenzung der Folter finden sich einige bei BUCKLAND, Slavery, 91 f., und zahlreiche bei ROBINSON SZ 98 (1981) 223 ff.; etwa Ulpian D. 48,18,7 (3 *de adulteris*).

196 Hingegen übersetzen sowohl HEUMANN/SECKEL *s. v. admittere (admissum)* als auch BEHRENDS/KNÜTEL/KUPISCH/SEILER (MISERA) *si in admisso deprehensus fuisset* so, dass der Sklave auf frischer Tat ertappt worden sein muss. Wäre der Übeltäter jedoch sogleich ergriffen worden, hätte sich jede Vereinbarung und weitere Befragung erübrigt. *Deprehendere* kann statt des physischen Antreffens auch das urteilende Finden oder Befinden meinen, vgl. HEUMANN/SECKEL s. v. So ergibt das Geschäft Sinn.

197 Möglicherweise meinte Labeo hier den Fall, in dem der Sklave nicht übereignet worden war. So WOLFF FS Lübtow (1970) 543, der im Übrigen annimmt, für den Fall der Übereignung habe erst Sabinus die passende Kondiktion gefunden, bei Labeo sei der alte Eigentümer klaglos geblieben.

198 So aber WOLFF FS Lübtow (1970) 538, 543 f.; PENNITZ SZ 134 (2017) 178.

199 LIEBS zog aus unserem Text in Klagenkonkurrenz 96 Fn. 43 ein Argument für relative Jugend der *condictio furtiva*. Dabei formulierte er nur als Provokation: „Proculus war sie [in dieser

Weise verteidigt Pomponius die Eingangsbehauptung des Sabinus, dass stets wegen *dare oportere* geklagt wird, ohne dabei die mit *etiam* angeschlossene Position Labeos anzugreifen.

Weniger wahrscheinlich erscheint, dass schon Proculus so entschied und Pomponius sich dem nur anschließt. Denn der Text stellt Labeo und Proculus gegenüber *(sed Proculus ait)*, außerdem wirkt die Stellungnahme des Proculus von *sed* bis *non posse* in sich geschlossen. Das *ita* leitet die Bedingung ein, unter der Proculus die Klage auf *dare oportere* allein zulassen will.

Folglich muss hier nicht entschieden werden, ob in dem von Sabinus behandelten Fall der Sklave dem Attius tatsächlich übereignet wurde, ob dessen Entscheidung in Wahrheit auf der *condictio furtiva* beruhte oder ob sie gar ein Verständnis der *condictio* zugrunde legte, nach welchem diese keine Eigentumsübertragung voraussetzte.[200] Denn jedenfalls liegt dem Gedankengang aller Juristen als Axiom zugrunde, dass der Tod die schuldrechtliche Lage nicht verändert: Ein *dare* wird geschuldet, wenn und weil es vor dem Tod ebenso gut geschuldet war. Diese unveränderte materiellrechtliche Lage dient als Begründung für eine unveränderte Klageberechtigung, und zwar für die *condictio furtiva* des Eigentümers ebenso wie für die allgemeine *condictio* bei vorheriger Übereignung: Beide sind weiterhin auf ein *dare oportere* des verstorbenen Sklaven zu richten.

b. *condictionem* [furtivam] *durare veteres voluerunt*: D. 13,1,20 u. a.

Das Paradebeispiel dafür, dass das *dare oportere* die Vernichtung seines Gegenstandes überdauert, bietet die *condictio furtiva*. Ihr besonderer Nutzen für den Eigentümer besteht gerade darin, dass sie ihm Wertersatz verschafft, nachdem die gestohlene Sache unterging. Sie übernimmt damit die Aufgabe der *rei vindicatio*, die er nur anstrengen kann, solange die Sache existiert. Gegenstand

Stelle] offenbar so wenig geläufig, daß sie ihm entging". Inzwischen aber datiert auch Liebs die Anerkennung dieser Kondiktion auf die Republik: Essays Honoré (1986) 166 mit Fn. 17.

200 Kritisch zu dem „Dogma", wonach „das *dare oportere* der *condictio* die Möglichkeit einer Übereignung voraussetze", schon Liebs unter Berufung auf Stone: „Dieses Dogma, das mit dem Topos ‚nemo rem suam stipulari potest' zusammenhängt, [...] galt nicht seit je. Zumindest Sabinus entschied noch unbefangen dagegen" (Klagenkonkurrenz, 97). Vgl. in diesem Kontext die Hilflosigkeit von Gaius 4,4 gegenüber der Formel der *condictio furtiva* und die Hypothese, dass sich die Auffassung davon geändert haben könnte, mit welcher Formel die gegen den Dieb gerichtete Forderung zu novieren ist: von Sabinus (D. 45,1,83,7) zu Ulpian (D. 45,1,29,1); dazu im vierten Kapitel 241 f. – Skepsis nicht gegenüber einem technischen *dare oportere* als notwendigem Inhalt, sondern gegenüber einer übereignenden *datio* als notwendiger Bedingung der *condictio* äußern d'Ors Iura 22 (1971) 139 ff.; Santoro AUPA 32 (1971) 184 Fn. 4 (mit Verweis auf Donatuti), 227 f. mit Fn. 89 und 477 ff.; Liebs Essays Honoré (1986) 174; Saccoccio, Si certum, 260 ff. (unter Protest von Sturm SZ 124 [2007] 521); nun Laborenz, Solutio, 113–135.

auch dieser Kondiktionen war die untergegangene Sache selbst, nicht ihr Wert. Schon dies zeigt, dass es den römischen Juristen kein Problem bereitet, das *dare oportere* für eine Sache zu bejahen, die nicht mehr existiert. Die *condictio furtiva* kann aber nicht nur nach dem Sachuntergang, sondern auch davor erhoben werden. Darauf deutete schon D. 12,4,15; klar geht es aus einem anderen Text hervor, der in Gehalt und Einkleidung mit unserer Kardinalquelle Paulus D. 45,1,91,3 eng verwandt ist. Mit Tryphonin schaut wiederum ein Spätklassiker zurück.[201]

Tryphonin D. 13,1,20 (15 *disputationum*)

Licet fur paratus fuerit excipere condictionem et per me steterit, dum in rebus humanis res fuerat, condicere eam, postea autem perempta est, tamen durare condictionem veteres voluerunt, quia videtur, qui primo invito domino rem contrectaverit, semper in restituenda ea, quam nec debuit auferre, moram facere.

Angenommen, dass der Dieb bereit war, sich auf die *condictio* einzulassen, und es an mir lag, die Sache zu kondizieren, solange sie existierte, sie aber danach unterging, so wollten die *veteres* dennoch, dass die *condictio* fortdauere. Denn wer einmal eine Sache gegen den Willen des Eigentümers an sich nahm, wird so angesehen, dass er mit der Rückerstattung der Sache, die er nie hätte wegnehmen dürfen, immer Verzug begehe.

Die den *veteres* unterbreitete Frage war nicht, ob dem Eigentümer obliegt, die Sache anzunehmen, wenn der Dieb sie ihm anbietet. Vielmehr ging es nach der Schilderung des Tryphonin darum, ob dem Dieb die bloße Bereitschaft nützt, sich verklagen zu lassen, anders gewendet: ob der Bestohlene gegen den Dieb Klage erheben muss oder die Sache auf dessen Risiko bei ihm stehen lassen kann. Die Antwort hierauf verwundert nicht. Wer eine Klage annimmt, obwohl er weiß, dass er schuldet, gerät spätestens dadurch in Verzug.[202] Wäre der Dieb nicht – als Dieb – ohnehin schon im Verzug, so geriete er also in Verzug, sobald er sich auf die Klage einließ.[203] Dann kann auch die Bereitschaft, sich verklagen zu lassen, seinen Verzug nicht aufheben.

201 Stepan, Scaevola noster, konstatiert in den *disputationes* vereinzelte Indizien dafür, dass Tryphonin Material seines Lehrers Scaevola weiterträgt. Die vorliegende Stelle scheidet er dafür aber als unergiebig aus (36).

202 Ebenso zum Text jüngst Santoro AUPA 57 (2014) 195 f. – Diesen Umkehrschluss erlaubt Julian D. 50,17,63 (17 *dig.*): *Qui sine dolo malo ad iudicium provocat, non videtur moram facere.* Deutlich Paulus D. 22,1,24 pr. (37 *ad ed.*): *Si quis solutioni quidem moram fecit, iudicium autem accipere paratus fuit, non videtur fecisse moram: utique si iuste ad iudicium provocavit.* An den arglosen Beklagten muss Scaevola D. 22,1,47 (9 *dig.*) denken: *Respondit paratum iudicium accipere, si ab adversario cessatum est, moram facere non videri;* Ulpian D. 45,1,82,2 (78 *ad ed.*) hingegen an den arglistigen: *Et hic moram videtur fecisse, qui litigare maluit quam restituere.*

203 Für einen Dieb besteht keine Rechtsunsicherheit. Santoro AUPA 57 (2014) 196 Fn. 66 verweist mit Recht auf Ulpian D. 47,2,50,2 (37 *ad ed.*): *Recte Pedius ait, nemo furtum facit sine dolo malo.*

Der Dieb hat es in der Hand, die Rückgabe der Sache von sich aus anzubieten und seinem Risiko damit ein Ende zu setzen. Der Begründung des Tryphonin, die anscheinend darauf anspielt, dass der Dieb immer wieder neu in Verzug gerät, bedarf es also gar nicht[204] – und zwar selbst dann, wenn man einen Kontext zugrunde legt, in dem ein Schuldner grundsätzlich durch Angebot der Sache seinen Verzug bereinigt.

Die *veteres* allerdings würden wohl ebenso entschieden haben, selbst wenn der Dieb die Rückgabe angeboten hätte. Denn aus D. 45,1,91,3 lässt sich entnehmen, dass erst Celsus überhaupt die Verzugsbereinigung erstritt.[205] Auch diese Haftung trotz Leistungsangebots wäre allerdings kein Spezifikum der *condictio furtiva* gewesen. Vielleicht stammt die Fassung des Sachverhalts (kein Angebot) ebenso wie die Begründung (sich erneuernde *mora*) von Tryphonin.[206] Es handelte sich dann um den doppelten Versuch, eine Entscheidung der älteren Juristen durch Ausdeutung und Rechtfertigung seinem hinsichtlich der Verzugsbereinigung veränderten Rechtsempfinden entsprechend zu erklären.

Das *durare* der *condictio*, die zuvor beschrieben wurde als Tätigkeit des *condicere eam* (nämlich *rem*!), deutet jedenfalls auf ihren unveränderten Fortbestand als eine *condictio rei*. Ihr Gegenstand ist die Sache selbst, nicht ihr Geldwert.

Die Stelle beweist, dass der Dieb der *condictio* nicht erst nach dem Untergang der Sache ausgesetzt ist. Denn der Text thematisiert das Unterlassen des Bestohlenen, rechtzeitig vor dem Untergang der Sache zu kondizieren, und die Bereitschaft des Diebes, sich auf die *condictio* einzulassen, während die Sache noch existiert. Das *durare* bezieht sich auf diese *condictio*, meint also nicht nur, dass irgendeine Form von Haftung die *rei vindicatio* überlebt. Die *condictio* substituiert die *rei vindicatio* nicht erst mit deren Erlöschen, sie ergänzt sie

204 Für maßgeblich halten diesen Gedanken hingegen Riccobono jr. AUPA 29 (1962) 129 ff.; Kaser SDHI 46 (1980) 142 (als Hypothese); Harke, Mora, 80 f. – Die Auffassung des Diebstahls als „Dauerdelikt" (Kaser, Quanti, 123 f.) schlägt sich insb. in Ulpian D. 13,1,8,1 (27 *ad ed.*) nieder: *Si ex causa furtiva res condicatur, cuius temporis aestimatio fiat, quaeritur. placet tamen id tempus spectandum, quo res umquam plurimi fuit, maxime cum deteriorem rem factam fur dando non liberatur: semper enim moram fur facere videtur.* Dazu schon Madai, Mora, § 48 318: „Für den Dieb aber beginnt, in Folge seines unrechtmäßigen Besitzes, in jedem Augenblick eine neue Mora".

205 Dazu im ersten Kapitel III.1.a (36 ff.).

206 Dass die Begründung ab *quia videtur…* nicht von den *veteres* stammt, vertritt schon Huvelin, Furtum, 363 f. Er führt den Umstand, dass die Wendung *fur semper moram facere videtur* bei Ulpian in D. 13,1,7,2 (42 *ad Sab.*) (sogleich im Text) nicht auftaucht, als Argument dafür ins Feld, dass diese Wendung bei Sabinus noch nicht geprägt war.

von Anfang an. Dass sie dem Bestohlenen keinen praktischen Nutzen bringt, solange er vindizieren kann, steht auf einem anderen Blatt.[207]

Dass die Juristen die *intentio* der *condictio* bejahen, setzt voraus, dass sie den Dieb als Schuldner der Sache ansehen.[208] Auf diese Schuld bezieht sich auch sein Verzug. Diese Obligation auf Rückgabe der Sache überdauert deren Zerstörung unverändert. Die Begründung über die *mora* impliziert, dass auch andere *condictiones* in gleicher Weise fortdauern, sofern nur Verzug eintrat. Das Zeugnis der Stelle beschränkt sich also nicht auf die *condictio furtiva.*

Nicht im Widerspruch zu D.13,1,20 steht Tryphonin D. 26,7,55,1 (14 *disp.*), wonach niemand von einem untreuen Tutor verlangt, neben dem *duplum* aus der von den Zwölf Tafeln vorgesehenen Strafklage (Tab. VIII,20b in FIRA I 61) noch „wie aus einer Art *condictio*" die Sache selbst oder ihre *aestimatio* zu leisten: *nemo denique dicet unum tutorem et duplum hac actione praestare et quasi specie condictionis aut ipsam rem aut eius aestimationem.* Die Alternative *aut ipsam rem aut eius aestimationem praestare* beschreibt das praktische Resultat der Haftung *quasi specie condictionis,* ohne diese als Wahlschuld zu kennzeichnen oder die *aestimatio* als Schuldinhalt zu benennen.

Weitere Beispiele dafür, dass Sachen nach ihrem Untergang kondiziert werden, liefern die Kondiktion von verarbeitetem Material (Gaius 2,79)[209] sowie

---

207 Hingegen wurde nach der These von Hähnchen, Causa condictionis, 111 ff., die *condictio furtiva* ursprünglich nur nach Sachuntergang gewährt. Erst später habe man aufgrund des Diebstahls eine *condictio furtiva* zugelassen, auch solange die Sache noch vorhanden war. Dies habe mit der Anerkennung anderer Besitzkondiktionen in Zusammenhang gestanden. Schuldinhalt sei dann aber nur die Besitzverschaffung, also ein *facere* gewesen, weswegen der Eigentümer mit einer *condictio incerti* geklagt hätte. Mit dem Untergang der Sache hätte dem Bestohlenen nach Hähnchen gerade nicht mehr dieselbe *condictio* zugestanden, sondern statt der *condictio incerti* nun die *condictio certae rei* (übrigens hätte sie dem Kläger damit zugemutet, seine Formelwahl von einem Umstand abhängig zu machen, der nur dem Beklagten bekannt sein konnte; vgl. dazu oben 122 f. den Einwand Kasers gegen Lübtow). Falls die *condictio furtiva* ursprünglich nur nach Sachuntergang gewährt wurde, so war dies, wenn wir Tryphonin glauben dürfen, zur Zeit der *veteres,* über die er berichtet, bereits Geschichte.

208 Die Fragen zum Ursprung der *condictio furtiva* und dem besonderen Wesen des für den Dieb zu bejahenden *dare oportere* sind damit natürlich nicht geklärt. Die bei Gaius manifeste Auffassung, dass *dare* stets eine Übereignung umfassen muss, hat sich vielleicht erst mit der Zeit entwickelt. Dies wurde eben in Fn. 200 anlässlich von D. 12,4,15 angeschnitten. Als Argument hierfür kann der Unterschied zwischen der von Ulpian D. 45,1,29,1 für notwendig gehaltenen und der von Sabinus D. 45,1,83,7 verwendeten Stipulationsformel dienen, wenn man davon ausgeht, dass bei Sabinus der Eigentümer der gestohlenen Sache die Stipulation entgegennimmt; vgl. dazu im vierten Kapitel II.1.a (240 ff.).

209 Gaius 2,79: *alii* [...] *putant* [...] *nec minus adversus eundem condictionem ei competere, quia extinctae res, licet vindicari non possint, condici tamen furibus et quibusdam aliis possessoribus possunt.* – Die Haftung aus der *condictio* soll zur *actio furti* hinzutreten, wird sich also ebenfalls nur „gegen den bösgläubigen Verarbeiter" gerichtet haben: Schermaier, Materia, 195; a. A. Harke Iura 54 (2003) 72. – Dass auch die Sabinianer zusätzlich zum Eigentum am

die Kondiktion der vom bösgläubigen Besitzer verbrauchten Früchte (Paulus D. 10,1,4,2[210]; Ulpian D. 13,7,22,2[211]). Diese Texte behandeln jeweils nur die Situation nach dem Sachuntergang. Für die Frage, ob die auf eine Sache gerichtete Schuld deren Untergang überdauert, haben sie gleichwohl mindestens indirekte Bedeutung: Auch sie zeigen, dass die Juristen das *dare oportere* für eine Sache bejahen, die nicht mehr existiert. Der Dieb jedenfalls schuldet die Sache aufgrund der *condictio furtiva* gemäß Tryphonin und den *veteres* vor ihrem Untergang ebenso wie danach.

c. *corpus praestari non potest*: Verunsicherung durch Ulpian (?) D. 13,1,8 pr.

Beim Spätklassiker Ulpian vernebelt sich das Bild. An einer Stelle übernimmt er für die *condictio furtiva* die Formel vom *condictio durare.*

Ulpian D. 13,1,7,2 (42 *ad Sabinum*)

Condictio rei furtivae, quia rei habet persecutionem, heredem quoque furis obligat, nec tantum si vivat servus furtivus, sed etiam si decesserit: sed et si apud furis heredem diem suum obiit servus furtivus vel non apud ipsum, post mortem tamen furis, dicendum est condictionem adversus heredem durare. Quae in herede diximus, eadem erunt et in ceteris successoribus.	Die Kondiktion der gestohlenen Sache bindet auch den Erben des Diebes, weil sie der Verfolgung der Sache dient, und [zwar] nicht nur wenn der gestohlene Sklave lebt, sondern auch, wenn er verstorben ist. Aber auch wenn der gestohlene Sklave [erst] bei dem Erben des Diebes verstarb oder nicht bei diesem, aber doch nach dem Tod des Diebes, muss man sagen, dass die Kondiktion gegen den Erben fortdauere. Was wir über den Erben sagen, ist auch für andere Nachfolger dasselbe.

Produkt die *condictio* gewährten (dafür Schermaier unter Hinweis auf Julian D. 14,1,14,2), ergibt sich aus Gaius nicht. – Zu den *alii possesores* gehören insb. die Erben des Diebes; vgl. Ulpian D. 13,1,7,2, dazu sogleich unter c.

210 Paulus D. 10,1,4,2 (23 *ad ed.*): *fructus* [...] *ante iudicium percepti non omnimodo hoc in iudicium venient: aut enim bona fide percepit, et lucrari eum oportet, si eos consumpsit, aut mala fide, et condici oportet.* Der Text befasst sich damit, über welche Früchte in der Grenzziehungsklage entschieden wird. Der Einschub *si eos consumpsit* wird nicht interpoliert sein (so aber Kaser, RP II, § 244 II Fn. 12). Dass der gutgläubige Besitzer für die noch nicht verbrauchten Früchte haftet, bezeugt Diokletian in C. 3,32,22 (a. 294) als bereits geltendes Recht (zur Authentizität der Konstitution Cardilli, Fructus, 329 ff.). Auch nach Paulus D. 41,1,48 pr. (7 *ad Plaut.*) wird der Gutgläubige nur *interim* Eigentümer (dazu allerdings Cardilli 316 f.). – Man muss *si eos consumpsit* auch auf den Bösgläubigen beziehen: Verbrauchte Früchte werden unter keinen Umständen in die Grenzziehungsklage einbezogen. So wird das aufwändige agrimetrische Verfahren nicht mit Streit und Nachforschungen zur Menge und Qualität nicht mehr vorhandener Produkte und zur Gutgläubigkeit des Verbrauchers belastet. Gegen den Bösgläubigen bleibt die Kondiktion unberührt. Das Verständnis von Hinrichs SZ 111 (1994) 266 und 272 f., die vom bösgläubigen Besitzer gezogenen Früchte unterfielen der *actio finium regundorum*, widerspricht dem *condici oportet* des Textes.

211 Ulpian D. 13,7,22,2 (30 *ad ed.*): *a praedone enim fructus et vindicari extantes possunt et consumpti condici.*

Ulpian bezeichnet die *condictio* hier als auf die untergegangene Sache bezogen *(condictio rei furtivae),* nicht als auf die *aestimatio* gerichtet. Dieselbe Ausrichtung auf die untergegangene Sache zeigt Ulpian auch bei der Kondiktion der durch den *praedo* verbrauchten Früchte.[212] Einen ganz anderen Ton schlägt der Jurist dagegen an anderer Stelle an

Ulpian D. 13,1,8 pr. (27 *ad edictum*)

In re furtiva condictio ipsorum corporum competit: sed utrum tamdiu, quamdiu extent, an vero et si desierint esse in rebus humanis? Et si quidem optulit fur, sine dubio nulla erit condictio: si non optulit, durat condictio aestimationis eius: corpus enim ipsum praestari non potest.	Die Kondiktion wegen Diebesguts steht auf die Gegenstände selbst zu: ob aber nur solange, wie diese existieren, oder auch, wenn sie aufhören zu existieren? Und wenn der Dieb nämlich [die Sache] angeboten hat, dann gibt es ohne Zweifel keine Kondiktion mehr, wenn er aber nicht angeboten hat, dann dauert die Kondiktion ihres Schätzwertes an. Der Gegenstand selbst kann nämlich nicht mehr geleistet werden.

Ob bereits die Verzugsbereinigung oder erst der anschließende Sachuntergang die *condictio furtiva* erlöschen lässt, wird später erörtert werden.[213] Hatte der Dieb die untergegangenen Gegenstände noch nicht zur Rückgabe angeboten, so soll die Kondiktion auf den Schätzwert (!) fortbestehen.

Santoro meint, entscheidend sei das *durat condictio.* Das beigefügte *aestimationis eius* beschreibe nicht die *intentio* der Formel, sondern weise allein auf die praktische Folge im Prozess hin.[214] Die Erklärung, dass das *corpus* nicht geleistet werden kann, hält Santoro für einen späteren Zusatz. Folgt man Santoro hinsichtlich der Bedeutung der *condictio aestimationis,* so könnte es sich bei dem Nachsatz allerdings auch um die (klassische) Begründung dafür halten, warum die *condictio* dem Geschädigten den Wert verschaffen wird: weil der Dieb der Verurteilung nicht mehr durch Leistung entgehen kann. Doch muss man Santoro entgegnen, dass schon mit der Feststellung *condictio ipsorum corporum competit* eine *condictio aestimationis* als Gegenbild im Raum steht. Der vorliegende Text diskutiert gerade den Gegenstand der *condictio.* Dementsprechend spricht er nicht einfach von der *condictio rei furtivae,* sondern von einer *condictio in re furtiva.*

Der Kontrast zu den anderen beiden Ulpian-Stellen (D. 13,1,7,2 und D. 13,7,22,2) wirft die Frage nach der Authentizität des Textes insgesamt auf.[215]

212 Ulpian D. 13,7,22,2 (30 *ad ed.*); vgl. soeben Fn. 211.

213 Vgl. im Kontext der Novation unten 258.

214 So Santoro AUPA 57 (2014) 197 f. mit Fn. 71.

215 Die bei Pika, Causa furtiva, 105 Fn. 27, in Bezug genommenen Interpolationsannahmen stützen sich allein auf die Überflüssigkeit einer solchen *intentio* angesichts der ohnehin auf die *aestimatio* gerichteten *condemnatio* (vgl. zu diesem Gedanken oben in den einleitenden Bemerkungen zu 3). Pikas Zurückweisung unterscheidet nicht zwischen *intentio* und *condemnatio.*

Jedoch ist in diesem Kontext an die Zwangsvollstreckung *manu militari* in Ulpian D. 6,1,68 zu erinnern. Bei der Erörterung dieses Textes[216] gelang keine Entscheidung, ob Ulpian sich statt zum Formularverfahren zu einer *cognitio* äußert oder ob der Text nachträglich verändert wurde. Auch die überlieferte Fassung von D. 13,1,8 pr. ließe sich gut damit erklären, dass ihr Verfasser Realexekution vor Augen hatte. Das machte die singuläre Begründung *durat condictio aestimationis eius: corpus enim ipsum praestari non potest* verständlich.

Damit eröffnen sich verschiedene Hypothesen. Entweder der Text bezieht sich in seiner jetzigen Fassung auf ein Beamtenverfahren mit Erfüllungszwang. Vielleicht stammt er vollständig von Ulpian, der auch im Ediktskommentar über ein Verfahren *extra ordinem* schreiben kann.[217] Vielleicht resultiert der überlieferte Text aber auch aus einer späteren Überarbeitung des ulpianischen Originals. Dann stammt vielleicht nur der erste Satz von Ulpian, der in Übereinstimmung mit der Tradition bekräftigt, dass die Klage sich stets auf die gestohlenen Gegenstände selbst richtet. Schon der Umstand, dass er diesen Satz äußert, legte allerdings nahe, dass er in Frage gezogen wurde.

Vielleicht möchte Ulpian tatsächlich im Formularverfahren nach Untergang der gestohlenen Sache die *intentio* der Kondiktion auf deren *aestimatio* gerichtet wissen. Bei der Begründung *corpus enim ipsum praestari non potest* kann es sich gleichwohl um einen späteren Zusatz handeln. Diese Variante ist vor allem deswegen bedenkenswert, weil sich eine Ablösung der *condictio rei* durch die Kondiktion eines Geldersatzes auch an anderer Stelle findet.

d. *condictio quanti conducturus*: Celsus D. 12,6,26,12 u. a.

Bis Celsus reicht eine indirekte Spur dafür zurück, dass der Untergang der geschuldeten Sache oder das Unmöglichwerden der Leistung dazu führen könnte, dass die *condictio* sich nicht mehr auf sie, sondern auf ihren Wert richtet. Sie besteht darin, dass Kondiktionen mitunter von Anfang an anstatt auf eine zurückzugewährende Leistung auf deren Wert zielen. Diese Spur gebietet um so mehr Beachtung, als der ungewöhnliche Gegenstand der Kondiktion damit begründet wird, dass die eigentliche Leistung ihrer Natur nach nicht zurückgewährt werden kann. Während Kondiktionen auf untergegangene Gegenstände wie verbrauchte Früchte indirekt darauf deuten, dass eine Kondiktion den Untergang ihres Gegenstandes unverändert überstehen kann, weist eine Kondiktion, die sich von Anfang an auf den Geldwert einer Leistung richtet, weil diese nicht zurückgewährt werden kann, ähnlich indirekt in die Gegenrichtung.

---

216 Vgl. oben 119 f.

217 Vgl. D. 43,4,3 (68 *ad edictum* [!]), oben 119 bei und in Fn. 8.

Es ist allerdings wieder Ulpian, der uns in D. 12,6,26,12 darüber berichtet, dass nach Celsus bei Leistung nichtgeschuldeter *operae* – soweit es sich um handwerkliche Dienste, nicht um Ehrendienste handelt – deren Wert kondiziert wird.[218]

Ulpian D. 12,6,26,12 (26 *ad edictum*)

Libertus cum se putaret operas patrono debere, solvit: condicere eum non posse, quamvis putans se obligatum solvit, Iulianus libro decimo digestorum scripsit: natura enim operas patrono libertus debet. sed et si non operae patrono sunt solutae, sed, cum officium ab eo desideraretur, cum patrono decidit pecunia et solvit, repetere non potest. sed si operas patrono exhibuit non officiales, sed fabriles, veluti pictorias vel alias, dum putat se debere, videndum an possit condicere. et Celsus libro sexto digestorum putat eam esse causam operarum, ut non sint eaedem neque eiusdem hominis neque eidem exhibentur: nam plerumque robur hominis, (aetas temporis)[219] opportunitasque naturalis mutat causam operarum, et ideo nec volens quis reddere potest. sed hae, inquit, operae recipiunt aestimationem: et interdum licet aliud praestemus, inquit, aliud condicimus: ut puta fundum indebitum dedi et fructus condico: vel hominem indebitum, et hunc sine fraude modico distraxisti, nempe hoc solum refundere debes, quod ex pretio habes: vel meis sumptibus pretiosiorem hominem feci, nonne aestimari haec debent? sic et in proposito, ait, posse condici, quanti operas essem conducturus. […]

Ein Freigelassener, der meint, seinem Patron Dienste zu schulden, hat diese geleistet. Julian hat im 10. Buch seiner Digesten geschrieben, dass jener nicht kondizieren kann, obwohl er in dem Glauben geleistet hat, zu schulden. Von Natur wegen schuldet der Freigelassene nämlich dem Patron Dienste. Aber auch dann, wenn dem Patron keine Dienste geleistet sind, sondern jener [der Freigelassene], als die Pflichterfüllung von ihm verlangt wurde, mit dem Patron [stattdessen] einen Geldbetrag bestimmt und diesen geleistet hat, kann er [diesen] nicht zurückfordern. Aber wenn er dem Patron keine Ehrendienste erbracht hat, sondern handwerkliche, wie Malerarbeiten oder ähnliches, während er [diese] zu schulden glaubte, so wollen wir sehen, ob er kondizieren kann. Und Celsus meint im 6. Buch seiner Digesten, das Wesen von Diensten sei so, dass sie nicht [immer] dieselben seien, nämlich nicht desselben Menschen; und auch werden sie nicht demselben dargeboten. Denn meist ändern die Kraft des Menschen und die natürlichen Vorzüge das Wesen der Dienste, und daher kann niemand sie auch mit gutem Willen zurückgeben. Aber, so sagt er [Celsus], diese Dienste sind einer Schätzung zugänglich: und bisweilen, sagt er, kondizieren wir, obwohl wir eines leisten, etwas anderes: Nimm etwa an, dass ein nicht geschuldetes Grundstück gegeben werde und ich die Früchte kondiziere, oder ein nicht geschuldeter Sklave, und du diesen arglos zu einem mäßigen Preis veräußert hast, so musst du allerdings nur das zurückzahlen, was du als Kaufpreis erlangt hast. Oder wenn ich den Sklaven auf meine Kosten wertvoller gemacht habe, sollen diese [Kosten] nicht abgeschätzt werden? So, sagt er [Celsus], könne auch im vorliegenden Fall kondiziert werden, um wie viel ich die Dienste gemietet hätte. […]

218 Zum Text vgl. im Kontext anderer Quellen zur Kondizierbarkeit von *operae* Waldstein, Operae, 359 ff., 363 ff., 367 ff.; unter dem Gesichtspunkt der *datio* als Voraussetzung der *condictio* Lübtow, Condictio, 51 ff., sowie Kaden SZ 71 (1954) 577 mit weiteren Hinweisen.

219 Nachträgliche Ergänzung des Textes; vgl. Behrends/Knütel/Kupisch/Seiler (Hausmaninger) mit Mommsen, der *aetas* als Glosse zu *robur* und *temporis* als Glosse zu *opportunitas* erklärt.

Ulpian beruft sich auf Celsus, der den individuellen Charakter von *operae* herausstreicht. Wegen dieser ihrer Natur könnten Dienste nicht durch andere Dienste zurückgegeben werden. Weil sie aber immerhin in Geld schätzbar seien, könne der Betrag kondiziert werden, für den der Patron die Dienste hätte anmieten können.[220]

Eingefügt ist die Bemerkung, dass manchmal etwas anderes kondiziert werde, als geleistet wurde. Der Teil mit den Beispielen (von *ut puta* bis *nonne aestimari haec debent?*) stammt wohl erst von Ulpian. Nicht nur wirkt er inhaltlich wie eine à propos hinzugesetzte Erklärung. Dass Ulpian sich von Celsus löst, kommt auch darin zum Ausdruck, dass er anschließend mit *sic et in proposito ait* wieder an ihn anknüpft (wie er auch zuvor mit *inquit* deutlich machte, dass er noch bei Celsus war). Ulpians Fälle, bei denen es um eine nachträgliche Veränderung des Inhalts der Kondiktion geht – Weiterverkauf und Verbesserung des geschuldeten Sklaven –, sollen erst gleich im Kontext der *condictio pretii* diskutiert werden.

Jedenfalls Ulpian geht es um die *intentio* der Klage. Dies ergibt sich aus der Gegenüberstellung von Leistung und Kondiktionsinhalt *(interdum licet aliud praestemus, aliud condicimus)*: Hätte er darunter nur das Auseinanderfallen von Leistung und Verurteilungsinhalt verstanden, so wären die von ihm gewählten Beispiele unnötig fein gemünzt, da doch die Kondiktion aufgrund jeder Sachleistung wegen der *condemnatio pecuniaria* zu einer von dieser abweichenden Verurteilung führt. Celsus muss diese Perspektive noch nicht gehabt haben. Vielleicht schrieb er nur *condici potest,* und Ulpian ergänzte die aus seiner Sicht nötige Präzisierung, dass die Kondiktion sich auf den Mietzins beziehe.

In Übereinstimmung mit Ulpian entscheidet Marcian:

Marcian D. 19,5,25 (3 *regularum*)

Si operas fabriles quis servi vice mutua dedisset, ut totidem reciperet, posse eum praescriptis verbis agere, sicuti si paenulas dedisset, ut tunicas acciperet: nec esse hoc contrarium, quod, si per errorem operae indebitae datae sunt, ipsae repeti non possunt. nam aliud dando,	Wenn jemand handwerkliche Dienste eines Sklaven tauschweise zur Verfügung gestellt hat,[221] damit er ebenso viel zurückerhalte, kann er *praescriptis verbis* klagen, so als hätte er Mäntel gegeben, um Röcke zurückzuerhalten. Und dem steht nicht entgegen, dass, wenn irrtümlich ungeschuldete Dienste geleistet wurden, diese selbst nicht zurückgefordert werden

220 Die Formulierung *quanti conducturus* ist unverdächtig; vgl. Flume FS Niedermeyer (1953) 112 (= St. Bereicherung 35) und Waldstein, Operae, 369 (mit der überzeugenden Bemerkung, dass sie wohl nicht „in rein subjektivem Sinne“ auf die hypothetische Zahlbereitschaft des Empfängers, sondern eher darauf abzielt, was dieser für die Leistung „hätte ausgeben müssen“).

221 Mit Behrends/Knütel/Kupisch/Seiler (Misera) und Heumann/Seckel s. v. *vicis* 2 c.

ut aliud reddatur, obligari iure gentium possumus: quod autem indebitum datur, aut ipsum repeti debet aut tantundem ex eodem genere, quorum neutro modo operae repeti possunt.	können. Denn indem wir etwas geben, können wir [zwar] nach Völkergemeinrecht verpflichtet werden, etwas anderes zurückzugeben. Was aber ungeschuldet gegeben wurde, muss entweder selbst zurückgefordert werden oder ebenso viel derselben Gattung. Auf keine dieser Weisen können Tagewerke zurückgefordert werden.

Nach der im zweiten Teil des Textes angesprochenen Leistung eines *indebitum* könne entweder das Geleistete selbst oder ebenso viel der gleichen Gattung zurückgefordert werden, nie jedoch – wie bei den nach *ius gentium* klagbaren atypischen Verträgen – ein *aliud.* Eine Rückforderung von *operae* scheidet nach Marcian auf beide Weisen aus. Eine Begründung fehlt. Sie wird – wie bei Ulpian/Celsus – darin bestehen, dass kein Dienst dem anderen gleicht. Dieser Unterschied zwischen den überlassenen und den zurückzugewährenden *operae* erklärt auch den Vergleich mit dem Tausch von Mänteln und Röcken.

Wie Waldstein zu Recht betont, muss man dem Text nicht entnehmen, dass der irrtümlich Leistende nach Marcian ganz leer ausgehen soll.[222] Dem Juristen geht es vielmehr nur um *operae* selbst als Gegenstand der *intentio.* Sonst ergäbe sich ein Widerspruch nicht nur zu Ulpian/Celsus, sondern auch zu Marcian D. 12,6,40,2 (3 *regularum*): *Si pactus fuerit patronus cum liberto, ne operae ab eo petantur, quidquid postea solutum fuerit a liberto, repeti potest.*[223]

Das von Ulpian/Celsus und Marcian für die *operae* erzielte Ergebnis – Kondiktion des Mietzinses, nicht der Leistung selbst – bezeugt Paulus für die Leistung von Wohnraum:

Paulus D. 12,6,65,7 (17 *ad Plautium*)

Sic habitatione data pecuniam condicam, non quidem quanti locari potuit, sed quanti tu conducturus fuisses.	So kondiziere ich nach der Gewähr von Wohnraum Geld, nämlich nicht soviel, für wie viel er vermietet werden konnte, sondern wie viel du bezahlt hättest.

Auch hier wird Geld, nicht die Wohnleistung als geschuldet angesehen.

e. *condictio pretii* von Julian bis Ulpian

Bis auf Julian zurück gehen die Zeugnisse für Kondiktionen, die sich zunächst auf eine Sache richten, dann aber aufgrund eines nachträglichen Ereignisses ein anderes Objekt annehmen, nämlich ihr *pretium.*

222 Waldstein, Operae, 360.

223 An diesem Widerspruch verzweifelt Pernice, Labeo III.1, 210 f., in Fn. 2.

aa. Julian und African

Direkt aus seinem Werk wurde in die Digesten ein Text übernommen, der sich mit der Rückforderung einer Schenkung von Todes wegen befasst. Julian thematisiert in D. 39,6,19 verschiedene Situationen, in denen der geschenkte Gegenstand nicht ins Vermögen des Zuwendungsempfängers gelangt oder nicht dort verbleibt.

Julian D. 39,6,19 (80 *digestorum*)

Si filio familias res mortis causa data fuerit et convaluisset, donator actionem de peculio cum patre habet: at si pater familias, cum mortis causa donationem accepisset, in adoptionem se dederit, res ipsa a donatore repetitur. nec huic similis est is, qui rem, quam mortis causa acceperat, alii porro dederit: nam donator huic non rem, sed pretium eius condiceret.	Wenn einem Haussohn eine Sache von Todes wegen gegeben wurde und [der Schenker] genas, so hat der Schenker die Klage wegen des Sonderguts gegen den Vater. Und wenn sich ein *pater familias*, nachdem er eine Schenkung von Todes wegen empfing, [einem anderen] in Adoption gab, so wird die Sache selbst vom Schenker zurückgefordert. Und jener [der beschenkte *pater*] ähnelt nicht demjenigen, der eine Sache, die er von Todes wegen empfangen hat, an einen anderen übereignet hat. Denn von diesem kondizierte der Schenker nicht die Sache, sondern ihren Wert.

Die *actio de peculio* und die Formulierung am Ende *(huic non rem, sed pretium condiceret)* lassen erkennen, dass es in allen Fällen allein um die *condictio,* nicht um die *rei vindicatio* geht. Dass das Geschenk sofort ins Eigentum des Beschenkten überging und dort auch nach einer Genesung des Schenkers zunächst verblieb, aber herausgegeben werden musste, kennzeichnet eine von mehreren möglichen Wirkweisen der Schenkung von Todes wegen.[224]

Ist ein *filius* beschenkt, so gelangt die Sache in das Vermögen des Hausvaters, der dem Schenker bis zum Wert des Sonderguts haftet. Der Inhalt der *condictio* bleibt zunächst offen. Dass von einer Verbindlichkeit des *filius* keine Rede ist, mag daran liegen, dass sie mangels Vollstreckbarkeit geringe praktische Relevanz hatte.[225]

---

224 Die Vielzahl der Spielarten der *donatio mortis causa* betont Paulus D. 39,6,35,4 (6 *ad leg. Iul. et Pap.*): *Mortis causa donatio fit multis modis* [...]. Mitunter ist jede Rückforderung ausgeschlossen, mitunter geht die Sache erst im Todesfall auf den Beschenkten über, mitunter geht sie sofort über, kann aber im Fall des Überlebens (jedenfalls) kondiziert werden; nach Ulpian sogar vindiziert. Julian spricht in D. 12,1,19 pr. (10 *dig.*) von einer aufschiebend bedingten Rückzahlungsschuld und entsprechend in D. 39,5,1 pr. (17 *dig.*) von einer auflösend bedingten Schenkung. Nach Ulpian D. 39,6,2 (32 *ad Sab.*) akzeptierte aber auch Julian andere Varianten. Ulpian selbst plädiert in den Fällen der Schenkung in Angesicht von Gefahr für Vindikation; vgl. D. 39,6,29 (17 *ad ed.*) unten Fn. 241. – Zur „Klassizität der auflösend wie der aufschiebend bedingten Vollzugsform" Rüger, Donatio, 30 ff., sowie bereits Simonius, Donatio, 189 ff.

225 Für Personalvollstreckung gegen Haussöhne jetzt allerdings Klinck SZ 132 (2015) 126 ff., 135 ff.

Den folgenden Fall stellt Julian mit *nec similis* einer dritten Variante entgegen. Mit dem ersten verbindet beide ein *at*, dessen Bedeutung anschließend geklärt werden muss. Wenn der Beschenkte *pater* war und sich später adoptieren ließ, fordere der Schenker die Sache selbst zurück. Den Klagegegner nennt Julian nicht. Nach Gaius 3,84 tritt der Adoptivvater zivilrechtlich nicht in Schulden des Arrogierten ein; zugleich wird der Arrogierte frei, weil er seine Rechtsfähigkeit verliert *(quia scilicet per capitis diminutionem liberetur)*. Jedoch behandelt der Prätor ihn wegen Altschulden wie einen Rechtsfähigen und erlaubt auch die Vollstreckung in sein früheres Vermögen.[226] Im dritten Fall ist und bleibt der Beschenkte rechtsfähig, übereignet aber das geschenkte Gut an einen Dritten. Hier fordere der Schenker vom Beschenkten nicht die Sache selbst, sondern ihr *pretium* zurück. Über das weitere Schicksal der Sache erfahren wir nichts, sodass zu vermuten ist, dass es nicht darauf ankommt, ob sie noch existiert.[227]

Das *nec similis* des dritten Falls bezieht sich allein auf den zweiten, der aber seinerseits mit *at* vom ersten abgesetzt ist, sodass man erwägen muss, ob der Schenker nicht auch im ersten Fall die Sache selbst zurückfordern kann. Das überzeugt aus inhaltlichen Gründen nicht: Warum sollte die Stellung als Haussohn für die Frage des Gegenstandes der Rückforderung einen besonderen Unterschied machen? Erst eine weitere Verwendung durch den Vater könnte einen Anlass bieten, die *condictio rei* auszuscheiden. Ein Unterschied besteht im Umfang der Haftung des Vaters (begrenzt auf das *peculium*), doch darauf hebt Julian nicht ab. Das *at* etabliert hier also wohl keinen Kontrast gegensätzlicher Lösungen, sondern leitet über zu einem neuen, damit anderen und allein insofern kontrastierenden Problem, nämlich den zwei Folgefällen, die sich darin ähneln und vom ersten Fall unterscheiden, dass eine Rechtsnachfolge stattfindet.[228]

Eine *condictio pretii* begegnet also nur im dritten Fall. Weil der Text nicht vom Weiterverkauf spricht, sondern auch Fälle erfasst, in denen die Sache etwa weiter verschenkt wurde *(alii dederit)*, wird *pretium* hier den Wert der Sache meinen, nicht den im Einzelfall erzielten Preis.[229] Der Beschenkte haftet also immer, ohne dass es darauf angekommen wäre, ob er den Sachwert realisiert

226 Vgl. auch Gaius 4,38 zur Klage mit Fiktion der ungeschmälerten Rechtsstellung.

227 Wer meint, allein objektive Unmöglichkeit habe den Schuldner von der Verpflichtung zur Leistung der Sache selbst befreien können, müsste hingegen bei Existenz weiterhin eine *condictio rei* und deswegen von der Stelle Auskunft hierüber erwarten. Dies insb. gegen Harke Iura 54 (2003) 79 und *passim*; Zimmermann, Obligations, 898.

228 Diese Möglichkeit zieht Simonius, Donatio, 179 ff., nicht in Betracht, obwohl er den Zusammenhang des zweiten mit dem dritten Fall betont (185). Er hält das *pretium condicere* hier für interpoliert.

229 Ebenso Flume FS Niedermeyer (1953) 107 (= St. Bereicherung 30).

hat. Eine Rechtfertigung kann man darin sehen, dass er mit der Eventualität der Genesung rechnen muss. Die *condictio,* die sich vor der Übereignung auf die Sache selbst gerichtet hatte, zielt anschließend auf ihren Wert.

In einem anderen Fall, den Julians Schüler African schildert, gewährt Julian eine *condictio pretii* nicht anstelle einer bisher bestehenden *condicito rei,* sondern anstelle einer erloschenen *vindicatio rei.* In der Entscheidung geht es um die fehlerhafte Zuordnung eines Vindikationslegats. Sie wurde schon bei der Erörtertung von D. 45,1,91,2 wiedergegeben, weil sie zusammenhängt mit Julians Entscheidung, den Erben auf den Wert des freigelassenen Sklaven haften zu lassen, auch wenn er das ihn belastende Fideikommiss nicht kennt (D. 36,1,26,2).

African D. 12,1,23 (2 *quaestionum*)[230]

Si eum servum, qui tibi legatus sit, quasi mihi legatum possederim et vendiderim, mortuo eo posse te mihi pretium condicere Iulianus ait, quasi ex re tua locupletior factus sim.	Wenn ich einen Sklaven, der dir vermacht ist, besitze und verkaufe, als sei er mir vermacht, so sagt Julian, dass du nach dessen Versterben von mir den Wert kondizieren kannst, weil ich aus deiner Sache bereichert bin.

Der Text gibt keinen Hinweis darauf, dass *Ego* sich auf die *condictio*[231] hätte einstellen müssen, weil er hätte wissen können, dass das Legat nicht für ihn bestimmt war.

Wieder stellt sich die Frage, was *pretium* heißt. Die nachgeschobene Begründung *(quasi locupletior factus sim)* liefert die Rechtfertigung für eine Belastung. Sie kann von Julian selbst stammen. Manche sehen in ihr den Beweis dafür, dass *Ego* nicht mehr als den Preis auskehren muss, den er erhalten hat.[232] Nach heutigem Empfinden spricht die Gutgläubigkeit für eine Beschränkung auf das als Preis Erhaltene. Demnach wäre *pretium* hier anders aufzufassen als in D. 39,6,19. Jedoch kann man auch mit dem Verständnis an den Text treten, dass jede Verwertung der Sache den Verwertenden um ihren vollen Wert *locupletior* macht, weil er ihr Potential in voller Höhe verbraucht, unabhängig davon, wie viel er daraus für sich abschöpft.[233] In diese Richtung deutet außer D. 39,6,19 auch D. 36,1,26,2: Der Erbe haftet nach Julian auf den Wert des freigelassenen

230 Vgl. bereits im ersten Kapitel, 32 f.

231 Allerdings halten Lübtow, Condictio, 74 f., und Schwarz, Condictio, 199 f. Fn. 26, die *condictio* für interpoliert, weil mangels *datio* in der Klassik nur eine *actio in factum* gegeben sein könne.

232 So Harke Iura 54 (2003) 81 f., ebenso Niederländer, Bereicherungshaftung, 3, 172 f. (der sich allerdings explizit gegen eine Berücksichtigung nachträglicher Entreicherung ausspricht); für dieses Verständnis von *pretium* auch Flume FS Niedermeyer (1953) 107 f. (= St. Bereicherung 30 f.).

233 Vgl. für diese Deutung insb. Lübtow, Condictio, 77 ff., insb. 79.

Sklaven, auch wenn er nicht wusste, dass dieser fideikommissarisch vermacht war.[234] Unser Text schweigt auch über das umgekehrte Problem, ob ein über den Wert hinausgehendes *lucrum ex negotiatione* mit der *condictio* herausverlangt werden kann.

An anderer Stelle löst African einen vergleichbaren Fall recht ähnlich, doch unter dem Gesichtspunkt der *negotiorum gestio.* Wiederum wird eine fremde Sache unwissend verkauft; hier hatte ein erworbener Sklave sie von seinem früheren Herrn gestohlen:

African D. 3,5,48 (8 *quaestionum*)[235]

Si rem, quam servus venditus subripuisset a me venditore, emptor vendiderit eaque in rerum natura esse desierit, de pretio negotiorum gestorum actio mihi danda sit, ut dari deberet, si negotium, quod tuum esse existimares, cum esset meum, gessisses: sicut ex contrario in me tibi daretur, si, cum hereditatem quae ad me pertinet tuam putares, res tuas proprias legatas solvisses, quandoque de ea solutione liberarer.

Wenn der Käufer eine Sache, die der verkaufte Sklave von mir, dem Verkäufer, gestohlen hatte, [seinerseits] verkauft hat und diese zu existieren aufhörte, dann muss man mir hinsichtlich des Kaufpreises eine Klage wegen Geschäftsführung gewähren, wie sie [auch sonst] gewährt werden müsste, wenn du ein Geschäft, das du für deines hieltest, während es meines war, geführt hättest. Ebenso würde dir gegen mich die umgekehrte Klage [auf Aufwendungsersatz wegen Geschäftsführung] gewährt, wenn du, weil du glaubtest, dass eine Erbschaft deine wäre, die mir zustand, deine eigenen Sachen leistetest, die vermacht waren, da ich doch durch jene Erfüllung befreit würde.

African gewährt die *actio negotiorum gestorum* gegen den Käufer des Sklaven, obwohl diesem beim Verkauf der Sache aus dem Sondergut nicht bewusst war, dass er er ein fremdes Geschäft führte.[236] Die Klage richtet sich auf das nicht näher bestimmte *pretium.* Weil man vom Geschäftsführer regelmäßig nur die Herausgabe des Erlangten erwartet, kann *Ego* vom Nichtwissenden gewiss nicht mehr als den erzielten Preis abschöpfen. Vermutlich kann er wie von einem Beauftragten auch ein etwaiges *lucrum ex negotiatione* fordern. Es fehlt

234 Vgl. im ersten Kapitel, 30f.

235 Unmittelbar vor dem in D. 3,5,48 überlieferten Text dürfte D. 19,1,30 pr. (8 *quaest.*) gestanden haben (ebenso Lenel, Palingenesia I, Sp. 27, Nr. 95). Dort betrachtet African ein mit dem Sklaven verkauftes *peculium* als vermindert, weil dieser seinen Herrn bestohlen hatte. Der Bestohlene kann vom Erwerber kondizieren oder den Betrag zurückhalten. Unabhängig vom Übergang des *peculium* haftet der gutgläubige Erwerber aus der *condictio,* wenn er die gestohlenen Münzen verbraucht.

236 Wegen des fehlenden Fremdgeschäftsführungswillens charakterisiert Müller-Ehlen, Hereditatis petitio, 201ff., die Entscheidung als untypische Anwendung der *actio negotiorum gestorum.* In D. 12,1,23 habe Julian stattdessen einen untypischen Einsatz der *condictio* (ohne *datio*) vorgezogen. Dazu 173f. und 204 bei Fn. 12. – Muscheler erwägt, dass African die Begründung seines Lehrers „in vorschnellem Schülereifer verallgemeinert“ haben könne (JuS 1988, 629).

ein Hinweis darauf, dass der Anspruch zugunsten des Unwissenden auf den objektiven Sachwert beschränkt sein soll. Die Betonung der Gegenrechte des unwissenden *gestor* deutet eher darauf hin, dass die üblichen Wirkungen der *negotiorum gestio* auch in der vorliegenden Konstellation weitgehend eintreten.[237]

Es stellt sich die Frage, warum African nicht wie Julian D. 12,1,23 zur *condictio* griff. In der Literatur wird erwogen, dass es African darauf ankam, dem Kläger mittels der *actio negotiorum gestorum* das *lucrum* zukommen zu lassen.[238] Führt man sich vor Augen, dass der Kondiktionsschuldner Julians unentgeltlich erwarb, muss man aber eher an eine gegenteilige Motivation denken: Die *actio negotiorum gestorum* gegen den Sklavenkäufer war mit Sicherheit auf den Preis beschränkt, den er für die Pekuliarsache erzielt hatte. Hingegen haftete der unentgeltliche Erwerber bei Julian mit der *condictio pretii* möglicherweise auf den vollen Sachwert, auch wenn er unvorteilhaft weiterveräußert hatte.

Es fällt auf, dass African in beiden Fällen ausdrücklich auf den Tod des Sklaven hinweist. Vor dem Tod konnte *Tu* beim Erwerber vindizieren und war auf Ansprüche gegen *Ego* nicht angewiesen. Der Hinweis wird nicht nur den Sachverhalt plausibel ausschmücken. Vielmehr bestand augenscheinlich keine Klage gegen *Ego*, solange der Sklave noch lebte.[239] Der Verkauf allein rechtfertigte eine *condictio* gegen den Verkäufer offenbar noch nicht. Wegen der Gutgläubigkeit des Veräußerers erscheint dies plausibel. Der Umstand, dass der Verkäufer eine Gegenleistung erhielt, genügte nicht, um Julian dazu zu bewegen, Abhilfe zu schaffen. Schließlich konnte der Eigentümer sich mit seiner Vindikation trösten, falls er den Käufer auffand. Die *condictio pretii* war der Lückenfüller, den Julian erst deswegen heranzog, weil der Verwertung des Sklaven durch den Verkäufer (der Bereicherung) nach dem Sachuntergang wegen Wegfalls der Vindikation ein entsprechender Verlust (eine Entreicherung) des Eigentümers gegenüberstand.

---

237 Hingegen wird der unwissende Geschäftsführer nicht in gleichem Maße auf Schadenersatz haften. Vgl. dazu Kaser/Knütel/Lohsse § 44 Rn. 19 mit Hinweis auf Paulus D. 3,5,18,3 (2 *ad Ner.*).

238 Muscheler JuS 1988, 631; Harke, Geschäftsführung, 30 ff. Muscheler zieht in Betracht, Julian könne im Fall von D. 12,1,23 gezögert haben, die objektive Fremdheit des Geschäfts zu bejahen.

239 Es ist durchaus im Interesse von *Ego*, zunächst keiner Klage ausgesetzt zu sein. Zwar stünde er in der Regel besser damit, dem *Tu* aus der *condictio* oder der *actio negotiorum gestorum* zu haften als dem Dritten wegen Eviktion der Sache durch *Tu* auf das *duplum*. Doch mag die Eviktionshaftung im Einzelfall ausgeschlossen sein. Auch hindert nichts *Ego* daran, sich mit *Tu* darauf zu vergleichen, dass dieser die Vindikation unterlässt. Dafür mussten Julian und African dem *Tu* nicht wahlweise neben der *vindicatio* gegen den Dritten eine Klage gegen *Ego* einräumen.

Zu dieser Erklärung passt, dass Julian im Fall der *donatio mortis causa* in D. 39,6,19 die *condictio pretii* auch ohne Sachuntergang zuspricht: Der Schenker hatte die Sache übereignet und war deswegen von Anfang an in dem Maße schutzbedürftig, wie es der Eigentümer erst mit dem Tod seines Sklaven wurde.

Allerdings legt ein Zitat durch Ulpian nahe, dass Julian dem Schenker zwischen der *condictio pretii* und der Inanspruchnahme des Erwerbers die Wahl ließ.

Ulpian D. 39,6,37,1 (15 *ad legem Iuliam et Papiam*)

Iulianus ait: si quis servum mortis causa sibi donatum vendiderit et hoc vivo donatore fecerit, pretii condictionem donator habebit, si convaluisset et hoc donator elegerit. alioquin et ipsum servum restituere compellitur.

Julian sagt: Wenn jemand den ihm von Todes wegen geschenkten Sklaven zu Lebzeiten des Schenkers verkauft, so steht dem Schenker die Kondiktion des *pretium* zu, wenn er genest und sich dafür entscheidet. Ansonsten wird auch [der Dritte] zur Rückerstattung des Sklaven selbst gezwungen.

Man ist versucht, die Entscheidung des Schenkers als eine darüber zu verstehen, ob er vom Beschenkten lieber den erzielten Preis oder den Sklaven selbst zurückfordern möchte; Letzteres führte, wenn der Empfänger nicht nach Rückkauf des Sklaven erfüllt, zur Verurteilung auf den – vom Preis unterschiedenen – Wert.[240] Doch passt diese Deutung nicht zu fr. 19, wo Julian dem Schenker in derselben Situation allein die Klage auf das *pretium* zugesteht, nicht alternativ auf den Sklaven selbst.

Daher bietet sich eine andere Deutung an: Die von Ulpian beschriebene Wahl des Schenkers wird darin bestehen, entweder das *pretium* vom Beschenkten oder den Sklaven selbst vom Dritten zu verlangen. Von einem Klagerecht gegen den Dritten, wie es beim Vindikationslegat in D. 12,1,23 im Hintergrund stand, war bei Julians Behandlung der Schenkung von Todes wegen in fr. 19 allerdings ebenfalls keine Spur. Ulpian jedoch gesteht dem Schenker stets eine dingliche Klage zu.[241] Vermutlich hat er Julian in seinem Sinne ausgedeutet: Erst Ulpian

240 So etwa Flume FS Niedermeyer (1953) 107 (= St. Bereicherung 30); Harke Iura 54 (2003) 79.

241 Das ergibt sich aus D. 39,6,29 (17 *ad ed.*): *Si mortis causa res donata est et convaluit qui donavit, videndum, an habeat in rem actionem. et si quidem quis sic donavit, ut, si mors contigisset, tunc haberet cui donatum est, sine dubio donator poterit rem vindicare: mortuo eo tunc is cui donatum est. si vero sic, ut iam nunc haberet, redderet, si convaluisset vel de proelio vel peregre redisset, potest defendi in rem competere donatori, si quid horum contigisset, interim autem ei cui donatum est. sed et si morte praeventus sit is cui donatum est, adhuc quis dabit in rem donatori.* Wenn die Schenkung unter der aufschiebenden Bedingung des Todes stehe, könne der Schenker zweifelsohne vindizieren, solange er lebt. Sei hingegen die Rückgabe für den Fall des Überlebens vereinbart, ließe sich die dingliche Klage für den Schenker jedenfalls vertreten, obwohl sie in der Zwischenzeit dem Beschenkten zustand. Für die Echtheit auch dieser Passage führt Rüger, Donatio, 62 Fn. 217, zu Recht das vorsichtige *potest defendi* im

wird das Wahlrecht des Geretteten in fr. 37,1 darauf bezogen haben, gegen wen er seine Rechtsbehelfe richtete. Gleichwohl kann der Text bis *et hoc donator elegerit* von Julian stammen. Die Wahl des Schenkers bestand bei Julian dann nur darin, sein Rückforderungsrecht nicht zu gebrauchen.

Dass Julian nicht vom Tod des Sklaven berichtet, überrascht angesichts der oben entwickelten Grundsätze nicht: Weil der Schenker nicht gegen den Dritten vorgehen kann, erlaubt der Jurist die *condictio pretii,* obwohl der Sklave existiert. Unter *pretium* wird Julian wie in fr. 19, dem anderen von ihm zur *donatio mortis causa* hinterlassenen Fall, mindestens den objektiven Wert verstanden haben. Weil der Beschenkte das immerhin latente Rückforderungsrecht kennt, gebietet sich keine Reduktion, falls er billiger verkauft hat. Sollte der Preis höher gewesen sein als der Wert, so verhilft dem Schenker hierzu vielleicht schon die *condictio,* vielleicht die *actio negotiorum gestorum.*

Die beiden Konstellationen, in denen Julian die *condictio pretii* gewährt, haben folgende gemeinsame Merkmale: Eine Vindikation scheidet aus, weil der Berechtigte sein Eigentum dem Kondiktionsschuldner übertragen hat (bei der *donatio mortis causa*) oder die Sache inzwischem beim Dritten unterging (beim Verkauf durch den Scheinlegatar). Der spätere Kondiktionsschuldner hat von Todes wegen oder durch Schenkung, also unentgeltlich erworben. Der Jurist schöpft mit der *condictio pretii* den realisierten Wert ab.

Im Fall des Scheinlegatars bedarf es der *condicito pretii* deswegen, weil man ihm die Veräußerung nicht anlasten kann. Der Bösgläubige hätte als Dieb gehaftet. Dies eröffnet eine Perspektive, um ihre Einführung in den Fällen der *donatio mortis causa* zu erklären: Vielleicht greift Julian auch hier nur deswegen zur *condictio pretii,* weil er den Beschenkten nicht wegen seines Verhaltens haftbar macht, und hätte andernfalls die *condictio rei* unverändert fortbestehen lassen. An das Verhalten hätte sich eine Haftung allenfalls deswegen knüpfen können, weil ein Überleben des Schenkers und eine nachfolgende Rückforderung vorstellbar waren. Dafür hätte Julian sich aber einlassen müssen auf die subtilen Unterscheidungen zwischen verschiedenen Formen von *donationes mortis causa.* Es wäre zu erwägen gewesen, ob die Veräußerung im Fall einer sofortigen

---

Gegensatz zum einleitenden *sine dubio* ins Feld. Anders früher Simonius, Donatio, 194: „zweifellos interpoliert". Sogar bei Vorversterben des Beschenkten werde mancher dem Schenker die *actio in rem* zubilligen. Julian und African hatten auch für diesen Fall alleine die *condictio* erörtert und gewährt; vgl. Julian D. 12,1,19 pr. (10 *dig.*) (siehe oben, dort aber auch das relativierende Referat Ulpians) sowie African D. 39,6,23 (2 *quaest.*), Letzterer zu dem Sonderfall, dass es sich bei dem später versterbenden Beschenkten um einen Haussohn oder Sklaven handelt (zu dieser Situation wie African auch Paulus D. 39,6,44 [1 *manualium*]; vgl. zum Thema Buchwitz, Servus alienus heres, 221 ff.).

Schenkung mit Rückforderungsrecht anders zu bewerten wäre als bei einer auf den Tod bedingten Schenkung. Immerhin rechnete auch der Schenker mit seinem Tod, sollte da der Beschenkte nicht über die Sache verfügen dürfen? Eine strikte Dichotomie zwischen Gut- und Bösgläubigkeit wird der Behandlug dieser Fallgruppe durch Julian nicht gerecht.[242] Der Jurist macht sich von diesen Schwierigkeiten der *condictio rei* los, indem er die *condictio pretii* gegen den Beschenkten unabhängig von dessen Verschulden gewährt. Für den zugrunde liegenden Surrogationsgedanken kann Julian auf Entscheidungen zur Auseinandersetzung der Mitgift zurückgreifen, denen zufolge die Frau statt vom Mann geschenkten Geldes das damit gekaufte Gut im Istzustand zurückgeben oder dessen Restwert in Abzug bringen muss.[243]

Dieser Schritt lässt sich als Erweiterung der Haftung des Bereicherungsschuldners beschreiben, nämlich auf den hinsichtlich eines Verschuldens zweifelhaften Fall des von Todes wegen Beschenkten.[244] Dass Julian den Beschenkten für den objektiven Wert einstehen lässt, sodass dieser die Sache auf eigenes Risiko veräußert, dafür wird das der *donatio mortis causa* anhaftende Rückforderungspotential oder die Unentgeltlichkeit des Erwerbs maßgeblich gewesen sein.[245]

Über die prozessuale Umsetzung der *condictio pretii,* insbesondere darüber, wie der Preis in der *intentio* auftaucht, erfahren wir nichts.

bb. Paulus und Ulpian

Die Juristen der Severerzeit finden zu allgemeinen Formulierungen, die das Kriterium der Gut- und Bösgläubigkeit schärfen und in den Vordergrund stellen.

---

242 Niederländer, Bereicherungshaftung, 4 Fn. 14, betont, wer beschenkt werde, könne „im Allgemeinen mit dem Einverständnis des Schenkers zur Veräußerung rechnen", und nimmt deswegen eine „gutgläubige […] Veräußerung" an. Als bösgläubig betrachten den *mortis causa* Beschenkten hingegen Lübtow, Condictio, 75 f., 83, und Harke Iura 54 (2003) 80. Das entspricht der Einordnung durch Paulus D. 39,6,39 (sogleich), aber wohl nicht derjenigen Julians.

243 Vgl. insb. Javolen D. 24,3,66,1 (6 *ex post. Lab.*) und dazu Misera, Bereicherungsgedanke, 91 ff.

244 Zum „Gedanken der Surrogation" als „Erweiterung der Haftung" Jakobs, Eingriffserwerb, 44 (mit Schulz, Niederländer, Flume). – Zurückzuweisen ist der Gedanke von Harke Iura 54 (2003) 79, der Schuldner werde privilegiert, weil die „durch die Übereignung an den Käufer bewirkte subjektive Unmöglichkeit" eigentlich der *condictio rei* nichts anhaben dürfte, seine Haftung aber nun gleichwohl auf den erlangten Preis beschränkt werde. Wie Harke auch Lübtow, Condictio, 75 f., dem zufolge sich in dieser Beschränkung die justinianische Milde zeige.

245 Vgl. auch hierzu Julian D. 36,1,26,2: Der Erbe haftet für die Freilassung auch dann, wenn er nicht wusste, dass der Sklave fideikommissarisch vermacht war; dazu im ersten Kapitel, 30 f.

Unentgeltlichkeit des Erwerbs spielt in ihren Texten keine Rolle. Vom Gutgläubigen kann der ursprüngliche Kondiktionsgegenstand nicht mehr kondiziert werden, stets aber das, was er für diesen erhalten hat.

Paulus D. 12,6,65,8 (17 *ad Plautium*)

Si servum indebitum tibi dedi eumque manumisisti, si sciens hoc fecisti, teneberis ad pretium eius, si nesciens, non teneberis, sed propter operas eius liberti et ut hereditatem eius restituas.	Wenn dir ein nicht geschuldeter Sklave gegeben wurde und du diesen freigelassen hast, so wirst du auf dessen Wert haften, wenn du es wissentlich getan hast, wenn unwissend, so wirst du nicht haften (außer wegen seiner Tagewerke als Freigelassener und dass du seine Erbschaft herausgibst).

Paulus D. 39,6,39 (17 *ad Plautium*)

Si is, cui mortis causa servus donatus est, eum manumisit, tenetur condictione in pretium servi, quoniam scit posse sibi condici, si convaluerit donator.	Wenn der, dem von Todes wegen ein Sklave geschenkt wurde, diesen freigelassen hat, wird er mit der *condictio* auf dessen Wert gehalten, weil er ja weiß, daß von ihm kondiziert werden kann, wenn der Schenker genest.

Paulus äußert sich allgemein zur Freilassung eines *servum indebitum datum*. War der Freilasser bösgläubig, so haftet er auf den Wert – es muss der objektive sein.[246] War er gutgläubig, so haftet er nur auf die *operae* und die Erbschaft, die ihm als Freilasser gebühren. Die Haftung aus der *condictio indebiti* bleibt nach Paulus also zurück hinter der Haftung des Fideikommissars und des Vindikationslegatars nach Julian und des Damnationslegatars nach Marcian.[247] Den *mortis causa* Beschenkten kennzeichnet Paulus als bösgläubig, ohne dabei Einschränkungen zu machen. Im Ergebnis lässt er ihn auf den Wert des Freigelassenen haften.[248]

Aufgrund der vorgetragenenen Deutung sei die Vermutung geäußert, dass Julian im Fall der *donatio mortis causa* (D. 39,6,39) die *condictio pretii* zum Einsatz gebracht, es im Fall der vorsätzlichen Freilassung eines Geschuldeten (D. 12,6,65,8) hingegen bei einer *condictio* auf *Stichum dare oportet* belassen hätte.

246 Nach Lübtow, Condictio, 83, sollen die Kompilatoren hier aus Milde die Haftung auf den Wert an die Stelle einer Haftung auf das Interesse gesetzt haben.

247 Zu den Entscheidungen Julians und Marcians im ersten Kapitel II.3.a (30 ff.).

248 Harke Iura 54 (2003) 80 unterstellt diese Sichtweise auch Julian und nimmt auf dieser Grundlage an, dass beide Juristen bei der *donatio mortis causa* dem Gläubiger die *condictio pretii* neben die *condictio* auf die Sache selbst zur Wahl stellten. Hingegen wurde eben herausgearbeitet, dass die Schenkung auf den Tod hin nicht automatisch auf *culpa* schließen lässt und Julian gerade deswegen anstelle der Sachkondiktion eine auf Berecherungserwägungen gestützte *condictio pretii* gewährte, wenn der Gläubiger das Eigentum an der Sache verloren hatte.

Paulus spricht in beiden Fällen vom Haften auf den Wert (*teneri condictione in pretium* bzw. *teneri ad pretium*). Man denkt hier zwar zunächst an die *condictio pretii*, doch könnten beide Formulierungen auch auf die *condemnatio* auf den Wert anspielen.[249] Dass Paulus die *intentio* in beiden Fällen auf den Sklaven selbst richtet, ist jedoch wahrscheinlich, weil es seiner Position zur Stipulation aus D. 45,1,91 entspricht. Auch das strenge Abstellen auf Kennen und Kennenmüssen passt zu der Orientierung an der *culpa* in unserem Haupttext.[250] Wie das *pretium* bei Julian, so erscheinen bei Paulus die *operae* und das vom Freigelassenen Geerbte – also der Ertrag der Verwertung, die verbliebene Bereicherung – als neuer Inhalt der Kondiktion.

Wurde der Kondiktionsgegenstand vom Gutgläubigen verbraucht, so hat dieser dessen Wert vereinnahmt. Dementsprechend gewährt Paulus eine auf diesen Wert gerichtete Kondiktion:

Paulus D. 12,6,65,6 (17 *ad Plautium*)

In frumento indebito soluto et bonitas est et, si consumpsit frumentum, pretium repetet.	Bei ungeschuldet geleistetem Getreide kommt es auch auf dessen Beschaffenheit an, und wenn er es verbraucht hat, fordert man den Wert zurück.

An diesem Text hat sich die Debatte um die Klassizität der *condictio pretii* besonders entzündet: „Für das klassische Recht würde man aber erwarten, daß die *condictio* nach wie vor auf Getreide geht, einer Klage auf den Wert bedarf es gar nicht“ (NIEDERLÄNDER).[251] In die aufgezeigte Linie fügt der Text sich gut: Der gutgläubige Bereicherungsschuldner schuldet nach Sachuntergang nicht mehr die Sache selbst, sondern nur einen eventuell gezogenen Vorteil.

249 Auch SIMONIUS, Donatio, 177, zieht eine *intentio* auf den Sklaven in Betracht.

250 In D. 45,1,91,2 unterdrückten die Kompilatoren vermutlich einen Widerspruch des Paulus gegen Julian, der den Erben auch dann für die Freilassung eines Sklaven haftbar machte, wenn er nicht wusste, dass dieser vermacht war. Die Unentgeltlichkeit ist für Paulus kein Kriterium. Vgl. im ersten Kapitel II.3, insb. unter c (34).

251 NIEDERLÄNDER, Bereicherungshaftung, 2. Mit NIEDERLÄNDER Fn. 4 spricht sich auch JAKOBS, Eingriffserwerb, 45 mit Fn. 115, für Interpolation und Fortbestand der klassischen *condictio* auf das Getreide selbst aus. Beide bauen auf die Voraussetzung, die FLUME FS Niedermeyer (1953) 130 (= St. Bereicherung 50) formuliert hat: „Ein Untergang der geschuldeten Leistung kann nicht eintreten, weil das *pondere, numero, mensura constare* einen gegenständlichen Untergang der Leistung ausschließt“. – LÜBTOW, Condictio, 79, geht eigenwillig davon aus, dass grundsätzlich auch bei vertretbare Sachen die geleisteten als individualisierte zurückzugeben seien, der Kläger aber stattdessen auch andere verlangen könne, und rekonstruiert den Text im Übrigen so, dass der Verbrauchende bei Kenntnis auf das volle Interesse, sonst auf den Sachwert hafte.

Einer Erklärung bedarf der Hinweis auf die Qualitätsunterschiede beim Getreide. Er dient dazu, zu rechtfertigen, warum genau das gelieferte Getreide, nicht gleichartiges anderes Getreide zurückzugeben ist. Denn bei mengenmäßig beschreibbaren Leistungsgegenständen kommt neben der Kondiktion der Ware selbst grundsätzlich auch die Kondiktion einer gleichen Menge derartiger Ware in Betracht.[252]

Pomponius D. 12,6,7 (9 *ad Sabinum*)

Quod indebitum per errorem solvitur, aut ipsum aut tantundem repetitur.	Was irrtümlich geleistet wird, obwohl es nicht geschuldet ist, wird entweder selbst oder es wird ebenso viel zurückgefordert.

Ebenso heißt es später bei Marcian D. 19,5,25 (3 *regularum*): *quod autem indebitum datur, aut ipsum repeti debet aut tantundem ex eodem genere. Tantundem*, ebenso viel, wird in den Quellen insbesondere im Zusammenhang mit Geldleistungen verwendet und bezeichnet dabei die gleiche Valuta in anderen Stücken.[253]

Das Zitat gibt nicht preis, wonach sich entscheidet, ob das Geleistete oder *tantundem* zurückgefordert wirden kann. Hierhinein fügt sich der Verweis des Paulus auf die *bonitas* des Getreides: Nur, weil bei Getreide Qualitätsunterschiede entscheidend sind, kommt es für Paulus darauf an, ob das gelieferte

252 Auf diese Spur stößt uns Gaius 3,91 (ebenso Inst. 3,14,1), wenn er dem Empfänger einer nichtgeschuldeten Leistung mit einem Darlehensnehmer vergleicht *(Si paret eum dare oportere, ac si mutuum accepisset)*. Gerade zuvor verkündet Gaius (3,90), dass statt der darlehensweise empfangenen Sachen gleichartige zurückzugeben sind: *non eaedem, sed aliae eiusdem naturae reddantur.* Vgl. zum Darlehen entsprechend auch Paulus D. 12,1,2 pr.-1 (28 *ad ed.*). Pomponius D. 12,1,3 (27 *ad Sab.*) präzisiert, dass beim Darlehen Waren der gleichen Art zurückerstattet werden müssen, die außerdem dieselbe Güte aufweisen: *id autem agi intellegitur, ut eiusdem generis et eadem bonitate solvatur, qua datum sit.* – Man fragt sich, wie dies prozessual umgesetzt wurde. Entweder der Leistende beschrieb die Qualität in der *intentio*, oder die Klage wurde nun mit *demonstratio* oder *praescriptio* erteilt und stellte darauf ab, was geliefert worden war; so bei dem atypischen Geschäft, von dem Pomponius in D. 19,5,26 pr. (21 *ad Sab.*) berichtet. Ein Becher war mit der Abrede gegeben worden, dass dessen Gewicht in gleichwertigem Silber zurückerstattet werden sollte: *Si tibi scyphos dedi, ut eosdem mihi redderes, commodati actio est: si, ut pondus argenti redderes quantum in illis esset, tantidem ponderis petitio est per actionem praescriptis verbis, tam boni tamen argenti, quam illi scyphi fuerunt...* Hier wird ein vorgeschalteter Formelteil für Quantität und Qualität des Silbers auf den hingegebenen Becher Bezug genommen haben.

253 Vgl. *tantundem solveretur convenit* als Ausschlussgrund für die Annahme einer Verwahrung bei Papinian D. 16,3,24 (9 *quaest.*); hingegen *tantundem pecuniae solveret* als Schuldinhalt wegen Verwahrung unverschlossener Münzen bei Alfen D. 19,2,31 (5 *dig. a Paulo epit.*); sowie Paulus D. 49,14,21 (3 *quaest.*), wo es um das Ausbleiben der Erfüllungswirkung geht, wenn *ipsum quod solutum est an tantundem* aufgrund seines Gläubigerprivilegs vom Fiskus eingezogen wird, nämlich die empfangenen Geldstücke oder ihr Betrag, mit anderen Münzen beglichen.

Getreide verbraucht wurde. Offenbar wird nur dann *tantundem* zurückgefordert, wenn Qualitätsunterschiede bei Leistungen dieser Art keine Rolle spielen. Das passt auch zu den Texten über die Rückforderung von *operae:* Indem Ulpian/Celsus und Marcian betonen, dass kein Dienst dem anderen gleicht, erklären sie, warum eine Rückforderung von *tandundem ex eodem genere ausscheidet.*

Nur bei Sachen, in deren Gattung keine erheblichen Qualitätsabweichungen vorkommen, wird *tantundem ex eodem genere* kondiziert. Angesichts der Entscheidung des Paulus zum *frumentum* bleibt für diese Kategorie allerdings kaum mehr als die Rückforderung von Geld übrig.

Damit deutet sich ein beachtlicher Unterschied zwischen der *condictio indebiti* und der Rückforderung von als *mutuum* gegebenen Sachen an. Der Darlehensgeber fordert nach Pomponius D. 12,1,3 auch dann, wenn es bei derlei Gütern auf die Qualität ankommt, nicht das dargeliehene Gut selbst oder stattdessen seinen Wert, sondern gleichviel der gleichen Art und der „gleichen" Qualität *(eiusdem generis et eadem bonitate),* die in Wahrheit nie ganz die gleiche sein wird. Diese „Eigenheit des Rückgewähranspruchs" beim Darlehen von *res, quae pondere numero mensura constitunt* kann daher nicht ohne weiteres „aus der Natur der *datio*" und der Verwandtschaft mit dem Bereicherungsrecht hergeleitet werden.[254] Vielleicht gebietet das *quod agitur,* das nach Pomponius die Obligation gegenüber dem Darlehensgeber auf die Güte der gelieferten Sache justiert, von solchen marginalen Qualitätsabweichungen bei der Rückgabe abzusehen, die unvermeidbar sind, denen aber die bereicherungsrechtliche *condictio* Bedeutung beimisst.

Die Relevanz des Verbrauchs lässt darauf schließen, dass Paulus vor dem Verbrauch das geleistete Getreide selbst als Gegenstand der Kondiktion ansah. Der Verbrauch durch den Gutgläubigen ändert also den Inhalt der Schuld: Statt des Getreides umfasst sie nun dessen Wert als dasjenige, was der Schuldner durch den Verbrauch vereinnahmt hat, die verbleibende Bereicherung.

Auf der durch Julian vorgezeichneten Bahn bewegt sich schließlich auch Ulpian.

Ulpian D. 12,6,26,12 (26 *ad edictum*)

…et interdum licet aliud praestemus, inquit, aliud condicimus: ut puta fundum indebitum dedi et fructus condico: vel hominem indebitum, et hunc sine fraude modico distraxisti, nempe hoc solum refundere debes, quod ex pretio habes: vel meis sumptibus pretiosiorem hominem feci, nonne aestimari haec debent? […]

Und bisweilen, sagt er [Celsus], kondizieren wir, obwohl wir eines leisten, etwas anderes: Nimm etwa an, dass ein nicht geschuldetes Grundstück gegeben werde und ich die Früchte kondiziere, oder ein nicht geschuldeter Sklave, und du diesen arglos zu einem mäßigen Preis veräußert hast, so musst du allerdings nur dies zurückzahlen, was du als Kaufpreis erlangt hast. Oder wenn ich den Sklaven auf meine Kosten wertvoller gemacht habe: Sollen diese [Kosten] nicht abgeschätzt werden? […]

254 Entgegen Rüfner, Vertretbare Sachen?, 40 ff.

Der Jurist lässt den Kondiktionsschuldner, der den Sklaven gutgläubig verkauft, nur auf den mäßigen Preis haften, den er erzielt hat.[255] Ulpian geht es gerade um die Unterschiedlichkeit von Leistungsgegenstand und Kondiktionsgegenstand.[256] Daher ist bei ihm der erzielte Preis Inhalt der Kondiktionsschuld. Auch Julian hätte nach dem oben entwickelten Schema allein die *condictio pretii* gegeben: Weil der Gutgläubige nicht haftet, erlischt die *condictio hominis* mit dem Verkauf.[257]

Die Entscheidungen von Julian bis Ulpian bilden zum allergrößten Teil ein einheitliches Muster: Wo es nicht auf den konkreten Leistungsgegenstand und bei derlei Leistungen auch nicht auf die Qualität ankommt, kondiziert der Gläubiger von vorneherein *tantundem ex eodem genere.* Sonst fixiert sich die *condictio* auf das gelieferte Gut selbst. Durch vom Schuldner zu vertretende Störungen verliert sie ihren Fokus nicht: *adhuc homo peti possit.* Fehlt es an *culpa*, beschränkt sich die Forderung hingegen auf die verbleibende Bereicherung. Der realisierte Wert wird auch bei Veräußerung oder Verbrauch abgeschöpft. Unscharf bleiben die Linien bei der Beurteilung der *culpa* eines *mortis causa* Beschenkten, der Berücksichtigung einer Unentgeltlichkeit des Erwerbs und der Frage, ob Freilassung den Wert des Sklaven ähnlich realisiert wie ein Sachverbauch. Auch die Frage, ob bei einem Verkauf unter Wert nur der erzielte Preis in Betracht kommt, erscheint nicht einheitlich beantwortet.

f. Zusammenfassung

In den Texten zur Kondiktionsschuld hinterlassen zwei unterschiedliche Modelle ihre Spuren. Sabinus spricht mit Selbstverständlichkeit von einer Gruppe von Fällen, in denen *condici etiam mortuus potuit.* Nur als Beispiel

255 Zur Übersetzung von *quod ex pretio habes* mit „was du als Kauferlös hast" (nicht „was aus dem Erlös noch übrig ist") vgl. FLUME FS Niedermeyer (1953) 105 (= St. Bereicherung 28 f.), im Anschluss an SCHULZ, Actiones, 32. – Daneben stellt Ulpian den Fall, dass der Kondiktionsschuldner den Wert des Sklaven auf seine Kosten gesteigert hat. Dafür will er einen Abzug vom Kondiktionsbetrag machen. Dies erinnert an die Rechtslage bei der *rei vindicatio*, gegenüber der einem gutgläubigen Besitzer die *exceptio doli* gewährt wird, bis ihm nützliche Aufwendungen auf die Sache erstattet sind. Vgl. KASER, RP I, § 103 I 5, § 121 und § 151 V 2 sowie KASER/HACKL § 35 IV 2 (Entscheidung über das Gegenrecht in der *pronuntiatio*).

256 Vgl. zum Rest des Textes oben unter d (183 ff.).

257 Hingegen meint HARKE Iura 54 (2003) 79, die *condictio hominis* hätte, weil nur „subjektive Unmöglichkeit" entstand, eigentlich fortbestehen müssen; CELSUS habe zugunsten des Schuldners eingegriffen und die Haftung auf den erzielten Preis begrenzt. Doch kommt es auf Unmöglichkeit der Rückbeschaffung nicht an. Vgl. das eben 188 mit Fn. 227 zu Julian D. 39,6,19 Ausgeführte.

nennt der Jurist die *condictio* gegen den Dieb.[258] Den Fortbestand der Klage auf *dare oportere* nach dem Tod des Sklaven haben wohl auch Labeo, Proculus und Pomponius anerkannt. Ein *et* deutet darauf, dass der Sklave für Sabinus nicht nur Gegenstand der Klage, sondern auch der Schuld blieb *(et ante mortem dare tibi eum oportuerit)*.[259]

Die *veteres* wollten nach Tryphonin, dass die *condictio* der gestohlenen Sache deren Untergang überdauert *(Licet res perempta est, tamen durare condictionem veteres voluerunt)*.[260] Der Verzug des Diebes, der das Ergebnis begründet, müsste bei anderen Kondiktionen dieselbe Wirkung zeitigen.

Diesem Modell entspricht auch, dass Gaius von der Kondiktion untergegangener Sachen spricht *(extinctae res condici possunt)*.[261] Die bei ihm erörterte *condictio* verarbeiteten Materials setzt die Existenz ihres Gegenstandes ebenso wenig voraus wie die *condictio* verbrauchter Früchte noch bei Paulus und Ulpian *(fructus ante iudicium percepti* [si mala fide percepit et] *si eos consumpsit condici oportet; fructus possunt consumpti condici)*.[262]

Daneben zeigt sich ein anderes Schema. In gewissen Fällen, in denen eine Leistung weder selbst zurückgewährt noch durch eine gleichartige ersetzt werden kann (*operae* bei Ulpian und, diesem zufolge, Celsus; *habitatio* bei Paulus), ist von vorneherein nicht sie selbst, sondern ihr Nutzen in Geld Gegenstand der Kondiktion *(quanti conducturus)*.[263] Ebenso verhält es sich bei der *condictio pretii*, die Julian nicht aufgrund einer rechtsgrundlosen Übereignung, sondern gegen den gutgläubigen Scheinlegatar gewährt, der den vermachten Sklaven veräußert hat, welcher anschließend verstarb.[264]

Diesen Vorbildern folgt Julian, indem er eine *condictio pretii* auch dann zuspricht, wenn der von Todes wegen Beschenkte den ursprünglichen Kondiktionsgegenstand verkauft. Vermutlich schafft der Jurist für Situationen Abhilfe, in denen er Schwierigkeiten sieht, eine Haftung für das Leistungshindernis anzunehmen und deswegen weiterhin die *condictio rei* zu gewähren. Die Klage rechtfertigt sich dann dadurch, dass die Kosten einer Entscheidung des Schuldners über vermeintlich eigenes Vermögen nicht den Gläubiger treffen sollen; insofern bringt Julian einen Gedanken des Bereicherungsausgleichs zur Geltung. Der Leistungsempfänger schuldet jedenfalls bei der *donatio mortis causa*

258 Vgl. D. 45,1,83,7; dazu oben 174.
259 Vgl. D. 12,4,15; dazu oben 174 ff.
260 Vgl. D. 13,1,20; dazu oben 177 ff.
261 Vgl. Gaius 2,79; dazu oben 180 f. bei Fn. 209.
262 Vgl. Paulus D. 10,1,4,2; dazu oben Fn. 210; sowie Ulpian D. 13,7,22,2; dazu oben Fn. 211.
263 Vgl. Celsus/Ulpian D. 12,6,26,12; dazu oben 183 ff.; und Paulus D. 12,6,65,7; dazu oben 186.
264 Vgl. D. 12,1,23; dazu oben 189 f.

vermutlich den objektiven Wert der Sache, nicht nur den Preis, den er beim Dritten realisiert hat.[265]

Paulus und Ulpian scheinen diese Grundsätze fortzubilden, indem sie einem gutgläubigen Kondiktionsschuldner in jedem Fall ein etwaig für den Kondiktionsgegenstand erhaltenes Surrogat abverlangen, aber nicht mehr. Bösgläubige haften hingegen mit der Klage wegen der Sache selbst auf deren Wert. Zu ihnen zählt Paulus auch den von Todes wegen Beschenkten. Dem bei *operae* und *habitatio* wirkenden Prinzip gemäß gewährt Paulus auch nach dem Verbrauch ungeschuldet geleisteten Getreides eine *condictio pretii,* weil er eine *condictio* gleichartigen Getreides wegen allfälliger Qualitätsunterschiede ablehnt.[266]

Damit steht *adhuc homo peti possit* als Folge der *culpa* im Rahmen einer einmal gegebenen bereicherungsrechtlichen *condictio* aufrecht. Die *condictio pretii* bildet sich hingegen auf anderer Grundlage: Zu ihr kommt es, wenn ein Leistungsgegenstand seiner Natur nach nicht rückerstattet werden kann, wenn eine fremde Sache gutgläubig veräußert wird und sodann untergeht, oder wenn ein gutgläubiger Kondiktionsschuldner die Sache verbraucht oder über sie verfügt, sie also verwertet, ohne sich wegen *culpa* haftbar zu machen.

Aus der Reihe fällt D. 13,1,8 pr., wonach Ulpian die *condictio furtiva* statt auf die untergegangene Sache auf deren Schätzwert richtet.[267] Nach den für die *condictio pretii* ausgemachten Grenzen hätte der Dieb hingegen wegen seiner *mora* aus der *condictio rei* selbst haften müssen.

4. Damnationslegat

Auch im Vermächtnisrecht werfen die Quellen die Frage nach dem Verhältnis von Sach- und Ersatzleistung unübersehbar auf. Im Folgenden wird nur das Damnationslegat betrachtet, weil das Vindikationslegat keine Schuld begründete und das Fideikommiss jedenfalls keine im Formularverfahren als *oportere* klagbare.[268] Die Unterscheidung zwischen der Leistung des vermachten Gegenstands und der Zahlung seines Wertes tritt beim Fideikommiss noch klarer zu Tage, was damit zusammenhängen mag, dass seine präzise Erfüllung ein sittliches Gebot war. Vor allem aber musste diese Unterscheidung interessieren, wenn in einer *cognitio extraordinaria* Realexekution zur Debatte stand.

265 Vgl. zur *condictio pretii* bei Julian oben e.aa. (187 ff.).

266 Vgl. zur *condictio pretii* bei Paulus und Ulpian oben e.bb (194 ff.).

267 Zu D. 13,1,8 pr. vgl. oben c (181 ff.).

268 Vgl. Gaius 2,278: *Praeterea legata per formulam petimus; fideicommissa vero Romae quidem apud consulem vel apud eum praetorem, qui praecipue de fideicommissis ius dicit, persequimur, in provinciis vero apud praesidem provinciae.*

Aber auch zum Damnationslegat bestimmen die Juristen mitunter, dass der Erbe das *pretium* oder die *aestimatio* des Vermächtnisses leisten soll. Es handelt sich um Fälle, in denen die tatsächliche Zuwendung des Vermächtnisgegenstandes irgendein Problem bereitet, das vom Todeszeitpunkt an ersichtlich ist oder nachträglich zu Tage tritt. Dem ersten Eindruck nach gilt die Marschroute des *adhuc homo peti possit* nicht. Nicht mehr die Naturalleistung scheint als Schuldinhalt angesehen zu werden, sondern ihr Wert.

a. Die Entscheidung über die Litiskreszenz

Jedoch liefert eine prozessuale Besonderheit der *actio ex testamento* einen Schlüssel, mit dem sich manche der fraglichen Texte so erklären lassen, dass sie mit dem von Paulus für die Stipulation evozierten Prinzip übereinstimmen: Es ist die für den Fall des Bestreitens vorgesehene Litiskreszenz, welche die Juristen veranlasst, zu betonen, dass es bei der Verurteilung auf den einfachen Wert bleiben soll.

aa. Javolen D. 35,2,61 und Ulpian D. 30,71,3-4

Angeboten wird uns die Erklärung von Javolen und Ulpian, sodass wir vermuten dürfen, dass sie für den gesamten durch sie umspannten Zeitraum taugt.

Javolen D. 35,2,61 (4 *epistularum*)

Alienus fundus tibi legatus est: hunc heres cum emere nisi infinito pretio non posset, emit multo pluris, quam quanti erat, qua emptione effectum est, ut legatarii ad legem Falcidiam revocarentur. quaero, cum, si fundus tanti, quanti re vera, emptus esset, legata non fuerant excessura ius legis Falcidiae, an hoc ipso heres institutus partem revocandi a legatariis ius habeat, quod ex voluntate defuncti pluris emerit fundum, quam quanti erit. respondit: quod amplius heres quam pretium fundi legatario solvit, id lege Falcidia imputari non potest, quia neglegentia eius nocere legatariis non debet, utpote cum is confitendo veram aestimationem praestare poterat.

Dir ist ein fremdes Grundstück vermacht. Weil der Erbe dieses nur zu einem unendlich hohen Preis kaufen konnte, hat er es für viel mehr gekauft, als es wert war. Durch diesen Kauf wird bewirkt, dass die Legatare auf die [Quote der] *lex Falcidia* zurückgesetzt werden. Sofern die Legate das von der *lex Falcidia* zugebilligte Maß nicht überschritten hätten, falls das Grundstück um soviel gekauft worden wäre, wie es in Wirklichkeit wert war, so frage ich, ob der eingesetzte Erbe allein deswegen das Recht haben soll, einen Teil von den Legataren zurückzufordern, weil er dem Willen des Verstorbenen zuliebe mehr für das Grundstück bezahlt hat, als es wert war. Er hat geantwortet: Was der Erbe über den Wert des Grundstücks hinaus dem Legatar geleistet hat, das kann auf die *lex Falcidia* nicht angerechnet werden, weil seine Nachlässigkeit den Legataren nicht schaden darf. Er konnte nämlich, indem er [seine Verbindlichkeit zur Leistung des Grundstücks] anerkannte, dessen wahren Wert leisten.

Beruft der Erbe sich darauf, durch Vermächtnisse übermäßig belastet zu sein, so darf er für die *lex Falcidia* ein Grundstück, das er zur Erfüllung eines Vermächtnisses angekauft hat, nur mit dessen Verkehrswert ansetzen, nicht mit dem überhöhten tatsächlichen Preis. Denn der Erbe hätte stattdessen das Legat anerkennen können und dann nur den Schätzwert leisten müssen.[269] Auf das Anerkenntnis kommt es an, weil die *actio ex testamento* gegen den leugnenden Beklagte auf das Doppelte eingesetzt wird.[270] Welche Rolle das *pretium infinitum* spielt, das in der Sachverhaltsschilderung betont wird, in der Antwort des Juristen aber nicht mehr aufscheint, bleibt offen.[271]

Im Licht des dargestellten Gutachtens wird auch der folgende Text verständlich.

Labeo D. 32,30,6 (2 *posteriorum a Iavoleno epitomatorum*)

Si aedes alienas ut dares damnatus sis neque eas ulla condicione emere possis, aestimare iudicem oportere Ateius scribit, quanti aedes sint, ut pretio soluto heres liberetur. idemque iuris est et si potuisses emere, non emeres.	Wenn du durch Damnationslegat angewiesen bist, ein fremdes Gebäude zu verschaffen, und dieses zu keiner Bedingung kaufen kannst, so schreibt Ateius, dass dem Richter obliege, zu schätzen, wie viel das Gebäude wert ist, sodass der Erbe durch Leistung des Wertes befreit werde. Und dasselbe ist auch dann rechtens, wenn du hättest kaufen können und nicht gekauft hast.

In einem Fall, in dem der Erbe das vermachte Gebäude um keinen Preis kaufen konnte, hatte schon Ateius[272] entschieden, dass der Richter es schätzen solle, damit der Erbe durch Zahlung des Wertes frei werde. Wie aber kommt es zu der richterlichen Schätzung? Angesichts von D. 35,2,61 sei unterstellt, dass jedenfalls der Autor der *Epitome* auch hier an eine *confessio* denkt: Indem der Erbe anerkennt, erreicht er eine Verurteilung auf den einfachen Wert und vermeidet die Sachleistung. Javolen ergänzt oder erhält die Ergänzung von Labeo aufrecht: Dasselbe gelte dann, wenn der Erbe das Grundstück hätte kaufen können, dies aber nicht tat. Für die Ergänzung scheint es nicht darauf anzukommen, aus welchem Grund der Kauf unterblieb; ob also etwa ein absurder, ein geringfügig überhöhter oder ein angemessener Preis gefordert wurde. Wegen

269 Die mitunter verdächtigte Begründung soll nach Eckardt, Iavoleni epistulae, 149–151, ein Glossator aus Ulpian D. 30,71,3 (dazu sogleich) ergänzt haben. Sie kann wohl genauso gut echt sein.

270 Dazu oben Fn. 137.

271 Nach Voci, DER II, geht es um einen „prezzo altissimo“ (252) bzw. „una somma notevolmente superiore al valore“ (762). Ähnlich Grosso, Legati, 248.

272 Wohl der Schüler des Servius, nicht Ateius Capito: vgl. Lenel, Palingenesia I, Sp. 71 f.; Krüger, Quellen, 72 und 159; Kunkel, Herkunft, 31 Fn. 65.

der Vergangenheitsform denkt GROSSO daran, dass die Gelegenheit zum Kauf inzwischen verstrichen sei.[273] Sie lässt sich auch damit erklären, dass ein Ankauf jetzt, beim Rechtsgespräch *in iure*, gar nicht zur Debatte steht. Konnte also der mit einem Verschaffungsvermächtnis belastete Erbe durch Anerkenntnis seiner Schuld eine Verurteilung auf den einfachen Schätzwert erreichen, ohne überhaupt Schritte in Richtung auf den Erwerb unternommen zu haben, selbst wenn dieser keine oder nur geringe Schwierigkeiten bereitet hätte?

Klarere Auskunft erreicht uns aus späterer Zeit von Ulpian mit einem Text, der sich nicht auf das Verschaffungsvermächtnis beschränkt, es aber mit umfasst und damit dazu anregt, die bisherigen Ergebnisse nicht allein hierauf zu beziehen.

Ulpian D. 30,71,3–4 (51 *ad edictum*)

§ 3 Qui confitetur se quidem debere, iustam autem causam adfert, cur utique praestare non possit, audiendus est: ut puta si aliena res legata sit negetque dominum eam vendere vel immensum pretium eius rei petere adfirmet, aut si servum hereditarium neget se debere praestare, forte patrem suum vel matrem vel fratres naturales: aequissimum est enim concedi ei ex hac causa aestimationem officio iudicis praestare.	§ 3 Wer zwar zu schulden anerkennt, aber einen guten Grund vorbringt, warum er trotzdem nicht leisten könne, muss gehört werden: Man nehme an, dass eine fremde Sache vermacht wurde und der Erbe vorträgt, dass der Eigentümer nicht verkaufen wolle oder einen immensen Preis fordere. Oder man nehme an, dass der Erbe sich dagegen verwahrt, einen Erbschaftssklaven leisten zu müssen, etwa weil dieser sein Vater oder seine Mutter oder weil sie beide natürliche Brüder seien. Es ist nämlich mehr als gerecht, dem Erben in diesem Fall zuzugestehen, den Schätzwert zu leisten, den zu bestimmen dem Richter obliegt.
§ 4 Cum alicui poculum legatum esset velletque heres aestimationem praestare, quia iniquum esse aiebat id separari a se, non impetravit id a praetore: alia enim condicio est hominum, alia ceterarum rerum: in hominibus enim benigna ratione receptum est, quod supra probavimus.	§ 4 Wenn jedoch jemandem ein Becher vermacht ist und der Erbe stattdessen den Wert leisten will, weil er meint, dass es ungerecht sei, dass der Becher von ihm getrennt werde, so hat er damit beim Prätor nichts erreicht. Sklaven haben nämlich eine andere Rechtsstellung *(condicio)* als andere Dinge. Bei ihnen ist nämlich aus wohlwollender Rücksicht[274] anerkannt, was wir oben gutgeheißen haben.

Inhalt des Anerkenntnisses ist *se debere*, nämlich den vermachten Gegenstand zu schulden, wie er im Testament stand (nur dieser ist Objekt des anschließenden *praestare non possit*). Augenscheinlich geht der Prätor trotz des Protestes dagegen, in Natur leisten zu müssen (bei Ulpian: die leiblichen Verwandten), von einem Anerkenntnis des Leistensollens aus und erteilt daher eine Klage auf den einfachen Schätzwert.

273 GROSSO, Legati, 246 f.

274 Mit KNÜTEL/KUPISCH/RÜFNER/SEILER (KNÜTEL).

Es drängt sich die Frage auf, welche Sanktion der Erbe, dem sein Becher am Herzen liegt, nach Ulpian vom Gerichtsherrn zu fürchten hat – denn dieser Erbe soll beim Prätor nicht durchdringen (*non impetravit* in § 4), mangels *iusta causa*, mit der er gehört werden müsste (*audiendus est* in § 3).[275] Im Kognitionsprozess befinden wir uns angesichts des Prätors nicht, sodass mit Erfüllungszwang nicht zu rechnen ist.[276] Andererseits muss der Erbe wegen seines Geständnisses sogar im besten Fall immerhin den Wert des Vermächtnisses zahlen. Zu erwägen ist, ob die Sanktion darin bestand, dass dem Legatar dessen eidliche Schätzung überlassen wurde. Die hierfür regelmäßig vorausgesetzte *contumacia* läge vielleicht darin, dass der Erbe die Erfüllung in Natur ohne genügenden Grund verweigert. Doch lehrt Paulus D. 12,3,6, dass man dem Legatar solchen Eid regelmäßig nicht gewährte.[277] Vor allem fällt eine Entscheidung über den Schätzungseid in den Aufgabenbereich des *iudex*, nicht in den des Prätors.[278]

Als prozessualen Kontext der prätorischen Entscheidung präsentiert Ulpian allein die *confessio*, mittels derer der Erbe einer Verurteilung auf den doppelten Wert zu entrinnen sucht. Die Unbeachtlichkeit der Ausflüchte kann also nur darin zum Ausdruck kommen, dass der Prätor gegen den Erben trotz seines Anerkenntnisses eine Klage auf das *duplum* gewährt.

Offenbar setzt die Akzeptanz des Geständnisses *in iure* ein Gespräch darüber voraus, warum der Anerkennende noch nicht geleistet hat und ob und wann er zu leisten gedenkt.[279] Dabei liegt es anscheinend im Ermessen des Gerichtsherrn,

---

275 Entgegen dem ersten Anschein besteht kein Bezug zu Ulpian D. 5,1,21 (70 *ad ed.*): *Si debitori meo velim actionem edere, probandum erit, si fateatur se debere paratumque dicat solvere, audiendum eum, dandumque diem cum competenti cautela ad solvendam pecuniam.* Hier richtet sich *audiendum est* als Weisung an den Gläubiger, der seine Klageabsicht bekanntgegeben hat. Erkennt der Schuldner im anschließenden Gespräch den Klageanspruch an und sagt seine Leistungsbereitschaft zu, so hat der Gläubiger ihm eine Leistungsfrist zu gewähren. Dies ist nach Bürge SZ 112 (1995) 7f. so zu verstehen, dass der Schuldner in dieser Zeit „weitere Verhandlungen ablehnen [darf], ohne zu riskieren, als *indefensus* dazustehen". Der Schuldner in D. 30,71,3 gesteht vor dem Prätor und erklärt sich dabei gerade nicht für leistungswillig.

276 Zum Problem des Erfüllungszwangs *manu militari* bei Ulpian oben 119f., 183.

277 Auf Ausnahmen verweist Marcian D. 12,3,5,4 (mit dem Beispiel des Sachuntergangs für die Stipulation); hierzu oben 147ff.

278 Vgl die Nachweise oben Fn. 97.

279 Vgl. auch Erhardt, Litis aestimatio, 21f.: „Der Prätor [...] prüft und erkennt diese qualifizierte *confessio* entweder als *confessio* an oder verwirft sie". Zu unserer Stelle betont auch Paoli, Lis infitiando crescit, 149ff., „une allusion implicite à l'existence *a contrario* d'une action au double *adversus infitiantem*" (insoweit mit Huschke) und erklärt: „Le jurisconsulte estime qu'il ne faut pas pousser, par un traitement trop dur, l'héritier à faire une *infitiatio* et par conséquent à plaider, alors qu'il est prêt à avouer". – Die Quellenlage über das Gespräch *in iure* bleibt dürftig. Spengler, Studien, hat die Quellen näher untersucht, die von einer *interrogatio in iure* sprechen, und kommt zu dem Schluss, dass

dem Anerkennenden die wohltuende Wirkung seines Anerkenntnisses zu versagen, wenn dieser in einem Atemzug kundtut, dass er nicht vorhat, die Leistung zu erbringen, die zu schulden er anerkennt: Trägt er eine *iusta causa* (§ 3) vor, so wird er geschont, wenn nicht, dann steht er demjenigen gleich, der den Klagegrund bestreitet. Emotionale Leistungshindernisse wie die familiäre *affectio* fallen dabei ebenso ins Gewicht wie überhöhte Kosten einer Naturalerfüllung. So rechtfertigt sich zugleich, warum die Schwierigkeit der Beschaffung für die Wirksamkeit des Legats keine Rolle spielt.[280]

bb. Verschaffungsvermächtnis (Gaius, Paulus)

Vermutlich war also auch dann, wenn das Vermächtnis schwierig oder unmöglich zu erfüllen war, die *aestimatio* nicht alternativer Schuldinhalt. Geschuldet war allein die fremde Sache selbst dann, wenn der Prätor dem Erben ihre Beschaffung nicht zumutete; ihr (einfacher) Wert kam erst durch das Anerkenntnis ins Spiel, sie selbst zu schulden.[281]

Dieser Schlüssel passt auf die weiteren Texte zum Verschaffungsvermächtnis. Er erschließt insbesondere Gaius 2,202[282] und 2,262.[283] Beide Texte erwecken

---

sie damit „kein fest umrissenes Rechtsinstitut" bezeichnen (160). Die *fides* verlangt, dass die Parteien sich im weiteren Verlauf an ihren *in iure* abgegebenen Erklärungen festhalten lassen müssen (161 f.).

280 Vgl. Ulpian D. 30,39,7 (21 *ad Sab.*): *Constat etiam res alienas legari posse, utique si parari possint, etiamsi difficilis earum paratio sit.* Anders beim Fideikommiss, dazu sogleich Fn. 283.

281 Verschiedene Autoren haben Äußerungen, wonach statt des Vermächtnisses der Wert geleistet werden könne, mit der Litiskreszenz in Verbindung gebracht. So Steiner, Datio in solutum, 160, Fn. 2: Die Stellen besagten, dass der Richer auf den einfachen Wert schätze, „d. h. es tritt nicht, wie gewöhnlich bei der *actio ex testamento*, Litiskreszenz ein"; Grosso, Legati, 246: „E va sottolineato che l'affermare che, ove non potesse comprare la cosa, l'erede si liberava prestando l'*aestimatio*, aveva qui un particolare significato, ad evitare l'*infitiatio* e la condanna al *duplum* che vi conseguiva nel legato di un *certum*" (vgl. auch 245 ff. und 401 Fn. 9); Voci, DER II, 252 Fn. 4. – Meist wird dabei der prozessuale Kontext vernachlässigt. Wie hier aber schon Erhardt, Litis aestimato, 21 f. (Zitat soeben Fn. 279). – Die Literatur zur *confessio* selbst hingegen befasst sich zwar mit der Frage, ob diese bei Klagen mit Litiskreszenz prozessual anders wirkte als sonst (so Demelius, Confessio, 181 ff., dagegen di Paola, Confessio, 70 ff., Scapini, Confessione, 102 bei Fn. 196), versucht jedoch keine Erklärung der Texte zur Haftung auf die einfache *aestimatio* beim Legat.

282 Gaius 2,202: *Eoque genere legati etiam aliena res legari potest, ita ut heres rem redimere et praestare aut aestimationem eius dare debeat.*

283 Gaius 2,262: *Cum autem aliena res per fideicommissum relinquitur, necesse est ei, qui rogatus est, aut ipsam redimere et praestare aut aestimationem eius solvere, sicut iuris est, si per damnationem aliena res legata sit. Sunt tamen, qui putant, si rem per fideicommissum relictam dominus non vendat, extingui fideicommissum; sed aliam esse causam per damnationem legati.* – Zum Fideikommiss (dazu auch PS 4,1,7) sind zahlreiche weitere Entscheidungen überliefert. Darunter fällt 2,11 des (pseudo-?)ulpianischen *l. s. reg.* besonders auf, weil die

zunächst den Eindruck, der Erbe habe beim Legat fremder Sachen die freie Wahl zwischen Leistung der Sache selbst oder ihres Wertes. Sie müssen aber nicht zwingend so gedeutet werden, weil sie nicht die Frage zum Thema haben, unter welchen Umständen der Legatar das eine oder das andere erhalten wird. So fügen sie sich zu Gaius D. 32,14,2.[284] Hier macht Gaius die Befugnis zur Zahlung des Schätzwertes davon abhängig, dass der Eigentümer nicht oder nur zu übermäßigem Preis verkauft. Das passt zu dem Kauf *multi pluris* bei Javolen und zum *immensum pretium* bei Ulpian.[285] Im Rahmen dieser Arbeit muss nicht entschieden werden, ob und wie sich im Lauf der Zeit die Bedingungen veränderten, unter denen der Prätor vom Erben nicht erwartete, die Sache zu beschaffen.[286] Nach der eben entwickelten These mag es sich um eine recht freie Entscheidung gehandelt haben, für die mit starren Kriterien nicht zu rechnen ist.

Wichtig ist Folgendes: Über die rechtliche Verortung der Entscheidung zwischen *rem redimere* und *aestimationem dare* oder darüber, wie *iustam aestimationem inferat*, geben die Texte keine Auskunft. Sie besagen nicht mehr, als dass der Erbe sich im praktischen Ergebnis durch Leistung der Sache oder Leistung des Wertes befreit. Daher lassen sie sich gut mit der These erklären, dass allein die Leistung der Sache geschuldet ist, der Erbe aber nach seinem Anerkenntnis auf ihren einfachen Schätzwert verurteilt wird.[287]

Stelle darauf abstellt, dass der Eigentümer nicht für einen gerechten Preis *(iusto pretio)* verkauft. Für das Fideikommiss bleiben Inst. 2,24,1 bei Gaius 2,262 stehen, erwähnen aber nicht mehr die Stimmen, die für den Fall, dass der Eigner nicht verkauft, auf Unwirksamkeit des Fideikommiss plädieren.

284 Gaius D. 32,14,2 (1 *fideicom.*): *Sed si cui legatum relictum est, ut alienam rem redimat vel praestet, si redimere non possit, quod dominus non vendat vel immodico pretio vendat, iustam aestimationem inferat.*

285 Bei Justinian fehlt hingegen jede Präzisierung des *redimere non possit.* In Inst. 2,20,4 heißt es zum Legat einfach: *et aliena* [res] *legari potest: ita ut heres cogatur redimere eam et praestare vel, si non potest redimere, aestimationem eius dare.*

286 Keine Entwicklung zeichnet Voci, DER II, 252. Grosso, Legati, 247 ff., wendet sich gegen das Narrativ, dem zufolge erst nachklassische Milde eine Ablösung in Geld erlaubte, wenn der Erbe die Sache zu einem überhöhten Preis theoretisch hätte beschaffen können. Allenfalls sei die Formulierung eines allgemeinen Kriteriums *immodicum o immensum pretium* nachklassisch. – Annahmen einer Textveränderung muss man entgegenhalten, dass die Differenz zwischen dem von Gaius überlieferten Digestenfragment und seinen Institutionen sich leicht aus dem unterschiedlichen Fokus der Stellen erklärt. Einen Eingriff Justinians schließt wohl der Umstand aus, dass seine Inst. 2,20,4 denen des Gaius völlig entsprechen.

287 Hingegen sieht Grosso parallel zur wachsenden Akzeptanz der Zahlung der *aestimatio* eine Entwicklung, in deren Verlauf die *aestimatio* angesehen wird „come sostanzialmente facente parte dell'oggetto della obbligazione stessa" (Legati, 250). Eine entsprechende Veranlagung des justinianischen Rechts ergebe sich aus dem Verschwinden der Litiskreszenz und der Verurteilung auf die Sache selbst. Jedoch fügt Grosso sogleich relativierend hinzu: „Questo

Die gleiche Erklärung passt auch zur Diskussion über das Vermächtnis eines Grundstücks, an welchem dem Erben das *commercium* fehlt.

Paulus D. 31,49,3 (5 *ad legem Iuliam et Papiam*)

Sed Proculus ait, si quis heredem suum eum fundum, cuius commercium is heres non habeat, dare iusserat ei, qui eius commercium habeat, putat heredem obligatum esse, quod verius est, vel in ipsam rem, si haec in bonis testatoris fuerit, vel si non est, in eius aestimationem.	Aber Proculus sagt, wenn jemand seinem Erben befiehlt, ein Grundstück, dessen *commercium* der Erbe nicht hat, einem [Vermächtnisnehmer] zu verschaffen, der daran das *commercium* hat, so glaubt er, dass der Erbe verpflichtet sei, was richtiger ist, [er ist nämlich] entweder auf die Sache selbst [verpflichtet], wenn diese sich im Vermögen des Testators befindet, oder, wenn sie sich dort nicht befindet, auf ihren Schätzwert.

Der Kontext legt nahe, dass es Proculus um die Wirksamkeit des Vermächtnisses ging. Denn im voranstehenden § 2 schildert Paulus den Streit im umgekehrten Fall, bei dem das *commercium* dem Bedachten fehlt: Dann ist das Vermächtnis nach Trebatius wirksam, nach Priscus Fulcinius und Paulus selbst unwirksam.[288] Fehlt das *commercium* hingegen nicht dem Bedachten, sondern dem Erben, so stimmt Paulus mit Proculus für Wirksamkeit. Auf den ersten Blick erscheint es so, dass Paulus den Wert als Schuldinhalt betrachtet, wenn das Grundstück nicht zur Erbschaft gehörte.[289] Doch mag Paulus mit *in aestimationem* auch bloß die praktische Konsequenz des (von Proculus vorgegebenen) *obligare*, nämlich dasjenige bezeichnen, woran der Erbe festzuhalten, worauf er zu verurteilen ist. Vor dem geschilderten Hintergrund kann er klarstellen wollen, dass der Prätor, wenn der Erbe vorträgt, den fremden Grund nicht verschaffen zu können, die *actio confessoria* auf die einfache *aestimatio* einsetzt, nicht eine Klage auf das *duplum*.

sviluppo […] non mira a giungere all'estremo di considerare oggetto del legato senz'altro e puramente l'*aestimatio* della *res*, oppure alternativamente l'*aestimatio* o la cosa". Vielmehr handele es sich um „ragioni equitative, pìu che di una mutata costruzione" (251). – Auch Medicus SZ 86 (1969) 86 ordnet die „Befugnis zur Befreiung durch Zahlung des Geldwertes" (die auch er als wegen der Leistungserschwerung gewährtes „Privileg" auffasst) im Gegensatz zur hier vorgetragenen Ansicht als materiellrechtlich ein.

288 Paulus D. 31,49,2: *Labeo refert agrum, cuius commercium non habes, legari tibi posse Trebatium respondisse, quod merito Priscus Fulcinius falsum esse aiebat.* – Zu anderen Fällen des Nicht-haben-Könnens unten 213.

289 So sieht Ulpian D. 30,40 (2 *fideicom.*) beim Fideikommiss, wenn dem Bedachten das *commercium* an einer erbschaftsfremden Sache fehlt, die *aestimatio* als geschuldet an: *Sed si res aliena, cuius commercium legatarius non habet, ei cui ius possidendi non est per fideicommissum relinquatur, puto aestimationem deberi.*

cc. Doppelvermächtnis (Paulus)

Auch eine Entscheidung des Paulus zum Doppelvermächtnis stößt auf die Frage nach dem Schuldinhalt. Nachdem der Jurist im 3. Buch der Rechtsregeln verschiedene ähnliche Fälle betrachtet hat, erörtert er ein Testament, in dem dieselbe Sache durch verschiedene Bestimmungen mehreren vermacht ist, ohne dass erkennbar wäre, dass eines der Vermächtnisse das andere aufheben soll, während zugleich feststeht, dass beide Begünstigte das Ganze erhalten, die Vermächtnisse sich also nicht gegenseitig beschränken sollen.

Paulus D. 30,33 (3 *regularum*)

[...] Tunc enim uni pretium, alii ipsa res adsignatur electione rei vel pretii servanda ei, qui prior de legato sive fideicommisso litem contestatus est, ita tamen, ut non habeat licentiam altero electo ad alterum transire.	[...] Dann nämlich ist dem einen der Wert, dem anderen die Sache selbst zugewiesen, wobei die Wahl zwischen Sache und Wert demjenigen gebührt, der als erster wegen des Legats oder des Fideikommisses den Streit befestigt, so aber, dass er nicht die Freiheit hat, nach Wahl des einen auf das andere überzugehen.

Der Text ist insbesondere wegen der Zusammenstellung von Legat und Fideikommiss vielfach als Produkt der Kompilatoren verdächtig.[290] Wenn man die oben entwickelte Hypothese zugrunde legt, ergibt die Unterscheidung zwischen Sache und Wert aber auch beim Legat Sinn, ohne dass man annehmen muss, nach dem Muster des Kognitionsprozesses werde hier die Erfüllung direkt erzwungen. Wählt der schnellere Legatar *in iure* die Sache, so setzt der Prätor ihm eine Klage auf das *duplum* für den Fall ein, dass der Erbe grundlos nicht leistet. Dem langsameren gewährt er eine Klage auf den einfachen Schätzwert. Entscheidet der schnellere sich für das Geld, weil er an der Sache kein Interesse hat, verteilt der Prätor die Klagen umgekehrt.

dd. Litiskreszenz bei nachträglichen Leistungsstörungen

Der gefundene Schlüssel kann Texte zu nachträglichen Leistungsstörungen erschließen. Die Macht des Gerichtsherrn, trotz Anerkenntnisses die Klage auf das *duplum* zu gewähren, wenn der Erbe zu erkennen gab, dass er aus Gründen nicht in Natur erfüllen wollte, die der Prätor nicht billigte, gab diesem ganz allgemein ein Werkzeug in die Hand, um indirekten Zwang zur Naturalerfüllung auszuüben. Es lag nicht fern, dieses Werkzeug großzügig anzuwenden und auch dann mit dem *duplum* zu sanktionieren, wenn das Ausbleiben der Naturalerfüllung schon durch vorprozessuales Verhalten des Erben unvermeidlich

290 Vgl. nur Grosso, Legati, 109, 220 ff., Voci, DER II, 953 f.; offen Lohsse, Ius adcrescendi, 185 Fn. 514.

wurde. Damit stand für die *actio ex testamento* anders als für andere Klagen ohne Litiskreszenz schlechthin die Frage im Raum, ob der Erbe, wenn er nicht leistete, im Prozess mit der Zahlung des einfachen Schätzwertes davonkam. Wenn die Juristen sich dazu äußern, ob der Erbe dem Legat durch Zahlung des Wertes Genüge tut, dann wollen sie vielleicht diese Frage beantworten und nicht zwingend den Inhalt des *oportere* angeben.

b. Wert als Inhalt des Legats

Andererseits gibt es Beispiele dafür, dass ein Schätzwert selbst den Inhalt des Legats und den Gegenstand der Vermächtnisklage bildet.

aa. *partitio legata* (Sabinus u. a. D. 30,26,2)

Prominent begegnet das Legat eines Schätzwerts als sabinianische Position im Streit um die *partitio legata,* also das Vermächtnis einer Quote an der Erbschaft.

Pomponius D. 30,26,2 (5 *ad Sabinum*)

Cum bonorum parte legata dubium sit, utrum rerum partes an aestimatio debeatur, Sabinus quidem et Cassius aestimationem, Proculus et Nerva rerum partes esse legatas existimaverunt [...][291]	Wenn aufgrund eines Vermächtnisses eines Teils des Vermögens zweifelhaft ist, ob Anteile an den einzelnen Gegenständen oder der Schätzwert geschuldet werde, so meinen Sabinus und Cassius, dass der Schätzwert, Proculus und Nerva hingegen, dass Anteile an den Gegenständen vermacht seien [...]

Der Schulenstreit drehte sich um nichts anderes als darum, ob der Erbe quotenmäßige Beteiligung an den einzelnen Erbschaftsgegenständen (Prokulianer) oder den Schätzwert dieser Anteile schuldete (Sabinianer). Hinweise darauf, dass die republikanische Praxis eine Geldschuld annahm, gibt Cicero: In seiner Rede *Pro Caecina* erwähnt er beiläufig, dass der Caesennia *pecunia ex partitione deberetur.* In *De legibus* kritisiert er den Winkelzug, dass ein Bedachter auf einen Teil des Vermächtnisses durch *solutio per aes et libram* verzichtet, damit er behandelt wird *quasi ea pecunia legata non esset,* und nicht die *sacra* für den Toten erbringen muss.[292]

291 Die Fortsetzung sogleich Fn. 294.

292 Vgl. Cicero, *Pro Caecina* 15; *De legibus* 2,51 und 2, 53. Nachweise bei STIEGLER in RE Supplement XI (1968) *s. v. partitio legata,* Sp. 1042, der jedoch nicht darauf schließt, dass die prokulianische Position jünger sei. – Unergiebig für die spätere Praxis ist der bei Javolen D. 19,5,10 (13 *epist.*) geschilderte Fall, wo der Nießbrauch an einem Drittel des Vermögens vermacht ist: Dieses Drittel wird hier zwar in Geld zur Nutzung überlassen, doch wurde das Vermögen zuvor ohnehin von den Gläubigern liquidiert. – Scaevola entscheidet in D. 32,2,32,8 (15 *dig.*) im Sinne der sabinianischen Schulmeinung.

Beide Schulmeinungen haben ihre Tücken: Richtete sich die Schuld auf den Schätzwert, so mochte dies den Erben dazu nötigen, einen Teil der Erbschaft zu vielleicht ungünstigen Konditionen zu liquidieren.[293] Richtete sich die Schuld auf die Anteile, so musste einerseits der Bedachte umständlich eine große Zahl einzelner Teilberechtigungen entgegennehmen, die er nicht unmittelbar verwerten konnte. Ob andererseits der Erbe, wenn er das wünschte, den Vermächtnisnehmer auch gegen dessen Willen in Geld abfinden konnte, hing dann davon ab, ob der *praetor* ein Anerkenntnis in dieser Situation akzeptierte oder wegen der Leistungsverweigerung die *actio ex testamento* auf das *duplum* einsetzte.

Diese Überlegungen machen verständlich, warum Pomponius D. 30,26,2 einen anderen Weg sucht: Er möchte grundsätzlich dem Erben die Wahl überlassen, schützt aber die Interessen des Legatars dadurch, dass der Schätzwert jedenfalls von solchen Gegenständen zu leisten ist, die nicht ohne Verlust geteilt werden können.[294] Paulus D. 30,27 (9 *ad Plaut.*) begünstigt den Erben zusätzlich, indem er ihm erlaubt, den Wert des Legats (der zuvor durch Einigung oder Richterspruch bestimmt werden muss) nicht in Geld, sondern durch von ihm ausgewählte Erbschaftsgegenstände zu erbringen.[295] Zugleich erspart Paulus dem Legatar die „Vindikation" der einzelnen Anteile: Stiegler hat überzeugend dargelegt, dass hiermit kein streitiges Verfahren, sondern die *in iure cessio* gemeint war, mittels derer die Anteile übertragen werden konnten.[296]

Weder Pomponius noch Paulus äußern sich technisch zum Schuldinhalt oder zur prozessualen Durchsetzung der *partitio legata.*[297] Die sabinianische Position belegt aber, dass ein Schätzwert als Gegenstand eines Legats vorstellbar war.

bb. *penus legata*

Nicht den gleichen Schluss erlaubt die klassische Diskussion um das Vermächtnis eines Lebensmittelvorrats *(penus legata).* Hier war für den Fall, dass die

---

293 Vgl. Stiegler in RE Supplement XI (1968) *s. v. partitio legata,* Sp. 1042: „wie sollte [der Erbe] eine Summe aufbringen, die beispielsweise dem halben Wert der Erbschaft entsprach?". Stiegler wendet sich damit gegen die Auffassung, es handele sich bei der sabinianischen Lösung um eine der Praktikabilität geschuldete Neuerung. Als vorzugswürdig präsentieren sie Grosso, Legati, 273f., der in dem Text die justinianische Entscheidung des Schulenstreits sieht, und Voci, DER II, 344.

294 So die Fortsetzung nach der abgedruckten Schilderung des Schulenstreits: ... *sed oportet heredi succurri, ut ipse eligat, sive rerum partes sive aestimationem dare maluerit. in his tamen rebus partem dare heres conceditur, quae sine damno dividi possunt; sin autem vel naturaliter indivisae sint vel sine damno divisio earum fieri non potest, aestimatio ab herede omnimodo praestanda est.*

295 Paulus D. 30,27 (9 *ad Plaut.*): *Potest autem heres vel paucioribus vel in una re relictam partem legatario dare, in quam vel legatarius consenserit vel iudex aestimaverit, ne necesse haberet legatarius in omnibus rebus vindicare portionem.* Knütel/Kupisch/Rüfner/Seiler (Knütel) beziehen Einverständnis oder Richterspruch nicht nur auf die Bestimmung des Wertes des Erbteils, sondern auch auf die Bestimmung der Gegenstände, mit denen erfüllt werden soll.

296 Stiegler SZ 84 (1967) 357–363.

297 Für eine Vermutung über die Formelgestalt vgl. unten bei Fn. 373.

Lebensmittel nicht geleistet würden, die Zahlung nicht eines erst zu schätzenden, sondern eines bestimmten Geldbetrages angeordnet.[298]

Die bei Ulpian D. 33,9,1 (24 *ad Sab.*) überlieferte Formulierung *penus dare iussus est, si non dedisset, nummos dare damnatus est* warf die Frage auf, ob der Vorrat verlangt werden konnte oder nur bei Nichtleistung der Geldbetrag *(quaeritur, an penus legata peti possit an vero solummodo sit in praestatione et, si non praestetur, tunc quantitas petatur).* Mit Marcellus (39 *dig. apud Iul.*) wählt Ulpian die zweite Alternative *(in praestatione esse dumtaxat penum, quantitatem vero et peti posse).* Anders entscheidet Paulus D. 36,2,24 pr. (6 *ad leg. Iul. et Pap.*) und D. 35,2,1,8 *(l. s. ad leg. Falcid.):* Zunächst sei der Vorrat vermacht. Für die Lösung wird eine Rolle gespielt haben, dass die zu zahlende Summe häufig Strafcharakter hatte. Ein Hungernder mochte gleichwohl lieber sofort Nahrung verlangen. Ihm half man aber bereits seit Quintus Mucius dadurch, dass der Strafbetrag schon zu Beginn der Periode verfiel, für die der Vorrat zu leisten war; vgl. Papinian D. 45,1,115,2 (2 *quaest.*)[299] sowie den Fortgang von Ulpian D. 33,9,1 (24 *ad Sab.*).

cc. *tessera frumentaria* und *militia togata* (Paulus)

Die Deutung eines Vermächtnisses als Vermächtnis der *aestimatio* begegnet bei Berechtigungstäfelchen der Getreideversorgung *(tessera frumentaria)* und einträglichen Beamtenposten *(militia togata).*[300] Paulus behandelt den Fall, dass der Begünstigte nicht mehr lebt.

Paulus D. 31,49,1 (5 *ad legem Iuliam et Papiam*)

Si Titio frumentaria tessera legata sit et is decesserit, quidam putant exstingui legatum: sed hoc non est verum, nam cui tessera vel militia legatur, aestimatio videtur legata.	Wenn dem Titius eine Getreideberechtigungstafel vermacht wurde und dieser verstarb, so meinen manche, das Legat erlösche. Aber das ist nicht richtig, denn wem eine Berechtigungstafel oder ein Posten vermacht wurde, dem wird der Schätzwert als vermacht angesehen.

Der Bedachte wird erst nach dem *dies cedens,* also nach dem Testator gestorben sein, denn nur dann kann er eine Anwartschaft auf das Vermächtnis vererben.[301] Gleichwohl hielten *quidam* das Legat für erloschen. Sie mochten erstens argumentiert haben, dass das Vermächtnis nicht mehr als die Versorgung des Legatars bezweckt und sich daher mit dessen Tod erledigt hatte. Oder sie stellten zweitens darauf ab, dass der Erfolg nach den öffentlichen

298 Zur Frage vor allem ASTOLFI, Oggetto dei legati II, 77 ff., und KNÜTEL, Stipulatio poenae, insb. 125 ff. Vgl. auch GROSSO, Legati, 47 ff., und VOCI, DER II, 285 f. (zum Umfang des *penus*).

299 Dazu noch unten 302 f.

300 Vgl. zur Handelbarkeit der *militia togata* die bei KNÜTEL/KUPISCH/RÜFNER/SEILER (SEILER) zu D. 31,22 nachgewiesenen Stellen.

301 So die übliche Lesart des Textes; vgl. LENEL, Palingenesia I, Sp. 1129, Fn. 4; VOCI, DER I, 457, und ASTOLFI, Oggetto dei legati III, 138.

Regularien nicht erzielbar war. Vielleicht lief die *tessera* auf einen bestimmten Namen, möglicherweise musste sich der neu zur Getreideverteilung zu Berechtigende in eine Liste eintragen, um die Marke zu erhalten oder Rechte daraus herleiten zu dürfen.[302] Einen solchen Listenplatz für den Toten konnte es nicht mehr geben; er hätte auch niemandem genutzt. Bei der Beamtenposition liegt der persönliche Bezug auf der Hand.[303] Damit erinnert der Streit an die Diskussion um die Wirksamkeit eines Sachvermächtnisses, wenn dem Legatar das *commercium* für die Sache fehlt: Das Problem entsteht dadurch, dass der Begünstigte die Sache nicht haben kann.[304] Bei fehlendem *commercium* hatte sich Paulus in D. 31,49,2 (5 *ad legem Iuliam et Papiam*) mit Priscus Fulcinius gegen Labeo und Trebatius gewandt und das Legat für ungültig erklärt.[305]

Die Lösung *aestimatio videtur legata* entkräftet diese Argumente gegen die Wirksamkeit des Legats: Sie legt zugrunde, dass das Vermächtnis den Begünstigten nicht nur bis zu dessen Tod versorgen, sondern auch sein Vermögen dauerhaft mehren soll. Gilt ein Geldbetrag als vermacht, so entzieht dies schon tatbestandlich den Vorwürfen den Boden, es solle ein undenkbares Recht für einen Toten begründet werden oder dieser etwas erwerben, was er als Toter nicht erwerben kann.

Um diese Abwehr der *quidam* ging es Paulus bei seiner Lösung, nicht um eine Aussage zum Inhalt des Legats. Man mag erwägen, ob im *videtur*

---

302 Über Gestalt und Funktion der *tessera frumentaria* besteht Unsicherheit. Nach Pernice SZ 5 (1884) 99 ff. bekunde die *tessera* seit der Mitte des zweiten Jahrhunderts nach Christus die Mitgliedschaft in der *tribus*, die zum Getreideempfang berechtige. Ein Erwerber könne sich aufgrund der *tessera* selbst anstelle des Veräußerers in der *tribus* eintragen lassen. Nach dem Tod folge üblicherweise der nächste Verwandte, doch könne die Position auch einem Dritten übertragen werden. Hingegen beschreibt Rostowzew in RE 7 (1912) *s. v. frumentum*, Sp. 179 f. die *tessera* als stärker personalisiert: Die Berechtigung an sich könne nicht frei veräußert werden und ende mit dem Tod, nur könne der Berechtigte die *tessera* und damit die Ausübung des Rechts für gewisse Zeiträume einem anderen überlassen. – Andere Autoren sehen die Berechtigung offenbar als zeitlich unbegrenzt und ganz unpersönlich durch die *tessera* verkörpert an, denn sie schildern sie als frei handel- und vererbbar. So etwa Voci, DER II, 337 f., und Astolfi, Oggetto dei legati III, 139 f., der das Haben einer *tessera* und die Mitgliedschaft in der *tribus* („ridotta a mera istituzione di beneficenza") für diese Zeit als praktisch gleichbedeutend kennzeichnet.

303 Vgl. insb. Astolfi, Oggetto dei legati III, 133 ff.

304 Hierauf schaut Marcian D. 30,114,5 (8 *inst.*): *Si quid alicui licite fuerit relictum vel ius aliud, quod ipse quidem propter corporis sui vitium vel propter qualitatem relicti vel aliam quamcumque probabilem causam habere non potuit, alius tamen hoc habere potuit: quanti solet comparari, tantam aestimationem accipiet.* Es ist unklar, ob Marcian dabei an Legat und Fideikommiss gleichermaßen denkt. Nur für den Fideikommiss formuliert Ulpian D. 32,11,17 (2 *fideicom.*) die entsprechende Begründung (sogleich Fn. 306).

305 Für Paulus D. 31,49,2 vgl. oben Fn. 288.

ein irreales „Als-ob" mitschwingt. Doch wird man, auch angesichts des Präzedenzfalls des Teilungsvermächtnisses, eher davon ausgehen müssen, dass Paulus hier die *aestimatio* als Gegenstand von Vermächtnis und Schuld betrachtet. Damit behandelt der Jurist das Problem nicht nur im praktischen Ergebnis, sondern auch im Ansatz ähnlich, wie entsprechende Fideikommisse in verschiedenen Texten von Scaevola, Paulus und Ulpian behandelt werden.[306]

c. Zum Nießbrauch (African, Pomponius)

Zwei Texte von African und Pomponius, die für den Gegenstand der Verbindlichkeit aus Vermächtnis bei nachträglicher Unmöglichkeit aufschlussreich erscheinen, können nur mit Vorbehalt untersucht werden. Denn sie betrachten den besonderen Fall eines vermachten Nießbrauchs. Ulpian D. 45,1,75,3 (22 *ad edictum*) erklärt mit Blick auf die Stipulation, es sei eher gebräuchlich, den Nießbrauch als *incertum* zum behandeln: *Fundi certi si quis usum fructum stipulatus fuerit, incertum intellegitur in obligationem deduxisse: hoc enim magis iure utimur.* Die unbestimmten Leistungsinhalte sollten aus unserer Betrachtung ausscheiden, weil die Formel *QUIDQUID DARE FACERE OPORTET* nicht die Unterscheidung erlaubt, ob der Richter den Geldbetrag gedanklich schon in der *intentio* oder erst in der *condemnatio* einsetzt.[307] Allerdings zeigt Ulpian durch *magis utimur* eine gewisse Unsicherheit. Sie hat die Annahme erlaubt, der Nießbrauch sei zunächst als *certum* und nach

306 Vgl. insb. Paulus (14 *resp.*) D. 31,87 pr., wo der Bedachte noch zu Lebzeiten selbst *ex causa lucrativa* eine *tessera* erworben hat. Man kann hierin ein Indiz dafür sehen, dass eine Person nicht zwei *tesserae frumentariae* haben konnte. – Bei Scaevola D. 32,35 pr. (17 *dig.*) verlangte der Erblasser, seinem Freigelassenen die Mitgliedschaft im *tribus* zu erwerben *(tribum emi petierat).* Im Verzug des Erben stirbt der Freigelassene und hinterlässt seinerseits einen Erben senatorischen Ranges, dessen Mitgliedschaft im *tribus* nicht in Betracht kommt. Der Jurist bejaht, dass der Schätzwert geschuldet sei *(Quaesitum est, an tribus aestimatio heredi eius debeatur. Respondit deberi),* und zwar inklusive des gesamten Interesses *(Respondi, quidquid ipse consecuturus esset, id ad heredem suum transmittere).* – Der *alumnus,* dem bei Erreichen des nötigen Alters eine Beamtenstelle *(militia)* gekauft werden soll, kann nach Scaevola D. 32,102,2 (17 *dig.*) stattdessen deren *pretium* verlangen, wenn er sie sich schon selbst gekauft hat. – Ist einem Sklaven eine Beamtenstelle zugewandt, so unterscheidet Ulpian (2 *fideicom.*) D. 32,11,16 danach, ob der Testator den Status kannte. Dann sei der Schätzwert geschuldet, andernfalls dürfe der Fideikommiss nicht durchgesetzt werden, weil der Testator bei Kenntnis nicht so testiert hätte. – Als allgemeine Regel beim Fideikommiss formuliert Ulpian (2 *fideicom.*) D. 32,11,17: *Ex his apparet, cum per fideicommissum aliquid relinquitur, ipsum praestandum quod relictum est: cum vero ipsum praestari non potest, aestimationem esse praestandam.* Vgl. auch Marcian D. 30,114,5 (8 *inst.*) (soeben Fn. 304).

307 Siehe oben 125.

und nach als *incertum* angesehen worden.[308] Zeugnisse für eine Behandlung als *certum* fehlen aber.[309]

Mit diesem Vorbehalt soll gleichwohl ein Blick auf die beiden Texte geworfen werden. Wie oben[310] im Rahmen der Stipulation erörtert, hatte African im 7. Buch seiner *quaestiones* den stipulierten Nießbrauch den stipulierten *operae* an die Seite gestellt und ausgesprochen, dass der Gläubiger den Nießbrauch für die vergangene Zeit fordern könne. Ein vermachter Nießbrauch beschäftigt African in einem Text aus dem 5. Buch desselben Werkes, der in den Digesten unmittelbar vorangeht.

African D. 7,1,36,2 (7 *quaestionum*)

Usus fructus servi Titio legatus est: cum per heredem staret, quo minus praestaretur, servus mortuus est: aliud dici non posse ait, quam in id obligatum esse heredem, quanti legatarii intersit moram factam non esse, ut scilicet ex eo tempore in diem, in quo servus sit mortuus, usus fructus aestimetur. Cui illud quoque consequens esse, ut, si ipse Titius moriatur, similiter ex eo tempore, quo mora sit facta, in diem mortis aestimatio usus fructus heredi eius praestaretur.

Dem Titius ist der Nießbrauch an einem Sklaven vermacht, der im Verzug des Erben verstirbt. Er sagt, man könne nicht anders entscheiden, als dass der Erbe auf das Interesse verpflichtet sei, das der Vermächtnisnehmer am Unterbleiben des Verzugs hat. Das heißt, der Nießbrauch wird geschätzt für den Zeitraum von Verzugsbeginn bis zu dem Tag, an dem der Sklave starb. Daraus folgt auch, dass, wenn Titius selbst verstirbt, seinem Erben auf ähnliche Weise der Schätzwert des Nießbrauchs von jenem Zeitpunkt an bis zum Todestag geleistet wird.

Das Problem, mit dem sich der Text befasst, besteht darin, wie sich die Risikoverlagerung im Verzug auf die bei der Schätzung eines nicht geleisteten Nießbrauchs zugrunde zu legende Nutzungsdauer auswirkt. Wäre das Eigentum vermacht, haftete der Erbe bei Tod des Sklaven im Verzug auf dessen Wert als Lebender. In die Schätzung wäre seine vor dem Unglück zu erwartende Lebensdauer eingeflossen, ohne dass diese hätte genau vorhergesagt werden müssen.

---

308 Vgl. insb. Kaser, Quanti, 99 ff.; Bretone, Usufrutto, 10. Die Annahme steht in Zusammenhang mit Kasers andernorts entwickelten These, der Nießbrauch sei ursprünglich als Sondereigentum an den auf dem Feld stehenden Früchten angesehen worden. Diese These hat Kaser Labeo 9 (1963) 367 aufgegeben. Den Versuch, aus dem Haftungsumfang Rückschlüsse zu ziehen, sieht Kaser selbst als ergebnislos an (Quanti, 102). In RP I, § 115 III 2 Fn. 40 beschränkt er sich auf den Hinweis, die Einordnung als *certum* sei umstritten gewesen.

309 Eine Ausnahme bildet Papinian D. 7,5,8 (17 *quaest.*). Hier geht es jedoch um den Nießbrauch an Geld, der durch Übereignung bestellt wurde (vgl. Kaser, RP I, § 106 I 8). Dafür war die Klage mit bestimmter *intentio* einschlägig. – Die von der älteren Literatur herangezogenen Texte zum *iuramentum* (Ulpian D. 12,2,11,2 [22 *ad ed.*] und Paulus D. 12,2,30,5 [18 *ad ed.*]; vgl. etwa Karlowa II 707) beziehen sich auf den freiwilligen Eid (vgl. Lenel, EP, 149 Fn. 8 und 9) und sind daher unergiebig. – Grosso, Usufrutto, 418 Fn. 2, nimmt trotz des *incertum* eine bestimmte Formel an; zu seinen Überlegungen zur Wahlschuld vgl. oben Fn. 153.

310 Unter 2.a (163 f.).

Entsprechend wäre beim Vermächtnis des Nießbrauchs zu bestimmen gewesen, welchen Nutzen der Nießbraucher bei rechtzeitiger Bestellung voraussichtlich hätte ziehen können. Hierfür hätte der Richter sich aber präzise festlegen müssen, mit welcher Lebensdauer des Sklaven und des Vermächtnisnehmers zu rechnen war.[311] Dass der Jurist vor einer solch unsicheren nachträglichen Prognose zurückschreckt und sich stattdessen an den tatsächlichen Todeszeitpunkt hält, verwundert nicht.[312]

Für unsere Zwecke interessiert allein, dass der Jurist das Geldäquivalent als Inhalt des *obligatus esse* bezeichnet. Der Gegensatz zu der Äußerung im Rahmen der Stipulation in D. 7,1,37 veranlasst, in Betracht zu ziehen, dass nicht gemeint ist, der Ersatz solle die Stelle der Naturalleistung als Schuldinhalt einnehmen. Die Erörterung kreist um das praktische Problem des Haftungsvolumens, der Schuldgegenstand stand nicht im Vordergrund. Daher mag *in id heres obligatus est* nicht mehr bezeichnen als das, worauf der Erbe haftet.[313] Dafür spricht, dass der Gegenstand des *obligatus esse* zugleich als Produkt eines *aestimetur* beschrieben wird, was auf die richterliche Tätigkeit vor der Verurteilung anspielen dürfte.

Pomponius D. 33,2,6 bietet dem ersten Blick die gleiche Mehrdeutigkeit. Hier lässt sie sich leichter auflösen:

Pomponius D. 33,2,6 (15 *ad Sabinum*)

Si usus fructus mihi in biennium continuum a morte testatoris legatus sit et per heredem steterit, quo minus eum mihi daret, praeterito biennio nihilo minus tenetur (quemadmodum teneretur, si res legata in rerum natura esse desisset, quam quis deberet, moratusque esset in ea danda), ut peti quidem iam usus fructus qui legatus sit non possit, quia alius futurus sit quam qui legatus fuerit, sed aestimatio eius bima dumtaxat facienda sit.

Wenn mir ein Nießbrauch für eine Periode von zwei Jahren ab dem Tod des Erblassers vermacht ist und es am Erben lag, dass er mir diesen nicht eingeräumt hat, so haftet er nach Ablauf der zwei Jahre trotzdem (wie er haften würde, wenn die vermachte Sache untergegangen wäre, die er schuldete, und er in Verzug damit gewesen wäre, sie zu übereignen). Daher kann allerdings der Nießbrauch, der vermacht ist, nicht mehr gefordert werden, weil der zukünftige ein anderer ist als der, der vermacht war, sondern dessen zweijähriger Wert ist zu schätzen.

In der Sache geht es darum, dass der Erbe auf den Wert verurteilt wird, den ein Nießbrauch für zwei Jahre ab dem Tod des Erblassers gehabt hätte, nicht auf den Wert, den ein Nießbrauch für die kommenden zwei Jahren haben würde.

311 Nach Beseler SZ 53 (1933) 50 musste das die klassische Lösung sein („der Erbe schuldet den Wert, den der Nießbrauch des Titius hätte, wenn der Sklave noch lebte").

312 Auch Kaser, Quanti, 101 f., hat insofern keine Bedenken.

313 Vgl. auch Paulus D. 31,49,3, oben 208. – Auch nach Bianchi Fossati Vanzetti, Perpetuatio, 119 f., bleibt die Stelle für einen Schluss auf die *intentio* unergiebig.

Das *peti non possit* bezieht sich auf einen Nießbrauch, wie er vermacht wurde *(usus fructus qui legatus sit)*, nämlich für zwei Jahre, aber ab dem Zeitpunkt der Forderung. Der Nießbrauch hingegen, der wirklich vermacht war (*qui legatus fuerit* im Unterschied zu einem *usus fructus futurus*), kann eben doch – und ausschließlich dieser – eingeklagt werden, denn ihn soll der Richter im Fortgang ja schätzen *(aestimatio eius facienda sit)*.[314]

So verstanden sind beide Stellen mit einem fortdauernden *oportere* auf den ursprünglichen Leistungsgegenstand vereinbar. Wurde der Nießbrauch als *incertum* betrachtet, so verwundern aber auch schwankende Äußerungen über den Gegenstand der Verbindlichkeit nicht: Weil sich dadurch an der Formelgestalt nichts änderte, machte es eben keinen Unterschied, ob man den Geldwert nur als Verurteilungsinhalt oder schon als geschuldet ansah.

d. Papinian D. 34,2,12 (abgeschabtes Bild) und D. 31,66,4 (Begräbnis)

Papinian behandelt einen Fall, in dem der Erbe den vermachten Gegenstand zerstört:

Papinian D. 34,2,12 (17 *quaestionum*)

Si imaginem legatam heres derasit et tabulam solvit, potest dici actionem ex testamento durare, quia legatum imaginis, non tabulae fuit.	Wenn der Erbe das vermachte Bild abgeschabt und die leere Tafel geleistet hat, kann man sagen, dass die Klage aus dem Testament fortbesteht, weil es ein Vermächtnis des Bildes war, nicht eines der Tafel.

Papinian packt den Fall nicht von der Frage aus an, wie das Verhalten des Erben zu beurteilen ist, der das Bild zerstört, sondern interessiert sich dafür, ob die Leistung der Überreste die Schuld erfüllt.[315] So gehen die römischen Juristen stets an Fälle der Schlechtleistung heran.[316]

Als Hinweis auf den Gegenstand von Verbindlichkeit und Klage kann man das *actionem durare* lesen: Die Klage übersteht nicht nur die Übergabe des Bildes an den Gläubiger, sondern bereits das vorige Abschaben. Das *durare* deutet auf einen unveränderten Fortbestand als Klage auf das nicht mehr existierende Bild.

314 Anders Bianchi Fossati Vanzetti, Perpetuatio, 111; zu ihrer Position schon oben 108 ff.

315 Es geht eben nicht um die Feststellung einer „Pflichtverletzung", als deren Folge Schadenersatz geschuldet wäre. Dies noch gegen Harke, vgl. im zweiten Kapitel III.2.b (101 ff.).

316 Vgl. zur Schlechtleistung bei der Stipulation insb. Ulpian/Labeo D. 4,3,7,3 (11 *ad ed.*) sowie Julian D. 46,3,33,1 (52 *dig.*) und dazu Coing FS Schulz (1951) I 116 f. sowie Lambrini Iura 57 (2008–2009) 230–244; zudem Ernst, Rechtsmängelhaftung, 92 ff. Zur Schlechtleistung beim Legat Julian D. 30,84,4 (33 *dig.*) mit Grosso, Legati, 398 f., und Voci, DER II, 396 Fn. 10; zudem African D. 30,108,11 (5 *quaest.*); Florentin D. 30,116,4 (11 *inst.*); Ulpian D. 46,3,27 (28 *ad ed.*).

Die Formulierung entspricht der nach Tryphonin D. 13,1,20 von den *veteres* bei der *condictio furtiva* verwandten.[317]

Man findet sie bei Papinian erneut im selben Buch der *quaestiones:*

Papinian D. 31,66, 4 (17 *quaestionum*)

In fundo legato si heres sepelierit, aestimatio referenda erit ad totum pretium fundi, quo potuit ante sepulturam aestimari: quare si fuerit solutus, actionem adhuc ex testamento propter locum alienatum durare rationis est.	Wenn der Erbe auf vermachtem Grund ein Grab errichtet, so wird die Schätzung auf den gesamten Wert des Grundstücks zu beziehen sein, zu dem es vor dem Begräbnis geschätzt werden konnte. Deshalb ist folgerichtig, dass, wenn das Grundstück geleistet worden ist, die Klage aus dem Testament wegen des entäußerten Platzes nach wie vor fortbesteht.

Auch hier meint *actionem durare* allerdings in erster Linie das Überdauern der Leistung (nicht das Überdauern der Bestattung). Interessant ist aber der Ausgangsfall, in dem das Grundstück gar nicht übereignet wurde. Mit *aestimatio referenda erit* gibt Papinian dem Richter eine Vorgabe für die Schätzung. Die teilweise Unmöglichkeit der Leistung spielt also für die *condemnatio* eine Rolle, nicht schon für die *intentio.*[318]

e. Ulpian im Sabinuskommentar

Mehrfach erscheint im Kontext von Leistungsstörungen der Schätzwert eines Legats in Texten aus dem Sabinuskommentar des Ulpian. Von ihnen sind allerdings Besonderheiten zu erwarten, weil bei Ulpian D. 6,1,68 Realexekution eine Rolle spielt[319] und in D. 13,1,8 pr. nach dem Tod des herauszugebenden Sklaven dessen *pretium* als Gegenstand der Kondiktion auftritt.[320]

Als unergiebig für die Frage nach Schuldinhalt und Klageform können vorderhand die Fälle ausgeschieden werden, deren Ergebnis sich in einem *ex testamento non teneri* oder *teneri* erschöpft. Dies gilt für Ulpian D. 30,53,3: *sine dubio dicendum erit eum ex testamento non teneri,* für § 4: *puto teneri* sowie für § 6: *puto teneri.*[321]

aa. D. 30,53,5 (getötetes Tier)

In D. 30,53,5 geht es um die Haftung eines Erben, der das vermachte Tier tötet.

---

317 Siehe oben 3.b (177 ff.).

318 Vgl. aber noch den ähnlichen Fall Ulpian D. 30,53,7 (25 *ad Sab.*) sogleich unter e.bb (220).

319 Dazu oben, 119 f.

320 Dazu oben 3.c (181 ff.).

321 Zu § 4 und § 6 kurz schon im ersten Kapitel, 19.

Ulpian D. 30,53,5 (25 *ad Sabinum*)

Sed si animal legatum occiderit, puto teneri, non ut carnem praestet vel cetera *λείψανα*, sed ut praestet pretium, quanti esset, si viveret.	Aber wenn er das vermachte Tier getötet hat, glaube ich, dass er haftet, nicht dass er das Fleisch leistet oder die sonstigen Überreste,[322] sondern dass er den Wert leistet, wie viel es wert wäre, wenn es lebte.

Man fragt sich, wieso Ulpian die Alternative in Betracht zieht, dass der Erbe nur für die Überreste des Tieres haften könnte. Vielleicht schlachtete der Erbe das Tier, ohne von dem Vermächtnis zu wissen.[323] Oder Ulpian kontrastiert die Folgen der Tötung des Tiers mit denen eines natürlichen Verendens nach Paulus D. 31,49 pr. (5 *ad legem Iuliam et Papiam*), wonach der Erbe nicht einmal Haut und Fleisch schuldet: *Mortuo bove qui legatus est neque corium necque caro debetur.*[324] Vielleicht schreibt Ulpian auch gegen das immerhin vorstellbare Argument an, der Erbe, der das Tier tötete, müsse durch Leistung von Haut, Knochen und Fleisch frei werden, weil es sich dabei immer noch um das geschuldete Rind handele (entgegen Paulus D. 31,49 pr.). Eine solche Meinung fügte sich in Argumentationsmuster, die bei der Schlechtleistung in Erscheinung treten.[325]

322 Ulpian verwendet mitunter griechische Ausdrücke. Nach Honoré, Ulpian, geschieht dies einerseits, weil sie im Einzelfall passender erscheinen (90 f.), andererseits aber auch als Ausdruck einer doppelten Identität und als Verneigung vor griechischsprachigen Lesern (29). Wieso Ulpian gerade die „Überreste" griechisch bezeichnet, erschließt sich nicht.

323 So versteht Voci die Stelle, indem er sie unter die Fälle einordnet, indem nicht *culpa* des Erben, sondern der Bereicherungsgedanke die Klage stützen: DER II, 401 Fn. 28. – Vgl. die Position von Paulus D. 12,6,65,8 zur Freilassung des unbekannt der *condictio indebiti* unterliegenden Sklaven im Unterschied zu der von Julian D. 36,1,26,2 für das Fideikommiss vertretenen und vermutlich später auf das Legat ausgedehnten Auffassung, dazu oben unter 3.e (189 f.) sowie im ersten Kapitel II.3 (28 ff.).

324 Diese erstaunliche Entscheidung scheint auf einer engen Wortlautauslegung und der Vorstellung zu basieren, dass ein totes Rind kein Rind mehr ist. Kaser zitiert sie in RP I, § 185 IV 2, 750, gemeinsam mit Fällen der Spezifikation: „Ist die Sache jedoch in eine solche von anderer Gattung umgestaltet worden, ist das Legat erloschen". Das Problem der Sachidentität könnte die Verbindung herstellen zu Paulus D. 32,88 pr. (5 *ad leg. Iul. et Pap.*): *Lana legata vestem, quae ex ea facta sit, deberi non placet.* Allerdings will Schermaier St. Talamanca (2001) VII 313 ff. den letztgenannten Text gerade nicht auf diese Weise, sondern damit erklären, dass schon der Erblasser zu seinen Lebzeiten aus der Wolle die Kleidung wob und damit das Legat konkludent widerrief. Schermaier kann sich hierfür auf Ulpian D. 30,44,2 (22 *ad Sab.*) stützen, wo der Fortbestand des Legats davon abhängig gemacht wird, dass der Testator seinen Willen nicht geändert hat.

325 Vgl. oben in und bei Fn. 316; insb. zu Ulpian/Labeo D. 4,3,7,3. – Zu erwägen ist dabei auch der Zusammenhang von D. 30,53,5 mit den unmittelbar vorangehenden Paragraphen der *lex*, wonach der Erbe frei wird, wenn er einen vermachten Sklaven wegen eines von diesem begangenen Verbrechens tötet (§ 3), nicht aber, wenn er ihn als *noxa* ausliefert (§ 4). Nach dem Gaius von Autun kann der *pater* statt eines haftenden Sklaven oder Haussohnes auch dessen Leichnam ausliefern, was mit der Strafgewalt des Hausvaters in Verbindung gebracht wird (fr. Aug. 81–87, vgl. aber Gaius 4,81). Im Gegensatz dazu heißt es für Tiere in fr. Aug. 83:

[Tenetur] *ut praestet pretium* [non carnem] kann die Folge der Haftung bezeichnen, also dass der Erbe dazu gezwungen wurde, den Wert des lebenden Tieres zu leisten, nicht bloß für das Fleisch und die Überreste einzustehen. Denkbar wäre sogar, dass die abgelehnte Alternative Erfüllungszwang auf die Herausgabe des Fleisches ins Auge fasste. Die Formulierung kann aber auch die Voraussetzung benennen, also bedeuten, dass der Erbe dafür haftete, wenn er nicht den Wert des lebenden Tieres zahlte, und dieser Haftung nicht dadurch entging, dass er das Fleisch und die Überreste leistete. Diese zweite Deutung implizierte, dass der Wert den Schuldgegenstand bildete. Wie Ulpian es meint, lässt sich nicht erschließen, weil beide Deutungen gleichermaßen die praktische Aussage beinhalten, die ihm wichtig gewesen sein muss: dass der Erbe nicht frei wurde, sondern auf den Wert des lebenden Tieres verurteilt.

bb. D. 30,53,7 (Begräbnis)

Nochmals findet sich das problematische *ut pretium praestet* in § 7 derselben *lex*. In D. 30,53,7 geht es um das Begräbnis des verstorbenen *pater familias* auf vermachtem Grund.

Ulpian D. 30,53,7 (25 *ad Sabinum*)

Sed si mortuum intulit fecitque religiosum locum legatum, si quidem patrem familias intulit, cum alio inferre non posset vel tam oportune non haberet, ex testamento non tenebitur: an vero teneatur, ut pretium loci praestet? et si quidem ipse pater familias illo inferri voluit, ex testamento non tenebitur: quod si heres intulit suo arbitrio, debebit praestare, si sit in hereditate, unde pretium praestetur: testator enim qui legavit vel alio inferri voluit vel pretium loci legatario offerri.

Aber wenn er einen Toten begräbt und den vermachten Grund zu einem geweihten macht, wenn er nämlich den *pater familias* begräbt, weil er ihn anderswo nicht beerdingen konnte oder keine andere gleichermaßen angemessene Möglichkeit hatte,[326] so wird er aus dem Testament nicht haften. [Ulpian:] Oder aber haftet er [doch], damit er den Wert des Grundstücks leistet? Und wenn nämlich der *pater familias* selbst dort begraben werden wollte, dann wird [der Erbe] aus dem Testament nicht haften. Aber wenn der Erbe [ihn] nach eigenem Ermessen [dort] begräbt, wird er leisten müssen, wenn die Erbschaft dafür ausreicht, dass der Wert geleistet werden kann. Der Testator nämlich, der vermacht hat, wollte entweder anderswo beigesetzt werden oder dass dem Legatar der Wert des Grundstücks zugute komme.

Animal mortuum vero dedi non potest und 87: *Animalibus non est similis tractatio in poenis;* vgl. bereits Ulpian D. 9,1,1,14 (18 *ad ed.*): *Noxae autem dedere est animal tradere vivum.* Denselben Punkt mag Ulpian hier für das Vermächtnisrecht machen wollen. Zum Problem der *Noxae deditio del cadavere* vgl. demnächst Rodríguez Martin in den Atti des CEDANT 2016.

326 Mit Knütel/Kupisch/Rüfner/Seiler (Knütel).

Das zweifelnde *an vero teneatur, ut pretium loci praestet* unmittelbar nach *ex testamento non tenebitur* lässt stutzen. Will Ulpian hier einen Unterschied machen zwischen der Haftung auf das Grundstück und der Haftung auf dessen Wert? Aufgrund der oben postulierten Macht des Prätors zur Zurückweisung eines Anerkenntnisses könnte Ulpian zunächst betrachtet haben, ob der Gerichtsherr indirekt zur Leistung des Grundstücks anhält, indem er dem Erben wegen des Begräbnisses die Vorzüge eines Anerkenntnisses verweigert und die Klage auf das Doppelte einsetzt. Nach Verneinen dieser Alternative spräche der Jurist dann in einem zweiten Schritt die Rechtsfrage an, ob gegen den Erben aufgrund seiner Einlassung die Klage als gegen einen Geständigen ergehen soll oder ob sie dem Vermächtnisnehmer zu verweigern ist: ob also der Erbe wenigstens auf den einfachen Wert haftet. Gegen diese Deutung nimmt aber ein, dass Ulpian als Rechtfertigung zweimal ganz parallel *ex testamento non tenetur* postuliert, ohne zu erkennen zu geben, dass er einmal vom *pretium* und einmal vom *duplum* spräche.

In Betracht kommt stattdessen, dass Ulpian mit *an vero* seinen Kommentar zur Lösung des Sabinus einleitet, diesem also in der Sache entgegentritt: „Oder aber haftet er doch, damit er den Wert des Grundstücks leistet?" Während Sabinus freispricht, wenn keine günstigere Grabstätte vorhanden war, lässt Ulpian den Erben gleichwohl haften, außer wenn der Erblasser gerade dort begraben werden wollte oder die Mittel der Erbschaft nicht ausreichen.[327]

Mit *ut pretium loci praestet* gibt Ulpian den Zweck der Haftung an und rechtfertigt sie dadurch: Er arbeitet als entscheidende Frage heraus, ob die Erbmasse finanziell belastet werden soll. Damit schichtet Ulpian als für den Interessenausgleich zwischen Erbe und Vermächtnisnehmer unerheblich ab, ob das Begräbnis an diesem Ort aus Respekt vor dem Toten geboten war, weil es keine bessere Grabstätte gab. Das hatte anscheinend für Sabinus den Ausschlag gegeben.[328]

---

327 Unter Verweis auf Textkorruption unterscheidet Voci, DER II, 400 Fn. 26, hier hingegen nicht zwischen den beiden Klassikern.

328 Wie Ulpian entschied bereits Scaevola D. 11,7,46 (2 *quaest.*) einen Fall, in dem der Erblasser auf einem seiner Grundstücke beigesetzt wird, nachdem er für alle per Vindikationslegat Nießbräuche bestellt hatte. Der Erblasser hatte keine Grabstätte festgelegt und wollte also jedem Vermächtnisnehmer entweder den unbeschränkten Nießbrauch oder dessen Wert zukommen lassen. Darauf, dass es sich um ein Vindikationslegat handelt, lässt die Bezeichnung als *fructuarius* und der Rückgriff auf eine *actio utilis* schließen. – Zum Damnationslegat vgl. auch Papinian D. 31,66,4 (oben 218), für den es gar nicht darauf ankommt, ob der Bestattete der Erblasser ist.

cc. D. 30,53,8–9 (Straftat und Gefangenschaft eines Sklaven)

Andere Texte sprechen ohne die Wendung *tenetur, ut praestet* direkt davon, der Erbe müsse den Geldwert leisten *(praestare)*. Wiederum dieselbe *lex:*

Ulpian D. 30,53,8–9 (25 *ad Sabinum*)

§ 8 Item si servum non ipse occidit, sed compulit ad maleficium, ut ab alio occideretur vel supplicio adficeretur, aequissimum erit pretium eum praestare: quod si sua mala mente ad hoc processit, cessabit aestimatio.	§ 8 Ebenso wenn er den Sklaven nicht selbst getötet, sondern ihn zu einer Missetat verführt hat, damit er von einem anderen getötet oder der Todesstrafe zugeführt werde, wird es am gerechtesten sein, dass er für dessen Wert einstehen muss: sodass die Schätzung ausbleiben wird, wenn der Sklave aus eigenem Antrieb hierzu [zur Missetat] schritt.
§ 9 Servus legatus si ab hostibus captus sit sine dolo heredis, non praestabitur, si dolo, praestabitur.	§ 9 Der vermachte Sklave wird, wenn er ohne Arglist des Erben von den Feinden gefangen wird, nicht geleistet werden, wenn [er aber] wegen Arglist [des Erben gefangen wurde], wird er geleistet werden.

In § 8 wird die *aestimatio* als Vorgang angesprochen, nämlich als die richterliche Bestimmung der Verurteilungssumme. Damit liegt nahe, dass auch die Notwendigkeit des *pretium praestare* auf das praktische Resultat des Prozesses, nicht auf den Schuldinhalt abstellt.[329] Dass hingegen nach § 9 der von den Feinden wegen *dolus* des Erben gefangene Sklave geleistet werden wird *(praestabitur)*, der unvorsätzlich gefangene nicht *(non praestabitur)*,[330] wird man eher als Auskunft darüber verstehen, ob er noch geschuldet ist; wenn ja, haftet der Erbe auf den Wert. Dieses direkte Nebeneinander verschiedener Bedeutungen von *praestare* verdeutlicht, wie unsicher der Schluss ist von dem Objekt des *praestare* auf das Objekt des *oportere*.

dd. D. 30,47,2–3 (Flucht und Gefangenschaft, Wahlschuld)

Mit dem verschwundenen Sklaven befasst sich Ulpian auch in D. 30,47,2–3 (22 *ad Sabinum*). Hierbei trifft er Aussagen über den Inhalt einer für den Fall des Wiederauftauchens zu erteilenden *cautio*.

Ulpian D. 30,47,2–3 (22 *ad Sabinum*)

§ 2 Itaque si Stichus sit legatus et culpa heredis non pareat, debebit aestimationem eius praestare: sed si culpa nulla intervenit, cavere heres debet de restitutione	§ 2 Wenn daher Stichus vermacht ist und durch Verschulden des Erben nicht auftaucht, wird der Erbe seinen Schätzwert leisten müssen. Wenn aber kein Verschulden vorliegt, muss der Erbe für die

329 Vgl. aber Ulpian D. 13,1,8 pr.; oben 182 f.

330 Zu den Voraussetzungen der Haftung bei Flucht oder Gefangennahme des geschuldeten Sklaven vgl. im ersten Kapitel II.2.d (24 ff.).

servi, non aestimationem praestare. sed et si alienus servus in fuga sit sine culpa heredis, idem dici potest: nam et in alieno culpa admitti potest: cavebit autem sic, ut, si fuerit adprehensus, aut ipse aut aestimatio praestetur: quod et in servo ab hostibus capto constat.

Rückgewähr des Sklaven Sicherheit leisten, nicht den Schätzwert leisten. Aber auch wenn ein fremder Sklave ohne Verschulden des Erben auf der Flucht ist, kann man dasselbe sagen. Denn auch bei einem fremden Sklaven kann ein Verschulden angenommen werden. Der Erbe wird aber so Sicherheit leisten, dass, wenn der Sklave ergriffen wird, entweder dieser selbst oder sein Schätzwert geleistet werde: was auch bei einem Sklaven feststeht, der von den Feinden gefangen wurde.

§ 3 Sed si Stichus aut Pamphilus legetur et alter ex his vel in fuga sit vel apud hostes, dicendum erit praesentem praestari aut absentis aestimationem: totiens enim electio est heredi committenda, quotiens moram non est facturus legatario. qua ratione placuit et, si alter decesserit, alterum omnimodo praestandum, fortassis vel mortui pretium. sed si ambo sint in fuga, non ita cavendum, ut SI IN POTESTATE AMBO REDIRENT, sed SI VEL ALTER, et VEL IPSUM VEL ABSENTIS AESTIMATIONEM PRAESTANDAM.

§ 3 Wenn aber Stichus oder Pamphilus vermacht wäre und einer von beiden entweder auf der Flucht oder bei den Feinden ist, wird man sagen müssen, dass der Anwesende geleistet werde oder der Schätzwert des Abwesenden. Die Wahl ist dem Erben nämlich solange zu überlassen, wie er gegenüber dem Legatar noch nicht in Verzug geraten ist. Aus diesem Grund hat man für richtig gehalten, dass, wenn der eine gestorben ist, der andere gleichwohl geleistet werden muss, oder vielleicht der Wert des Toten. Aber wenn beide auf der Flucht sind, muss nicht so Sicherheit geleistet werden: „wenn beide in die Gewalt zurückkehren“, sondern: „wenn einer von beiden“, und „dass entweder dieser selbst oder der Schätzwert des Abwesenden geleistet werde“.

Hat der Erbe das Verschwinden des Sklaven zu verantworten, dann muss er nach § 2 die *aestimatio* leisten.[331] Dies kann wieder die Folge der Verurteilung meinen: Der Prätor wies trotz der *culpa* des Erben seine *confessio* nicht zurück, sondern setzte die Klage auf den einfachen Wert ein.

Andernfalls muss der Erbe Sicherheit dafür leisten, dass im Fall der Ergreifung den Sklaven dieser selbst oder sein Schätzwert geleistet wird.[332] Die Aufnahme des Wertes als Alternative[333] lässt sich daraus erklären, dass es um eine Absicherung des wirtschaftlichen Risikos geht. Die Sicherheit mag unter Umständen von einem Dritten geleistet worden sein, der auf den Sklaven keinen Zugriff hatte. War der Gläubiger der Auffassung, eine erhaltene Zahlung sei hinter dem wahren Wert des Sklaven zurückgeblieben, so konnte er aus der Sicherheit vorgehen und hatte Erfolg, wenn der Richter entschied, dass noch nicht die volle *aestimatio* empfangen war.

Für den Fall eines Wahlvermächtnisses (§ 3) mutet Ulpian dem Erben zu, nach Flucht oder Tod des einen Sklaven gleichwohl zu leisten, überlässt

331 Vgl. dazu schon im ersten Kapitel, 25.

332 Vgl. oben Fn. 49.

333 Erstaunen darüber bei GROSSO, Legati, 401 Fn. 9.

ihm aber die Wahl zwischen dem Übriggebliebenen und dem Wert des Verlorenen. Hierbei erstaunt der Kontrast zwischen der Gewissheit, mit dem der Text dies für den verschwundenen Sklaven konstatiert, und dem nachgeschobenen *fortassis vel mortui pretium.* Sind beide Sklaven geflohen, dann soll als Sicherheit versprochen werden, den Zurückgekehrten oder den Wert des Fehlenden zu leisten. Bei konsequenter Entwicklung der Formel aus § 2 hätte hier als dritte Variante auch der Wert des Zurückgekehrten in die *cautio* aufgenommen werden müssen.

Diese Ungereimtheiten können zugunsten des Verdachts von Scialoja in Stellung gebracht werden, dem zufolge in D. 30,47,3 die Befugnis zur Leistung des Wertes des Verschwundenen eingefügt und zugleich in Papinian D. 46,3,95,1 der Hinweis ergänzt worden sei, dass dem dortigen Schuldner diese Option lediglich als Strafe für sein Verschulden nicht zugebilligt wird.[334] Doch wurde dieser Verdacht oben zurückgewiesen. Ulpian wird in § 3 tatsächlich erlaubt haben, statt des anwesenden Sklaven den Schätzwert des Abwesenden zu leisten. Das *fortassis* mag darauf anspielen, dass ungewiss ist, ob der Erbe sich hierfür entscheidet. Dieser Option entspricht die bei Verschwinden beider Sklaven zu leistende *cautio.* Man wird daher hier nicht den Wert des Zurückgekehrten als dritte Variante vermissen.[335] Eher hat ein Bearbeiter des Textes das Ende von § 2 ungeschickt nach dem Vorbild von § 3 um die Kautionsformel ergänzt und dabei die überflüssige Alternative des Wertes des Zurückgekehrten hinzugefügt.

ee. D. 30,44,8 *(statuliber)*

In einem weiteren Text aus demselben Buch wägt Ulpian die Vor- und Nachteile der Prästation eines vermachten Sklaven oder seines Wertes gegeneinander ab.

Ulpian D. 30,44,8 (22 *ad Sabinum*)

Si statuliberum heres legaverit, expediet heredi ipsum statuliberum praestare magis quam aestimationem. etenim aestimationem veram praestabit: ipsum vero si dederit, exsistente condicione nullum sentiet damnum: iam enim aestimatio postea non petitur ab eo hominis liberi.	Wenn ein Erbe einen [aus der Erbschaft erlangten] Bedingtfreien [seinerseits] vermacht hat, dann nützt es seinem Erben mehr, diesen selbst zu leisten als seinen Schätzwert. Denn er wird den wirklichen Schätzwert leisten. Wenn er aber den Bedingtfreien selbst gegeben hat, wird er bei Eintritt der Bedingung keinen Schaden erleiden. Danach wird nämlich von ihm für den freien Mann nicht mehr der Schätzwert verlangt werden.

334 Dazu oben 169 bei Fn. 173.

335 Dass die *cautio* unvollständig wiedergegeben ist, hält allerdings Voci für möglich: DER II, 396 Fn. 8.

Dass der Erbe nach Bedingungseintritt nicht den Schätzwert des geleisteten Bedingtfreien zahlen muss, folgt daraus, dass er durch die Leistung erfüllt hat, weil nur ein Bedingtfreier vermacht und geschuldet war.[336] Weniger als der Umfang der *aestimatio*[337] interessiert hier die Natur der Wahl, bei der Ulpian dem Erben rät. Leider fehlen dafür Anhaltspunkte. Es könnte sich um die Entscheidung handeln, ob der Erbe den Bedingtfreien leisten oder stattdessen lieber *in iure* anerkennen und die Klage auf den Wert erdulden will. Ist der Wert eines nicht bedingt freigelassenen Sklaven zugrunde zu legen, dann mag das einen Grund dafür bieten, dass der Prätor eine *confessio* des Erben zuließe, obwohl der Erbe ohne weiteres in der Lage wäre, den Bedingtfreien zu leisten.

f. Zusammenfassung

Die Quellen zu nachträglichen Leistungshindernissen beim Legat scheinen teils den Wert als Schuldinhalt anzugeben (African: *in id obligatum esse heredem, quanti legatarii intersit; aestimatio praestaretur*[338] und Pomponius: *aestimatio facienda sit,*[339] beide allerdings zum Nießbrauch; Ulpian: *puto teneri, ut praestet pretium;*[340] *teneatur, ut pretium praestet;*[341] *aequissimum erit pretium eum praestare,*[342] aber auch: *servus praestabitur*[343]). Häufiger begegnet die Leistung des Schätzwertes in Texten zum Verschaffungsvermächtnis, wo sie als Alternative zur Leistung der fremden Sache auftritt (etwa Gaius: *ut*

336 Es gilt nicht generell, dass ein Freier nicht geschätzt werden kann: Die Schuld an einem Sklaven erlischt nicht, wenn der Schuldner diesen freilässt. Zu Modestin D. 45,1,103 *(nec aestimatio* [hominis liberi] *praestari potest)* noch im fünften Kapitel IV.2 (341 f.). Bei Gaius D. 9,1,3 (7 *ad ed. prov.*) geht es um die Schätzung des Körpers eines Freien bei dessen Verletzung. – Für die Leistung eines Bedingtfreien statt des geschuldeten Sklaven vgl. bereits im ersten Kapitel 21 f.

337 Probleme bereitet die eingeschobene Bemerkung, dass der Erbe andernfalls den wahren Wert des Bedingtfreien wird leisten müssen. Zu Recht hat Erhardt darauf hingewiesen, dass der wirkliche Wert das Risiko des Bedingungseintritts einpreiste. Dann wäre es für den Erben *ex ante* aber gleichgültig, ob er den Sklaven oder dessen Erwartungswert leistete (Erhardt, Litis aestimatio, 20 Fn. 1). – Erhardt geht der Sache nach davon aus, dass der Erbe in der Klassik auf den Wert haftete, den der Bedingtfreie als unbedingt Versklavter gehabt hätte. Dies sei mit *aestimatio vera* ungeschickt ausgedrückt. Diese Ungeschicklichkeit beweist ihm, dass es sich um ein Glossem handeln soll. – Der Text könnte allenfalls als risikoaverser Rat gemeint sein: Der Erbe soll die Sache jetzt erledigen, um seine Vermögenslage vom zukünftigen Zufall unabhängig zu machen. *Expedire* hat die Konnotation von entwickeln, erledigen.

338 Vgl. D. 7,1,36,2; dazu oben 215 f.

339 Vgl. D. 33,2,6; dazu oben 216 f.

340 Vgl. D. 30,53,5; dazu oben e.aa (218 ff.).

341 Vgl. D. 30,53,7; dazu oben e.bb (220 f.).

342 Vgl. D. 30,53,8; dazu oben 222.

343 Vgl. D. 30,53,9; dazu oben 222.

heres rem redimere et praestare aut aestimationem eius dare debeat).[344] Diese Texte lassen sich so erklären, dass allein die Sache geschuldet wird, der Prätor aber eine *confessio* akzeptiert, also trotz der Weigerung des Erben, tatsächlich zu erfüllen, keine Klage auf das *duplum* einsetzt (Ateius: *aestimare iudicem oportere quanti aedes sint, ut pretio soluto heres liberetur,* Javolen: *is confitendo veram aestimationem praestare poterat,* Ulpian: *aequissimum est enim concedi ei ex hac causa aestimationem officio iudicis praestare*).[345] Dass die *aestimatio* geleistet werden muss, haben die Juristen auch in Texten zu nachträglichen Leistungshindernissen vielleicht deswegen betont, um klarzustellen, dass der Erbe zwar nicht frei wird, aber auch nicht wie ein Bestreitender auf das *duplum* haftet.[346]

Deutliche direkte Zeugnisse für den Gegenstand der Vermächtnisschuld nach Sachuntergang oder Unmöglichwerden fehlen. Gewisse Zweifel daran, dass die *obligatio* auf die ursprüngliche Leistung fortbestehen musste, werden dadurch genährt, dass die Juristen mitunter den Schätzwert von Sachen oder Sachgesamtheiten von Anfang an als Gegenstand eines Legats ansahen; so nach der Auffassung von Sabinus und Cassius beim Teilungsvermächtnis[347] sowie beim Vermächtnis einer *tessera frumentaria* und von Beamtenposten *(militia)*.[348]

Immerhin geht Papinian im Fall eines vom Erben zerstörten Bildes davon aus, dass noch nach Übergabe des nackten Holzes weiterhin dieses frühere Bild geschuldet bleibt *(potest dici actionem ex testamento durare)*,[349] und betrachtet ein Begräbnis auf vermachtem Grund nicht als Anlass, die *intentio* der Klage zu verändern *(aestimatio referenda erit ad totum pretium fundi)*.[350]

Die Entscheidungen Ulpians[351] bleiben mit Hinblick auf den Schuldinhalt sämtlich mehrdeutig.[352] Gleichwohl fallen die häufigen Hinweis darauf ins Auge, dass der Legatar im praktischen Ergebnis den Schätzwert erhalten wird. Sie lassen sich als Ausdruck einer gewissen Distanz zur Geldverurteilung des Formularprozesses deuten, die nicht mehr selbstverständlich ist.

344 Vgl. oben a.bb (206 ff.); insb. Gaius 2,202 in Fn. 282.
345 Dazu oben a.aa (202 ff.) mit Labeo/Ateius D. 32,30,6; Javolen D. 35,2,61; Ulpian D. 30,71,3.
346 Dazu oben a.dd (209 f.).
347 Dazu oben b.aa (210 f.).
348 Dazu oben b.cc (212 ff.).
349 Vgl. D. 34,2,12; dazu oben 217 f.
350 Vgl. D. 31,66,4; dazu oben 217 f.
351 Vgl. oben e (218 ff.).
352 Dasselbe gilft für das *tenetur in eius aestimationem* bei Marcian D. 30,112,1 (6 *inst.*). Vgl. zum Text im ersten Kapitel, 31 f.

V. Fazit

Nach der Zerstörung des Gegenstandes der bereicherungsrechtlichen Kondiktion richtete diese sich in besonderen Fällen nicht mehr auf ihn selbst, sondern als *condictio pretii* auf seinen Wert. Statt der Leistung war nun ihr Wert geschuldet.[353] Zwar kennzeichnet diese Fälle, dass nicht die Haftung für *culpa,* sondern der Bereicherungsausgleich die Klage rechtfertigt. Gleichwohl scheint der Befund mit der These vom grundsätzlichen Fortbestand des *oportere* trotz Sachuntergangs oder Unmöglichkeit in Konflikt zu stehen, weil er ein Argument angreift, das diese These stützt: das Argument nämlich, dass eine auf den Wert gerichtete Klage den Römern wegen des Risikos der *pluris petitio* unpraktikabel erscheinen musste.[354] Mit diesem Argument steht außerdem die Beobachtung im Konflikt, dass die Kondiktions- und Legatsschuld mitunter von Anfang an als auf den Wert einer Leistung gerichtete ensteht (*condictio quanti conducturus,*[355] andere Fälle der *condictio pretii,*[356] *partitio legata,*[357] Vermächtnis der *tessera frumentaria* sowie von *militia*[358]).

Ein näherer Blick zeigt aber, dass auch Klagen auf den Schätzwert so ausgestaltet werden konnten, dass sie die Falle der *pluris petitio* nicht aufstellten. Es zeichnet sich ein Gesamtbild ab, nach dem die römischen Juristen mit der Zeit in einzelnen Fallgruppen vom Grundsatz des *adhuc homo peti possit* abwichen.

1. Zur Gestalt auf den Wert gerichteter Klagen

Klagen, die darauf basieren, dass der Beklagte dem Kläger den Wert einer Sache oder Leistung schuldet, werfen das Problem auf, welches durch die Denkform des *adhuc homo peti possit* vermieden wird: Musste der Gläubiger die Sache nach eigenem Gutdünken schätzen, den geschätzten Wert als ein *certum* einklagen und riskieren, darüber seinen Prozess und sein Recht zu verlieren, falls

353 Dazu oben IV.3 (172 ff.); vgl. insb. die Zusammenfassung unter f (225 f.). – Nicht hierhin gehören Fälle, in denen als *pretium* ein vom Beklagten erzielter Verkaufspreis einzuklagen war. Hier bot sich eine einfache Lösung des Problems der *pluris petitio* an: Der Prätor konnte den Beklagten anhalten, dem Kläger *in iure* über den Erlös Auskunft zu geben. Der genannte Betrag konnte dann in die *intentio* eingesetzt werden.

354 Dazu oben II.3.a (138 ff.).

355 Dazu oben IV.3.d (183 ff.).

356 Dazu oben IV.3.e (186 ff.).

357 Dazu oben IV.4.b.aa (210 f.).

358 Dazu oben IV.4.b.cc (222).

er nach Auffasung des *iudex* zu hoch griff?[359] Es kommen auch andere Formelgestaltungen in Betracht.

Einige Überlegung verdient zunächst die Hypothese, ob nicht *pretium* oder *aestimatio* einer Sache oder Leistung mit dieser abstrakten Bezeichnung in die *intentio* einer *condictio certi* aufgenommen werden konnte (*SI PARET PRETIUM STICHI DARE OPORTERE*). Gaius unterrichtet uns eigenständig nur über die Unterschiede in Gestaltung und Rechtsfolgen von *formulae certae* und *incertae,*[360] ohne sich als Thema zu setzen, unter welchen Voraussetzungen welche Klage bereitstand.

Die Digesten behandeln jedoch die Frage, wann Stipulationen ein *certum* oder ein *incertum* zum Gegenstand haben. Gewiss haben Bestimmtheit der Klageformel und Bestimmtheit der Stipulation etwas miteinander zu tun. Erstens erfahren wir von Gaius 4,136, dass die unbestimmte *actio ex stipulatu* genau dann eingesetzt wurde, wenn bereits die Formulierung der Stipulation unbestimmt war. Denn dort präsentiert der Jurist für den Fall *si cum ipso agamus, qui incertum promiserit* eine Formel unbestimmten Charakters, die sogar in der *demonstratio* auf die Unbestimmtheit der klagebegründenden *stipulatio* verweist: *QUOD INCERTUM STIPULATUS EST*. Zweitens entstammen die Digestenstellen zur Bestimmtheit von Stipulationen Kommentaren zum Edikt (bei Gaius: zum Provinzialedikt).[361] Man darf sogar vermuten, dass Stipulationen einzig zu dem Zweck nach ihrer Bestimmtheit unterschieden wurden, um zu ermitteln, ob sie eine Klage mit bestimmter oder unbestimmter Formel erlaubten.

Sollten die Klagen mit unbestimmter *intentio* jünger sein als die *condictio certi,*[362] so mochte die Frage der Bestimmtheit ursprünglich über die Klagbarkeit entschieden haben. Dann wandelte sich das Problem und wurde zu einem der Abgrenzung verschiedener Klagen voneinander.

Gaius gliedert und definiert:

---

359 Dazu oben II.3.a (138 ff.).

360 Nämlich im Rahmen der Erörterung der *pluris petitio* in Gaius 4,54; vgl. oben 125.

361 Überzeugend stützt Lenel daher seine Verortung der Rubrik *Si certum petetur* auf Paulus D. 12,1,6 (18 *ad ed.*) (vgl. EP, § 95 232 ff.), die der Klage aus Gaius 4,136 auf Ulpian D. 45,1,75 (22 *ad ed.*) (vgl. EP, § 55 151 ff.). – Eine zusätzliche Frage ist allerdings, ob das *certum* bzw. *incertum* im Edikt nicht bloß wie in Gaius 4,136 die Stipulation, sondern auch die Klage selbst beschreibt. Auf Letzteres deutet die Überschrift *Si certum petetur* (vgl. nur Titel 12,1 der Digesten: *De rebus creditis si certum petetur et de condictione*).

362 Zur Entwicklung des Legisaktionenverfahrens und zum Alter der verschiedenen schuldrechtlichen Klagen oben I.3 (126 ff.).

Gaius D. 45,1,74 (8 *ad edictum provinciale*)

Stipulationes quaedam certae sunt, quaedam incertae. certum est, quod ex ipsa pronuntiatione apparet quid quale quantumque sit, ut ecce AUREI DECEM, FUNDUS TUSCULANUS, HOMO STICHUS, TRITICI AFRICI OPTIMI MODII CENTUM, VINI CAMPANI OPTIMI AMPHORAE CENTUM.	Manche Stipulationen sind bestimmt, manche unbestimmt. Bestimmt ist, wovon schon durch die Bezeichnung selbst offen zu Tage liegt, was, welcher Art und wie viel es sei, zum Beispiel „10 Goldstücke", „das tuskulanische Grundstück", „der Sklave Stichus", „100 *modii* besten afrikanischen Weizens", „100 Amphoren besten kampanischen Weines".

Demselben Kriterium wie Gaius folgt Ulpian. Aus dem 22. Buch seines Ediktskommentars fügen die Redakteure in fr. 75 pr. unmittelbar an: *Ubi autem non apparet, quid quale quantumque est in stipulatione, incertam esse stipulationem dicendum est.* Anschließend entscheidet der Jurist in D. 45,1,75,1–10 eine Reihe von Einzelfällen.[363] In § 10 qualifiziert auch er *FUNDUM TUSCULANUM DARI?* als bestimmte Stipulation. Die Parteien müssen dabei an ein bestimmtes Grundstück gedacht haben, das sie so bezeichnen.[364] Ob die Stipulation bestimmt ist oder unbestimmt, ergibt also entgegen der Definition der Juristen unter Umständen doch erst die Auslegung der Bezeichnung: Meint *FUNDUS TUSCULANUS* das tusculanische Grundstück oder irgendein tusculanisches Grundstück?[365]

363 Zur Terminologie sei angemerkt, dass Ulpian auch davon spricht, ob ein *certum* oder *incertum* Obligationsgegenstand wurde (etwa § 1: *incertum deducit in obligationem*) oder ob der Gläubiger sich ein *certum* oder *incertum* versprechen ließ (etwa § 2: *incertum videatur stipulari*).

364 Anders der Fall Javolen D. 45,1,106 (6 *epist.*): *Qui ex pluribus fundis, quibus idem nomen impositum fuerat, unum fundum sine ulla nota demonstrationis stipuletur, incertum stipulatur, id est eum fundum stipulatur, quem promissor dare voluerit.* Hier liegt ein *incertum* vor, weil Versprechen auf Leistung aus einer Gattung nur als bestimmt gelten, wenn für den Gläubiger die Qualität feststeht. Das zeigt Ulpian D. 45,1,75,2: Bester Weizen ist ein *certum*, guter Weizen nicht, *quia bono melius inveniri potest* […] *cum id, quod bono melius sit, ipsum quoque bonum sit.* Vgl. auch § 8 zur Wahlschuld (oben Fn. 153) sowie Papinian D. 45,1,118,2, wo der Gläubiger sich ausbedingt, Erfüllung an einen anderen verlangen zu können. Verschiedene Grundstücke (unvertretbare Sachen) haben nie eine gleiche, feststehende Qualität; daher ist eine auf sie bezogene Gattungsschuld unbestimmt.

365 Dass trotz Verwendung einer Gattungsbezeichnung wie *SERVUM* oder *FUNDUM DARI* eine bestimmte Stückschuld vereinbart sein kann, bestreitet Wolf, Error, 49 ff., insb. 53: „Eine Stipulation, die den Promittenten zu einer bestimmten Leistung verpflichten soll und diese Leistung nur ihrer Gattung nach bezeichnet, ist aber unter allen Umständen nichtig, weil sie *imperfecta* ist", unter dem nicht zwingenden Hinweis auf Papinian D. 23,3,69,4 (4 *resp.*). Vgl. aber zur recht freien Auslegung der Stipulation in klassischer Zeit im ersten Kapitel Fn. 34 und insb. Knütel, FS Behrends (2009) 223–257 (insb. 235 f. gegen Wolf); auch in Auseinandersetzung mit den angesprochenen Texten. Knütel weist darauf hin, dass die Deutungsspielräume teils darauf zurückgehen, dass der lateinischen Sprache die bestimmten und unbestimmten Artikel als Distinktionsmerkmale fehlen.

An diese Fälle erinnert unsere *condictio pretii.* Denn eine funktionshafte Umschreibung, etwa *PRETIUM STICHI,* lässt gerade nicht ohne weiteres erkennen, *quid quale quantumque sit.* Das Kriterium der schon durch den Wortlaut gewährleisteten Offenkundigkeit trennt zwar nicht so scharf, wie man zunächst meinen könnte. Ein Tor stößt schon Sextus Pedius auf, dem zufolge es nicht darauf ankam, ob eine Sache mit ihrem eigentlichen Namen benannt oder mit dem Finger angezeigt oder mit irgendwelchen Worten bezeichnet werde: *nihil referre ait, proprio nomine res appelletur an digito ostendatur an vocabulis quibusdam demonstretur* (Paulus D. 12,1,6 pr. [28 *ad edictum*]). Wo mit dem Finger auf eine Sache gezeigt wird, da stellt nicht allein der Wortlaut, sondern es stellen erst äußere Umstände der Stipulation die Bestimmtheit her. Ebenso verhält es sich bei der Stipulation desjenigen Weins, Öls oder Weizens, „der sich im Speicher befindet", die Ulpian D. 45,1,75,5 (22 *ad edictum*) als auf einen bestimmten Gegenstand bezogen einordnet: *Sed qui VINUM aut OLEUM vel TRITICIUM, QUOD IN HORREO EST, stipulatur, certum stipulari intellegitur.*[366] Bei Abschluss der Stipulation mögen diese Produkte den Parteien vor Augen und dadurch mag zu unmittelbarer Anschauung feststehen, was versprochen wird. Wechselt jedoch der Bezugsrahmen auf den Prozess, dann geht diese Information verloren.

Nun stellt sich die Frage, ob der Gläubiger im Prozess beziffern muss, wie viel er einstmals im Speicher vor sich sah oder mit dem Finger anzeigte. Vielleicht war es so. Schenken wir Gaius Glauben, so blieb dem Versprechensempfänger jedenfalls die unbestimmte *actio ex stipulatu* versperrt. Denn nach 4,136 setzt deren Formel voraus, dass schon ein *incertum* versprochen wurde (*QUOD INCERTUM STIPULATUS EST*). Im Moment der Stipulation waren Menge und Art des Weines aber durch die Umstände noch bestimmt; erst die Veränderung der Situation verhindert nun eine Bestimmung auf dieselbe Weise. Einen Ausweg mochte die *condictio incerti* geboten haben. Vielleicht blieb es aber auch bei der Einordnung als *certum* und der Gläubiger durfte mit der *condictio certi* einklagen: *SI PARET VINUM QUOD IN HORREO ERAT DARE OPORTERE.*

Diese Überlegungen zur Stipulation lassen immerhin möglich erscheinen, dass mitunter eine Leistung als *certum* eingeklagt wurde, die in der Prozesssituation

366 Ausdrücklich als unbestimmt bezeichnet solch einen Stipulationsinhalt allerdings Theophilus 3,15 pr. – Dass die Klassiker zwischen Gaius und Ulpian das Konzept des *certum* dahingehend erweitert hätten, dass der Gegenstand anders als durch die Worte des Geschäfts bestimmt werden konnte, meinen Provera AUCA 21 (1955) 214 f. und Varvaro, Certum, 112 ff. Beide müssen aber einräumen, dass schon Pedius sich in diesem Sinne äußert. Anstatt einen Meinungsgegensatz anzunehmen, wird man eher die Aussage des Gaius als bloßen Grundsatz auffassen und Theophilus für die Bestimmung des klassischen Rechts beiseitelassen können.

durch die Worte der Klagformel durchaus nicht bestimmt war (*VINUM QUOD IN HORREO ERAT*). Auch wenn solche abstrakten Umschreibungen in der *intentio* auf ein *certum* vorgekommen sein mögen, lägen die Dinge bei einer *condictio* mit der hypothetischen *intentio certa PRETIUM STICHI DARE OPORTERE* doch anders. Während der stipulierte Wein des Beispiels (§ 5) seine Bestimmtheit sozusagen aus dem Speicher ins Forum mit sich bringen mochte, stand der Schätzwert einer kondizierten Leistung zu keinem früheren Zeitpunkt fest. Der Schuldinhalt musste erstmals vom Richter ermittelt werden, mit anderen Worten: Er war durch ihn zu bestimmen. Wahrscheinlich kam also für Bereicherungsschulden wie *pretium Stichi* oder *quanti conducturus* nur eine Klage mit unbestimmter *intentio* in Betracht. An diesem Ergebnis macht nicht irre, dass ein *pretium* auch als bestimmter Geldbetrag ausgedrückt werden kann.[367]

Anders als bei der *condictio* aufgrund Stipulation fehlt im Bereicherungsrecht die Bestimmtheit der Stipulationsformel als Bezugspunkt für die Beurteilung, ob eine bestimmte oder unbestimmte Klage zu erheben ist. Wir werden uns die Wahl zwischen einer bereicherungsrechtlichen *condictio certi* oder *incerti* daher so vorzustellen haben, dass der Prätor die Fassung des Begehrens des Klägers beurteilt und sodann entscheidet, ob er ihm im Fall eines unbestimmt ausgedrückten Begehrs eine unbestimmte Formel eröffnet oder ihn stattdessen dazu nötigt, sein Anliegen präziser zu fassen und mit der bestimmten Klage vorzugehen.[368]

Kriterium hierfür wird insbesondere gewesen sein, ob dem Kläger eine nähere Bestimmung zumutbar war: Fordert er einen geleisteten Geldbetrag zurück, dessen Höhe er kennt, so darf er nicht unbestimmt intendieren. Den Wert der Sache oder Leistung selbst zu schätzen, wird man dem Bereicherungsgläubiger aber gerade nicht zugemutet haben.[369]

367 Ebenso im gleichen Kontext wie hier MISERA, Bereicherungsgedanke, 227 Fn. 75: „Wir dürfen die Frage, ob ein *certum* oder *incertum* vorliegt, nicht von einer theoretisch vielleicht möglichen Bezifferbarkeit her entscheiden".

368 PROVERA, Pluris petitio, 187, spricht treffend von einer Befugnis, zu beaufsichtigen, dass der Kläger die seinem bestimmten Begehren angemessene Formel wählt: „al pretore spettava un potere generale di vigilanza sulla scelta del tipo di formula più idoneo alla formulazione della pretesa dedotta in giudizio dall'attore, per cui, se essa aveva per oggetto un *certum*, l'*intentio* doveva esprimerlo con esattezze e precisione assoluta". Zum Quellenstand über das Gespräch *in iure* und zu den Erkenntnissen von SPENGLER über die *interrogatio* vgl. oben Fn. 279, wobei die Entscheidung über die Klageformel im Dunkeln liegt.

369 Der Kläger steht hinsichtlich der Abschätzung des *pretium* nur graduell besser als der Ehegatte, der vom anderen Gatten die aufgrund einer Schenkung noch verbleibende Bereicherung kondiziert. MISERA, Bereicherungsgedanke, 226 ff., spricht diesem aus denselben Erwägungen eine *condictio incerti* zu. Bereits GIFFARD hatte anlässlich seiner Rekonstruktion

Bei der *condictio pretii* wird es sich demnach um die Klage mit der *formula incerta* aus Gaius 4,131, also die *condictio incerti* gehandelt haben. Der Kläger intendierte *QUIDQUID PARET NUMERIUM NEGIDIUM AULO AGERIO DARE FACERE OPORTERE.*[370] Wahrscheinlich wurde der Klagegegenstand durch eine *praescriptio* näher umschrieben, um einen Maßstab zu gewinnen „für den Umfang der Prozesskonsumption, für die Klagenkonkurrenz und für die Frage der *pluris petitio*".[371]

Ganz entsprechend werden die Sabinianer, die bei der *partitio legata* die *aestimatio* als vermacht ansahen,[372] eine unbestimmte *actio ex testamento* nach dem Muster *QUIDQUID HEREDEM EX TESTAMENTO DARE FACERE OPORTET* (Gaius 2,213) erteilt haben.[373] Bei der *aestimatio* der *tessera frumentaria* und der *militia* hingegen[374] betonen die Juristen deren Kommerzialisierbarkeit und Marktgängigkeit in einem Maße, dass nicht ausgeschlossen erscheint, dass allgemein Listenpreise bekannt waren, die als bestimmten Betrag einzuklagen man dem Kläger ohne weiteres zumuten konnte.[375] Wie bei der *condictio pretii* verhält es sich hingegen wieder beim Doppellegat (Paulus D. 30,33), sofern man annimmt, dass dem langsameren Legatar nur noch der Wert geschuldet ist.

Die Einzelfälle, in denen die römischen Juristen die ursprünglich geschuldete Leistung nachträglich aus dem Obligationsinhalt verdrängten, konnten

---

der *condictio incerti* angedeutet, diese könne auch erklären, wie *id quod pervenit* oder *quanto locupletior fit* kondiziert worden sei: SDHI 4 (1938) 161 f. in Fn. 17.

370 Zu dieser *intentio* der *condictio incerti* vgl. GIFFARD SDHI 4 (1938) 152–162, WOLF, Causa stipulationis, 190 ff., 195, MISERA, Bereicherungsgedanke, 229 f. Den archäologischen Beleg für eine *intentio* mit *QUIDQUID PARET* (hier: *QUITQUIT PARRET*) gibt nun § 15 der *lex rivi Hiberniensis;* dazu NÖRR SZ 125 (2008) 133 ff., insb. 142 ff.

371 KASER Labeo 22 (1976) 18. – Vgl. über das Problem der Identifikation des Streitgegenstands bereits bei Fn. 14 zur Frage, ob in die Formel der bestimmten oder unbestimmten *condictio* die Worte *EX STIPULATU* aufgenommen wurden. WOLF, Causa stipulationis, 200 f., vertrat hingegen die Auffassung, mangels Quellenzeugnissen könne man nicht annehmen, dass Klageformeln das Begehren des Klägers individualisieren mussten. Dagegen außer KASER auch HONSELL SZ 92 (1975) 337 f.; offengelassen ist die Frage hingegen bei WACKE TR 40 (1972) 259 f., und MISERA, Bereicherungsgedanke, 230 f. Fn. 89. Dass die Praxis den Bedarf zur Individualisierung sogar bei der Klage auf ein *certum* gesehen hat, belegte die kurz nach WOLFS Schrift erstmals edierte Tafel TP 34,2 = TPSulp 31,2 = TPN 29,2.

372 Dazu oben IV.4.b.aa (210 f.).

373 Nur dann, wenn die Annahme von ERHARDT, Litis aestimatio, 32 ff., 39, zuträfe, Erblasser hätten regelmäßig den Wert ihres Vermögens im Testament angegeben, hätte eine Klage auf einen bestimmten Betrag keine Probleme aufgeworfen. Seine Annahme begründet ERHARDT mit Wertangaben im Kontext der falzidischen Quart sowie mit einem wegen der *vicesima hereditaria* bestehenden Bedürfnis. – Zur unbestimmten Formel *ex testamento* oben bei Fn. 138.

374 Dazu oben IV.4.b.cc (212 ff.).

375 Vgl. auch die Texte zu entsprechenden Fideikommissen oben Fn. 306.

sie also prozessual auf eine Weise behandeln, die – ebenso wie der Regelfall einer Klage auf den ursprünglichen Leistungsgegenstand – die Schätzung in Geld dem Prozess vorbehielt. Dieses Prinzip, das im Regelfall das *adhuc homo peti possit* trug, sich also darin ausdrückte, dass der Schuldinhalt unverändert blieb, steht damit aufrecht.

2. Hypothese einer Entwicklung

Alles in allem wirkt wahrscheinlich, dass es ursprünglichem Denken der römischen Juristen entspricht, die Obligation keiner Veränderung zu unterziehen, wenn ihr Gegenstand untergeht oder die Leistung aus anderen Gründen nicht mehr erbracht werden kann, ohne dass Umstände vorliegen, die den Schuldner befreien. Diese Denkweise bringt mit sich, dass auch der Prozess unverändert ablaufen kann.

Die vorgestellte Annahme wurde gestützt durch Überlegungen zur Entwicklung des Schuldens aus der Haftung[376] und zum Gleichlauf von Schuld und Vertragsstrafe.[377] Eine Reflexion über die Willkürlichkeit jedes Geldersatzes führte auf den Grundsatz, dass ein Geldäquivalent eines anderen Gutes der Vereinbarung oder des richterlichen Entscheids bedarf, um in die Obligation aufgenommen zu werden.[378]

Bestätigt wird diese Annahme durch das Zeugnis der Spätklassiker Tryphonin (D. 13,1,20)[379] und Paulus (D. 45,1,91,3 und 6)[380], welche betonen, dass nach Auffassung der Altvorderen der Gläubiger weiterhin den ursprünglichen Schuldgegenstand fordern kann, wenn dieser im Verzug des Schuldners unterging. Dass jedenfalls seit der Frühklassik ein Sklave nach seinem Tod weiterhin kondiziert werden kann, belegen auch Sabinus D. 45,1,83,7 und D. 12,4,15.[381] Tryphonin schreibt über die *condictio* im Allgemeinen. Er hebt allerdings die *condictio furtiva* besonders hervor und stellt nur in der Begründung allgemein auf *mora* ab. Paulus hingegen schreibt über die Stipulation und gliedert die *mora* als Form der *culpa* ein. Man darf vermuten, dass für die bestimmte *actio ex testamento* nichts anderes galt.

376 Dazu oben II.1 (132 ff.).
377 Dazu oben II.2 (134 ff.).
378 Dazu oben II.3 (138 ff.).
379 Dazu oben 178 ff.
380 Unsere Hauptquelle; vgl. für den Problemaufriss im ersten Kapitel V (64 ff.) sowie oben unter I (118 ff.)
381 Dazu oben IV.3.a (174 ff.).

Die *condictio incerti* ermöglicht, dass ein vom Richter zu bestimmender Schätzwert in der *intentio* erscheint (als Inhalt des *quidquid dare facere oportet*), ohne dass der Kläger diesen beziffern müsste. Ihretwegen können die Juristen den Wert von etwas als Schuldinhalt ansehen, ohne dadurch die Parteien mit den prozessualen Risiken der Abschätzung zu belasten.[382] Dies lässt sich in Einzelfällen beobachten. Nach Sabinus und Cassius richtet sich die Obligation aus dem Damnationslegat auf einen Teil des Gesamtvermögens *(partitio legata)* von Anfang an auf den Schätzwert (D. 30,26,2).[383] So vermeiden sie die Schwierigkeiten einer Realteilung. Nach Celsus D. 12,6,26,12 ist für geleisteten Wohnraum der Betrag zu kondizieren, um den der Empfänger gemietet hätte. Der Jurist lässt sich dabei vielleicht von der Erwägung leiten, dass eine Wohnnutzung als solche ihrer Natur nach nicht für eine Rückgabe in Frage kommt.[384]

Aus solchen Vorbildern wird sich die Idee speisen, dass unter bestimmten Umständen eine *condictio pretii* an die Stelle der Kondiktion der Sache selbst tritt.[385] Seit Julian setzt man sie ein, wenn ein Kondiktionsschuldner nicht oder nicht ohne weiteres dafür einstehen muss, dass der Kondiktionsgegenstand nicht mehr existiert oder er nicht mehr leisten kann, aber der Gedanke des Bereicherungsausgleichs gegen seine Befreiung spricht.

In den Ulpian zugeschriebenen Texten verschwimmen die Grenzen. Entweder er oder sein Überarbeiter bezieht sich auf Realexekution (D. 6,1,68[386] und D. 43,4,3[387]). Dazu passt, dass die *condictio furtiva* nach Untergang der gestohlenen Sache nicht mehr auf diese selbst gerichtet sein soll und dies damit begründet wird, dass sie nicht mehr geleistet werden könne (D. 13,1,8 pr.).[388] Dazu passen auch mehrdeutige Formulierungen zum Damnationslegat (D. 30,53,5–9;[389] D. 30,47,2–3;[390] D. 30,44,8[391]). Ab einem gewissen Zeitpunkt können spätantike Juristen die altrömische Auffassung der Schuld nicht mehr nachvollziehen, die gerade deswegen immer Schulden der Naturalleistung war, weil nicht auf Erfüllung der Schuld, sondern stets auf Geldersatz verurteilt wurde.

382 Dazu soeben unter 1 (227 ff.).
383 Dazu oben IV.4.b.aa (210 f.).
384 Dazu oben 184 f.
385 Zur *condictio pretii* oben IV.3.e (186 ff.); vgl. auch die Zusammenfassung unter IV.3.f (199 ff.).
386 Vgl. dazu oben 119 f.
387 Vgl. dazu 119 Fn. 8.
388 Vgl. dazu oben IV.3.c (181 ff.).
389 Vgl. dazu oben IV.4.e.aa-cc (218 ff.).
390 Vgl. dazu oben IV.4.e.dd (222 ff.).
391 Vgl. dazu oben IV.4.e.ee (224 f.).

Die *constitutio veterum,* auf die Paulus das *adhuc homo peti possit* zurückführt, ließ sich in den untersuchten Texten nicht greifen. Zwar nennt auch Tryphonin diejenigen *veteres,* die dieses Prinzip anwenden; und gerade wurde festgehalten, dass das römische Obligationenrecht ihm vermutlich von Anbeginn an gehorcht. Dass die alten Juristen aber einen solchen Satz formuliert hätten *(quotiens culpa intervenit debitoris, obligatio perpetuatur)* oder aus welchem Motiv heraus sie dazu hätten veranlasst sein können, ließ sich nicht feststellen. Der sachliche Gehalt wird für sie eine Selbstverständlichkeit dargestellt haben.

Viertes Kapitel: An die perpetuierte Obligation anknüpfende Geschäfte

Nun sollen die anderen Effekte, die Paulus in D. 45,1,91,6 der Verewigung der Obligation zuschreibt, an den übrigen Quellen überprüft und danach befragt werden, ob sie etwas über Ursprung und Wesen dieser *constitutio* verraten. Dazu nochmal der Text:

Paulus D. 45,1,91,6 (17 *ad Plautium*)

Effectus huius constitutionis ille est, ut adhuc homo peti possit: sed et acceptum ei posse ferri creditur et fideiussorem accipi eius obligationis nomine. novari autem an possit haec obligatio, dubitationis est, quia neque hominem qui non est neque pecuniam quae non debetur stipulari possumus. ego puto novationem fieri posse, si hoc actum inter partes sit, quod et Iuliano placet.	Der Effekt dieser Entscheidung besteht darin, dass der Sklave weiterhin gefordert werden kann. Aber man nimmt auch an, dass für ihn weiterhin der Empfang quittiert werden und für diese Obligation ein Bürge bestellt werden kann. Ob die Obligation allerdings noviert werden kann, darüber besteht Zweifel, weil wir uns weder einen Sklaven der nicht ist, noch Geld, das nicht geschuldet wird, versprechen lassen können. Ich glaube, dass eine Novation vorgenommen werden kann, wenn die Parteien dies wollen, was auch Julian billigt.

I. *acceptum posse ferri creditur*

Zunächst bekundet Paulus, dass für den toten Sklaven *(ei)*[1] eine förmliche Quittung erteilt werden, die Verbindlichkeit also erlassen werden kann. Bedenken

1 Regelmäßig steht bei *acceptum ferre* im Dativ der Schuldner, dem quittiert wird. Vom Schuldner ist aber im Text keine Rede mehr (seit § 3). Bei Ulpian D. 46,3,1 (43 *ad Sab.*) erscheint im Dativ die Verbindlichkeit, auf die eine Leistung angerechnet wird: *Quotiens quis debitor ex pluribus causis unum debitum solvit, est in arbitrio solventis dicere, quod potius debitum voluerit solutum* [...] *quotiens vero non dicimus, in quod solutum sit, in arbitrio est accipientis, cui potius debito acceptum ferat.* Florentin D. 46,4,18 (8 *inst.*) knüpft an *acceptilatio fieri* mit dem Dativ das zu lösende Verpflichtungsgeschäft: *Et uno ex pluribus contractibus vel certis*

äußert der Jurist keine, es scheint sich um eine allgemeine Praxis zu handeln. Im Hinblick auf das im Übrigen über die *acceptilatio* Bekannte verwundert dieser Befund nicht. Zentral ist Gaius 3,169–170 (in der Sache übereinstimmend Inst. 3,29,1).

Gaius 3,169–3,170

3,169 Item per acceptilationem tollitur obligatio. acceptilatio autem est veluti imaginaria solutio. nam quod ex verborum obligatione tibi debeam, id si velis mihi remittere, poterit sic fieri, ut patiaris haec verba me dicere: *QUOD TIBI EGO PROMISI, HABESNE ACCEPTVM?* et tu respondeas: HABEO.	3,169 Auch durch Empfangsbekenntnis wird eine Obligation aufgehoben. Das Empfangsbekenntnis ist aber sozusagen eine symbolische Erfüllung. Denn wenn du mir das erlassen willst, was ich dir aus Verbalobligation schulde, kann dies so bewerkstelligt werden, dass du duldest, dass ich diese Worte sage: „Was ich dir versprochen habe, hast du dies empfangen?" und du anwortest: „Ich habe".
3,170 Quo genere, ut diximus, tolluntur illae obligationes, quae ex verbis consistunt, non etiam ceterae; consentaneum enim est visum verbis factam obligationem posse aliis verbis dissolvi. sed id, quod ex alia causa debeatur, potest in stipulationem deduci et per acceptilationem dissolvi.	3,170 Auf diese Art, die wir beschrieben haben, werden jene Obligationen aufgehoben, die aus Worten bestehen, die übrigen aber nicht. Es wird nämlich als passend angesehen, dass eine durch Worte begründete Obligation durch andere Worte gelöst werden kann. Aber das, was aus einem anderen Grund geschuldet wird, kann in eine Stipulation aufgenommen und [sodann] durch Empfangsbekenntnis gelöst werden.

Gaius leitet die Kraft der Wortformel zur Tilgung der Schuld aus ihrem Charakter als Konträrakt zur Obligationsbegründung durch Worte ab.[2] Die Musterformel knüpft an den Gegenstand des Versprechens an, nicht an den Gegenstand der Schuld (es heißt nicht: Quod mihi tibi dare oportet, habesne acceptum?). So kommt die Frage nach dem Gegenstand der Schuld gar nicht auf: Das *adhuc homo peti possit* spielt an dieser Stelle keine Rolle. Für eine Relevanz der Fortexistenz des Schuldgegenstandes oder der Möglichkeit der Leistung gibt es erst recht keinen Anhalt. Schon die Bezeichnung als fiktive Erfüllung *(imaginaria solutio)* grenzt ja von einer echten Erfüllung ab: Es wird eben nicht tatsächlich geleistet. Die Affirmation des Gläubigers, den Sklaven erhalten zu haben, ist nicht weniger kontrafaktisch, wenn dieser noch lebt, als wenn er zuvor verstarb; gleichwohl wirkt sie in beiden Fällen.[3]

---

vel incertis vel, quibusdam exceptis, ceteris et omnibus ex causis una acceptilatio et liberatio fieri potest. An diesen Vorbildern orientiert sich die Übersetzung.

2 Vgl. für das Räsonnement mit dem „Symmetrieprinzip" auch Pomponius D. 46,3,80 (4 *ad Quintum Mucium*) und dazu Knütel, Contrarius consensus, 9 ff.

3 Ebenso Cannata FS Mayer-Maly (2002) 98 f. mit der pointierten Feststellung „questa dichiarazione [habeo acceptum, G. A.] contiene già di per se stessa una finzione".

Dass die *acceptilatio* für einen Stipulationsgegenstand durchgeführt werden konnte, nachdem dieser im Verzug des Schuldners oder durch seine *culpa* unterging, erscheint daher auch ohne Bestätigung durch andere Quellen völlig glaubhaft. Dass diese Lösung durch dogmatische Klimmzüge hätte gerechtfertigt werden müssen, dafür gibt es keinen Anhaltspunkt. Die *constitutio* bewirkt nicht mehr als eine Selbstverständlichkeit.

II. *novari autem an possit dubitationis est*

Intrikat ist hingegen die Zulässigkeit von Bürgschaft und Novation nach dem Untergang des Schuldgegenstandes. Es fällt auf, dass D. 45,1,91,6[4] die Zulässigkeit der Bürgschaft für eine perpetuierte Obligation ohne Umschweife bejaht, die ihrer Novation hingegen nur zögerlich. Zentral für das Verständnis erscheinen die Bedenken gegen die Novierbarkeit, die offenbar gegen die Verbürgung nicht in gleichem Maße bestehen, obwohl die Römer Bürgschaft und Novation durch ähnliche Stipulationen realisieren. Darum soll hier von der Reihenfolge der Vorlage abgewichen und zunächst die Novation besprochen werden.

Anscheinend zieht der Jurist zwei Varianten für die Novation in Betracht: Richtet die neue Stipulation sich auf den ursprünglich versprochenen Sklaven, so begegnet sie dem Problem, dass dieser nicht mehr lebt. Richtet sie sich hingegen auf seinen Wert, so steht ihr entgegen, dass dieser Geldbetrag nicht der Inhalt der zu novierenden Obligation ist. Hiermit verweist uns der Text auf das Problem des *idem debitum* bei der Novation, also der Übereinstimmung des Inhalts von vorheriger und neuer Schuld. Die Überlegungen dieses Abschnittes hängen dadurch mit der Frage des Schuldinhalts zusammen, der das dritte Kapitel gewidmet war *(adhuc homo peti possit):* Gegen die Novation wird eingewandt, dass auch nach dem Tod des Sklaven nicht sein Geldwert geschuldet ist, sondern dieser selbst.

Bei den beiden Varianten mag der Jurist an unterschiedliche Fassungen der Novationsformel denken (*STICHUM DARI?, QUANTI STICHUS EST DARI?, DECEM DARI?*).[5] Er muss sich aber nicht direkt auf den Wortlaut des Versprechens

4 Erneut abgedruckt soeben 236.

5 Dass die von Paulus angesprochenen Probleme sich auf verschiedene Novationsformeln beziehen, meinen Daube SZ 66 (1948) 126 (Julian und Paulus lösen das Problem, indem sie die Formel *QUIDQUID DARE FACERE OPORTET* verwenden) und Talamanca Temis 21 (1967) 281ff. mit Fn. 23 sowie 283f. (Plautius verwirft wegen des Todes das sonst übliche *QUANTI ERIT* und erwägt stattdessen einen bezifferten Betrag, der aber *non debetur;* Paulus erlaubt Novation dadurch, dass der Tote versprochen wird).

beziehen. Vielmehr kann der Text auch verschiedene Inhalte erwägen, für die erst in einem zweiten Schritt ein passendes Formular zu wählen wäre oder die beide eine offene Formel ausdeuten, deren Verwendung der Autor voraussetzt (*QUIDQUID DARE FACERE OPORTET*). Hierfür spricht, dass die Entscheidung *novationem fieri posse* nicht auf eine bestimmte Formel Bezug nimmt.[6]

Die Erwähnung der Zweifel, das die persönliche Auffassung betonende *ego puto* und die Berufung auf die Autorität Julians lassen für die Lösung zugunsten der Novierbarkeit an einen Meinungsstreit denken. Doch für einen solchen findet sich in den übrigen Quellen kaum ein Anzeichen.

Wieder soll die Aussage des Paulus überprüft werden: hinsichtlich der Wirksamkeit der Novation nach Sachuntergang, hinsichtlich der daran bestehenden Zweifel und hinsichtlich der Begründung mittels der von den *veteres* angeordneten Verewigung der Obligation. Die Darstellung folgt den beiden von Paulus formulierten Zweifeln. Zunächst werden Texte gesichtet, in denen jemand sich den Gegenstand einer früheren Schuld versprechen lässt, der bereits unterging oder noch vor Wirksamwerden der Stipulation untergeht. Die Texte werden unabhängig davon behandelt, ob die Stipulation die bisherige Schuld ersetzt oder zu ihr hinzutritt. Denn das Bedenken des Paulus, dass ein Verstorbener nicht versprochen werden kann, wirkt nicht so, als sei es nur für die Novation formuliert. Der zweite Abschnitt geht der Frage nach, ob man durch Stipulation des Geldwertes der Leistung novieren kann.

1. Stipulation des untergegangenen Gegenstandes

Dass erst nach Untergang des Gegenstandes einer bestehenden Obligation hierüber die Worte einer Stipulation ausgetauscht werden, begegnet überhaupt nur in zwei weiteren Texten, die ebenfalls von Paulus stammen, allerdings auf eine Entscheidung von Sabinus zurückgehen. Sie werden zunächst untersucht, bevor Fälle behandelt werden, in denen die Stipulation vor dem Untergang des geschuldeten Gegenstandes abgeschlossen wurde, aber erst danach eine Bedingung eintrat, an die ihre Wirksamkeit geknüpft war.

6 Dass es nicht um die Fassung der Stipulation geht, vertritt insb. STURM schon in SZ 83 (1966) 81 f. und 87 sowie deutlich in Stipulatio Aquiliana, 205: „Für die römischen Juristen handelte es sich hier um ein Inhalts- und nicht um ein Formelproblem. Die [...] Bedenken bestanden ohne Rücksicht auf die Fassung des Novationsversprechens"; zustimmend APATHY, Animus, 233. – Dass als Formulierung nur *STICHUM DARI* (eventuell ergänzt um einen Bezug auf die ursprüngliche Verbindlichkeit) in Betracht kam, meinen FREZZA St. Biondi (1965) I 256, FLUME, Rechtsakt, 105 Fn. 38, sowie REICHARD, Delegation, 113 f.

a. Stipulation nach Untergang (Sabinus/Paulus)

Im ersten Text wird erörtert, wann ausnahmsweise ein verstorbener Sklave stipuliert werden kann.

Paulus D. 45,1,83,7 (72 *ad edictum*)

Stichum, qui decessit, si stipuler, si quidem condici etiam mortuus potuit, ut furi, utiliter me stipulatum Sabinus ait: si vero ex aliis causis, inutiliter, quia et si deberetur, morte promissor liberetur. idem ergo diceret et si mora facta defunctum stipularer.	Sabinus sagt, wenn ich mir Stichus versprechen lasse, der bereits verstorben ist, dann ist er mir wirksam versprochen, wenn nämlich der Tote noch hat kondiziert werden können, wie vom Dieb: wenn aber [das Versprechen] aus anderen Gründen [erfolgt], dann unwirksam, weil der Versprechende, auch wenn geschuldet wäre, durch den Tod [des Sklaven] befreit würde. Dasselbe würde also [Sabinus] auch sagen, wenn ich mir einen während des Verzugs des Schuldners verstorbenen Sklaven versprechen ließe.

Der Sachverhalt lässt sich auf zwei recht verschiedene Weisen auffassen. Vielleicht verspricht der *promissor* einen verstorbenen Sklaven, den er selbst ursprünglich bei einem Dritten kondizieren konnte. Hierbei kann es sich um eine Novation handeln, muss es aber nicht. Für den Fall, dass der *promissor* den Toten noch immer kondizieren kann, wird die Stipulation ohne weiteres für wirksam erklärt. Begründet wird vielmehr die Unwirksamkeit der Stipulation im umgekehrten Fall, dass der Dritte dem *promissor* nicht verschärft haftet. Die Begründung *quia et si deberetur, morte promissor liberetur* stellt allerdings nicht auf das Schulden und Freiwerden des Dritten, sondern des Promittenten ab und macht damit einen erheblichen Sprung. Man muss sie so verstehen, dass der Promittent, wenn er den Sklaven, den er vom nicht verschärft haftenden Dritten kondizieren konnte, bereits zu dessen Lebzeiten versprochen hätte und daher nun selbst schuldete, durch dessen Tod gegenüber seinem eigenen Gläubiger frei würde (wie zugleich auch der Dritte ihm gegenüber). Der Umkehrschluss gibt die zusätzliche Auskunft, dass ein Promittent trotz eines von ihm nicht zu vertretenden nachträglichen Untergangs des versprochenen Gegenstandes dann nicht frei wird, wenn ihm ein Dritter hierfür weiterhin haftet. Die Begründung beruht anscheinend auf dem Gedanken, dass der Tod vor Abschluss der Stipulation ebenso behandelt werden sollte wie der Tod nach Abschluss der Stipulation.

Aber auch ein anderes Verständnis des Sachverhaltes geht auf: Danach kann der Sklave nicht von einem Dritten kondiziert werden, sondern der Promittent selbst ist der bisherige Schuldner des Sklaven: Verspricht der Dieb oder ein anderer verschärft Haftender, den inzwischen verstorbenen Sklaven zu übereignen, ist die Stipulation wirksam. Nach diesem Verständnis erfolgt die neue Stipulation vermutlich zum Zweck der Novation. Die Begründung für die Unwirksamkeit des Versprechens bezieht sich dann (einfacher) auf den Fall, dass der Versprechende selbst nicht verschärft haftet. Inhaltlich stellt sich aber ebenfalls darauf ab, dass der Promittent selbst dann, wenn er den Sklaven bereits ohne verschärfte Haftung schuldete, durch dessen Tod frei würde.

Im Text ist die Frage nicht problematisiert, ob der Eigentümer sich die eigene Sache vom Dieb versprechen lassen kann.[7] Ulpian D. 45,1,29,1 verneint die Wirksamkeit einer solchen Stipulation vom Dieb, sofern sie auf *dare* gestellt wird, mit der Begründung: *non valet autem huiusmodi stipulatio, ubi quis rem suam stipulatus est.* Der Eigentümer könne jedoch mittels einer unbestimmten Stipulationsfassung (*QUOD EX CAUSA CONDICTIONIS DARE FACERE OPORTET?)* dasselbe Ergebnis erzielen.[8] Dass die Frage in dem Paulustext gar keine Erwähnung findet, widerlegt nicht die Option, die Stipulation als vom Dieb abgegeben aufzufassen.

Das Schweigen des Paulus könnte vielmehr erstens darauf beruhen, dass Ulpian eine Sondermeinung vertritt. Dass ihm sein Hang zu Dogmatismus mitunter Probleme beschert, zeigen beispielhaft seine noch zu erörternden Bedenken gegen die Wirksamkeit der Stipulationen *SANUM ESSE, FUREM NON ESSE, VISPELLIONEM NON ESSE.*[9] Jedoch muss auffallen, dass auch Marcellus für die Novation des Diebes eine Formel auf *QUIDQUID FUREM DARE FACERE OPORTET* verwendet.[10] Paulus könnte zweitens davon ausgehen, dass die Parteien die auch nach Ulpian zulässige Formel verwenden. Drittens kommt in Betracht, dass Paulus ein Drei-Personen-Verhältnis zugrunde legt: Der Dieb verspricht auf Weisung des bestohlenen Eigentümers die Leistung an einen Dritten *(ego),* um einen Gläubigerwechsel herbeizuführen. Wie Reichard, der aus der Formulierung *quia et si deberetur, morte promissor liberetur* vertretbar folgert, dass „der *promissor* des [...] Novationsversprechens zugleich der Schuldner der bestehenden Verbindlichkeit ist", hieraus den weiteren Schluss zieht, dass kein Drei-Personen-Verhältnis vorliegt,[11] verstehe ich nicht.

Wahrscheinlich war aber der Standpunkt des Sabinus in der Tat ein anderer als der Ulpians.[12] Dafür, dass man ursprünglich die Formel einer vom Dieb geleisteten Stipulation auf den gestohlenen Sklaven stellte, spricht entscheidend die Parallele zum Prozess: Der Eigentümer klagt mit der *condictio furtiva* gegen den Dieb wegen *DARE OPORTERE.* Dann wird der Eigentümer sich vom Dieb auch *DARI* versprechen lassen können. Angesichts des schon von Gaius geäußerten Erstaunens über den prozessualen Befund[13] verwundert nicht, dass Ulpian bei der Novation die überlieferte Formularpraxis nicht mehr akzeptiert.

---

7 Für die Unwirksamkeit der Stipulation eigener Sachen vgl. Gaius 3,99: *Praeterea inutilis est stipulatio, si quis ignorans rem suam esse dari sibi eam stipuletur; quippe quod alicuius est, id ei dari non potest* und Ulpian D. 45,1,82 pr. (78 *ad ed.*): *Nemo rem suam utiliter stipulatur, sed pretium rei suae non inutiliter: sane rem meam mihi restitui recte stipulari videor.*

8 Vgl. für Ulpian D. 45,1,29,1 (46 *ad Sab.*) unten Fn. 64.

9 Dazu im fünften Kapitel, 333 ff.

10 Vgl. Marcellus D. 46,3,72,3 (20 *dig.*); zum Text bei Fn. 60.

11 Reichard, Delegation, 110.

12 Den Meinungsgegensatz konstatiert auch Hägerström, Verbalobligation, 102 ff. Fn. 2; ihm folgt Sturm, Stipulatio Aquiliana, 77 f. mit Fn. 95, und diesem wieder Harke, Mora, 79 Fn. 11.

13 Vgl. Gaius 4,4: *Sic itaque discretis actionibus certum est non posse nos rem nostram ab alio ita petere: SI PARET EUM DARE OPORTERE; nec enim quod nostrum est, nobis dari potest,*

Paulus mag Sabinus gefolgt sein, er kann das Formulierungsproblem aber auch ausgespart haben, weil es nicht im Fokus lag, oder die Justinianer nahmen seinen Widerspruch nicht mit in die Kompilation auf.

Paulus überträgt die Entscheidung des Sabinus vom Fall des Diebes auf jeden säumigen Schuldner. Unabhängig davon, wie man den Sachverhalt auffasst, wird die Lösung von dem Prinzip getragen, dass das erneute Versprechen des untergegangenen Gegenstandes wirksam ist, sofern der Versprechende hierfür haftet (sei es aufgrund eigener Verantwortlichkeit oder deswegen, weil ihm wiederum ein Dritter haftet).

Von diesem Prinzip – Wirksamkeit des erneuten Versprechens der Sache trotz deren Untergangs, sofern der Schuldner haftet – abstrahiert Paulus in einem zweiten Text in doppelter Hinsicht weiter.

Paulus D. 45,1,35 pr. (12 *ad Sabinum*)

Si stipulor, ut id fiat, quod natura fieri non concedit, non magis obligatio consistit, quam cum stipulor ut detur quod dari non potest: nisi per quem stetit, quo minus facere id possit.

Wenn ich mir versprechen lasse, dass etwas geschehe, von dem die Natur nicht zulässt, dass es geschieht, dann besteht die Verbindlichkeit ebenso wenig, wie wenn ich mir versprechen lasse, dass gegeben werde, was nicht gegeben werden kann: wenn es nicht an ihm liegt, dass er es nicht mehr tun kann.

Geht es in fr. 83,7 um die Leistung des verstorbenen Sklaven, so spricht fr. 35 pr. allgemein vom nur ausnahmsweise wirksamen Versprechen *ut detur quod dari non potest.* Zudem wird das Prinzip der Unwirksamkeit ebenso wie die Ausnahme für den Fall, dass der Schuldner das Leistungshindernis zu vertreten hat, übertragen auf das Versprechen *ut id fiat, quod natura fieri non concedit.* Die Verallgemeinerung vom Dieb zum Verzug (fr. 83,7) und vom gestorbenen Sklaven zur ausgeschlossenen Handlung (fr. 35 pr.) erscheint als eigener Gedanke des Paulus. Die Neuerung bezieht sich beim Verzug mit der Lieferung des Sklaven auf eine zusätzliche Variante ausnahmsweiser Wirksamkeit des Versprechens. Bei der Handlung präsentiert erst Paulus die Regel, die die Unwirksamkeit anordnet.[14]

cum scilicet id dari nobis intellegatur, quod ita datur, ut nostrum fiat; nec res, quae nostra iam est, nostra amplius fieri potest. plane odio furum, quo magis pluribus actionibus teneantur, receptum est, ut extra poenam dupli aut quadrupli rei recipiendae nomine fures etiam hac actione teneantur: SI PARET EOS DARE OPORTERE, quamvis sit etiam adversus eos haec actio, qua rem nostram esse petimus.

14 Vgl. unter dem Gesichtspunkt der Entwicklung der Unmöglichkeitsregel unten 333.

Für einen Meinungsstreit über die Wirksamkeit der Stipulation spricht nichts; doch lässt der Bezug auf Sabinus für andere Meinungen Raum.[15] Als Gegenstand des späteren Versprechens ist in beiden Fällen – auch wenn vom Dieb *QUOD DARE FACERE OPORTET* stipuliert worden sein sollte – die ursprüngliche Leistung gedacht, nicht ihr Geldwert. Denn dass jeweils diese Leistung versprochen wird, ist gerade der Gesichtspunkt, unter dem die Fälle als Ausnahme zur Regel der Unwirksamkeit derartiger Versprechen Beachtung erheischen und erörtert werden. So erklärt sich auch, warum Paulus offenlässt, ob es sich bei der Stipulation um eine Novation handelt oder nicht: Es geht ihm hier nicht um den novierenden Effekt, sondern überhaupt um die Wirksamkeit einer derartigen Stipulation.[16]

b. Vorherige bedingte Novationsstipulation

Weiteren Aufschluss über die Novation nach Sachuntergang gewähren Texte von Julian, Venuleius, Marcellus und Papinian, die sich mit Konstellationen befassen, bei denen im Verzug des Schuldners eine Novationsstipulation unter einer Bedingung abgeschlossen wird, während deren Schwebe das Objekt untergeht.

aa. Allgemein zu deren Wirkungen

Zunächst muss der rechtliche Rahmen ausgelotet werden, die Wirkung der bedingten Novationsstipulation. Gaius äußert sich hierzu in 3,179.

(1) Gaius 3,179

Der Text steht im Kontext der Novation *inter easdem personas.* Denn zuvor lehrt der Jurist, dass die Novationsstipulation unter den ursprünglichen Parteien *quid novi* enthalten muss, und nennt als Beispiel die Bedingung. Ausdrücklich beschränkt er die Ausführungen zur Wirkung aber nicht auf das Zwei-Personen-Verhältnis.

Gaius 3,179

Quod autem diximus, si condicio adiciatur, novationem fieri, sic intellegi oportet, ut ita dicamus factam novationem, si condicio extiterit; alioquin si defecerit, durat prior obligatio. sed videamus, num	Was aber unsere Aussage angeht, dass die Novation stattfinde, wenn eine Bedingung hinzugefügt werde: Sie soll so verstanden werden, dass wir sagen, dass die Novation dann vollzogen ist, wenn die Bedingung eintritt; wenn sie hingegen ausfällt, dauert die erste

15 Das Zeugnis eines Meinungsstreits sieht hierin Bonifacio, Novazione, 105.

16 Auch nach Apathy, Animus, 233 f. Fn. 22 „handelt [der Text] nicht speziell von einer Novationsstipulation", sondern meint diese nur mit. Dass fr. 83,7 allein einen Fall der Novation beschreibt, meinen hingegen Bonifacio, Novazione, 105 f., und Sturm SZ 83 (1966) 81 f.

is, qui eo nomine agat, doli mali aut pacti conventi exceptione possit summoveri, quia videtur inter eos id actum, ut ita ea res peteretur, si posterioris stipulationis exstiterit condicio. Servius tamen Sulpicius existimavit statim et pendente condicione novationem fieri, et si defecerit condicio, ex neutra causa agi posse et eo modo rem perire [...]. sed [...] alio iure utimur.

Obligation fort. Aber prüfen wir, ob der, der aus dieser [früheren][17] Forderung klagt, nicht mit der. Arglisteinrede oder mit der Einrede wegen einer Vereinbarung *(exceptio pacti)* abgewehrt werden kann; weil es so angesehen wird, dass unter ihnen vereinbart wurde, dass er diese Sache [erst] dann einklagen werde, wenn die Bedingung aus der späteren Stipulation eintritt. Jedoch meinte Servius Sulpicius, dass die Novation sofort und bei schwebender Bedingung stattfinde, und wenn die Bedingung ausfalle, könne aus keinem Grund geklagt werden und der Gläubiger werde so sein Recht verlieren [...]. Aber wir verwenden [...] anderes Recht

Nach der überkommenen Ansicht des Servius erlischt die alte Verbindlichkeit mit Abschluss der bedingten neuen Stipulation. In der Terminologie der Stelle, welche die Novation als einen unter den Gründen für das Erlöschen von Verbindlichkeiten behandelt, war die Novation hiermit vollzogen. Vom Bedingungseintritt hing allein ab, ob die neue Verbindlichkeit entstand. Nach der späteren Auffassung hingegen erlischt auch die alte Verbindlichkeit nur bei Bedingungseintritt.[18] Die beiden Seiten der Novation sind voneinander abhängig, ohne neue Obligation keine Befreiung von der alten.

Anders werden nach Gaius 3,176 allerdings die Fälle entschieden, in denen die Novationsstipulation auf Zahlung nach dem Tod des Versprechenden zielt oder von einer Frau oder einem Mündel ohne Zustimmung des Vormunds abgegeben werden: Dabei wird der frühere Schuldner frei, ohne dass die neue Obligation entsteht. Flume erklärt dies damit, dass die neue Stipulation hier immerhin als Rechtsakt wirksam sei, auch wenn sie kein Rechtsverhältnis begründe.[19]

Gaius weist aber darauf hin, dass der Schuldner mit einer *exceptio doli* oder *exceptio pacti* gegen die Inanspruchnahme aus der alten Verbindlichkeit geschirmt

17 Wohl versehentlich anders Manthe 297: „der auf die neue Forderung klagt"; korrigiert auch von Effer-Uhe, Condicio, 16 Fn. 2. Dem Sinn nach wie hier Nelson/Manthe, Kontraktsobligationen, 429.

18 Effer-Uhe, Condicio, 23 f., schließt aus der Stelle auf eine allgemeine Bedingungslehre des Servius, nach der nur die Rechtswirkungen, nicht der Akt der Novationsstipulation aufgeschoben seien (wobei der Akt selbst schon die zerstörerische Wirkung in sich tragen soll). Die Position des Servius sei von den Prokulianern zunächst gehalten worden. Gaius bezeuge eine spätere Schulenkonvergenz; dass Labeo in D. 23,3,80 (dazu sogleich im Text) anders als Servius entscheide, sei ein „Zugeständnis" (80), das auf den Bereich der bedingten Novation beschränkt bliebe. Kritisch Hähnchen Sem. Complut. 25 (2012) 434 f. Dass sich ein Einfluss des Servius auf die Prokulianer hinsichtlich der bedingten Novation nicht nachweisen lässt, sieht Effer-Uhe selbst (66).

19 Flume, Rechtsakt, 125 (gegen Bonifacio, Novazione, 35 ff.).

werden kann.[20] Einige moderne Autoren nehmen an, dass die *exceptio* bei einer bedingten Novation *inter easdem personas* dem Schuldner auch nach Ausfall der Bedingung erhalten blieb.[21] Dem liegt die zunächst sehr plausible Unterstellung zugrunde, Zweck eines solchen Geschäfts sei, „daß der Schuldner künftig anstatt unbedingt nur noch für den Fall verpflichtet sein soll, daß die Bedingung eintritt“ (Reichard). Der Gegensatz zu Servius lässt aber darauf schließen, dass Gaius anderer Auffassung war: *Sulpicius existimavit* [...] *si defecerit condicio, ex neutra causa agi posse.* Dies soll gerade nicht geltendem Recht entsprechen, der Gläubiger also nach Bedingungsausfall durchaus wieder klagen können, und zwar, das darf man vermuten, ohne eine Einrede fürchten zu müssen.[22] Die Einrede soll also jedenfalls nicht regelmäßig nach Ende der Schwebezeit fortbestehen; vielmehr soll sie nur während dieser Bedeutung haben.

(2) Gaius D. 2,14,30,2

Abseits von Zwei-Personen-Verhältnissen, nämlich für einen Fall des Schuldnerwechsels durch Novation, gibt Gaius im Kommentar zum Provinzialedikt näheren Aufschluss.

Gaius D. 2,14,30,2 (1 *ad edictum provinciale*)

Si sub condicione stipulatus fuerim a te, quod Titius mihi pure deberet: an deficiente condicione si a Titio petam, exceptione pacti conventi et possim et debeam summoveri? et magis est exceptionem non esse opponendam.	Ob ich wohl, wenn ich mir von dir bedingt habe versprechen lassen, was Titius mir unbedingt schuldet, und ich nach Ausfall der Bedingung von Titius Leistung fordere, mit der *exceptio pacti* abgewehrt werden kann und muss? Und mehr spricht dafür, dass mir die Einrede nicht entgegengehalten werden kann.

Hier geht es ersichtlich um das praktische Ergebnis, ob der ursprüngliche Schuldner sich verteidigen kann. Dass überhaupt die Idee im Raum steht, ihn gegen eine Klage zu schützen, lässt sich nicht anders als dadurch erklären, dass die bedingte Stipulation novatorische Wirkung haben sollte. Die ausdrückliche Ablehnung

20 *Quia videtur inter eos id actum* könnte erstens die Voraussetzung benennen, unter der in Betracht kommt, eine der beiden Einreden zu gewähren, zweitens den Grund, warum stets entweder die eine oder die andere Einrede gewährt wird (so nach Apathy, Animus, 125), oder drittens das Kriterium dafür, wann im Einzelfall die *exceptio pacti,* nicht die *exceptio doli* gewährt wird. Nach der ersten Variante ist Gegenstand des *videamus,* ob eine Einrede gewährt wird, nach der zweiten und dritten hingegen, welche von zwei in Frage kommenden Einreden. Gaius kommt auf die Frage nicht zurück, sodass der Imperativ entweder nur im mündlichen Vortrag ausgeführt wurde oder die Studenten an die Prüfung der besonderen Umstände in jedem Einzelfall gemahnt.

21 So Apathy, Animus, 125 mit Fn. 4, 127 und 128f.; Flume, Rechtsakt, 136f.; Reichard, Delegation, 96.

22 Zutreffend Nelson/Manthe, Kontraktsobligationen, 431.

der *exceptio pacti* impliziert, dass auch keine andere Einrede hilft. Entscheidend hierfür ist offenbar, dass die Bedingung bereits ausgefallen ist. Es entsteht der Eindruck, dass Gaius die *exceptio pacti* vor Bedingungsausfall zugesprochen hätte.[23]

Während also Servius mit der bedingten Novationsstipulation die ursprüngliche Schuld unbedingt vernichtet, hindert Gaius ihre Durchsetzbarkeit nur mittels einer Einrede und – im Zwei-Personen-Verhältnis ebenso wie bei Schuldnerwechsel – nur so lange, wie die Bedingung noch in der Schwebe, also weder eingetreten noch ausgefallen ist. An einen Meinungsstreit über diesen Punkt lässt allerdings ein Text von Paulus denken.

(3) Paulus D. 12,6,60,1

Paulus fragt in D. 12,6,60,1 danach, ob der Schuldner eine während schwebender Bedingung erfolgende Leistung zurückfordern darf.

Paulus D. 12,6,60,1 (3 *quaestionum*)

Ubi autem quis quod pure debet sub condicione novandi animo promisit, plerique putant pendente novatione solutum repetere posse, quia ex qua obligatione solvat, adhuc incertum sit: idemque esse etiam, si diversas personas ponas eandem pecuniam pure et sub condicione novandi animo promisisse. sed hoc dissimile est: in stipulatione enim pura et condicionali eundem debiturum certum est.	Wenn aber jemand, was er unbedingt schuldet, unter einer Bedingung zum Zweck der Novation versprochen hat, so glauben die meisten, dass er eine Leistung zurückfordern könne, solange die Bedingung schwebt, weil solange ungewiss bleibe, welche Verbindlichkeit er löst: Und es sei sogar dasselbe, wie wenn verschiedene Personen denselben Geldbetrag [der eine] unbedingt und [der andere] zum Zweck der Novation unter einer Bedingung versprochen hätten. Aber dies ist unähnlich: Es ist nämlich [im ersten Fall] bei der bedingten wie bei der unbedingten Stipulation sicher, dass derselbe schulden wird.

Der kompakte Text setzt voraus, dass der Gläubiger die ursprüngliche Verbindlichkeit wegen der Einrede in der Schwebezeit nicht durchsetzen kann. Weiterhin dürfte er so aufzufassen sein, dass bei bedingtem Schuldnerwechsel das während der Schwebelage Geleistete vor deren Ende unproblematisch zurückgefordert werden kann, weil noch nicht feststeht, ob der Leistende schulden soll: Der ursprüngliche Schuldner hätte trotz Bestehens der Einrede geleistet,[24] der Neuschuldner vor der ungewissen Entstehung seiner Obligation.[25]

23 Zu D. 2,14,30,2 wie hier Apathy, Animus, 147 ff., Flume, Rechtsakt, 136 f., Nelson/Manthe, Kontraktsobligationen, 431.

24 Der Altschuldner könnte kondizieren, obwohl es sich nicht um eine dauernde Einrede handelte, weil „unsicher [ist], ob der Leistende letztlich […] schulden wird“: Apathy, Animus, 145 ff.

25 Für die Kondiktion des Neuschuldners vgl. Pomponius D. 12,6,16 pr. (15 *ad Sab.*): *Sub condicione debitum per errorem solutum pendente quidem condicione repetitur, condicione autem*

Das bloße Zwei-Personen-Verhältnis sollen *plerique* für vergleichbar halten *(idemque esse etiam)* und ebenso entscheiden: Weil noch nicht feststeht, welche Verbindlichkeit letztlich bindet und also erfüllt sein soll, kann einstweilen zurückgefordert werden. Unser Jurist hält dies nicht für richtig, weil doch – anders als im Drei-Personen-Verhältnis – immerhin feststehe, dass der Zahlende dem Gläubiger auf die eine oder andere Weise schulde.[26] Die Basiliken haben sich Paulus gegen die *plerique* angeschlossen.[27]

Das Argument trifft und die Verweigerung der Kondiktion passt, wenn – mit Gaius – nach Bedingungsausfall die Einrede gegen die ursprüngliche Verbindlichkeit wegfällt; die von den *plerique* gewährte Kondiktion erscheint hingegen sachgerecht, wenn noch nicht feststand, ob der Schuldner überhaupt würde in Anspruch genommen werden können, weil die ursprüngliche Verbindlichkeit (jedenfalls bei Bedingungsausfall) ewig einredebehaftet geblieben wäre.[28]

Jedenfalls Gaius und Paulus kennen also wohl eine bedingte Novation *inter easdem personas,* die bei Bedingungsausfall die ursprüngliche Verbindlichkeit ganz unbehelligt lässt. Deren Parteien geht es nicht um eine bedingte Befreiung des Schuldners. Vielmehr erfüllt die Bedingung entweder die Funktion einer Stundung bis zu dem Moment, in dem sie eintritt (dann entsteht die Klage aus der Novationsstipulation, die alte Obligation geht unter) oder ausfällt (dann entfällt die Einrede gegen die ursprüngliche Obligation).[29] Oder aber der eigentliche Zweck der Novationsstipulation liegt in weiteren Nebenbestimmungen, die nur bei Bedingungseintritt hinzutreten oder außer Kraft gesetzt werden sollen. Hingegen hatten *plerique* vielleicht dieselbe Absicht vor Augen wie die modernen Autoren, die die Lösung des Zwei-Personen-Verhältnisses über die ewige Einrede gegen die ursprüngliche Obligation in der praktischen Konsequenz wieder an Servius heranrücken.

---

existente repeti non potest.

26 Vgl. den Gedanken von Ulpian D. 12,6,18 (47 *ad Sab.*): *Quod si ea condicione debetur, quae omnimodo exstatura est, solutum repeti non potest, licet sub alia condicione, quae an impleatur incertum est, si ante solvatur, repeti possit* und D. 46,2,9,1: *Qui sub condicione stipulatur, quae omnimodo exstatura est, pure videtur stipulari.*

27 Die abweichende Fassung der Basiliken (24,6,60,1), die im ersten Fall keine Zweifel aufkommen lassen und die Rückforderung gewähren, lässt daher nicht auf inhaltliche Verfälschung des Digestentextes schließen. Anders Kaden SZ 44 (1924) 177 ff., Bonifacio, Novazione, 118 ff.; wie hier Masi, Condizione, 181 ff. mit Fn. 80.

28 Ähnlich wie hier Apathy, Animus, 137 ff. und Flume, Rechtsakt, 136 f., die allerdings die Position des Gaius zur *exceptio* im Zwei-Personen-Verhältnis anders einschätzen.

29 So in dem Beispiel von Nelson/Manthe, Kontraktsobligationen, 429 f.

(4) Javolen D. 12,1,36

Zum Verständnis der Schwebelage müssen noch zwei weitere Texte angesprochen werden. Bei Javolen begegnet eine bedingte Novation, die die Funktion eines Gläubigerwechsels realisiert.

Javolen D. 12,1,36 (1 *epistularum*)

Pecuniam, quam mihi sine condicione debebas, iussu meo promisisti Attio sub condicione: cum pendente condicione in eo statu sit obligatio tua adversus me, tamquam sub contrariam condicionem eam mihi spopondisti, si pendente condicione petam, an nihil acturus sum? respondit: non dubito, quin mea pecunia, quam ipse sine condicione stipulatus sum, etiam si condicio in persona Atii, qui ex mea voluntate eandem pecuniam sub condicione stipulatus est, non extiterit, credita esse permaneat (perinde est enim, ac si nulla stipulatio intervenisset): pendente autem causa condicionis idem petere non possum, quoniam, cum incertum sit, an ex ea stipulatione deberi possit, ante tempus petere videor.

Geld, das du mir ohne Bedingung schuldetest, hast du auf meine Weisung dem Attius unter einer Bedingung versprochen. Wenn Deine Schuld mir gegenüber sich, solange die Bedingung schwebt, gleichsam in der Lage befindet, als hättest du mir unter der gegenteiligen Bedingung versprochen: ob ich dann wohl, wenn ich während der Schwebe der Bedingung klage, so angesehen werde, dass ich nichts einklage? Er hat geantwortet: Ich bezweifle nicht, dass mein Geld, dass ich mir unbedingt habe versprechen lassen, mir geschuldet bleibt, auch wenn die Bedingung in der Person des Attius, der sich auf mein Geheiß dasselbe Geld unter einer Bedingung hat versprechen lassen, nicht eingetreten ist (es ist nämlich ebenso, als wenn keine Stipulation dazwischengetreten wäre): Aber während die Bedingung schwebt, kann ich das Geld nicht fordern, weil ich nämlich, solange ungewiss ist, ob aus jener [der späteren, gegenüber Attius abgegebenen][30] Stipulation geschuldet werden kann, vor der Zeit zu klagen scheine.

Die Charakterisierung der Ausgangsverbindlichkeit als sozusagen unter die gegenteilige Bedingung der Novation gestellt hat FLUME überzeugend als Beschreibung der Wirkung der bei Gaius angesprochenen *exceptio* analysiert und so zugleich gegen Interpolationsvorwürfe verteidigt.[31] Dass bei Ausfall der Bedingung das Geld dem ursprünglichen Gläubiger geschuldet bleibt *(non dubito, quin mea pecunia,* [...] *credita esse permaneat),* ist vor allem eine Absage an die Position des Servius. Zugleich wird damit – in Übereinstimmung mit Gaius – gesagt sein, dass der Schuld zu diesem Zeitpunkt keine Einrede entgegensteht.

30 Mit FLUME, Rechtsakt, 135. Anders BEHRENDS/KNÜTEL/KUPISCH/SEILER (PETERS): „wenn noch ungewiß ist, ob aus der ursprünglichen Stipulation geschuldet werden kann".

31 FLUME, Rechtsakt, 134 f, gegen KOSCHAKER FS Hanausek (1925) 122, der insoweit KADEN SZ 44 (1924) 175 f. folgt. Für Interpolation noch APATHY, Animus, 157 ff.; ähnlich wie FLUME aber bereits KÜBLER SZ 46 (1926) 387. Hingegen verteidigt MASI „la classicità dei passi dai quali risulta la conversione della prior obligatio da pura in condizionale" (Condizione, 176); hierzu zählt er unsere Stelle (179 ff., 181); ähnlich EFFER-UHE, Condicio, 28 ff. (für Javolen).

Die dem Javolen unterbreitete Anfrage will darauf hinaus, dass die ursprüngliche Obligation in der Schwebelage so wenig bestand, dass trotz einer in dieser Zeit betriebenen, notwendig erfolglosen Klage später, nach Ausfall der Novationsbedingung, mit Aussicht auf Erfolg erneut geklagt werden kann.[32] Javolen verwahrt sich im Fall der bedingten Novation gegen dieses Ansinnen, indem er mit *ante tempus petere videor* auf ein Lehrbuchbeispiel der rechtsvernichtenden *pluris petitio* erkennt.[33]

Die Zeit für die ursprüngliche Obligation ist erst dann wieder gekommen, wenn feststeht, dass aus der Novationsstipulation nicht wird geklagt werden können, wenn also die Bedingung ausgefallen ist. Nicht ausdrücklich entwickelt ist die Konsequenz der Konsumtion in der Schwebezeit für den Fall, dass die Bedingung später eintritt; doch ist anzunehmen, dass Attius dann aufgrund seiner Stipulation und der daraus neu entstehenden Obligation klagen kann.[34]

(5) Javolen D. 23,3,80/D. 23,3,83

Für einen besonderen Fall des Gläubigerwechsels durch Novation scheint Labeo eine andere Meinung vertreten und die ursprüngliche Obligation auch während schwebender Bedingung für durchsetzbar gehalten zu haben. Es geht um ein vom Schuldner der Frau auf ihre Anweisung hin gegenüber dem Mann abgegebenes Mitgiftversprechen. Dieses gilt als unter der Bedingung der Eheschließung stehend.[35] Javolens Bearbeitung der Stelle ist in zwei Fassungen überliefert. Aufführlicher ist D. 23,3,80.

Javolen D. 23,3,80 (6 *ex posterioribus Labeonis*)

Si debitor mulieris dotem sponso promiserit, posse mulierem ante nuptias a debitore eam pecuniam petere neque eo nomine postea debitorem viro obligatum futurum ait Labeo. falsum est, quia ea	Wenn ein Schuldner der Frau dem Verlobten die Mitgift verspricht, so sagt Labeo, dass die Frau dieses Geld [gleichwohl] vor der Hochzeit vom Schuldner fordern könne und der Schuldner danach dem Mann nicht aus diesem Rechtsgrund verpflichtet bleibe.

32 Vorbilder für derartige Entscheidungen bieten Javolen D. 5,1,35 (10 *epist.*), der über die Klage gegen den Bürgen vor Entstehung der Hauptschuld urteilt: *iudicium non posse accipi,* und Scaevola bei Ulpian D. 7,3,1,4 (17 *ad Sab.*), der im Fall einer Klage auf den vererbten Nießbrauch vor dem *dies cedens* entschieden habe: *agentem ante diem usus fructus nihil facere, quamvis alias qui ante diem agit, male agit.* Auf beide Stellen verweisen Behrends/Knütel/Kupisch/Seiler (Peters).

33 Vgl. zum *tempore plus petere* Gaius 4,53a mit der Erläuterung aus Inst. 4,6,33b. Diesen Kern übersieht Apathy, Animus, 158, der meint, die Respons verfehle die Anfrage.

34 So Flume, Rechtsakt, 135.

35 Vgl. Stagl, Favor dotis, 13 f.

promissio in pendenti esset, donec obligatio in ea causa est.	Das ist falsch, weil jenes Versprechen in der Schwebe bleibt, solange [oder bis?] die Verbindlichkeit in diesem Zustand ist.

Der am Ende formulierte Einwand infiltriert in D. 23,3,83 die gesamte Stelle, sodass der Meinungsgegensatz verschwindet.

Javolen D. 23,3,83 (6 *posteriorum Labeonis*)

Si debitor mulieris dotem sponso promiserit, non [!] posse mulierem ante nuptias a debitore eam pecuniam petere, quia ea promissio in pendenti esset, donec obligatio in ea causa est.	Wenn ein Schuldner der Frau dem Verlobten die Mitgift verspricht, so kann die Frau dieses Geld nicht [!] vor der Hochzeit vom Schuldner fordern, weil jenes Versprechen in der Schwebe bleibt, solange [oder bis?] die Verbindlichkeit in diesem Zustand ist.

Der Einwand führt im Ergebnis zu der Position, die Javolen in D. 12,1,36 vertritt, dass nämlich bei bedingtem Gläubigerwechsel während schwebender Bedingung keiner der Gläubiger die Leistung fordern kann. Dies spricht für die Urheberschaft Javolens.[36]

Leider ist der angeführte Grund nicht verständlich. Die *promissio* wird das vom Schuldner abgegebene Mitgiftversprechen meinen.[37] Ihr Schweben gibt auch einen guten Grund dafür, warum die Braut nichts verlangen kann und eine Zahlung an sie gegenüber dem Mann nicht befreit. Unklar ist aber, wovon Javolen das Andauern dieses Schwebens abhängig macht. Bei der *obligatio* denkt man an die ursprüngliche Schuld gegenüber der Frau, deren Durchsetzbarkeit zwar auch in der Schwebe *(in ea causa)* ist, doch ist dies die Folge des Schwebens der *promissio,* nicht dessen Determinante. Dass *obligatio* die gegenüber dem Bräutigam übernommene Verpflichtung meint, kommt nicht in Betracht, weil die Stipulation sonst von ihrem eigenen Produkt abhinge. Inhaltlich passend wäre, wollte *obligatio* eine von der Braut übernommene Verpflichtung zur Leistung der Mitgift bezeichnen. Diese wäre ebenfalls in der Schwebe, weil auf die Hochzeit bedingt, und taugte auch als Richtschnur dafür, ob der Schuldner an den Bräutigam zahlen muss oder nicht. Doch erfahren wir nichts vom Bestehen einer solchen Verbindlichkeit und würden mit dieser Deutung zu viel in die Stelle lesen. Eher muss man sich damit bescheiden, dass die durch die Doppelüberlieferung evidente Korruption des Textes ihn entstellt hat.[38]

Der Umstand, dass die Kompilatoren die unterschiedlichen Überlieferungen nebeneinander stehenlassen, wird auf ein Versehen zurückzuführen sein. Ein solches ist wahrscheinlicher, wenn sie den Text nicht selbst harmonisierend

36 Für Javolen als Verfasser der Begründung insbesondere Masi, Condizione, 178 ff.

37 Ebenso Apathy, Animus, 155.

38 Als Originalfassung wird *quia donec ea promissio in pendenti esset obligatio in ea causa est* vorgeschlagen: so etwa Masi, Condizione, 178; dazu Apathy, Animus, 156 f. Hingegen denkt Flume, Rechtsakt, 135, daran, dass der Schlusssatz aus Javolen D. 12,1,36 übernommen worden sein könnte.

verkürzt haben, sondern ein früherer Bearbeiter die geraffte Version in Umlauf brachte.[39]

Die abweichende Position Labeos mag Besonderheiten des Mitgiftversprechens reflektieren: Einerseits liegt es in der Macht der Braut, die Hochzeit zu verhindern; dass die Brautleute niemals heiraten werden, steht andererseits erst mit dem Tod fest. Auf Eintritt oder Ausfall der Hochzeitsbedingung abzustellen, erscheint also wenig praktikabel. Stattdessen erlaubt Labeo der Braut, die Konsequenzen ihrer Verpflichtungsanweisung bis zur Hochzeit rückgängig zu machen, indem sie die Schuld wieder für sich beansprucht.[40] Damit erhält er der Frau den als Mitgift bestimmten Wert zur freien Verfügung; auch etwa zur Eingehung einer anderen Verbindung.[41]

bb. Zum Sachuntergang in der Schwebelage

Dieser Hintergrund macht die Texte verständlich, in denen während der Schwebe der bedingten Novation der Gegenstand des Versprechens untergeht.

(1) Venuleius D. 46,2,31 pr.

Venuleius bejaht für ein Zwei-Personen-Verhältnis Novation trotz Sachuntergangs während der Schwebelage:

Venuleius D. 46,2,31 pr. (3 *stipulationum*)

Si rem aliquam dari stipulatus sum, deinde eandem sub condicione novandi animo ab eodem stipuler, manere oportet rem in rebus humanis, ut novationi locus sit, nisi si per promissorem steterit, quo minus daret. ideoque si hominem mihi dare te oporteat et in mora fueris, quo minus dares, etiam defuncto eo

Wenn ich mir habe versprechen lassen, dass mir irgendeine Sache übereignet werde, und mir diese sodann zum Zwecke der Novation von demselben unter einer Bedingung versprechen lasse, dann muss die Sache in der Welt bleiben *(in rebus humanis)*, damit die Novation stattfinden kann, außer wenn es am Versprechenden lag, dass er sie nicht gibt. Folgendes gilt also: Wenn du mir einen Sklaven zu übereignen

39 Für Streichung durch die Kompilatoren aber MASI, Condizione, 177 f.; APATHY, Animus, 155; FLUME, Rechtsakt, 135.

40 Ähnlich urteilt FLUME, Rechtsakt, 134: „insofern sachgerecht, als die *mulier* damit bis zur Eheschließung die volle Herrschaft über ihre Forderung behält". – EFFER-UHE sucht nach der konstruktiven Begründung dieser Entscheidung und vermutet (Condicio, 27 f., 53 f., 58), Labeo erachte nicht den Gegenstand der ursprünglichen Schuld, sondern diese selbst als Gegenstand der Novationsstipulation. Weil die Schuld nach Leistung an die Frau nicht mehr bestehe, könne daher die Novation scheitern, obwohl das Geld erneut hätte versprochen werden können. Doch misst EFFER-UHE hier der Existenz des Versprechensgegenstandes wohl zu viel Gewicht bei. Schließlich kann die Novation auch dann gelingen, wenn der ursprüngliche Schuldgegenstand als Gegenstand der Novation angesehen wird, obgleich dieser nicht mehr existiert. Dies zeigt PAULUS/SABINUS D. 45,1,83,7, siehe oben 240 ff.

41 Zum *favor dotis* vgl. das Werk von STAGL. Unser Text ist dort nicht behandelt.

teneris: et si, priusquam decederet, cum iam mora facta sit, eundem a te sub condicione stipulatus fuero et servus postea decesserit, deinde condicio exstiterit, cum iam ex stipulatu obligatus es mihi, novatio quoque fiet.	schuldest und damit im Verzug bist, ihn mir zu übereignen, dann haftest du auch nach seinem Tod: und wenn ich mir diesen Sklaven, bevor er verstirbt, als du bereits im Verzug bist, unter einer Bedingung versprechen lasse, und der Sklave später verstirbt, bevor schließlich die Bedingung eintritt, dann wird, weil du mir noch immer aus der Stipulation verpflichtet bist, auch die Novation stattfinden.

Ohne vorherigen Verzug führt der Sachuntergang zum Erlöschen der alten Obligation und verhindert zugleich das Entstehen der neuen. War der Schuldner hingegen im Verzug, so bereinigt die bedingte Novationsstipulation diesen Verzug nach Venuleius offenbar nicht: Geht nämlich die Sache bei schwebender Bedingung unter, so besteht die alte Obligation fort. Tritt sodann die Bedingung ein, so entsteht die neue Obligation, obwohl ihr Gegenstand nicht existiert, und die alte erlischt durch Novation.[42]

(2) Julian D. 45,1,56,8

Der von Paulus in D. 45,1,91,6 für die Novierbarkeit der perpetuierten Obligation angeführte Julian hingegen spricht an anderer Stelle einer bedingten Schuldübernahme durch Novation die Wirkung ab:

Julian D. 45,1,56,8 (5 *digestorum*)

Si hominem, quem a Titio pure stipulatus fueram, Seius mihi sub condicione promiserit et is pendente condicione post moram Titii decesserit, confestim cum Titio agere potero, nec Seius existente condicione obligetur: at si Titio acceptum fecissem, Seius existente condicione obligari potest. idcirco haec tam varie, quod homine mortuo desinit esse res, in quam Seius obligaretur: acceptilatione interposita superest homo, quem Seius promiserat.	Wenn Seius mir den Sklaven, den ich mir von Titius unbedingt habe versprechen lassen, unter einer Bedingung versprochen hat und jener Sklave, während die Bedingung schwebt, im Verzug des Titius stirbt, dann werde ich sofort [wieder] gegen Titius klagen können, und auch bei Eintritt der Bedingung wäre Seius nicht verpflichtet: Wenn ich aber dem Titius die Schuld durch Quittungsgeschäft erließe, kann Seius bei Bedingungseintritt verpflichtet werden. Dies ist deshalb verschieden, weil durch den Tod des Sklaven die Sache, bezüglich derer Seius verpflichtet würde, aufhört zu existieren; trotz Dazwischentretens der Quittung hingegen existiert der Sklave, den Seius versprochen hatte, fort.

42 Kaden SZ 44 (1924) 192 ff. will diese Lösung nicht als klassisch akzeptieren, weil der Verzug aus dem einen Verhältnis das andere nicht beeinflussen könne und ohnehin in der Klassik „ein Schuldverhältnis nur dann zustande kommt, wenn die Leistung nicht unmöglich ist" (202). Erst die Kompilatoren hätten im Fall vorangehenden Verzuges die Novation zugelassen. Dazu hätten sie *nisi – daret* und *cum – sit* hinzugefügt und *non* durch *quoque* ersetzt (203). Nach Harke, Mora, 77, ist das Problem der Verzugsbereinigung „Venuleius vielleicht entgangen".

Der Text[43] teilt nicht ausdrücklich mit, ob Titius bereits vor Abschluss der bedingten Stipulation in Verzug geriet oder erst danach. REICHARD meint, die Alternative eines nachträglichen Verzugs abstrakt ausschließen zu können, weil gegen die ursprüngliche Obligation stets die bei Gaius erwähnte *exceptio pacti* oder *doli* zustehe, solange eine bedingte Novation über ihr schwebe.[44] Während ein Schuldner die Leistung verweigern darf, gerät er nicht in Verzug.[45]

Jedoch erscheint die Annahme der *exceptio* nicht gesichert. Man kann Gaius 3,179 so lesen, dass die ursprüngliche Verbindlichkeit nur dann gehemmt ist, wenn dies den Absichten der Parteien und dem wirtschaftlichen Zweck der Novation im Einzelfall entspricht. Ein Gläubiger, der mit einer bedingten Schuldübernahme durch einen Dritten einverstanden ist, muss deswegen nicht hinnehmen, dass vor Bedingungseintritt oder -ausfall seine Rechte gegen den ursprünglichen Schuldner geschmälert werden. Möglicherweise wurde die Frage nach dem Bestehen einer *exceptio* also beim Schuldnerwechsel anders beantwortet als beim Gläubigerwechsel, wo der Schuldner durch die Einrede vor doppelter Inanspruchnahme geschützt wurde.

Wenn demnach auch die allgemeine Aussage keine Zustimmung verdient, so doch REICHARDS Beobachtung, dass im vorliegenden Fall der Verzug kein nachträglicher sein kann, weil die Klage gegen Titius offenbar bis zum Tod des Sklaven einredebehaftet war, da Julian betont, dass sofort danach geklagt werden kann *(confestim cum Titio agere potero);* also: nicht früher.[46] Dies

---

43 WINKLER, Mathematik und Logik, 187 ff., unternimmt eine modallogische Analyse von D. 45,1,56,8. Dass die Entscheidung durch diesen Zweig antiker Wissenschaft beeinflusst wurde, tritt dabei allerdings nicht zu Tage. Vgl. jedoch 239 ff. mit dem Postulat einer „Pendenz-Lehre" Julians, die der Autor zwar „nicht dogmatisch" verstehen will, wohl aber „als logisches oder metaphysisches Hilfsmittel zur Beschreibung der Welt der Tatsachen" (243).

44 REICHARD, Delegation, 88 ff.; FS Knütel (2009) 911.

45 Vgl. dazu Scaevola D. 2,14,54 *(apud Iul. 22 dig. notat): Si pactus sim, ne Stichum, qui mihi debebatur, petam: non intellegitur mora mihi fieri mortuoque Sticho puto non teneri reum, qui ante pactum moram non fecerat.* Entgegen MASI, Condizione, 190 f., und APATHY, Animus, 153 Fn. 18, wird man aus der Note Scaevolas nicht auf eine gegenteilige Ansicht Julians schließen können; dazu REICHARD, Delegation, 90 f. – Zu beachten ist, dass man die Frage, ob nach Abschluss der bedingten Novationsstipulation noch neuer Verzug mit der Erfüllung der alten Schuld entstehen kann, von dem Problem trennen muss, ob diese einen schon bestehenden Verzug bereinigt. So auch etwa APATHY, Animus, 168 f., und REICHARD a. a. O. Hingegen setzt HARKE, Mora, 77, beide Probleme gleich.

46 REICHARD, Delegation, 90; FS Knütel (2009) 911. Ähnlich schon KOSCHAKER FS Hanausek (1925) 126, der allerdings eine sprachliche Veränderung durch die Kompilatoren annimmt. – Hingegen meint BONIFACIO, Novazione, 107, *confestim* könne nicht so verstanden werden, dass vor dem Tod das *agere potest* hätte verneint werden müssen. Denn selbst das Bestehen einer Einrede aus der schwebenden Novation hätte in klassischer Sichtweise nicht das Klagerecht an sich aufgehoben. Doch damit unterstellt er Julian eine zu wenig pragmatische Perspektive; eine Unterstellung, die dessen Gebrauch von *confestim* gerade

wiegt stärker als die Satzstellung, die *post moram* nach *pendente condictione* verortet.[47]

Der Umstand, dass Julian die Klage gegen Titius als undurchsetzbar ansieht, während unsicher ist, ob die Stipulation des Seius greift, beweist außerdem, dass es im Fall wirklich um eine Novation geht.[48] Denn wenn sogar bei Bedingungseintritt neben Seius auch Titius hätte obligiert bleiben sollen, dann hätte es keinen Grund gegeben, ihn bis dahin zu verschonen.[49] Der Umstand, dass die Obligation des Seius trotz Erlass der Obligation des Titius soll entstehen können, nimmt nicht dagegen ein, dass es sich um eine Novation handelt.[50]

Die Entstehung der neuen Obligation aufgrund der Novationsstipulation setzt nicht voraus, dass die alte Obligation bei Bedingungseintritt noch besteht. Denn die Novationsstipulation verändert nicht Beteiligte oder Nebenbestimmungen einer als identisch bleibend gedachten Obligation. Vielmehr kreiert sie eine neue Schuld als modifiziertes Abbild der alten. Mit Reichard knüpft sie in Flumes Worten nicht an die frühere Obligation als Rechtsverhältnis an, sondern imitiert den sie begründenden Rechtsakt.[51] Wird das Muster zerstört, nachdem die Novationsstipulation Maß genommen hat, so kann das die neue Obligation nicht mehr hindern.

Den vorangehenden Verzug sieht Julian offenbar durch die bedingte Novationsstipulation mit einem Dritten ebenso wenig als beseitigt an wie Venuleius durch das bedingte Neuversprechen des Altschuldners selbst. Denn die Haftung des Titius erweist sich als gegen den zufälligen Tod des Sklaven robust. Vom Verzug des Titius bleibt Seius jedoch unbehelligt: Bei Bedingungseintritt kommt die Obligation gegen ihn nicht zustande, weil der Stipulationsgegenstand nicht

---

widerlegt: Vorher hatte ein Klage keinen Sinn, weil ihr eine Einrede entgegenstand; nun erst kann (mit Aussicht auf Erfolg) geklagt werden. Daher ist auch die auf dieselbe Erwägung gestützte Interpolationsannahme von Kaden SZ 44 (1924) 181 f. abzulehnen; auch die von Koschaker konzedierte sprachliche Veränderung durch die Kompilatoren muss es nicht gegeben haben.

47 Verzugseintritt in der Schwebezeit nehmen hingegen mit Blick auf den Wortlaut an: Hägerström, Verbalobligation, 242; Sturm SZ 83 (1966) 82 mit Fn. 51 und ihm folgend Apathy, Animus, 153 Fn. 17; diesem folgt Harke, Mora, 75 mit Fn. 2.

48 Schon die Glosse *promiserit* zu diesem Text bezeugt Uneinigkeit über diese Frage: *scil. novandi animo* [...] *alii non novandi animo dicunt* (Band 2, Sp. 2240). Unseren Schluss vom *confestim* auf die Novation zieht auch Masi, Condizione, 188 f. (mit Verweis auch auf Fadda).

49 Entgegen Apathy, Animus, 153.

50 So aber Bonifacio, Novazione, 106 ff., sowie Apathy, Animus, 152, der sich mit der These behilft, dass Julian zugleich von der novierenden wie auch von der kumulativ wirkenden bedingten Stipulation handele.

51 Reichard, Delegation, 77 ff.

existiert. Entscheidend hierfür wird sein, dass Seius selber nicht säumt; insofern steht er anders als der Schuldner bei Venuleius, der selbst die Novationsstipulation abgibt. Die Haftungsverschärfung in dem einen Verhältnis wird also nicht der Beurteilung des anderen zugrunde gelegt.[52]

Dass der Promittent nicht selbst für den Untergang in der Schwebezeit einstehen muss, erklärt, warum Julian, den Paulus für die Wirksamkeit der nach Untergang des Schuldgegenstandes vorgenommenen Novation ins Feld führt, hier gegen die Wirksamkeit der Novationsstipulation entscheidet. Dies entgeht Bianchi Fossati Vanzetti, die den Kontrast nicht erklären kann und Julian daher in D. 45,1,91,6 durch spätere Entstellung des paulinischen Textes falsch wiedergegeben sieht.[53]

Dass Titius nach dem Tod des Stichus sofort wieder haftet, erklärt sich ebenso wie die von Gaius bezeugte Lösung bei Ausfall der Novationsbedingung: Wie durch Bedingungsausfall steht auch auf diese Weise fest, dass die Obligierung des Seius scheitern muss; folglich kommt es auch nicht zur Befreiung des Titius. Servius hingegen hätte die Schuld des Titius schon mit Abschluss der bedingten Novation erlöschen lassen.

(3) Marcellus D. 46,3,72; Ulpian

Zu anderen Ergebnissen als Julian und Venuleius kommt Marcellus. Er behandelt die bedingte Novation im Kontext der Verzugsbereinigung durch Annahmeverzug und stellt sie einem Leistungsangebot gleich, das der Gläubiger grundlos ablehnt.

Marcellus D. 46,3,72 (20 *digestorum*)

pr. Qui decem debet, si ea optulerit creditori et ille sine iusta causa ea accipere recusavit, deinde debitor ea sine sua culpa perdiderit, doli mali exceptione potest se tueri, quamquam aliquando interpellatus non solverit: etenim non est aequum teneri pecunia amissa, quia non teneretur, si creditor accipere voluisset. quare pro soluto id, in quo creditor

pr. Wer 10 schuldet, der kann, wenn er die 10 dem Gläubiger anbietet, jener sie ohne gerechten Grund anzunehmen verweigert und der Schuldner sie schließlich ohne Verschulden verliert, mit der Arglisteinrede geschützt werden, obwohl er zunächst auf Mahnung nicht erfüllt hat: Es ist nämlich nicht gerecht, ihn wegen des verlorenen Geldes festzuhalten, weil er nicht haftete, wenn der Gläubiger hätte annehmen wollen. Daher sollte das, bei dessen

52 Diese Unabhängigkeit der Novationsstipulation von dem Schicksal der Ausgangsschuld *pendente condicione* betont Flume, Rechtsakt, 138. Für Reichard, Delegation, 86 ff., 92 ff., folgt sie auch daraus, dass der Verzug auf den Schuldner und nicht auf die Forderung bezogen war. Schon deswegen sei der Erfolg der Novationsstipulation hier nicht Effekt einer Qualität der ursprünglichen Schuld. Einen Ansatz hierzu formuliert Sturm SZ 83 (1966) 84.

53 Perpetuatio, 58 f.

accipiendo moram fecit, oportet esse. et sane si servus erat in dote eumque optulit maritus et is servus decessit, aut nummos optulit eosque non accipiente muliere perdiderit, ipso iure desinet teneri.

Annahme der Gläubiger in Verzug geriet, als erfüllt gelten [wenn es später untergeht]. Und richtig [ist also]: Wenn ein Sklave zur Mitgift gehörte und der Ehemann diesen anbot, worauf der Sklave verstarb, oder wenn er Münzen anbot und diese verlor, nachdem die Frau sie nicht angenommen hatte, so hört er *ipso iure* auf zu haften.

§ 1 Cum Stichum mihi deberes et in solvendo moram fecisses, sub condicione eum promisisti: pendente ea Stichus decessit: videamus, an, quia novari prior obligatio non potest, petitio servi competat ea, quae competeret, si non intercessisset stipulatio. sed in promptu contradictio est debitorem, cum stipulanti creditori sub condicione promisit, non videri in solutione hominis cessasse: nam verum est eum, qui interpellatus dare noluit, offerentem postea periculo liberari.

§ 1 Angenommen, während du mir Stichus schuldetest und mit der Leistung in Verzug geraten wärst, hast du ihn mir [erneut] unter einer Bedingung versprochen, in deren Schwebe er verstarb: Betrachten wir, ob [mir], weil die frühere Obligation nicht noviert werden kann, die Klage auf den Sklaven zusteht, die mir zugestanden hätte, wenn keine Stipulation dazwischengetreten wäre. Aber in offenem Widerspruch hierzu steht, dass ein Schuldner, wenn er seinem Gläubiger [erneut] als Stipulationsgläubiger unter einer Bedingung [den geschuldeten Sklaven] verspricht, nicht so anzusehen ist, als ob mit der Leistung des Sklaven säume. Denn richtig ist, dass der, der auf Mahnung zu geben verweigert, wenn er später anbietet, von der Gefahr befreit wird.

§ 2 Sed quid si ignorante debitore ab alio creditor eum stipulatus est? hic quoque existimandus est periculo debitor liberatur, quemadmodum si quolibet nomine eius servum offerente stipulator accipere noluisset.

§ 2 Was gilt aber, wenn der Gläubiger sich [den Sklaven] ohne Wissen des Schuldners von einem anderen versprechen lässt? Auch hier ist der Schuldner als von der Gefahr befreit anzusehen, so als habe der Gläubiger den Sklaven von dem in seinem [des Schuldners] Namen Anbietenden nicht annehmen wollen.

§ 3 Idem responsum est, si quis, cum subreptus sibi servus esset, sub condicione stipulatus fuerit quidquid furem dare facere oportet: nam et fur condicione liberatur, si dominus oblatum sibi accipere noluit. si tamen, cum in provincia forte servus esset, intercesserit stipulatio (et finge prius quam facultatem eius nancisceretur fur vel promissor, decessisse servum)[54] non poterit rationi, quam supra reddidimus, locus esse: non enim optulisse eum propter absentiam intellegi potest.

§ 3 Die Antwort ist dieselbe, wenn jemand, dem ein Sklave entwendet wurde, sich unter einer Bedingung hat versprechen lassen, was der Dieb geben oder tun soll: Denn auch der Dieb wird von der Kondiktion befreit, wenn der Eigentümer den ihm Angebotenen nicht annehmen wollte. Wenn jedoch die Stipulation vielleicht dazwischentrat, als der Sklave in der Provinz war (und angenommen, der Sklave verstarb, bevor der Dieb oder der Versprechende die Gewalt über ihn erlangte), so kann der Grund, den wir oben angaben, keinen Platz haben. Er [der Schuldner] kann nämlich wegen der Abwesenheit [des Sklaven] nicht so angesehen werden, als habe er ihn angeboten.

In § 1 behandelt Marcellus den Tod des versprochenen Sklaven während der Schwebelage der *inter easdem partes* im Verzug bedingt abgeschlossenen

54 Vermutlich stammt der eingeklammerte Einschub nicht von Marcellus; vgl. dazu Reichard FS Knütel (2009) 917.

Novation. Venuleius hätte die neue Obligation erst bei Bedingungseintritt, dann aber bedenkenlos entstehen und die alte vernichten lassen. Hingegen formuliert Marcellus die überraschende Hypothese, dass die Klage aus der alten Obligation mit dem Tod sogleich wieder zum Erfolg führen könne, weil die Erneuerung misslingt. Das Scheitern der Novation wird scheinbar als selbstverständlich vorausgesetzt: Weder entsteht die neue Obligation noch wird die alte vernichtet. Einer Rechtfertigung durch den Wegfall des Verzuges scheint es nicht zu bedürfen. Diesen Gedanken bringt Marcellus erst anschließend zur Sprache und begründet so doch noch die Vernichtung der Obligation. Durch die bedingte Novation sei der Verzug beseitigt worden. Folglich wird der Schuldner durch den Tod des Sklaven von der alten Obligation frei.

In Wahrheit wird jedoch die Verzugsbereinigung auch der innere Grund dafür sein, warum die von Marcellus abgelehnte Hypothese vom Scheitern der Novationsstipulation ausging. Marcellus weist gerade darauf hin, dass jene Idee einen Widerspruch in sich trägt: Der Umstand, der die Novation vereitelt, führt zugleich dazu, dass auch die ursprüngliche Obligation erlöschen muss. Wenn man das anders sieht, kann man dem Text einen Widerhall der paulinischen Bedenken hinsichtlich des nicht zu versprechenden *homo qui non est* ablauschen.

Hinsichtlich der Verzugsbereinigung selbst erstaunt, dass Marcellus den Abschluss eines bedingten Novationsversprechens durch den Gläubiger mit der Ablehnung eines Leistungsangebots gleichsetzt.[55] Der Vergleich hinkt schon deswegen, weil die von ihm bejahte Verzugsbeseitigung durch bedingte Novation gerade als Frucht neuer Kooperation, nicht als Sanktion für eine Verweigerungshaltung erscheint: Hätte der Gläubiger abgelehnt, sich den Schuldgegenstand bedingt erneut versprechen zu lassen, hätte sicherlich auch Marcellus den Verzug fortdauern lassen. Nachvollziehbarer hätte sich Verzugsbereinigung als Folge einer Art Verzicht des Gläubigers auf den Verzug begründen lassen.[56] Diesen mag der Schuldner auf verschiedene Art erkauft haben; in dem unter § 2 angesprochenen Drei-Personen-Verhältnis vielleicht durch die Chance auf einen solventeren Ersatzmann. Dass es Marcellus mit seiner Parallelisierung zum Angebot ein Stück weit ernst ist, zeigt die dem § 3 hintangesetzte Einschränkung, die vielleicht auch den Fällen der § 1 und § 2 hinzuzulesen ist:

55 Für Interpolation daher Kaden SZ 44 (1924) 194 f., Koschaker FS Hanausek (1925) 132 f. Hingegen votiert Riccobono Jr. AUPA 29 (1962) 417 ff. mit Guarneri Citati für nur formale Überarbeitung.

56 Sturm, Stipulatio Aquiliana, 85 Fn. 124, verteidigt den Vergleich, weil er diesen Gedanken darin angelegt sieht: „Das *tertium comparationis* wird man in dem Verhalten des Gläubigerrs erblicken, der in beiden Fällen nicht sofort geleistet haben will“.

Fehlt dem Schuldner die Verfügungsgewalt über die Sache, so bereinigt die Novation den Verzug nicht.[57]

Die Idee, dass eine bedingte Novation den Verzug bereinigt, geht anscheinend auf Marcellus selbst zurück.[58] Dafür spricht, dass sie einerseits bei Venuleius und Julian nicht angesprochen wird, andererseits aber noch Ulpian hierüber als Meinung des Marcellus berichtet.[59]

In § 3 von D. 46,3,72 erörtert Marcellus separat die bedingte Novation der gegen den Dieb gerichteten *condictio.*[60] Für sie soll das Gleiche gelten, nämlich: *et fur condicione liberatur, si dominus oblatum sibi accipere noluit.* Man kann die Befreiung beim Wort nehmen und den Satz so verstehen, dass die Kondiktion sofort erlischt. Das ließe sich dadurch erklären, dass „mit dem Angebot die Furtivität der Sache endet" (Knütel).[61] Die Parallele zu den voranstehenden Paragraphen *(Idem responsum est)* legt hingegen nahe, dass der Dieb allein dann frei wird, wenn der Sklave nach Abgabe der bedingten Novationsstipulation stirbt; die *condictio* also einstweilen nur ihre besondere Wirkung als *furtiva* verliert.[62] Hierfür spricht weiterhin, dass Marcellus im *principium* die von ihm vorgeschlagene Regel *pro soluto id* [est], *in quo creditor accipiendo moram fecit* ähnlich verkürzt formuliert, dort aber gewiss nur den Fall meint, in dem das Geld anschließend verloren geht.[63] Auch diese Beseitigung der strengen Haftung des Diebes durch bedingte Novation bringt noch Ulpian mit Marcellus in Verbindung.[64]

57 Zur Klassizität dieser Ausnahme Reichard FS Knütel (2009) 917 f.

58 Überzeugend zeichnet Reichard FS Knütel (2009) 909–929 eine Entwicklung von Venuleius und Julian über Marcellus zu Papinian.

59 Vgl. Ulpian D. 46,2,14 pr. (7 *disp.*): *Quotiens quod pure debetur, novandi causa sub condicione promittitur, non statim fit novatio, sed tunc demum, cum condicio extiterit. et ideo si forte Stichus fuerit in obligatione et pendente condicione decesserit, nec novatio continget, quia non subest res eo tempore, quo condicio impletur. unde Marcellus et si post moram Stichus in condicionalem obligationem deductus sit, purgari moram nec in sequentem deduci obligationem putat.* Vgl. zum Text Apathy, Animus, 131 ff.; Reichard, Delegation, 117; FS Knütel (2009) 915 f. und 924. – Dass auch Ulpian selbst der bedingten Novation die Wirkung der Verzugsbereinigung zuspricht, ergibt sich aus D. 46,2,8 pr. (46 *ad Sab.*): *Si Stichum dari stipulatus fuerim et, cum in mora promissor esset, quo minus daret, rursus eundem stipulatus fuero, desinit periculum ad promissorem pertinere quasi mora purgata.*

60 Zum Versprechensinhalt *QUIDQUID FUREM DARE FACERE OPORTET* vgl. oben bei Fn. 8 (zu D. 45,1,83,7).

61 Knütel, Stipulatio poenae, 190 Fn. 20; mit Kaser, RP I, §§ 119 II 3 Fn. 31, 516. Ihnen folgt Pika, Causa furtiva, 33 f.

62 So Sturm, Stipulatio Aquiliana, 84; Reichard, Delegation, 118 f.; FS Knütel (2009) 916 f.; Harke, Mora, 80. Hingegen lässt der fehlende Hinweis auf den Sachuntergang für Riccobono jr. AUPA 29 (1962) 421 f. eine Interpolation vermuten.

63 Vgl. dazu auch Paulus D. 45,1,73,2 und Ulpian D. 46,3,30; dazu im ersten Kapitel, 40.

64 Vgl. Ulpian D. 45,1,29,1 (46 *ad Sab.*): *Si a fure hominem sim stipulatus, quaesitum est, an stipulatio valeat. movet quaestionem, quod stipulatus hominem plerumque meum videor: non*

(4) Papinian D. 13,1,17

Reichard hat aufgezeigt, wie Papinian die Position von Marcellus weiterentwickelt.

Papinian D. 13,1,17 (10 *quaestionum*)

Parvi refert ad tollendam condictionem, offeratur servus furtivus an in aliud nomen aliumque statum obligationis transferatur: nec me movet, praesens homo fuerit nec ne, cum mora, quae eveniebat ex furto, veluti quadam delegatione[65] finiatur.	Für die Aufhebung der Kondiktion kommt es nicht darauf an, ob der gestohlene Sklave angeboten oder ob er in eine andere Forderung und [damit] einen anderen Zustand der Schuld übertragen wird: Und es berührt mich auch nicht, ob der Sklave anwesend war oder nicht, weil der Verzug, der aus dem Diebstahl herrührte, sozusagen durch eine Art von Anweisung (*delegatio*) beendet wird.

Reichard hat überzeugend dargetan, dass Papinian hier ebenfalls eine bedingte Novation vor Augen haben wird. Dafür spricht schon, dass er sich auf das Beispiel des Marcellus aus D. 46,3,72,3 bezieht, indem er seine Gleichgültigkeit gegenüber der Anwesenheit des Sklaven beteuert.[66] Diese Anwesenheit erscheint

valet autem huiusmodi stipulatio, ubi quis rem suam stipulatus est. et constat, si quidem ita stipulatus sim: QUOD EX CAUA CONDICTIONIS DARE FACERE OPORTET?, stipulationem valere: si vero HOMINEM DARI stipulatus fuero, nullius momenti esse stipulationem. quod si postea sine mora decessisse proponatur servus, non teneri furem condictione Marcellus ait: quamdiu enim vivit, condici poterit, at si decessisse proponatur, in ea condicione est, ut evanescat condictio propter stipulationem. Der Text behandelt eine unbedingte Novation mit dem Dieb selbst. Zur Frage, wie eine Novationsstipulation hinsichtlich des gestohlenen Gegenstands formuliert werden konnte, vgl. oben bei Fn. 8 (zu D. 45,1,83,7). Das Marcelluszitat lässt sich unterschiedlich auffassen. Reichard verlässt sich darauf, dass es an den unmittelbar zuvor diskutierten Fall eines untauglichen Novationsversuchs mittels *HOMINEM DARI* anknüpft. Obwohl die Stipulation unwirksam ist, nähme demzufolge ihr Abschluss der bestehenden *condictio furtiva* ihre Schärfe und stellte sie einer nicht furtiven *condictio* gleich. Wegen dieser unwirksamen Stipulation *(propter stipulationem)* entzöge der Tod den Sklaven der Kondiktion. Wie Reichard, Delegation, 118, und FS Knütel (2009) 916, auch Sturm, Stipulatio Aquiliana, 76 ff., 78 (mit Aufarbeitung der Interpolationsannahmen); Apathy, Animus, 168. Überzeugender erscheint jedoch angesichts der Wortstellung, das *propter stipulationem* als Attribut mit der *condictio* zusammenzulesen: Der Tod entzieht den Sklaven einer Kondiktion wegen – oder: aus – der Stipulation. Es geht also um die Folgen der wirksamen Novation mittels *QUOD EX CAUSA CONDICTIONIS DARE FACERE OPORTET*, genauer gesagt um die Frage, ob die durch diese Stipulation neu begründete Kondiktion derselben verschärften Haftung unterliegt wie die novierte *condictio furtiva*, was Marcellus verneint.

65 Hingegen lesen Behrends/Knütel/Kupisch/Seiler (Hausmaninger) statt *delegatione* mit Kniep *oblatione;* dagegen Reichard FS Knütel (2009) 925 Fn. 75, 928 Fn. 85.

66 Entgegen Cannata Iura 57 (2008–2009) 308 sieht diesen Gegensatz auch Harke, Mora, 81 (am Ende des Kapitels). – Zum Text auch Sturm, Stipulatio Aquiliana, 86 f.; Apathy, Animus, 166 ff.

außerdem als zum Erlöschen der Kondiktion vorzeitig *(fuerit);* das Erlöschen fällt also nicht mit der Novationsstipulation zusammen.[67] Schließlich folgte bei unbedingter Novationsstipulation der Untergang der ursprünglichen Forderung direkt aus der Novation, sodass ein Argument über die Verzugsbereinigung als Umweg erschiene.

Auch dieser Text besagt dem ersten Anschein nach, dass das Angebot oder die (bedingte) Novationsstipulation die *condictio furtiva* sogleich vernichtet, weil hierdurch der Verzug aufgehoben wird (und damit die „Furtivität"). Auch er lässt sich aber mit Reichard so deuten, dass erst der spätere Tod des Sklaven die Klage verhindert. Voraussetzung hierfür ist, dass man – wie hier – die von Papinian behandelte Novation als eine bedingte versteht, denn nur bei dieser eröffnet sich nach der verzugsbereinigenden Novation ein Zeitfenster für den Tod.

Dass Papinian nicht mehr darauf abstellt, ob der Sklave geleistet werden kann, zeigt, dass er die Beseitigung der strengen Haftung nicht mehr – wie Marcellus – durch die Vergleichbarkeit der Novationsstipulation mit einem Leistungsangebot begründet, sondern als Wirkung des Geschäfts selbst ansieht.[68]

c. Zwischenergebnis

Die Quellen zeigen unterschiedliche Effekte einer im Verzug des Schuldners zum Zweck der Novation abgeschlossenen bedingten Stipulation über den ursprünglichen Schuldgegenstand, falls dieser während der Schwebezeit untergeht: Venuleius lässt im Zwei-Personen-Verhältnis bei anschließendem Bedingungseintritt die Novation stattfinden,[69] Julian stellt im Drei-Personen-Verhältnis den bedingten Schuldübernehmer frei, lässt aber den bedingt Befreiten schon mit dem Untergang wieder haften,[70] und Marcellus lässt bei zwei ebenso wie bei drei Beteiligten die Novation scheitern, aber auch die Ausgangsschuld erlöschen.[71] Die unterschiedlichen Lösungen hängen augenscheinlich davon ab, ob der ursprüngliche Schuldner und der Promittent der Novationsstipulation im Moment des Unglücksfalls als säumig angesehen werden. Nach Marcellus trifft der Schaden den Gläubiger deswegen, weil der Verzug mit der Erfüllung der Ausgangsschuld durch die Novationsstipulation bereinigt wurde, bei Julian wird der Schuldübernehmer mangels Verzugs nicht verpflichtet, doch der Ausgangsschuldner haftet aus der Ausgangsschuld fort, weil sein Verzug fortbesteht, was

67 Reichard, Delegation, 136 ff.; FS Knütel (2009) 926 f.
68 Mit Reichard FS Knütel (2009) 925 ff.
69 Vgl. D. 46,2,31 pr.; dazu oben b.bb (1) (251 f.).
70 Vgl. D. 45,1,56,8; dazu oben b.bb (2) (252 ff.).
71 Vgl. D. 46,3,72; dazu oben 255 ff.

auch den Grund dafür bietet, warum bei Venuleius die Novationsstipulation des mit dem Ausgangsschuldner identischen Promittenten wirkt.

Dass für die im Ergebnis abweichende Position des Marcellus von ihm ebenso wie von Ulpian[72] allein der Kontext der Verzugsbereinigung konstruiert wird, lässt darauf schließen, dass auch seiner Auffassung nach dem Gelingen der Novationsstipulation nichts anderes außer dem Fehlen des Verzugs entgegensteht. Dasselbe darf man dem Julian unterstellen, den das Zitat des Paulus[73] an sich als Befürworter einer Novation nach Sachuntergang ausweist. So kann man als Position aller genannten Juristen annehmen, dass die Nichtmehrexistenz des Gegenstands der Stipulation im Moment des Bedingungseintritts nicht schon an sich deren schuldvernichtende und schuldbegründende Wirksamkeit behindert, sondern nur unter der zusätzlichen Voraussetzung, dass der Versprechende hierfür nicht haftet. Nur eine Äußerung, die Marcellus sogleich als widersprüchlich verwirft,[74] reflektiert inhaltlich das von Paulus in D. 45,1,91,6 hinsichtlich der Novation nach *perpetuatio obligationis* formulierte Problem, dass ein *homo qui non est* nicht versprochen werden könne.[75]

Erwägen ließe sich, ob die Juristen dieses Problem dann sahen, wenn der Gegenstand der Stipulation nicht erst bei Bedingungseintritt, sondern – wie in D. 45,1,91,6 – schon beim Austausch der Wortformel nicht mehr existierte.[76] Dagegen spricht, dass es bei Paulus und Sabinus in D. 45,1,83,7 und D. 45,1,35 pr. keine Spuren hinterließ.[77] Grundsätzlich müssen die Voraussetzungen für die Wirksamkeit eines Geschäfts bei Bedingungseintritt vorliegen.[78]

---

72 Vgl. D. 46,2,8 pr. und D. 46,2,14 pr.; dazu oben Fn. 59.

73 In D. 45,1,91,6; vgl. oben 236.

74 Vgl. D. 46,3,72,1 oben, 256 f.

75 Vgl. für den Text oben 236; für den Problemaufriss oben 238 f.

76 So Hägerström, Verbalobligation, 240 ff.: Der Sklave müsse bei Abgabe der Stipulation leben; nur an diese Situation denke auch Paulus D. 45,1,91,6; erst die Kompilatoren verallgemeinerten seine Aussage, weil sie nach dem Tod von einer auf Schadenersatz gerichteten Verbindlichkeit ausgingen (245).

77 Vgl. zu den Texten oben 240 ff.

78 Das ergibt sich aus der Bedingtheit des Rechtsakts, wie sie Flume, Rechtsakt, 120 ff., beschreibt. In SZ 92 (1975) 100 akzeptiert Flume allerdings den Umstand, dass der Sklave während der Schwebezeit starb, als Anlass für die Zweifel bei Paulus D. 45,1,91,3. Demgegenüber meint Sturm SZ 83 (1966) 83 zu unserer Frage, „daß es juristisch keinen Unterschied machen kann, ob nach Untergang ein unbedingtes Novationsversprechen oder vor Untergang ein bedingtes Novationsversprechen abgegeben wird, dessen Bedingung nach Untergang eintritt" (wobei dieser Gedanke entgegen Sturm der Argumentation Hägerströms gerade zuwiderläuft: Nach Hägerström war ein nach Untergang abgegebenes Versprechen stets wirkungslos, ein vor Untergang bedingt abgegebenes konnte aber trotz Untergangs wirken; vgl. soeben Fn. 76). Wie Sturm auch Reichard, Delegation, 110; skeptisch gegenüber einer

Damit entsteht der Eindruck, dass die Klassiker eine Novation der perpetuierten Obligation durch erneutes Versprechen des ursprünglichen, inzwischen untergegangenen Leistungsgegenstandes zuließen.

Teils wird allerdings angenommen, dass durch Novation nach Sachuntergang kein Schuldnerwechsel mehr vorgenommen werden konnte. Das *si hoc actum inter partes sit* in D. 45,1,91,6 könnte dann, statt wie üblich auf Inhalt und Umstände der Parteiverabredung zu verweisen, zur Bedingung machen, dass die Novation *inter easdem partes* abgeschlossen wird (STURM).[79] Ohne sich dieser Deutung anzuschließen, bringt REICHARD vor, die *perpetuatio obligationis* sei an die Person des Haftenden gebunden und stehe nicht zur Disposition der Parteien. Daher ermögliche sie nur beim haftenden Altschuldner selbst das Wirksamwerden der Novationsstipulation.[80]

Diese Setzungen sind nicht schon dadurch wahrscheinlich gemacht, dass Julian das durch Verzug erhöhte Haftmaß des Altschuldners nicht auf den bedingt novierend versprechenden Dritten überträgt und deswegen dessen Obligation nicht entsteht. Es ist zu erwägen, ob es nicht auch hier in der Macht der Parteivereinbarung lag *(quod actum est)*, entgegen Julians für den Regelfall ergangener Entscheidung[81] dem Novationspromittenten mit Abgabe der bedingten Stipulation die verschärfte Haftung aufzubürden, sodass bei Bedingungseintritt nach Sachuntergang dessen Obligation entstehen und die Novation stattfinden konnte. Aber selbst wenn der zufällige Untergang des Gegenstands bei schwebender Bedingung stets die Novation durch Stipulation eines Dritten verhinderte, weil es für den Dritten keinen Weg gab, das aus vorangehendem Verzug resultierende Haftungsrisiko des Altschuldners auf sich zu ziehen, wäre damit nur gesagt, dass der neue Promittent nicht im Voraus auf die wohltuende Wirkung des Zufalls verzichten konnte.

Eine andere Frage ist, ob der Dritte eine bereits realisierte Haftungslage übernehmen konnte, wenn er den bereits untergegangenen Gegenstand durch Stipulation zum Inhalt seiner neuen Obligation machte. Dafür spricht in Ermangelung starker Gegenzeichen das Bedürfnis, den durch die Forderung rechtlich verkörperten wirtschaftlichen Wert trotz Untergangs ihres Gegenstandes dem Verkehr

„Gleichstellung der bedingten Novation mit der nach Untergang vorgenommenen" aber BABUSIAUX, Id quod actum, 111.

79 STURM SZ 83 (1966) 84.

80 REICHARD sieht diese Frage in einem Zusammenhang mit seiner plausiblen These, dass die Novationsstipulation nicht an die alte Obligation als lebendes Rechtsverhältnis in ihrem aktuellen Bestand anknüpft: vgl. Delegation, insb. 110, 114, 134f. Dieser Zusammenhang erscheint nicht zwingend.

81 In D. 45,1,56,8; vgl. oben 254f. bei Fn. 52.

zu erhalten. Nicht nur fehlen in D. 45,1,91,6 Anzeichen für eine Beschränkung auf das Zwei-Personen-Verhältnis. Die unmittelbar vorangehende Erwähnung der Bürgschaft spricht sogar – darauf weist Babusiaux hin – eher gegen eine solche Einschränkung.[82]

2. Stipulation des Geldwertes

Als Grund für die Zweifel an der Novierbarkeit nennt Paulus in D. 45,1,91,6 neben der Nichtexistenz des Versprechensgegenstandes zum Zeitpunkt der Novationsstipulation den Umstand, dass aus der ursprünglichen Obligation kein Geldbetrag geschuldet wird: *neque pecuniam quae non debetur stipulari possumus.* Demnach zieht der Jurist als Alternative in Betracht, die auf den verstorbenen Sklaven gerichtete Obligation als durch das Versprechen seines Wertes noviert zu erachten. Ob eine solche Novation wirksam war, ist in der Literatur umstritten. In den Quellen erscheint als Gegenstand der Novationsstipulation beinahe ausschließlich der Gegenstand der ursprünglichen Obligation.

a. *idem debitum* und *animus novandi*

Die Frage hängt zusammen mit der grundsätzlichen Debatte um die Voraussetzungen der Novation. Gaius 2,38 sowie 3,176 ff. können wir entnehmen, dass die Novation durch Stipulation erfolgt und dass diese Stipulation, sofern sie unter den alten Parteien der Obligation abgeschlossen wird, *aliquid novi* enthalten muss. Traditionell zählt man zu den Voraussetzungen, dass das neuen Versprechen *idem debitum* beinhalten muss. Den *animus novandi,* der in den Quellen vielfach aufscheint, hat man lange mit großer Skepsis beäugt. Konkreten Anlass für den Verdacht von Interventionen auf dem Gebiet der Novation gibt eine Reform Justinians.

Inst. 3,29,3a

Sed cum hoc quidem inter veteres constabat, tunc fieri novationem cum novandi animo in secundam obligationem itum fuerat: per hoc autem dubium erat, quando novandi animo videretur hoc fieri, et quasdam de hoc praesumptiones alii in aliis casibus introducebant: ideo nostra processit constitutio, quae	Aber während bei den Vorfahren einerseits feststand, dass eine Novation zustandekommt, wenn eine zweite Obligation mit dem Willen zur Novation eingegangen wurde, bestand andererseits darüber Zweifel, wann anzunehmen sei, dass sie mit dem Willen zur Novation eingegangen werde, und manche führten hierüber in verschiedenen Fällen verschiedene Vermutungen ein. Deswegen erging unsere Konstitution

82 Babusiaux, Id quod actum, 111 Fn. 532. *Inter partes* müsse sich demnach auf die Parteien des zu beurteilenden Novationsversprechens beziehen.

apertissime definivit, tunc solum fieri novationem, quotiens hoc ipsum inter contrahentes expressum fuerit quod propter novationem prioris obligationis convenerunt; alioquin manere et pristinam obligationem et secundam ei accedere, ut maneat ex utraque causa obligatio secundum nostrae constitutionis definitiones, quas licet ex ipsius lectione apertius cognoscere.

[C. 8,41,8],[83] die klarstens definiert hat, dass eine Novation nur dann stattfindet, wenn die Vertragsparteien ausdrücklich machen, dass sie über die Novation der ersten Obligation einig sind, und dass andernfalls sowohl die frühere Obligation fortbesteht als auch die zweite danebentritt, sodass nach den Bestimmungen unserer Konstitution aus beiden Gründen eine Obligation bestehen bleibt, was [jedem] freisteht, durch ihre Lektüre im Detail zu erfahren.

Novation will Justinian nur noch dann anerkannt wissen, wenn die Parteien nicht nur intendieren, sondern klar ausdrücken, dass die alte Forderung erlöschen soll. Er schreibt den alten Juristen damit zu, dass auch sie nach dem *animus novandi* entschieden, nur noch nicht gefordert hätten, dass er explizit gemacht wurde.

Die neuere Forschung verlässt sich stärker auf diesen Bericht und akzeptiert Verweise auf den Willen in größerem Umfang als klassisch.[84] Begünstigt wird diese Entwicklung dadurch, dass man mehr und mehr die Annahme aufgibt, in der Klassik seien Stipulationen streng nach ihrem Wortlaut ausgelegt worden.[85] In der Folge ist die Literatur auch davon abgerückt, stets die ausdrückliche Titulierung der Novationsstipulation für erforderlich zu halten.[86]

83 Justinian C. 8,41,8 (a. 530): *pr. Novationum nocentia corrigentes volumina et veteris iuris ambiguitates resecantes sancimus, si quis vel aliam personam adhibuerit vel mutaverit vel pignus acceperit vel quantitatem augendam vel minuendam esse crediderit vel condicionem sev tempus addiderit vel detraxerit vel cautionem iuniorem acceperit vel aliquid fecerit, ex quo veteris iuris conditores introducebant novationes, nihil penitus priori cautelae innovari, sed anteriora stare et posteriora incrementum illis accedere, nisi ipsi specialiter remiserint quidem priorem obligationem et hoc expresserint, quod secundam magis pro anterioribus elegerint. § 1 Et generaliter definimus voluntate solum esse, non lege novandum, etsi non verbis exprimatur, ut sine novatione, quod solito vocabulo ἀνοβατεύτως dicunt, causa procedat: hoc enim naturalibus inesse rebus volumus et non verbis extrinsecus supervenire.*

84 So vor allem seit der Studie von Apathy, Animus novandi, dem in dieser Frage Frezza St. Biondi (1965) I 227 ff. und Voci BIDR 68 (1965) 147–193 vorangingen. Nach der plausiblen Rekonstruktion Frezzas wurde der *animus* wichtig, um die Novation von der Sponsionsbürgschaft abzugrenzen, sobald diese auch im Nachhinein abgeschlossen werden konnte.

85 Zur Geschichte der Kritik des *animus novandi* vgl. Apathy, Animus, 15 ff. – Einen Überblick über die Entwicklung der Lehre von der Auslegung der Stipulation gibt Finkenauer SZ 126 (2009) 306–309; vgl. dazu Fn. 34 im ersten Kapitel.

86 Siehe insb. Feenstra TR 29 (1961) 410 ff.: „il peut y avoir une ‚Titulierung' qui est implicite" (411); Voci BIDR 68 (1965) 152, 156 f. mit Fn. 30; Sacconi, Delegazione, 188 ff.; Wacke TR 40 (1972) 236 f.; Kaser Sat. Feenstra (1985) 141–155. Reichard zeigt in seiner Habilitationsschrift, dass entgegen der auf Salpius zurückgehenden Lehre ein aufgrund einer Anweisung getätigtes Versprechen nicht nur bei abstrakter Formulierung von den Seitenverhältnissen unabhängig wirkt und dass auch titulierte Novationsformulare nicht auf den Bestand der

In einem weiteren Schritt ist schließlich auch das Kriterium des *idem debitum* unter Druck geraten. Denn die Römer statuieren nirgends abstrakt, dass die durch Novation neu zu schaffende Schuld denselben Inhalt haben muss, den die zu novierende Schuld hatte.[87] Anscheinend har erst Cujaz abstrakt formuliert, dass eine Novation scheitert, weil die neue Stipulation einen anderen Gegenstand hat als die frühere Schuld.[88]

Inzwischen charakterisiert Voci den Novationswillen als „elemento fondamentale della novazione classica" und bewertet das *idem debitum* nur noch als typisierten Indikator für dessen Vorliegen.[89] Lambrini geht so weit, das *idem debitum* als Voraussetzung der klassischen Novation abzulehnen. Sie weist dem *animus novandi* die Aufgabe zu, im Zweifelsfall über die Bestimmung des *id quod actum est* und damit darüber zu entscheiden, ob Novation vorliegt.[90] Für Quellen, bei denen man das Scheitern der Novation seit Cujaz mit dem Abweichen des Schuldinhalts erklärte, bietet sich nun als Alternative, stattdessen darauf zu verweisen, dass der *animus novandi* fehlte.

In seinem ganzen Umfang braucht das Problem hier nicht aufgegriffen zu werden. Das eigentümliche Konstrukt der Novation spricht eher dafür, dass die neue Schuld grundsätzlich mit der getilgten übereinstimmen muss: Warum sonst sollte ein einheitliches Geschäft die Aufhebung der einen Schuld mit der Begründung der anderen verbinden? Auch wenn die Novation als Vernichtung und Neubildung, nicht als Übertragung einer Schuld konzipiert ist, dient sie dieser Funktion, die weitgehende wirtschaftliche Identität des Schuldinhalts voraussetzt.[91]

Ausgangsschuld als Rechtsverhältnis Bezug nehmen (Delegation, Zusammenfassung 295 ff.); beifällig Stagl, Favor dotis, 170 f.

87 Dies betont bereits Feenstra TR 29 (1961) 400, der das Kriterium des *idem debitum* insoweit angreift, als daraus von Daube SZ 66 (1948) 93, 96 f. gefolgert wurde, dass Einreden gegen die alte Obligation gegen die neue fortbestehen müssen. Auch Feenstra geht aber davon aus, dass die Novationsstipulation stets auf denselben Schuldgegenstand gerichtet war: „Si les juristes romains avaient explicitement exigé *idem debitum*, ils l'auraient sans doute pris dans ca sens concret [comme les choses corporelles ou les prestations dont il était question]" (408).

88 So die Beobachtung von Sturm SZ 83 (1966) 68 Fn. 1; auf sie stützt sich auch Reichard, Stipulatio Aquiliana, 70. Die Äußerungen von Cujaz betreffen Texte zur *stipulatio poenae* und sind deswegen unter c nachgewiesen.

89 BIDR 68 (1965) 191. Aus der Stipulation als formalen und dem Verhältnis von *idem debitum* und *aliquid novi* als substanziellen Element folge die „presunzione di novazione" (157), auf die Justinian in seiner Reformkonstitution anspiele. Bei feststehendem Novationswillen trotz abweichenden Schuldinhalts habe der Prätor durch Gewähr einer *exceptio pacti* die Wirkungen der zivilen Novation nachgebildet („novazione pretoria", 159 ff.).

90 Lambrini, Novazione, 34 f. und 101 ff.

91 Nur insofern bildet die zu diesem Zweck intensiv bemühte Aussage Ulpians D. 46,2,1 pr. (46 *ad Sab.*): *Novatio est prioris debiti in aliam obligationem vel civilem vel naturalem*

Gleichwohl lässt sich vorstellen, dass für die Stipulation des Geldwertes statt der Leistung eine Ausnahme gemacht wurde. Auch wenn nach der hier vertretenen Auffassung die *aestimatio* gegenüber der geschuldeten Leistung ein *aliud* darstellte und nur mit Einverständnis des Gläubigers statt dieser geleistet werden durfte,[92] steht der Schätzwert einer Leistung dieser näher als ein anderes *aliud*. Darin liegt der Grund dafür, warum manche der Autoren, die das Erfordernis des *idem debitum* anerkennen, gleichwohl die Novation durch Versprechen des Geldwerts für zulässig halten.[93] Es lohnt sich also, einige Quellen zu betrachten, die die Frage der Novation nicht durch irgendeinen anderen Gegenstand, sondern gerade durch Versprechen des Geldwertes berühren.

b. *Stipulatio Aquiliana*

Zeugnis darüber, dass Obligationen anderen Inhalts durch eine Geldschuld abgelöst werden, legt die sogenannte *stipulatio Aquiliana* ab. Sie dient als Vorstufe für einen Generalerlass sämtlicher gegen den Promittenten gerichteten Ansprüche und Rechtspositionen, etwa im Rahmen eines Vergleichs. Mitunter ziehen die Quellen die *acceptilatio* auch mit in den Begriff der *stipulatio*

---

transfusio atque translatio wirklich ein Argument für das Erfordernis des *idem debitum*. Die Übertragungsfunktion der Novation verbürgt auch Gaius, der das Institut nicht nur in 3,176 als Grund für das Erlöschen einer Schuld, sondern bereits in 2,38 unter jenem anderen Gesichtspunkt betrachtet: *Obligationes quoquo modo contractae nihil eorum recipiunt: nam quod mihi ab aliquo debetur, id si velim tibi deberi, nullo eorum modo, quibus res corporales ad alium transferuntur, id efficere possum; sed opus est, ut iubente me tu ab eo stipuleris; quae res efficit, ut a me liberetur et incipiat tibi teneri. quae dicitur novatio obligationis.* – Das von Steiner, Datio in solutum, 38 Fn. 3 und Bonifacio, Novazione, 123, betonte Schweigen von Gaius 3,177 über Novationsstipulationen mit abweichendem Gegenstand ließe sich hingegen auch dadurch erklären, dass der Lehrbuchautor dort möglichst geringfügige Veränderungen sammelt, die noch für *aliquid novi* ausreichen. Nicht mehr als ein Beispiel bildet Gaius 3,176: *Praeterea novatione tollitur obligatio, veluti si, quod tu mihi debeas, a Titio dari stipulatus sum.* – Das Erfordernis des *aliquid novi* steht in Zusammenhang mit der Regel des Pomponius D. 45,1,18 (10 *ad Sab.*): *Qui bis idem promittit, ipso iure amplius quam semel non tenetur;* dazu auch D. 45,1,25 (20 *ad Sab.*). Für das Erfordernis des *idem debitum* beweist diese Regel allerdings nichts. Gleichwohl wird sie in diesem Kontext von Sturm SZ 127 (2010) 463 f. gegen Lambrini, Novazione, 102 ff., verteidigt. – Gewicht hat allerdings auch die Entscheidung Ulpians D. 46,2,4 (5 *ad Sab.*), mit der der Jurist Novation des dem *Ego* geschuldeten Nießbrauchs durch Stipulation eines Nießbrauchs für *Tu* ablehnt (dazu etwa Bonifacio, Novazione, 123 ff.). Der Schuldner handelt hier auf Weisung von *Ego* und kann kaum einen anderen Zweck als denjenigen verfolgt haben, sich gegenüber *Ego* zu befreien, sodass sich das Ergebnis nicht durch fehlenden *animus novandi* erklären lässt.

92 Dazu im dritten Kapitel II.3.c (142 ff.).

93 Etwa Bonifacio, Novazione, 127 ff.; Voci BIDR 68 (1965) 168 f.; Talamanca Temis 21 (1967) 278 ff.

Aquiliana hinein, die dann insgesamt den Generalerlass bezeichnet.[94] Die alles umschaffende Stipulation tritt niemals ohne die anschließende Quittung auf.[95]

Weil mittels *acceptilatio* nur Wortverbindlichkeiten erlassen werden können, setzt die *stipulatio Aquiliana* an die Stelle aller bestehenden Rechte zunächst eine einzige Stipulationsschuld.[96] Inhalt der Stipulation ist *QUANTI QUAEQUE EARUM RERUM RES ERIT, TANTAM PECUNIAM*.[97] Das Futur weist auf die *aestimatio* bei einer späteren Verurteilung.[98] Der *stipulatio Aquiliana* gelingt es mit dieser Formel, sämtliche bestehenden Rechte durch die auf jene *aestimatio* gerichtete Obligation abzulösen. Vereinzelt kennzeichnen die Quellen diesen Prozess als Novation.

Ulpian D. 2,15,4 (46 *ad Sabinum*)

Aquiliana stipulatio omnimodo omnes praecedentes obligationes novat et peremit ipsaque peremitur per acceptilationem. [...]	Die aquilianische Stipulation erneuert *(novat)* schlechthin alle vorhergehenden Obligationen, vernichtet sie und wird selbst durch Erlass vernichtet. [...]

Inst. 3,29,2

Est prodita stipulatio, quae vulgo Aquiliana appellatur, per quam stipulationem contingit ut omnium rerum obligatio in	Es ist eine Stipulation überliefert, die man üblicherweise die aquilianische nennt. Diese Stipulation erreicht, dass die Verbindlichkeit aus allen Rechtsverhältnissen

94 Nachweise bei Sturm, Stipulatio Aquiliana, 327 f.

95 Beide gehören nach Kaser SZ 90 (1973) 355 „untrennbar zusammen".

96 So deutet Justinian Inst. 3,29,1–2 die *stipulatio Aquiliana* im Licht von Gaius 3,170: *consentaneum enim visum est verbis factam obligationem posse alis verbis dissolvi: sed id quod ex aliia causa debetur potest in stipulationem deduci et per acceptilationem dissolvi.*

97 Vgl. Florentin D. 46,4,18,1 (8 *inst.*): *Eius rei stipulatio, quam acceptio sequatur, a Gallo Aquilio talis exposita est: QUIDQUID TE MIHI EX QUACUMQUE CAUSA DARE FACERE OPORTET OPORTEBIT PRAESENS IN DIEMVE, QUARUMQUE RERUM MIHI TECUM ACTIO QUAEQUE ADVERSUS TE PETITIO VEL ADVERSUS TE PERSECUTIO EST ERITVE, QUODVE TU MEUM HABES, TENES, POSSIDES: QUANTI QUAEQUE EARUM RERUM RES ERIT, TANTAM PECUNIAM DARI STIPULATUS EST AULUS AGERIUS, SPOPONDIT NUMERIUS NEGIDIUS.* Etwas anders Inst. 3,29,2: *Stipulatio enim Aquiliana* [...] *a Gallo Aquilia ita composita est: QUIDQUID TE MIHI EX QUACUMQUE CAUSA DARE FACERE OPORTET, OPORTEBIT OPORTERETVE PRAESENS IN DIEMVE, QUARUMQUE RERUM MIHI TECUM ACTIO QUAEQUE ABS TE PETITIO VEL ADVERSUS TE PERSECUTIO EST, ERIT, QUODQUE TU MEUM HABES, TENES, POSSIDES, POSSIDERESVE DOLOVE MALO FECISTI QUO MINUS POSSIDERES, QUANTI QUAEQUE EARUM RERUM RES ERIT, TANTAM PECUNIAM DARI STIPULATUS EST AULUS AGERIUS, SPOPONDIT NUMERIUS NEGIDIUS.*

98 So Sturm, Stipulatio Aquiliana, 350 ff.; zustimmend Reichard, Stipulatio Aquiliana, 65 f. Kaser SZ 90 (1973) 356 stört sich allerdings daran, dass *quanti ea res erit* üblicherweise nicht das Ergebnis einer zukünftigen *aestimatio*, sondern den von dieser Abschätzung in den Blick genommenen Wert der Sache bezeichnet.

stipulationem deducatur et ea per acceptilationem tollatur. stipulatio enim Aquiliana novat omnes obligationes […][99]	in eine Stipulation überführt und diese durch Erlass getilgt werden. Die aquilianische Stipulation erneuert *(novat)* nämlich alle Obligationen […]

Sturm hat gezeigt, „daß die römischen Juristen den Mechanismus der Novation als Anschauungsmittel benutzten, um Erscheinungsformen und Wirkungsweise anderer Rechtsfiguren zu verdeutlichen".[100] Er plädiert dafür, dass Ulpian und der Verfasser der Institutionen den Begriff *novare* hier untechnisch verwenden.[101] So eliminiert Sturm die Stellen als Argument gegen seine These, nach der die *stipulatio Aquiliana* seit alters her auch dem Erlass dinglicher Klagen diente.[102] Das Argument droht deswegen, weil es keine Novation dinglicher Klagen gibt: Die Novation erfasst Obligationen,[103] hierzu zählen dingliche Klagen nicht.[104]

Auf untechnische Verwendung schließt Sturm unter anderem daraus, dass seiner Auffassung nach eine anders geartete Obligation nicht „durch Versprechen des Geldwerts" noviert werden könne.[105] Dieselbe Überzeugung hatte frühere Autoren zu der Annahme veranlasst, die Qualifikation der *stipulatio Aquliana* als Novation sei interpoliert.[106]

Es erscheint gerechtfertigt, diesen Gedankengang auf den Kopf zu stellen. Denn die Zweifel daran, dass die *stipulatio Aquiliana* bereits so erfunden wurde, dass sie auch dingliche Klagen beseitigte, räumt Sturm schon auf anderem

99 Fortgang soeben Fn. 97.

100 Sturm, Stipulatio Aquiliana, 226. Als Beispiele bringt er (217 ff.) Scaevola D. 46,1,60 (1 *resp.*), Paulus D. 12,2,26,2 (18 *ad ed.*), D. 44,7,44,5 und 6 (74 *ad ed.*).

101 Sturm, Stipulatio Aquiliana, 210 ff., insb. 216 ff. Ein Beispiel für untechnische Verwendung bietet ihm Papinian fr. Vat. 263 (Novation durch *litis contestatio*), dazu SZ 82 (1966) 94 ff. – Reichard, Stipulatio Aquiliana, 65, kennzeichnet *novat et peremit* als Hendiadioyn und weist darauf hin, dass diese Zusammenfügung die Technizität des Gebrauchs von *novare* in Frage stellt.

102 Sturm, Stipulatio Aquiliana, 183 ff.

103 Den Bezug der Novation auf die Obligation zeigen Gaius 3,176: *novatione tollitur obligatio*, Ulpian D. 46,2,1 pr. (46 *ad Sab.*): *Novatio est prioris debiti in aliam obligationem … transfusio atque translatio.* Hierauf verweist auch Sturm SZ 82 (1966) 92 sowie Stipulatio Aquiliana, 200.

104 Dass dingliche Klagen nicht zu den Obligationen zählen, beweist Sturm mit Inst. 4,6,1: *aut cum eo agit qui nullo iure ei obligatus est, movet tamen alicui de aliqua re controversiam. quo casu proditae actiones in rem sunt;* dazu SZ 82 (1966) 92 sowie Stipulatio Aquiliana, 184. Auch aus Gaius 4,2–3 und 5 ergibt sich, dass nur die *actiones in personam* sich gegen einen *obligatus* richten und an ein *oportere* knüpfen.

105 Sturm, Stipulatio Aquiliana, 202 ff. Zu „Novation durch Versprechen des Geldwerts?" sein Aufsatz SZ 82 (1966) 68–99.

106 Vgl. Meylan, La réforme Justinienne, 298 ff. Fn. 48; zuvor Segrè St. Bonfante (1930) III 553 Fn. 146, 603.

Wege überzeugend aus.[107] Der Zweck einer Generalquittung erfordert die Einbeziehung dinglicher Klagen. Weil die *stipulatio Aquiliana* demnach mehr bewirkt, als eine Novation könnte, ist sie selbst etwas anderes. *Novare* wird in jenen Stellen in der Tat nicht technisch gemeint sein. Aquilius Gallus hat nicht nur ein geschickt formuliertes Novationsformular vorgeschlagen und dies intelligent mit einer *acceptilatio* verknüpft, sondern die zivilrechtliche Anerkennung eines Geschäfts durchgesetzt, dessen Zweck vorher nicht erreicht werden konnte: „[Das Ansehen der iurisconsulti] ist so groß, daß die von ihnen entworfenen Formulare nicht destruktiver Kritik ausgesetzt sind, sondern sich kraft der *auctoritas* ihrer Bildner allgemein durchsetzten".[108]

In dieselbe Kerbe wie STURM schlägt nun REICHARD, der herausstellt, dass die *stipulatio Aquiliana,* indem sie auf die *aestimatio* ausgerichtet ist, welche am Ende hypothetischer zukünftiger Prozesse steht, die umzuschaffenden Obligationen als sich entwickelnde Rechtsverhältnisse berücksichtigt.[109] Damit unterscheidet sie sich wesentlich von der Novation, die nicht eine lebende Schuld verändert, sondern den Kern der ursprünglichen Obligation nachbildet, bevor sie sie samt ihrer Eigenarten vernichtet. Insbesondere laufen keine weiteren Zinsen, weil die neue Obligation stets strengrechtlichen Charakter hat.[110] Einreden gegen die alte Schuld stehen der neuen nicht zwingend gegenüber.[111]

Handelt es sich bei der *stipulatio Aquiliana* demnach nicht um eine Novation, so liefert ihre Funktionsweise keinen Beweis dafür, dass in klassischer Zeit durch Versprechen des Geldwerts noviert werden kann.[112]

---

107 STURMS Deutung des in C. 2,4,15 überlieferten Reskripts (Stipulatio Aquiliana, 192 ff.) verdient Zustimmung. Hier reformiert Diocletian (a. 290) nicht die Folgen der *stipulatio Aquiliana,* sondern weist den Anfragenden für seinen Einzelfall darauf hin, dass jenes Geschäft auch die dinglichen Klagen vernichtet. Argumente aus Sch. 2 zu Bas. 11,2,32 (BS I 405, vgl. Heimb. I 701) und Sch. 4 zu Bas. 11,2,57 (BS I 427 f., vgl. Heimb. I 722) entkräftet STURM 226 ff.

108 So STURM, Stipulatio Aquiliana 349 f., zur „Kühnheit, mit der die Vorklassiker Formulare aufstellten", und zur Rechtsfortbildung durch die Juristen.

109 REICHARD, Stipulatio Aquiliana, 85 f. Ohne von einem Paradigmenwechsel sprechen zu wollen, attestiert Reichard der Jurisprudenz des ersten Jahrhunderts vor Christus, hiermit ein *novum* geschaffen zu haben.

110 REICHARD, Stipulatio Aquiliana, 72 f., unter Hinweis auf Papinian D. 46,2,27 (3 *resp.*) und Paulus D. 46,2,18 (57 *ad ed.*).

111 Dies illustriert REICHARD, Stipulatio Aquiliana, 74 ff., an Celsus D. 39,5,21,1 (28 *dig.*). Anders insb. DAUBE SZ 66 (1948) 91–134.

112 In SZ 83 (1966) 92 ff. fasst auch STURM selbst das Argument auf diese Weise, indem er die Eigenart der *stipulatio Aquiliana* voraussetzt und sie damit als Beleg für Zulässigkeit der Novation durch den Geldwert entkräftet.

c. *Stipulatio poenae*

Ähnlich wie die *stipulatio Aquiliana* steht auch die Strafstipulation in unsicherem Verhältnis zur Novation und kann deswegen trügerische Schlüsse provozieren. Liegt kein selbständiges, uneigentliches Strafversprechen vor, sondern verstärkt die *poena* eine auf die Leistung gerichtete Schuld, so stellt sich die Frage nach der Beziehung der beiden Obligationen. Ein Text von Papinian zeigt, dass es bei der typischen Doppelstipulation von der Parteivereinbarung abhing, ob der Gläubiger bei Verfall der Strafe diese und die Leistung selbst kumulativ oder aber nur noch die Strafsumme fordern durfte.[113] Das Resultat, dass der Gläubiger bei Strafverfall unter Umständen die ursprünglich geschuldete Leistung nicht mehr verlangen kann, musste rechtstechnisch umgesetzt werden: Erlosch die auf die Leistung gerichtete Stipulation *ipso iure*, oder gewährte der Prätor gegen sie nur eine *exceptio?* Beide Wege sind überliefert.

Nur eine Einrede gegen die Hauptschuld gewährt Julian in einer Situation, in der die Leistung einem anderen Gläubiger geschuldet wird als die Strafe:

Julian D. 45,3,1,6 (52 *digestorum*)[114]

Cum servus communis Titii et Maevii stipulatur in hunc modum: DECEM KALENDIS TITIO DARE SPONDES? SI DECEM KALENDIS TITIO NON DEDERIS, TUNC MAEVIO VIGINTI DARE SPONDES? duae stipulationes esse videntur, sed si kalendis decem data non fuerint, uterque dominus ex stipulatu agere poterit, sed in secunda obligatione Maevio commissa Titius exceptione doli summovebitur.

Wenn sich ein gemeinsamer Sklave von Titius und Maevius wie folgt versprechen lässt: „Versprichst Du, dem Titius zu den Kalenden 10 zu zahlen? Versprichst Du, dem Maevius 20 zu zahlen, wenn du dem Titius zu den Kalenden die 10 nicht gezahlt haben wirst?", dann wird es so angesehen, dass zwei Stipulationen geschlossen wurden. Wenn aber die 10 zu den Kalenden nicht gezahlt worden sind, kann jeder der beiden Herren aus [der ihn betreffenden] Stipulation klagen, doch wird der Titius mit *exceptio doli* abgewehrt werden, wenn die zweite Obligation zu Gunsten des Maevius verfallen ist.

Demgegenüber erweckt bereits Papinians *sola pecunia debeatur* den Eindruck, bei entsprechendem Parteiwillen sei nur noch die Strafe zivilrechtlich geschuldet.

Paulus spricht sich ganz allgemein dafür aus, dass die auf die ursprüngliche Leistung gerichtete Schuld zivilrechtlich erlischt. Er stellt dafür einen Bezug zur Novation her:

---

113 Papinian D. 45,1,115,2 (2 *quaest.*) unterscheidet danach, ob *id actum probatur, ut, si homo datus non fuerit, et homo et pecunia debeatur*, oder *ita cautum sit, ut sola pecunia non soluto homine debeatur*. Zu Tage fördert dies Knütel, Stipulatio poenae, 284 ff.; unter Zustimmung von Sturm SZ 97 (1980) 428. Vereinbart werden konnte wohl auch ein neben der Strafforderung alternatives Klagrecht auf die Leistung selbst (elektive Konkurrenz). Zum Ganzen Knütel 262 ff. – Zum Problem von D. 45,1,115,2 vgl. im Kontext der Unmöglichkeit von Bedingungen unten 302 f.

114 Zum Text Knütel, Stipulatio poenae, 271 ff.

Paulus D. 44,7,44,5–6 (74 *ad edictum*)

§ 5 Si ita stipulatus sim: SI FUNDUM NON DEDERIS, CENTUM DARE SPONDES? sola centum in stipulatione sunt, in exsolutione fundus.	§ 5 Wenn ich mir habe versprechen lassen: „Versprichst du, 100 zu zahlen, wenn du das Grundstück nicht übereignen wirst?", dann sind nur die 100 in die Stipulation aufgenommen, das Grundstück aber dient der befreienden Leistung.
§ 6 Sed si navem fieri stipulatus sum et, si non feceris, centum, videndum, utrum duae stipulationes sint, pura et condicionalis, et existens sequentis condicio non tollat priorem? an vero transferat in se et quasi novatio prioris fiat? quod magis verum est.	§ 6 Aber wenn ich mir habe versprechen lassen, dass ein Schiff gebaut werde, und 100, wenn du es nicht bauen wirst, so muss man entscheiden, ob zwei Stipulationen vorliegen, eine unbedingte und eine bedingte, und ob die Bedingung der nachfolgenden, wenn sie eintritt, nicht die erste vernichtet? Oder aber ob sie [die zweite Stipulation] [die erste] in sich aufnimmt und sozusagen eine Novation der ersten bewirkt? Was eher richtig ist.

Schon die Rede vom *tollere* deutet auf mehr als eine bloße Entkräftung durch eine Einrede. Insbesondere aber der Vergleich mit der Novation macht deutlich, dass die Obligation mit Strafverfall zivilrechtlich untergehen soll.[115]

Es stellt sich die Frage, warum Paulus den Strafverfall mit einer Novation nur vergleicht, nicht aber als Novation behandelt. Offenbar sieht er sich ebenso wenig wie Julian in der Lage, eine Novation der Hauptschuld durch die bedingte Strafstipulation anzunehmen, obwohl beide das praktische Ziel vor Augen haben, eine Verurteilung wegen der Leistung nach Strafverfall abzuwenden. Fehlender *animus novandi* scheint als Grund auszuscheiden: Wenn wir uns auf Papinian verlassen und unterstellen dürfen, dass auch bei Julian und Paulus das *quod actum est* den Ausschlag dafür gab, dass sie Leistung und Strafe nicht kumulierten, dann liegt *prima facie* die Annahme nahe, dass es durchaus dem Parteiwillen entsprach, die ursprüngliche Schuld zu vernichten. Von Cujaz bis Knütel wurde die Erklärung gerade für den Paulus-Text darin gesehen, dass die Strafe nicht mit der ursprünglichen Schuld identisch ist, also kein *idem debitum* darstellt.[116]

---

115 Ebenso Sturm, Stipulatio Aquiliana, 223 ff., 224 f.; Knütel, Stipulatio poenae, 265 ff., 268. Auch Segrè St. Bonfante (1930) III 616 deutet den Text so, hält ihn deswegen aber für interpoliert. Mangels *idem debitum* liege der Vergleich mit der zivilen Novation fern, stattdessen hätte Paulus von prätorischen Behelfen schreiben müssen. Hingegen meint Voci Scr. Giuffrè (1967) I 873, gerade *quasi novatio* verweise darauf, dass Paulus keine zivile, sondern mangels *idem debitum* eine durch *exceptio pacti* durchgesetzte prätorische Novation annehme.

116 Siehe Cujaz *ad* D. 44,7,44, aus Commentarius ad titulum „De obligationibus & actionibus", in: Opera postuma, Band 4, Teil 2, Sp. 407: *quia non eadem res venit in utramque obligationem, quandoquidem in priori navis aut fundus, in posteriori sola pecunia venit, & non nisi eadem res, quae est in obligatione, in utramque obligationem veniat, priorem & posteriorem, proprie obligationis novatio non fit.* Ähnlich Cujaz *ad* D. 45,1,115 (*Ita stipulatus*

Jedoch erlaubt der Umstand, dass die Römer die Stipulation der Vertragsstrafe nicht als Novation des Leistungsversprechens werteten, aus zwei Gründen keinen Rückschluss darauf, dass Novation durch Versprechen des Geldwertes der Verbindlichkeit unwirksam war. Zunächst kann eine Strafe das Interesse des Gläubigers an der Leistung überschreiten, darin mag der spezifische Grund für die Ablehnung eines *idem debitum* gelegen haben.

Überhaupt mussten aber die Rechtsgelehrten der Republik das Strafversprechen gedanklich auf Abstand zur Novation halten, um die Folgen der bei Gaius 3,179 berichteten Auffassung von Servius Sulpicius Rufus zu vermeiden:[117] Hätte man das Strafversprechen als aufschiebend bedingte Novation verstanden, so wäre die auf die Leistung gerichtete Schuld nach Servius sogleich bei Abgabe der Strafstipulation erloschen. Zwar wäre bei Nichtleistung die Strafe verfallen, die Leistung jedoch hätte auch zuvor nicht eingefordert werden können und wäre im Falle ihrer Erbringung gar als ungeschuldet kondizierbar gewesen. Auch die weniger drastische Lösung, die bei Gaius verhandelte Einrede gegen die ursprüngliche Stipulation, konnte im Falle eines Strafversprechens unangemessen sein.

Zur Abgrenzung der Strafstipulation gegen die Novation kommt außer dem *idem debitum* ein anderer Aspekt in Betracht, der in den Quellen bei einer benachbarten Figur aufscheint, dem durch eine Stipulation verstärkten Darlehen *(mutuum cum stipulatione)*. Die Juristen werten die Stipulation nicht als Novation des Darlehens und sehen doch die Parteien nur durch eine einzige Obligation verbunden, im Regelfall die Verbalobligation.[118] Sie erhalten sich so die Flexibilität, auf die Darlehensschuld zurückzugreifen, wenn die Begründung

sum), aus Commentarius ad titulum „De verborum obligationibus", in: Opera priora, Band 1, Sp. 1266: *Novatio non fit, quia mutatur debitum & pro Pamphilo pecunia incipit deberi. Novatione non mutatur debitum, sed causa debendi.* Just die Deutungen dieser Stellen durch Cujaz identifiziert Sturm als erste Kristallisationen der Lehre vom *idem debitum* (vgl. oben unter a). – Bei Knütel siehe Stipulatio poenae, 266 f. (zu D. 44,7,44,6) (mit dem Hinweis, dass auch dann kein *idem* vorliege, wenn die Strafe nicht mehr als einen pauschalisierten Schadenersatz darstelle). – Julian D. 45,3,1,6 stand weniger im Fokus. Hier ist der Inhalt der beiden Versprechen evident unterschiedlich (10 und 20). Novation mag zudem nicht in Frage gekommen sein, weil der Sklave diese nicht eigenmächtig bewirken konnte; vgl. Florentin D. 46,2,16 (8 *inst.*).

117 Vgl. oben 244.

118 Vgl. insb. Pomponius D. 46,2,7 (24 *ad Sab.*) (wobei das vorsichtige *non puto obligationem numeratione nasci et deinde eam stipulatione novari* eine Gegenmeinung vermuten lässt), Paulus D. 45,1,126,2 (3 *quaest.*) und Ulpian D. 46,2,6,1 (46 *ad Sab.*). Einen Sonderfall, in dem das Dreipersonenverhältnis die Annahme mehrerer Obligationen erzwingt, diskutiert Julian D. 45,3,1,2 (52 *dig.*). – Näheres mit allerdings unterschiedlichen Deutungen, auch zur Urkundenpraxis, bei Kaser Eranion Maridakis (1963) I 155 ff., Apathy, Animus, 47 ff., Talamanca Iura 50 (1999) 7–112, Gröschler TR 74 (2006) 261–287.

der Stipulationsschuld aus Gründen scheitert, die nicht in der Lage wären, die zerstörerische Wirkung der Novation aufzuhalten.[119] Die Absonderung gegenüber der Novation lässt sich in diesem Fall nicht mit einem abweichenden Schuldinhalt erklären, vielleicht aber damit, dass die Parteien die Auszahlung des Darlehens und die Stipulation von Anfang an als zusammengehörig begreifen. Die Stipulation war gegenüber dem Darlehen nicht in einem Maße verselbständigt, dass sich den Juristen die Vorstellung anbot, sie wende sich gegen jenes. Obwohl der Schuldner nur einmal zahlen soll, ließe sich dies als Defizit des *animus novandi* fassen: „Bezweckt war eine Schuldverstärkung, keine Schulderneuerung" (Gröschler).[120] Ähnliche Charakteristika weist die Doppelstipulation auf: Auch hier wird die potentiell novierende Stipulation gemeinsam mit der eigentlichen Schuld konzipiert und eingegangen, nicht nachträglich ihr gegenübergestellt, auch hier soll sie diese verstärken, nicht schwächen, und auch hier ist zwar – in den uns interessierenden Fällen – keine Kumulation der beiden Verbindlichkeiten gewollt, auf keinen Fall soll aber das Risiko eingegangen werden, dass die Hauptschuld erlischt, wenn die Strafe nicht geschuldet wird. Diese Gründe mochten ganz abgesehen von der Frage des *idem debitum* verhindern, dass eine Strafstipulation noviert.

d. Papinian D. 46,2,28

Für Novation durch Versprechen des Geldwerts spricht der überlieferte Text von D. 46,2,28.

Papinian D. 46,2,28 (2 *definitionum*)

FUNDUM CORNELIANUM stipulatus QUANTI FUNDUS EST postea stipulor: si non novandi animo secunda stipulatio facta est, cessat novatio: secunda vero stipulatio tenet, ex qua non fundus, sed pecunia debetur. itaque si reus promittendi	Ich, der ich mir „das Cornelianische Grundstück" habe versprechen lassen, lasse mir anschließend versprechen, „wie viel es wert ist". Wenn die zweite Stipulation nicht zum Zwecke der Novation gemacht ist, findet keine Novation statt, aber die zweite Stipulation gilt, aus der nicht das Grundstück, sondern Geld

119 Ulpian D. 12,1,9,5 (26 *ad ed.*) nennt als Beispiel, in dem die *condictio* aufgrund des *mutuum* gewährt wird, just den Fall, dass ein Mündel mit Zustimmung seines Tutors die Darlehensvaluta entgegennimmt und sodann ohne Zustimmung des Tutoren die Rückzahlung verspricht; ein Versprechen, das nach Gaius 3,176 zwar keine zivile Obligation begründen kann, aber gleichwohl die zuvor bestehende Schuld noviert. – Auf die Gefahr aus Gaius 3,176 verweisen im Zusammenhang mit dem Problem der Novation durch die Darlehensstipulation Apathy, Animus, 62; Talamanca Iura 50 (1999) 107 ff. (der bei Ulpian kein *mutuum*, sondern eine *condictio ob rem* sieht); Gröschler TR 74 (2006) 283.

120 Gröschler TR 74 (2006) 283 (ohne Bezug auf den *animus novandi*). Der Autor nimmt für Ulpian ein „einheitliches Rechtsgeschäft" an, dem „zwei Verpflichtungsgründe zugrunde liegen" (279); sog. „Kombinationsmodell".

fundum solvat, secunda stipulatio iure non tollitur, nec si litem actor ex prima contestetur. denique meliore vel deteriore facto sine culpa debitoris postea fundo praesens aestimatio fundo petito recte consideretur, in altera vero ea aestimatio venit, quae secundae stipulationis tempore fuit.

geschuldet wird. Wenn der Versprechensschuldner also das Grundstück leistet, wird die zweite Stipulation dadurch nicht von Rechts wegen aufgehoben, und dies geschieht auch dann nicht, wenn der Kläger aufgrund der ersten Stipulation den Streit befestigt hat. Wurde schließlich das Grundstück im Nachhinein verbessert oder ohne Verschulden des Schuldners verschlechtert, so wird, wenn das Grundstück eingeklagt wird, mit Recht dessen aktueller Wert [zur Zeit der Verurteilung] in Betracht gezogen; Inhalt der anderen Stipulation aber wird der Schätzwert, den es zur Zeit dieser zweiten Stipulation hat.

QUANTI FUNDUS EST gibt vermutlich den Wortlaut der Stipulation wieder; das heißt, die Parteien des Beispiels operierten selbst mit dieser Variablen. Hätte Papinian sich eine bezifferte Stipulation vorgestellt, hätte er diese Ziffer wahrscheinlich mitgeteilt. Immerhin berichtet er auch ganz konkret vom *fundus Cornelianus,* anstatt bloß zu paraphrasieren, dass irgendein bestimmtes Grundstück versprochen wurde. Zudem wäre der abschließende Hinweis auf den für die Bewertung maßgeblichen Zeitpunkt überflüssig, wenn dieser Betrag in der Stipulation schon genannt war.

Wird *QUANTI FUNDUS EST* stipuliert, dann soll Novation der auf das Grundstück gerichteten Stipulationsschuld offenbar unter der hier nicht erfüllten Voraussetzung eintreten, dass die zweite Stipulation *novandi animo facta est.* Meist gilt jedoch der Einschub *si non novandi animo secunda stipulatio facta est* als interpoliert.[121]

Dabei gibt die Reform aus C. 8,41,8 keinen Ansatzpunkt für einen Eingriff gerade in Papinian D. 46,2,28: Die Kompilatoren müssten den vorgefundenen Text als durch die von Justinian abgelehnten Präsumptionen geprägt beurteilt und diese durch das klare Kriterium des Novationswillens haben ersetzen wollen. Dann müsste aber entweder der klassische Text ein anderes Kriterium dafür angelegt haben, wann *QUANTI FUNDUS EST* noviert und wann nicht. Von einem solchen Kriterium gibt es aber keine Spur. Oder aber für Papinian war wirklich das Abweichen des Inhalts der zweiten Stipulation maßgeblich, und die Kompilatoren erachteten dieses Kriterium als eine untaugliche Annäherung an den *animus novandi.* Wenn aber Papinian eine Novation durch Stipulation des *quanti est* kategorisch ablehnte, warum sollten die Kompilatoren diese generelle

121 So etwa Levy, Konkurrenz II.1, 133; Ehrhardt, Litis aestimatio, 7 f.; Frezza St. Biondi (1965) I 252, Sturm SZ 83 (1966) 77, Apathy, Animus, 249 f., Knütel, Stipulatio poenae, 267. Anders Voci BIDR 68 (1965) 168 f.; Kaser zuletzt Sat. Feenstra (1985) 143 f. und nun Lambrini, Novazione, 126 ff.

Aussage um einer Konstitution Willen einschränken, die ihrerseit darauf zielte, den Anwendungsbereich der Novation wenn auf andere Weise, so doch ebenfalls zu verringern?

Apathy stützt seine Interpolationsannahme denn auch allein auf formale Gesichtspunkte: Er hätte von Papinian eine kernigere Entscheidungsbegründung erwartet als *si non novandi animo secunda stipulatio facta est.* Auch traut Apathy ihm einen erklärenden Schnörkel *secunda vero stipulatio tenet, ex qua non fundus, sed pecunia debetur* nicht zu. Dieser Satz müsse ursprünglich an eine weggefallene Problematisierung des Gegenstandes der zweiten Stipulation angeknüpft haben.[122] Für eine Verurteilung der Stelle genügen diese Bedenken wohl nicht. Der vielstimmige inhaltliche Verdacht gegen die Stelle erschöpft sich in der Überzeugung, dass die Novation durch Stipulation des Geldäquivalents jedenfalls in der Fassung *quanti est* im klassischen Recht unzulässig war.

Allerdings hat Kaser zuletzt eine Deutung der Stelle vorgeschlagen, die weiterhin davon ausgeht, dass das Erfordernis des *idem debitum* die Geldwertnovation ausschließt, aber zugleich *si non novandi animo secunda stipulatio facta est* für klassisch erklärt. Kaser meint, bei *animus novandi* nehme Papinian mangels *idem debitum* zwar keine zivile, wohl aber eine vom Prätor mittels *exceptio* zu berücksichtigende Novation an.[123] Von der zivilen Novation spräche der gesamte Text dann überhaupt nicht. Diese Deutung setzt voraus, dass Papinian einen Vorgang, dem nur durch Amtsrecht ähnliche Wirkungen beigelegt werden wie einer Novation, als *novatio* bezeichnete. Das wirkt eher unwahrscheinlich.

Hingegen steht die Deutung Kasers nicht in Widerspruch dazu, dass Papinian schreibt, sofern die (nach Kaser: prätorische) Novation ausscheide und das Grundstück geleistet oder eingeklagt werde, bleibe die Geldwertstipulation *iure* unbehelligt. Zwar legt dies den Umkehrschluss nahe, dass nach prätorischem Recht nicht beide Leistungen gefordert werden können, sondern dem Schuldner eine *exceptio* zusteht.[124] Damit ist aber nicht dasselbe Ergebnis erreicht wie durch prätorische Novation, was das Vorliegen des *animus novandi* unerheblich machte. Sondern bei *animus novandi* könnte der Gläubiger nur den Grundstückswert zur Zeit der zweiten Stipulation mit Erfolg verlangen, während seiner Klage aus der Grundstücksstipulation eine Einrede entgegenstünde. Ohne *animus*

---

122 Apathy, Animus, 249 f.

123 Ganz knapp Kaser Sat. Feenstra (1985) 143 f. Kaser sieht sich dabei in der Spur von Voci, den aber nach meinem Eindruck nicht Sturm falsch versteht, wie Kaser annimmt, sondern Kaser selbst. Während Voci BIDR 68 (1965) 168 die Meinung Levys referiert, aber in Bezug auf den Grund ablehnt, an dem die Novation scheitert, kombiniert Kaser Elemente beider Positionen. Von Voci übernimmt Kaser die Echtheit des *si non – est*; auch knüpft er an dessen Behandlung der prätorischen Novation an. Von Levy, Konkurrenz II.1, 133 ff. übernimmt Kaser die Anwendung der *exceptio doli*. Levy löst hiermit aber den Fall, in dem *cessat novatio*, während Kaser sie als Mittel zur prätorischen Novation bei Vorliegen von *animus novandi* einsetzt.

124 So schon etwa Steiner, Datio in solutum, 84 Fn. 3; Levy, Konkurrenz II.1, 136.

novandi hingegen bliebe dem Gläubiger die Wahl, ob er das Grundstück in seinem aktuellen Zustand oder seinen früheren Wert forderte; eine Einrede stünde nur einer zweiten Inanspruchnahme entgegen.[125]

Nach Meinung mancher Autoren ist es gerade die Formulierung *QUANTI EST*, an der die Novation durch das Geldäquivalent scheitert: Die Parteien hätten *QUANTI FUNDUS ERIT* stipulieren müssen. Dass eine solche Stipulation die Sachschuld ersetzen könne, ergebe sich aus der Wirkung der *stipulatio Aquiliana.*[126]

Dieses Argument ist geschwächt, wenn man – wie hier – die *stipulatio Aquiliana* als ein *aliud* gegenüber der Novation begreift. Ein abweichender Standpunkt der *stipulatio Aquiliana* mag gerade damit zusammenhängen, dass deren *QUANTI ERIT* außer auf Obligationen zugleich auf dingliche Rechte achtet. Vielleicht konnte Aquilius Gallus diese Rechte nicht anders in eine Geldforderung umwandeln, als indem die Formel sich die Wirkung einer Streitbefestigung zu eigen und den Betrag einer späteren Schätzung durch den Richter zum Schuldinhalt machte. Vielleicht zielt die Formel auf den Moment der Verurteilung, weil sie im Zusammenspiel mit der *acceptilatio* – wie Sturm meint[127] – die Effekte einer Zahlung der Urteilsschuld herbeiführen soll, um auch umstrittene Herrschaftsrechte auf den Numerius Negidius zu übertragen.[128]

Die Papinian-Stelle selbst gibt für eine Unterscheidung zwischen *QUANTI EST* und *QUANTI ERIT* nichts her. Insbesondere begründen die Ausführungen zum aktuellen und zukünftigen Wert nicht, warum Papinian eine Novation ausscheidet, sondern erläutern die unterschiedlichen praktischen Folgen der Stipulation auf das Grundstück und der auf *QUANTI FUNDUS EST.*[129] Der Sache nach ist nicht einzusehen, warum es für die Novation auf einen ungewissen zukünftigen Wert hätte ankommen sollen. Bei einer Novation wird die alte Forderung mit ihrem gegenwärtigen, nicht einem zukünftigen Wert zerstört.[130]

125 Diese Wahl beschreibt Levy, Konkurrenz II.1, 136, zutreffend – wenn auch auf Basis seiner Auffassung, dass *si non – est* interpoliert sei – als den wirtschaftlichen Zweck des Geschäfts.

126 So Marchi BIDR 21 (1909) 89, Bonifacio, Novazione, 134, Talamanca Temis 21 (1967) 279 f. Auch Daube SZ 66 (1948) 123 wertet D. 46,2,28 als Beleg gegen die Novierbarkeit durch Versprechen des *quanti est*; er bleibt aber zur Novierbarkeit durch *quanti erit* unentschlossen.

127 Stipulatio Aquiliana, 349, 352 ff.

128 Kritisch Kaser SZ 90 (1973) 357: In den Vorverhandlungen, bei denen die Ablösesumme festgesetzt wurde, hätten die Parteien nötigenfalls Kaufverträge über umstrittene Sachen abgeschlossen; eine weitere Behandlung in der *stipulatio* habe sich erübrigt. Die Annahme eines Kaufs fällt aber schwer, wenn nicht feststeht, wer Eigentümer war, wer also Käufer, wer Verkäufer; sie passt schlecht zum Vergleichscharakter des Gesamtgeschäfts.

129 Wie hier Levy, Konkurrenz II.1, 133; Sturm SZ 83 (1966) 78 sowie Stipulatio Aquiliana, 204.

130 Ebenso Apathy, Animus, 248: „Die für eine Novation erforderliche Identität der Inhalte der zu novierenden Obligation und der Novationsstipulation muß in dem Zeitpunkt gegeben

Andere Texte zeigen, dass eine Novationsstipulation keine zukünftigen Zinsen berücksichtigen muss, der Zinslauf somit auf dem Stand zum Zeitpunkt der Novation eingefroren wird.[131] Rein praktisch kann die Vereinbarung der Parteien, die der Novation zugrunde liegt, nur auf einer aktuellen Schätzung fußen.

e. Zwischenergebnis

Das einzig verbleibende Indiz für eine generelle Unzulässigkeit der Geldwertnovation ist demnach Paulus D. 45,1,91,6 selbst: *quia neque hominem qui non est neque pecuniam quae non debetur stipulari possumus.*

III. Exkurs: *constitutum debiti*

In ihren praktischen Konsequenzen kann der zivilrechtlich wirkenden Novation die Erfüllungszusage ähneln. Denn der Prätor schützte mit einer *exceptio* gegen eine Inanspruchnahme aus der ursprünglichen Schuldklage.[132]

Die *actio de pecunia constituta* mag ursprünglich gewährt worden sein, um dem Gläubiger von betagten Forderungen die Klage zum zugesagten Termin zu erlauben.[133] Vielleicht diente sie auch zuerst dazu, dem Gläubiger sein Interesse an rechtzeitiger Erfüllung zu erstatten, welches in der *condictio* mit bestimmter *intentio* nicht berücksichtigt wurde.[134] Das *constitutum* kann andererseits die Funktion einer Stundung übernehmen.[135]

In D. 45,1,91,6 äußert Paulus sich nicht dazu, ob die perpetuierte Verbindlichkeit die Grundlage einer Erfüllungszusage bilden kann. Das Problem beschäftigt aber schon Accursius in einer Glosse zu *adhuc homo peti possit: Sed cum* [homo] *adhuc in obligatione sit: quomodo potest precium constitui* [...]? *Respondit quia Et non debitum pro debito potest constitui* [...]. *Vel dic, quasi debitum est:*

---

sein, in welchem die Stipulation wirkt".

131 Vgl. Papinian D. 46,2,27 (3 *resp.*) und Paulus D. 46,2,18 (57 *ad ed.*). Zu den Texten Reichard, Delegation, 77 ff. (zu fr. 27), sowie Stipulatio Aquiliana, 72 f.; gegen Daube SZ 66 (1948) 99 ff.

132 Für die Existenz einer *exceptio de pecunia constituta* Platschek, De pecunia, 84 ff. Zur durch eine Einrede hergestellten Fuktionsgleichheit mit der Novation dort 8 und 99. Die Literatur spricht mitunter auch in diesem Kontext von prätorischer Novation. Für eine im Einzelfall gewährte *exceptio doli* Frezza, Garanzie I, 261 f., Costa SDHI 77 (2011) 238 f.

133 Diese Erklärung gibt Labeo bei Ulpian D. 13,5,3,2 (27 *ad ed.*). Allerdings erwähnt C. 4,18,2,1 (dazu sogleich) einen alten Streit darüber, ob *pro debito sub condicione vel in diem* wirksam konstituiert werden konnte. Vgl. hierzu Platschek, De pecunia, 111 ff.

134 So Astuti, Promessa II, 1 f., und dazu wohlwollend Koschaker SZ 63 (1943) 470 ff.; Costa SDHI 77 (2011) 147 ff.

135 Vgl. den Fall bei Theophilus 4,6,8.

cum agendo ad hominem, precium consequar.[136] Kurz soll der Frage nachgegangen werden, ob das *constitutum* einen Hinweis darauf gibt, dass der Wert des untergegangenen Leistungsgegenstandes *quasi debitum* war.

1. *Constitutum*, den Sklaven zu leisten

Das Konstitut eines Sklaven begegnet bei Julian D. 13,5,23 ausgerechnet im Zusammenhang mit der *perpetuatio obligationis.*

Julian D. 13,5,23 (11 *digestorum*)

Promissor hominis homine mortuo, cum per eum staret quo minus traderetur, etsi hominem daturum se constituerit, de constituta pecunia tenebitur, ut pretium eius solvat.	Nachdem der Sklave starb, während der Versprechensschuldner mit der Übergabe im Verzug war, haftet dieser wegen zugesagten Geldes *(de constituta pecunia)* auch dann, wenn er zugesagt hat, den Sklaven zu übereignen, darauf, dass er den Wert des Sklaven zahlt.

Der Text ist hinsichtlich des zeitlichen Ablaufs nicht eindeutig. Die Vorzeitigkeit des Todes *(homine mortuo)* mag sich nur auf die Haftung beziehen oder auch auch die Erfüllungszusage. Ob jene vor oder nach dem Versterben des Sklaven gemacht wurde, steht also nicht fest. Starb der Sklave erst nach der Erfüllungszusage, dann enthält der Text die zusätzliche Aussage, dass der Schuldner aus einer im Verzug gemachten Erfüllungszusage auch für Zufall haftet, seine *mora* also in das *constitutum* mit hineinnimmt.[137]

Der Text konfrontiert mit der Frage, ob ein bestimmter Sklave Gegenstand eines *constitutum debitum* sein kann. Dagegen nimmt nicht nur die Überschrift des Titels 13,5 ein, sondern auch die überlieferten Formelbestandteile, die von *pecunia constituta* bzw. von *pecuniam constituere* sprechen. Justinian erläutert in C. 4,18,2 (a. 531),[138] früher habe man nur vertretbare Sachen konstituieren können: [haec actio] *exigeret res quae in pondere numero mensura sunt.* Er selbst erstrecke die Klagbarkeit auf *constituta* beliebigen Inhalts. So übernehme die Klage auch die Funktion der *actio recepticia,* die früher gegen Bankiers wegen

136 Glosse *possit* zu D. 45,1,91,6 (Band 2, Sp. 2265).

137 Bei der Novation war umstritten, ob ihr bedingter Abschluss die strenge Haftung des ursprünglichen Schuldners beseitigt (so Marcellus insb. in D. 46,3,72 und Papinian D. 13,1,17 gegen Julian D. 45,1,56,8, Venuleius D. 46,2,31 pr.). Ob die Gegner einer Verzugsbereinigung durch bedingte Novation bei Bedingungseintritt immerhin aus der neuen Obligation keine verschärfte Haftung mehr annehmen oder den Verzug jedenfalls unter Umständen dorthin übertragen, erscheint ungewiss. Vgl. die Diskussion der Texte oben unter II.1.bb (251 ff.).

138 Hierauf beziehen sich auch Inst. 4,6,8 sowie Theophilus 4,6,8.

formeller Erfüllungszusagen beliebigen Inhalts sogar dann gewährt worden sei, wenn das Zugesagte bisher gar nicht geschuldet war.

Leichte Zweifel weckt allerdings, dass C. 4,18,2,1d selbst die Erweiterung des Anwendungsbereichs mit dem Hinweis rechtfertigt, dass *pecunia* in den klassischen Quellen mitunter alle Vermögensgegenstände bezeichnet: *cum etiam veteres pecuniae appellatione omnes res significari definiunt.* Es erschiene vorstellbar, dass der Ausdruck *pecunia debita* aus dem Edikt[139] weit ausgelegt wurde. Gerade als Ediktsbestandteil meint die *pecunia compromissa* zur Absicherung eines Schiedsspruchs gemäß Ulpian D. 4,8,11,2 (13 *ad edictum*) viel mehr als nur bare Münze: Hier wird jeder Vermögenswert, der bei Nichtbefolgung des Schiedsspruchs verfallen soll, unter *pecunia* subsumiert.[140]

Die Digesten nähren die Zweifel an Justinians Darstellung nur in einem Punkt: Mehrere Texte setzen die Klagbarkeit einer formlosen Zusicherung voraus, Sicherheit zu leisten.[141] Die überwiegende Literatur geht mit Lenel davon aus, die Zusage der Sicherheitsleistung sei klassisch, habe aber neben der Zusage der Zahlung einen im Edikt eigenständig genannten Typ *constitutum* gebildet.[142]

Bei Papinian D. 13,5,25 pr. (8 *quaestionum*) erscheint *constituere* als Mittel zur Ausübung des Wahlrechts bei Alternativobligationen: *Illud aut illud debuit et constituit alterum…* Die alternativen Schuldinhalte sind nicht weiter qualifiziert. Konstituiert der Schuldner *alterum*, so mag es sich dabei durchaus um eine unvertretbare Leistung handeln. Doch wird Papinian den Ausdruck hier nicht im Sinne des Edikts *de pecunia constituta* verwendet haben.[143]

---

139 Belegt insb. durch Ulpian D. 13,5,1,1 (27 *ad ed.*): *Ait praetor: QUI PECUNIAM DEBITAM CONSTITUIT…*

140 Vgl. auch Gaius 3,124 zur Verbürgungshöchstgrenze aus der *lex Cornelia*: *appellatione autem PECUNIAE omnes res in ea lege significantur; itaque si vinum vel frumentum et si fundum vel hominem stipulemur, haec lex observanda est;* Ulpian D. 50,16,179 pr. (51 *ad Sab.*): *PECUNIAE verbum non solum numeratam pecuniam complecitur, verum omnem omnino pecuniam, hoc est omnia corpora: nam corpora quoque pecuniae appellatione comnitneri nemo est qui ambiget;* Hermogenian D. 50,16,222 (2 *iuris epitomarum*): *PECUNIAE nomine non solum numerata pecunia, sed omnes res tam soli quam mobiles et tam corpora quam iura continentur.* Zur Bezeichnung des vererblichen Hausvermögens als *pecunia* siehe Kaser, RP I, § 24 II 2, 97, mit Fn. 12.

141 Ulpian D. 13,5,14,1 (27 *ad ed.*) will zulassen, *si quis constituerit pignus daturum.* In § 2 berichtet Ulpian, nach Pomponius solle ebenso haften, *si quis certam personam fideiussuram pro se constituerit.* Paulus D. 13,5,21,2 (29 *ad ed.*) problematisiert nicht die Wirksamkeit *si quis* […] *constituat se satisdaturum.*

142 Vgl. Lenel, EP, 248 f.: *Qui pecuniam debitam constituit se soluturum eove nomine se satisfacturum esse …* Dagegen wurden nach Platschek, De pecunia, 12 ff. beide Formen der Zusicherung unter das ediktale *pecuniam debitam constituere* subsumiert.

143 Zum Problem Platschek, De pecunia, 90 ff. Ganz anders als hier nimmt Frezza an, die Kompilatoren hätten das Ergebnis ins Gegenteil verkehrt, weil die Lösung des Textes die

Auch aus Paulus D. 13,5,12 (13 *ad edictum*) ergibt sich nicht, dass grundsätzlich auch die Zusicherung der Leistung unvertretbarer Gegenstände eine Klage begründete: *Sed et si decem debeantur et decem et Stichum constituat, potest dici decem tantummodo nomine teneri.* Zwar begründet sich nach der Fassung des Sachverhalts die Beschränkung der Haftung aus dem *constitutum* auf 10 allein damit, dass ursprünglich nur 10 geschuldet waren.[144] In der Tat setzt die Ausrichtung auf diese Pointe voraus, dass die Zusage, einen bestimmten Sklaven zu übereignen, überhaupt grundsätzlich wirksam sein konnte. Allerdings spricht die Verortung des Textes im Ediktskommentar dafür, dass Paulus ursprünglich nicht die *actio de pecunia constituta* behandelte, sondern die *actio recepticia.*[145] Nach Justinians Anordnung werden die Kompilatoren die Klage ebenso ersetzt haben wie die Entscheidung; denn angeblich gewährten ja die Klassiker die *actio recepticia* auch für ein *indebitum* (C. 4,18,2,1a).

Insgesamt erscheint also – wenn man für den Bereich der Sicherheitsleistung eine Ausnahme macht – die Darstellung Justinians glaubhaft, dass die Wirkungen des *constitutum* in der Klassik nur an die Zusage von Geld oder vertretbaren Sachen geknüpft wurden.[146]

Nimmt man Justinian beim Wort, so gibt es für *hominem daturum se constituerit* in D. 13,5,23 drei Erklärungen. Zwei verschiedene Eingriffe der Kompilatoren kommen in Betracht: Entweder sie ersetzten eine *actio recepticia* durch eine *actio de pecunia constituta;* oder sie fügten die Bemerkung ein, die Parteien

ihnen zuzuschreibende Auffassung voraussetze, dass dem *constitutum* die Wirkung der Zahlung zukomme: Garanzie I, 119 ff.

144 Vgl. zur Beschränkung des *constitutum* durch die bestehende Schuld Ulpian D. 13,5,11,1 (27 *ad ed.*): *Si quis centum aureos debens ducentos constituat, in centum tantummodo tenetur, quia ea pecunia debita est: ergo et is, qui sortem et usuras quae non debebantur constituit, tenebitur in sortem dumtaxat* und den umgekehrten Fall Paulus D. 13,5,13 (29 *ad ed.*): *Sed si quis viginti debens decem constituit se soluturum, tenebitur.* Das allgemeine Prinzip formuliert Ulpian D. 13,5,5,2 (27 *ad ed.*): *Quod exigimus, ut sit debitum quod constituitur, in rem exactum est, non utique ut is cui constituitur creditor sit.* Justinian C. 4,18,2,1 (soeben) erstreckt dieses Prinzip auf die Fälle, in denen früher die *actio recepticia* bestand, die nun in der *actio de pecunia constituta* aufgeht.

145 Vgl. Lenel, EP, 132 ff.; zustimmend auch Platschek, De pecunia, 35 Fn. 115.

146 Ihr glauben auch Rüfner, Vertretbare Sachen?, 44, Costa SDHI 77 (2011) 245, und Platschek, De pecunia, 35 Fn. 115, 142 (vgl. auch 12 ff. zur Zusage der Sicherheitsleistung). Varvaro AUPA 52 (2007–2008) 327–366 geht über Justinians Aussage einerseits noch hinaus und nimmt an, erst in der Spätklassik seien überhaupt neben Zusagen von Geld solche anderer Sachen klagbar worden. Er stützt sich insb. auf die von Gaius 4,171 hergestellte Parallele zwischen den Klagen *de pecunia certa credita* und *de pecunia constituta* (349 ff.). Andererseits führt Varvaro die spätklassische Ausweitung des Anwendungsbereichs darauf zurück, dass im Gefolge der *datio in solutum* ein *constitutum in solutum* anerkannt worden sei; dabei gebe es keinen Unterschied zwischen dem Versprechen vertretbarer und unvertretbarer Sachen (364).

könnten das *constitutum* statt auf den Wert des Sklaven auch auf diesen Sklaven selbst richten *(etsi)*.[147] Oder aber der Text stammt von Julian, und die Parteien konstituierten mit dem Sklaven über einen eigentlich unzulässigen Inhalt, doch erachtet Julian das *constitutum* ausnahmsweise wegen dessen vorherigen Todes oder seines späteren Versterbens als wirksam.

Dass Julian D. 13,5,23 (11 *digestorum*) ursprünglich ein *receptum argentarii* betraf, ist unwahrscheinlich. Denn das 11. Buch seiner *digesta* befasste sich mit dem Edikt *de pecunia constituta*, während die *actio recepticia* etwa im 5. Buch behandelt worden sein muss.[148] Damit bleiben die beiden Deutungen zur Wahl, dass die Kompilatoren *etsi hominem daturum se constituerit* einfügten oder dass die Zusage des Sklaven wegen dessen Versterben nur ausnahmsweise wirkt.

Einen Grund für solch eine Ausnahme hat die Literatur verschiedentlich darin gesehen, dass die auf den Sklaven gerichtete Schuld durch dessen Tod an eine Geldschuld heranrücke.[149] Im Lichte der Ergebnisse des dritten Kapitels erscheint die Annahme fragwürdig. Denn der Schuldner schuldet noch immer die Leistung des Sklaven, nicht seines Geldwertes.[150] Zwar trifft zu, dass der Gläubiger im Prozess nichts anderes als den Geldwert des Sklaven erstreiten kann, das gilt aber schon vor dessen Tod. Neu ist nur der Umstand, dass der Schuldner die Verurteilung nicht mehr durch Leistung des Sklaven vermeiden kann. Auch die Schlussfolgerung überzeugt nicht: Nachvollziehbar wäre

---

147 Einen aktuellen Überblick zu Interpolationsvermutungen gibt Costa SDHI 77 (2011) 245 ff.

148 Vgl. Lenel, EP, xvii und xviii.

149 Manche Autoren gehen so weit, die Wirkung des *constitutum* damit zu erklären, dass nach dem Untergang des Leistungsgegenstandes dessen *aestimatio* geschuldet sei. Dazu gehört Frezza, Garanzie I, 258 f.: „la morte [...] transformi una obbligazione di *dare* una *certa res* infungibilie, e però non capace di costituto, in una obbligazione di *dare* una somma di danaro, e però capace di costituto"; weniger plastisch St. Biondi (1965) I 255. Zuletzt nimmt auch Costa SDHI 77 (2011) 245 ff. einen Wechsel des Schuldgegenstandes an und rekonstruiert die Fälle auf dieser Grundlage so, dass eine zuvor rechtsunwirksame Zusage, den Sklaven zu schulden, nach dessen Tod als wirksames *constitutum* seines Wertes aufgefasst werde. Zu Unrecht behauptet Costa 232, diesen Gedanken der Wandlung des Schuldgegenstandes habe jüngst Cannata entwickelt. Die aktuelle Position Cannatas ist eine andere (vgl. oben zweites Kapitel III.3.e), diejenige Costas bildet einen Aufguss von Savignys Lehre. – Vermittelnde Positionen beziehen etwa Koschaker SZ 63 (1943) 474 Fn. 7: „war aber vielleicht die Behauptung vertretbar, daß materiell das *pretium* des Sklaven geschuldet werde, wobei gleichzeitig das Konstitut des Sklaven in ein solches des *pretium* umgedeutet wurde"; Riccobono jr. AUPA 29 (1962) 318: „l'oggetto specifico del *constitutum*, nel caso esaminato, è rappresentato solo formalmente dallo schiavo, mentre sostanzialmente è dato dal suo valore economico"; andeutungsweise Bianchi Fossati Vanzetti, Perpetuatio, 54 Fn. 105: „[i giuristi classici] non ignoravano né la situazione fittizia, che come tale poneva ostacoli al constitutum, né la situazione reale, che rendeva necessario l'adempimento in forma pecuniaria"; auch Varvaro AUPA 52 (2007–2008) 349.

150 Im Kontext des *constitutum* betont dies Astuti, Promessa II, 179 ff.

aufgrund der behaupteten Nähe zur Geldschuld die Annahme, dass die Zusage des Wertes des Sklaven verpflichtete. Der zusätzliche Schritt zur Verbindlichkeit der Zusage des Sklaven selbst lässt sich so jedoch nicht erklären. Wenn man bereit gewesen wäre, die Zusage eines Sklaven als die Zusage seines Wertes auszulegen, dann hätte man dies auch unabhängig von dessen Untergang tun können. Jedenfalls nach Meinung Ulpians war die Zusage eines *aliud* wirksam.

Wahrscheinlich befasste Julian sich in D. 13,5,23 eigentlich mit einem zulässigen *constitutum* von Geld aufgrund einer andersartigen Schuld[151] und lotete das Haftungsregime bei vorangegangener *mora* aus: *Promissor hominis homine mortuo, cum per eum staret quo minus traderetur, de constituta pecunia tenebitur, ut pretium eius solvat.* Die Kompilatoren waren bemüht, die Erweiterung des Anwendungsbereichs der *pecunia constituta* durch Justinian aufzuzeigen, und ergänzten *etsi hominem daturum se constituerit.*

2. *Constitutum*, den Geldwert zu leisten

Stimmt die vorgeschlagene Deutung von Julian D. 13,5,23, dann ähneln Fall und Entscheidung denen des Paulus in folgendem Text:

Paulus D. 13,5,21 pr. (29 *ad edictum*)

Promissor Stichi post moram ab eo factam mortuo Sticho si constituerit se pretium eius soluturum, tenetur.	Wer versprochen hat, den Stichus zu leisten, der wird haften, wenn er, nachdem Stichus im Verzug des Schuldners verstarb, zugesagt hat, dessen Wert zu zahlen.

Hier wird die Zusage deutlich erst nach dem Tod des Sklaven gemacht. Sie bezieht sich explizit nicht auf die Lieferung des Sklaven selbst, sondern auf die Zahlung seines Wertes. Dass etwas anderes als die geschuldete Leistung konstituiert wird, hält Ulpian für zulässig:

Ulpian D. 13,5,1,5 (27 *ad edictum*)

An potest aliud constitui quam quod debetur, quaesitum est. sed cum iam placet rem pro re solvi posse, nihil prohibet et aliud pro debito constitui: denique si quis centum debens frumentum eiusdem pretii constituat, puto valere constitutum.	Es ist gefragt worden, ob etwas anderes zugesagt werden kann, als was geschuldet wird. Aber weil man auch billigt, dass eine Sache anstelle einer anderen geleistet werden kann, spricht nichts dagegen, dass auch etwas anderes für das Geschuldete zugesagt wird. Und daher glaube ich, dass das *constitutum* gilt, wenn jemand, der 100 schuldet, Getreide im selben Wert zusagt.

151 Vgl. Ulpian D. 13,5,1,5, (27 *ad ed.*), dazu sogleich unter 2.

Nach dem palingenetischen Zusammenhang handelt der Text schon bei Ulpian vom *constitutum*. Während kein *indebitum* konstituiert werden konnte, erlaubt Ulpian, *aliud pro debito* zu konstituieren, etwa statt eines geschuldeten Geldbetrages Getreide vom selben Wert.[152]

Offenbar darf die Schuld nur betragsmäßig nicht vergrößert werden (200 statt 100, Hauptschuld plus Zinsen, 10 und Stichus statt 10[153]).

Ulpians Zweifel, die er sowohl im Allgemeinen als auch für seinen Beispielsfall formuliert *(an potest* [...] *quaesitum est* [...] *puto valere)*, mögen auch die gleichsinnige Entscheidung des Paulus veranlasst haben. Ebenso, wie man nach Ulpian die Geld- mit einer Sachleistung auswechseln darf, so gestattet Paulus, an die Stelle einer Sach- eine Geldleistung zu setzen. Der Tod des Sklaven macht den Sachverhalt plausibel: Er bietet den Grund dafür, dass der Schuldner die Zahlung des Geldwertes[154] zusagt.

Gegen eine Erklärung von Julian D. 13,5,23 und Paulus D. 13,5,21 pr. mit der Zulässigkeit des Konstituts von *aliud pro alio* hat Astuti eingewandt, dass die Fälle schon deswegen, weil die ursprüngliche Schuld sich auf einen Sklaven richtete, aus dem klassischen Anwendungsbereich des Edikts *de pecunia constituta* hätten herausfallen müssen.[155] Über das Verbot der Konstitution eines *indebitum* hinaus haben wir aber keinen Beweis dafür, dass die Klassik nicht nur an den Gegenstand der Zusage besondere Anforderungen stellte *(pecunia constituta)*, sondern auch an den Inhalt der vorangehenden Schuld.

Die Wirksamkeit der Erfüllungszusage bei Julian D. 13,5,23 und Paulus D. 13,5,21 beruht entgegen der üblichen Deutung derjenigen, welche die Aussage der Texte nicht für verfälscht halten, also wohl nicht auf einem Effekt des Untergangs ihres Gegenstandes auf die Obligation. Umgekehrt hat der Untergang die Wirksamkeit des *constitutum* auch nicht erschwert. Unabhängig von

152 Astuti, Promessa II, 175 ff., hält die Entscheidung nicht für genuin, weil der Vergleich mit der *datio in solutum* deswegen hinke, da auch ein *constitutum* abweichenden Inhalts eine Klage aus der alten Schuld nicht verhindere. Saccoccio, Aliud, 79 ff., teilt diese Annahme, sieht aber gerade darin den Grund, warum dem *constitutum* eines *aliud* schon in der Klassik nichts entgegenstand. Siehe jedoch zur *exceptio* wegen Konstituts soeben 277. Für Echtheit des Textes insb. auch Varvaro AUPA 52 (2007–2008) 362 ff. (für den er allerdings eine spätklassische Entwicklung zum Ausdruck bringt); Costa SDHI 77 (2011) 227 ff. – Zu Implikationen für die Hingabe von Geld als *datio in solutum* vgl. 144 Fn. 78.

153 Vgl. Paulus D. 13,5,12 (13 *ad ed.*); soeben 280.

154 Ob der Wert beziffert wurde, wissen wir nicht: Vielleicht hatten die Parteien sich schon auf einen Wert des Sklaven verständigt, oder aber sie wollten allein den Zeitpunkt der Fälligkeit festlegen. Dass nicht zwingend beziffert werden musste, zeigt Ulpian D. 13,5,14 pr. (27 *ad ed.*): *Qui autem constituit se soluturum, tenetur, sive adiecit certam quantitatem sive non.*

155 Astuti, Promessa II, 185.

der Existenz der Sache knüpfte der Prätor Rechtsfolgen an die Zusicherung ihres Wertes, *quia et non debitum pro debito potest constitui.*[156]

IV. *fideiussorem accipi [posse creditur]*

Als letzte Wirkung der *constitutio veterum* nach D. 45,1,91,6 soll die Bürgschaft untersucht werden. Andere Zeugnisse darüber, dass nach Untergang des geschuldeten Gegenstandes eine Bürgschaft übernommen wird, fehlen. Das überrascht deswegen nicht, weil Bürgschaften normalerweise – wie die Urkundenfunde bestätigen – überhaupt nicht im Nachhinein, sondern gemeinsam mit der Hauptschuld bestellt werden. Nachdem der Schuldner Kredit erhalten hat, fehlt ihm zumeist ein Anreiz für die Bürgenstellung.[157] Mitunter mag er damit andere Vorteile, etwa eine Stundung erkaufen. Nur selten wird dieses Bedürfnis aber ausgerechnet nach einem vom Schuldner zu vertretenden Sachuntergang auftreten.

Für die Bürgschaftsstipulationen waren nach Gaius 3,116 folgende Formulare gebräuchlich: *Sponsor ita interrogatur: IDEM DARI SPONDES? fidepromissor: IDEM FIDEPROMITTIS? fideiussor ita: ID FIDE TVA ESSE IVBES?* In den aus der Klassik überkommenen Urkunden findet Manthe nur eine einzige spärliche Spur einer Sponsionsbürgschaft: idem spo<pondit> in TPSulp 63 (= TP 83 = TPN 52). Die *fideipromissio* ist als Bürgschaft überhaupt nicht urkundlich belegt. Mehrfach taucht hingegen die *fideiussio* auf.[158] Auf den Tafeln tritt an die Stelle des gaianischen Blanketts häufig der den Gegenstand der Hauptschuld bildende Geldbetrag, zum Beispiel: ea HS du[a] m(illia) n(ummum), q(uae) s(upra) s(cripta) s(unt), fide et periculo meo esse ius[si] pro P(ublio) Urvino Zosimo C(aio) Sulpicio Cinna[mo] (TPSulp 57 = TP 48 = TPN 42).[159]

Auf anderen Urkunden bleibt es aber auch beim id, das dann eher als den Gegenstand der Schuld die Gesamtheit des vorstehenden Textes aufgreift, also die Hauptschuld überhaupt. Dies illustriert etwa tantam pecuniam [...] d(ari)

156 Accursius, siehe oben Fn. 136.

157 Dass nachträgliche Bestellung überhaupt zulässig ist, erklärt Ulpian D. 46,1,6 pr.-2 (47 *ad Sab.*).

158 Alles nach Nelson/Manthe, Kontraktsobligationen, 479 ff. Für die hier mitgeteilten Beobachtungen wurden allein die dort aufgelisteten lateinischen Bürgschaftsurkunden durchgesehen.

159 Diesem Muster gehorchen TPSulp 54 = TP 52 = TPN 39, TPSulp 60 = TP 73 und 127 = TPN 49, TPSulp 61 = TP 43 = TPN 51, TPSulp 62 = TP 5, 107 und 111 = TPN 50, TPSulp 64 = TP 60 = TPN 53 sowie Tab. Herc. 71. Entsprechend konstruiert sind auch die Formulierungen von Javolen D. 46,1,42 (11 *epist.*), von Julian, Marcellus und Ulpian in dessen D. 46,1,8,8–11 (47 *ad Sab.*) sowie von Papinian D. 46,1,47,1 (9 *quaest.*).

f(ide) p(romisit) Cl. Philetus: id fide sua esse iussit Alexander Antipatri (FIRA III Nr. 89, a. 160). Ähnlich lauten FIRA III Nr. 88 (a. 142), FIRA III Nr. 122 (a. 162), FIRA III Nr. 132 (a. 166).

Betrachtet man diese Formulierungen im Licht der Bedenken gegen die Wirksamkeit der Novation, so überrascht die knappe Affirmation in D. 45,91,6: *creditur et fideiussorem accipi* [posse] *eius obligationis nomine.* Wer gegen das neuerliche Versprechen eines toten Sklaven Bedenken hegt, könnte diese - so möchte man meinen - mit gleicher Berechtigung vortragen, wenn das Versprechen nicht zum Zwecke der Novation, sondern zum Zwecke der Bürgschaft abgegeben wird. Ebenso könnte derjenige, den die Frage beschäftigt, ob bei der Novation statt des Toten der Wert des lebenden Sklaven versprochen werden kann, dieselbe für die Bürgschaft aufwerfen.

1. Stipulation des untergegangenen Gegenstandes

Einen Anhaltspunkt zur Erklärung der selbstverständlichen Zulässigkeit der Verbürgung nach dem Tod des Sklaven bietet der besondere Charakter der *fideiussio.* Während der Bürge mittels *sponsio* und *fidepromissio* ebenso wie der Promittent einer Novationsstipulation erneut die ursprüngliche Leistung verspricht, übernimmt der *fideiussor* eigene Haftung für die Schuld des *reus principalis.*[160] Der Bezug zum Leistungsgegenstand ist schwächer, was dem *fideiussor* etwa auch die Garantie für eine höchstpersönliche vom Hauptschuldner zu erbringende Leistung erlaubt.[161] Nach den Urkunden verspricht der *fideiussor* nicht erneut die Leistung des Gegenstandes, sondern nimmt die Leistung durch den Hauptschuldner auf seine Treue: *fide sua esse iussit.* Daher mag die *fideiussio* von dem gegen die Novation erhobenen Einwand verschont geblieben sein, dass ein toter Sklave nicht stipuliert werden kann.[162]

160 Flume, Akzessorietät, 62 ff.

161 Flume, Akzessorietät, 54 ff.

162 Ähnlich Reichard, Delegation, 109 f. Fn. 17. Vgl. auch Cannata FS Mayer-Maly (2002) 99: „la garanzia di un'obbligazione pepetuata non è pensabile che mediante fideiussione: è questa, fra le stipulazioni di garanzia, la sola adatta a realizzare la garanzia di una situazione di responsabilità" (unter Verweis auf Texte insb. zur *fideiussio* für deliktische Haftung). Wegen einer vergleichbaren Überlegung stellt die Nichtexistenz des Gegenstands nach Hägerström, Verbalobligation, 245 f., keine der Bürgschaftsstipulationen vor ein Problem: Sie alle begründeten keine „sachlich neue Obligation", sondern fügten nur einer bestehenden Obligation ein neues Subjekt hinzu. Ähnlich erklärt Bianchi Fossati Vanzetti, die Bürgschaft könne sich auf die fortbestehende Hauptforderung stützen, während die Novation alleine bestehen müsse: „è neccessario ammettere, nel nostro caso, che una obbligazione nuova e autonoma abbia un oggetto fittizio. E ciò è certo assei più difficile" (Perpetuatio, 59). - Hingegen will Frezza St. Biondi (1965) I 256 die Unbedenklichkeit der Bürgschaft

2. Bürgschaft mit dem Geldwert

Der andere gegen die Novation gerichtete Einwand betraf die Zulässigkeit einer Novation durch Versprechen des Geldwertes der Schuld. Auch der Bürge garantiert für die Leistung zumindest im Normalfall nicht mit dem Versprechen ihres Geldwertes.

Dass der Inhalt der Bürgschaft in einem besonderen Verhältnis zu dem der Hauptschuld stehen muss, ist deutlicher belegt als das Erfordernis des *idem debitum* bei der Novation. Gaius 3,126 versichert uns, dass alle Arten von Bürgen zwar für weniger, nicht aber für mehr einstehen können als der Hauptschuldner: *In eo quoque iure par condicio est omnium sponsorum, fidepromissorum, fideiussorum, quod ita obligari non possint, ut plus debeant, quam debet is, pro quo obligantur. At ex diverso, ut minus debeant, obligari possunt* [...] *nec plus in accessione esse potest quam in principali re.* Verschiedene Digestentexte formulieren den Grundsatz so, dass keinerlei Bürge strenger, jederlei aber milder haften darf als der Hauptschuldner.[163] Das Zeugnis der gaianischen Institutionen garantiert, dass die Klassik dabei tatsächlich *sponsor*, *fideipromissor* und *fideiussor* gleichermaßen im Blick hatte.

Bei Gaius D. 46,1,70,2 wird deutlich, dass der Verfasser der Institutionen die Bürgschaft für ein *aliud* ebenso einschätzt wie die für ein *plus.*

Gaius D. 46,1,70,2 (1 *de verborum obligationibus*)

Si reo in fundum obligato fideiussor in usum fructum accipiatur, quaesitum est, utrum obligetur fideiussor quasi in minus, an non obligetur quasi in aliud. nobis in eo videtur dubitatio esse, usus fructus pars rei sit an proprium quiddam; sed cum usus fructus fundi ius est, incivile est fideiussorem ex sua promissione non teneri.

Wenn für einen auf ein Grundstück verpflichteten Schuldner ein Bürge *(fideiussor)* auf den Nießbrauch [an diesem Grundstück] angenommen wird, so erhebt sich die Frage, ob dieser Bürge als auf ein *minus* verpflichtet werde oder eher als auf ein *aliud* nicht verpflichtet werde. Uns erscheinen die Zweifel darin zu bestehen, ob der Nießbrauch ein Teil der Sache sei oder etwas eigenes. Aber weil der Nießbrauch ein Recht aus dem Grundstück ist, wäre nicht rechtens, wenn der Bürge aus seinem Versprechen nicht haftete.

---

damit erklären, dass nach Gaius 3,119 seit jeher die *sponsio* für gewisse unwirksame Hauptschulden wirke. Das überzeugt schon deswegen nicht, weil in fr. 91,6 ja die Schuld auf den Stichus fortbesteht (anders wohl Frezza auch 255 zum *constitutum*).

163 Nach Papinian D. 46,1,49,2 (27 *quaest.*) gehe es *contra iuris formam,* wenn im Fall ein Bürge *in duriorem condicionem acceptus intellegitur.* Abstrakt Ulpian D. 46,1,8,7 (47 *ad Sab.*): *Illud commune est in universis, qui pro aliis obligantur, quod, si fuerint in duriorem causam adhibiti, placuit eos omnino non obligari: in leviorem plane causam accipi possunt, propter quod in in minorem summam recte fideiussor accipietur.* Ähnlich Paulus D. 46,1,34 (72 *ad ed.*) für alle, *qui accessionis loco promittunt.*

Unser heutiges „Recht an einem Grundstück" wird hier nicht als Belastung begriffen, sondern umschrieben als „Recht des Grundstücks" im Sinne eines der Befugnisse, die das Grundstück ausmachen, eines „Rechts aus dem Grundstück".[164] So begründet Gaius, warum die Gewähr des Nießbrauchs gegenüber der umfassenden Gewähr des Grundstücks kein *aliud*, sondern ein *minus* darstellt. Nur deswegen kann der Bürge sich wirksam darauf verpflichten.

Große Nähe zu einer Verpflichtung des Bürgen auf den Geldwert weist ein von Julian diskutiertes Formelbeispiel auf.

Ulpian D. 46,1,8,8 (47 *ad Sabinum*)

Si qui Stichum stipulatus fuerit, fideiussorem ita acceperit: STICHUM AUT DECEM FIDE TUA IUBES? non obligari fideiussorem Iulianus ait, quia durior eius fit condicio, utpote cum futurum sit, ut mortuo Sticho teneatur. Marcellus autem notat non ideo tantum non obligari, quia in duriorem condicionem acceptus est, sed quia et in aliam potius obligationem acceptus est: denique pro eo, qui decem promiserit, non poterit fideiussor ita accipi, ut decem aut Stichum promittat, quamvis eo casu non fit eius durior condicio.

Wenn sich jemand den Stichus hat versprechen lassen und wie folgt einen Bürgen annimmt: „Nimmst du auf deine Treue den Stichus oder 10?", so sagt Julian, dass der Bürge nicht verpflichtet werde, weil seine Lage härter gemacht werde, nämlich wenn es künftig so komme, dass er trotz Versterben des Stichus haftete. Marcellus aber merkt an, der Bürge werde nicht nur deswegen nicht verpflichtet, weil er zu härteren Bedingungen angenommen sei, sondern hauptsächlich deswegen, weil er überhaupt auf eine andere Schuld angenommen ist. Schließlich wird für den, der 10 versprochen hat, kein Bürge so angenommen werden können, dass er 10 oder Stichus verspricht, obwohl in diesem Fall seine Lage nicht härter gemacht wird.

Julian lässt die Bürgschaft für „Stichus oder 10" bei einem auf Stichus verpflichteten Hauptschuldner nicht zu, weil er den Bürgen, falls der Hauptschuldner durch zufälligen Tod des Sklaven befreit wird, nicht so auf die 10 haften lassen will, wie ein Wahlschuldner haftet, wenn einer der alternativen Leistungsgegenstände vor Ausübung der Wahl untergeht. Diese Überlegung spricht gegen die Zulassung einer Bürgschaft, die von vorneherein allein den Geldwert der Hauptschuld garantiert: Drohte aus dieser Schuld nicht auch eine strengere Haftung als aus der Hauptschuld? Jedoch erscheint Julians Besorgnis um den *fideiussor* als unbegründet, wenn man davon ausgeht, dass diese Art Bürge in der Klassik nur akzessorisch haftete.[165]

Denn mit der Befreiung des Hauptschuldners durch den Tod des Stichus würde der *fideiussor* ohnehin und unabhängig davon frei, auf welche Weise er für diese Hauptschuld alternativ einzustehen versprochen hatte. Dies macht

164 Denselben Sprachgebrauch zeigt Javolen D. 8,1,20 (5 *ex post. Lab.*): *Quotiens via aut aliquid ius fundi emeretur…* Vgl. auch D. 46,3,27 (28 *ad ed.*).

165 Dass gerade Julian kein vom Hauptschuldner unabhängiges Schulden des *fideiussor* kennt, bezeugt jedenfalls Papinian D. 4,3,19; dazu im ersten Kapitel, 47 f.

unwahrscheinlich, dass Julian hier von der *fideiussio* sprach. Einen Anhalt für Intervention der Kompilatoren gibt, dass § 7 das Verbot der *durior causa* als ein Gemeinsames *in universis, qui pro aliis obligantur* vorstellt und sich die überlieferten Ausführungen gleichwohl auf die *fideiussio* beschränken.[166]

Die Begründung des Marcellus hingegen passt auf alle Bürgschaftsarten gleichermaßen: Die Bürgschaft gelte nicht, weil sie eine andere Schuld betreffe. Daher wirke auch im umgekehrten Fall die Bürgschaft nicht, in dem der Hauptschuldner aus der unerschöpflichen Gattung 10 versprach, der Bürge aber 10 oder den Stichus. Dass hier nicht nur unterschiedliche Gesichtspunkte zur Entscheidungsbegründung herangezogen werden, sondern Julian den Fall des Marcellus anders gelöst hätte, macht der in den folgenden beiden Auszügen hervortretende Gegensatz offenbar.

Ulpian D. 46,1,8,10 (47 *ad Sabinum*)

Contra autem si is, qui hominem aut decem, utrum ipse stipulator volet, stipulatus est, recte fideiussorem ita accipiet: DECEM AUT HOMINEM, ETRUM TU VOLES. fit enim, inquit [Iulianus], hoc modo fideiussoris condicio melior.

Hingegen nimmt derjenige, der sich einen Sklaven oder 10 hat versprechen lassen, was von beiden er selbst als Versprechensempfänger wähle, rechtmäßig folgendermaßen einen Bürgen an: „10 oder einen Sklaven, was von beiden du wählst". Auf diese Weise wird nämlich, sagt er [Julian], die Lage des Bürgen besser [als die des Hauptschuldners].

Marcellus D. 46,1,38 pr. (20 *digestorum*)

Si Stichum aut Pamphilum stipulatus essem, utrum promissor voluisset, non possum fideiussorem ita accipere Stichum aut Pamphilum, utrum fideiussor vellet, quia futurum esset in eius potestate alium velle, quam reus voluisset.

Wenn ich mir Stichus oder Pamphilus habe versprechen lassen, wen von beiden der Versprechende wählt, dann kann ich keinen Bürgen auf die Weise annehmen: Stichus oder Pamphilus, wen der Bürge will, weil so für die Zukunft in seiner Macht stünde, einen anderen zu wollen, als der Hauptschuldner will.

Während für Marcellus schon die Möglichkeit, dass die Schuldinhalte zukünftig auseinanderfallen können, eine Bürgschaft ausschließt, stört sich Julian hieran nicht, solange er nur die Position des Bürgen nicht schlechter bewertet als die des Schuldners. Wegen solch einer Schlechterstellung hält Julian nach D. 46,1,8,9 immerhin für unzulässig, dass ein Gläubiger zwar dem Schuldner die Wahl überlässt, sie sich aber vom Bürgen ausbedingt.[167]

---

166 Ähnlich die Überlegung von Flume, Akzessorietät, 123, der aber alles ab *denique pro eo* für interpoliert hält.

167 Vgl. Ulpian D. 46,1,8,9 (47 *ad Sab.*): *Idem Iulianus ait: si is, qui HOMINEM AUT DECEM DARI stipulatus fuerat, fideiussorem ita acceperit: HOMINEM AUT DECEM, UTRUM EGO VELIM?, non obligavit eum, quia durior eius condicio facta est.*

Kritik an dem von Julian angelegten Kriterium der milderen Haftung artikuliert Paulus:

Paulus D. 46,1,34 (72 *ad edictum*)

Hi, qui accessionis loco promittunt, in leviorem causam accipi possunt, in deteriorem non possunt. ideo, si a reo mihi stipulatus sim, a fideiussore mihi aut Titio, meliorem causam esse fieiussoris Iulianus putat, quia potest vel Titio solvere. quod si a reo mihi aut Titio stipulatus, a fideiussore mihi tantum interrogem, in deteriorem causam acceptum fideiussorem Iulianus ait. quid ergo, si a reo Stichum aut Pamphilum, a fideiussore Stichum interrogem? utrum in deteriorem causam acceptus est sublata electione, an in meliorem? quod et verum est, quia mortuo eo liberari potest.	Die, die als *accessiones* (zur Unterstützung des Hauptschuldners) versprechen, können zu milderen Bedingungen akzeptiert werden, nicht aber zu schlechteren. Wenn ich mir also vom Schuldner für mich habe versprechen lassen, vom Bürgen für mich oder den Titius, so meint Julian, dass die Lage des Bürgen besser sei, weil er auch dem Titius gegenüber erfüllen kann. Denn wenn ich mir vom Schuldner [Leistung] an mich oder Titius habe versprechen lassen und vom Bürgen nur [Leistung] an mich ausbedinge, sagt Julian, dass der Bürge zu schlechteren Bedingungen angenommen wird. Was also, wenn ich vom Schuldner Stichus oder Pamphilus, vom Bürgen [nur] Stichus ausbedinge? Ob er wohl zu schlechteren Bedingungen angenommen ist, weil ihm die Wahl entgeht, oder zu besseren? Auch das ist richtig, weil er durch dessen Tod frei werden kann.

Vermutlich tritt Paulus hier dafür ein, nicht mit Julian auf die Qualität der Bürgenhaftung zu achten, sondern mit Marcellus jeden abweichenden Schuldgegenstand zu unterbinden. Denn wenn der Hauptschuldner Stichus oder Pamphilus, der Bürge nur Stichus verspricht, so lässt sich nach Paulus nicht eindeutig sagen, ob der Bürge damit besser oder schlechter steht: Einerseits bleibt ihm die Wahl vorenthalten, andererseits befreit ihn schon der Tod des Stichus. Dies passt auch auf die *fideiussio,* weil Akzessorietät nicht dagegen spricht, dass der Bürge frei wird, obwohl der Hauptschuldner verhaftet bleibt.

Legt man mit Marcellus das Kriterium an, dass der Bürge keinen anderen Gegenstand versprechen darf als der Hauptschuldner, so deutet dies auf Unzulässigkeit jeder Bürgschaft durch Versprechen des Geldwertes. Denkt man wie Julian vor allem daran, dass er nicht härter haften darf als der Hauptschuldner, so muss man dem *sponsor* und *fideipromissor* die Bürgschaft auf den Geldwert ebenfalls verbieten: Diese hafteten sonst trotz zufälligen Sachuntergangs und Befreiung des Hauptschuldners. Dem *fideiussor* hingegen mag Julian diesen Weg eröffnen, denn der *fideiussor* wird automatisch jedenfalls dann frei, wenn die Hauptschuld erlischt.[168] Er steht sich durch das Versprechen des Geldwertes also zwar anders, aber nicht schlechter als der Hauptschuldner.

168 Vgl. erneut im ersten Kapitel IV.2 (55 ff.).

Nach dieser Vorarbeit lohnt ein Blick auf zwei Quellen, in denen der Lehrer Julians die *fideiussio* auf den Geldwert einer andersartigen Hauptschuld berührt. Einen Umkehrschluss erlaubt die Zurückweisung der Verbürgung für eine Geldschuld mit einer bestimmten Menge Weizens durch Javolen D. 46,1,42:

Javolen D. 46,1,42 (10 *epistularum*)

Si ita fideiussorem accepero: QUOD EGO DECEM CREDIDI, DE EA PECUNIA MILLE MODIOS TRITICI FIDE TUA ESSE IUBES?, non obligatur fideiussor, quia in aliam rem, quam quae credita est, fideiussor obligari non potest, quia non, ut aestimatio rerum quae mercis numero habentur in pecunia numerata fieri potest, ita pecunia quoque merce aestimanda est.	Wenn ich folgendermaßen einen Bürgen *(fideiussor)* annehme: „Was die 10 betrifft, die ich dargeliehen habe, nimmst du für dieses Geld 1000 Modien Weizen auf Deine Treue?", dann wird der Bürge nicht verpflichtet, weil ein Bürge nicht auf eine andere Sache verpflichtet werden kann als die geschuldete. Denn man kann Geld nicht so durch Ware abschätzen, wie man Sachen, die zu den Waren zählen, in einem bestimmten Geldbetrag abschätzen kann.

Javolen formuliert den bei Marcellus und Gaius in Erscheinung tretenden Grundsatz, dass der Bürge nicht auf eine andere als die geschuldete Sache verpflichtet werden kann. Dazu stellt er aber die Begründung, dass man Geld nicht ebenso durch Ware aufwiegen könne, wie man Ware durch Geld aufwiegen kann, und legt so nahe, dass umgekehrt für ein Darlehen von Weizen mit einem Geldbetrag gebürgt werden könnte.[169] Die Äußerung beschränkt sich auf *merx*. Gaius D. 13,3,4 (9 *ad edictum provinciale*) nennt als typische Beispiele Wein, Öl und Getreide. Es handelt sich um üblicherweise mengenmäßig erfasste Sachen, die einen Marktpreis haben. Dass solche Sachen besonders gut in Geld abgeschätzt werden können, ist nachvollziehbar. Damit drängt sich als zweiter Umkehrschluss auf, dass für andere Gegenstände nicht mit ihrem Geldwert gebürgt werden kann.[170]

Für die Deutung von D. 45,1,91,6 muss man gegenwärtig halten, dass bereits Mela nach African D. 50,16,207 (3 *quaestionum*) erläuterte, dass Sklaven nicht zu den Waren gehören: *mercis appellatione homines non contineri Mela ait: et ob eam rem mangones non mercatores sed venaliciarios appellari ait, et recte.*[171]

169 So insb. Talamanca Temis 21 (1967) 273–288, der überzeugend die Echtheit des Textes etabliert.

170 Diesen Umkehrschluss zieht Talamanca nicht; im Gegenteil stellt er die Entscheidung Javolens zur Bürgschaft für Getreide auf eine Linie mit Papinians Fall der Novation der Schuld eines Grundstücks (D. 46,2,28); dazu oben II.2.d (273 ff.).

171 Zum Text vgl. Jakab, Praedicere, 17 f., mit der Spekulation, dass die praktische Frage zu beantworten war, „ob Sklavenhändler zu den *corporationes* der *mercatores* gehören". – Auch unbewegliche Sachen sind keine *merx*, wie Ulpian D. 50,16,66 (74 *ad ed.*) erklärt: *mercis appellatio ad res mobiles tantum pertinet.* Daher eröffnet sich keine Querverbindung zur

Über *merx* hinaus reicht ein anderer Javolentext.

Javolen D. 46,1,44 (11 *epistularum*)

Stipulatus es opus arbitratu tuo ante certam diem fieri, quod si effectum non esset, quanti ut efficiatur opus locasses, tanti fideiussores cepisti: et quia opus effectum non erat, alii locasti et, cum posterior conductor satis non daret, ipse opus fecisti: quaero, an fideiussor teneatur. respondit: secundum ea verba stipulationis, quae a te proposita sunt, fideiussores non tenentur. non enim id fecisti, quod in stipulatione convenerat, id est opus alii non locasti, tametsi postea locasti: ea enim locatio, quam secutus es, perinde est, ac si interposita non esset et si statim tu opus facere coepisses.	Du hast dir versprechen lassen, dass ein Werk nach deinen [näheren] Bestimmungen vor einem bestimmten Termin fertiggestellt werde. Für den Fall, dass es nicht fertiggestellt sein würde, hast du dir Bürgen für soviel [Geld] bestellt, für wie viel du das Werk [erneut] in Auftrag geben würdest, damit es fertiggestellt werde. Und weil das Werk nicht fertig war, hast du einen anderen beauftragt, und als der spätere Werkunternehmer keine Sicherheiten gab, hast du es selber fertiggestellt. Ich frage, ob ein Bürge haftet. Er hat geantwortet: Nach demjenigen Wortlaut der Stipulation, der von dir vorgetragen wurde, haften die Bürgen nicht. Du hast nämlich nicht das gemacht, was in der Stipulation vereinbart war, das heißt du hast das Werk nicht [erneut] einem anderen in Auftrag gegeben, obgleich du es erneut in Auftrag gegeben hast: Dieser Werkvertrag nämlich, der nachfolgte, ist ebenso [zu behandeln], als wenn er nicht stattgefunden hätte und du sofort begonnen hättest, das Werk selber zu verrichten.

Die Bürgen garantieren für die Fertigstellung des Werks auf besondere Weise, nämlich mit den Kosten der vom Gläubiger in Auftrag gegebenen Ersatzvornahme. Die Zulässigkeit dieser Bürgschaft steht für Javolen außer Frage. Teils wird angenommen, Javolen setze voraus, dass auch der Hauptschuldner neben dem Werkvertrag eine auf einen entsprechenden Geldbetrag gerichtete Stipulation abgeschlossen habe.[172] Der Text gibt hierfür allerdings kein Anzeichen; als Hauptschuld genügt die Verbindlichkeit aus der *locatio conductio.*

Indem die Parteien die Haftung des Bürgen über die Kosten des Ersatzgeschäfts bestimmen, beschreiten sie einen sicheren Weg, um das Interesse des Gläubigers an der Hauptschuld zu quantifizieren. Dieselbe Funktion übernimmt bei den *merces* deren Marktpreis. Vielleicht war das für die Zulässigkeit dieser

---

Novation der auf Leistung des *fundus Cornelianus* gerichteten Stipulation durch das Versprechen seines Wertes in Papinian D. 46,2,28.

172 Eine entsprechende Stipulation des Hauptschuldners postuliert Talamanca Temis 21 (1967) 287 Fn. 35, der sich hierfür schon auf die Ausdeutung des *casus* der Stelle durch Francescus Accursius berufen kann: Petrus ab area Baudoza Cestius (Hg.), Universi iuris civilis in quatuor tomos distributi corpus, Lyon 1593, Band 2, Sp. 2353. Auch Eckardt, Iavoleni epistulae, 52, nimmt – etwas unspezifisch – an, dass der Werkunternehmer sich gesondert „verpflichtete […], für die durch die Weitervergabe des Auftrags entstehenden Mehrkosten Ersatz zu leisten". Sturm, Stipulatio Aquiliana, 209 Fn. 340, bleibt unentschieden.

Bürgschaften wesentlich. Die strikte Entscheidung Javolens mag das Bedürfnis reflektieren, zu gewährleisten, dass der Bürge nicht stärker belastet wird, als der Hauptschuldner bei Inanspruchnahme belastet würde.

V. Fazit

Die in D. 45,1,91,6 auf die Novation bezogenen Zweifel *(neque hominem qui non est neque pecuniam quae non debetur stipulari possumus)* gebieten, auch für das *constitutum* und die Bürgschaft die beiden denkbaren Gegenstände – den inzwischen verstorbenen Sklaven und seinen Schätzwert als Lebenden – in Betracht zu ziehen.

Beispiele für eine Bürgschaft nach Untergang des Schuldgegenstandes fehlen. Wer in dem novationsweisen Versprechen eines untergegangenen Gegenstandes kein Problem sieht, wird auch dessen Versprechen zwecks *sponsio* oder *fideipromissio* billigen. Dass in D. 45,1,91,6 trotz der Bedenken gegenüber der Novation keine Zweifel an der Wirksamkeit der Bürgschaft artikuliert werden, mag mit der Natur der *fideiussio* zusammenhängen, wie sie Flume beschrieben hat: als Garantie fremder Schuld, nicht Versprechen einer Leistung.[173] Darum musste § 6 sich mit der Frage gar nicht befassen, ob auf eine *fideiussio* ausgewichen werden konnte, die mit dem Geldwert des Sklaven für die Hauptschuld einstand. Allerdings behandelte der ursprüngliche Text wie in den §§ 4 und 5 vermutlich auch hier nicht allein die jüngste Bürgschaftsform. Folgt man der von Paulus zur Novation angestellten Überlegung und nimmt auch die Bürgschaft durch Versprechen des Geldwertes in den Blick, so stößt man auf D. 46,1,42 und 44.[174] Javolen hält die Bürgschaft (vermutlich die *fideiussio*) mit Ware für Geld für unwirksam, jedoch die mit Geld für Ware ebenso für wirksam wie die mit dem Preis, zu dem ein geschuldetes Werk bei einem anderen Unternehmer in Auftrag gegeben werde. Diese Begrenzung mag dem Zweck dienen, dass der Bürge nicht mehr zahlt, als der Hauptschuldner bei Verurteilung zahlen müsste.

Die Probleme, die in § 6 für die Novation angesprochen werden, werden durch kein anderes Zeugnis belegt. Schon Sabinus hat anscheinend die Stipulation eines verstorbenen Sklaven anerkannt (Paulus D. 45,1,83,7)[175]. Dass es für die bedingte Novationsstipulation kein Hindernis darstellt, wenn der Schuldgegenstand bei schwebender Bedingung untergeht, bestätigen neben

173 Vgl. oben IV.1 (285).
174 Vgl. soeben 290 ff.
175 Vgl. für den Text oben 240 ff.

Venuleius D. 46,2,31 pr. auch die Stellungnahmen von Marcellus und Ulpian, die nur deswegen keine neue Obligation entstehen lassen, weil sie den Verzug als bereinigt ansehen.[176] Was die Novation durch Versprechen des Geldwertes anbelangt, so steht Aussage gegen Aussage: Im Gegensatz zu D. 45,1,91,6 erlaubt Papinian in D. 46,2,28 die Novation der Schuld eines Grundstücks, das sogar noch existiert, durch das Versprechen von *quanti fundus est,* sofern dies *novandi animo facta est.*[177]

Dass ein Sklave unter *pecunia constituta* fallen konnte, erscheint trotz Julian D. 13,5,23 als unglaubhaft.[178] Hingegen wird Julian damit schon vor Ulpian D. 13,5,1,5 erlaubt haben, *aliud pro debito,* nämlich Geld statt des geschuldeten Sklaven zuzusagen.[179] Wie später bei Paulus D. 13,5,21 pr. ist der Tod des Sklaven hier zwar Teil der Fallschilderung, aber nicht Bedingung für die Lösung. Nur diese Entscheidung Julians über die Klagbarkeit der Erfüllungszusage berührt den Hinweis aus D. 45,1,91,6, wonach Julian die Novation nach Versterben des Sklaven gebilligt habe. Dass § 6 gar das aufgrund prätorischen Rechts der Novation ebenbürtige *constitutum* meinen könnte, mag man nicht glauben, doch könnte Julian im Zusammenhang auch die zivile Novation behandelt haben.

In D. 45,1,91,6 wird das *dubitationis est* [...] *ego puto novationem fieri posse, si hoc actum inter partes sit, quod et Iuliano placet* meist so aufgefasst, dass der kommentierte Plautius zweifelte, während Paulus die Novation im Gefolge Julians gelten lässt.[180] Vorstellen lässt sich aber auch die umgekehrte Entwicklung. Julian, sogar Paulus selbst mag der erste Zweifler gewesen sein, falls Plautius die Novation aussparte oder sich (gegebenenfalls unter Beifall Julians) apodiktisch für ihre Zulässigkeit aussprach.

Als originärer Bezugspunkt der Zweifel ist das Verstorbensein des Sklaven wahrscheinlich. Denn bei der Novation nach dessen Tod wird man zunächst eine Novation durch Versprechen des Toten in Betracht gezogen haben. Dafür spricht neben Paulus/Sabinus D. 45,1,83,7 auch das Ergebnis des dritten Kapitels, wonach der Tote weiterhin Schuldinhalt bleibt. Dementsprechend steht auch das *adhuc homo peti possit* im Zentrum der Effekte der *constitutio veterum.* Dass ein Toter versprochen wird, bereitet dem Verfasser Unbehagen; nur deswegen macht er sich auf die Suche nach der Alternative, statt des Sklaven den nicht

176 Vgl. das Zwischenergebnis zur Novation durch Stipulation des untergegangenen Gegenstandes oben II.1.c (260 ff.).

177 Vgl. das Zwischenergebnis zur Novation durch Stipulation des Geldwertes oben II.2.e (277).

178 Vgl. zum *constitutum,* den Sklaven zu leisten, oben III.1 (278 ff.).

179 Vgl. zum *constitutum,* den Geldwert zu leisten, oben III.2 (282 ff.).

180 So etwa Daube SZ 66 (1948) 124 f.; Frezza St. Biondi (1956) I 256; Bonifacio, Novazione, 104 f.; Talamanca Temis 21 (1967) 280 mit Fn. 21.

geschuldeten Geldwert zu versprechen. Deswegen erweckt die *fideiussio* keine Beschwerden, weswegen eine Bürgschaft mit dem Geldwert der Hauptschuld nicht thematisiert werden muss.

Die Lösung *ego puto novationem fieri posse* lässt erkennen, dass es dem Text nicht darum geht, ein bestimmtes Formular als für die Novation tauglich herauszustellen.[181]

Dass *si hoc actum inter partes sit* eine besondere Bedingung für die Wirksamkeit der Novation gerade nach Untergang des Schuldgegenstandes aufstellt, wird dadurch unwahrscheinlich gemacht, dass Paulus/Sabinus D. 45,1,83,7 sowie die Quellen zum Sachuntergang während schwebender Novationsbedingung solch ein Kriterium nicht kennen.[182] Eher weist der Text hier nur auf den *animus novandi* als generelle Voraussetzung der Novation. Solch ein Hinweis muss nicht interpoliert sein.[183]

Nach alledem wird es Zeit, zu den Stimmen Stellung zu nehmen, welche die Anerkennung der Novierbarkeit der perpetuierten Obligation durch D. 45,1,91,6 den Klassikern absprechen.[184] Steiner rügt, dass der Text die Zweifelsgründe im Indikativ referiert *(neque … neque … possumus)*.[185] Doch klafft kein unüberbrückbarer Gegensatz zum affirmativen Ergebnis. Bonifacio erklärt den Text so, dass Plautius die Novation ablehnte und die beiden Regeln aufstellte, die Paulus in seinem Kommentar wörtlich wiedergibt, ohne ihnen beizupflichten.[186] Wahrscheinlicher sprechen die beiden Sätze Prinzipien aus, die für Paulus als

---

181 Zutreffend also Sturm SZ 83 (1966) 81f. und 87 sowie Stipulatio Aquiliana, 205; vgl. oben Fn. 6.

182 Anders Cannata FS Mayer-Maly (2002) 98, demzufolge die Kompilatoren mit *si hoc actum inter partes sit* die Darstellung einer besonderen Novationsformel ersetzt hätten (Cannata: „di cui non oso proporre una ricostruzione"), die in spezifischer Weise der Situation der perpetuierten Obligation Rechnung trug. Anders auch Sturm SZ 83 (1966) 84, der meint, die Wendung fordere hier den Abschluss der Novation *inter easdem partes*. Wieder anders Frezza St. Biondi (1965) I 257, Apathy, Animus, 234f. sowie Babusiaux, Id quod actum, 111, nach denen mit *si hoc actum sit* an dieser Stelle die Kenntnis der Parteien vom Sachuntergang für nötig erklärt werde.

183 So auch Reichard, Delegation, 110, sowie Lambrini, Novazione, 85.

184 So unter anderen Steiner, Datio in solutum, 37f. Fn. 3; Mayer-Maly Iura 7 (1956) 22f.; Hägerström, Verbalobligation, 240ff. (der meint, Paulus müsse wie Venuleius von Sachuntergang während der Schwebezeit einer bedingten Novationsstipulation gehandelt haben).

185 Steiner, Datio in solutum, 37f. Fn. 3. Sturm SZ 83 (1966) 81 erwägt, dass *possumus* für *possimus* verschrieben wurde oder schon Paulus nur fremde Meinung referieren wollte und doch nicht im Konjunktiv schrieb, da „grammatikalische Feinheiten der ciceronianischen Zeit von den Juristen des 2. Jh.s n. Chr. nicht mehr als Regel beachtet wurden". – Darüber hinaus stört sich Steiner daran, dass der Text keine Formelfassung anbietet (dazu soeben Fn. 181) und meint, Gaius 3,177 hätte erwähnt, wenn als *aliquid novi* die Ersetzung der Leistung durch ihren Geldwert zulässig gewesen wäre. Dazu oben Fn. 91.

186 Bonifacio, Novazione, 104f. Dasselbe erwägt Sturm SZ 83 (1966) 81.

solche aufrecht stehen, obwohl er der *perpetuatio obligationis* eine Ausnahme einräumt.[187]

Damit bleibt als Kritikgrund nur die Annahme, dass „in der Novationsfrage das naturalistische Argument, der Sklave sei tot und damit ein Nichts, nicht überwunden werden [konnte]" (MAYER-MALY), also die Regel *impossibilium nulla obligatio.*[188]

Einer darauf gestützten Korruptionsvermutung ist aber der Boden dadurch entzogen, dass nach Paulus D. 45,1,83,7 bereits Sabinus die Stipulation eines verstorbenen Sklaven für wirksam hielt. Nach der hier vorgenommenen Analyse sind es eher die Zweifelsgründe, die D. 45,1,91,6 in Konflikt mit dem übrigen Quellenmaterial setzen, als ihre Überwindung. Nur D. 45,1,91,6 bezeugt die Unwirksamkeit der Novation durch Versprechen des Geldwertes, und nur dieser Text nennt den Tod eines Sklaven als Problem für die Novation der auf ihn gerichteten Verbindlichkeit. Dies spricht dafür, dass die Zweifel nicht alt, sondern jüngeren Datums sind.

187 Auch dies zieht STURM SZ 83 (1966) 81 in Betracht; REICHARD votiert dafür (Delegation, 109 Fn. 17).

188 MAYER-MALY Iura 7 (1956) 23, ebenso HÄGERSTRÖM, Verbalobligation, 240 ff.

Fünftes Kapitel: Zum Begriff der Unmöglichkeit in der römischen Rechtslehre

I. Der Zusammenhang zwischen *perpetuatio obligationis* und Unmöglichkeitsdenken

Das dritte Kapitel hat zu dem Ergebnis geführt, dass sich strengrechtliche Obligationen trotz Untergangs des Leistungsgegenstandes grundsätzlich nach wie vor auf diesen selbst richteten und dass es sich hierbei um eine Selbstverständlichkeit aus ältesten Zeiten handelte. Das vierte Kapitel hat keine weiteren Zeugen für die Bedenken aufgetan, welche Paulus gegenüber der Wirksamkeit der Novationsstipulation artikuliert und damit begründet, dass ein Toter nicht versprochen werden könne. Die Zweifel an den Effekten der *culpa* und das Bedürfnis, sie mit der Autorität der *veteres* zu rechtfertigen, erscheinen nicht althergebracht, sondern jung. Damit deutet sich eine Entwicklung darin an, wie die römischen Juristen die von Paulus als Effekte der *constitutio veterum* beschriebenen Phänomene begriffen. Die Vermutung einer solchen Entwicklung findet eine Stütze in der komplementären Entwicklung eines Nachdenkens über die Unmöglichkeit der Leistung.

Jede Deutung von D. 45,1,91 hängt untrennbar mit der Auffassung davon zusammen, in welchem Maße und wie die Römer über Unmöglichkeit der Leistung nachdachten. Der Text berührt das moderne Konzept der Unmöglichkeit in verschiedener Hinsicht.

Die Tatbestände, für die die Verewigung angeordnet wird, lassen sich als Situation nachträglicher Unmöglichkeit der Erfüllung qualifizieren. Die Modelle, um das *adhuc homo peti possit* mit den verschiedenen Annahmen über das römische Verständnis solcher Situationen zu harmonsieren, wurden schon im zweiten Kapitel bei der Durchsicht des Forschungsstandes offenbar. Wer der Unmöglichkeit der Leistung keine Rolle im römischen Verständnis der Obligation zuerkennt, für den bietet sich an, die Fälle der *perpetuatio* als Zeugnis dafür heranzuziehen, dass das römische Recht die auf ein unmögliches Sollen gerichtete Obligation kennt. Wer hingegen davon ausgeht, dass Verbindlichkeiten in Rom kein unmögliches Sollen beinhalten können, deutet die *perpetuatio obligationis* entweder als materiellrechtliche Ausnahme von dieser Regel oder als prozessuales Hilfsmittel zu ihrer Umgehung. Dass es zur Erzielung dieses Effekts einer besonderen *constitutio veterum* bedarf, belegt nach der letztgenannten Sichtweise die grundsätzliche Geltung der Regel.

Dass Bürgschafts- und Novationsstipulation wirken, obwohl ihr Gegenstand bereits bei Abgabe der Stipulation untergegangen ist, tangiert zudem die Vorstellungen über die Handhabung von Situationen anfänglicher Unmöglichkeit. Unterschiedliche Überzeugungen von der Rigidität des Grundsatzes, dass eine nicht existierende Sache nicht versprochen werden kann, lassen die Entscheidung pro Novation als bezüglich des toten Sklaven undenkbar und folglich interpoliert oder auf den Geldwert der Leistung bezüglich erscheinen, oder sie machen sie zu einer unterschiedlich tief empfundenen Ausnahme, die sich in dem Bild spiegelt, das der Rezipient sich von Autorität und Wirkung der *constitutio veterum* macht.

Das nachfolgend dargebotene Panorama ist getragen von der Idee einer in der klassischen Jurisprudenz einsetzenden Dogmatisierung, die nach und nach an dem aus der griechischen Philosophie übernommenen Term der Unmöglichkeit kristallisiert. Einige Anzeichen sprechen dafür, dass am Ende dieser Entwicklung der Umstand, dass etwas nicht gegeben oder gemacht werden kann, nicht mehr nur dem Versprechen einer solchen Leistung grundsätzlich entgegensteht. Vermutlich empfinden die spätklassischen Juristen ihn vielmehr auch als Hindernis dafür, dass eine solche Leistung geschuldet bleibt. Damit macht dieser Prozess verständlich, dass die Phänomene aus D. 45,1,91,6 bei Paulus einer Rechtfertigung bedürfen, die zuvor überflüssig war.

Vor der Begriffsgeschichte sei kurz die Wortgeschichte in Erinnerung gerufen. Seit Scialoja findet allgemeine Beachtung, dass die Vokabeln *possibilis, impossibilis, impossibilium* nicht vor dem ersten Jahrhundert nach Christus als Übersetzungen aus dem Griechischen in die lateinische Sprache Einzug hielten.[1] Erstmals ist *possibilis* beim Redner Quintilian nachgewiesen, nach dem es sich um eine harte, aber die einzig verfügbare Übersetzung des griechischen *δυνατόν* handele: *δυνατόν, quod nostri ‚possibile' nominant: quae ut dura videatur appellatio, tamen sola est.*[2] Quintilian benennt mit *possibile* den neben *honestum* und *utile* dritten Gesichtspunkt, an den der Redner appelliert, um zu überzeugen (vgl. 3,8,22).[3]

Rabel hat aus der Verwendung von ἀδύνατος in der Metaphysik und Logik darauf schließen wollen, dass damit stets das in der Welt und im Denken schlechthin Unmögliche

1 Vgl. die Auskunft von Wölfflin bei Scialoja BIDR 14 (1901) 26 f.; dazu schon im zweiten Kapitel bei Fn. 105.

2 Quintilian, *Institutio oratoria* 3,8,25. Zu Servius in Alfen D. 28,5,46 siehe sogleich, 306 ff.

3 Irrig Arp, Anfängliche Unmöglichkeit, 78 (*possibile* bei Quintilian als „dritte logische Kathegorie bei Urteilen über zukünftige Ereignisse"), mit Korrektur von Schermaier AUPA 51 (2006) 252 Fn. 48.

bezeichnet sei.[4] Was die Logik betrifft, so wird entgegen RABEL[5] die bei Diogenes Laertios 7,75 wiedergegebene Position des Stoikers Chrysippus mitunter so rekonstruiert, dass nicht nur unmöglich sei, was nicht wahr sein könne, sondern auch, was nur durch die Umstände gehindert werde, wahr zu sein.[6] Vor allem kennt – darauf hat WOLLSCHLÄGER aufmerksam gemacht – auch die Ethik das Unmögliche und beschreibt so (schwächer) eine für das konkrete Subjekt nicht durchführbare Handlung.[7]

II. Möglichkeit und Unmöglichkeit in der Lehre von der Bedingung

Vor den Überlegungen zur Unmöglichkeit der Leistung steht ein Überblick über den Umgang der Römer mit Möglichkeit und Unmöglichkeit von Bedingungen. Das erscheint schon deswegen opportun,[8] weil das Konzept der Möglichkeit und Unmöglichkeit im Bedingungsrecht als Erstes und am häufigsten begegnet.[9] Vor allem wird auf diesem Gebiet plastisch, wie die Juristen die Unmöglichkeit als Baustein für die Formulierung von Lehrsätzen verwenden.

1. Unmögliche Bedingungen bei der Stipulation

Die klassische Unterrichtsliteratur erklärt Stipulationen, die unter einer unmöglichen Bedingung stehen, für unwirksam.

a. Lehrsätze

So lehrt Venuleius die Unwirksamkeit von Stipulationen unter einer *condicio, quae natura impossibilis est.*

---

4 Vgl. Mél. Gérardin (1907) 507 ff.

5 Mél. Gérardin (1907) 498.

6 So liest ganz selbstverständlich WINKLER, Mathematik und Logik, 173 (mit LONG/SEDLEY). Auch BACKHAUS, Casus perplexus, 164 f., gelangt (unter Verweis auf KNEALE) in nicht nachvollziehbarer Weise zu diesem Verständnis, obwohl er selbst die traditionelle Textfassung abdruckt und in Fn. 31 übersetzt. Anders die Übersetzung von APELT.

7 WOLLSCHLÄGER Symp. Wieacker (1970) 156 ff. WOLLSCHLÄGER kann dafür auf Aristoteles EN III, 5 (1112b 24–27) verweisen: „Und wenn man auf etwas Unmögliches stößt, so verzichtet man, etwa wenn man Geld braucht und sich dies nicht zu beschaffen vermag. Wenn es sich aber als möglich erweist, dann beginnt man zu handeln" (Übersetzung von GIGON).

8 MAYER-MALY hatte MEDICUS nahegelegt, die Lehre von der unmöglichen Bedingung in seine Studie zur Leistungsunmöglichkeit einzubeziehen: SZ 86 (1969) 75 f. Fn. 27. Beherzigt hat den Rat ARP, Anfängliche Unmöglichkeit, 82 ff.

9 Dies zeigt sich auch an der Verwendung der Wörter. Nach WOLLSCHLÄGER tritt *impossibilis* in den Digesten 40 Mal auf, wobei 25 Nennungen die unmögliche Bedingung betreffen (Unmöglichkeitslehre, 16 Fn. 46, unter Rückgriff auf RABEL Mél. Gérardin 491).

Venuleius D. 45,1,137,6 (1 *stipulationum*)

Cum quis sub hac condicione stipulatus sit, si rem sacram aut religiosam Titius vendiderit vel forum aut basilicam et huiusmodi res, quae publicis usibus in perpetuam relictae sint: ubi omnino condicio iure impleri non potest vel id facere ei non liceat, nullius momenti fore stipulationem, proinde ac si ea condicio, quae natura impossibilis est, inserta esset. nec ad rem pertinet, quod ius mutari potest et id, quod nunc impossibile est, postea possibile fieri: non enim secundum futuri temporis ius, sed secundum praesentis aestimari debet stipulatio.	Wenn jemand sich etwas unter der Bedingung hat versprechen lassen, dass Titius eine heilige oder geweihte Sache verkaufen werde oder das Forum oder eine Markthalle oder Sachen dieser Art, die für immer dem öffentlichen Gebrauch überlassen sind: Wo die Bedingung von Rechts wegen auf keinen Fall erfüllt werden kann oder ihm [dem Titius] nicht erlaubt ist, dies zu tun, habe die Stipulation keine Wirkung, ebenso wie wenn eine Bedingung, die von Natur aus unmöglich ist, eingefügt würde. Und es gehört nicht zur Sache, dass Recht geändert werden und das, was heute unmöglich ist, später möglich gemacht werden kann: Denn die Stipulation muss nicht nach dem Recht einer späteren Zeit, sondern nach dem der Gegenwart beurteilt werden.

Venuleius stellt die unmöglichen Bedingungen denjenigen gleich, die aus Rechtsgründen nicht herbeigeführt werden können oder deren Herbeiführung verboten ist *(proinde ac si)*. Im letzten Satz erscheint das Widerrechtliche hingegen als Unterfall des Unmöglichen. Vielleicht kommt hierin zum Ausdruck, dass die Qualifikation als *impossibilis* bereits die rechtliche Würdigung in sich trägt: wirkungslos, weil offenbar eine Zumutung für das Recht.[10] Dass es bei Veränderungen auf den Zeitpunkt der Stipulation ankommen soll, gibt der Regel praktische Relevanz: Bleibt die Bedingung unmöglich, so wird sie ohnehin nicht eintreten und die Stipulation nicht wirksam werden; dafür wäre nicht erforderlich, das Geschäft für unwirksam zu erklären.

Solche Hinweise auf einen praktischen Hintergrund fehlen bei Gaius, der die unmögliche Bedingung in 3,98 ebenfalls im Kontext der Stipulation erörtert: *Item si quis sub ea condicione stipuletur, quae existere non potest, velut SI DIGITO CAELUM TETIGERIT, inutilis est stipulatio.* Er knüpft einen Exkurs zur unmöglichen Bedingung im Testament an, in dem er die Bedingung seines Beispiels als *condicio impossibilis* kennzeichnet.[11] Dieses praxisferne Beispiel einer offenkundig menschenunmöglichen Bedingung – „wenn

10 Vgl. zur *condicio impossibilis* Gaius 3,98 (unten Fn. 11 und Fn. 69) und Inst. 3,19,11 (Fn. 16); im Vergleich zum Sprachgebrauch bei unmöglichen Leistungen nochmals vor Fn. 117.

11 Siehe unten Fn. 69. Vgl. zur Stipulation auch Gaius D. 44,7,1,11 (2 *aureorum*): *Item sub impossibili condicione factam stipulationem constat inutilem esse.* – Hingegen spricht die *Gai Epitome* 17,6 = 2,9,6 nüchtern von der Schwierigkeit der Sache: *Praeterea inutilis est promissio, si aliquis rem sub tali condicione promittat, quae impleri pro rei difficultate non possit.*

Du mit den Fingern den Himmel berührst" – erscheint für die Ausbildungsliteratur typisch.[12]

Eine Begründung für die Unwirksamkeit nicht nur von Stipulationen, sondern von allen *contractus,* denen eine *condicio impossibilis* beigefügt ist, formuliert Maecian D. 44,7,31 (2 *fideicommissorum*):[13] Parteien, die die Unmöglichkeit kannten, gingen ohne Zweifel davon aus, dass ihr Geschäft gar nichts bewirke. Die selbstverständliche Offenkundigkeit deutet darauf, dass auch Maecian mit der *condicio impossibilis* nur die von vorneherein absurde Bedingung meint.

Während sich bei Paulus keine abstrakten Ausführungen zur unmöglichen Bedingung finden,[14] entwickelt Ulpian Ansätze zu einer systematischen Lehre der unmöglichen Bedingung. Er unterscheidet in D. 45,1,7 (6 *ad Sabinum*) danach, ob die Bedingung an ein Tun oder ein Unterlassen anknüpft: *Impossibilis condicio cum in faciendum concipitur, stipulationibus obstat: aliter atque si talis condicio inseratur stipulationi SI IN CAELUM NON ASCENDERIT:*[15] *nam utilis et praesens est et pecuniam creditam continet.* Nur im ersten Fall sei die Stipulation – wie Venuleius und Gaius gelehrt hatten – unwirksam. Die negativ formulierte Bedingung hingegen gelte als eingetreten. Diese Unterscheidung Ulpians hat Justinian in Inst. 3,19,11 übernommen.[16]

12 Es begegnet erstmals in dieser Zeit, außer bei Gaius auch bei Pomponius D. 28,3,16 (304 f.). Vgl. auch in Fn. 71 die Kritik von Wieling. – Zu den literarischen Wurzeln des Beispiels und seiner übertragenen Bedeutung (als Beschreibung eines Gefühlszustandes, etwa: über den Wolken Schweben) Hallebeek Op. de Groot (1985) 119 f.

13 Maecian D. 44,7,31 (2 *fideicom.*): *Non solum stipulationes impossibili condicioni adplicatae nullius momenti sunt, sed etiam ceteri quoque contractus, veluti emptiones locationes, impossibili condicione interposita aeque nullius momenti sunt, quia in ea re, quae ex duorum pluriumve consensu agitur, omnium voluntas spectetur, quorum procul dubio in huiusmodi actu talis cogitatio est, ut nihil agi existiment adposita ea condicione, quam sciant esse impossibilem.*

14 Man stößt allerdings auf Paulus D. 46,1,29 (18 *ad ed.*): *Si sub impossibili condicione stipulatus sim, fideiussor adhiberi non potest* sowie in D. 45,1,8 (2 *ad Sab.*) auf das Schulbeispiel des Himmelberührens (dazu sogleich unter b).

15 Hallebeek Op. de Groot (1985) 121, vermutet einen Bezug des Beispiels zu Apg. 1,9 („Als er das gesagt hatte, wurde er vor ihren Augen emporgehoben, und eine Wolke nahm ihn auf und entzog ihn ihren Blicken").

16 Inst. 3,19,11: *Si impossibilis condicio obligationibus adiciatur, nihil valet stipulatio. impossibilis autem condicio habetur, cui natura impedimento est, quo minus existat, veluti si quis ita dixerit: SI DIGITO CAELUM ATTIGERO, DARE SPONDES? at si ita stipuletur, SI DIGITO CAELUM NON ATTIGERO, DARE SPONDES? pure facta obligatio intellegitur ideoque statim petere potest.* Vgl. auch Inst. 3,19,14 zur *stipulatio praepostera* als einer besonderen Art unsinniger Bedingung; dazu unten 322.

b. Entscheidungen zu negativen Bedingungen

Es wurde bereits angesprochen, dass die praktische Bedeutung einer Unwirksamkeit von Geschäften, die unter einer Bedingung stehen, welche ohnehin nicht eintreten wird, nicht auf der Hand liegt. Dementsprechend fehlen Fallentscheidungen.[17] Die Nichterfüllbarkeit spielt allerdings eine Rolle in manchen Fällen, denen eine negativ gefasste Bedingung zugrunde liegt.

Die von Ulpian hierfür vorgeschlagene Sonderbehandlung – sofortige Verbindlichkeit der Stipulation – erscheint zwar auf den ersten Blick logisch. Doch Ulpian selbst wendet seine Lehre nicht strikt an. In D. 45,1,69 (7 *ad edictum*) erklärt derselbe Jurist eine Strafstipulation für effektlos, wenn der zu stellende oder zu leistende Sklave bereits verstorben war: *nec poeana rei impossibilis committetur.* Wie oben dargestellt, unterstellt Ulpian die Strafstipulation damit dem Regime einer Leistungsstipulation, weil sie deren Funktion erfüllt.[18]

Nicht ohne weiteres als eingetreten gilt die negative Bedingung auch in solchen Fällen, in denen ihr immerhin noch die Funktion einer Befristung zukommt. Dieses Problem erörtert Paulus D. 45,1,8:

Paulus D. 45,1,8 (2 *ad Sabinum*)

In illa stipulatione: SI KALENDiS STICHUM NON DEDERIS, DECEM DARE SPONDES? mortuo homine quaeritur, an statim ante kalendas agi possit. Sabinus Proculus exspectandum diem actori putant, quod est verius: tota enim obligatio sub condicione et in diem collata est et licet ad condicionem committi videatur, dies tamen superest. sed cum eo, qui ita promisit: SI INTRA KALENDAS DIGITO CAELUM NON TETIGERIT, agi protinus potest. haec et Marcellus probat.

Bei jener Stipulation: „Versprichst Du, 10 zu zahlen, wenn du mir zu den Kalenden den Stichus nicht gegeben haben wirst?" fragt sich, ob nach dem Tod des Stichus sogleich, also noch vor den Kalenden geklagt werden kann. Sabinus und Proculus glauben, dass der Kläger die Frist abwarten muss, was richtiger ist. Denn die ganze Obligation ist nicht nur unter eine Bedingung, sondern zugleich unter eine Frist gestellt, sodass, auch wenn sie hinsichtlich der Bedingung als verfallen erscheint, gleichwohl die Frist übrigbleibt. Derjenige aber, der so versprochen hat: „Wenn ich bis zu den Kalenden nicht den Himmel mit einem Finger berührt haben werde", kann sofort verklagt werden. Dem stimmt auch Marcellus zu.

Den Ausgangsfall bestimmt die Erwägung, dass dem Promittenten die Frist auch dann zugutekommen soll, wenn der Bedingungseintritt bereits feststeht.[19]

17 Eine Ausnahme bildet Ulpian D. 12,1,9,6 (26 *ad ed.*): *Item quaeri potest et si, quod tibi numeravi, sub impossibili condicione stipuler: cum enim nulla sit stipulatio, manebit condictio.* Die Unwirksamkeit ist hier praktisch bedeutsam, weil sie auch die zerstörerische Wirkung der Novationsstipulation vermeidet. Vgl. zum Konnex Gaius 3,179 gegen Servius, 243 ff.

18 Vgl. im dritten Kapitel, 137.

19 Ebenso entscheiden Pomponius D. 45,1,27,1 (22 *ad Sab.*): *Si stipulatus hoc modo fuero: SI INTRA BIENNIUM CAPITOLIUM NON ASCENDERIS, DARI?, non nisi praeterito biennio*

Für den Schulfall der offenkundig menschenunmöglichen Bedingung (hier ins Negative gekehrt) schiebt Paulus diese Überlegung aber mit Marcellus beiseite. Solch eine unsinnige Bedingung lassen beide ganz außer Acht; die Obligation wirkt – trotz der aufgenommenen Frist – sofort unbedingt. Das Recht ignoriert die Bedingung, als sei sie nicht geschrieben.

Die Nichterfüllbarkeit von Bedingungen spielt außerdem eine Rolle bei der Beantwortung der Frage, wie lange ein Unterlassen andauern muss, damit eine Bedingung eintritt, die unspezifisch daran geknüpft ist, dass der Versprechende etwas nicht tut. Papinian D. 45,1,115 pr.-2 (2 *quaestionum*) berichtet, dass die Stipulation nach Sabinus verfallen soll, sobald der Promittent hätte handeln können, nach Pegasus erst dann, wenn feststeht, dass er nicht mehr wird handeln können. Schon Quintus Mucius soll nach dem ersten Kriterium über die *penus legata* entschieden haben.[20]

Papinian unterscheidet vermutlich danach, ob der Gläubiger an der unterlassenen Handlung ein Interesse hat, sodass sie eine Leistung an ihn darstellt. In § 1 untersucht Papinian zunächst Bedingungen, deren Eintritt dem Gläubiger an sich gleichgültig sein wird: dass der Versprechende nicht auf das Kapitol steigt oder nicht nach Alexandrien reist. Diese Stipulationen verfallen nicht schon, sobald er diese Handlungen erstmals hätte vornehmen können, sondern erst, sobald feststeht, dass er sie nicht mehr vornehmen kann. Bei den in § 2 erörterten Fällen ist demgegenüber das Unterlassen einer Leistung zur Bedingung gemacht, sodass die Stipulation die Funktion einer Vertragsstrafe hat.[21] Pegasus macht keinen Unterschied und lässt die Strafe erst verfallen, wenn die Leistung nicht mehr erbracht werden kann. Sabinus allerdings vertrat die Auffassung, dass die Klage sofort zustehe, sobald der Versprechende den Sklaven übereignen konnte, und es an ihm lag, wenn er ihn nicht übereignete. Er berief sich

---

recte petam und Papinian D. 45,1,124 (2 *def.*): *INSULAM INTRA BIENNIUM ILLO LOCO AEDIFICARI SPONDES? ante finem biennii stipulatio non committitur, quamvis reus promittendi non aedificaverit et tantum residui temporis sit, quo aedificium extrui non possit: neque enim stipulationis status, cuius dies certus in exordio fuit, ex post facto mutatur. idque et in stipulatione iudicio sistendi causa facta placuit, scilicet ut ante diem stipulatio non committatur, si certum esse coeperit parere stipulationi residuo tempore non posse.* – Hingegen behandelt Pomponius D. 45,1,10 (3 *ad Sab.*) eine negative Bedingung, die auf das Verhalten eines Dritten vor einem bestimmten Termin abstellt, schon dann als eingetreten, wenn feststeht, dass der Dritte sich nicht so verhalten wird: *Hoc iure utimur, ut ex hac stipulatione: SI LUCIUS TITIUS ANTE KALENDAS MAIAS IN ITALIUM NON VENERIT, DECEM DARE SPONDES? non ante peti quicquam possit, quam exploratum sit ante eam diem in Italiam venire Titium non posse neque venisse, sive vivo sive mortuo id acciderit.*

20 Der lange Text ist hier nicht abgedruckt. Überzeugende Auslegung bei Knütel, Stipulatio poenae, 120 ff., zur Echtheit des Schlusses dort 284 ff.; in Übereinstimmung mit Voci Scr. Giuffrè (1967) I 858–880. Vgl. jetzt auch Sicari, Pena, 47 ff. – Zu einem Teilproblem vgl. bereits im vierten Kapitel bei Fn. 113.

21 Knütel fasst allerdings auch die Beispiele des § 1 unter diesen Begriff, vgl. Stipulatio poenae, 122 f.

hierfür auf die entsprechende Entscheidung des Mucius zum Vermächtnis des Lebensmittelvorrats.[22] Papinian hält die Entscheidung des Sabinus dann für richtig, wenn es sich um eine echte (unselbständige) Vertragsstrafe mittels Doppelstipulation handelt, und nicht nur, wenn im Fall eines Verstoßes die Strafe und zusätzlich die ursprüngliche Leistung geschuldet sind, sondern auch, wenn dann nur die Strafe anfällt. Bei einer selbständigen, also unechten Vertragsstrafe, bei der die eigentliche Leistung gar nicht versprochen ist, will er hingegen anscheinend mit Pegasus votieren. Vor dem Hintergrund dieser Ausführungen steht die Entscheidung zum Vademonium im *principium*. Weil es sich nicht um eine Doppelstipulation handelt, verfällt die Strafe erst, sobald klar wird, dass der Versprechende sich (wohl: an dem ihm vom Gläubiger bezeichneten Tag) nicht mehr wird stellen können.

Der Sache nach bestimmen hier (nachträgliches) Möglichwerden und Unmöglichwerden des Handelns den frühest- und spätestdenkbaren Zeitpunkt, zu dem der Bedingungseintritt beurteilt wird.[23] Der lange Text benutzt zwar verschiedene konjugierte Formen von *(non) posse*, aber nirgends ein *(im)possibilis*. Charakteristisch sind diese Ausdrücke wohl – ebenso wie die Beispiele offensichtlich unerfüllbarer oder unvermeidbarer Bedingungen – für die regelhaften Formulierungen der Institutionenliteratur.

2. Unmögliche Bedingungen im Testament (sog. *regula Sabiniana*)

Reicher ist das Material für unmögliche Bedingungen im Testament. Bei Vermächtnissen soll nach Gaius 3,98 ein anderes Regime gelten als bei der Stipulation: *sed legatum sub inpossibili condicione relictum nostri praeceptores proinde deberi putant, ac si sine condicione relictum esset.* Was Gaius als Position seiner Lehrmeister kennzeichnet – und im Fortgang inhaltlich kritisiert –,[24] erscheint in den *Pauli Sententiae* als allgemeiner Grundsatz für Erbeinsetzungen: *Condicionum duo sunt genera: aut enim possibilis est, aut impossibilis: possibilis, quae per rerum naturam admitti potest, impossibilis, quae non potest: quarum ex eventu*

22 Dazu im dritten Kapitel, 212.

23 Das Unmöglichwerden als Endpunkt der längstdenkbaren Handlungsfrist, das in D. 45,1,145,1 über den Eintritt der Unterlassensbedingungen regiert, legt auch Julian D. 12,1,19 pr. (10 *dig.*) an, um zu bestimmen, wann aufgrund einer Vorleistung geklagt werden kann, die erbracht wurde, um eine Handlung des Empfängers zu erwirken: sobald sicher ist, dass diese nicht vorgenommen werden wird. – Zur allgemeineren Frage des Ausschöpfens von Fristen vgl. insb. den von Venuleius D. 45,1,138 pr. (4 *stip.*) berichteten Schulenstreit über die Bedeutung eines stipulierten Leistungszeitraums (hier: Markttage, *dies nundinarum*): Nach Sabinus kann am ersten Tag geklagt werden, nach Proculus und Venuleius erst, wenn der Markt beinahe vorüber ist.

24 Der ganze Text unten Fn. 69; dort dazu mehr.

altera expectatur, altera impossibilis submovetur (PS 3,4b,1).[25] Später verfügt Justinian in Inst. 2,14,10 für Erbeinsetzungen und Vermächtnisse gleichermaßen, dass die unmögliche Bedingung als nicht geschrieben gilt: *Impossibilis condicio in institutionibus et legatis nec non in fideicommissis et libertatibus pro non scripto habetur.* Man spricht heute von der *regula Sabiniana.*

a. Wurzeln bei Quintus Mucius? Pomponius D. 28,3,16

Die Regel findet sich im Kommentar des Pomponius zu Quintus Mucius Scaevola, was die Frage aufwirft, ob eine Diskussion darüber bis ins zweite Jahrhundert vor Christus zurückreicht. In dem lehrbuchhaften Text geht es um die Wirkungen einer Erbeinsetzung auf ein früheres Testament.

Pomponius D. 28,3,16 (2 *ad Quintum Mucium*)

Cum in secundo testamento heredem eum qui vivit instituimus sive pure sive sub condicione (si tamen condicio existere potuit, licet non exstiterit), superius testamentum erit ruptum. multum autem interest, qualis condicio posita fuerit: nam aut in praeteritum concepta ponitur aut in praesens aut in futurum. in praeteritum concepta ponitur veluti SI TITIUS CONSUL FUIT: quae condicio si vera est, id est si Titius consul fuit, ita est institutus heres, ut superius testamentum rumpatur: tum enim ex hoc heres esset. si vero Titius consul non fuit, superius testamentum non est ruptum. quod si ad praesens tempus condicio adscripta est herede instituto, veluti SI TITIUS CONSUL EST, eundem exitum habet, ut, si sit, possit heres esse et superius testamentum rumpatur, si non sit, nec possit heres esse nec superius testamentum rumpatur. in futurum autem collatae condiciones si possibiles sunt, existere potuerunt, licet non exstiterint, efficiunt, ut superius testamentum rumpatur,

Wenn wir in einem späteren Testament jemanden zum Erben einsetzen, der [zu diesem Zeitpunkt] lebt, so wird das frühere Testament als widerrufen gelten; sei es, dass die Erbeinsetzung unbedingt oder unter einer Bedingung erfolgt (wenn nur die Bedingung hat eintreten können, auch wenn sie nicht eintreten wird). Es hängt aber viel davon ab, was für eine Bedingung eingefügt wurde: denn sie kann entweder auf die Vergangenheit, auf die Gegenwart oder auf die Zukunft gefasst aufgestellt werden. Auf die Vergangenheit gefasst kann sie zum Beispiel lauten: „Wenn Titius Konsul gewesen ist". Wenn diese Bedingung wahr ist, das heißt wenn Titius Konsul gewesen ist, ist der Erbe so eingesetzt, dass das frühere Testament als widerrufen gilt. Dann wird nämlich aus diesem [bedingten Testament] der Erbe bestimmt. Wenn aber Titius nicht Konsul gewesen ist, gilt das frühere Testament nicht als widerrufen. Wenn aber der Erbeinsetzung eine auf die Gegenwart gefasste Bedingung beigefügt ist, zum Beispiel „Wenn Titius Konsul ist", so hat sie denselben Erfolg, dass, wenn sie vorliegt, er Erbe sein kann und das frühere Testament als wider rufen gilt, wenn sie nicht vorliegt, weder er Erbe sein kann noch das frühere Testament als widerrufen gilt. Auf die Zukunft gestellte Bedingungen hingegen

25 In § 2 folgen Ausführungen zu verbotenen Bedingungen, die wie bei Venuleius D. 45,1,137,6 (eben 299) den unmöglichen gleichgestellt werden: *Condiciones contra leges et decreta principum vel bonos mores adscriptae nullius sunt momenti: veluti SI UXOREMNON DUXERIS, SI FILIOS NON SUSCEPERIS, SI HOMICIDIUM FECERIS, SI LARVALI HABITU PROCESSERIS et his similia.*

etiamsi non extiterint: si vero impossibiles sunt, veluti TITIUS SI DIGITO CAELUM TETIGERIT, HERES ESTO, placet perinde esse, quasi condicio adscripta non sit, quae est impossibilis.

bewirken, wenn sie möglich sind, [also] haben eintreten können, auch wenn sie nicht eintreten werden, dass das frühere Testament als widerrufen gilt, auch wenn sie nicht eintreten werden. Wenn sie aber unsinnig sind, zum Beispiel: „Titius soll Erbe sein, wenn er mit dem Finger den Himmel berührt", so erscheint richtig, dass dasselbe gilt, als wenn die Bedingung nicht hinzugefügt wäre, die unsinnig ist.

Stehe die Erbeinsetzung unter einer auf die Zukunft gerichteten Bedingung, so sei das ältere Testament aufgehoben, und zwar unabhängig davon, ob die Bedingung eintritt oder nicht. Der Text macht für die Bedingung zunächst die Einschränkung: *si tamen condicio existere potuit, licet non exstiterit.* Man möchte fast den Gegensatz erwarten, dass die Erbeinsetzung unter einer Bedingung, die nicht eintreten kann, das ältere Testament unbeschadet lässt. Im Text des Pomponius jedoch folgt nicht diese Pointe, sondern im Gegenteil ganz am Ende unsere *regula,* wonach nicht die neue Erbeinsetzung, sondern deren Bedingtheit als nicht geschrieben gilt. Dass dies schon von Quintus Mucius herrührt, kann man wohl ausschließen: Sonst hätte man sich später für die Regel auf ihn berufen. Es ist aber auch nicht wahrscheinlich, dass Quintus Mucius die gegenteilige Entscheidung aussprach oder durch die Andeutung eines Umkehrschlusses in den Raum stellte.[26] Warum sollte Pomponius uns diesen Meinungsgegensatz vorenthalten?

Vielmehr wird erst der klassische Jurist die Differenzierung nach der Möglichkeit des Bedingungseintritts eingearbeitet haben. Denn der erste Satz des Textes, in dem man einen von Mucius stammenden Kern vermutet, zielt auf ein ganz anderes Problem, nämlich darauf ab, dass das erste Testament nur dann aufgehoben ist, wenn der im zweiten Testament stattdessen eingesetzte Erbe zum Zeitpunkt der Testamentserrichtung lebt. Die Ausführungen zur Bedingung wird Pomponius à propos hinzugefügt haben.[27]

26 Anders weite Teile der Literatur, die annehmen, dass der erste Satz des Textes einschließlich der Einschränkung hinsichtlich der Art der Bedingung von Quintus Mucius stammt und dieser damit darauf hinwies, dass er eine Erbeinsetzug unter unmöglicher Bedingung als nicht geschehen behandelt hätte: Scialoja BIDR 14 (1901) 15, Cosentini, Condicio, 88 f., Voci, DER II 611; Wieling SZ 87 (1970) 213 f.; MacCormack RIDA 21 (1974) 264 f. (für naturwidrige Begründungen à la *SI CAELUM TETIGERIT*); Cossa, Regula, 455 ff.

27 Gegen eine Überstrapazierung des Textes äußert sich auch Hallebeek Op. de Groot (1985) 119, indem er den Versuch zurückweist, aus D. 28,3,16 einen Gegensatz zwischen Quintus Mucius und Servius Sulpicius Rufus zu konstruieren und dies mit dem bei Gaius referierten Schulenstreit zu verbinden.

b. Wurzeln bei Servius?

Nach D. 28,5,46 soll immerhin schon Servius auf unseren Grundsatz Bezug nehmen.

Alfen D. 28,5,46 (2 *digestorum a Paulo epitomatorum*)

SI MAEVIA MATER MEA ET FULVIA FILIA MEA VIVENT, TUM MIHI LUCIUS TITIUS HERES ESTO. Servius respondit, si testator filiam[28] numquam habuerit, mater autem supervixisset, tamen Titium heredem fore, quia id, quod impossibile in testamento scriptum esset, nullam vim haberet.	Wenn meine Mutter Maevia und meine Tochter Fulvia leben, dann soll Lucius Titius mein Erbe sein. Servius hat geantwortet, wenn der Testator niemals eine Tochter hatte, die Mutter aber überlebt hat, werde Titius trotzdem Erbe, weil das, was unsinnig im Testament geschrieben steht, keine Kraft habe.

Der Fall erinnert an die *causa Curiana,*[29] sofern man ihn so versteht, dass die erwartete Tochter nie zur Welt kommt. Er wird aber anders entschieden: Während dort die Erbeinsetzung für den Fall des jugendlichen Todes eines dann gar nicht geborenen Sohnes galt, gilt hier eine Erbeinsetzung für den Fall des Überlebens einer dann gar nicht geborenen Tochter. Die Nichtgeburt wird einmal als Tod, einmal als Leben behandelt. Beide Entscheidungen eint allerdings, dass die Bedingung, die auf ein Kind abstellt, das gar nicht geboren wird, der Erbeinsetzung nicht schadet. Insofern ist für das Alter der *regula Sabiniana* interessant, dass in der gut überlieferten *causa Curiana* nach unserem Kenntnisstand nicht mit der Unmöglichkeit der Bedingung argumentiert wurde.

Angesichts des philologischen Befundes[30] wird erst Paulus selbst die Begründung mit *impossibilis* gefasst haben. Vermutlich hat er sie überhaupt erst hinzugesetzt.[31] Alfen wird das Urteil seines Lehrers begründungslos in den Raum gestellt haben.

---

28 D'Ors St. Talamanca (2001) II 511–517 schlägt vor, die korrigierte Fassung der Florentina (F^2) gelten zu lassen: *familiam numquam habuerit.* Sein inhaltliches Argument, dass die Fallerzählung auch die Abwesenheit eines Sohnes feststellen musste, damit das Testament überhaupt wirksam war, erscheint nicht zwingend: Der Leser konnte sich dies auch hinzudenken. Gegen die Fassung F^2 spricht aber wohl in der Tat nicht mehr als der Umstand, dass *familia* eher selten die Bedeutung „Abkömmlinge" annimmt (dazu d'Ors 515 ff.); anders Miglietta, Servius, 228 Fn. 80. Die Frage muss hier nicht entschieden werden.

29 Vgl. von Cicero insb. *De oratore* 1,180 und 2,141; *De inventione* 2,122; *Brutus* 144 f. und 194–198; außerdem Quintilian, *Institutio oratoria* 7,6,9–10. – Aus der Literatur etwa Voci, DER II, 215 f., 910 ff.; Wieling, Testamentsauslegung, 9 ff.; Tellegen, Quintilian (der betont, dass schon die Erbeinsetzung des *filius* auf seine Geburt bedingt ist).

30 Siehe oben 296 f.

31 Anders Cossa, Regula, 204 ff., nach dem schon Alfen ἀδύνατος schrieb, und Miglietta, Servius, 229 ff., der schon dem Servius *impossibilis* zutraut, weil er die Annahme über das Alter des Terms als eine „petizione di principio" ansieht (229 mit Fn. 83).

So verhält es sich in dem ähnlichen Fall aus Alfen D. 35,1,28 pr. (2 *dig. a Paulo epit.*). Hier ist der Tochter ein Legat unter der Bedingung ausgesetzt, dass sie sich nach dem Ermessen von Lucius Titius verheiratet, der vor dem Testator stirbt. Alfens Auskunft zur Frage, ob das Legat geschuldet werde, lautet nur: *respondit deberi.* Auch hier wäre eine Begründung mittels der Unmöglichkeit der Bedingungserfüllung denkbar gewesen. Eine ähnliche Klausel betrachtet Pomponius D. 30,54 pr.-1 (8 *ad Sab.*) unter dem Gesichtspunkt der Schändlichkeit der testamentarischen Bestimmung. Papinian D. 35,1,72,4 (18 *quaest.*) hält das Erfordernis der Zustimmung auch zu Lebzeiten des Titius für ein zu entkräftendes *impedimentum nuptiis.*[32]

Allerdings überliefert Alfen D. 34,8,2 (5 *dig.*) eine Regel, die für unverständliche Testamentsklauseln *(quae in testamento scripta essent neque intellegerentur quid significarent)* dieselbe Folge vorsieht wie die *regula Sabiniana* für unmögliche: *ea perinde sunt ac si scripta non essent: reliqua autem per se ipsa valent.* In D. 35,1,27 (ebenfalls 5 *dig.*) steht ein hierzu passender Fall mit der Respons *poenam quidem nullam vim habere.* Aus dem Vorkommen derselben Wendungen zu folgern, dass in D. 28,5,46 schon Servius seine Entscheidung mit der Kraftlosigkeit unmöglicher Bedingungen begründete,[33] erscheint vorschnell. Umgekehrt mag sich die spätere Formulierung der Regel an diesen Ausdrücken des Servius orientiert haben.

Weil nicht auf der Hand liegt, welchen Zweck der Erblasser mit seiner Bestimmung verfolgt, kann man auch nur spekulieren, welche Erwägungen Servius geleitet haben mochten. Sehr plausibel erscheint, dass der Erblasser mit Hilfe des Erben eigentlich Mutter und Tochter versorgen wollte: Die *lex Voconia* verbot den wohlhabendsten Römern, Frauen als Erben einzusetzen. Der Testator umging das Verbot, indem er einen Treuhänder bestimmte. Servius gewährleistet durch seine Entscheidung die Versorgung der Mutter; sei es, dass der Jurist so einen objektiven Zweck verfolgen, sei es dass er den hypothetischen Erblasserwillen zur Geltung bringen wollte.[34]

So lässt sich auch eine durch Pomponius D. 35,1,6,1 (3 *ad Sabinum*) überlieferte Variante des Gutachtens[35] erklären. Demnach entschied Servius – hier ist keine Begründung überliefert – den Fall, dass eine der beiden Frauen bereits verstorben war *(altera iam mortua).* Der Testator hätte zur Erreichung seines Ziels eigentlich darauf abstellen müssen, dass mindestens die eine oder die andere bei seinem Tod lebt; der Jurist hilft ihm über die falsche Formulierung hinweg.[36]

32 Zu den Texten MacCormack SDHI 21 (1974) 279 ff.

33 So insb. Miglietta, Servius, 229 ff.

34 Diese überzeugende Deutung von Fall und Entscheidung stammt von Wieling SZ 87 (1970) 215 f.; zustimmend insb. Paulus, Postmortale Persönlichkeit, 252. Ähnlich Cossa, Regula, 217 ff., 224 ff., der allerdings dazu tendiert, dass es gerade um den Schutz der Mutter gehe, weil diese – anders als die Tochter – nicht gesetzliche Erbin sei.

35 Mehr dazu sogleich unter d.aa (310 f.).

36 Eine ähnliche Formulierungsschwäche begegnet in der von Labeo D. 32,29,4 (2 *post. a Iav. epit.*) wiedergegebenen Verfügung: Für den Fall, dass die Sklaven Stichus und Dama im

In beiden Varianten lässt sich nicht feststellen, dass die Entscheidung darauf beruhte, dass die Bedingung schon zum Zeitpunkt des Testierens nicht hätte eintreten können.[37] In der ersten Variante (Alfen D. 28,5,46) scheint ausschlaggebend, dass eine noch erhoffte, gar nicht notwendig als schon empfangen vorausgesetzte Tochter später nicht geboren wird; in der zweiten (Pomponius D. 35,1,6,1) ist die Mutter wohl erst nach Testamentserrichtung gestorben.

Beides steht allerdings nicht zweifelsfrei fest. In der ersten Variante (D. 28,5,46) mag es auch darum gegangen sein, dass eine scheinbare Tochter sich später als Kind eines Fremden herausstellte.[38] Doch deutet das *habuerit* (Futur II) auf einen erst nach dem Testament vollendeten Sachverhalt. In der zweiten Variante (D. 35,1,6,1) scheint *iam* sich auf die Testamentserrichtung,[39] es kann sich aber auch auf den Erbfall beziehen. Für Tod erst nach Testamentserrichtung spricht nach der Konzeption von D. 35,1,6,1 die Parallele zum Ausgangsfall des Pomponius.[40] Auch hätte man in beiden Varianten erwartet, dass im Sachverhalt klar darauf hingewiesen worden wäre, wenn der Erblasser schon bei Testamentserrichtung so gravierend geirrt hätte.

Die Erwägung, die Versorgung der Hinterbliebenen zu sichern, veranlasst keine Differenzierung nach dem Zeitpunkt, zu welchem für einen allwissenden Beobachter feststeht, dass nicht beide beim Erbfall auf der Welt sein werden. Dass die Entscheidung des Servius erst einen Anfangspunkt für die Entwicklung der *regula Sabiniana* bildet, verdeutlicht der knappe Tenor, mit dem Pomponius den Servius zitiert: *non defici condicione*. Noch ist keine Rede davon, dass die Bedingung als nicht geschrieben gelten soll.[41]

Erbfall noch in der Gewalt des Testators stehen würden, war ihnen die Freiheit und ein Legat geschenkt. Nun war einer von beiden zuvor veräußert oder freigelassen worden. Nach Labeo fiel damit die Bedingung für beide aus; Tubero hingegen teilte die Bedingung und ließ die Verfügung für den in der Gewalt verbliebenen wirken. Javolen folgt ihm mit der Begründung: *Tuberonis sententiam voluntati defuncti magis puto convenire*. Zur Stelle Cossa, Regula, 371 ff. Labeo entscheidet gegen die Sklaven hart (ähnlich auch D. 40,7,39,4, dazu 314), nach D. 35,1,6,1 jedoch im Gefolge des Servius zu Gunsten der Frauen (mehr zum Text 310 f.).

37 Dies beobachtet auch Cossa, Regula, 238 f. Die herkömmliche Lesart geht demgegenüber vom Unterschied zwischen anfänglicher und nachträglicher Unmöglichkeit der Bedingung aus. Voci, DER II, 610 f., bestimmt die Anfänglichkeit danach, zu welchem Zeitpunkt der Testator den Eintritt der Bedingung beurteilt wissen wollte. MacCormack RIDA 21 (1974) 263–297, etabliert als dritte Kategorie das Unmöglichwerden vor dem Erbfall.

38 So Cosentini, Condicio, 118; Wollschläger, Unmöglichkeitslehre, 17 Fn. 50; Miglietta, Servius, 228 Fn. 80; dagegen Cossa, Regula, 219 f.

39 Vom unbekannten Versterben der Mutter schon vor Testamentserrichtung gehen aus Cosentini 115 ff.; Wolff Iura 4 (1953) 403 f.; Wieling SZ 87 (1970) 217; MacCormack RIDA 21 (1974) 266.

40 Dazu unten 310 f.

41 Auch dies betont Cossa, Regula, 264, 325 ff.

c. *ἀδύνατος condicio* bei Labeo/Javolen und Julian

Weil es sich nach Quintillian bei *possibilis* um eine Übersetzung aus dem Griechischen handelt, darf man vermuten, dass die zwei juristischen Texte, in denen noch das griechische Fremdwort *ἀδύνατος* verwendet wird, besonders frühe Zeugnisse für die Verwendungen dieses Konzepts darstellen. Sie stammen aus den von Javolen herausgegebenen Büchern des Labeo und aus dem Kommentar seines Schülers Julian zu Urseius Ferox.[42] Labeo D. 28,7,20 pr. (2 *posteriorum a Iavoleno epitomatorum*) entscheidet den Fall, dass die Ehefrau den Mann unter der Bedingung zum Alleinerben einsetzt, dass er den Betrag nicht einfordert, den sie ihm als Mitgift versprochen hat: *nihilo minus puto statim eum heredem futurum, quia ἀδύνατος condicio pro non scripta accipienda est.*[43] Die Bedingung ergibt keinen Sinn, weil die Schuld ohnehin durch Konfusion erlischt. Ein Legat, das unter der Bedingung ausgesetzt war, dass der Begünstigte dem Erben Urkunden über Schulden des Testators aushändige, hält Julian D. 30,104,1 (1 *ad Urseium ferocem*) für sofort wirksam, falls diese Urkunden schon bei Testamentserrichtung nicht existierten: *quod ἀδύνατος condicio pro non scripta habetur.*[44]

In beiden Fällen wählen die und der Verstorbene die Bedingung wohl nur als Mittel, um eigentlich die Wirkung einer Auflage zu erzielen: Der Begünstigte soll zu einem bestimmten Verhalten veranlasst werden. Nicht die Begünstigung

---

42 Cosentini, Condicio, 48, 97 ff., insb. 101 Fn. 219, hält die beiden Sätze zur *ἀδύνατος condicio* für kompilatorisch. Dagegen Wolff Iura 4 (1953) 401 f.; Horak, Rationes, 126.

43 Labeo D. 28,7,20 pr. (2 *post. a Iav. epit.*): *Mulier, quae viro suo ex dote promissam pecuniam debebat, virum heredem ita instituerat, si eam pecuniam, quam doti promisisset, neque petisset neque exegisset. puto, si vir denuntiasset ceteris heredibus per se non stare, quo minus acceptum fac eret id quod ex dote sibi deberetur, statim eum heredem futurum. quod si solus heres institutus esset in tali condicione, nihilo minus puto statim eum heredem futurum, quia ἀδύνατος condicio pro non scripta accipienda est.* – Die von Backhaus, Casus perplexus 163 ff., postulierte „‚chrysippeische Natur' der Unmöglichkeit in D. 28,7,20 pr." (nämlich: Abhängigkeit des Unmöglichkeitsurteils von der Würdingung äußerer Umstände), die Backhaus an der Verwendung des griechischen Terms festmacht, hängt von seiner fragwürdigen Lesart von Diogenes Laertios 7,75 ab; dazu oben Fn. 6. Zudem entbehrt die Annahme eines Bezugs einer verlässlichen Grundlage. Keine Stellungnahme bei Winkler, Mathematik und Logik, 177.

44 Julian D. 30,104,1 (1 *ad Urs. fer.*): *In testamento sic erat scriptum: LUCIO TITIO, SI IS HEREDI MEO TABELLAS, QUIBUS EI PECUNIAM EXPROMISERAM, DEDERIT, CENTUM DABO: Titius deinde antequam tabellas heredi redderet, decesserat: quaesitum est, an heredi eius legatum deberetur. Cassius respondit, si tabulae fuissent, non deberi, quia non redditis his dies legati non cessit. Iulianus notat: si testamenti faciendi tempore tabulae nullae fuerunt, una ratione dici potest legatum Titio deberi, quod ἀδύνατος condicio pro non scripta habetur.* – Für Julian überliefert andererseits Ulpian D. 28,7,4,1 (8 *ad Sab.*) bei der Einsetzung zum Alleinerben unter der Bedingung, einen Erbschaftssklaven nicht zu veräußen, das lateinische *sub impossibili condicione heredem institutum videri.* Zum Text 315 f. mit Fn. 63.

ist Belohnung für ein gewünschtes Verhalten, sondern ihr Entzug ist Bestrafung für dessen Unterlassen. Daher erscheint sachgerecht, die Begünstigungen aufrechtzuerhalten, wenn sich der Wunsch als gegenstandslos erweist.

d. Die Behandlung von Bedingungen als unsinnig durch die frühen Sabinianer

Wenngleich mit D. 28,7,20 pr. eine Spur unserer *regula* bis Labeo zurückreicht, sehen spätere Juristen die Häupter der sabinianischen Rechtsschule als ihren Urheber.

aa. Pomponius D. 35,1,6,1

Das zeigt zunächst Pomponius D. 35,1,6,1; ein Text, der wegen des Serviuszitats bereits angesprochen wurde.[45] Im Ausgangsfall geht es um eine Erbeinsetzung unter der Bedingung, bestimmte Sklaven freizulassen.

Pomponius D. 35,1,6,1 (3 *ad Sabinum*)

Si servos certos quis manumisissset, heres esse iussus erat. quibusdam ex his ante mortuis Neratius respondit defici eum condicione nec aestimabat, parere posset condicioni nec ne. sed Servius respondit, cum ita esset scriptum SI FILIA ET MATER MEA VIVENT altera iam mortua, non defici condicione. idem est et apud Labeonem scriptum. Sabinus quoque et Cassius quasi impossibiles eas condiciones in testamento positas pro non scriptis esse, quae sententia admittenda est.

Es war angeordnet, dass jemand Erbe werde, wenn er bestimmte Sklaven freilasse. Weil manche von ihnen zuvor gerstorben waren, hat Neraz geantwortet, dass die Bedingung ausfiele, und nicht in Betracht gezogen, ob der Erbe der Bedingung gehorchen kann oder nicht. Aber Servius hat geantwortet, wenn geschrieben sei „Wenn meine Tochter und Mutter leben" und die letztgenannte bereits gestorben sei, so falle die Bedingung nicht aus. Dasselbe steht auch bei Labeo geschrieben. Auch nach Sabinus und Cassius gelten diese im Testament aufgenommenen Bedingungen sozusagen als unsinnige für nicht geschrieben, welche Ansicht zu billigen ist.

Einige dieser Sklaven sind schon vor dem Erbfall gerstorben.[46] Neraz zufolge sei die Bedingung damit ausgefallen. Hiergegen wendet sich Pomponius, indem er die Entscheidung des Servius zitiert, die auch Labeo gebilligt habe.[47] Sabinus

45 Siehe oben 307 f.

46 Pomponius geht gerade nicht davon aus, dass die Sklaven schon bei Testamentserrichtung tot sein müssen. Dies folgt daraus, dass es für den Standpunkt des Neraz nicht darauf ankommt, ob *parere possit condicioni nec ne*. Anders Cosentini, Condicio, 115 ff., Voci, DER II, 613. Wie hier Wolff Iura 4 (1953) 403, Wieling SZ 87 (1970) 218 mit Fn. 47, MacCormack RIDA 21 (1974) 269.

47 Es geht Pomponius nicht um die Abgrenzung unterschiedlicher Fälle. Ein Kriterium hierfür bestünde nur, wenn man annähme, dass bei Servius Mutter oder Tochter schon vor Testamentserrichtung gestorben waren und Servius deswegen anders entschied als später Neraz

und Cassius folgend, setzt er das in beiden Fällen übereinstimmende Resultat mit der Unmöglichkeit der Bedingungen in Verbindung.

Im Ergebnis verhindert der Tod einiger der freizulassenden Sklaven die Erbschaft also nur nach Neraz, nicht nach Servius, Labeo, Sabinus, Cassius oder Pomponius.[48] Die überlebenden Sklaven musste er wohl trotzdem freilassen; insoweit wird die Bedingung nicht als ungeschrieben gegolten haben.

Das *quasi* deutet an, dass die Bedingungen das Prädikat der Unmöglichkeit in den Augen von Sabinus und Cassius vielleicht nicht uneingeschränkt verdienen, gleichwohl aber so behandelt werden, als wäre dies der Fall: Sie nehmen auf eine Entscheidung Bezug, in der eine Bedingung nicht bloß *quasi*, sondern wirklich als *impossibilis* erachtet wurde. Aus dem überlieferten Material kommt hierfür allein der bei Labeo/Javolen erörterte Fall in Betracht, in dem dem Alleinerben aufgegeben war, eine eigene Forderung gegen die Erbschaft nicht zu verfolgen. Vermutlich bezeichnete die *ἀδύνατος condicio* zunächst eine Bedingung, die solch ein unsinniges Ansinnen enthielt. Die Formulierung der *regula Sabiniana* mag also auf die Entscheidung von Labeo in D. 28,7,20 pr. zurückgehen. Konsequent zieht Cossa in Betracht, ob man nicht von einer *regula Labeoniana* sprechen müsste. Er weist aber mit Recht darauf hin, dass von Labeo nur eine Einzelfallentscheidung überliefert ist, während erst Sabinus und Cassius den *topos* fruchtbar gemacht zu haben scheinen.[49]

Sabinus und Cassius schlugen demnach vor, die Bedingung, dass der Erbe Sklaven freilasse, die vor dem Erbfall verstarben, und die andere Bedingung, dass zwei Personen lebten, von denen eine beim Erbfall schon verstorben war, wie eine von Anfang an absurde Bedingung zu behandeln, nämlich als gestrichen.[50]

bb. Papinian D. 35,1,72,7

Dass die sabinische Schulmeinung so zu verstehen ist, bestätigt Papinian D. 35,1,72,7 (18 *quaestionum*).[51] Wie Pomponius den Masurius Sabinus und

anlässlich der erst nach Testamentserrichtung verstorbenen Sklaven. Das ist aber aus den oben genannten Gründen unwahrscheinlich; vgl. 308.

48 Übereinstimmend entscheidet Pomponius D. 30,54,2 (8 *ad Sab.*), dass ein bedingtes Legat geschuldet wird, wenn nur ein einziger Sklave freizulassen war und dieser vor dem Erbfall verstarb. Ebenso für Legat und Erbeinsetzung gleichermaßen Ulpian D. 28,7,8,7 (50 *ad ed.*). Eine ebensolche Entscheidung liegt außerdem dem Ausspruch von Julian zugrunde, dem sich Ulpian in D. 9,2,23,2 (18 *ad ed.*) anschließt. Auf letzteres hat MacCormack RIDA 21 (1974) 270 ff. hingewiesen.

49 Cossa, Regula, 365 ff.

50 So auch Cossa, Regula, 370.

51 Papinian D. 35,1,72,7 (18 *quaest.*): *Falsam condicionem Cassius et Caelius Sabinus impossibilem esse dixerunt, veluti: PAMPHILIUS, SI QUOD TITIO DEBEO SOLVERIT, LIBER ESTO, si*

den Cassius zitiert hier Papinian den Cassius und den Caelius Sabinus mit dem lateinischen *impossibilis.* Wie in allen bisherigen Fällen außer dem Mutter-und-Tochter-Fall des Servius geht es um eine auflagenartige Potestativbedingung. Ein Sklave soll frei sein, wenn er eine Schuld des Erblassers erfüllt. Bestand diese von Anfang an nicht, so erlangt er gleichwohl die Freiheit.[52]

Papinian teilt als Entscheidung mit: *Falsam condicionem Cassius et Caelius Sabinus impossibilem esse dixerunt.* Die Unmöglichkeit der Bedingung ist nicht Ausgangspunkt, sondern Ergebnis der Entscheidung. Auch hier schwingt ein *quasi* mit: Die *falsa condicio*[53] wird wie eine wahrhaft unmögliche, wie eine absurde Bedingung behandelt. Die Folge ist, dass eine solche Bedingung die Freilassung nicht hindert. Das ergibt sich aus der Präzisierung Papinians: Bestand die Schuld zunächst, wurde aber vom Erblasser später erfüllt, so fällt die Bedingung aus und der Pamphilus bleibt Sklave. Anders als im Freizulassende-Sklaven-Fall von Pomponius und Labeo und im Mutter-und-Tochter-Fall hängt die Entscheidung des Papinian demnach davon ab, dass die Bedingung schon bei Errichtung des Testaments nicht erfüllt werden konnte. Dies überzeugt, weil die Zahlung nach Testamentserrichtung einem Widerruf gleichkommt.[54]

cc. *Quasi impossibilis*

Die Deutung, wonach die Häupter der sabinianischen Schule den Freizulassende-Sklaven-Fall, den Mutter-und-Tochter-Fall und den Schulderfüllungs-Fall mit dem Argument lösen, dass die Bedingungen einer unsinnigen Bedingung ähneln, wie sie bei Labeo/Javolen begegnet (wo der Erbe die im *dies cedens* notwendig durch Konfusion erlöschende Schuld nicht mehr eintreiben sollte), bedarf einer Erklärung. Die Fälle unterscheiden sich in einem Maße, dass man in den unterschiedlichen Formen der Nichterfüllbarkeit der jeweiligen Bedingung keinen gemeinsamen tragenden Grund für die Entscheidungen finden wird. Eher scheint der gemeinsame Effekt die Fälle zu verbinden: Stets wird die Bedingung außer Acht gelassen. Vermutlich ziehen Masurius Sabinus und

modo nihil Titio fuit debitum: quod si post testamentum factum testator pecuniam exsolvit, defecisse condicionem intellegi.

52 Die Entscheidung erinnert an die oben erörterte des Julian für die Bedingung eines Legats, Schuldurkunden zurückzugeben, die schon bei Testamentserrichtung nicht existierten: D. 30,104,1 (309 f.).

53 Der Ausdruck *falsa condicio* kann auf Cassius und Sabinus zurückgehen, ist vielleicht aber auch nur durch den Kontext motiviert. Denn Papinian hatte in § 6 die *falsa causa* eines Legats eingeführt und wird § 8 der *falsa demonstratio legati* widmen.

54 Vergleich der Zahlung mit einem Widerruf auch bei Wieling SZ 87 (1970) 219.

Cassius die unsinnige Bedingung als Präzedenzfall dafür heran, dass es gerechtfertigt sein kann, eine vom Testator verfügte Bedingung zu ignorieren.[55]

Im Fall der durch Konfusion erlöschenden Schuld konnte das niemand bestreiten. Die Berufung auf den Extremfall dient dazu, auch in anderen Fällen das Nachdenken über die Zweckmäßigkeit der vom Testator gewählten Fassung der Bedingung zu legitimieren. Die Bedingung, vor dem Erbfall verstorbene Sklaven freizulassen, und jene, dass Mutter und Tochter noch leben, sind nach den Umständen des Einzelfalls wie die unsinnige Bedingung Labeos zu behandeln *(quasi impossibiles eas condiciones in testamento positas pro non scriptis esse);* die „falsche Bedingung", eine nicht vorhandene Schuld zu erfüllen, steht einer solchen unsinnigen gleich *(Falsam* [...] *impossibilem esse dixerunt).*[56]

Was das Vokabular anbelangt, so mag man Masurius Sabinus und Cassius als Zeitgenossen Quintilians das ihnen von Pomponius und Papinian in den Mund gelegte *impossibilis* grundsätzlich zutrauen. Doch war Labeo bei Javolen D. 28,7,20 pr. und selbst Julian D. 30,104,1 noch dem Griechischen verhaftet.[57] Dies lässt eher vermuten, dass die endgültige Fassung der in der romanistischen Tradition dem Sabinus zugeordneten Regel erst seiner Schule entstammt. Sabinus und Cassius werden ebenfalls *ἀδύνατος* verwendet haben; die späteren Juristen haben stattdessen die inzwischen geläufig gewordene lateinische Vokabel geschrieben.[58]

55 Ähnlich WIELING SZ 87 (1970) 216f.: „Weitere Fälle [...], in denen man durch Auslegung dazu kam, trotz einer ursprünglich oder nachträglich unmöglichen Bedingung die Verfügung gelten zu lassen, werden dazu geführt haben, daß man die Möglichkeit einer solchen Behandlung der Bedingung in einem Schlagwort formulierte. [...] Die *regula Sabiniana* besagt, daß diesen Auslegungskriterien nachgegeben werden kann, daß also die Bedingung und der Wortlaut der Verfügung beiseitegeschoben werden dürfen".

56 Hingegen versucht die Lehre seit alters her (etwa CUJAZ, LEIBNIZ) eine Trennung der unmöglichen Bedingung von der widersinnigen oder perplexen, auf welche die *regula Sabiniana* nicht angewendet worden sei (vgl. nur KASER, RP I, § 61 I 2 bei Fn. 13). Als eine abweichend behandelte Untergruppe der unmöglichen Bedingungen erachtet di „condizioni perplessi" COSENTINI, Condizio, 103f.; ähnlich der Formelkompromiss von COSSA, Regula, 335ff. in Fn. 264: „La condizione perplessa è astrattamente uguale a quelle impossibile [...] ma non ne ha lo stesso trattamento" (337). – Gegen einen abstrakt beschreibbaren Unterschied in der Behandlung vor allem BACKHAUS, Casus perplexus 11ff. (allgemein und zu Celsus D. 50,17,188 pr.) sowie 32ff. (zu perplex bedingten Erbeinsetzungen, insb. 54 zusammenfassend zur *regula Sabiniana*), 58ff. (zu perplex bedingten Legaten) und 77ff. (zu perplex bedingten Freilassungen). Siehe außerdem HORAK, Rationes, 126 Fn. 46; WIELING SZ 87 (1970) 222 mit Fn. 57; ARP, Anfängliche Unmöglichkeit, 82f. – Zum Problem vgl. noch Marcian D. 28,7,16; sogleich 315.

57 Wenn Paulus D. 40,7,4,1 und Ulpian D. 28,7,4,1 dem Julian *impossibilis* in den Mund legen, so besagt das nichts dagegen, dass dieser selbst – wie in D. 30,104,1 – *ἀδύνατος* schrieb.

58 Wie hier SCIALOJA BIDR 14 (1901) 28, der das lateinische *impossibilis* nicht vor Julian gelten lässt, und KÜBLER SZ 30 (1909) 431, nach dem das Wort im Laufe des ersten Jahrhunderts,

e. Ein Schulenstreit?

Ein Schulenstreit ist bislang nicht aufzufinden. Gegen ihn sprechen vielmehr die übereinstimmenden Entscheidungen von Labeo einerseits, Sabinus und Cassius andererseits zum Mutter-und-Tochter-Fall das Servius.

aa. Äußerungen der Prokulianer

Auch in Labeo/Javolen D. 40,7,39,4 (4 *ex posterioribus Labeonis*) wird man kein Zeugnis für eine grundsätzlich unterschiedliche Herangehensweise der Schulen gegenüber unmöglichen Bedingungen sehen wollen. Der Testator schenkt Stichus die Freiheit, wenn er der Attia 1000 gibt. Diese verstirbt jedoch vor ihm. Ofilius und Labeo verweigern dem Stichus die Freiheit, Trebatius gewährt sie ihm dann, wenn der Tod nach Testamentserrichtung eintrat. Javolen bemerkt: *Labeonis et Ofilii sententia rationem quidem habet, sed hoc iure utimur, ut is servus ex testamento liber sit.* Gewiss könnte man dies als gegen Labeo und dessen Lehrer gerichtetes Bekenntis des Javolen zur sabinianischen Regel erachten. Dagegen spricht aber, dass Javolen in D. 28,7,20 pr. den Labeo in einen Bezug auf die Regel mit einstimmen lässt. Eher wird man die Kontroverse auf den konkreten Fall zu beziehen und die Standpunkte als freilassungsfreundlich oder freilassungsfeindlich einzuordnen haben.[59]

Einen Anhaltspunkt für eine Schulenkontroverse bietet allenfalls die bei Pomponius D. 35,1,58 (10 *ex variis lectionibus*) überlieferte Äußerung des Proculus: *Si ancillae alienae, cum ea nupsisset, legatum sit, Proculus ait utile legatum esse, quia possit manumissa nubere.* Gäbe es nicht den Weg der Freilassung, der die Sklavin zur Hochzeit bringen kann, dann hielte Proculus das Vermächtnis anscheinend nicht für *utilis.* Er hätte also die rechtlich unsinnige Bedingung, dass eine Sklavin nach *ius civilie* heiratet, nicht gestrichen.[60] Doch nur ein ausdrücklicher Bezug zum Diskurs über die *condicio impossibilis*

---

aber erst nach Sabinus geläufig wird. Hingegen folgert Rabel Mél. Gérardin (1907) 489 ff. just aus der Etabliertheit der *regula Sabiniana* bei Gaius, schon Sabinus habe die lateinischen Ausdrücke verwendet. – Anders als Julian mag Neraz schon die lateinische Übersetzung präferiert haben, so wie ihn Paulus D. 35,1,97 (2 *ad Ner.*) zitiert.

59 Vgl. für die Strenge des Labeo gegen Bedingtfreie auch eben Fn. 36 zu D. 32,29,4. Auch Voci, DER II, 614, beschränkt die Positionierung Labeos auf den konkreten Fall. – Entscheidungen zugunsten des Bedingtfreien sogar bei Tod des designierten Leistungsempfängers erst nach dem Erbfall treffen Sabinus, Julian und Paulus nach D. 40,7,20,3 (16 *ad Plaut.*). Nur für Sabinus ist entscheidend, dass die zu leistende Summe immerhin schon bereitliegt. Julian und Paulus lassen nur für die Freilassung genügen, wenn der Betrag später erwirtschaftet wird; nicht aber für ein unter dieselbe Bedingung gestelltes Legat. – Zu den Texten sowie *l. s. reg.* 2,6 und Hermogenian D. 35,1,94 pr. (1 *iuris epit.*) vgl. MacCormack RIDA 21 (1974) 285 ff.

60 Dies entnimmt dem Text Voci, DER II, 611 Fn. 105.

gewährleistete, dass man hierin mehr als eine Einzelfallentscheidung zu sehen hat, die noch nicht einmal ersichtlich kontrovers ist.

Wenn später Neraz nach dem Zeugnis von Paulus D. 35,1,97 (2 *ad Neratium*) über eine Bedingung das Urteil ausspricht, dass sie nicht unmöglich sei *(Municipibus, si iurassent, legatum est. Haec condicio non est impossibilis),* dann kann er sich die Frage durchaus mit der gleichen Absicht gestellt haben wie die Sabinianer: um die Bedingung zu ignorieren, falls sie ihm als unsinnig erscheint. Seine abweichende Position im Freizulassende-Sklaven-Fall (D. 35,1,6,1) schien nach der Darstellung des Pomponius eher darin begründet, dass auch der Tod der Sklaven die Bedingung nicht als eine *quasi impossibilis condicio* erscheinen ließ, nicht darin, dass er eine *condicio impossibilis* anders behandelt hätte als seine älteren Kontrahenten.

bb. Julian

Gegen eine starre Front spricht auch, dass Julian mitunter mit der *regula Sabiniana* entscheidet, mitunter gegen sie. Nach Marcian D. 28,7,16 (4 *institutionum*) hält er eine Erbeinsetzung gerade deswegen für unwirksam, weil sie unter einer Bedingung steht, welche *existere non possit.* Es handelt sich allerdings um die in sich widersprüchliche Verfügung: *SI TITIUS HERES ERIT, SEIUS HERES ESTO, SI SEIUS HERES ERIT, TITIUS HERES ESTO,*[61] bei der man auch durch Streichung der Bedingungen kaum zu einer wirksamen Erbeinsetzung hätte gelangen können.

Einen ähnlichen Kontext haben die bei Ulpian D. 28,7,4 pr. (8 *ad Sabinum*) referierten Entscheidungen.[62] Hier hält Marcellus eine Erbeinsetzung unter einer Bedingung für unwirksam, die er vielleicht als *impossibilis* im Sinne von rechtlich unsinnig qualifizierte; er spricht diese Qualifikation aber nicht aus: Die Erbschaft soll erst eintreten, wenn die Erbengemeinschaft für 16 Jahre erhalten bleibt. Julian verleiht der Bedingung unter Beifall Ulpians durch eine andere Auslegung Sinn: Die designierten Erben könnten schon vor Erbantritt eine entsprechende *societas* eingehen; daher sei die Erbeinsetzung wirksam. Für Julian und Ulpian steht der Umkehrschluss im Raum, dass sie die Erbeinsetzung in

61 Marcian D. 28,7,16 (4 *inst.*): *SI TITIUS HERES ERIT, SEIUS HERES ESTO; SI SEIUS HERES ERIT, TITIUS HERES ESTO. Iulianus inutilem esse institutionem scribit, cum condicio existere non possit.* An dieser Stelle entzündet sich die Frage einer Sonderbehandlung perplexer Bedingungen. Dazu die Literatur oben Fn. 56.

62 Ulpian D. 28,7,4 pr. (8 *ad Sab.*): *Si qui ita sint instituti: SI SOCII UNA BONORUM MEORUM PERMANSERINT USQUE AD ANNOS SEDECIM, HEREDES SUNTO, inutilem esse institutionem secundum verborum significationem Marcellus ait: Iulianus autem, quoniam et ante aditam hereditatem iniri societas potest quasi rei futurae, valere institutionem, quod est verum.*

diesem Fall wie Marcellus als unwirksam erachtet hätten, wenn Julian nicht auf die passende Lösung gekommen wäre. Die Vokabel unmöglich taucht erst im Fortgang (§ 1) auf und qualifiziert die einem Alleinerben auferlegte Bedingung, einen bestimmten Erbschaftssklaven nicht zu veräußern.[63] Ob für Julian auch hierbei die Unwirksamkeit der Erbeinsetzung in Rede steht oder diesmal die der Bedingung, lässt sich nicht sagen.

An anderer Stelle erklärt Julian nach Paulus D. 40,7,4,1 (5 *ad Sabinum*)[64] eine Freilassung unter einer beinahe unmöglichen Bedingung (*paene impossibilis*) für gänzlich unwirksam. Er begründet dies – ähnlich wie Maecian bei Rechtsgeschäften unter Lebenden[65] – voluntativ: Dem Testator fehle der *animus dandae libertatis*.[66] Das Ergebnis hängt nicht davon ab, ob die Bedingung wirklich *impossibilis* ist oder nur beinahe. Die Nähe zur Unmöglichkeit dient aber als Argument für die Unwirksamkeit der Freilassung, nicht für ihre Wirksamkeit; von der *regula Sabiniana* ist keine Spur.[67]

Andererseits erklärt Julian D. 30,104,1 (1 *ad Urseium ferocem*)[68] das Legat für verbindlich, das unter der Bedingung steht, nicht existierende Schuldurkunden herauszugeben, und begründet dies mit der sabinianischen Regel: *quia ἀδύνατος condicio pro non scripta accipienda est.* Vermutlich beschreibt er die Bedingung weniger deswegen als *ἀδύνατος*, weil sie unmöglich eintreten kann,

63 D. 28,7,4,1: *Idem Iulianus scribit eum, qui ita heres institutus est, si servum hereditarium non alienaverit, caventem coheredi implere condicionem: ceterum si solus heres scriptus sit, sub impossibili condicione heredem institutum videri: quae sententia vera est.*

64 Paulus D. 40,7,4,1 (5 *ad Sab.*): *Non est statuliber, cui libertas in tam longum tempus collata est, ut eo tempore is qui manumissus est vivere non possit: aut si tam difficilem, immo paene inpossibilem condicionem adiecerit, ut aliunde ea libertas optingere non possit, veluti si heredi milies dedisset aut cum moreretur, liberum esse iussisset: sic enim libertas inutiliter datur, et ita Iulianus scribit, quia nec animus dandae libertatis est.*

65 Zu Maecian D. 44,7,31 (2 *fideicom.*) vgl. oben 300 mit Fn. 13.

66 Zur Befreiung *cum moreretur* übereinstimmend Pomponius D. 40,4,61 pr.: … *et Iulianus ait libertatem, quae in ultimum vitae tempus conferatur, nullius momenti esse, cum testator impediendae magis quam dandae libertatis gratia ita scripsisse intellegitur.* – Wieling SZ 87 (1970) 221 weist darauf hin, dass es dem Testator bei solche harten Bedingungen wirklich darum gegangen sein mochte, den Sklaven nicht nur nicht freizulassen, sondern seine Freilassung zu verhindern. Denn ein Bedingtfreier konnte von einem späteren Eigentümer nicht erneut freigelassen werden (bis zur *lex Iunia Norbana).* Diese Regel sicherte dem Erben die Stellung als Patron. Während Julian scheinbar den Willen des Testators durchsetzte, vereitelte er also in Wahrheit die von diesem intendierte rechtsmissbräuchliche Freilassungssperre. Die oberflächlich sklavenfeindliche Entscheidung ist sklavenfreundlich.

67 Dasselbe Fazit zieht aus der Stelle auch Wieling SZ 87 (1970) 220 f., der allerdings dem *paene* keine Beachtung zollt und betont, die Zahlung eines astronomischen Betrags sei ebenso unmöglich wie das Berühren des Himmels (Fn. 54).

68 Abgedruckt oben Fn. 44.

als vielmehr deswegen, weil der Zweck, eine Beweisbedrohung aus der Welt zu schaffen, illusorisch ist, wo diese Bedrohung gar nicht besteht. Ginge es in der Bestimmung um eine an sich vermögenswerte Sachleistung, die nur nach den Umständen nicht erbracht werden kann, so hätte der Jurist vermutlich einen anderen Ausdruck gewählt.

f. Didaktische Literatur: Gaius 3,98

Auf diesem Stand der Entwicklung setzt die Schulliteratur ein. Bei Gaius 3,98[69] ist sichtbar, dass die Regel mit der Zeit eine gewisse Eigendynamik angenommen hat. Sie tritt dem Lehrbuchautor mit eigener Autorität entgegen, die zum Widerspruch reizt. Der überlieferte Text[70] bringt zum Ausdruck, dass Gaius selbst nicht einsieht, warum seine Vorgänger Bedingungen bei Vermächtnissen anders behandeln wollten als bei Stipulationen.

Als problematisch erweist sich dabei die Loslösung von einem konkreten Fall. Die verschiedenen Wertungen, die frühere Juristen dazu veranlassten, Bedingungen als unsinnig beiseite zu schieben, sind nun unter der Formel der *praeceptores* verdeckt. Eine Unterscheidung etwa danach, ob die Bedingung den Bedachten zu einer Handlung anhalten soll, nimmt Gaius nicht vor. Ausgerechnet in dem Beispiel der menschenunmöglichen Bedingung, das Gaius bringt, erschiene durchaus zweifelhaft, ob ein Erblasser, der solch eine Bedingung aufsetzt, wirklich eine Begünstigung will.[71]

g. Spätere Zeugnisse

Die spätere Zeit zeigt, dass die Verkrustung zur Regel Nachteile mit sich bringt.

69 Gaius 3,98: *Item si quis sub ea condicione stipuletur, quae existere non potest, velut SI DIGITO CAELUM TETIGERIT, inutilis est stipulatio. sed legatum sub inpossibili condicione relictum nostri praeceptores proinde deberi putant, ac si sine condicione relictum esset; diversae scholae auctores non minus legatum inutile existimant quam stipulationem. et sane vix idonea diversitatis ratio reddi potest.* Vgl. bereits zur unmöglichen Bedingung bei der Stipulation oben bei Fn. 11, zur unmöglichen Bedingung im Testament oben bei Fn. 24.

70 Dass keine formalen Bedenken an der Authentizität bestehen, erörtert ausführlich Cossa, Regula, 12–78. Er misst dem Umstand Bedeutung bei, dass Gaius sein Unverständnis nicht auf die *regula Sabiniana* an sich, sondern auf die Ungleichbehandlung von Stipulation und Legat bezieht.

71 Aus diesem Grund urteilt Wieling SZ 87 (1970) 213: „Es fällt schwer zu glauben, daß die Sabinianer ein derart bedingtes Legat aufrechterhalten wollten". Er spricht von einem „törichten Beispiel, das in der Praxis undenkbar ist und sicherlich – wäre es doch einmal vorgekommen – anders entschieden worden wäre" (219). Ergänzend 219 f. mit Fn. 52.

aa. Scaevola D. 33,4,12

Eine von Scaevola D. 33,4,12 (3 *responsorum*)[72] beschiedene Anfrage ging vermutlich auf die spitzfindige Argumentation der Klägerin mit der *regula Sabiniana* zurück. Ein Ehemann hatte seiner Frau den Gesamtwert der erhaltenen Mitgift zuzüglich einer Prämie unter der Bedingung vermacht, dass sie dem Erben alle Mitgiftgegenstände aushändige. Weil einige davon inzwischen aufgebraucht sind, soll der Jurist entscheiden, *an quasi sub impossibili condicione legatum datum debeatur.* Offenbar will die Frau sich um die Erfüllung der Bedingung drücken, indem sie vorträgt, das Legat sei zu behandeln, als stünde es unter einer *condicio impossibilis.* Scaevola lässt sich auf die durch die Frage vorgegebenen Kategorien nicht ein und behandelt die Bedingung nicht als ungeschrieben, sondern legt sie so aus, dass alle noch verbliebenen Mitgiftgegenstände ausgehändigt werden müssen.[73]

bb. Ulpian

Ulpian, der den Umgang mit unmöglichen Bedingungen in Ansätzen systematisiert,[74] schichtet in D. 28,5,51,1 (6 *regularum*) das Problem ab, indem er klarstellt, dass eine Erbeinsetzung unter einer *in non faciendo impossibilis condicio* den Benannten nach allen Auffassungen sofort zum Erben macht.[75] Im Übrigen hält er die der sabinianischen Schule zugeschriebene Lehre für richtig, wie insbesondere aus D. 35,1,3 (6 *ad Sabinum*) hervorgeht: *Optinuit impossibiles condiciones testamento adscriptas pro nullis habendas.*[76]

Darauf stützt sich auch die Entscheidung Ulpian D. 28,7,6 (9 *ad Sabinum*): *Si quis ita institutus sit, si monumentum post mortem testatoris in triduo proximo mortis eius fecisset: cum monumentum in triduo perfici non possit, dicendum erit condicionem evanescere quasi impossibilem.* Die Entscheidung illustriert

72 Scaevola D. 33,4,12 (3 *resp.*): *Qui dotem in pecunia numerata et aestimatis rebus acceperat, uxori ita legavit: SEIAE UXORI MEAE, SI OMNES RES, QUAE TABULIS DOTALIBUS CONTINEANTUR, HEREDI MEO EXHIBUERIT ET TRADIDERIT, SUMMAM DOTIS, QUAM MIHI PRO EA PATER EIUS INTULIT, DARI VOLO: HOC AMPLIUS DENARIOS DECEM. quaesitum est, cum res in dotem datae plures ipso usu finitae essent nec moriente marito fuerant, an quasi sub impossibili condicione legatum datum debeatur. respondi videri condicioni paritum, si quod ex rebus in dotem datis supererat, in potestatem heredis pervenit.*

73 Wolff Iura 4 (1953) 405 findet in der unterschiedlichen Herangehensweise von Fragesteller und Respondent die Differenz zwischen der regelgläubigen juristischen „Unterschicht" und dem Klassiker wieder. Vgl. dazu noch das am Ende dieses Abschnitts abgedruckte Zitat.

74 Vgl. oben 300; insb. zu negativen Bedingungen.

75 Ulpian D. 28,5,51,1 (6 *reg.*): *Si in non faciendo impossibilis condicio institutione heredis sit expressa, secundum omnium sententiam heres erit, perinde ac si pure institutus esset.*

76 Vgl. auch Ulpian D. 28,7,1 (5 *ad Sab.*): *Sub impossibili condicione vel alio mendo factam institutionem placet non vitiari.*

gut die Eigenartigkeit einer allgemeinen Anwendung der *regula:* Keine andere Frist tritt an die Stelle der zu kurz bemessenen, noch nicht einmal irgendwann muss das Denkmal gebaut sein. Vielmehr entfällt die Bedingung ganz. Ein Denkmal wird es nicht geben, die Erbeinsetzung gilt unbedingt. Den Willen des Testators, dass der Erbe ihm binnen drei Tagen sein Mahnmal errichte, schiebt Ulpian mit dem Wortlaut des Testaments gemeinsam beiseite.[77] Es bleibt der Eindruck, dass Ulpian durch die Regel zu einer unsachgemäßen Entscheidung verleitet wird.

Ulpian D. 28,7,8,7 (50 *ad edictum*) beseitigt diesen Eindruck nicht. Nach diesem Text wird Erbe, wer unter der Bedingung eingesetzt ist, den Sklaven Stichus freizulassen, obwohl Stichus schon verstarb oder bereits freigelassen wurde: *non videtur enim defectus condicione, si parere condicioni non possit: implenda est enim voluntas, si potest.* Der Bedachte muss den Willen des Verstorbenen nur ausführen, wenn er dies kann. Mit diesem Gedanken gibt Ulpian anscheinend erstmals eine Art allgemeine Rechtfertigung der *regula Sabiniana* für die auflagenartigen Potestativbedingungen.[78] Er greift aber ein wesentliches Charakteristikum nicht auf, durch das der Fall sich von dem des zu errichtenden Monumentes unterscheidet: Erst der Tod oder die Freilassung des Sklaven, also ein vom Testator nicht vorhergesehener Umstand, vereitelt die Erfüllung der Bedingung. Seinem hypothetischen Willen für diesen Fall mag die Entscheidung entsprechen.

Es fällt auf, dass Ulpian im Fall des schon zuvor verstorbenen oder freigelassenen Sklaven gar nicht von einer *condicio impossibilis* spricht und im Fall der nicht rechtzeitig zu erbauenden Grabstätte bloß von einer *condicio quasi impossibilis.* Das lässt vermuten, dass auch er als *impossibilis* nur die von vorneherein absurde Bedingung ansieht.

3. Zwischenergebnis

Der Überblick über die Behandlung der unmöglichen Bedingung erlaubt einige zusammenfassende Betrachtungen. Der Begriff wird im Testamentsrecht

77 Anders muss den Text bewerten, wer das Ansinnen, binnen drei Tagen ein Grabmal zu errichten, für offensichtlich absurd hält (etwa Cosentini, Condicio, 82 ff., 85 f.; dagegen Wollschläger, Unmöglichkeitslehre, 17: „nicht mit letzter Sicherheit auszuschließen, daß der Erbe einen schmucklosen, nur mit einer Inschrift versehenen Stein fristgerecht herbeischafft"). Auch Hallebeek Op. de Groot (1985) 121, legt Absurdität zu Grunde, wenn er erwägt, Ulpian könne hier Matthäus 26,61 parodieren („Er hat gesagt: Ich kann den Tempel Gottes niederreißen und in drei Tagen wieder aufbauen").

78 Vgl. aber schon die Bemerkung des Pomponius in D. 35,1,6,1, wonach Neraz nicht berücksichtigt, ob der designierte Erbe die Bedingung erfüllen kann oder nicht.

entwickelt und dann auf die Stipulation übertragen worden sein. Die sabinianische Regel, wie sie in den Institutionenwerken begegnet,[79] erscheint als Produkt eines über bloße Abstraktion hinausgehenden Dogmatisierungsprozesses. Sie geht auf Fallentscheidungen der Vorklassiker zurück, die im Einzelfall offenbar auf ganz unterschiedlichen Erwägungen beruhen.[80] Ein wichtiger Topos war vermutlich der hypothetische Wille des Erblassers, eine begünstigende Verfügung, die nur deswegen unter einer Potestativbedingung stand, um eine darin abverlangte Leistung zu erzwingen, in Situationen aufrechtzuerhalten, in denen sich dieser Zweck durch ein dem Testator unbekanntes oder erst zwischen Testamentserrichtung und Tod eintretendes Ereignis erledigt hatte oder erledigte.[81]

Der Begriff der *condicio impossibilis* entsteht erst im Laufe dieses Prozesses; er bildet sich anscheinend gemeinsam mit der *regula Sabiniana* heraus. Direkt zugeschrieben wird das Attribut den Bedingungen, die man als absurd beurteilen kann, ohne erst die tatsächlichen Umstände prüfen zu müssen: zunächst der rechtlich unsinnigen Bedingung, eine ohnehin durch Konfusion erlöschende Schuld nicht einzutreiben (Labeo/Javolen).[82] Vermutlich hiervon ausgehend, qualifizieren spätere Juristen vor allem die menschenunmöglichen, naturwidrigen Bedingungen als *impossibilis*.[83] Dies lässt sich aus den Falllösungen erschließen[84] und zeigt sich an den Beispielen der darstellenden Literatur.[85] Venuleius nennt darüber hinaus auch die rechtlich nicht durchführbare oder verbotene Bedingung *impossibilis*.[86]

Die Entscheidungen des Servius, die heute als Ausgangspunkte dieser Regelbildung erscheinen, fallen gar nicht unter diesen engen Bedeutungsgehalt von

79 Vgl. Gaius 3,98; PS 3,4b,1; Inst. 2,14,10; abgedruckt oben 303 f. Zu Gaius näher oben 2.f (317) mit dem vollen Text in Fn. 69.

80 Zu Quintus Mucius vgl. Pomponius D. 28,3,16; dazu oben 2.a (304 f.); zu Servius vgl. insb. Alfen D. 28,5,46 und Pomponius D. 35,1,6,1; dazu oben 2.b (306 ff.) sowie zu D. 35,1,6,1 oben 2.d.aa (310 f.).

81 Dieser Erwägung verschafft Flume, Rechtsgeschäft, § 38 4 d, noch für das geltende Recht Gehör.

82 Vgl. zu D. 28,7,20 pr. oben 309 f. mit Fn. 43.

83 Im Ergebnis ebenso Cossa, Regula, 370. Vgl. aber auch schon MacCormack RIDA 21 (1974) 275 Fn. 19: „The difference between conditions which are impossible by nature and those which are or become impossible for some other reaseon appears to be reflected in the terminology employed by the jurists. The former are termed *impossibiles condiciones* and the latter *quasi impossibiles condiciones*".

84 Vgl. insb. oben 2.d.aa (310 f.) zu Pomponius D. 35,1,6,1.

85 Vgl. Gaius 3,98 *(SI DIGITO CAELUM TETIGERIT)*; oben 2.f (317); Pomponius D. 28,3,16 *(SI DIGITO CAELUM TETIGERIT)*; oben 2.a (304 f.); Ulpian D. 45,1,7 *(SI IN CAELUM NON ASCENDERIT)*; oben 300.

86 Vgl. Venuleius D. 45,1,137,6; oben 299.

impossibilis. Sie werden trotzdem später mittels der Regel erklärt, indem man die dort problematischen Bedingungen als *quasi impossibilis* oder als *falsa condicio* der gleichen Behandlung wie eine *condicio impossibilis* unterzieht.

So bleibt die Steuerungswirkung der Regel gering, die wertende Entscheidung behält die Oberhand: Die Formel hat mit der offenkundigen Unsinnigkeit fast keinen eigentlichen Anwendungsbereich (der zudem selbst auch Wertung zulässt) und kann jedenfalls außerhalb dieser Grenze im Einzelfall nach freier Erwägung herangezogen oder beiseitegelassen werden. Möglicherweise auch daher hinterlässt der Schulengegensatz, von dem Gaius berichtet, in den Quellen kaum Spuren. Von einem konkreten Fall, über dessen Lösung Sabinianer und Prokulianer wegen der sabinianischen Regel uneins gewesen wären, ist uns kein Zeugnis geblieben. Auch wenn die Schulen unterschiedliche Grundsätze formulierten, kamen sie bei deren Anwendung vielleicht tatsächlich zu übereinstimmenden Ergebnissen.[87]

87 Die Beurteilung folgt in wesentlichen Zügen Wieling, der die Spannung zwischen den wertenden Fallentscheidungen und der abstrakten Formulierung der Regel auslotet. Wieling dürfte jedoch die normative Kraft des Dogmas unterschätzen, wenn er annimmt, spätere Fallentscheidungen seien von diesem ganz und gar unbeeinflusst geblieben. Hierfür gibt Ulpian das Gegenbeispiel. Auch schenkt Wieling (anders als nun Cossa) der sparsamen Verwendung des Attributs *impossibilis* keine Beachtung, die hinter dem zurückbleibt, was wir heute als unmöglich beschreiben würden. Vgl. Wieling SZ 87 (1970): „Es liegt der Gedanke nahe, daß hier [...] die Schuljurisprudenz [...] eine *regula* wörtlich nahm, ohne die Anwendungsschranken zu berücksichtigen die für den Praktiker mit der *regula* verbunden waren. Die Schuljuristen hielten sich an den Wortlaut, weil sie die Hintergründe nicht beachteten, auf denen die *regula* entstanden war. Nur so konnten sie zu ihrem törichten Beispiel kommen [si digito caelum tetigerit], das in der Praxis undenkbar ist und sicherlich – wäre es doch einmal vorgekommen – anders entschieden worden wäre" (219); „Die richtige Antwort auf die Frage, warum bei testamentarischen Verfügungen im Gegensatz zur Stipulation die unmöglichen Bedingungen stets gestrichen werden, kann nur lauten, daß es dafür tatsächlich keinen Grund gibt. Das bedeutet aber nicht, daß hier in einem Rechtssatz kein Sinn gefunden werden kann, sondern daß der von Gaius behauptete Satz in dieser Weise nicht existiert. Keineswegs haben die Römer alle unmöglichen Bedingungen in Testamenten gestrichen [...]. Es handelt sich vielmehr um eine Auslegungsfrage, die nach allgemeinen Grundsätzen entschieden wurde" (227); „Bei der von Gaius erörterten *regula Sabiniana* geht es also nicht um ein festes Dogma. Die Regel besagt nur, daß von der nicht eingetretenen Bedingung abgesehen werden kann, wenn andere Auslegungskriterien das erfordern" (228). – Grundgedanken der Position Wielings hat Wolff Iura 4 (1953) 405 f. in seiner Rezension Cosentinis vorweggenommen: „[W]as für den Unterrichtsbetrieb und die aus ihm hervorgeganene Unterschicht der Juristen zutraf, galt nicht ohne weiteres für die Klassiker. Für sie war der Satz von der Ignorierung der unmöglichen Bedingung keine ‚Regel', sondern bestenfalls eine gelegentlich brauchbare bequeme Begründung für Entscheidungen, die sich aus der Abwägung der gesamten Umstände des jeweiligen Falles ergaben. Wer mehr hineinliest, verkennt die Schmiegsamkeit ihrer Entscheidungstechnik".

Gleichwohl erzeugt die Formel einen normativen Sog, sogar über den Kern ihres Anwendungsbereichs hinaus: Offenbar verführt sie Ulpian dazu, die Bedingung zu streichen, ein Monument zu errichten, wenn der bedingt eingesetzte Erbe die gesetzte Frist nicht einhalten kann, und so gegen die Interessen des Erblassers zu entscheiden.[88]

Eine vergleichbare Arbeit am Begriff erbrachten die Römer an der *stipulatio praepostera* als besonderer Art von unsinniger Bedingung (vgl. Inst. 3,19,14). Masi legt überzeugend dar, dass ursprünglich nur solche Stipulationen als *praepostera concepta* (und damit unwirksam) angesehen wurden, die eine Verbindlichkeit in der Gegenwart von einem zukünftigen Ereignis abhängig machen wollten: *SI NAVIS EX ASIA VENERIT, HODIE DARE SPONDES*? Wirksam hingegen war etwa die Verpflichtung, bei Bedingungseintritt Zinsen für die vergangene Zeit zu zahlen. Hingegen erweiterte die Nachklassik den Begriff auf Stipulationen, die für die Berechnung der bei Bedingungseintritt zu erbringenden Leistung auf die Zeit vor Bedingungseintritt zurückschaute. Weil solche Stipulationen durchaus einen Sinn haben können, wurde die Reaktion erforderlich, sie für wirksam zu erklären. Wie bei der *regula Sabiniana* expandierten die Juristen einen Begriff und drohten, daraus unsachgemäße Lösungen abzuleiten. In diesem Fall wurde ihnen durch die Reformen von Leo und Justinian Einhalt geboten.[89]

Schließlich sei festgehalten, dass *impossibilis* zu jeder Zeit die Bedingung charakterisiert, nicht etwa das in die Bedingung aufgenommene Ereignis oder – bei den Potestativbedingungen – Verhalten. Es geht weniger darum, dass von Anfang an feststeht, dass die Bedingung mit Sicherheit nicht eintreten oder die Handlung nicht vorgenommen werden wird, als vielmehr um die Sinnlosigkeit des Bedingens, den Fehler des Rechtsakts.

III. Unwirksamkeit des Geschäfts wegen anfänglicher Unmöglichkeit

Im Vermächtnisrecht hat sich die Qualifikation einer Bedingung als *impossibilis* als Kristallisationspunkt eines überschießenden Dogmatisierungsprozesses gezeigt: Die aus dem Begriff geformte Regel erklärt ältere Entscheidungen, entfaltet aber mit der Zeit eine Sogkraft, die über deren Rationalität hinausgeht. Vielleicht hat ein Satz, wonach eine Obligation nicht als auf eine unmögliche Leistung gerichtet entstehen kann, eine ähnliche Karriere gemacht.

88 Vgl. Ulpian D. 28,7,6; oben 318 f.

89 Vgl. Masi, Condizione, 154 ff., sowie BIDR 63 (1960) 183–211; ihm folgt Backhaus, Casus perplexus, 99 ff, insb. 104.

Den Ursprung muss die Anschauung gebildet haben, dass Stipulation und Legat voraussetzen, dass der Leistungsgegenstand existiert.[90] Dies mag mit archaischen Vorstellungen vom Versprechen zusammenhängen.[91] Das Ergebnis lässt sich dadurch rechtfertigen, dass der Schuldner keine Garantie für die Sachexistenz übernimmt und ihn auch keine Beschaffungspflicht trifft.[92]

Hieran wird der Gedanke angeknüpft haben, dass eine unmögliche, also unsinnige Stipulation keine Wirkung hat. Einen frühen Ausdruck fand diese Idee in dem Schlagwort des Celsus (8 *digestorum*), das berühmt wurde, weil Justinian es in die Reihe der *regulae iuris antiqui* aufnahm (D. 50,17,185): *Impossibilium nulla obligatio.*[93] Die geraffte Form verdunkelt den ursprünglichen Sinn.[94] Das 8. Buch der Digesten behandelt im Wesentlichen den Kaufvertrag. Der Text mag in Zusammenhang mit einer durch Pomponius tradierten Aussage des Celsus gestanden haben, wonach niemand wissentlich einen Freien als Sklaven (und so weiter) kaufen kann.[95]

Das Kriterium *dari non possit* vermittelt zwischen dem Ansatz an der Existenz des Gegenstandes und dem an der Unmöglichkeit des Geschäfts: Hier wird die Möglichkeit des Leistens in die Betrachtung einbezogen, aber als Attribut des Schuldgegenstandes begriffen.

---

90 So insb. RABEL, vgl. erneut im zweiten Kapitel, 90. – Vgl. zu Stipulation und Legat African D. 30,108,10 (5 *quaest.*): *Qui quinque in arca habebat ita legavit vel stipulanti promisit DECEM QUAE IN ARCA HABEO: et legatum et stipulatio valebit, ita tamen, ut sola quinque vel ex stipulatione vel ex testamento debeantur. ut vero quinque quae deerunt ex testamento peti possint, vix ratio patietur: nam quodammodo certum corpus, quod in rerum natura non sit, legatum videtur.* Nur zum Legat schon Labeo nach Javolen D. 33,6,7,1 (2 *ex post. Lab.*): … *Ofilius nihil legatum esse, quod et Labeo probat, quoniam eiusmodi triticum in rerum natura non esset: quod verum puto;* außerdem Gaius 2,203 (dazu *Gai Epitome* 2,5,3 und Inst. 2,20,7) sowie Gaius D. 30,69,5 (2 *de legatis ad ed. praet.*). – Eine Parallele bietet das kaufrechtliche Erfordernis der Sachexistenz (vgl. Pomponius D. 18,1,8).

91 Vgl. nochmals HkK-SCHERMAIER § 275 Rn. 13, der dem frühen Versprechen einen assertorischen Charakter zuspricht und erwägt, die Unwirksamkeit könne aus der feststehenden Unwahrheit folgen (dazu im zweiten Kapitel bei Fn. 140).

92 Dies ist der Kern der Deutung von ARP, Anfängliche Unmöglichkeit, 86 ff.: Die Stipulation ist sinnlos *(impossibilis)*, soweit eine Haftung nicht gerechtfertigt erscheint (anders bei *dolus*, 89 f.). Zur Diskussion um Haftung aus der Stipulation bei Kenntnis des Gläubigers unten zu Gaius 3,97 (unter 2).

93 Allerdings meint HARKE (Si error, 166 f. Fn. 31), Celsus bezeichne mit *impossibilis* hier den Inhalt der Schuld, „während die *obligatio* nicht widersinnig, sondern *nulla* ist". Im Gegenteil spricht Celsus den unsinnigen Sprechakt an, der keine Obligation begründet.

94 Einen aktuellen Überblick über die Deutungen gibt DAJCZAK Sem. Complut. 25 (2012) 135 ff.

95 Pomponius D. 18,1,6 pr. (9 *ad Sab.*): *Sed Celsus filius ait hominem liberum scientem te emere non posse nec cuiuscumque rei si scias alienationem esse: ut sacra et religiosa loca aut quorum commercium non sit, ut publica, quae non in pecunia populi, sed in publico usu habeatur, ut est campus Martius.*

1. Venuleius D. 45,1,137,4–5

Der Hinweis auf einen Gedanken der Unwirksamkeit wegen Unmöglichkeit, der am weitesten zurückreicht, ist ein Zitat des Sabinus durch den Hochklassiker Venuleius.

Venuleius D. 45,1,137,5 (1 *stipulationum*)

Si ab eo stipulatus sim, qui efficere non possit, cum alio possibile sit, iure factam obligationem Sabinus scribit.	Wenn ich mir etwas von jemandem habe versprechen lassen, der dies nicht bewirken kann, obwohl es einem anderen möglich wäre, so schreibt Sabinus, dass die Obligation von Rechts wegen entstanden ist.

Sabinus wird auf diese Weise in einem bestimmten Fall die Wirksamkeit einer Obligation verteidigt haben. Ob Sabinus den Umkehrschluss intendierte, dass eine Stipulation, die sich auf eine Leistung richtet, welche niemand bewirken kann, unwirksam sein muss, lässt sich nicht rekonstruieren, weil der ursprüngliche Kontext der Aussage fehlt.[96]

Das *efficere* deutet an, dass es um eine Stipulation auf ein *facere* gegangen sein könnte.[97] Medicus hält einen Meinungsstreit für wahrscheinlich, der für Venuleius das Sabinuszitat erforderlich machte: Eine Gegenauffassung habe die *facere*-Stipulation (anders als die auf ein *dare* gerichtete) auch bei nur persönlicher Leistungsunfähigkeit für unwirksam gehalten.[98] Der Vergleich von Paulus D. 45,1,35 pr. (12 *ad Sabinum*) mit dem Sabinuszitat aus D. 45,1,83,7 (72 *ad edictum*)[99] lässt aber eher vermuten, dass überhaupt erst spätere Autoren für den Fall *si stipulor, ut id fiat, quod natura fieri non concedit* eine Unwirksamkeitsregel abstrakt formulierten.

Für den zitierenden Venuleius muss der Text in dem Zusammenhang betrachtet werden, in dem er steht. Nachdem der Jurist im *principium* und in § 1 Probleme des Vertragsschlusses erörtert hat, befasst er sich in § 2 und § 3 mit der Bestimmung des Inhalts der Obligation: Bei den Stipulationen *EPHESI DARI?* (§ 2) oder *INSULAM FIERI?* (§ 3) sei dem Schuldner stillschweigend eine Leistungsfrist eingeräumt, die sich danach bemesse, wie lange ein *diligens*

96 Ein wenig überreizt sein Blatt Arp, Anfängliche Unmöglichkeit, 76, der hierfür „keinen einzigen Anhaltspunkt" sehen will.

97 Hingegen folgert Harke, Error, 174, aus dem vorangehenden Text, dass § 5 eine auf ein *dare* gerichtete Stipulation zugrunde legt. Doch ist die Scheidung der Abschnitte durchaus sachgerecht, weil der jetzt als § 4 vorliegende Text in sich abgeschlossen ist (dazu sogleich). Zwar besteht ein inhaltlicher Bezug, doch wird § 5 nicht als Rechtfertigung der Entscheidung in § 4 präsentiert (mittels *quia Sabinus scribit* oder ähnlich).

98 Medicus SZ 86 (1969) 84.

99 Dazu im vierten Kapitel, 240 ff.; und zu Paulus D. 45,1,35 pr. gleich 333.

pater familias bzw. *diligens aedificator* üblicherweise zur Erfüllung benötige.[100] In § 4 schreitet Venuleius zunächst auf der gleichen Linie fort:

Venuleius D. 45,1,137,4 (1 *stipulationum*)

Illud inspiciendum est, an qui centum dari promisit confestim teneatur, an vero cesset obligatio, donec pecuniam conferre possit. quid ergo, si neque domi habet neque inveniat creditorem? sed haec recedunt ab impedimento naturali et respiciunt ad facultatem dandi. est autem facultas personae commodum incommodumque, non rerum quae promittuntur. et alioquin si quis Stichum dari spoponderit, quaeremus, ubi sit Stichus (ut sic[101] non multum referre videatur Ephesi daturum se, an, quod Ephesi sit, cum ipse Romae sit, dare spondeat). nam hoc quoque ad facultatem dandi pertinet, quia in pecunia et in Sticho illud commune est, quod promissor in praesentia dare non potest. et generaliter causa difficultatis ad incommodum promissoris, non ad impedimentum stipulatoris pertinet, ne incipiat dici eum quoque dare non posse, qui alienum servum, quem dominus non vendat, dare promiserit.	Nun ist zu betrachten, ob derjenige, der versprochen hat, 100 zu zahlen, sofort haftet, oder ob die Obligation ruht, bis er das Geld beibringen kann. Was also, wenn er es weder im Haus hat noch einen Geldgeber findet? Aber diese Fragen führen weg vom Problem des natürlichen Hindernisses *(impedimentum naturale)* und betreffen die Fähigkeit, zu leisten *(facultas dandi)*. Diese Fähigkeit ist aber ein Vorteil oder Nachteil aus der Person, nicht aus den Dingen, die versprochen wurden.[102] Und [einerseits] würden wir uns in dem andersartigen Fall, wenn jemand verspricht, Stichus zu übereignen, [durchaus] fragen, wo sich Stichus befindet (sodass es keinen großen Unterschied zu machen scheint, ob jemand verspricht, in Ephesos zu übereignen, oder ob er [nur], während er selbst in Rom ist, verspricht, etwas zu übereignen, was sich in Ephesos befindet). In der Tat betrifft auch dies die *facultas dandi*, weil dem Fall um das Geld und jenem um den Stichus das eine gemein ist, dass der Versprechende gegenwärtig nicht leisten kann. Und [andererseits] gereicht im Allgemeinen die Ursache für eine Schwierigkeit dem Versprechenden zum Nachteil, nicht dem Versprechensempfänger zu einem Hindernis [seines Rechts], damit man nicht zu sagen beginnt, auch derjenige könne nicht geben, der versprochen hat, einen fremden Sklaven zu übereignen, welchen sein Eigentümer nicht verkauft.

100 Ein ähnlicher Auslegungsgrundsatz dürfte sich hinter dem ersten Teil der Regel des Celsus in D. 50,17,186 (12 *dig.*) verbergen: *Nihil peti potest ante id tempus, quo per reum naturam persolvi possit: et cum solvendi tempus obligationi additur, nisi eo praeterito peti non potest.* Der durch den palingenetischen Kontext nahegelegte Bezug zu *operae libertorum* wird nicht deutlich. – Beim Versprechen, in Ephesos zu leisten, gewährte auch Julian ohne ausdrückliche Vereinbarung eine Frist: D. 38,1,24 (52 *dig.*) sowie nach Ulpian D. 13,4,2,6 (27 *ad ed.*). Stillschweigende Fristen gewähren ebenfalls Papinian D. 40,7,34,1 (21 *quaest.*) (Leistung in Hispania) und D. 46,1,49,2 (27 *quaest.*) (Leistung in Capua), Paulus D. 45,1,73 pr. (24 *ad ed.*) (Leistung in Carthago, Leistung von zukünftigen Früchten, des zu errichtenden Hauses und von noch nicht bezeichneten *operae*) und Ulpian D. 45,1,60 (20 *ad ed.*) (Leistung in Capua) sowie schließlich Inst. 3,15,5. – Zur grundsätzlichen Unwirksamkeit von Stipulationen, sofort an einem fernen Ort zu leisten, siehe gleich zu Gaius D. 45,1,141,4 (Fn. 118); vgl. dort auch zu Julian und Ulpian D. 13,4,2,6 sowie Inst. 3,15,5.

101 So mit Arp, Anfängliche Unmöglichkeit, 69 Fn. 30, gemäß der Vulgata und mit Haloander gegen den Codex Florentinus *(aut si)*.

102 Man kann *est personae commodum incommodumque* schlecht verstehen als „gereicht der Person zum Vorteil oder Nachteil" (so aber sogleich: *causa difficultatis ad incommodum*

Arp hat überzeugend dargelegt, dass der Text an die Entscheidungen in § 2 und § 3 insofern anknüpft, als auch hier dem konkreten Schuldner stets so viel Zeit zur Erfüllung gewährt wird, wie ein sorgfältiger Schuldner benötigte: Auch dem auf der Straße Angetroffenen ist immerhin zuzugestehen, den Betrag aus seinem Haus oder Geschäft zu besorgen.[103] Zudem hat Arp wahrscheinlich gemacht, dass die mit *et alioquin* eingeleitete Schilderung der beiden Varianten des Sklaven-Falles nicht – wie seit Donellus angenommen – die *reductio ad absurdum* einer von Venuleius abgelehnten Rücksichtnahme auf den Schuldner darstellt. Es besteht kein Anlass, anzunehmen, dass bei der zweiten Variante – der Stipulation, von der wir erfahren, dass sie in Rom über den in Ephesos befindlichen Sklaven geschlossen wird – der Gläubiger oder beide Parteien über dessen Aufenthalt irrten. Vielmehr wird es Venuleius noch immer darum gehen, den Inhalt der Stipulation unter Berücksichtigung von beiden Parteien bekannten tatsächlichen Rahmenbedingungen des Geschäfts zu bestimmen.[104] Arp meint, dem Schuldner sei die erforderliche Frist eingeräumt, um den Stichus aus Ephesos nach Rom zu schaffen.[105] Anders als Arp zugrunde legt, benötigte er hierfür allerdings nicht dieselbe Zeitspanne wie in der ersten Variante für die Leistung in Ephesos, sondern die doppelte: Nicht nur müsste nämlich die Anweisung des Schuldners nach Ephesos gelangen, sondern anschließend auch der Sklave zurück nach Rom. Vielmehr wird Venuleius davon ausgehen, dass die Parteien in der zweiten Variante stillschweigend Ephesos als Leistungsort ausbedingen; zudem in beiden Varianten die für eine Leistung in Ephesos zu veranschlagende Zeit.[106] So macht es wirklich keinen Unterschied, ob der Schuldner ausdrücklich *Ephesi daturum se spondeat.*

---

promissoris […] *pertinet*). Denn dann müsste Venuleius als Gegensatz andenken, dass die *facultas* den versprochenen Gegenständen zum Vorteil oder Nachteil gereichen könnte (*non rerum*), was sinnlos wäre. Dieses Problem wird verdeckt, wenn man deutungsoffen übersetzt: „ist Vorteil oder Nachteil der Person, nicht der Sachen".

103 Arp, Anfängliche Unmöglichkeit, 71 f. – Gleichsinnig mit Venuleius präzisiert Paulus D. 46,3,105 (*l. s. ad leg. Falcid.*), wenn ein Erbe sofortige Leistung schulde, so bedeute dies nicht, dass er die Erbschaft bereits mit dem Geldbeutel in der Hand antreten müsse: *Quod dicimus in eo herede, qui fideiussori testatoris id, quod ante aditam hereditatem ab eo solutum est, debere statim solvere, cum aliquo scilicet temperamento temporis intellegendum est: nec enim cum sacco adire debet.*

104 Vgl. Arp, Anfängliche Unmöglichkeit, 72 ff. Anders noch Medicus SZ 86 (1969) 84.

105 Arp, Anfängliche Unmöglichkeit, 75.

106 Explizit gegen Ephesos als Leistungsort Arp, Anfängliche Unmöglichkeit, 73 (in Auseinandersetzung mit Savigny) und 75. Seine Begründung, das Fragment behandele nur die Leistungszeit, ist zirkulär. Die Bekräftigung, es sei „trivial, daß bei der Vereinbarung eines Leistungsortes dort und ansonsten bei einer Stipulation zwischen Römern in Rom auch in Rom erfüllt werden muß", stimmt nicht, wenn die Parteien anderes im Sinn haben. Venuleius

Der entscheidende zusätzliche Schritt des § 4 gegenüber den §§ 2 und 3 besteht aber nicht darin, dass Venuleius hier neben einem Aufschub der Leistungszeit auch eine stillschweigende Verlegung des Leistungsortes für zulässig erklärt. Vielmehr ist er darin zu sehen, dass der Jurist nun das Problem in die Betrachtung mit einbezieht, ob dem Schuldner geholfen wird, wenn dieser die Leistung nicht nur nicht hier und jetzt, sondern niemals und an keinem Ort erbringen kann. Dieses Problem generiert Venuleius aus dem Problem der Leistungszeit, indem er zunächst mit seiner rhetorischen Frage, ob eine Geldschuld so lange ruht, dass der Schuldner das Geld beschaffen kann, eine vorschnell positive Antwort des Lesers provoziert – vorschnell deshalb, weil es nach dem Prinzip der vorigen Paragraphen nicht auf die Solvenz des konkreten Schuldners, sondern darauf ankommt, binnen welcher Zeit der Gläubiger von einem sorgfältigen Schuldner erwarten darf, einen solchen Betrag aufzubringen. Sodann überspitzt der Jurist die Situation dahin, dass der Schuldner das Geld niemals wird beschaffen können. Sogleich löst Venuleius die verschränkten Probleme mittels einer Differenzierung wieder voneinander: Wenn es bei der Stipulation, den Stichus zu leisten, auch einerseits für Leistungszeit und -ort auf dessen von den Parteien vorausgesetzten Aufenthalt ankommt, so tut es andererseits der Wirksamkeit einer solchen Stipulation keinen Abbruch, wenn der Sklave einem Dritten gehört, der nicht verkaufsbereit ist.

Die Betrachtungen zu den Begriffen *impedimentum naturale* und *facultas dandi* sind für den dargestellten Gedankengang nicht zwingend erforderlich. Man ist versucht, die Einschübe *sed haec – promittuntur* sowie *nam – non potest* als später zugefügte, schulmeisterliche Erklärungen zu verdächtigen.[107] Die fremde Feder könnten sich dabei angelehnt haben an den nachfolgenden Satz *et generaliter causa difficultatis ad incommodum promissoris, non ad impedimentum stipulatoris pertinet.* Auffällig ist auch die Ähnlichkeit zu Inst. 3,19,11, wo Justinian die unmögliche Bedingung beschreibt: *impossibilis autem condicio habetur, cui natura impedimento est, quo minus existat.* Zur „Verurteilung" der Passagen wird man sich gleichwohl nicht durchringen können, weil sie sich in den Text sinnvoll einfügen.

Nach der herkömmlichen Deutung bezeichnet *impedimentum naturale* ein alle denkbaren Schuldner gleichermaßen betreffendes Hindernis, welches stets berücksichtigt wird, und *facultas dandi* die individuelle Leistungsfähigkeit des konkreten Schuldners, die stets außen vor bleibt.[108] Das verträgt sich nicht damit,

---

stand es frei, sich den Fall so vorzustellen. – Zur freien Auslegung der Stipulation vgl. die Nachweise in Fn. 34 des ersten Kapitels (20).

107 Angedacht und offengelassen von Arp, Anfängliche Unmöglichkeit, 72.

108 Der Gegensatz entspricht danach dem späteren Kontrast zwischen objektiver Unmöglichkeit und subjektiver Unmöglichkeit inklusive Unvermögen. So etwa Rabel FS Bekker (1907) 198, Grosso, Obbligazioni, 44 ff.; Medicus SZ 86 (1969) 83 ff.; Wollschläger,

dass der Text die Abwesenheit des versprochenen Sklaven der *facultas dandi* zuordnet, aber nach der hier vertretenen Deutung gleichwohl zur Bestimmung der Schuld berücksichtigt. Es erscheint vielmehr so, dass die Begriffe sich nicht streng gegenseitig ausschließen: Der Verfasser hält es offenbar für nötig, gesondert darauf hinzuweisen, dass der Fall des Sklaven in Ephesos auch unter dem Gesichtspunkt der *facultas dandi* betrachtet werden kann. Vielleicht grenzen die Begriffe nicht verschiedene Sachverhalte voneinander ab, sondern spitzen denselben Sachverhalt mit Blick auf die beiden verschiedenen, ineinander verschränkten Rechtsfragen zu, die der Text erhebt: Als *impedimentum naturale* beschreibt der Jurist ein Hindernis, insofern er sich fragt, ob es die Leistungsmodalitäten Zeit und Ort beeinflusst; mit der *facultas dandi* hingegen bringt er es in Verbindung, insofern er sich die Frage stellt, ob ihr Fehlen die Wirksamkeit der Obligation verhindert. Die erste Frage wird für die Beispielsfälle bejaht, die andere verneint. Nur ein Argument für die Entscheidung stellt dar, dass die *facultas dandi* von der Person abhängt, nicht von dem Gegenstand des Versprechens.[109]

Insgesamt warnt Venuleius davor, die beiden Rechtsfragen miteinander zu vermengen, gerade indem er ihre Verbindung aufzeigt: Obwohl man die Verschiebung von Leistungszeit oder -ort wegen eines *impedimentum naturale* auch als Rücksichtnahme auf eine fehlende Fähigkeit, hier und jetzt zu leisten,

---

Die Enstehung der Unmöglichkeitslehre, 10; Nörr SZ 126 (2009) 6 („mit der Folge, daß der Schuldner die (subjektive) Möglichkeit der Leistung gleichsam garantieren muß"). – Diese Entsprechung greifen auch andere Autoren an: Arp, Anfängliche Unmöglichkeit, 75, versteht *impedimentum naturale* als ein sich aus dem Vertrag ergebendes Hindernis. Harke, Unmöglichkeit, 42 Fn. 67, sowie Error, 175 f., baut hierauf auf, fordert für ein *impedimentum* aber zusätzlich, dass der Wortlaut der Stipulaton auf das Problem schließen lässt. Denn anders als Arp begreift er den Stichus-Fall traditionell als *reductio ad absurdum*. Auch Schermaier gesellt sich mit dem knappen Urteil aus AUPA 51 (2006) 261 f. zu den kritischen Stimmen.

109 Hierin besteht die Verwandtschaft zu dem von Pomponius D. 19,1,55 (10 *epist.*) für Octaven bezeugten Sprachgebrauch. Dieser halte Kauf und Stipulation über einen in Feindeshand befindlichen Sklaven für wirksam und erkläre: *potius enim difficultatem in praestando eo inesse, quam in natura.* Man kann vielleicht übersetzen: „Die Schwierigkeit, zu leisten, liege nämlich eher in ihm [dem Verkäufer] begründet, als in der Natur der Sache". Hingegen lesen Behrends/Knütel/Kupisch/Seiler (Behrends): „Es liege nämlich die Schwierigkeit mehr in den äußeren Hindernissen, den Sklaven zu leisten, als in der Natur [des Leistungsgegenstandes]". Auch Octaven hilft aber hinsichtlich des Leistungszeitpunktes, wenn auch nur mittels eines Sonderauftrags an den Richter: *officio iudicis sustinenda esset eius praestatio, donec praestari possit.* – Einen bestimmten Fall nachträglicher Erschwerung erörtert Paulus D. 45,1,2,2 (12 *ad Sab.*): *quidam hoc casu extingui stipulationem putant* […] *sed non facit inutilem stipulationem difficultas praestationis.* Hier klingt die gedankliche Verbindung anfänglicher und nachträglicher Leistungshindernisse an (zu diesem Phänomen sogleich IV.3 und 4; 342 ff.).

beschreiben könnte *(illud commune est, quod promissor in praesentia dare non potest),* wird auf die fehlende Fähigkeit, überhaupt zu leisten, in der Regel keine Rücksicht genommen.

Kehren wir nun zu der Frage zurück, ob Venuleius die Auffassung zum Ausdruck bringt, dass das Versprechen einer Leistung, die niemand erbringen kann, keine wirksame Stipulation begründet. Aus § 4 erfahren wir allein, dass fehlende Leistungsfähigkeit der Verbindlichkeit nicht entgegensteht. Auch der Gegenbegriff des *impedimentum naturale* umschreibt nicht Hindernisse gegen die Wirksamkeit der Stipulation, sondern Gründe für eine Milderung der Obligation im Hinblick auf Raum oder Zeit. Das *dare non potest* schließlich kennzeichnet gerade das Fehlen der *facultas dandi:* Der Leistungsunfähige soll sich hierauf nicht berufen dürfen, und zwar nicht etwa deswegen, weil man ihn so ansähe, dass er in Wahrheit leisten kann, während er nur frei würde, wenn er nicht leisten könnte, sondern deswegen, weil keine Beachtung findet, ob er leisten kann. Erst § 5 stellt also den genannten Umkehrschluss in den Raum.

Unmittelbar hierauf folgt der Text zur unmöglichen Bedingung, die der Stipulation ihre Wirkung nimmt (D. 45,1,137,6).[110] Es ist dies das Thema, das auch in den gaianischen Institutionen an die Behandlung der Stipulation einer Sache, die nicht gegeben werden kann, anschließt, sodass man etwaige Ausführungen hierüber bei Venuleius genau an dieser Stelle vermutet hätte. Damit drängt sich die Vermutung auf, dass dessen gesamter erste *liber stipulationum* für unsere Suche nach einer Regel zur anfänglichen Unmöglichkeit keinen weiteren Anhaltspunkt enthielt als das unverbindliche Angebot eines Umkehrschlusses aus dem Sabinuszitat.

2. Gaius

Dass ein Gegenstand gar nicht gegeben werden kann *(dari non potest),* benennt Gaius als Kriterium für die Unwirksamkeit einer auf *dare* gerichteten Stipulation. Seine Institutionen behandeln in einem geschlossenen Komplex verschiedene sich aus dem Inhalt ergebende Wirksamkeitshindernisse.

Gaius 3,97

Si id, quod dari stipulamur, tale sit, ut dari non possit, inutilis est stipulatio, velut si quis hominem liberum, quem servum esse credebat, aut mortuum, quem	Wenn dass, von dem wir uns haben versprechen lassen, dass es übereignet werde, so beschaffen ist, dass es nicht übereignet werden kann, ist die Stipulation unwirksam. Die Stipulation ist zum Beispiel

110 Dazu oben 299.

vivum esse credebat, aut locum sacrum vel religiosum, quem putabat humani iuris esse, dari stipuletur, aeque inutilis est stipulatio.

gleichermaßen unwirksam, wenn sich jemand hat versprechen lassen, dass ein freier Mensch, von dem er annahm, dass er ein Sklave sei, oder ein Toter, von dem er annahm, dass er lebendig sei, oder ein geweihter oder ein als Grabstätte dienender Ort, von dem er meinte, dass er menschlichem Recht unterliege, übereignet werde.

Es folgt Gaius 3,98 mit der unmöglichen Bedingung.[111] Der Text von 3,97 ist hier wie im *Codex Veronensis* wiedergegeben. Die Editoren stören sich an der Wiederholung *inutilis est stipulatio, velut si* [...] *aeque inutilis est stipulatio.* Mit *stipuletur* beginnt eine neue Zeile. Seit Lachmann nimmt man an, dass in der Vorlage auch eine frühere Zeile mit *stipuletur* begann, die der Schreiber übersprang, indem er beim späteren *stipuletur* weiter kopierte. Die meisten ergänzen in Anlehnung an Inst. 3,19,1 den Fall des Pferdemenschen als 3,97a: <*stipuletur.* [3,97a] *Item si quis rem quae in rerum natura esse non potest, velut hippocentaurum,*>.[112] Eine andere Lesart zieht das verbrannte Gebäude aus D. 44,7,1,9 heran: <*stipuletur.* [3,97a] *Item si quis aedes quas deustas esse ignorabat dari*>.[113]

Dabei erscheint der überlieferte Text durchaus akzeptabel. Das *aeque* setzt einen neuen Akzent. Denn *aeque* muss nicht einen Fall mit einem davon abgegrenzt zuvor genannten gleichsetzen, sondern kann auch die Gleichheit von auf einmal genannten Fällen ausdrücken. So verstanden meint *aeque* nicht, dass die Beispiele so zu lösen sind, wie es auch die vorangeschickte abstrakte Formulierung vorgibt – was als überflüssige Dopplung des schon durch *velut* Ausgedrückten erschiene –, sondern betont, dass alle genannten Beispiele gleich zu lösen sind, und bestätigt so die Regel als treffende Abstraktion. Also bedarf es keiner Ergänzung.

Dieselbe Struktur wie die Institutionen zeigen die *res cottidianae.*

---

111 Gaius 3,98: *Item si quis sub ea condicione stipuletur, quae existere non potest, velut SI DIGITO CAELUM TETIGERIT, inutilis est stipulatio;* siehe oben 317 Fn. 69.

112 So Goeschen/Lachmann 152 Fn. 67; ihm folgen Krüger/Studemund 124 Zeile 18 f.; Seckel/Kübler 151 Fn. 6; Nelson/Manthe, Kontraktsobligationen, 35; Manthe 259. Überblick bei Cossa, Regula, 122 f. Fn. 171, der ebenfalls für den Hippozentauren plädiert (126–145), weil er als narratives Kriterium für wahrscheinlich hält, dass in diesem Fall Unkenntnis des Leistungshindernisses schlecht vorausgesetzt werden kann. Zugleich gehe Gaius so zu dem irrealen Beispiel für die unmögliche Bedingung über.

113 So Cuena Boy, Imposibilidad jurídica, 27. Wie die herrschende Meinung ergänzt er jedoch in Rerum natura, 28; beide Male ohne Diskussion.

Gaius D. 44,7,1,9 (2 *aureorum*)

Si id, quod dari stipulemur, tale sit, ut dari non possit, palam est naturali ratione inutilem esse stipulationem, veluti si de homine libero vel iam murtuo vel aedibus deustis facta sit stipulatio inter eos, qui ignoraverint eum hominem liberum esse vel mortuum esse vel aedes deustas esse. idem iuris est, si quis locum sacrum aut religiosum dari sibi stipulatus fuerit.	Wenn dass, von dem wir uns haben versprechen lassen, dass es übereignet werde, so beschaffen ist, dass es nicht gegeben werden kann, dann ist offenkundig, dass die Stipulation nach natürlicher Vernunft unwirksam ist; wie [zum Beispiel] wenn eine Stipulation über einen freien Menschen oder einen schon verstorbenen oder ein abgebranntes Gebäude unter solchen abgeschlossen wurde, die nicht gewusst haben, dass dieser Sklave frei war oder tot war oder dass das Haus abgebrannt war. Dasselbe ist rechtens, wenn jemand sich hat versprechen lassen, dass ihm ein geweihter oder ein als Grabstätte dienender Ort übereignet werde.

Es folgen die Stipulation der gläubigereigenen Sache sowie die Stipulation unter unmöglicher Bedingung.[114]

Die Institutionen des Gaius erwähnen bei jedem einzelnen Beispiel, dass der Versprechensempfänger *(qui stipuletur)* die Sache in unproblematischem Zustand glaubte. Wusste er von dem Leistungshindernis, so wird er deswegen nicht besser stehen. Die Angabe intendiert also schon insofern keinen Umkehrschluss, sondern dient nur dazu, das Geschehen plausibel zu machen.[115] Daher erlaubt sie im Übrigen keine Mutmaßung darüber, ob Gaius die Stipulation auch bei Bösgläubigkeit des Versprechenden als unwirksam erachtete.

Auch die Parallelstelle aus den *res cottidianae* lässt die gegenteilige Deutung wenigstens zu. Sie nimmt die Unkenntnis beider Parteien in die Fallerzählung auf *(inter eos, qui ignoraverint)*. Diese Bedingung wird durch *idem iuris est* auch auf den nachgeschobenen *locus sacer aut religiosus* bezogen. Sonst ergäbe sich eine Sonderbehandlung dieser Stätten, mit der die *res cottidianae* von den Institutionen abwichen. Auch Justinian erwähnt auch bei diesen Orten die Unkenntnis des Gläubigers.

Wusste der Versprechende von dem Problem, so mochte sein arglistiges Verschweigen rechtfertigen, das *oportere* aus der Stipulation zu bejahen.[116]

---

114 D. 44,7,1,10–11: *§ 10 Nec minus inutilis est stipulatio, si quis rem suam ignorans suam esse stipulatus fuerit. § 11 Item sub impossibili condicione factam stipulationem constat inutilem esse.*

115 Ebenso Flume, Rechtsakt, 102 Fn. 18.

116 Mit Entschiedenheit ebenso Arp, Anfängliche Unmöglichkeit, 89 f.; dagegen Flume, Rechtsakt, 102 Fn. 18 (mit einem Fehler, es muss in der ersten Zeile „ungültig" heißen), sowie Harke, Unmöglichkeit, 38 Fn. 37, der allerdings Arp ohne zureichenden Grund eine „Verwechslung von *stipulator* und *promissor*" unterstellt und dabei selbst D. 44,7,1,9 übersieht.

Immerhin die *Gai Epitome* knüpft die Unwirksamkeit an die Gutgläubigkeit des Versprechenden: *Praeterea inutilis est promissio* [...], *si aliquis id se daturum promiserit, quod sui iuris non est; hoc est, si aut ingenuum hominem quasi servum se daturum promittat: aut si mortuum aliquis, quem vivum credebat, promiserit; aut locum sacrum aut sanctum aut religiosum daturum se cuicunque promiserit* (17,5). Der Text, der insgesamt die Perspektive des Versprechenden einnimmt, erwähnt dessen Gutgläubigkeit nur beim Versprechen des Verstorbenen. Die generelle Fassung des vorangeschickten Satzes, das Versprechen eines dem eigenen Recht entzogenen Gegenstandes sei unwirksam, lässt jedoch an einer Differenzierung der Rechtsfolgen zweifeln. Eher wird die Herausstellung der Unkenntnis auch hier nur der plausiblen Fallerzählung dienen: Während vorstellbar ist, dass jemand die aus Rechtsgründen nicht leistbaren Gegenstände trotz Kenntnis ihres Zustandes in einem Akt der Anmaßung zu übereignen verspricht, braucht es den Irrtum, um verständlich zu machen, dass jemand einen Toten verspricht.

Was die verwendeten Ausdrücke angeht, so sprechen die Institutionen und die *res cottidianae* von Stipulationen, die sich darauf richten, etwas zu übereignen, das nicht übereignet werden kann *(dari non possit)*. Die Bezeichnung als *impossibilis* (Institutionen: *inpossibilis*) bleibt für die unsinnige Bedingung reserviert, als deren Beispiel in den Institutionen das Berühren des Himmels dient (Gaius 3,98 und D. 44,7,1,11).

Gaius 3,98 umschreibt diese *condicio* als eine, *quae existere non potest.* Verlässt man sich gegen die Editoren auf den *Codex Veronensis* und fügt das Beispiel des Pferdemenschen nicht zu den Gegenständen, die nicht gegeben werden können, so lässt sich erahnen, dass für Gaius die Stipulation einer Sache der Art, *ut dari non possit,* nicht denselben Beigeschmack offenkundiger Absurdität trug wie das Attribut *impossibilis.* Hierzu passt, dass Justinian, der den Fall der Stipulation eines Pferdemenschen bringt, diesen Gegenstand besonders als einen hervorhebt, der nicht nur nicht ist, sondern nicht sein kann (*qui* [in rerum natura] *esse non possit).* Wenn Venuleius D. 45,1,137,6 auch die durch das Recht verhinderte Bedingung (Geben einer geweihten Sache, einer Begräbnisstätte, eines dem öffentlichen Nutzen gewidmeten Orts) als *impossibilis* bezeichnet, mag darin ihre Bewertung als offenkundig unzulässig zum Ausdruck kommen.[117]

Die Qualifikation als unsinnig steht aber bei der in Gaius D. 45,1,141,4 *(de verborum obligationibus)* diskutierten Stipulation im Raum, heute in Karthago zu leisten.[118] Solch ein Versprechen könne aber Sinn ergeben und deswegen

117 Vgl. oben 299 bei Fn. 10.

118 Gaius D. 45,1,141,4 *(de verb. obl.): Si inter eos, qui Romae sunt, talis fiat stipulatio: HODIE CARTHAGINE DARE SPONDES?, quidam putant non semper videri impossibilem causam*

wirksam sein, wenn die Parteien entsprechende Vorkehrungen getroffen haben. *Impossibilis* qualifiziert wieder nicht die Leistung, diesmal aber die Stipulation, wenn auch vermittelt über ihren Zweck *(causa)*.

3. Paulus und Ulpian (insb. D. 21,2,31)

Den Sprung von der Nichtexistenz oder Unverfügbarkeit der Sache auf die Unmöglichkeit der Leistung vollzieht Paulus D. 45,1,35 pr. (12 *ad Sabinum*), indem er das *dari non possit* auf Versprechen überträgt, die ein Tun beinhalten: *Si stipulor, ut id fiat, quod natura fieri non concedit, non magis obligatio consistit, quam cum stipulor ut detur quod dari non potest: nisi per quem stetit, quo minus facere id possit.*[119] In D. 45,1,83,5 (72 *ad edictum*) kehrt Paulus allerdings zu den Leistungsgegenständen zurück, wenn er das Versprechen der Grabstätten, der öffentlichen Plätze und des freien Mannes für unwirksam erklärt, weil *ea dumtaxat, quae natura sui possibilia sunt, deducuntur in obligationem.*[120]

Blüten treibt die Unmöglichkeit in einer von Lenel überzeugend zusammengestellten Katene aus dem 42. Buch von Ulpians Sabinuskommentar.[121] Sie beginnt mit D. 21,2,31.

Ulpian D. 21,2,31 (42 *ad Sabinum*)

Si ita quis stipulanti spondeat SANUM ESSE, FUREM NON ESSE, VISPELLIONEM NON ESSE et cetera, inutilis	Wenn jemand dem Versprechensempfänger verspricht „er sei gesund, er sei kein Dieb, er sei kein Leichenträger“ und so weiter, wird die Stipulation

stipulationi contineri, quia possit contingere, ut tam stipulator quam promissor ante aliquod tempus suo quisque dispensatori notum fecerit in eum diem futuram stipulationem ac demandasset promissor quidem suo dispensatori, ut daret, stipulator autem suo, ut acciperet: quod si ita factum fuerit, poterit valere stipulatio. Den Grundsatz, von dem Gaius die Ausnahme macht, überliefert Ulpian in D. 13,4,2,6 (27 *ad ed.*) als Entscheidung des Julian: *verum puto, quod Julianus ait eum, qui Romae stipulatur hodie Carthagine dari, inutiliter stipulari.* Eine Begründung fehlt. Erst in Inst. 3,15,5 wird sie angegeben mit: *cum impossibilis sit repromissio.* Zur stillschweigenden Bedingung von Leistungsfristen bei fernem Leistungsort vgl. zu D. 45,1,137,2–3 oben Fn. 100.

119 Zum Text im vierten Kapitel, 333.

120 Zum Text unten 343 ff. Der Hinweis *de his rebus negotium recte geremus, quae subici usibus dominioque nostro statim possunt* mag der *Gai Epitome* und den justinianischen Institutionen als Vorbild gedient haben.

121 Palingenesia II, Sp. 1170, fr. 2886. Schon in der Glosse *verum est* zu D. 50,17,31 wird der Bezug zum Fall von D. 21,2,31 rekonstruiert (*Vendebas mihi servum:& pacto, vel stipulatione convenisti furem non esse. Non per hoc est minus fur: quia est impossibile ut quod est, non sit,* Band 2, Sp. 3028); dazu Wollschläger, Unmöglichkeitslehre, 19 Fn. 63. – Auch Lenels Verortung am Ende der dem *furtum* gewidmeten Texte überzeugt; ebenso die Überleitung mit D. 50,16,174; einem Text zur Abgrenzung der Versprechen *FUREM NON ESSE* und *FURTO NOXAQUE SOLUTUM.*

stipulatio quibusdam videtur, quia si quis est in hac causa, impossibile est quod promittitur. si non est, frustra est. [...]	von manchen als wirkungslos *(inutilis)* angesehen, weil, wenn derjenige [Sklave] in diesem Zustand ist, unmöglich ist, was versprochen wurde. Wenn er das nicht ist, ist das Versprechen überflüssig. [...]

Hier wird die Vokabel *impossibilis* erstmals deutlich auf das Versprochene bezogen *(quod promittitur).* Zur Stelle bemerkt Arp, „daß schon Ulpian sich mit Auffassungen auseindersetzen mußte, die das Wort ‚impossibile' zu wörtlich nahmen, denn offenbar gab es Juristen, die in rabulistischer Denkweise die Erfüllung des Stipulationsversprechens für unmöglich und die Stipulation daher für nichtig hielten".[122] Der Vorwurf der Raubulistik erscheint gerechtfertigt. Was allerdings die Position der Rabulisten ausmacht, so bestimmt Rabel diese anders als Arp: „La *ratio dubitandi* n'est donc que l'idée de la convention s'appliquant à un fait et non à une prestation".[123] Nicht die Unmöglichkeit der Erfüllung zöge demnach das Verdikt der Unwirksamkeit nach sich, sondern die Abwesenheit jeden Leistungsversprechens. Ein rein assertorisches Versprechen wäre entweder wahr und damit überflüssig oder falsch und damit unmöglich (etwa: ein gesunder Kranker).

Der Fortgang mag die Auflösung bringen. Er zeigt jedenfalls, dass Ulpian selbst den Skeptikern gar nicht fern steht.[124]

Ulpian D. 50,17,31 (42 *ad Sabinum*)

Verum est neque pacta neque stipulationes factum posse tollere: quod enim impossibile est, neque pacto neque stipulatione potest comprehendi, ut utilem actionem aut factum efficere possit.	Es ist wahr, dass weder Verabredungen *(pacta)* noch Stipulationen eine Tatsache beseitigen können. Was nämlich unmöglich ist, kann weder in eine Verabredung noch in eine Stipulation aufgenommen werden, sodass es eine wirksame Klage oder [die vereinbarte] Tatsache bewirken kann.

122 Arp, Unmöglichkeit, 88 f. Von einem „rabulistischen Einwand" spricht auch Wollschläger, Unmöglichkeitslehre, 15 Fn. 40.

123 Rabel Mél. Gérardin (1907) 493.

124 Insoweit ähnlich Medicus 86 (1969) 94: „Die Textgruppe beweist, wie ernst noch [sic!] Ulpian den Einwand der *quidam* [...] genommen hat"; auch Kaser SZ 90 (1973) 215: „Hiernach war noch [sic!] unter den Klassikern bestritten [...]". Doch wird Ulpian solche Gedanken nicht als einer der letzten „noch", eher als einer der ersten „schon" ernst genommen haben. – Optimistischer charakterisiert Jakab, Praedicere, 245, Ulpians Überlegungen als rein „intellektuellen Exkurs": „Er experimentierte damit, die rein logische Denkungsweise mit den Gegebenheiten des aus der Praxis und Tradition entwickelten Rechts in Einklang zu bringen". Dabei habe Ulpian die Wirksamkeit der Stipulationsklausel nie ernsthaft in Zweifel gezogen.

Ulpian D. 21,2,31 (42 *ad Sabinum*)

[...] Sed ego puto verius hanc stipulationem FUREM NON ESSE, VISPELLIONEM NON ESSE, SANUM ESSE utilem esse: hoc enim continere, quod interest horum quid esse vel horum quid non esse. sed et si cui horum fuerit adiectum PRAESTARI, multo magis valere stipulationem: alioquin stipulatio quae ab aedilibus proponitur inutilis erit, quod utique nemo sanus probabit.	[...] Aber ich halte für richtiger, dass diese Stipulation „er sei kein Dieb, er sei kein Leichenträger, er sei gesund" wirksam ist: Sie beinhaltet nämlich das Interesse, das daran besteht, dass der Sklave eine der genannten Eigenschaften hat oder nicht. Wenn aber einem dieser Texte hinzugefügt wird „dass dafür eingestanden wird", so gilt die Stipulation um so mehr: sonst wäre auch die Stipulation, die von den Ädilen vorgeschlagen wird, wirkungslos, was jedenfalls kein gesunder Mensch für wahr halten wird.

Über Stipulationen unter Beifügung von *praestari* können angesichts der ädilizischen Stipulation keine Zweifel bestanden haben. Bei der zweifelnden Formulierung wird es sich allein um ein Stilmittel handeln, wodurch Ulpian verdeckt, dass er nur deswegen abwandelt, um durch Bezugnahme auf den sicheren Fall im unsicheren zu überzeugen.[125] Der Jurist erklärt die Eigenschaftszusicherung als Versprechen, das Interesse am Vorhandensein der Eigenschaft zu prästieren.[126] So zeigt Ulpian auf, dass sie nicht vergebens ein *factum tollere* versucht und daher wirksam ist.[127]

Als Replik passt dies gegen den von Rabel vorgeschlagenen Einwand (Fehlen eines Leistungsversprechens) ebenso wie gegen den von Arp formulierten (Unmöglichkeit der versprochenen Leistung).

Weiter verfolgt Ulpian sein Thema vermutlich in D. 2,14,50:

D. 2,14,50 (42 *ad Sabinum*)

Non impossibile puto in contractibus depositi, commodati et locati et ceteris similibus hoc pactum: NE FACIAS	Nicht für unmöglich halte ich bei der Verwahrung, der Leihe und Miete und übrigen ähnlichen Kontrakten diese Verabredung: „dass du meinen Sklaven nicht

125 Dass das Argument *ex absurdo* unter Heranziehung des aedilizischen Edikts sich nicht etwa auf beide Varianten bezieht, sondern nur die mit *praestari* gefasste Formel rettet, meint auch Jakab, Praedicere, 241 f. Hingegen vermutet Kaser SZ 90 (1973) 216, dass auch die Formulierung mit *praestari* angezweifelt worden sei (zustimmend Apathy SZ 111 [1994] 123 Fn. 138). Kaser erwägt, dass die Zweifler statt der weiterhin im Hintergrund stehenden „Zusage eines Zustandes" ein Versprechen von *QUANTI EA RES ERIT* für den Fall der Verletzung erwartet hätten.

126 Ebenso Harke, Error, 167 Fn. 31: „so auslegt, daß nicht das Vorliegen der Eigenschaften, sondern Ersatz versprochen". Vgl. schon Kaser SZ 90 (1973) 216: „Verpflichtung, den durch den Sachmangel verursachten Schaden in Geld zu ersetzen", aber auch Jakab, Praedicere, 245: „Und zweifellos drückt die Formel *sanum esse* dieses Haftenmüssen auch dann aus, wenn *praestari* zufällig nicht mit formuliert oder beurkundet wurde".

127 Auch nach Medicus SZ 86 (1969) 95 prägt den Text der „Gegensatz zwischen *factum tollere* (D. 50,17,31) und *praestari*, verstanden als Pflicht zur Zahlung der Wertdifferenz".

FUREM VEL FUGITIVUM SERVUM MEUM, hoc est: ne sollicites ut fur fiat, ut fugitivus fiat: ne ita neglegas servum, ut fur efficiatur. sicut enim servi corrupti actio locum habet, ita potest etiam haec pactio locum habere, quae ad non corrumpendos servos pertinet.

zu einem Dieb oder zu einem Flüchtigen machst", das heißt: dass du ihn nicht dazu aufstachelst, dass er ein Dieb wird, dass er ein Flüchtiger wird: und dass du den Sklaven auch nicht so vernachlässigst, dass er zum Dieb gemacht wird. Wie nämlich eine Klage wegen Korrumpierens eines Sklaven stattfindet,[128] so kann auch diese Verabredung stattfinden, die sich darauf bezieht, Sklaven nicht zu korrumpieren.

In diesem Text wiederholt sich der Bezug von *impossibilis* auf ein *pactum*, den Ulpian auch in D. 50,17,31 herstellt. Er steht damit in der ganzen Überlieferung alleine.[129]

Mit Blick auf die noch offene Frage zur *ratio dubitandi* muss der Leser konstatieren, dass die Klausel *NE FACIAS FUREM* nicht rein assertorisch ist. Wenn auch über ihr das Unmöglichkeitsurteil schwebt, dann muss dies auf dem (unberechtigten) Zweifel darüber beruhen, ob der Promittent das zu vermeidende Resultat durch sein Verhalten überhaupt beeinflussen kann, weil das Versprechen nur dann sinnvoll sei. Dies macht wahrscheinlich, dass auch in den vorgenannten Texten die Kritik sich nicht auf den dem ersten Anschein nach bloß assertorischen Charakter des Versprechens, sondern auf die dem ersten Anschein nach bestehende Unmöglichkeit der versprochenen Leistung stützte.

Damit bietet die Praxis der Eigenschaftszusicherungen ein Argument gegen das Alter des Gedankens, dass ein auf eine unmögliche Leistung gerichtetes Versprechen unwirksam sein muss. Dieses Argument hat schon Bernhöft formuliert: „Wahrscheinlich stammt der Satz von der Nichtigkeit unmöglicher Verpflichtungen erst aus einer verhältnißmäßig späten Zeit, denn es ist nicht wahrscheinlich, daß jene Stipulationen sich unter seiner Herrschaft eingebürgert haben. Gerade die ältesten Quellen nehmen am wenigsten Anstoß an dieser Fassung".[130] Erst zur Zeit Ulpians muss die Eigenschaftszusicherung als Versprechen des Interesses umgedeutet werden.

128 Zur *actio servi corrupti* vgl. insb. Ulpian D. 11,3,1 pr. (23 *ad ed.*).

129 Schon Rabel Mél. Gérardin (1907) 493.

130 Bernhöft, Jahrbücher für die Dogmatik 14 (1875) 136. Dies ist das Argument, das Pernice durch den Hinweis darauf widerlegen will, dass schon die *veteres* die Regel von der Perpetuierung der Obligation aufgestellt hätten (vgl. das Zitat im zweiten Kapitel, 86 f. Fn. 82). Mit Recht verweist Bernhöft auf das bei Varro, *De re rustica* 2,2,5 f. überlieferte Formular: *emptor stipulatur prisca* [!] *formula sic, ILLASCE OVES, QUA DE RE AGITUR, SANAS RECTE ESSE, UTI PECUS OVILLUM, QUOD RECTE SANUM EST EXTRA LUSCAM SURDAM MINAM, ID EST VENTRE GLABRO, NEQUE DE PECORE MORBOSO ESSE HABEREQUE LICERE, HAEC SIC RECTE FIERI SPONDESNE?*

Auf folgende Texte von Ulpian ist noch hinzuweisen: Bereits behandelt wurde D. 45,1,69 (7 *ad ed.*), wo ein Strafversprechen unwirksam ist, weil es wegen des Todes des zu sistierenden Sklaven nun eine unmögliche Angelegenheit *(res impossibilis)* absichert.[131] Für das Damnationslegat einer fremden Sache fordert Ulpian D. 30,39,7 (21 *ad Sab.*), dass diese an sich herbeigeschafft werden kann *(Constat etiam res alienas legari posse, utique si parari possint, etiamsi difficilis earum paratio sit).* Beim Fideikommiss tritt nach Ulpian D. 32,11,17 (2 *fideicom.*) die *aestimatio* an die Stelle der Hinterlassenschaft, *cum vero ipsum praestari non potest.* Unter dem Gesichtspunkt der Leistungsschwierigkeit kam D. 30,39,7 zur Sprache.[132] Auf das Können des Gläubigers (Vermächtnisnehmer) schaut Marcian in D. 30,114,5 (8 *inst.*).[133]

Ungeklärt ist die Bedeutung von Ulpian D. 50,17,135 (23 *ad ed.*): *Ea, quae dari impossibilia sunt vel quae in rerum natura non sunt, pro non adiectis habentur.* Welche nicht gebbaren oder nicht existierenden Dinge sind wozu hinzugefügt? Innerhalb des 23. Buches erscheint ein von Lenel nicht hergestellter Bezug zu D. 19,1,33 (fr. 679) denkbar, wo Ulpian für den Fall, dass mehrere Sachen zu einem Gesamtpreis verkauft sind, für jede eine gesonderte *actio empti* gewährt: *Et si uno pretio plures res emptae sint, de singulis ex empto et vendito agi potest.*

4. C. 8,37,8 (a. 295)

Aus späterer Zeit sei eine kuriose Entscheidung der Kaiser Diokletian und Maximinianus hervorgehoben:

C. 8,37,8; a. 294

Non moriturum praestari servum impossibilis promissio est. post mortem autem eius stipulatus recte solutionem postulat.	Dass für einen Sklaven eingestanden werde, der nicht sterben wird, ist ein unsinniges Versprechen. Aber nach dessen Tod fordert [der Gläubiger] zu Recht Erfüllung.

In der Entscheidung sieht Hallebeek eine antichristlich motivierte Ausnahme von der Unwirksamkeit unmöglicher Versprechen.[134] Wenn die kaiserliche Kanzlei *praestare* allerdings im Sinne Ulpians verwendet, entspricht die Entscheidung dem von ihm aufgestellten Prinizip. Denn auch das Interesse daran, einen unsterblichen Sklaven geliefert zu bekommen, kann prästiert werden. Die Qualifikation der *promissio* als *impossibilis* steht dazu nicht in einem unüberbrückbaren Gegensatz. Sie weist vielleicht nur darauf, wie abwegig die *promissio* dem Common Sense erscheint, ohne zu meinen, dass ihr kein rechtlicher Sinn beigelegt werden könnte.

131 Zum Text im dritten Kapitel, 137, sowie oben 301 bei Fn. 18.

132 Kurz im dritten Kapitel, 206 mit Fn. 280.

133 Dazu im dritten Kapitel, 213 mit Fn. 304.

134 Hallebeek Op. de Groot (1985) 121.

Als unmöglich charakterisiert wird hier die *promissio.* Dies mag für die nachklassische Zeit typisch sein; auch die *Gai Epitome* redet statt von der Stipulation durchweg von der *promissio.*[135]

Übrigens erklärt heute der Bundesgerichtshof eine übersinnliche Leistung (Einsatz magischer Kräfte zur Lebenshilfe) ganz ähnlich wie Diokletian und Maximinianus zunächst überflüssigerweise als unmöglich (was die Kaiser vom Versprechen einer solchen Leistung sagen), um den Vertrag dann doch wirken zu lassen.[136] Die Entscheidung erging allerdings nur zum Gegenanspruch des Wahrsagers.

5. Justinian

Justinian C. 8,37,15 (a. 532) erklärt, wenn eine Stipulation auf Leistung nach Tod des Schuldners gerichtet ist, diese selbst für unmöglich: *Si quis spoponderat insulam, cum moriebatur, aedificare stipulatori, impossibilis videbatur huismodi stipulatio.* Damit ist das Unwirksamkeitsurteil ausgesprochen. Den Grund bildet wohl nicht die Unmöglichkeit der Leistung für den Toten – es gibt ja seine Erben, die leisten können –, sondern das Verbot, eine Verbindlichkeit erst für die Erben entstehen zu lassen.[137]

Die kaiserlichen Institutionen lassen das klassische Vorbild noch gut erkennen. Allerdings schieben sie zwischen den ihrer Natur nach menschlicher Herrschaft entzogenen Stipulationsgegenständen (Inst. 3,19,2) und den unmöglichen Bedingungen (Inst. 3,19,11[138]) andere, nicht vom Inhalt abhängige Unwirksamkeitsgründe ein. Ähnlich wie Paulus und die *Gai Epitome*, eröffnen Inst. 3,19 pr. damit, dass *omnis res, quae dominio nostro subicitur,* stipuliert werden kann.[139] Justinian spinnt einen längeren Faden aus dem Gedanken, dass nur solch ein Gegenstand in die Stipulation aufgenommen werden kann, der der menschlichen Herrschaft unterliegt.[140] Hierzu gehört die Sache nicht, *quae in rerum*

135 Zu dieser Verschiebung des Fokus Albers SZ 135 (2018) 334–363.

136 Vgl. Urteil vom 13. 1. 2011, III ZR 87/10, JZ 2011, 631–637 (mit Anmerkung Schermaier).

137 Vgl. Gaius 3,100: *Denique inutilis est talis stipulatio [...] nam inelegans esse visum est ab heredis persona incipere obligationem.*

138 Siehe oben Fn. 16.

139 Vgl. Paulus D. 45,1,83,5: *de his rebus negotium recte geremus, quae subici usibus dominioque nostro statim possunt* (dazu sogleich IV.3); *Gai Epitome* 17,5 = 2,9,5: *Praeterea inutilis est promissio [...] si aliquis id se daturum promiserit, quod sui iuris non est* (dazu oben unter 2).

140 Inst. 3,19: *pr. Omnis res quae dominio nostro subicitur in stipulationem deduci potest, sive illa mobilis sive soli sit. § 1 At si quis rem quae in rerum natura non est aut esse non potest dari stipulatus fuerit, veluti Stichum, qui mortuus sit, quem vivere credebat, aut hippocentaurum, qui esse non possit, inutilis erit stipulatio. § 2 Idem iuris est, si rem sacram aut religiosam, quam humani iuris esse credebat, vel publicam, quae usibus populi perpetuo exposita sit, ut forum vel theatrum, vel liberum hominem, quem servum esse credebat, vel rem cuius commercium non*

natura non est aut esse non potest, also außer dem Toten auch der Pferdemensch. Auch die durch Recht, Religion und Moral dem Verkehr entzogenen Objekte werden an diesen Faden geknüpft: Zum geweihten Ort und zur Grabstätte ergänzt Justinian den *locus publicus;* wie die Vorlagen behandelt auch er den als Sklaven versprochenen Freien. Außerdem fügt er die Stipulation einer Sache, an der dem Gläubiger das *commercium* fehlt, und – etwas unpassend, aber seinem Vorbild getreu – einer gläubigereigenen Sache hinzu. Nach dem Beispiel des Versprechens eines Freien unter der Bedingung seiner Versklavung bezieht Justinian sich auf das *principium* zurück und schließt den Gedankengang ab, indem er einen Grund für die Unwirksamkeit der Stipulation angibt, der alle genannten Fälle trägt: *quia natura sui dominio nostro exempta in obligationem deduci nullo modo possunt.* Der Blick hat sich wieder von der Leistungsfähigkeit wegbewegt und ganz auf den Versprechensgegenstand konzentriert.

IV. Anklänge einer Relevanz nachträglicher Unmöglichkeit

Die Quellen wählen häufig dieselben Umstände als Beispiele einerseits – in ihrem Vorliegen – für einen Zustand, der das Entstehen der Obligation verhindert, und andererseits – in ihrem nachträglichen Eintritt – für ein Ereignis, dass die Obligation untergehen lässt. Mit dem *in rebus humanis esse* wird auch abstrakt mitunter dasselbe Kriterium angelegt.[141]

Darauf stützt sich in der Tradition Mommsens die These, „[a]nfängliche Nichtigkeit des Versprechens und nachträgliche Befreiung des Schuldners" seien bei der Stipulation „nur Erscheinungsformen desselben Prinzips" gewesen, nämlich der Unmöglichkeit der Leistung (Harke).[142] Nach der entgegengesetzten Auffassung „treffen sich hier nur verschiedene Wertungen im selben Ergebnis" (Schermaier) – man könnte ergänzen: zufällig.[143]

---

habuit, vel rem suam, dari quis stipuletur. nec in pendenti erit stipulatio ob id quod publica res in privatum deduci et ex libero servus fieri potest et commercium adipisci stipulator potest et res stipulatoris esse desinere potest: sed protinus inutilis est. item contra, licet initio utiliter res in stipulatum deducta sit, si postea in earum qua causa de quibus supra dictum est sine facto promissoris devenerit, extinguitur stipulatio. ac ne statim ab initio talis stipulatio valebit LUCIUM TITIUM, CUM SERVUS ERIT, DARE SPONDES? et similia, quia natura sui dominio nostro exempta in obligationem deduci nullo modo possunt …

141 Vgl. Pomponius D. 46,3,107 (2 *ench.*): *Verborum obligatio aut naturaliter resolvitur aut civiliter: naturaliter veluti solutione aut cum res in stipulationem deducta sine culpa promissoris in rebus humanis esse desiit…*; zum Kriterium im ersten Kapitel Fn. 89 und 93.

142 Harke, Unmöglichkeit, 40.

143 Schermaier AUPA 51 (2006) 256.

Das hier vorgestellte Modell der langsamen Entwicklung eines Unmöglichkeitsdenkens vermittelt zwischen diesen Positionen. Die Formulierungen *efficere non possit, dari non possit, fieri non possit* stießen das Tor dazu auf, von Anfang an vorliegende und nachträgliche Umstände auf einen Nenner zu bringen. Es gibt Anzeichen dafür, dass der Gedanke, wonach das Unmöglichsein der Obligation ihre Wirksamkeit verhindert, in der Spätklassik fortentwickelt wurde, sodass auch das weitere Schulden einer Leistung, deren neuerliches Versprechen unmöglich und deswegen unwirksam wäre, als problematisch erschien. So erreichte die Unmöglichkeit das Feld der Leistungsstörungen.

1. Bezug auf die Leistung: Ulpian (?)

Es wurde bereits aufgezeigt, dass manche dem Ulpian zugeschriebene Texte Rechtsfolgen daran knüpfen, ob die Leistung noch erbracht werden kann. So erklärt D. 13,1,8 pr. (27 *ad edictum*) mit dem Umstand, dass der Körper nicht geleistet werden kann, warum die *condictio furtiva* nach Tod des gestohlenen Sklaven nicht mehr auf diesen selbst, sondern auf seinen Schätzwert gerichtet werden muss: *durat condictio aestimationis eius: corpus enim ipsum praestari non potest.*[144] Ähnlich wird in D. 12,6,26,12 statt einer Kondiktion von *operae* eine auf deren Wert (*quanti conducturus*) gerichtete Kondiktion aus dem Grund eingeräumt, dass die *operae* nicht zurückgewährt werden können: *et ideo nec volens quis reddere potest.*[145] Mit solchen Begründungen hätte man ganz allgemein Kondiktionen unmöglicher Leistungen ablehnen und stattdessen als auf den Schätzwert gerichtet gewähren können. Dem überlieferten Recht entsprach das nicht, wie im dritten Kapitel erarbeitet wurde.

Besondere Relevanz erlangt die Möglichkeit der Leistung, wenn Realexekution im Raum steht. So hängen nach D. 6,1,68 die Folgen der Nichtbefolgung eines richterlichen Restitutionsbefehls davon ab, ob der Beklagte ihn befolgen kann; je nachdem wird ihm die Sache weggenommen oder er wird auf einen Geldbetrag verurteilt: *si quidem habeat rem, manu militari officio iudicis ab eo possessio transfertur* [...] *si vero non potest restituere* [...].[146]

144 Siehe im dritten Kapitel IV.3.c (181 ff.).

145 Siehe im dritten Kapitel, 184 f.

146 Siehe im dritten Kapitel, 119 f.

2. Bezug auf das Schulden: Modestin D. 45,1,103

Als Kronzeuge für eine Rechtfertigung der anfänglichen Unwirksamkeit aus Erwägungen, die ebenso gut gegen eine zunächst schon entstandene Obligation hätten angeführt werden können, dient Modestin D. 45,1,103.

Modestin D. 45,1,103 (5 *pandectarum*)

Liber homo in stipulatum deduci non potest, quia nec dari oportere intendi nec aestimatio eius praestari potest, non magis quam si quis dari stipulatus fuerit mortuum hominem aut fundum hostium.	Ein freier Mann kann nicht zum Gegenstand einer Stipulation gemacht werden. Denn man kann weder (in der *intentio* der Klage) verlangen, er solle gegeben werden, noch kann jemand für seinen Wert aufkommen; ebenso wenig wie wenn sich jemand versprechen lässt, einen Verstorbenen oder ein in feindlicher Hand befindliches Grundstück zu übereignen.

Modestin begründet die Unwirksamkeit der Stipulation, die Gründe passen aber ebenso auf nachträgliche Ereignisse: Wenn ein von Anfang an freier Mann nicht als geschuldet eingeklagt oder geschätzt werden kann, dann auch nicht der erst nachträglich freigelassene. Strikt durchgeführt, müssten seine Gründe Modestin nötigen, anfängliche und nachträgliche Hindernisse zusammenzudenken.

So bietet der Text der modernen Literatur die beiden Argumente dafür, dass *perpetuatio obligationis* bei unmöglich gewordenen Leistungen als Fiktion nötig sei, um den Beklagten zu verurteilen: Die Klagebedingung *dare oportet* liege nicht vor, und die untergegangene Leistung habe keinen Wert.[147]

Angesichts des bisher gewonnenen Eindrucks vom klassischen Recht handelt es sich aber wohl um erst von Modestin selbst gefundene Erklärungen für die Unwirksamkeit der Stipulation. Er mag sie gerade für das besondere sittliche Leistungshindernis ersonnen haben: Es ist unzulässig, einen Freien als Sklaven erhalten zu wollen, und man kann den Wert eines Menschen nicht in Geld aufwiegen.[148]

Allerdings impliziert Modestin, dass beim Toten und beim feindlichen Grundstück dieselben Gründe wirken, um das Versprechen unwirksam zu machen.[149] Nur „darf man von dem schon an der Schwelle zur Nachklassik

147 Dementsprechend Rabel Mél. Gérardin (1907) 506; Medicus SZ 86 (1969) 80; Harke, Error, 167 ff. Zu deren Positionen vgl. ausführlich im zweiten Kapitel III.2.a.aa (90 ff.); b.aa (100 f.); b.bb (101 ff.).

148 Vgl. Paulus D. 50,17,106 (2 *ad ed.*): *Libertas inaestimabilis res est*; PS 5,1,1: *Qui contemplatione extremae necessitatis aut alimentorum gratia filios suos vendiderint, statui ingenuitatis eorum non praeiudicant: homo enim liber nullo pretio aestimatur.*

149 Dies ist Harke, Error, 167 Fn. 33, gegen Arp, Anfängliche Unmöglichkeit, 100, zuzugeben.

stehenden Modestin wohl kaum eine zuverlässige Nachricht über die Herkunft der Nichtigkeitsregel erwarten" (MEDICUS).[150]

3. Zusammenhängende Darstellung anfänglicher und nachträglicher Hindernisse

Die Darstellung der unzulässigen Inhalte von Stipulationen in den justinianischen Institutionen weist eine Passage auf, die eine Beziehung zwischen der Unwirksamkeit wegen anfänglicher Hindernisse und dem Erlöschen wegen späterer Hindernisse herstellt.

Inst. 3,19,2

[...] Nec in pendenti erit stipulatio ob id, quod publica res in privatum deduci et ex libero servus fieri potest et commercium adipisci stipulator potest et res stipulatoris esse desinere potest, sed protinus inutilis est. Item contra licet initio utiliter res in stipulatum deducta sit, si postea in earum qua causa, de quibus supra dictum est, sine facto promissoris devenerit: extinguitur stipulatio [...]	[...] Die Stipulation wird auch nicht [nur] schwebend [unwirksam] sein – aus dem Grund [vielleicht], weil die öffentliche Sache privat und aus dem Freien ein Sklave werden kann, weil der Empfänger die Erwerbsbefugnis erlangen oder die Sache aufhören kann, ihm zu gehören. Sondern sie ist sofort wirkungslos. Ebenso wird umgekehrt, [auch] wenn eine Sache zunächst wirksam stipuliert wurde, wenn sie anschließend ohne Zutun des Versprechenden in einen der oben beschriebenen Zustände gerät, die Stipulation ausgelöscht [...]

Haben also genau die Hindernisse, die eine Stipulation verhindern, stets auch die Kraft, eine entstandene zu vernichten – etwa, weil beides auf demselben Prinzip beruht? Bei Gaius findet dieser Text kein Vorbild, wohl aber bei Paulus.

Den Kontext bildet die Frage, welche Bedeutung es für die rechtliche Bewertung hat, dass ein Leistungshindernis behoben werden kann. Celsus lehrte zum Legat, dass dieses wieder auflebe, wenn ein vermachtes und zwischenzeitlich bebautes Grundstück wieder zur bloßen *area* oder ein als Sklave Vermachter, sodann Freigelassener erneut versklavt werde.[151]

Gegen diese Meinung des Celsus wendet sich Paulus in zwei verschiedenen Texten. Der prägnantere von beiden (D. 46,3,98,8)[152] stammt aus dem 15. Buch

150 MEDICUS SZ 86 (1969) 79.

151 Celsus D. 32,79 (9 *dig.*): § 2 *Area legata si inaedificata medio tempore fuerit ac rursus area sit, quamquam tunc peti non poterat, nunc tamen debetur.* § 3 *Servus quoque legatus si interim manumittatur et postea servus factus sit, peti potest.* – Das Gebäude (§ 2) wurde vermutlich erst nach dem Tod errichtet, was den Fall von Ulpian D. 30,44,4 (22 *ad Sab.*) und Javolen D. 31,39 (3 *ex Cassio*) unterscheidet. Dies mit SCHERMAIER St. Talamanca (2001) VII 301 ff.

152 Paulus D. 46,3,98,8 (15 *quaest.*): *Aream promisi alienam: in ea dominus insulam aedificavit: an stipulatio extincta sit, quaesitum est. respondi, si alienum hominem promisi et is a domino*

seiner *quaestiones*. Hier spricht Paulus direkt das Problem der Beseitigung von Hindernissen an, und zwar durchweg bei der Stipulation. Im Wesentlichen schreibt er: Die Bebauung des Grundstücks tauge als Beispiel nicht, weil hierdurch das Grundstück nicht untergehe und daher auch während der Bebauung gefordert werden könne. Der erneut Versklavte[153] könne entgegen Celsus nicht gefordert werden, weil es sich nicht mehr um denselben Sklaven handele.

Paulus lässt das Gegenbeispiel nicht gelten, ein vom Eigentümer zerlegtes Schiff werde wieder geschuldet, sobald dieser es aus denselben Planken rekonstruiere. In der Tat handele es sich dabei um dasselbe Schiff, und bis zum Zusammenbau ruhe die Obligation lediglich. Das treffe aber nicht zu, wenn der Eigner ursprünglich die Absicht gehabt habe, das Holz anders zu verwenden: Dann entstehe ein neues, anderes Schiff, und dies sei der dem freigelassenen Sklaven entsprechende Fall.

Vor diesem Hintergrund lässt sich der Text aus dem 72. Buch *ad edictum* verstehen, der Vorbild für die justinianischen Institutionen wurde.[154]

Paulus D. 45,1,83,5 (72 *ad edictum*)

Sacram vel religiosam rem vel usibus publicis in perpetuum relictam (ut forum aut basilicam) aut hominem liberum inutiliter stipulor, quamvis sacra profana fieri et usibus publicis relicta in privatos usus reverti et ex libero servus fieri	Eine heilige oder geweihte Sache oder eine dem öffentlichen Gebrauch auf Dauer überlassen (wie das Forum oder eine Markthalle) oder einen freien Menschen lassen wir uns unwirksam versprechen, obwohl die heiligen Sachen profan gemacht werden und die dem öffentlichen Gebrauch überlassenen in

manumissus est, liberor. nec admissum est, quod Celsus ait, si idem rursus lege aliqua servus effectus sit, peti eum posse: in perpetuum enim sublata obligatio restitui non potest, et si servus effectus sit, alius videtur esse. nec simili argumento usus est, ut, si navem, quam tu promisisti, dominus dissolverit, deinde isdem tabulis compegerit, teneri te: hic enim eadem navis est, quam te daturum spopondisti, ut videatur magis obligatio cessare quam extincta esse. homini autem manumisso simile fiet, si ea mente dissolutam esse navem posueris, ut in alios usus converterentur tabulae, deinde mutato consilio easdem compositas: alia enim videbitur esse posterior navis, sicut ille alius homo est. non est his similis area, in qua aedificium positum est: non enim desiit in rerum natura esse. immo et peti potest area et aestimatio eius solvi debebit: pars enim insulae area est et quidem maxima, cui etiam superficies cedit. diversum dicemus, si servus promissus ab hostibus captus sit: hic interim peti non potest quasi ante diem, sed si redierit postliminio, recte tunc petetur: cessavit enim hic obligatio. area autem extat, sicut cetera, ex quibus aedificium constitit. denique lex duodecim tabularum tignum aedibus iunctum vindicari posse scit, sed interim id solvi prohibuit pretiumque eius dari voluit.

153 Zur erneuten Versklavung durch ein anderes Gesetz *(aliqua lege)* vgl. Nörr SZ 126 (2009) 10 f.

154 Der Text ist Gegenstand einer grundsätzlichen Auseinandersetzung zwischen Nörr SZ 126 (2009) 1–54 sowie Index 37 (2009) 599 (Korrektur eines Fehlzitats) und Behrends Index 37 (2009) 397–452 sowie SZ 128 (2011) 83–129. Nörr erhält Verstärkung von Platschek SZ 129 (2012) 571–576.

potest. nam et cum quis rem profanam aut Stichum dari promisit, liberatur, si sine facto eius res sacra esse coeperit aut Stichus ad libertatem pervenerit, nec revocantur in obligationem, si rursus lege aliqua et res sacra profana esse coeperit et Stichus ex libero servus effectus sit. quoniam una atque eadem causa et liberandi et obligandi esset, quod aut dari non possit aut dari possit: nam et si navem, quam spopondit, dominus dissolvit et isdem tabulis compegerit, quia eadem navis esset, inciperet obligari. pro quo et illud dici posse Pedius scribit: [...] sed haec dissimilia sunt: [...] et navis si hac mente resoluta est, ut in alium usum tabulae destinarentur, licet mutato consilio perficiatur, tamen et perempta prior navis et haec alia dicenda est: sed si reficiendae navis causa omnes tabulae refixae sint, nondum intercidisse navis videtur et compositis rursus eadem esse incipit: [...]

den privaten Gebrauch zurückgeführt und aus dem Freien ein Sklave gemacht werden kann. Denn auch wenn jemand verspricht, dass eine profane Sache oder der Sklave Stichus gegeben werde, wird er befreit, wenn sie ohne sein Zutun eine heilige Sache zu werden beginnt oder Stichus in Freiheit gelangt, und diese Gegenstände werden nicht in die Obligation zurückgerufen, wenn durch irgendein Gesetz die heilige Sache erneut profan zu sein beginnt oder der Stichus vom Freien zum Sklaven gemacht wird, [mit der unzutreffenden Begründung] da ja ein und derselbe Grund zur Befreiung und zur [erneuten] Verpflichtung führte, weil [zunächst] nicht [mehr] gegeben werden kann und [dann doch wieder] gegeben werden kann; denn auch wenn jemand ein Schiff versprochen hat, das der Eigentümer zerlegt und aus denselben Brettern wieder zusammenfügt, begänne er [erneut] verpflichtet zu werden, weil es dasselbe Schiff wäre. Wofür auch gesagt werden könne, was Pedius geschrieben hat: [...] Aber diese Fälle sind unterschiedlich: [...] Und wenn das Schiff mit der Absicht aufgelöst wurde, dass die Bretter einem anderen Zweck zugeführt werden sollten, [aber dann] angenommen nach verändertem Beschluss wieder zusammengesetzt werde, so ist dennoch sowohl zu sagen, dass das ursprüngliche Schiff zerstört, wie auch dass dieses ein anderes Schiff ist. Aber wenn alle Bretter [nur] zum Zweck der Reparatur gelöst wurden, erscheint es so, dass das Schiff niemals unterging und nach ihrer Zusammensetzung wieder dasselbe zu sein beginnt. [...]

Paulus diskutiert hier die gleichen sittlichen und rechtlichen Hindernisse wie Justinian in Inst. 3,19,2. Auch er beginnt mit dem Fall, dass solche Hindernisse von Anfang an vorliegen, und plädiert auf Unwirksamkeit der Stipulation ohne Rücksicht darauf, dass das Hindernis möglicherweise später wegfällt. Stützend beruft er sich auf die nachträglichen Hindernisse, bei denen genauso zu entscheiden sei.

Schwierigkeiten bereitet der Satz: *Quoniam una atque eadem causa et liberandi et obligandi esset, quod aut dari non possit aut dari possit.* Harke, der hierauf wiederholt verweist, übersetzt: „Es ist nämlich ein und derselbe Umstand, der über Befreiung und Verpflichtung entscheidet, nämlich ob übereignet werden kann oder nicht".[155] Der Autor entnimmt der Stelle, dass nachträgliche Leistungshindernisse genauso zu behandeln seien wie anfängliche:

155 Harke, Römisches Recht, 103.

„Läßt ein Umstand die einmal wirksam begründete Verpflichtung wegfallen, muß er, wenn er schon bei Vertragsschluß vorliegt, in gleicher Weise auch ihren Ausfall zeitigen".[156] Ähnlich bestimmte den Inhalt des Satzes etwa Cujaz.[157] Harke resümiert, dass die Regel *impossibilium nulla obligatio* für anfängliche wie für nachträgliche Unmöglichkeit gleichermaßen gelte.[158] Für ihn handelt es sich um die *ratio,* mit der Paulus begründet, warum (auch) das anfängliche Hindernis stets endgültig befreien muss.[159]

Diese Interpretation verkennt zweierlei. Erstens schließt der Satz nicht von anfänglichen auf nachträgliche Hindernisse (oder umgekehrt), sondern setzt sich für anfängliche und nachträgliche Hindernisse gleichermaßen mit dem Problem auseinander, ob ihr späterer Wegfall zu berücksichtigen ist. Zweitens äußert Paulus von *quoniam* bis *inciperet obligari* keine eigene Meinung, sondern referiert in indirekter Rede die von ihm abgelehnte Position des Celsus.[160] Darauf deutet zum einen schon der Konjunktiv.[161] Vor allem ist hier das Beispiel des Schiffes genau so wiedergegeben, wie es auch in D. 46,3,98,8 als Argument für

---

156 Harke SZ 123 (2006) 117.

157 Für Cujaz synthetisiert der Satz die Beurteilung der ursprüngliche Wirksamkeit des Versprechens, seines Unwirksamwerdens und erneuten Wirksamwerdens: *Ergo si vera est haec proposito, si cum res est profana, quam promisimus, obligamur, quia dare eam possumus, & si mox sacra fiat, antequam detur, liberamur, quia iam dare eam non possumus. At si rursus eadem res profana fiat, obligamur igitur, quia dare eam possumus* (*ad* D. 45,1,83,5 [sacram] aus Recitationes exactissimae ad libros Pauli ad edictum, in: Opera postuma, Band 2, Sp. 885). Cujaz erkennt aber, dass es sich um den Standpunkt des Celsus handelt (dazu sogleich).

158 Harke, Unmöglichkeit, 40 Fn. 45; Zitat von dort im zweiten Kapitel Fn. 162. Ebenso auch Error, 65 und 169.

159 Harke SZ 123 (2006) 117: „[Die] Annahme einer stillschweigenden Bedingung bei Leistungshindernissen [...] scheidet [...] zur Bewältigung der anfänglichen Unmöglichkeit auch deshalb aus, weil sich deren Behandlung nicht von der nachträglicher Leistungshindernisse unterscheiden darf". Explizit gegen eine Deutung als *ratio* des Celsus in Fn. 23.

160 Wie Troje SZ 122 (2005) 172–176 nachzeichnet, wurde Cujaz, der dieses Verständnis verfocht, von Mommsen falsch rezipiert. Der nämlich unterstellt Cujaz, er halte den Text für unvollständig, schließt sich dieser vermeintlichen Auffassung an und ergänzt unter Berufung auf den eleganten Juristen: *Celso tamen contra visum est.* Paulus soll also Celsus sogar ausdrücklich zitiert haben. Von einer „Textverkürzung" (durch Kompilatoren oder Schreiber) geht noch Nörr SZ 126 (2009) 30 f. aus. Doch bedarf der Text keiner Ergänzung. Mit Troje auch Knütel SZ 125 (2008) 727 Fn. 27. – Darüber, dass in der Sache Celsus spricht, besteht Einigkeit sogar zwischen Behrends SZ 128 (2011) 111 und Platschek SZ 129 (2012) 571 bei Fn. 3.

161 Hingegen scheinen Otto/Schilling/Sintenis (Jungmeister) den Konjunktiv Imperfekt nicht als Rede des Celsus, sondern als *reductio ad absurdum* eines etwaigen Neuentstehens der Verbindlichkeit aufzufassen (Band 4, 629 mit Anm. 68). Dass Celsus spricht, soll man sich erst hinter der Fußnote, also nach dem *quoniam...*-Satz dazudenken. Dies ignoriert Troje SZ 122 (2005) 174 Fn. 8, 176.

Celsus auftritt, nämlich zunächst pauschal *(quia eadem navis esset, inciperet obligari)* und damit bereit für die anschließende entkräftende Korrektur durch Paulus (Differenzierung nach dem Willen beim Zerlegen).

Nach Meinung von Cannata wendet sich Celsus mit *una atque eadem causa et liberandi et obligandi esset* gegen die Differenzierung, die später noch Paulus der Lösung zugrunde legt: Ein und derselbe Grund, nämlich das Auseinanderbauen des Schiffes, muss nach Celsus stets entweder befreien oder verpflichten, unabhängig von den Absichten des Schiffseigentümers.[162] Der Satz stünde demnach aber am falschen Ort, denn weder der Schiffsfall noch irgendeine Differenzierung des Paulus sind bisher eingeführt. Die anschließende Überleitung zum Schiffsfall (*nam et si navem…*) passt nicht, wenn es schon um diesen geht.

Nörr deutet den Satz wie folgt: „[A]uf denselben Rechtsgrund, die Stipulation, beziehen sich Befreiung und (Wieder-)Verpflichtung – je nachdem, ob der Gegenstand nicht geleistet oder geleistet werden kann". Damit brächte Celsus zum Ausdruck, dass es gelingt, den tatsächlichen Vorgang (Wiederentstehen der Sache) der *causa* Stipulation zuzuordnen, und diese deswegen wieder aufleben kann.[163] Der Satz müsste dann aber eigentlich nicht Befreiung und Verpflichtung, sondern Zerstörung und Wiederentstehung derselben *causa* zugeordnet haben; die Wiederverpflichtung wäre ja erst Konsequenz jener Zuordnung der tatsächlichen Vorgänge zur selben *causa.*

Auf der Deutung Nörrs aufbauend, übersetzt Behrends konturierend: „Da es sich für das Freiwerden und Verpflichten, <d. h.> was das anbetrifft, dass entweder geleistet oder nicht geleistet werden kann, um ein und dieselbe <als solche perennierende> Ursache handelt". Celsus nutze hier den von Aristo übernommenen *causa*-Begriff (vgl. Ulpian D. 2,14,7,2)[164]. Entscheidend sei, dass dieser Sachgrund der Obligaton andauere. Daher könne „die fruchtbare *causa*, der Geburtsort der Stipulation, ohne die Obligation zu vernichten, sie kurzfristig wieder in sich zurücknehmen und dann erneut wieder hervorbringen".[165] Hieran stört, dass die *causa* der Obligation keinen Befreiungsgrund *(causa liberandi)* umschreibt.

Vielmehr wird Celsus meinen, dass ein und dasselbe (nachträglich auftretende) Hindernis immer dann, wenn es die Macht habe, zu befreien (eine *causa*

162 Cannata SDHI 32 (1966) 84 f.

163 Nörr SZ 126 (2009) 31 ff. – In der von Nörr SZ 126 (2009) 32 allegierten Stelle fr. Vat. 75,5 meint *causa* wohl nicht den Rechtsgrund einer Verbindlichkeit; dort geht es um die *in iure cessio* als Ursache für den Verlust und den (anwachsungsmäßigen) Erwerb eines Nießbrauchs.

164 Dazu jüngst Schermaier in FS Nishimura (2018).

165 Behrends SZ 128 (2011) 112 f.

liberandi zu sein), auch die Macht haben müsse, zu verpflichten (also eine *causa obligandi* zu sein) – nämlich durch sein Aufkommen, was die Leistung verhindert (also die Zerstörung des Schiffes), und späteres Wegfallen, was die Leistung ermöglicht (also die Wiederherstellung des Schiffes). Genau genommen handelt es sich nicht um identische, sondern gegenteilige Umstände als Ursachen für allerdings auch gegenteilige Rechtsfolgen.[166]

Demnach bedeutet der *quoniam*-Satz nicht, dass anfängliche Hinderungsgründe und nachträgliche Vernichtungsgründe identisch sein müssen.

Gleichwohl sticht die Selbstverständlichkeit ins Auge, mit der Paulus die anfänglichen und nachträglichen Hindernisse nebeneinanderstellt, für beide Gruppen dieselben Beispiele wählt und das Problem des wegfallenden Hindernisses parallel löst.[167] Die Frage der Sachidentität mag sich stets gleichermaßen stellen.[168] Dennoch liegt nahe, dass Paulus eine Verwandtschaft auch der Hindernisse und ihrer Wirkung zugrunde legt. Nörr beschreibt: „So bildet sich ein Zwischenreich, in dem die modernen Differenzierungen verschwimmen. Mit den Konzepten W. Flumes: Gründe der Unmöglichkeit, die üblicherweise an den Rechtsakt anknüpfen, greifen jetzt in das Rechtsverhältnis ein".[169] Nach der hier vertretenen Auffassung hat die moderne Differenzierung von Wirksamkeitshindernissen und Leistungsstörungen allerdings eine klassische Grundlage.

Bei Justinian kann man diese Zusammenschau mit Händen greifen, weil er die nachträglichen Hindernisse nicht erneut aufzählt, sondern hierfür auf die anfänglichen verweist: *Item contra* [...] *si postea in earum qua causa, de quibus supra dictum est, sine facto promissoris devenerit: extinguitur stipulatio.*

4. Von der anfänglichen zur nachträglichen Unmöglichkeit

Dass es mitunter dieselben Ereignisse sind, die verhindern, dass eine Stipulation wirkt, und die eine bestehende Obligation erlöschen lassen, wird nicht darauf beruhen, dass seit jeher ein gemeinsames Prinzip beide Gruppen bestimmt.

166 Hierauf wird schon in der Glosse *eadem causa* zu diesem Text hingewiesen (Band 2, Sp. 2256). Beifällig zu dieser Präzisierung Cannata SDHI 32 (1966) 84 Fn. 65.

167 Stattdessen hätte die unmögliche Bedingung zum Vergleich herangezogen werden können. Venuleius diskutiert die Frage, ob ein späterer Fortfall der Unmöglichkeit den bedingten Akt wieder aufleben lässt, in D. 45,1,137,6 mit Blick nicht auf Fragen der Sachidentität, sondern auf Veränderungen der Rechtslage: *nec ad rem pertinet, quod ius mutari potest et id, quod nunc impossibile est, postea possibile fieri: non enim secundum futuri temporis ius, sed secundum praesentis aestimari debet stipulatio.* Zum Text oben, 299.

168 Zu ihr vgl. nur Schermaier St. Talamanca (2001) VII; Behrends SZ 112 (1995) 195–238 sowie Index 37 (2009) 397–452; Nörr SZ 126 (2009) 44 ff.

169 Nörr SZ 126 (2009) 4.

Dass gleichwohl manche späte Juristen eine Verbindung ziehen, kann mit dem Topos zusammenhängen, dass eine rechtliche Wirkung endet, wenn die Lage sich so wandelt, dass sie nicht hätte beginnen können *(quia in eum casum res pervenit, a quo incipere non potest).*[170]

Nach Gaius 4,78 rechtfertigt die sabinianische Schule so, dass eine Noxalklage endgültig erlischt, wenn der Geschädigte den schädigenden Haussohn oder Sklaven aus einem anderen Rechtsgrund in seine Gewalt bringt: *nostri praeceptores* [actionem] *intercidere putant, quia in eum casum deducta sit, in quo ab initio consistere non potuerit.* Die Prokulianer hingegen lassen die Klage nach Gaius wieder aufleben, wenn der Täter die Gewalt des Geschädigten später verlässt.[171]

Dieselbe Erwägung begegnet in unterschiedlichen Formulierungen etwa für Dienstbarkeiten (Marcellus, Modestin),[172] für das *iudicium* (Ulpian),[173] für das Legat (Julian, Marcian)[174]. Es wird deutlich, dass der Grundsatz, der offenbar

170 Marcian D. 9,2,16 (4 *reg.*). – Solazzi BIDR 38 (1930) 15 (= Scr. III 347) sprach von einer klassischen Regel, „per cui il rapporto giuridico si estingue, se più tardi sopravvenga quello stato di impossibilità o d'incompatibilità che, esistendo originariamente, non avrebbe lasciato nascere il rapporto stesso". Vorkommen und Charakter dieses Gedankens hat jüngst Alejandro Guzmán-Brito historisch-kritisch ergründet: FS Knütel (2009) 401–428.

171 Zu den zweifelhaften Versuchen einer Erklärung der den Prokulianern zugeschriebenen Meinung siehe Guzmán-Brito FS Knütel (2009) 405 f. Eine gewisse Berechtigung mag sie haben, falls der Geschädigte noch nichts von dem Delikt wusste, als er den Täter wieder aus seiner Gewalt entließ; dann konnte er ihn bisher nicht bestrafen. Den neuen Gewalthaber schützt die Haftung des Geschädigten wegen Eviktion. – Die prokulianische Lösung erinnert an die soeben erörterte Position des Celsus zum wiederhergestellten Schiff. Allerdings besteht nach Guzmán-Brito FS Knütel (2009) 429 der Gehalt der Regel nicht darin, dass eine Wirkung endgültig erlischt, sondern nur darin, dass sie überhaupt erlischt.

172 Auf dem Gebiet der Dienstbarkeiten übt Marcellus D. 45,1,98 pr. (20 *dig.*) kritische Distanz: ... *et maxime secundum illorum opinionem, qui etiam ea, quae recte constiterunt, resolvi putant, cum in eum casum reciderunt, a quo non potuissent consistere,* zur Stelle Guzmán-Brito FS Knütel (2009) 408 ff. Affirmativ hingegen Modestin D. 8,1,11 (6 *differentiarum*): *Pro parte dominii servitutem adquiri non posse volgo traditur: et ideo si quis fundum habens viam stipuletur et partem fundi sui postea alienet, corrumpit stipulationem in eum casum deducendo, a quo stipulatio incipere non possit;* dazu Guzmán-Brito 423 f.

173 Für das *iudicium* anerkennend Ulpian D. 5,1,11 (12 *ad ed.*) (Adrogation des Prozessgegners); vgl. Guzmán-Brito FS Knütel (2009) 411.

174 Zum Legat affirmativ Julian D. 35,2,51 (61 *dig.*) (mutmaßlich zur *lex Falcidia;* vgl. Guzmán-Brito 406 ff.); Marcian D. 34,8,3,2 (11 *inst.*) (Erwerb des mit einem Legat bedachten Sklaven durch den Erblasser; vgl. Guzmán-Brito FS Knütel 420). Anders Inst. 2,20,14 (Wirksambleiben des Legats an den Gläubiger trotz Eintritt der Bedingung der Schuld mit der Folge, dass das Legat keinen Mehrwert mehr hat; Guzmán-Brito 424 ff.): ... *Papinianus scripsit, utilem esse nihilo minus legatum, quia semel constitit. Quod et verum est; non enim placuit sententia existimantium, extinctum esse legatum, quia in eam causam pervenit, a qua incipere non potest.*

der sabinianischen Schule entspringt, nicht allgemein anerkannt ist und auch von seinen Anhängern sehr flexibel angewandt wird.[175]

Ausgerechnet Paulus bemüht ihn zweimal mit Blick auf Obligationen. Um die Auswirkungen der Konfusion bei einem der Gesamtschuldner auf Bürgen geht es in Paulus D. 46,1,71 pr. (4 *quaestionum*): Weil die Bürgen sich nicht für denselben bei demselben hätten verbürgen können, werden sie frei.[176] Eine grundsätzliche Stellungnahme beinhaltet D. 45,1,140,2 (3 *ad Neratium*).

Paulus D. 45,1,140,2 (3 *ad Neratium*)

Etsi placeat extingui obligationem, si in eum casum inciderit, a quo incipere non potest, non tamen hoc in omnibus verum est. ecce stipulari viam iter actum ad fundum communem socius non potest, et tamen si is, qui stipulatus fuerat, duos heredes reliquerit, non extinguitur stipulatio. et per partem dominorum servitus adquiri non potest, adquisita tamen conservatur et per partem domini: hoc evenit, si pars praedii servientis vel cui servitur alterius domini esse coeperit.	Auch wenn es beliebt, dass eine Schuld getilgt werde, wenn sie in eine Lage gerät, aus der sie nicht hätte entstehen könne, so ist das doch nicht in allen Fällen richtig. So kann der Miteigentümer sich [zwar] nicht Straße, Weg oder Viehtrift zum gemeinsamen Grundstück versprechen lassen, und doch wird, wenn derjenige, der sich [solches] hat versprechen lassen, zwei Erben zurücklässt, die Stipulation nicht ausgelöscht. Und wenn die Dienstbarkeit auch nicht für einen Teil der Eigentümer erworben werden kann, so bleibt die erworbene dennoch auch einem Teil der Eigentümer erhalten. Dazu kommt es, wenn ein Teil des beherrschten oder des herrschenden Grundstücks beginnt, einem anderen zu gehören.

Das Schema von Regel und Ausnahme bietet Paulus einen etwas gekünstelten Rahmen, um auf umständliche Weise Grundwissen zum Versprechen von Dienstbarkeiten und zur Nachfolge in sie zu präsentieren.[177] Man kann daran ablesen, warum der Grundsatz nicht allgemein anerkannt war: Ihre Gegner bewerteten das Regel-Ausnahme-Verhältnis umgekehrt und zogen es vor, im Einzelfall das Unwirksamwerden zu begründen statt das Wirksambleiben.[178]

Wer der Regel anhing, dass Rechtswirkungen enden, wenn eine Lage eintritt, in der sie nicht hätten beginnen können, der mochte geneigt sein, auch das Erlöschen der Obligation bei zufälligem Untergang des Schuldgegenstandes damit zu erklären, dass die Obligation nicht entstanden wäre, wenn der Gegenstand nicht „in der Welt existiert" hätte oder nicht „hätte gegeben werden

175 Guzmán-Brito FS Knütel (2009), *passim* und 426 ff.

176 Paulus D. 46,1,71 pr. (4 *quaest.*): *sed et accessiones ex eius persona liberari propter illam rationem, quia non possunt pro eodem apud eundem obligati esse, ut quemadmodum incipere alias non possunt, ita nec remaneant.* Zum Text Guzmán-Brito FS Knütel (2009) 417 ff.

177 Zum Text Guzmán-Brito FS Knütel (2009) 412 ff. (mit Überprüfung des paulinischen Gedankengangs dahingehend, ob die Regel hier wirklich scheitert).

178 Ebenso erklärt Guzmán-Brito FS Knütel (2009) 428 den Schulenstreit.

können". Dies sieht auch Guzmán-Brito, der – ohne zu diesem Thema einen Quellenbeleg zu haben – den Untergang des Schuldgegenstandes als perfekten Anwendungsfall seiner Regel kennzeichnet.[179] Auch Paulus als „Freund" der Regel wird zu denen gehört haben, die diesen Zusammenhang herstellten.

V. Fazit

Damit ist eine Entwicklung des Unmöglichkeitsdenkens gezeichnet. In der hohen Klassik verfestigte sich die Regel, dass das Versprechen einer schlechthin unerbringbaren Leistung keine Wirkungen hat. Die späte Klassik erwog, dass die Obligation aus einer Stipulation grundsätzlich erlöschen müsse, wenn nachträglich ein Zustand eintritt, in dem das Versprechen unwirksam gewesen wäre. So verband sie anfängliche und nachträgliche Hindernisse der Obligation und experimentierte mit dem Gedanken, dass diese sich zu keinem Zeitpunkt auf eine unmögliche Leistung richten dürfe.

Die aufgezeigte Linie zwingt die von Paulus genannten Effekte der *perpetuatio obligationis* als ihren Konterpart mit sich. Dass eine Obligation unverändert fortdauert, wenn der Leistungsgegenstand untergeht, und dass der untergegangene Gegenstand zum Zwecke der Novation erneut versprochen werden kann, musste sich in der Spätklassik von einer Selbstverständlichkeit zu einer Regel verwandeln, die die nunmehr vom Unmöglichkeitsdenken gestellten Fragen beantworten konnte, aber als Ausnahme ihrerseits einer Rechtfertigung bedurfte.

Diese Rechtfertigung liefert der Plautiuskommentar des Paulus mit *veteres constituerunt.* Wie jedoch passt das Alter der Zeugen zu der hier behaupteten Jugend des Problems? Beides fügt sich, wenn man mit Rücksicht auf den Charakter des Kommentars *ad Plautium* bestimmt, wer in D. 45,1,91,3 mit den *veteres* bezeichnet ist und was es heißt, dass sie entschieden haben.

179 Guzmán-Brito FS Knütel (2009) 427: „Algo semejante tiene lugar en tema de destrucción de la cosa debida acaecida entre la constitución de la obligación y su complimiento. Si alguien se constituye en deudor de una cosa que no existe en ese momento, la obligación es nula; si existe, vale; si se destruye después, pero antes de ser complida la obligación, se extingue (con o sin *perpetuatio*, según la causa de la destrucción). Y otra vez es indiscutible poderse afirmar que la obligación llegó a un caso en el cual no hubiera podido nacer". Der Autor ordnet diesen Fall zu den „hipótesis en que la regla funciona sin dificultades".

Sechstes Kapitel: Paulus, Plautius und die *veteres*

I. Zu den *veteres* des Plautiuskommentars

Dieses Kapitel soll wahrscheinlich machen, dass Paulus die Regel der Verewigung der Obligation im Falle der *culpa,* die er in D. 45,1,91,3 den *veteres* zuschreibt, selbst formuliert. Dafür muss in einem ersten Schritt untersucht werden, was die Bezeichnung *veteres* im Kontext des Plautiuskommentars bedeutet. In einem zweiten Schritt soll ausgeleuchtet werden, wie die Aussage zu verstehen ist, diese *veteres* hätten etwas entschieden *(constituerunt).*

1. Die vermittelnde Funktion des Plautius und seiner Kommentatoren

Bei der Annäherung an die Quellen wurde angesprochen, dass das Werk des Plautius von der Nachwelt anscheinend nicht um dessen Meinung willen genutzt wurde, sondern als Zugriff auf die Autoren vor ihm. Darauf deutet der Umstand, dass die Plautiuskommentare keine klar dem Plautius zuzuordnende Stellungnahme beinhalten.[1] Diesen Eindruck, der durch die Auswahl der Kompilation verfälscht sein könnte, bestätigen zwei Verweise auf das Werk des Plautius aus Sabinuskommentaren. Paulus selbst löst in D. 24,1,28,3 (7 *ad Sabinum*) einen Fall zur Rückforderung einer Ehegattenschenkung mit den Worten: *quinque petenda esse apud Plautium placuit.* Damit beruft er sich auf die Meinung der bei Plautius zitierten Schriftsteller, ohne sich die Mühe zu machen, diese namentlich aufzuzählen. In den §§ 4–7 folgen dann Abwandlungen mit Lösungen späterer Juristen, die anscheinend aus dem Plautiuskommentar des Pomponius schöpfen.[2] Dieselbe Struktur zeigt Ulpian D. 7,2,1,3 (17 *ad Sabinum*) (= fr. Vat. 77), der für die nachträgliche Anwachsung konkurrierender

1 Vgl. im ersten Kapitel, 15 bei Fn. 19.

2 *§ 4 … solet quaeri. et plerique et Pomponius interesse putant… § 5 …Iulianum putasse Pomponius refert* […] *§ 6 Illud constat… § 7 Illud recte dictum Celsus ait* […] *idem ergo dicemus…*

Nießbräuche in Anspruch nimmt, dass *omnes enim auctores apud Plautium de hoc consenserunt.* Es folgt ein Hinweis auf die elegante Rechtfertigung der Lösung durch Celsus und Julian.

Das Zugreifen auf ältere Autoren über Plautius geht damit einher, dass deren Werke vielfach nicht mehr direkt konsultiert werden. Erinnert sei in diesem Zusammenhang an die Lebensdauer der Papyrusrollen. Der ältere Plinius prahlt, einmal beinahe zweihundert Jahre alte Schriften in Händen gehalten zu haben. Originale von Cicero, Augustus und Vergil sehe man zur Entstehungszeit der *naturalis historia* (ca. 77 nach Christus) noch häufig.[3] Demnach darf ein Alter von bis zu einhundert Jahren als normal gelten.[4] Eine Kompilation wie die des Plautius rettet die Meinung der zitierten Autoren über die Zeit, reduziert aber zugleich den Nutzen einer Abschrift der Ausgangstexte, fördert also mitunter deren Verschwinden. Siber beobachet, „daß sich schon Spätklassiker die Aufzählung vorplautischer Zeugnisse durch Hinweis auf P[lautius] ersparten".[5]

Auch dann, wenn Frühere namentlich zitiert werden, kann es sich um ein aus Plautius oder einem anderen Mittler übernommenes, blindes Zitat handeln. Der Charakter der Plautius-Schrift als Nachschlagewerk und die Funktion ihrer Kommentare, die Überlieferung in die nächste Generation zu tragen, erklärt, warum sich in den Plautiuskommentaren solche Zitate älterer Juristen häufen.[6]

3 Plinius, *Naturalis Historia* 13,83 (= 13,XXVI).

4 Mit Wieacker, Textstufen, 116.

5 Siber in RE 21,1 (1951) s. v. Plautius, Sp. 47 (unter Hinweis auf die beiden soeben im Text zitierten Auszüge aus den Sabinuskommentaren). – Allgemein zu „Schwund und Konservierung im römischen juristischen Schrifttum" schon Weiss SZ 67 (1950) 501–511; vgl. aber vor allem Wieacker, Textstufen, 8–177.

6 Im Kommentar des Pomponius findet man den mit Cäsar befreundeten Ofilius (fr. 345), Labeo (fr. 335, 355, 356, 357), Sabinus (fr. 361), Aristo (fr. 340, 349) und Octaven (fr. 327). Der in den Digesten nur im fr. 356 erwähnte Pactumeius Clemens wirkte erst unter Hadrian (Krüger, Quellen, 197; Kunkel, Herkunft, 154 ff.). – Der Kommentar des Paulus benennt Servius (fr. 1191), Labeo (fr. 1143, 1206), Fulcinius Priscus (fr. 1127), Sabinus (fr. 1101, 1116, 1132, 1142, 1158, 1166, 1188, 1227, 1232, 1235), Proculus (fr. 1101, 1156), Atilicinus, für welchen der Klassik nach Ferrini SZ 7 (1886) 87 (= Opere II 90) der Plautius als „Hauptquelle" dient (fr. 1081, 1114, 1158, 1172, 1188, 1212), Cassius (fr. 1116, 1132, 1142, 1156, 1158, 1172, 1188, 1231, 1232, 1235), Aristo (fr. 1117), Nerva (fr. 1114, 1116, 1128, 1172, 1188), Octaven (fr. 1141). Ungewiss ist das Alter des Paconius (fr. 1150; Ulpian kennt in D. 13,6,1,1 einen Pacunius) (vgl. Krüger 171 f.) ebenso wie das des Arrianus (fr. 1123, 1198) (vgl. Krüger 189, Kunkel 243, Liebs HLL 4 [1997] § 419.4). Der zweimal erwähnte Laelius (fr. 1081, 1233) schreibt über Hadrian; er mag mit dem Laelius Felix identisch sein, der zu Quintus Mucius schrieb (dazu Krüger 189; Kunkel 170; Liebs HLL 1 [2002] § 195.1.C). – Keine Zitate enthalten allerdings die überlieferten Auszüge aus dem Kommentar des Javolen.

Das Zitat im Plautiuskommentar ermöglicht auch späteren Autoren, nach wie vor – durch den Kommentator und Plautius hindurch – auf die älteren Juristen zurückzugreifen. Man vergleiche Ulpian D. 8,3,5,1 (17 *ad edictum*): *Neratius libris ex Plautio ait... et hoc Proculum et Atilicinum existimasse ait.*[7]

Ulpian legt hier offen, dass er Proculus und Atilicinus nicht selbst liest, sondern sich auf Neraz verlässt. Ob Neraz sich seinerseits auf eine Wiedergabe bei Plautius stützt, lässt sich schwer sagen. Neraz konnte – als jüngerer Zeitgenosse des Plautius – gewiss beider Werke im Original einsehen. Jedoch benutzt Plautius sowohl den Proculus als auch den Atilicinus recht häufig; sodass er ihre Meinung wahrscheinlich zu dieser Frage ebenfalls brachte; mag Neraz sie auch nochmals nachgeschlagen haben. Sicher erscheint doppelte Vermittlung in Inst. 2,14 pr.: *...quod non per innovationem induximus, sed quoniam et aequius erat et Atilicino placuisse Paulus suis libris quos tam ad Masurium Sabinum quam ad Plautium scripsit refert.* Trotz aller Bemühung um die Sammlung alter Schriften kennt Justinian die Meinung des Atilicinus nur aus den Kommentaren des Paulus zu Sabinus und zu Plautius, und auch Paulus wird sie nur durch die Vermittlung der von ihm bearbeiteten Autoren kennen. Man darf vermuten, dass spät- und nachklassische Juristen vielfach die Mittelbarkeit ihrer Zitate nicht offenlegen.

2. Die relative Bedeutung von *veteres*

Angesichts der geschilderten Zitierpraxis erscheint der Ausdruck *veteres* in besonderem Licht. Dass als *veteres* nicht nur Juristen der Republik bezeichnet wurden, hat Horak gezeigt.[8] Ihm schließt sich nun Mantovani insoweit an, als auch er betont, dass Labeo mitunter zu den *veteres* zählt.[9] Umstritten

7 Dies ist die einzige Quelle, die das Werk des Neraz *ex Plautio* erwähnt. Weil man weiß, dass Neraz einen Plautiuskommentar schrieb, findet man seine Spuren auch anderswo. In D. 18,1,57 pr. (5 *ad Plaut.*) deuten die Zitate *Nerva Sabinus Cassius ... Neratius* darauf, dass Paulus mit dem Kommentar des Neraz arbeitete. Zu Ulpian D. 17,2,52,18 (31 *ad ed.*) sogleich. Beides mit Siber in RE 21,1 (1951) s. v. Plautius, Sp. 49 f.

8 Horak FS Wesener (1992) 201–236. Bemerkenswert ist insb. die Heranziehung von *veteres* zur *lex Falcidia* (40 vor Christus, dazu 215 ff.) sowie zum Senatsbeschluss gegen die *mathematici* (16 nach Christus, dazu 220 ff.). – Insgesamt ähnlich nun Serrano-Vicente Annaeus 2 (2005) 381–397; im Ergebnis auch schon Heumann/Seckel *s. v. vetus.* – Anders Behrends RH 55 (1977) 7–33; Wieacker, Rechtsgeschichte I (nach § 37 III 3 604 Fn. 57 zählt Servius nicht mehr zu den *veteres*).

9 Vgl. vor allem Gaius 1,188 (über die Arten der Tutel): *de ea re valde veteres dubitaverunt... quod quidam quinque genera esse dixerunt, ut Quintus Mucius; alii tria, ut Servius Sulpicius; alii duo, ut Labeo; alii tot genera esse crediderunt, quot etiam species essent.* Zweitens ist die von Papinian D. 2,14,39 (5 *quaest.*) geschilderte Position der *veteres* nach Paulus D. 18,1,21

bleiben einzelne der Texte, in denen neben den *veteres* Sabinus und Cassius genannt sind. Mantovani deutet die Texte einheitlich so, dass Sabinus und Cassius dort den Alten gegenübergestellt werden.[10] Nach Horak hingegen gehören sie mitunter zu den *veteres* dazu.[11]

Für Mantovani ist Sabinus der erste Moderne.[12] Als Exponent der Rechtspolitik des *princeps,* als Begründer einer neuen Lehrtradition und als Schriftsteller markiere er eine Zäsur. Spätere hätten den Sabinus als Anbruch einer neuen Zeit wahrgenommen.[13] In Ansätzen habe Sabinus sich selbst so gesehen, was sich zeige, wenn er von *auctores iuris veteris*[14] oder davon schreibe, was *antiquis placuit*[15]. In beiden Fällen kann aber die Formulierung auch von den Referenten – Gellius und Ulpian – oder deren Gewährsleuten stammen.

Auch wenn eindeutige Belege dafür fehlen, dass Juristen nach Labeo zu den *veteres* gerechnet werden, hat die Vermutung, dass der Ausdruck eine nur relative Bedeutung hat, die höhere Wahrscheinlichkeit für sich. Denn das entspricht

---

(5 *ad Sab.*) eine des Labeo. Drittens berichtet Ulpian D. 13,6,5,11 (28 *ad ed.*) von Zweifeln der *veteres* und spricht im Folgenden allein von Labeo (§§ 11, 12). Zu den Texten Horak FS Wesener (1992) 208 ff.; Mantovani, Veteres, 273 ff.

10 Eine Gegenüberstellung der *veteres* einerseits und Sabinus und Cassius andererseits sehen Behrends RH 55 (1977) 8 f. (Fn. 7), Horak FS Wesener (1992) 232 f. (Fn. 127 f.) und Mantovani, Veteres, 275 ff., einvernehmlich in den folgenden Texten: Pomponius D. 35,2,31: *secundum Cassii et veterum opinionum;* Paulus D. 41,2,3,18 (54 *ad ed.*): *plerique veterum et Sabinus et Cassius recte responderunt;* fr. Vat. 1: *itaque et veteres putant et Sabinus et Cassius scribunt* (zum Text gleich III, 365 ff.); Ulpian D. 12,5,6 (18 *ad Sab.*): *Perpetuo Sabinus probavit veterum opinionem;* D. 2,4,4,2 (5 *ad ed.*): *hoc veteres existimasse Pomponius refert: sed Gaius Cassius...* – Doch erlaubt auch D. 41,2,3,18 die Deutung, dass Paulus die Schulgründer durch namentliche Nennung nur aus der Mehrzahl der Vorfahren hervorhebt, um sich auf ihre Autorität besonders zu berufen. Denn Paulus handelt in dem längeren Text die von verschiedenen früheren Juristen gestellten Probleme ab, ohne dass der Eindruck einer zeitlichen Abstufung entstünde. In § 17 zitiert er (aus der Gruppe der *veteres?*) Labeo und Nerva *filius,* in § 19 kommen erneut die *veteres* (insgesamt?) zu Wort.

11 So insb. in Ulpian D. 17,2,52,18 (31 *ad ed.*): *apud veteres tractatur an... et Atilicinus Sabinus Cassius responderunt... cui congruit, quod Servium responduisse Aufidius refert...*, sowie Gellius 5,6,27: *...super quo dissensisse veteres scriptores accipio. Partim enim scripserunt... set Sabinus Masurius... dicit.* Vgl. Horak FS Wesener (1992) 232 Fn. 126; Serrano-Vicente Annaeus 2 (2005) 388, 392.

12 Vgl. Mantovani, Veteres, 275.

13 Avenarius hat herausgearbeitet, wie der hinter dem gesellschaftlichen und politischen Rang des Cassius zunächst zurückstehende Sabinus im Urteil der kaiserzeitlichen Juristen auf Grund der überragenden Qualität seiner Werke nach und nach als Schuloberhaupt in den Vordergrund rückte: FS Liebs (2011) 33–55.

14 Gellius 5,19,11–14: *...Masurius Sabinus scripsit. ...inquit si iuris ista antiquitas servetur* [...]. *Idque ait plerosque iuris veteris auctores posse fieri scripsisse;* dazu Mantovani, Veteres, 288 ff.

15 Ulpian D. 9,2,27,21 (18 *ad ed.*): *Sabinus existimat... quod et antiquis placuit. idem etiam... ait;* dazu Mantovani, Veteres, 292.

dem allgemeinen Sprachgebrauch, den Huvelin so treffend beschrieben hat: „L'expression *veteres* n'a qu'une valeur relative. On n'est ancien que par rapport à quelqu'un".[16]

Nach Horak hat insbesondere die textliche Überlieferung Einfluss darauf, wen die späteren Klassiker zu den *veteres* zählen. Auf diese Weise erklärt sich insbesondere die uneinheitliche Behandlung von Sabinus und Cassius: „Schriften von Sabinus wie von Cassius waren den severischen Juristen noch im Original zugänglich. Wo sie aus ihnen zitierten, andere, ältere Juristen dagegen aus einer Zwischenquelle, ist es nur natürlich, daß sie diese mit dem Pauschalnamen *veteres* belegten (ob sie nun diesen Ausdruck schon vorfanden oder Einzelnamen unter ihm zusammenfaßten), Sabinus oder Cassius dagegen ihre Einzelnamen beließen".[17]

3. *Veteres* als indirekt zitierte Juristen

In der Tat zeigt sich, dass als *veteres* insbesondere Juristen bezeichnet werden, die ein späterer Jurist aus der Schrift eines vermittelnden, zeitlich dazwischenliegenden Autors indirekt zitiert.

So können in Ulpian D. 2,4,4,2 (5 *ad edictum*): *hoc veteres existimasse Pomponius refert: sed Gaius Cassius… dicit* die *veteres* als Ersatz für bei Pomponius einzeln aufgeführte Namen stehen. Horak hält dies angesichts der Breite des pomponischen Werks für wahrscheinlich. Gemeint gewesen seien Kommentatoren des Edikts aus der Zeit des Augustus.[18]

Auch bei Paulus D. 45,1,140,1 (3 *ad Neratium*) fasst *veteres* wohl die im Ausgangswerk Benannten zusammen: *De hac stipulatione* […] *apud veteres varium*

16 Huvelin, Furtum, 360. Allerdings fixiert auch Huvelin die Bedeutung des Verweises, nämlich durch Gruppenbildung: Die Frühklassiker meinen mit *veteres* Juristen vor Servius Sulpicius, die Autoren des zweiten und dritten Jahrhunderts können noch die ersten Prokulianer und Sabinianer *veters* nennen. Auch Horak FS Wesener (1992) 233 f. weist darauf hin, dass niemals jüngere Juristen als solche des ersten Jahrhunderts nach Christus als *veteres* bezeichnet werden.

17 Horak FS Wesener (1992) 232 f.; vgl. auch Serrano-Vicente Annaeus 2 (2005) 388 f., 397. Schon Pernice meint: „auf die Art und Weise der Benützung kommt es wesentlich an, wenn bestimmt werden soll, wer zu den Veteres gehöre" (Labeo I, 1. Aufl., 5). Es geht Pernice dabei aber um eine generelle Begriffsbestimmung, für die er eine allgemeine Nuzbarkeitslage zugrunde legt. Die Juristen vor Servius seien *veteres*, weil ihre Schriften in der Klassik nicht mehr direkt gelesen wurden. Hingegen hängt der Sprachgebrauch nach Horak von der konkreten Zugriffsweise des Sprechers ab. Zwischen beiden steht Krüger, Quellen, 139 f. Fn. 3, der keinen technischen Sprachgebrauch annimmt und auf die Benutzung der Originalliteratur abstellt, aber doch nur Autoren vor Labeo in Betracht zieht.

18 Horak FS Wesener (1992) 224 f.

fuit. Paulus: sed verius...[19] Miteinbegriffen ist Neraz selbst, der ebenfalls nicht gesondert zu Wort kommt. Paulus erspart sich die Mühe, den von ihm als überholt angesehenen Streit im Detail zu reproduzieren.

Wo sich spätere Juristen auf Plautius stützen, legt die oben geschilderte Vermittlungsfunktion besonders nahe, dass sie über *veteres* schreiben und darunter diejenigen Juristen verstehen, die bei Plautius namentlich aufgeführt waren. So verhält es sich mit hoher Wahrscheinlichkeit in Ulpian D. 17,2,52,18 (31 *ad edictum*): *apud veteres tractatur, an... et Atilicinus Sabinus Cassius responderunt... cui congruit, quod Servium respondisse Aufidius refert...*[20] Im 17. Buch des Ediktskommentars (D. 8,3,5,1) zitierte Ulpian den Atilicinus nach dem Plautiuskommentar des Neraz. Weil der Jurist in D. 17,2,52,17 wiederum Neraz bemüht, darf man annehmen, dass er dort wie in § 18 erneut aus dessen Plautiuskommentar schöpft.[21] Die massenhafte Nennung früher Juristen, wie sie hier vorliegt, ist für Plautius und seine Bearbeiter typisch. Atilicinus, Sabinus und Cassius gehören ebenso zu den das Thema bei Plautius behandelnden *veteres* wie Aufidius Namusa und der schon dem Plautius nur über diesen vermittelte Servius.[22] Entweder schon Neraz oder erst Ulpian umschreibt die bei Plautius zitierten als *veteres.*

Paulus verwendet *veteres* auf diese Weise augenscheinlich in D. 47,2,67,2 (7 *ad Plautium*), der neben D. 45,1,91,3 einzigen Stelle des Plautiuskommentars,

19 D. 45,1,140: *pr. Pluribus rebus praepositis, ita stipulatio facta est: EA OMNIA, QUAE SUPRA SCRIPTA SUNT, DARI? propius est, ut tot stipulationes, quot res sint. § 1 De hac stipulatione: ANNUA BIMA TRIMA DIE ID ARGENTUM QUAQUE DIE DARI? apud veteres varium fuit. Paulus: sed verius et hic tres esse trium summarum stipulationes.*

20 Ulpian D. 17,2,52,18 (31 *ad ed.*): *Per contrarium quoque apud veteres tractatur, an socius omnium bonorum, si quid ob iniuriarum actionem damnatus praestiterit, ex communi consequatur ut praestet. et Atilicinus Sabinus Cassius responderunt, si iniuria iudicis damnatus sit, consecuturum, si ob maleficium suum, ipsum tantum damnum sentire debere. cui congruit, quod Servium respondisse Aufidius refert, si socii bonorum fuerint, deinde unus, cum ad iudicium non adesset, damnatus sit, non debere eum de communi id consequi, si vero praesens iniuriam iudicis passus sit, de communi sarciendum.*

21 Ebenso Siber in RE 21,1 (1951) s. v. Plautius, Sp. 49 f., der generell mutmaßt, dass Plautius „den späteren als Hauptquelle“ für „den sonstigen Responsen- und Quaestionenstoff der älteren Schule [den abseits der genügend rezipierten Schulstreitfragen gelegenen, G. A.], besonders von Nerva, Proculus und Atilicinus [...] gedient zu haben scheint“ (50). Siber erachtet die Voranstellung des Atilicinus als typisch für Plautius. Hingegen schließt daraus Honoré, Ulpian, 146, dass die früheren mittels einer Sammlung des Atilicinus zitiert wurden (ebenso nun Mantovani, Veteres, 279 f. und schon Krüger, Quellen, 171). Krüger vermutet unplausibel, dass die vermutete Sammlung des Atilicinus im Original bis hin zu Ulpian benutzt worden sei; dagegen schon Ferrini SZ 7 (1886) 85–90 (= Opere II 87–93).

22 Dass alle genannten Juristen hier zu den *veteres* zählen, meint auch Horak FS Wesener (1992) 211, der an den Plautiuskommentar des Neraz allerdings nicht denkt. Anders Mantovani, Veteres, 280 f.

an der das Wort vorkommt. Der Text zeigt beispielhaft die verschiedenen Formen, in denen Paulus das vorgefundene Material arrangiert und ergänzt.[23] Den Einstieg in die Abgrenzung der Diebstahlsklage bietet eine apodiktisch vorgetragene Falllösung zum Diebstahl des Eigentümers an der verpfändeten Sache *(furtum facit)*. Der Fall wird bei Plautius schon erörtert und ebenso entschieden worden sein. Hierzu ergänzt Paulus die ihm aus anderer Lektüre bekannte Zustimmung Julians *(idque et Iulianus putat)*. Der zweite Fall (§ 1) wird als Frage präsentiert *(an habeam?)*, auf die Octaven antwortet, nämlich schon bei Plautius. Die Formulierung als Frage und der besondere Hinweis auf Octaven lassen vermuten, dass jener mit seiner Antwort nichts Selbstverständliches aussprach; vielleicht berichtete Plautius von Zweifeln oder Gegenmeinungen, die Paulus ausspart.

In § 2 schließlich erfährt der Leser in aller Kürze, dass die *veteres* mit der *actio furti* denjenigen haften ließen, der arglistig einen Maultiertreiber vor Gericht rief, sodass dessen Tiere umkommen: *Eum, qui mulionem dolo malo in ius vocasset, si interea mulae perissent, furti teneri veteres responderunt.*[24] So lakonisch geschildert wirkt der Fall ein wenig grotesk. Es fehlt jede inhaltliche Auseinandersetzung oder Stellungnahme. Man vergleiche dagegen die

23 D. 47,2,67 (7 *ad Plaut.*): *pr. Si is, qui rem pignori dedit, vendiderit eam: quamvis dominus sit, furtum facit, sive eam tradiderat creditori sive speciali pactione tantum obligaverat: idque et Iulianus putat. § 1 Si is, cui res subrepta sit, dum apud furem sit, legaverat eam mihi, an, si postea fur eam contrectet, furti actionem habeam? et secundum Octaveni sententiam mihi soli competit furti actio, cum heres suo nomine non habeat, quia, quacumque ratione dominium mutatum sit, domino competere furti actionem constat. § 2 Eum, qui mulionem dolo malo in ius vocasset, si interea mulae perissent, furti teneri veteres responderunt. § 3 Iulianus respondit eum, qui pecuniis exigendis praepositus est, si manumissus exigat, furti teneri. quod ei consequens est dicere et in tutore, cui post pubertatem solutum est. § 4 Si tu Titium mihi commendaveris quasi idoneum, cui crederem, et ego in Titium inquisii, deinde tu alium adducas quasi Titium, furtum facies, quia Titium esse hunc credo, scilicet si et ille qui adducitur scit: quod si nesciat, non facies furtum, nec hic qui adduxit opem tulisse potest videri cum furtum factum non sit: sed dabitur actio in factum in eum qui adduxit. § 5 Si stipulatus de te sim ‚per te non fieri, quo minus homo eros intra kalendas illas mihi detur', quamvis mea interesset eum non subripi (cum subrepto eo ex stipulatu non teneris, si tamen per te factum non sit quo minus mihi daretur), non tamen furti actionem me habere.*

24 Einordnung in die Entwicklung des *furtum* etwa bei Zimmermann Obligations 924 ff. Vgl. im Übrigen noch immer Huvelin, Furtum, 379 ff. Ihm ist insb. darin zuzustimmen, dass kein Anhalt dafür besteht, dass die Maultiere von Dritten gestohlen wurden und nicht auf andere Weise verunglückten. Ebenso etwa MacCormack TR 51 (1983) 272; Giglio SZ 134 (2017) 129 f.; Pennitz SZ 134 (2017) 182 (dort zur jüngeren Literatur). Anders Pernice, Labeo II.1 (2. Aufl), 156 f., wonach der *in ius vocans* wegen seiner Arglist als Gehilfe der Diebe hafte, auch wenn sie ihm unbekannt waren; ähnlich Watson SDHI 28 (1962) 335 ff.: „the person who summoned the muledriver to court was presumed to be an accomplice" (337).

Darstellung der beiden ersten Fälle – Benennung des Zweifelsgrundes *(quamvis)* und Zustimmung im *principium*, Begründung *(quia)* in § 1 – oder im folgenden § 3 das Aufzeigen von Konsequenzen der Auffassung Julians *(quod ei consequens est)*. Die letzten beiden Abschnitte enthalten ganz eigenständige Fallschilderungen mit von Paulus selbst vertretenen Lösungen.

Es wirkt, als habe Paulus einen bei Plautius breit erörterten Fall, zu dem sich Juristen wie der gerade zuvor herausgehobene Octaven äußerten, als bloßen Bezugspunkt in aller möglichen Kürze mitgeteilt. Die folgenden Positionen der Jüngeren haben mehr Gewicht als ein Bericht über die alte Kontroverse.[25] So wurden aus den verschiedenen Autoren die summarischen *veteres*.[26]

II. Subjekt des *constituere* nicht Verfasser seines Inhalts

Wenn der Kommentator unter der Bezeichnung *veteres* mehrere bei Plautius gesammelte Stimmen zusammenfasst, dann hat dies Implikationen für eine Aussage, die derart Zusammengefassten hätten etwas entschieden – mithin vielleicht auch für das *constituerunt*[27] in D. 45,1,91,3. Es ist der Referent, der das Vorgefundene auf einen Nenner bringt und so mitteilt. In einer solchen zusammenfassenden Wiedergabe liegt zugleich eine Pointierung aus der Sicht des Wiedergebenden. Diese Pointierung fällt unterschiedlich stark aus, je nachdem, wie sehr er von seinem Material abstrahiert.

1. Paulus D. 5,4,3 (17 *ad Plautium*)

Einen besonders hohen Eigenanteil zeigt die Formulierung zu Beginn von D. 5,4,3, wo Paulus beschreibt, wie die *antiqui* das Kind im Mutterleib beschützten.

25 Vgl. dazu Pennitz SZ 134 (2017) 182–184, wonach die Referenz an die *veteres* nicht nur den Kompilatoren, sondern auch Paulus dazu dient, eine Veränderung in der Beurteilung des *furtum* nachzuzeichnen. Pennitz vermutet, Paulus selbst hätte in diesem Fall eine *actio de dolo* befürwortet.

26 Hingegen verrät der knappe Stil nach Huvelin, Furtum, 380, das wörtliche Zitat aus Plautius, weswegen *veteres* hier Juristen vor Servius Sulpicius bezeichne. Zu Recht ordnet Huvelin die Entscheidung dem Problem zu, ob der Diebstahl physischen Kontakt zur Sache voraussetzt, und allegiert die in Gellius 11,18,4 überlieferte Aussage des Sabinus, wonach *fur* ist, wer einen entflohenen Sklaven vor den Augen des Eigners versteckt. Zur Qualität des Sabinusreferats durch Gellius vgl. jetzt Battaglia TR 84 (2016) 97–148.

27 Für eine juristische Etymologie von *constituere* vgl. Giodice-Sabatelli Labeo 27 (1981) 338–357; für die Verwendung von *constitutum est* Klingenberg RIDA 46 (1999) 243–314.

Paulus D. 5,4,3 (17 *ad Plautium*)

Antiqui libero ventri ita prospexerunt, ut in tempus nascendi omnia ei iura integra reservarent: sicut apparet in iure hereditatium, in quibus qui post eum gradum sunt adgnationis, quo est id quod in utero est, non admittuntur, dum incertum est, an nasci possit. ubi autem eodem gradu sunt ceteri quo et venter, tunc quae portio in suspenso esse debeat, quaesierunt ideo, quia non poterant scire, quot nasci possunt: ideo nam multa de huiusmodi re tam varia et incredibilia creduntur, ut fabulis adnumerentur. [...][28] quid est ergo? prudentissime iuris auctores medietatem quandam secuti sunt, ut quod fieri non rarum admodum potest, intuerentur, id est quia fieri poterat, ut tregemini nascerentur, quartam partem superstiti filio adsignaverint [...][29] ideoque et si unum paritura sit, non ex parte dimidia, sed ex quarta interim heres erit.

Die Vorfahren haben für das Kind im Mutterleib so vorgesorgt, dass sie ihm bis zum Zeitpunkt seiner Geburt alle Rechte unversehrt vorbehielten. Dies wird an dem Recht auf Erbschaften deutlich, zu denen diejenigen nicht zugelassen werden, die hinter dem Verwandtschaftsgrad desjenigen stehen, der im Mutterleib ist, solange ungewiss ist, ob er geboren werden kann. Wenn aber die übrigen und die Leibesfrucht denselben Grad haben, dann hat man folgerichtig gefragt, welcher Anteil in der Schwebe bleiben muss, weil man nicht wissen konnte, wie viele geboren werden können. Denn darüber werden so viele verschiedene und unglaubwürdige Dinge angenommen, dass sie zu den Fabeln zählen. [...] Was gilt also? Überaus umsichtig haben die Rechtslehrer einem mittleren Weg verfolgt, indem sie betrachtet haben, was immerhin nicht ganz selten vorkommt, das heißt, weil es vorkommen kann, dass Drillinge geboren werden, haben sie dem überlebenden Sohn ein Viertel zugewiesen. [...] Und daher wird er [der überlebende Sohn] auch dann, wenn sie [die Mutter] [nur] einen zu gebähren hat, einstweilen nicht zur Hälfte, sondern zu einem Viertel zum Erben.

Bei den die Frage entscheidenden *auctores iuris* handelt es sich insbesondere um Sabinus und Cassius. Dies ergibt sich aus D. 5,1,28,5, wo Paulus berichtet, dass diese beiden den lebenden Erben nur auf ein Viertel einer Erbschaftsschuld klagen lassen.

Paulus D. 5,1,28,5 (17 *ad Plautium*)

Si pater familias mortuus esset relicto uno filio et uxore praegnate, non recte filius a debitoribus partem dimidiam crediti petere potest, quamvis postea unus filius natus sit, quia poterant plures nasci: cum per rerum naturam certum fuerit unum nasci. sed Sabinus Cassius

Wenn ein *pater familias* stirbt und dabei einen Sohn und die schwangere Ehefrau zurücklässt, so kann der Sohn von den Schuldnern nicht rechtmäßig die Hälfte des Kredits fordern, auch wenn später nur ein Sohn geboren würde, weil mehrere geboren werden konnten, obwohl es nach der Natur der Dinge gewiss war, dass nur einer geboren werde. Aber Sabinus

28 Herangezogen werden die allgemeine Überlieferung, ernstzunehmende Autoren *(non leves auctores)* und der Jurist Laelius, der über die Vorführung einer Mutter von Fünflingen am Hofe Hadrians berichtet; darüber auch Gaius D. 34,5,7(8) pr. (1 *fideicom.*). Vgl. auch Julian D. 46,3,36 (1 *ad Urs. Fer.*), der von Fünflingen in Alexandrien weiß und Aristoteles bemüht.

29 Hier zitiert Paulus den Theophrast mit dem Ausspruch, dass die Gesetzgeber übergehen, was nur ein- oder zweimal vorkommt.

partem quartam peti debuisse, quia incertum esset an tres nascerentur: nec rerum naturam intuendam, in qua omnia certa essent, cum futura utique fierent, sed nostram inscientiam aspici debere.	und Cassius [sagen], es müsse ein Viertel gefordert werden, weil ungewiss sei, ob drei geboren würden. Und man dürfe nicht versuchen, die [wahre] Natur der Dinge zu erkennen, in der alle Sachen gewiss sind, wenn sie sich nur in Zukunft ereignen, sondern unsere Unwissenheit müsse berücksichtigt werden.

Überzeugend geht LENEL davon aus, dass Paulus anlässlich der konkreten Entscheidung von Sabinus und Cassius an dieser Stelle als Exkurs den in D. 5,4,3 überlieferten Text einfügt.[30] Darum passt auch für beide Texte LENELS Rubrik *de condictionibus.*

Allerdings hielt ALBERTARIO den gesamten Text von D. 5,4,3 für eine nachklassische Paraphrase von D. 5,1,28,5.[31] Die inhaltlich so ähnlichen Texte könnten nicht nebeneinander im selben Buch des Paulus gestanden haben. Wegen der mehrfachen Schichtung der Überlieferung und der doch anderen, nämlich generelleren Fassung von D. 5,4,3 erscheint dies aber durchaus möglich. Man kann sich gut vorstellen, dass Paulus die Entscheidung von Sabinus und Cassius bei Plautius vorfindet, ihr zugrunde liegendes Prinzip aufsucht (Rechtsvorbehalt für das Kind im Leib) und dann der Frage nachgeht, für wie viele Kinder vorzusorgen ist. Abschweifigkeit der Erörterung und sprachliche Auffälligkeiten[32] stützen die Paraphrasen-These nicht hinreichend.

Ungeklärt ist das Verhältnis der als *iuris auctores* bezeichneten Sabinus und Cassius zu den eingangs herangezogenen *antiqui.* Teils wird angenommen, mit den *antiqui* seien keine anderen als gerade Sabinus und Cassius bezeichnet;[33] teils, sie würden den *antiqui* entgegengestellt.[34] Vermutlich zählt Paulus beide zu den *antiqui* hinzu, bei denen er aber zunächst noch an eine größere Gruppe denkt: Ganz allgemein über alle *antiqui* ist gesagt, dass sie für die Leibesfrucht sorgten, was der Text an deren Vorzug vor Erben niederen Grades illustriert *(sicut apparet in iure hereditatium).* Sabinus und Cassius schreibt Paulus die Lösung des besonderen Problems zu, das aufkommt, wenn gleichrangige Erben leben. Für diese Deutung spricht, dass die Frage nach der Position gleichrangiger Erben sich gestellt haben muss, seit der *nasciturus* im Falle späterer Geburt

30 Palingenesia I, Sp. 1174 Fn. 1.

31 ALBERTARIO St. V 365–375. Entschiedene Zustimmung von SCHULZ, Geschichte, 271. Noch HORAK FS Wesener (1992) 212 will sich nicht auf den Text verlassen.

32 ALBERTARIO St. V 369, 371f.

33 Dies vermutet HORAK FS Wesener (1992) 212; ebenso ALBERTARIO, für den es sich um die Ausdrucksweise der nachklassischen Paraphrase handelt.

34 So MANTOVANI, Veteres, 269f. (insb. Fn. 82): bei den *antiqui* handele es sich wahrscheinlich um republikanische Interpreten der Zwölf Tafeln, jedenfalls würden Sabinus und Cassius von ihnen unterschieden.

einem schon Geborenen gleichgestellt wurde. Schon *antiqui* müssen sich also damit befasst haben. Aus dieser Diskussion der *antiqui* wird uns nur die Antwort von Sabinus und Cassius überliefert.

Der Text zitiert die *antiqui* nicht, sondern beschreibt ihre Position: *libero ventri ita prospexerunt.* Paulus hat das Wirken der *antiqui* rezipiert und beobachtet, dass es sich zusammenfassend auf diese Weise umschreiben lässt. Er liest bei Plautius verschiedene Auszüge aus früheren Juristen und synthetisiert deren Aussagen zu dem Prinzip, dass der Leibesfrucht ihre Rechte bis zur Geburt vorbehalten werden. Der Autor dieses Prinzips ist aber Paulus selbst.

2. *Constituere* bei Cicero, *De officiis* 3,65

Auch *constituere*[35] muss keinen Ausspruch mit bestimmtem Wortlaut zum Objekt haben. Vielmehr kann ihm die Wiedergabe einer oder mehrerer Entscheidungen nur der Sache nach folgen. Ein Vorbild für diesen Sprachgebrauch gibt Cicero:

Cicero, *De officiis* 3,65

Ac de iure quidem praediorum sanctum apud nos est iure civili, ut in iis vendendis vitia dicerentur, quae nota essent venditori. Nam cum ex duodecim tabulis satis esset ea praestari, quae essent lingua nuncupata, quae qui infitiatus esset, dupli poenam subiret, a iuris consultis etiam reticentiae poena est constituta. Quidquid enim est in praedio vitii, id statuerunt, si venditor sciret, nisi nominatim dictum esset, praestari oportere.	Und im Grundstücksrecht ist durch das Zivilrecht sanktioniert, dass bei Verkäufen die Mängel deklariert werden müssen, die dem Verkäufer bekannt sind. Denn während nach den Zwölf Tafeln genügte, für das einzustehen, was ausdrücklich gesagt war, und der Verleugnende die Strafe auf das Doppelte erlitt, wurde von den Rechtsgelehrten Strafe auch für Verschweigen bestimmt *(constituta).* Was auch immer nämlich für Mängel das Grundstück habe, so legten sie fest *(statuerunt),* dafür müsse der Verkäufer haften, wenn er sie kannte und nicht ausdrücklich benannte.

Das anschließend geschilderte Beispiel zeigt deutlich den Charakter der *poena* [a iuris consultis] *constituta* und des [iuris consulti] *statuerunt.* Cicero referiert den Richtspruch gegen Titus Claudius Centumalus, der bei Verkauf seines Hauses nicht offenlegte, dass dieses auf Befehl der Auguren würde niedergerissen werden müssen, weil es die Vogelschau behinderte. Cato, der Vater des Altersgenossen Ciceros, entschied über die *ex fide bona* zu beurteilende Kaufklage: *cum in vendundo rem eam scisset et non pronuntiasset, emptori damnum praestari oportere* (66 a. E.). Cicero resümiert: *Ergo ad fidem bonam statuit pertinere notum esse emptori vitium, quod nosset venditor* (67 a. A.). Dass es

35 Siebe oben Fn. 27.

zu Treu und Glauben gehöre, Mängel bekannt zu machen, soll Cato statuiert haben *(statuit)*, doch ist es offenbar nur Ciceros Auslegung der vorangestellten Entscheidung *(Ergo…)*. So wird die Haftung für arglistiges Verschweigen überhaupt von den Rechtsgelehrten und den (gut beratenen oder selbst gelehrten) Richtern nicht abstrakt angeordnet, sondern von Fall zu Fall etabliert worden sein; eine Entwicklung, auf die Cicero zusammenfassend zurückblickt, indem er beschreibt, sie hätten konstituiert und statuiert.[36]

Verfasser des abstrakten Prinzips ist der Referent Cicero, nicht die Rechtsgelehrten, die es begründet haben.

3. *Constituere* bei anderen Juristen

Ebenso wird es sich bei Marcellus D. 11,7,35 verhalten.

Marcellus D. 11,7,35 (5 *digestorum*)

Minime maiores lugendum putaverunt eum, qui ad patriam delendam et parentes et liberos interficiendos venerit: quem si filius patrem aut pater filium occidisset, sine scelere, etiam praemio adficiendum omnes constituerunt.	Die Älteren meinten, man solle am wenigsten denjenigen betrauern, der gekommen sei, das Vaterland zu zerstören und Eltern und Kinder umzubringen. Sie haben alle entschieden *(omnes constituerunt)*, dass ein Sohn, wenn er solch einen Vater, oder ein Vater, wenn er solch einen Sohn tötet, keines Verbrechens zu zichtigen, sondern sogar mit einer Belohnung zu versehen sei.

Marcellus bezieht sich offenbar auf eine Reihe überlieferter Vorfälle, in denen jemand ein Familienmitglied tötete, das sich gegen das Gemeinwesen gestellt hatte.[37] Die *maiores* entschieden die Fälle übereinstimmend *(omnes constituerunt)*, doch wohl nicht mit dem gleichen Wortlaut im Sinne einer regelhaften Formel. Welches sollte die Formel sein? *Sine scelere, etiam praemio adficiendum* erscheint zu wenig schneidig. Das *etiam* verweist gerade darauf, dass in verschiedenen Fällen Unterschiedliches ausgesprochen wurde: einmal keine Strafe,

36 Zu Unrecht sieht Hägerström in dem Text einen Beleg dafür, dass die Rechtsgelehrten kraft eigener Autorität abstraktes Recht setzen konnten; vgl. im zweiten Kapitel, Fn. 165.

37 Ulpian D. 3,2,11,3 (6 *ad ed.*) zitiert Neraz mit dem Ausspruch, dass man Feinde nicht zu betrauern pflegt *(hostes non solent lugeri)*. Weil sie um den von ihm getöteten Feind trauerte, ihren Verlobten, erstach Horatius seine Schwester mit dem Ausruf: *Sic eat quaecumque Romana lugebit hostem* (Livius 1,26,4). Er blieb von der Todesstrafe verschont, jedoch *admiratione magis virtutis quam iure causae* (1,26,12). Die Schwester war nicht selbst Feind. Behrends/Knütel/Kupisch/Seiler (Peters) verweisen außer auf die genannten Stellen auch auf Sueton, der zu den Greueltaten des Tiberius zählt, dass Verwandte die Hingerichteten nicht betrauern durften (Tiberius 61,2: *interdictum ne capite damnatos propinqui lugerent*). Er pervertiert damit den alten Grundsatz.

einmal diese, einmal jene Belohnung. Auch hier nimmt *constituerunt* also nur in Anspruch, dass die Sachentscheidung auf die Älteren zurückgeht; für ihre Umschreibung zeichnet hingegen der Referent Marcellus verantwortlich.

Dazu passt auch, wie Celsus nach Ulpian D. 26,1,3,4 mit *constituere* eine eher konkrete Entscheidung beschreibt.

Ulpian D. 26,1,3,4 (37 *ad Sabinum*)

Si pupillus petat talem curatorem nec addat in quam rem, an in omnes controversias datus sit? et ait Celsus Servium constituisse in omnes res datum videri.

Wenn ein Mündel einen solchen Pfleger[38] beantragt und [dem Antrag] nicht hinzufügt, für welche Sache, ob er dann für alle Streitigkeiten bestellt sei? Und Celsus sagt, dass Servius entschieden habe *(constituisse)*, er werde als für alle Rechtssachen bestellt angesehen.

Wahrscheinlich beurteilt Servius einen einzigen praktischen Fall. Aber auch falls er schulmäßig eine abstrakte Aussage für derartige Fälle trifft, hat diese Aussage einen recht beschränkten Geltungsbereich. Jedenfalls kommt es auf die Entscheidung in der Sache an *(curatorem in omnes rem datum videri)*, nicht auf ihre Formulierung. Celsus intendiert keine Ableitungen aus der Formulierung, allenfalls Heranziehung der Wertung für entsprechende Entscheidungen in analogen Fällen.

Alfen überliefert zwei weitere Responsen, in denen der Respondent – mutmaßlich ebenfalls Servius – sich darauf berufen haben soll, dass etwas feststehe *(constitutum esse)*.[39] In D. 32,60,2 (2 *digestorum a Paulo epitomatorum*) geht es um die Auslegung eines *legatum penoris;* in D. 50,16,203 (7 *digestorum*) darum, wo jemand seinen Wohnsitz hat. Was feststeht, ist auch hier eine bestimmte Auffassung, nicht ihre regelhafte Formulierung.

4. Rechtsregeln und ihre Konstituierung

Allen aufgeführten Berichten darüber, dass Vorgänger etwas statuiert oder konstituiert haben, ist gemein, dass sie sich nicht auf die Worte, sondern den Sachgehalt der Entscheidungen beziehen. Wenn Cicero über die Einführung der Haftung für arglistiges Verschweigen oder Marcellus über die Belohnung der Tötung eines verräterischen Verwandten referieren (*iuris consultes statuerunt* bzw. *omnes maiores constituerunt)*, dann formulieren sie selbst das Prinzip, das mehreren alten Entscheidungen zugrunde liegt. Subjekt des Statuierens

38 Es geht um den in D. 26,1,3,2 eingeführten Pfleger für Prozesse, die das Mündel gegen seinen Vormund führen möchte oder dieser gegen das Mündel.

39 Dazu Klingenberg RIDA 46 (1999) 301 f. Damit sind die Texte erschöpft, in denen sich nach Klingenberg *constitutum est* auf eine *constitutio veterum* beziehen soll.

oder Konstituierens sind die in Bezug genommenen Autoritäten; Verfasser des Statuierten oder Konstituierten jedoch sind die Referenten selbst. Ebenso ist es Paulus, der im Plautiuskommentar formuliert, dass die Vorfahren das Kind im Mutterleib auf gewisse Weise beschützten *(Antiqui libero ventri ita prospexerunt, ut in tempus nascendi omnia ei iura integra reservarent).* Die Vorfahren schützten; der spätere Referent beschreibt dies als Schutz.

Die vorgetragenen Überlegungen können vielleicht etwas zur Diskussion um römische Rechtsregeln beitragen. Das vorherrschende Bild entspricht der Darstellung von SCHULZ, dem zufolge die spätrepublikanischen Juristen ihre Kraft darauf richteten, mittels der von den griechischen Philosophen übernommenen dialektischen Methode allgemeine Prinzipien – *definitiones* oder *regulae* – zu erarbeiten. Die Neigung zur Abstraktion sei nach Labeo und Sabinus zurückgegangen; die Klassiker hätten sich auf den konkreten Fall konzentriert. Erst die „zweite Hellenistik" ab Diokletian habe sich wieder verstärkt auf die Suche nach abstrakten *regulae* begeben.[40] Widerspruch gibt es in doppelter Hinsicht. Einerseits wird dafür eingetreten, dass die Klassiker, wenigstens die Prokulianer, abstrakten Regeln und Instituten nicht abgeneigt waren, sondern ihre Lösungen daraus zu gewinnen suchten.[41] Andererseits bestehen Zweifel daran, ob man nicht noch weiter vom Bild der späten Republik als „Regularjurisprudenz" (JÖRS) abrücken muss.[42] NÖRR hat darauf hingewiesen, dass man bei der Datierung einer Regel unterscheiden muss zwischen den Zeitpunkten, zu denen sich erstens ihr Gehalt als Recht durchsetzt, zweitens sie als Ausspruch fixiert wird und drittens sie als *regula* bezeichnet wird.[43]

Die hier präsentierten Texte zeigen, dass wir das Referat einer Entscheidung kaum von der wörtlichen Wiedergabe einer Regel unterscheiden können. Spätere lösen die Entscheidungen früherer Juristen aus ihrem sprachlichen Kontext und gießen sie in Formulierungen, die von dem ursprünglich beurteilten Fall notwendig in gewissem Maße abstrahieren. Der Leser ist versucht, die Formulierungen selbst als solche der Früheren anzusehen und weiterzutragen. Mitunter

40 Vgl. SCHULZ, Geschichte, 79 ff., 152 ff., 373 ff.; zuvor Prinzipien, 33 ff. Ähnlich KASER, Zur Methode, der allerdings in der späten Republik nicht mehr als eine „leichte Hinwendung zur Theorie" (67) erkennt und besonders betont, dass die römischen Juristen an der Lösung konkreter Fälle orientiert waren. Auch nach SCHMIDLIN, Rechtsregeln, der die nachklassische Zeit ausspart, „liegt der historische Schwerpunkt des normativen Regeltyps in der Jurisprudenz der *veteres*" (205).

41 Tendenziell STEIN, Regulae, 49–73; stärker (ohne Differenzierung nach Schulen) WIEACKER SZ 84 (1967) 434–443; am deutlichsten BEHRENDS SZ 95 (1978) 187–231.

42 JÖRS, Rechtswissenschaft, 283 ff., insb. 295 ff.; distanziert dazu aber schon SCHULZ, Geschichte, 79 f.

43 NÖRR SZ 89 (1972) 43 f.

werden die Klassiker auf diese Weise Entscheidungen der *veteres* unwillkürlich in unseren Augen zu Regeln erhoben haben.[44]

III. Ein Sonderfall: *constitutio Rutiliana* (fr. Vat. 1)

Ein anderes Modell scheint jedoch die in *fragmenta Vaticana* § 1 überlieferte *constitutio Rutiliana* zu bieten. Hier scheint mit Rutilius Rufus ein „Alter" eine Regel aufgestellt zu haben, der spätere Juristen folgen. Umso mehr berührt der Text diese Untersuchung, weil auch er dem Paulus zuzuordnen ist.

fragmenta Vaticana § 1

<Qui a muliere> sine tutoris auctoritate sciens rem mancipi emit vel falso tutore auctore quem sciit non esse, non videtur bona fide emisse; itaque et veteres putant et Sabinus et Cassius scribunt. Labeo quidem putabat nec pro emptore eum possidere, sed pro possessore, Proculus et Celsus pro emptore, quod est verius: nam et fructus suos facit, quia scilicet voluntate dominae percipit et mulier sine tutoris auctoritate possessionem alienare potest. Iulianus propter Rutilianam constitutionem eum, qui pretium muliere dedisset, etiam usucapere et si ante usucapionem offerat mulier pecuniam, desinere eum usucapere.

Wer von einer Frau ohne Zustimmung ihres Vormundes wissentlich eine *res mancipi* kauft oder mit Zustimmung eines falschen Vormundes, von dem er weiß, dass er kein Vormund ist, der wird nicht so angesehen, als habe er gutgläubig gekauft. Dies meinen auch die Vorfahren, und sowohl Sabinus als auch Cassius schreiben es. Labeo allerdings meinte, jener besitze nicht [einmal] als Käufer, sondern [nur] als Besitzer; Proculus und Celsus [meinen, er besitze] als Käufer, was richtiger ist. Denn er macht auch die Früchte zu seinen, weil er diese offenbar mit Willen der Eigentümerin ergreift und eine Frau ohne Zustimmung ihres Vormundes den Besitz veräußern kann. Julian <meint>, dass wegen der *constitutio Rutiliana* derjenige, der den Kaufpreis der Frau gegeben hat, auch ersitzt, und [nur dann] aufhört zu ersitzen, wenn die Frau vor Eintritt der Ersitzung den Preis [zurückzugeben] anbietet.

Auf dem ersten Blatt der vatikanischen Fragmente beginnt der Text unvermittelt mit *sine tutoris auctoritate;* der Anfang fehlt also. Dass dort von einer Frau, nicht von einem Mündel die Rede ist, ergibt der Fortgang, weswegen die allgemein anerkannte Ergänzung mit <*Qui a muliere*> überzeugt.[45]

Der Text gilt gleichwohl als nähere Fassung eines Originals, das auch Paulus D. 18,1,27 (8 *ad Sabinum*) zugrunde liegt, dort aber viel kürzer erscheint:[46]

---

44 Vgl. auch Hausmaninger TR 36 (1967) 469–488, dem zufolge erst für die Zeit des Celsus von der *regula Catoniana* als *regula iuris* gesprochen werden könne.

45 Kaser Labeo 7 (1961) 297 schiebt Anderes davor und schreibt deswegen sachlich gleich <*qui ab ea*>.

46 Übereinstimmend Wieacker, Textstufen, 326 f.; Kaser Labeo 7 (1961) 291 f.; Hausmaninger, Bona fides, 14; Bauer TR 54 (1986) 97–100; zweifelnd Lenel, Palingenesia I, Sp. 1276 Fn. 3.

Paulus D. 18,1,27 (8 *ad Sabinum*)

Qui a quolibet rem emit, quam putat ipsius esse, bona fide emit: at qui sine tutoris auctoritate a pupillo emit, vel falso tutore auctore, quem scit tutorem non esse, non videtur bona fide emere, ut et Sabinus scripsit.	Wer eine Sache von jemandem kauft, von der er meint, dass sie diesem gehöre, der kauft in gutem Glauben. Wer aber ohne Zustimmung des Vormunds vom Mündel kauft, oder mit Zustimmung eines falschen Vormundes, von dem er weiß, dass dieser kein Vormund ist, der wird nicht so angesehen, als habe er gutgläubig gekauft, und dies schreibt auch Sabinus.

Handelt es sich um denselben Text, so muss Folgendes geschehen sein: „Fr. 27 wurde von den Kompilatoren nach der Beseitigung der Frauentutel auf den pupillus umgestellt, dabei wurde der Hinweis auf die res mancipi getilgt und der Kontroversenbericht zusammengestrichen" (Kaser).[47] Gut vorstellbar erscheint aber auch, dass Paulus dasselbe Problem für Frau und Mündel getrennt erörterte. Die in fr. Vat. 1 angesprochenen Vergünstigungen für den wissentlich von der Frau Erwerbenden werden mit Bestrebungen zu deren sozialer Emanzipation zusammenhängen.[48] Sie wurden beim Erwerb vom minderjährigen Mündel vielleicht unstrittig nicht gewährt. Wenngleich die übereinstimmenden Formulierungen auch in einem gemeinsamen Bezugstext (etwa Sabinus oder Plautius) wurzeln könnten, wird man innerhalb dieser Variante als am wahrscheinlichsten anzusehen haben, dass beide Texte von Paulus stammen und ursprünglich zusammenhingen.[49]

Die Formulierung *itaque et veteres putant et Sabinus et Cassius scribunt* unterscheidet die *veteres* von Sabinus und Cassius.[50] Für Kaser deutet die Anrufung der Autoritäten auf eine verschwiegene Gegenmeinung hin, die guten Glauben bejahte. Diese findet er nur erklärlich, wenn man annimmt, dass die gesamte Stelle ausschließlich über eine nicht der Frau gehörende Sache spricht, wie es ihr erster, in D. 18,1,27 wiedergegebener Satz anzeige. Denn dann entfalle das Erfordernis einer Zustimmung des Vormundes, was verständlich machte, warum es nach einer Mindermeinung auf die Kenntnis von deren Ausbleiben nicht ankomme.[51] Nur so ist für Kaser überhaupt die Möglichkeit der Ersitzung befriedigend erklärt, die die Juristen dem Käufer bei Vertrauen auf die

47 Kaser Labeo 7 (1961) 291 f.; darin Wieacker folgend. Zustimmend auch Hausmaninger, Bona fides, 14; Bauer TR 54 (1986) 97–100.

48 Dies betonen auch Kaser Labeo 7 (1961) 301 und vor allen Hausmaninger, Bona fides, 23 f.

49 Hingegen zieht Lenel, Palingenesia I, Sp. 1276 Fn. 2 wegen des Reichtums an Zitaten Ulpian als Autor von fr. Vat. 1 in Betracht.

50 Zur Abgrenzung oder Zuordnung der Schulgründer von den *veteres* allgemein sowie zu D. 41,2,3,18 (54 *ad ed.*) *(plerique veterum et Sabinus et Cassius)* vgl. oben 354 Fn. 10, zu D. 5,4,3 (17 *ad Plaut.*) (die *iuris auctores* als *antiqui*) soeben 358 ff.

51 Kaser Labeo 7 (1961) 299.

Zustimmung des Vormunds eröffnen (sowie KASER zufolge nach der Gegenmeinung unabhängig hiervon), wenn sie ihm nicht mit Labeo den Erwerbstitel absprechen, sondern ihn mit Proculus und Celsus als Käufer besitzen lassen. Denn nur soweit es sich um fremde Sachen handelt, harmonisiert dieser Standpunkt mit dem Zwölftafelsatz, der verhindert, dass *res mancipi* der Frau ersessen werden, wenn sie diese ohne Zustimmung übergeben hat (Gaius 2,47: *Mulieris, quae in agnatorum tutela erat, res mancipi usucapi non poterant, praeterquam si ab ipsa tutore auctore traditae essent: et ita lege XII tabularum cautum est*).[52] Mangels Zustimmungserfordernis sei im Übrigen der Kaufvertrag über die fremde Sache wirksam. Daher liege auch die *iusta causa* vor, sodass einer Ersitzung nichts entgegenstehe.[53] Die Harmonie zwischen den Zwölf Tafeln und den Klassikern erkauft KASER um den Preis, dass er die Worte *scilicet voluntate dominae percipit* als Glossem qualifizieren muss. Denn die Verkäuferin ist nach seiner Deutung nicht *domina*.[54]

HAUSMANINGER attackiert den Schluss von der Anführung der Autorität der Vorfahren auf die Existenz einer Gegenmeinung: Hiermit sei vielmehr ein „gesicherter Befund“ und zugleich der Beginn einer „Entwicklungsgeschichte“ dargestellt.[55] Nach HAUSMANINGER geht es in der Stelle um eine eigene Sache der Frau. Trotz des Zwölftafelsatzes (Gaius 2,47) lassen demnach schon die *veteres* einen Käufer die Sache ersitzen, wenn er an die Zustimmung des Vormunds glaubt.[56] Labeo rückt davon ab, indem er den Erwerbstitel dadurch negiert, dass er den Kaufvertrag wegen des Verbots aus Gaius 2,80[57] für unwirksam hält. Hingegen gewähren Proculus und Celsus Besitz und dem Gutgläubigen die Früchte.[58]

Diese Fragen interessen hier nur, soweit sie die am Ende der Stelle herangezogene *constitutio Rutiliana* betreffen. Einig sind sich die Interpreten darin, dass jedenfalls Julian die Ersitzung von der Frau gehörenden *res mancipi* trotz Wissens darum, dass der Vormund nicht zugestimmt hat, dann erlaubt, wenn der Kaufpreis bezahlt wurde und die Frau nicht vor Eintritt der Ersitzung vom Geschäft Abstand nimmt und die Rückzahlung anbietet.

52 Zum Text aber DAVID/NELSON, Kommentar, 261 ff., dagegen insb. HAUSMANINGER, Bona fides, 22 f.

53 KASER Labeo 7 (1961) 300 mit dem Hinweis, dass es in dem Fall also nicht um einen „sog. ‚Putativtitel‘“ gehe. Keine Stellungnahme bei MAYER-MALY, Putativtitelproblem, 101.

54 KASER Labeo 7 (1961) 302.

55 HAUSMANINGER, Bona fides, 18; zustimmend BAUER TR 54 (1986) 98 Fn. 8.

56 HAUSMANINGER, Bona fides, 23.

57 Gaius 2,80: *neque feminam neque pupillum sine tutoris auctoritate rem mancipi alienare posse; nec mancipi vero feminam quidem posse, pupillum non posse.*

58 HAUSMANINGER, Bona fides, 19.

Kaser nimmt an, ebendies habe schon der republikanische Jurist P. Rutilius Rufus als Regel aufgestellt. Julian habe diese Regel auf den Fall der nicht der Frau gehörenden Sachen erweitert.[59] Erstaunlicherweise ist damit auch nach Kaser die Geltung des Zwölftafelsatzes, der die Ersitzung von der Frau gehörenden *res mancipi* verbietet, schon in der Republik durchbrochen. Im Gegensatz dazu stützt Kaser seine Überzeugung, die Stelle handele von der Sache eines Dritten, wesentlich auf die stille Annahme, dass noch die Entscheidungen der klassischen Juristen mit diesem Satz harmonieren müssten.

Unabhängig von der Frage, ob der Text von einer der Frau gehörenden Sache handelt, wirft er das Problem auf, welchen Anteil Rutilius und welchen Julian an der Lösung haben. Wenn Rutilius den Fall entschied, wieso wird die Lösung dann nicht als seine Entscheidung präsentiert, sondern als auf seinen Beschluss zurückgehende Meinung Julians? Entschied Rutilius hingegen nicht einen solchen Fall, was entschied er dann?[60]

Angesichts der aufgezeigten Schwierigkeiten muss man den Schlag begrüßen, mit dem Karen Bauer den Knoten durchtrennt: Durch einen Schreibfehler entstand *Iulianus propter Rutilianam constitutionem* aus *Iulianus propter utilitatem constituit.*[61]

Paulus verwendet solche Formulierungen im Ersitzungsrecht. Bauer verweist auf D. 41,4,2,16 (54 *ad edictum*). Dort begründet der Jurist die Möglichkeit der Ersitzung ebenfalls mit der *utilitas: constitit usucapere utilitatis causa me posse.*[62] Ergänzen lässt sich § 9 desselben Fragments, wo ein *procurator* wörtlich übereinstimmend *propter utilitatem* ersitzt: *plerique putant utilitatis causa pro emptore usucapturum. idem potest dici et si ... propter eandem utilitatem.*[63] Im Zusammenhang mit *constituere* tritt *propter utlitatem* schließlich in der

59 Kaser Labeo 7 (1961) 302 f.

60 Diese Erklärung bleibt Hausmaninger ebenso schuldig wie Behrends Index 19 (1991) 211 f. (Fn. 53). Behrends erklärt, die Lösung stehe Rutilius gut zu Gesicht, weil nicht formal nach dem Wissen des Erwerbers, sondern nach der Zahlung des Kaufpreises und damit nach dem Schutz der Interessen der Frau gefragt werde; so die *bona fides* zu bestimmen, entspreche vorklassischem Denken.

61 Bauer TR 54 (1986) 99. Dagegen allerdings Behrends Index 19 (1991) 205 („Konjektur, die in ihrer Kühnheit Beseler noch überbietet").

62 D. 41,4,2,16 (54 *ad ed.*): *Si a furioso, quem putem sanae mentis, emero, constitit usucapere utilitatis causa me posse, quamvis nulla esset emptio et ideo neque de evictione actio nascitur mihi nec publiciana competit nec accessio possessionis.* Dazu Bauer TR 54 (1986) Fn. 16.

63 D. 41,4,2,9 (54 *ad ed.*): *Procuratorem quoque, qui ex auctione, quam mandatu domini facit, emerit, plerique putant utilitatis causa pro emptore usucapturum. idem potest dici et si negotia domini gerens ignorantis emerit propter eandem utilitatem.* Auf diese Stelle verweist Mayer-Maly, Putativtitelproblem, 101 Fn. 102, bei der Erörterung von § 16 (zur Klassizität von *utilitatis causa*).

berühmten Definition des *ius singulare* in Erscheinung. Paulus D. 1,3,16 *(liber singularis de iure singulari): Ius singulare est, quod contra tenorem rationis propter aliquam utilitatem auctoritate constituentium introductum est.* Der Jurist kennzeichnet es als solches Recht, das um der Nützlichkeit willen eingeführt wurde, nämlich von *constituentes.*[64]

Erst Julian wird dem hinsichtlich der Zustimmung bösgläubigen Erwerber die Ersitzung von *res mancipi* der Frau gestattet haben. Die zunehmende soziale Unabhängigkeit brachte mit sich, dass Frauen vermehrt ohne die erforderliche Zustimmung ihres Vormundes solche Sachen veräußerten. Diese Entwicklung ließ eine Anpassung der Rechtslage zweckmäßig erscheinen: Die Aussicht, durch Ersitzung Eigentum erwerben zu können, gewährte ihren Geschäftspartnern ein Mindestmaß an Sicherheit. Die Interessen der Frau blieben dadurch geschützt, dass sie nur nach Bezahlung Eigentum verlor und die Ersitzung durch Rückgabe des Preises bis zum Ablauf der Frist verhindern konnte.

BAUER begründet die Zweckmäßigkeit damit, dass der Erwerber aufgrund des Kaufvertrages die Rückgabe der Sache verweigern könne und so Eigentum und Besitz unzweckmäßig auf Dauer auseinanderfielen. Es stellt sich jedoch die Frage, ob nicht auch der Kaufvertrag mangels Zustimmung des Vormundes unwirksam ist, wie dies KASER bei Veräußerung eigener Sachen generell und HAUSMANINGER als Position des Labeo annimmt.

Der von BAUER angenommene Text gefällt auch sprachlich besser, weil mit *constituit* nun dem Subjekt Julian ein Prädikat zugehört. Damit hat BAUER das „enigma" gelöst, als das SOLAZZI die Stelle bezeichnet:[65] Es gibt keine *constitutio Rutiliana,* sondern nur eine zweckmäßige Fallentscheidung des Julian.

IV. *Quod Paulus constituit*

Die Überlegungen zur Bedeutung von *veteres* und *constituerunt* machen für D. 45,1,91,3 das Verständnis plausibel, dass Paulus gar keine Regel der Vorfahren überliefert. Er selbst bemerkt bei seiner Lektüre des Werkes von Plautius, dass dort zitierte Juristen in Situationen, die jedenfalls Paulus selbst als *culpa* qualifiziert, Entscheidungen trafen, die nach der Wahrnehmung des Paulus darauf beruhten, dass sie die Obligation durch die *culpa* als verewigt ansahen. So erklärt sich für ihn auch, warum die Früheren eine Verzugsbereinigung ablehnten. Paulus selbst fasst in D. 45,1,91,3 diese Regelmäßigkeit in Worte,

64 Den Text führt auch BAUER TR 54 (1986) Fn. 14 an. Zum *ius singulare* jetzt STAGL, Favor dotis, 317 ff.

65 BIDR 38 (1930) 3 Fn. 2.

wählt insbesondere den Ausdruck *obligatio perpetuatur.* Die anschließende Auseinandersetzung ist nicht Auslegung eines alten Satzes, sondern kritische Überprüfung der alten Praxis, deren Prinzip erst Paulus ermittelt.

Sequitur videre de eo, quod veteres constituerunt, quotiens culpa intervenit debitoris, perpetuari obligationem, quemadmodum intellegendum sit. et quidem si effecerit promissor, quo minus solvere possit, expeditum intellectum habet constitutio […]	Es folgt nun eine Betrachtung dessen, was die Vorfahren in Fällen entschieden haben, in denen Verschulden des Schuldners eingetreten ist: dass die Obligation verewigt werde. Wie ist dies zu verstehen? Und wenn der Versprechende selbst bewirkt hat, dass er nicht mehr erfüllen kann, so ist die Entscheidung leicht einsichtig […]

Die pointierte Beobachtung dient Paulus als Mittel der Kritik: Es erscheint ihm nicht gerechtfertigt, dem Säumigen die Macht zu versagen, sich durch Angebot der Leistung vom Risiko des Sachuntergangs zu befreien; ihn also so zu stellen, als sei seine Leistung bereits endgültig ausgeblieben.

Aus der Sachentscheidung der *veteres* destilliert Paulus eine Regel, deren Geltung er an sich bekräftigt, die er aber sogleich so ausdeutet, dass er ihr den problematischen Kern entzieht, indem er von ihr unabhängig darlegt, warum eine Verzugsbereinigung zugelassen werden müsse. Er korrigiert sein Bild, sodass darin nur der den Älteren selbstverständliche Umstand verbleibt, dass die Haftung sich weiterhin durch die auf den untergegangenen Gegenstand bezogene Verbindlichkeit realisiert. Durch einen Formelkompromiss kaschiert Paulus also, dass er sachlich mit der Position der *veteres* zur Verzugsbereinigung bricht.[66]

Dieselbe Formel zieht Paulus auch in D. 22,1,24,2 (37 *ad edictum*) heran, wo er das Herbeiführen des Verzuges durch die Mahnung als *stipulationem perpetuam facere* bezeichnet.[67] Die gewählte Formulierung ist an und für sich keine abwegige. Zudem kann sie an Vorläufer anknüpfen, die Paulus inspiriert haben mögen. SANTORO gebührt das Verdienst, jüngst die Nähe von *obligatio*

66 Zur Sache im ersten Kapitel III.1 (36 ff.). – Auch in anderen Texten stellt Paulus sein Urteil über die *veteres*. Er korrigiert sie in D. 41,2,1,16 (54 *ad ed.*) und entscheidet ihren Streit in D. 45,1,140,1 (3 *ad Neratium*) (Plautiuskommentar!). In fr. Vat. 1 (8 *ad Sab.*) folgt er der Entscheidung Julians (vermeintliche *constitutio Rutiliana*, vgl. soeben III) gegen die *veteres*. In D. 35,2,1,9 (*l. s. ad leg. Falcid.*) erklärt er inhaltlich, warum die Entscheidung der Vorfahren Zustimmung verdient; in D. 41,2,3,18 (54 *ad ed.*) und D. 50,16,53,2 (59 *ad ed.*) qualifiziert er sie en passant als richtig.

67 D. 22,1,24,2 (37 *ad ed.*): *Mora videtur creditori fieri, sive ipsi sive ei cui mandaverat sive ei qui negotia eius gerebat mora facta sit: nec hoc casu per liberam personam adquiri videtur, sed officium impleri, sicuti, cum quis furtum mihi facientem deprehendit, negotium meum agens manifesti furti actionem mihi parat: item cum procurator interpellaverit promissorem hominis, perpetuam facit stipulationem.* Dazu schon im ersten Kapitel, 11 bei Fn. 3.

perpetuatur zu *condictio* [furtiva] *durat* ins Licht gerückt zu haben.[68] Darüber hinaus hatte Paulus die *actiones perpetuae* als Bezeichung für die unbefristeten Klagen vor Augen,[69] ebenso die (aktiv vererbliche) *stipulatio perpetua* von Pomponius D. 45,1,16,1. Die Formulierung *actiones temporales perpetuantur* im 9. Buch der Responsen (D. 27,7,8,1) ist vermutlich jünger als der Text des Plautiuskommentars.[70] Ob das in fr. Vat. 112 überlieferte Gutachten mit *actionem rei uxoriae perpetuari* älter oder jünger ist als der Plautiuskommentar, ist hingegen ungewiss.

Unsicher ist auch die Vor- oder Nachzeitigkeit der Bücher des Plautiuskommentars zu denen des Ediktskommentars von Ulpian.[71] Wenn Ulpian nach D. 12,2,9,3 (22 *ad edictum*) schreibt, dass der Schuldner nicht mehr durch Zeitablauf frei werde, weil *post litem contestatam cum eo perpetuatur adversus eum obligatio,* dann mag sein, dass er sich dabei auf den Sprachgebrauch des Paulus stützt. Ebenso gut kann auch Ulpian erst den Impuls für die Formulierung im Plautiuskommentar gegeben haben.

Die hier vorgeschlagene Deutung erklärt ebenso wie die Vermutung von Gradenwitz, bei dem Ausdruck *obligatio perpetuatur* handele es sich um „eine Verwandlung der alten Regel in Paulinisches Latein, eine Umschreibung",[72] warum kein anderer Klassiker die vermeintliche *constitutio veterum* in den Mund nimmt. Zugleich erledigt sie aber auch das Rätseln um Ursprung und Rechtsnatur des Satzes, indem sie ihn statt als alte präskriptive Regel als spätklassischen Versuch einer charakterisierenden Zusammenfassung alter Fallentscheidungen begreift. Demgegenüber kennzeichnet Cannata die *perpetuatio* ihrem Ursprung nach ähnlich als dogmatisches Prinzip, schreibt dessen Formulierung aber bereits den *veteres* zu.[73] Er muss sich die Frage gefallen

68 Santoro AUPA 57 (2014) 177–208; dazu im zweiten Kapitel, 115 bei Fn. 216.

69 Gaius 4,110 f., vielleicht auch schon Ulpian (66 *ad ed.*) D. 42,1,6,3; wobei dieser Teil des Ediktskommentars wohl erst 217/218 nach Christus entstand; vgl. Liebs HLL 4 (1997) § 424.B.1.

70 Es handelt sich bei den Responsen um ein „Alterswerk", Liebs HLL 4 (1997) § 423.B.81; auch Fitting, Alter, 98: jedenfalls zum Teil entstand es erst unter Alexander Severus, also nicht vor 222 nach Christus.

71 Die Datierung des Plautiuskommentars ist ungewiss. Paulus lebte von ca. 160 nach Christus bis in die Regierungszeit von Alexander Severus (ab 222 nach Christus) hinein. Ulpian soll um 170 nach Christus geboren sein und starb beim Prätorianeraufstand 223. Vgl. Liebs HLL 4 (1997) § 423.A, § 424.A. Zwar mag es sich bei den Werken des Paulus um die „vermutlich meist älteren" handeln (Fitting, Alter, 100). Jedoch entstanden die mittleren Bücher des Ediktskommentars Ulpians bereits unter Caracalla (211–217 nach Christus); vgl. Liebs HLL 4 (1997) § 424.B.1; auch Fitting 104 ff.

72 SZ 34 (1913) 272 f.; vgl. zu seiner Position im zweiten Kapitel, 88.

73 Bei Paulus versteife das Prinzip dann zur Regel: vgl. insb. FS Mayer-Maly (2002) 85–99. Ausführlich zu Cannata im zweiten Kapitel III.3.e (112 ff.).

lassen, welche Zweifel die Vorfahren dazu hätten veranlassen sollen, ein solches Prinzip aufzustellen.

Die vorgeschlagene Historisierung versöhnt die *perpetuatio obligationis* mit der Überzeugung, dass das römische Recht dem nachträglichen Sachuntergang oder dem nachträglichen Unmöglichwerden der Leistung als solchen mit unreflektierter Selbstverständlichkeit keinen Einfluss auf die Obligation zusprach, ohne dafür eines Rechtssatzes zu bedürfen, der eine Ausnahme anordnete.[74] Diese Überzeugung trifft bis in die entwickelte Klassik zu. Doch zur Zeit des Paulus hat sich der Gedanke von der Nichtigkeit unmöglicher Versprechen erhärtet und berührt auch die Möglichkeit der Leistung. Zusätzlich setzt der Topos, dass eine Obligation Wirkung verliert, wenn sie in einen Zustand gerät, in dem sie nicht hätte entstehen können, den Fortbestand des *oportere* trotz nachträglicher Unmöglichkeit unter einen gewissen Erklärungsdruck.[75] Ulpian verteidigt in D. 21,2,31 die Wirksamkeit der von Anfang an unzutreffenden Eigenschaftszusicherungen *FUREM NON ESSE, VISPELLIONEM NON ESSE, SANUM ESSE* gegen eine praktisch untragbare Zumutung, die sich auf den Gedanken des *impossibilium nulla obligatio* stützt.[76] In ähnlicher Lage rechtfertigt Paulus vor sich und anderen, warum der nachträglich getötete Sklave noch immer einklagbar ist. Er weiß, dass dies seit Alters her so gehandhabt wurde, und ordnet dies dem Gedanken zu, den er als Prinzip zugleich auch für die Ablehnung der Verzugsbereinigung durch die Früheren identifiziert: dass die Obligation bei Verschulden verewigt werde. In der Frage der Verzugsbereinigung wendet er sich gegen die Älteren, doch die Umsetzung einer Haftung durch Klage aus der ursprünglichen Schuld billigt Paulus – natürlich – nach wie vor. Er kann sie nun als Folgerung aus dem Prinzip darstellen, das er den Vorfahren untergeschoben hat *(effectus huius constitutionis ille est, ut adhuc homo peti possit)*.

Um dieses Prinzip arrangiert er seine dozierende Abhandlung über die Leistungsstörung bei der Stipulation. Vom *principium* bis zum § 2 lotet er die *culpa* aus.[77] In § 3 präsentiert er die Regel und das Problem der Verzugsbereinigung.[78] Auch seine Stellungnahme zur Haftung von Bürge und Hauptschuldner (§ 4) sowie Vater und Haussohn fasst er in die Terminologie der Perpetuierung (§ 5).

74 Vgl. im zweiten Kapitel zu den Positionen insb. von Betti (III.2.a.bb; 92 f.), Jakobs (III.2.a.dd; 93 ff.), Schermaier (III.2.a.hh; 98 f.).

75 Vgl. im fünften Kapitel IV (339 ff.); insb. 4 (347 ff.).

76 Vgl. im fünften Kapitel, 333 ff.

77 Dazu im ersten Kapitel II (17 ff.).

78 Dazu im ersten Kapitel III (34 ff.).

Dabei formuliert er die Pomponiuszitate um. Allerdings wurden die Passagen zur Mithaftung im Zuge der Angleichung der Bürgschaftsformen überarbeitet.[79]

Im § 6 hebt Paulus die Klagemöglichkeit als zentralen Effekt der Entscheidungen der *veteres* hervor.[80] Während *acceptilatio* und *fideiussio* (als Garantie fremder Leistung) für ihn keine Probleme aufwerfen, stellt der Jurist die Zulässigkeit der Novation in Frage, weil ein toter Sklave grundsätzlich nicht versprochen werden kann. Nach dem Vorbild des Sabinus – nicht hier, aber in D. 45,1,83,7 präsent –[81] überwindet Paulus diese Zweifel und erlaubt unter Berufung auf die Autorität Julians Novation durch Versprechen des Toten. Dieses Einlenken reduziert zugleich das Gewicht der Bedenken gegen eine Novation durch Versprechen des Geldwertes und erhöht die Glaubhaftigkeit von Papinian D. 46,2,28, wonach eine solche Novation zulässig ist.[82]

V. Die Zuschreibung anderer Folgen

Übrig bleibt die Frage, in welcher Beziehung die weiteren von der Romanistik der *perpetuatio obligationis* zugeschriebenen Effekte zur Schöpfung des Paulus stehen.

1. Vererblichkeit und Entfristung von Klagen

Soeben wurde festgehalten, dass zwar die Bezeichnungen *actiones perpetuae* und (einmal) *stipulatio perpetua* älter sind als der Plautiuskommentar, die vereinzelten Etikettierungen der Wirkung der Streitbefestigung als *perpetuare* hingegen ebenso gut nach wie vor der *constitutio veterum* formuliert worden sein können. Bianchi Fossati Vanzetti zieht die Themen zusammen und erachtet als eine der Wirkungen der *culpa* aus D. 45,1,91,3, dass sie bisher aktiv oder passiv unvererbliche Obligationen vererbbar machte.[83] Die These ließe sich dahingehend erweitern, dass es sich auch bei der Entfristung von *actiones temporales* um dieselbe Verewigung handelte.

Gegen einen Zusammenhang spricht aber entscheidend, dass Paulus nur im Plautiuskommentar an die *culpa* (mit der *mora* als Unterform) anknüpft. Die Vererbbarkeit der *actio rei uxoriae* in fr. Vat. 112 ist hingegen ebenso Folge des

79 Dazu im ersten Kapitel IV (42 ff.).

80 Dazu im ersten Kapitel V (64 f.) und das vierte Kapitel.

81 Vgl. im vierten Kapitel II.1.a (240 ff.).

82 Vgl. im vierten Kapitel II.2.d (273 ff.).

83 Bianchi Fossati Vanzetti, Perpetuatio, 60 ff.

Prozessbeginns wie die Entfristung in D. 27,7,8,1 (9 *responsorum*) und Ulpian D. 12,2,9,3 (22 *ad edictum*). In keiner der Stellen wird Verzug des Schuldners vorausgesetzt. Nur bei bewusst unberechtigter Prozessführung tritt er automatisch mit der Streitbefestigung ein.[84]

Wollte man einen gemeinsamen technischen Sprachgebrauch annehmen, so müsste man unterstellen, dass *culpa* einerseits und *litis contestatio* andererseits alternative Voraussetzungen bildeten, die beide zu einer einheitlichen Folge *(perpetuatio)* führten. Dann wäre aber zu erwarten gewesen, dass Paulus in D. 45,1,91,6 auch auf diese Effekte in allgemeiner Form hingewiesen hätte. Auch die spezifische Bemerkung in § 4, wonach die Haftung der Bürgen nach eingetretener „Verewigung" auf die Erben übergeht *(perpetuatur obligatio tam ipsorum quam successorum eorum)*, erklärt die Aussparung in § 6 nicht, wo ausdrücklich die Effekte der *perpetuatio* aufgezählt werden sollen. Es bleibt wahrscheinlicher, dass diese Bemerkung nicht von Paulus stammt, sondern Bearbeiter des Textes einen Hinweis darauf, dass die Haftung des *fideiussors* auch nach Sachuntergang vererbt wird, für alle Bürgschaftsformen verallgemeinerten.[85]

Wenn Paulus mit Blick auf die Entfristung und Vererbung von Klage und Obligation von *perpetuare* spricht, besteht also vermutlich kein Bezug zu dem Text aus dem Plautiuskommentar. Dasselbe gilt für Ulpian. Sie nutzen das Bild der Verewigung in einem anderen Kontext erneut.

Eine andere Frage ist, ob Bianchi Fossati Vanzetti das klassische Recht der Sache nach zutreffend beschreibt, indem sie annimmt, dass eigentlich aktiv oder passiv unvererbliche Forderungen als vererbbar angesehen wurden, wenn der Schuldner säumig war oder sich die Leistung unmöglich gemacht hatte.[86] Zwar wird uns die Vererbbarkeit von Klagen als Effekt gerade der Klageerhebung präsentiert.[87] Dass der Verzug in diesen Stellen nicht erwähnt wird, muss aber

84 Vgl. die in Fn. 202 des dritten Kapitels (178) zitierten Texte Julian D. 50,17,63, Paulus D. 22,1,24 pr., Scaevola D. 22,1,47.

85 Dazu im ersten Kapitel, 61 bei Fn. 185.

86 Schon Scherillo BIDR 36 (1938) 53, der mit seiner Untersuchung über die „transmissibilità della *stipulatio in faciendo*" die These verficht, dass erst Justinian C. 8,37,13 (a. 530) die auf ein Tun gerichteten Stipulationen für die Erben verbindlich machte, lässt zwei Texte mit der Begründung außen vor, sie beträfen „non la responsabilità dell'erede per fatto proprio, ma la responsabilità dell'errede per fatto del defunto, il quale ha già commesso lui la stipulazione" (Fn. 2 mit 47 Fn. 2). Unzutreffend eingefasst erscheint damit Paulus D. 45,1,134 pr. (15 *resp.*) (Verstoß gegen die selbständige Strafstipulation erst nach dem Tod!); zu D. 2,11,10,2 (1 *ad Plaut.*) sogleich. – Ähnlich auch Biondi, Diritto ereditario, 93: „se una responsabilità è già sorta in confronto del promittente, non v'ha dubbio che si trasmetta agli eredi, qualunque sia la natura della prestazione", sowie Voci, DER I, 230 (Zitat sogleich).

87 Vgl. außer Paulus D. 27,7,8,1 (9 *resp.*) – dazu im ersten Kapitel, 12 Fn. 7 – deutlich Gaius D. 50,17,139 pr. *(ad ed. praet. urb.): Omnes actiones, quae morte aut tempore pereunt, semel*

gerade in den Ediktskommentaren, die vom Prozess ihren Ausgang nehmen, nicht besagen, dass er nicht dieselbe Wirkung hätte.

Die These von der Vererbbarkeit nach *culpa* wird hinsichtlich der aktiv unvererblichen Forderungen durch das Beispiel der *actio rei uxoriae* bestärkt, die im Verzug des Mannes auf die Erben der Frau übergeht.[88] Die Lösung erscheint sachgerecht: Der Mann soll sich durch Zuwarten auf den Tod der Frau nicht der Rückforderung der Mitgift entziehen können. Hätte er rechtzeitig geleistet, so wäre die *dos* schon wieder im Vermögen der Frau.

Hingegen kann man zweifeln, ob Erben des Schuldners, wenn sie für dessen Schuld an sich nicht hafteten,[89] wirklich allein wegen seines Verzuges doch dafür einstehen sollen. Der Gläubiger, nicht dem Tode nahe, hätte es schließlich selbst in der Hand gehabt, sein Recht zu Lebzeiten des Schuldners zu verfolgen. Eindeutige Quellenzeugnisse finden sich hierzu nicht.

Ein Beispiel für eine persönlich zu erbringende Handlung bietet das Erscheinen vor Gericht. Paulus D. 2,11,10,2 (1 *ad Plaut.*) behandelt die Frage der Haftung, wenn nach Verstoß gegen ein *vadimonium* entweder der Berechtigte stirbt (1. Fall) oder der sein Erscheinen Zusichernde (2. Fall).[90] Als Zeugnis für die Vererbung von Handlungsschulden scheidet die Stelle allerdings von vornherein aus, wenn im Sinne einer selbständigen Vertragsstrafe hier

inclusae iudicio salvae permanent; auch Callistratus D. 44,7,59 (1 *edicti monitorii*): *Sciendum est ex omnibus causis lites contestatas et in heredem similesque personas transire.*

88 Vgl. Voci, DER I, 272 f.; Kaser, RP I, § 81 I, 338; Stagl, Favor dotis, 19. Bianchi Fossati Vanzetti, Perpetuatio, 61 ff., beruft sich als Belege außer auf Paulus fr. Vat. 112 noch auf Marcellus D. 24,3,57 (7 *dig.*) *(restitui is a viro debet: cum proprietate enim ad heredem eius transisset, si vir in reddendo eo non fecisset moram),* Paulus fr. Vat. 95 *(moram doti factam, ut actio eius ad heredem transmittatur),* Paulus fr. Vat. 97 *(post mortem mariti, si nulla mora intercessit, apud heredem mariti remanere oportere)* (passive Vererblichkeit!), fr. Vat. 334 (unverständlich) und 6,7 des (pseudo-?)ulpianischen *l. s. reg.*: *Post divortium defuncta muliere heredi eius actio non aliter datur, quam si moram in dote mulieri reddenda maritus fecerit.*

89 Die heutige Perspektive auf die Passivnachfolge überhaupt wurde erheblich durch die Arbeit von Finkenauer verschoben. Er plädiert überzeugend dafür, dass schon in der Klassik auch die Schuld aus einer *stipulatio in faciendo* grundsätzlich vererblich war (Vererblichkeit, insb. 34 ff.). Damit stellt sich hier gar nicht mehr die Frage nach einem Einfluss von *culpa* des Erblassers.

90 Paulus D. 2,11,10,2 (1 *ad Plaut.*): [1. Fall] *Qui iniuriarum acturus est, stipulatus erat ante litem contestatam ut adversarius suus iudicio sistat: commissa stipulatione mortuus est. non competere heredi eius ex stipulatu actionem placuit, quia tales stipulationes propter rem ipsam darentur, iniuriarum autem actio heredi non competit. quamvis enim haec stipulatio iudicio sistendi causa facta ad heredem transeat, tamen in hac causa danda non est: nam et defunctus si vellet omissa iniuriarum actione ex stipulatu agere, non permitteretur ei.* [2. Fall] *idem dicendum esse et si is, cum quo iniuriarum agere volebam, stipulatione tali commissa decesserit: nam non competit mihi adversus heredem eius ex stipulatu actio, et hoc Iulianus scribit. secundum quod et si fideiussores dati erant, minime dabitur in eos actio mortuo reo. idem Pomponius, si non post longum tempus decesserit: quia si ad iudicium venisset, litem cum eo contestari actor potuisset.*

nicht das Erscheinen, sondern nur bei Zuwiderhandlung die Strafe versprochen war. Knütel nimmt dies als regelmäßigen Inhalt der *cautio vadimonium sisti* an.[91] Bei abweichender Beschreibung der Stipulation wie in unserer Stelle geht er davon aus, dass sie „nur den Zweck und nicht den Inhalt" des Geschäfts wiedergebe.[92] Auch wenn man annimmt, dass das Erscheinen Versprechensinhalt ist, bleibt der Ertrag dürftig. Die grundsätzlich aktive Vererbbarkeit (Fall 1) wird beiläufig bejaht *(haec stipulatio iudicio sistendi causa facta ad heredem transeat)*, doch kann man nicht ausschließen, dass in diese allgemeine Aussage der konkrete Umstand hineinspielt, dass das *vadimonium* bereits verletzt war.[93] Über die passive Vererbbarkeit (Fall 2) erfährt man nur im Umkehrschluss, dass sie nach Verstoß im konkreten Fall eigentlich in Betracht kam. Den Ausschlag gibt in beiden Fällen, dass die abgesicherte *actio iniuriarum* weder aktiv noch passiv auf die Erben übergeht. Interessant ist jedenfalls, dass hieran das *vadimonium* (im Fall: vor Prozesseinleitung, sogenanntes Ladungsvadimonium) nichts ändert. Wer sich mit *vadimonium* vertrösten lässt, statt die *actio iniuriarum* rechtshängig zu machen, sichert sich also nicht für den Fall ab, dass es wegen Todes einer der Parteien nicht zum Prozess kommt.

Dass Erben für die vom Erblasser verwirkte *stipulatio doli* haften, entnimmt die Literatur einmütig aus Venuleius D. 46,7,19 pr. (9 *stip.*) und Papinian D. 45,1,121,3 (11 *resp.*). Doch mit Finkenauer erbten sie auch ohne vorhergehenden *dolus* des Erblassers die Schuld, eigenen *dolus* zu unterlassen.[94]

Der in dieser Arbeit entwickelte Standpunkt widerspricht allerdings – insofern mit Bianchi Fossati Vanzetti übereinstimmend – jedem Versuch, eine etwaige Veränderung in der Vererbbarkeit damit erklären zu wollen, dass sich die Schuld nach der Nichterfüllung auf Schadenersatz richte.[95]

2. Wertfixierung und Gefahr des zufälligen Unterganges

Als vermeintlicher Effekt der *perpetuatio obligationis* ist schließlich anzusprechen der Übergang des Risikos, dass der Schuldgegenstand weiterhin besteht und seinen Wert behält. Während der vom Schuldner herbeigeführte Untergang für diesen sofort einen Schaden begründet, wälzt der Verzug immerhin schon das Risiko eines Schadens auf ihn. Insofern spricht Paulus davon, dass die Obligation auch mit dem Verzug bereits verewigt sei (macht allerdings den

91 Knütel, Stipulatio poenae, 72 ff.; zustimmend Reichard, Drittschadensersatz, 150 f., anders Finkenauer, Vererblichkeit, 250.

92 Knütel, Stipulatio poenae, 73 mit Fn. 35.

93 Für entscheidend hält dies insb. Scherillo BIDR 36 (1938) 47 Fn. 2, 53, 89 f.; ähnlich vorsichtig wie hier urteilt hingegen Finkenauer, Vererblichkeit, 252.

94 Finkenauer, Vererblichkeit, 97 ff.; dort zu den Gegenstimmen.

95 So aber zu den *stipulationes faciendi* Voci, DER I, 230: „Intrasmissibilità non significa che, se l'inadempimento è già del debitore, non debba risponderne il suo erede: si succede nell'obbligo di risarcire il danno, che è di *dare*".

Vorbehalt der Verzugsbereinigung). Die moderne Literatur reichert das für die Risikotragung gewählte Bild der Verewigung weiter an.

Schon MADAI entnimmt ihm 1837 die völlige Unbedingtheit der Haftung: „Inhalt der Obligation ist durch seine Mora die Sache, aber als eine ewige, unvergängliche gedacht, also der absolute Werth derselben, ihre *aestimatio*, geworden. Auf diesen nunmehrigen Inhalt der Obligation muß es ohne Einfluß bleiben, ob die Sache auch beim Creditor zu Grunde gegangen wäre, und ob der Creditor in diesem Falle sie hätte veräußern können, oder nicht. Kann der Debitor die Sache noch *in natura* praestiren, so ist es sein Vortheil; ist sie zu Grunde gegangen, so tritt für ihn die Verpflichtung ein, schlechthin den Werth der Sache, als ob dieselbe noch existirte, zu entrichten; denn nicht mehr die körperliche, zufälligem Untergang ausgesetzte, vielmehr die ideale, unvergängliche Sache ist durch die Mora Gegenstand seiner obligatorischen Verbindlichkeit geworden".[96] Neben der Unabhängigkeit vom hypothetischen Kausalverlauf bedingt die *perpetuatio* dann auch die Fixierung der *aestimatio* auf den Zeitpunkt des Verzugseintritts.[97]

Hierzu muss zunächst festgehalten werden, dass in keinem Quellentext die Terminologie der Verewigung oder Fixierung der Schuld verwendet wird, um eine Befreiung wegen hypothetischer Kausalverläufe oder schwankende Schätzwerte zu diskutieren.

Auch liegen beide Probleme unterschiedlich. Einmal geht es um den Umfang der Gefahrtragung, in der Logik von D. 45,1,91,3 also in der Tat um eine Ausnahme von der durch *mora* eingetretenen *perpetuatio.* Allerdings bedenkt der Plautiuskommentar die Frage nicht mit, ob die Haftung entfallen soll, wenn die Sache auch bei rechtzeitiger Leistung untergegangen wäre. Dies beweist ein schon von MOMMSEN gegen MADAI ins Feld geführtes Argument: Augenscheinlich bejahen die römischen Juristen die Frage für Sachzerstörung durch den Schuldner, verneinen sie jedoch grundsätzlich für Sachuntergang im Verzug.

96 MADAI, Mora, § 46 300. Er bezeichnet diesen Effekt auf derselben Seite als „eine Folge des der Mora eigenthümlichen Prinzipes der *perpetuatio obligationis*". – Dass die *perpetuatio* eine Berücksichtigung hypothetischer Kausalverläufe, also insbesondere des Umstands ausschließt, dass die Sache auch beim Gläubiger untergegangen wäre, nehmen mit MADAI an: KNIEP, Mora II, § 65 39ff.; HEYMANN, Erfüllungsverzug, 19ff., 29 (Strafcharakter der Verzugsfolgen); SCHULZ, Einführung, 106ff. („die Einschränkung des § 287, Satz 2 [BGB] ist dem klassischen Rechte fremd", unter Gegenüberstellung von strafender *perpetuatio* und kompensierendem Schadenersatz); ARNÒ Archivio Filippo Serafini 100 (1928) 145 (für seine *constitutio Mucianorum*); BIANCHI FOSSATI VANZETTI, Perpetuatio, 47ff; GERKENS, Aeque perituris, 215f.; HARKE, Mora, 14ff.; ALTMEPPEN FS Knütel (2009) 21.

97 Dass die *perpetuatio* den Zeitpunkt für die Wertbestimmung fixiert, betont heute insb. HARKE, Mora, 22f. Dazu MADAI, Mora, § 48 312ff., der Besonderheiten für *obligationes bonae fidei* und die Haftung des Diebes herausarbeitet. Vgl. dazu und zu D. 13,1,8,1 im dritten Kapitel, 179 Fn. 204.

Denn der Schuldner wird nach Paulus D. 44,7,45 (5 *ad Plautium*) frei, wenn der von ihm erst versprochene, dann aber freigelassene Sklave stirbt.[98] Nach dem häufigen Schulbeispiel befreit hingegen der Tod des Sklaven im Verzug – jedenfalls sofern er vor *litis contestatio* eintrat[99] – den Schuldner nicht, obwohl man unterstellen kann, dass der Sklave regelmäßig auch beim Gläubiger gestorben wäre.[100] Dieser Gegensatz passt nicht zur einheitlichen Folge der *culpa*, als welche Paulus die *perpetuatio obligationis* konstruiert.[101]

Das zweite Problem basiert zwar auf der Wertung der Gefahrtragung, betrifft mit den Vorgaben für die richterliche Schätzung aber ein ganz anderes Rechtsgebiet.[102] Dass Paulus mit seinem Konzept der *perpetuatio obligationis* aus D. 45,1,91,3 dieses Thema erfassen wollte, liegt fern. Der allfälligen Behauptung, die *perpetuatio* sei als Fiktion der Sachexistenz nötig, weil ein untergegangener Gegenstand keinen Wert mehr habe, hält im Übrigen CANNATA unter Verweis auf *QUA DE RE AGATUR* überzeugend entgegen, dass *RES* in *QUANTI EA RES EST* nicht diese Sache, sondern die verhandelte Angelegenheit, hier also die der Klage zugrunde liegende Obligation meint.[103]

Angesichts der Gestalt und des Umfangs, den die Kreation des Paulus in den romanistischen Rekonstruktionen bis heute annimmt, bleibt die Kritik

98 Dasselbe belegen abseits der strengrechtlichen Klagen Paulus D. 18,4,21 (16 *quaest.*) bei Tod des doppelt verkauften Sklaven und Paulus D. 14,2,10 *(Labeo 1 pith. a Paulo epit.)* bei Untergang sowohl des für den Transport genutzten wie auch des weisungsgemäß zu benutzenden Schiffs im gleichen Unwetter (gegen Labeo, der hier bei Haftung bleibt).

99 Die *restituere*-Haftung nach *litis contestatio* birgt Besonderheiten; dazu insb. KASER zuletzt SDHI 46 (1980) 144 ff., HARKE, Mora, 17 ff. Nun gibt LOHSSE, Sowieso-Untergang, 167 ff., eine entwicklungsgeschichtliche Erklärung dafür, dass sich das Haftungsrisiko des säumigen Schuldners mit der Streitbefestigung verringert.

100 Für Fälle vgl. KASER SDHI 46 (1980) 139; HARKE, Mora, 14 ff. Unter Widerspruch von Ulpian D. 30,47,6 (22 *ad Sab.*) scheint Labeo eine Ausnahme gemacht zu haben, *si fundus chasmate perierit;* dazu insb. RICCOBONO JR. AUPA 29 (1962) 203 („trova fondamento nella eccezionalità dell'evento").

101 MOMMSEN, Mora, 299 (Zitat im zweiten Kapitel bei Fn. 20); dazu Interesse, 152 ff. Diesen Unterschied betonen später auch NIEDERMEYER FS Schulz (1951) I 448 und KASER SDHI 46 (1980) 139 ff.

102 Die Diskussionsgrundlage bildet Ulpian D. 13,3,3 (27 *ad ed.*): *In hac actione* [nach dem Titel die condictio triticaria] *si quaeratur, res quae petita est cuius temporis aestimationem recipiat, verius est, quod Servius ait, condemnationis tempus spectandum: si vero desierit esse in rebus humanis, mortis tempus, sed ἐν πλάτει secundum Celsum erit spectandum: non enim debet novissimum vitae tempus aestimari, ne ad exiguum pretium aestimatio redigatur in servo forte mortifere vulnerato. in utroque autem, si post moram deterior res facta sit, Marcellus scribit libro vicensimo habendam aestimationem, quanto deterior res facta sit: et ideo, si quis post moram servum eluscatum dederit, nec liberari eum: quare ad tempus morae in his erit reducenda aestimatio.* – Dazu KASER, Quanti, 93 ff.; HARKE, Mora, 22 f.

103 Iura 57 (2008–2009) 293.

aktuell, die MOMMSEN gegen MADAI richtete: „Aus dem Worte: *perpetuatio* construirt er sich einen Begriff, [...] und dann zieht er aus diesem selbst gemachten Begriff Folgerungen".[104] Diese Folgerungen haben noch nicht einmal mit der *perpetuatio* des Paulus etwas zu tun, geschweige denn mit dem Denken der *veteres*.

VI. Ergebnis

Die Untersuchung mündet somit in die folgenden Thesen:

1. Dass der Schuldner nicht aufhört, leisten zu sollen *(oportere)*, wenn der Leistungsgegenstand untergeht oder die Leistung unmöglich wird, bedarf für die römischen Juristen der Früh- und Hochklassik weder besonderer Anordnung noch rechtfertigender Erklärung; es ist selbstverständlich. Befreien könnte ihn allein ein Leistungshindernis, das er nicht zu vertreten hätte *(vis maior, casus)*. Nur in wenigen Ausnahmefällen tritt bei der bereicherungsrechtlichen *condictio* das Schulden des *pretium* oder der *aestimatio* an die Stelle der ursprünglichen Schuld.[105]

2. Sabinus erlaubt nach Paulus D. 45,1,83,7 die Stipulation eines toten Sklaven, sofern dieser noch geschuldet ist. Die Zweifel, die D. 45,1,91,6 gegenüber der Zulässigkeit einer Novation durch Stipulation des untergegangenen Schuldgegenstandes artikuliert, sind jünger als diese Entscheidung.[106]

3. *Impossibilis* bezeichnet zunächst die Unsinnigkeit eines Rechtsaktes. Dass unsinnige Bedingungen im Testament als nicht geschrieben gelten, erklärt in der frühen Klassik eine Reihe von Einzelfallentscheidungen, entwickelt sich aber dann zu einer präskriptiven Regel, deren Anwendungsbereich tendenziell expandiert. Ebenso verhärten bei Versprechen auf ein *dari* die Grundsätze, dass der Leistungsgegenstand existieren muss und dem Verkehr nicht entzogen sein darf, unter dem Gesichtspunkt des „Gegeben-werden-Könnens" *(dari possit)* zu einer Voraussetzung für die Wirksamkeit der Stipulation. Für Versprechen auf ein *facere* gesellt sich daneben das „Gemacht-werden-Können" *(natura fieri concedit)*. Bei Ulpian wird deutlich, dass die beiden Unmöglichkeitsdogmen überschießend Fälle zu ergreifen drohen, zu denen ihre Grundlage sie nicht trägt (D. 21,2,31 und D. 28,7,6).[107]

104 MOMMSEN, Mora, 199 f. Fn. 26. Nach MOMMSEN (dort Fn. 25) bezeichnet der Ausdruck der Verewigung der Obligation „überhaupt kein[en] genau bestimmte[n] Begriff".

105 Vgl. dazu das dritte Kapitel mit seinem Fazit, 233 ff.

106 Vgl. dazu das vierte Kapitel mit seinem Fazit, 292 ff.

107 Vgl. dazu das fünfte Kapitel mit seinem Fazit, 350.

4. Dass die *veteres* bei *culpa* des Schuldners seine Obligation als perpetuiert behandelten (D. 45,1,91,3), ist nicht mehr als eine Beobachtung, die Paulus selbst beim Studium des Plautius formuliert, wo er die Entscheidungen älterer Juristen nachliest, die er zusammenfassend als *veteres* bezeichnet. Mit diesem Prinzip beschreibt er erstens die zu seiner Zeit überwundene Ablehnung der Verzugsbereinigung. Zweitens rechtfertigt er damit, warum der Gläubiger im Prozess weiterhin den ursprünglichen Schuldgegenstand einklagen kann. Angesichts eines inzwischen mitunter auch auf die Verbindlichkeit bezogenen Unmöglichkeitsbegriffs und der Tendenz, Hindernisse für die Wirksamkeit von Rechtsakten bei nachträglichem Auftreten auch als Vernichtungsgründe anzusehen, hat der Fortbestand der Klage für Paulus seine Selbstverständlichkeit verloren. Drittens schiebt der Jurist unter Rückgriff auf dieses Prinzip auch seine Zweifel an der Wirksamkeit einer Novation nach Untergang des Leistungsgegenstandes beiseite.[108] Wenn Paulus und Ulpian vereinzelt auch die Aushebelung der Unvererblichkeit und der Befristung von Forderungen durch die *litis contestatio* als Verewigung bezeichnen, besteht kein Bezug zu D. 45,1,91. Den Grundsatz der unbedingten Zufallshaftung verbindet erst die romanistische Literatur mit der *perpetuatio obligationis*.[109]

108 Vgl. dazu im sechsten Kapitel I–IV; als Fazit IV (369 ff.).
109 Vgl. dazu im sechsten Kapitel V (373 ff.).

Literaturverzeichnis

Albers, Gregor: Zum Versprechen als Verpflichtungsgrund in der Spätantike: Urkunden, Kirchenväter und der westgotische Gaius, SZ 135 (2018) 334–363.

Albertario, Emilio: In tema di alterazioni pregiustinianee. D. 5,4,3 (Paulus libro septimo decimo ad Plautium), Pavia 1921. Zitiert aus: Studi di diritto romano, Bd. 5: Storia metodologia esegesi, Mailand 1937, 365–375.

Altmeppen, Holger: Versari in re illicita, in: Holger Altmeppen, Ingo Reichard, Martin Josef Schermaier (Hg.), Festschrift für Rolf Knütel zum 70. Geburtstag, Heidelberg 2009, 13–34.

Anders, Monika / Gehle, Burkhard: Das Assessorexamen im Zivilrecht
- 9. Aufl., Köln 2008.
- 13. Aufl., München 2017.

Ankum, Hans: La responsabilità contrattuale nel diritto romano classico e nel diritto giustinianeo, in: Francesco Milazzo (Hg.), Diritto romano e terzo millennio. Radici e prospettive dell'esperienza giuridica contemporanea. Relazioni del Convegno Internazionale di Diritto Romano, Copanello 3–7 giugno 2000, Neapel 2004, 135–152.

Apathy, Peter: Animus novandi. Das Willensmoment beim römischen Schulderneuerungsvertrag, Wien 1975.
- Sachgerechtigkeit und Systemdenken am Beispiel der Entwicklung von Sachmängelhaftung und Irrtum beim Kauf im klassischen römischen Recht, SZ 111 (1994) 95–154.

Apelt, Otto: Übersetzung, in: Klaus Reich, Hans Günter Zekl (Hg.), Diogenes Laertius. Leben und Meinungen berühmter Philosophen, Hamburg 2008.

Arangio-Ruiz, Vincenzo: Le formule con ‚demonstratio' e la loro origine, Studi Cagliari 4 (1912) 75–144. Zitiert aus: Rariora, Rom 1946, 23–121. Auch abgedruckt in Scritti di diritto romano, Band 1, Neapel 1974, 322–392.
- Responsabilità contrattuale in diritto romano, Nachdruck der 2. Aufl., Neapel 1958.
- „Sponsio" e „stipulatio" nella terminologia romana, BIDR 65 (1962) 193–222.

Arnò, Carlo: Perpetuatio obligationis, Archivio giuridico ‚Filippo Serafini' 100 (1928) 143–183.

Arp, Thorsten: Anfängliche Unmöglichkeit, Paderborn 1988.

Astolfi, Riccardo: Studi sull'oggetto dei legati in diritto romano,
- Band 2, Padua 1969.
- Band 3, Padua 1979.

Astuti, Guido: Studi intorno alla promessa di pagamento. Il costituto di debito, Band 2, Mailand 1941.

Avenarius, Martin: Sabinus und Cassius. Die Konstituierung der sabinianischen Schultradition in der Retrospektive und ihre vermuteten „Gründer" im Wandel der Wahrnehmung, in: Karlheinz Muscheler (Hg.), Römische Jurisprudenz – Dogmatik, Überlieferung, Rezeption. Festschrift für Detlef Liebs zum 75. Geburtstag, Berlin 2011.

Babusiaux, Ulrike: Id quod actum est. Zur Ermittlung des Parteiwillens im klassischen römischen Zivilprozeß, München 2006.

– Papinians Quaestiones. Zur rhetorischen Methode eines spätklassischen Juristen, München 2011.

– Der Kommentar als Haupttext. Zur Gattung der libri ad edictum Ulpians, in: David Kästle, Nils Jansen (Hg.), Kommentare in Recht und Religion, Tübingen 2014, 15–55.

Backhaus, Ralph: Casus perplexus. Die Lösung in sich widersprüchlicher Rechtsfälle durch die klassische römische Jurisprudenz, München 1981.

Baldus: Super digesto novo, Lyon 1547.

Bartolus: Super digesto veteri, Band 2, ohne Ort, 1530.

– Super digesto novo, Band 2, ohne Ort, 1530.

Battaglia, Federico: An Aulus Gellius ‚commentary' on Masurius Sabinus (Noct. Att. 11.18), TR 84 (2016) 97–148.

Bauer, Karen: Die Rutiliana constitutio des Julian, TR 54 (1986) 97–100.

Bayer, Hieronymus von: Vorträge über den gemeinen ordentlichen Civilproceß, 8. Auflage, München 1856.

Behrends, Okko: Der Zwölftafelprozeß. Zur Geschichte des römischen Obligationenrechts, Göttingen 1974.

– Das nexum im Manzipationsrecht oder die Ungeschichtlichkeit des Libraldarlehens, RIDA 21 (1974) 137–184.

– Les ‚veteres' et la nouvelle jurisprudence à la fin de la République, Revue historique de droit français et étranger 55 (1977) 7–33.

– Institutionelles und prinzipielles Denken im römischen Privatrecht, SZ 95 (1978) 187–231.

– Das Vindikationsmodell als „grundrechtliches" System der ältesten römischen Siedlungsorganisation. Zugleich ein Beitrag zu den ältesten Grundlagen des römischen Personen-, Sachen- und Obligationsrechts, in: Okko Behrends, Malte Diesselhorst (Hg.), Libertas. Grundrechtliche und rechtsstaatliche Gewährungen in Antike und Gegenwart. Symposion aus Anlaß des 80. Geburtstags von Franz Wieacker, Ebelsbach 1991, 1–59.

– Das Werk Otto Lenels und die Kontinuität der romanistischen Fragestellungen. Zugleich ein Beitrag zur grundsätzlichen Überwindung der interpolationistischen Methode, Index 19 (1991) 169–213.

– Der Kommentar in der römischen Rechtsliteratur, in: Jan Assmann, Burkhard Gladigow (Hg.), Text und Kommentar. Archäologie der literarischen Kommunikation IV, München 1995, 423–462.

– Das Schiff des Theseus und die skeptische Sprachtheorie. Die Rationalität der antiken römischen Rechtssysteme und das romanistische Rechtsbild Dieter Nörrs, Index 37 (2009) 397–452.
– Wie haben wir uns die römischen Juristen vorzustellen? Eine Frage, aus Anlass einer Kontroverse erörtert, SZ 128 (2011) 83–129.
BEHRENDS, OKKO / KNÜTEL, ROLF / KUPISCH, BERTHOLD / SEILER, HERMANN: Corpus Iuris Civilis. Text und Übersetzung,
  – Band 1: Institutionen, Heidelberg 1990.
  – Band 2: Digesten 1–10, Heidelberg 1995.
  – Band 3: Digesten 11–20, Heidelberg 1999.
BERNHÖFT, FRANZ: Beitrag zur Lehre vom Kaufe, Jahrbücher für die Dogmatik des heutigen römischen und deutschen Privatrechts 14 (1875) 58–206.
BESELER, GERHARD: Textkritische Studien, SZ 53 (1933) 1–63.
BETTI, EMILIO: La „condictio pretii" del processo civile giustinianeo, in: Atti della Reale Accademia delle Scienze di Torino 51 (1915/16) 1019–1043.
– Teoria generale delle obbligazioni, Band 2, Struttura dei rapporti d'obbligazione, Mailand 1953.
– La struttura dell'obbligazione romana e il problemà della sua genesi, 2. Aufl. Mailand 1955.
BIANCHI FOSSATI VANZETTI, MARIA: Perpetuatio obligationis, Padua 1979.
BINDER, JULIUS: Die Korrealobligationen im römischen und im heutigen Recht, Leipzig 1899.
BIONDI, BIONDO: Contratto e stipulatio, Mailand 1953.
– Diritto ereditario romano. Parte generale, Mailand 1954.
BLANK, HELMUT: Condemnatio pecuniaria und Sachzugriff, SZ 99 (1982) 303–316.
BONIFACIO, FRANCO: La novazione nel diritto romano, 2. Aufl. Neapel 1959.
BONINI, ROBERTO: La c. d. datio in solutum necessaria (Nov. Iustiniani 4,3 e 120,6,2), in: Problemi di storia delle codificazioni e della politica legislativa, Band 2, Bologna 1975, 3–45.
BREMER, F. P.: Iurisprudentiae antehadrianae quae supersunt, 2. Teil, 2. Abt., Leipzig 1901.
BRETONE, MARIO: La nozione romano di usufrutto I: Dalle origini a Diocleziano, Neapel 1962.
BRINZ, ALOIS: Rezension zu: Mommsen, Unmöglichkeit, Kritische Ueberschau der deutschen Gesetzgebung und Rechtswissenschaft 5 (1857) 278–302.
– Lehrbuch der Pandekten (1. Aufl.), 1. Abt., Erlangen 1857.
– Lehrbuch der Pandekten (2. Aufl.), 2. Band, 1. Abt., Erlangen 1879.
BRUNA, F. J.: Lex Rubria. Caesars Regelung für die richterlichen Kompetenzen der Munizipalmagistrate in Gallia cisalpina, Leiden 1972.
BUCHWITZ, WOLFRAM: Servus alienus heres. Die Erbeinsetzung fremder Sklaven im klassischen römischen Recht, Wien 2012.
BUCKLAND, WILLIAM WARWICK: The Roman Law of Slavery, Cambridge 1908.
– Principal and fideiussor. Consumptio litis, Juridical Review 53 (1941) 281–297.
BURCHARDI, GEORG CHRISTIAN: Die Lehre von der Wiedereinsetzung in den vorigen Stand, Göttingen 1831.

Bürge, Alfons: Geld- und Naturalwirtschaft im vorklassischen und klassischen römischen Recht, SZ 99 (1982) 128–157.
- Zum Edikt De edendo. Ein Beitrag zur Struktur des römischen Zivilprozesses, SZ 112 (1995) 1–50.

Cannata, Carlo Augusto: Appunti sulla impossibilità sopravvenuta e la ‚culpa debitoris' nelle obbligazioni da ‚stipulatio in dando', SDHI 32 (1966) 63–113.
- Profilo istituzionale del processo privato romano,
  - Band 1: Le legis actiones, Turin 1980.
  - Band 2: Il processo formulare, Turin 1982.
- Perpetuatio obligationis, Seminarios Complutenses de Derecho Romano 4 (1992) 49–56.
- Rezension zu: Reichard, Die Frage des Drittschadensersatzes, Labeo 41 (1995) 387–432.
- Sul Problema della Responsabilità nel Diritto Privato Romano. Materiali per un Corso di Diritto Romano, Catania 1996.
- Quod veteres constituerunt. Sul significato originario della ‚Perpetuatio obligationis', in: Martin J. Schermaier, J. Michael Rainer, Laurens C. Winkel (Hg.), Iurisprudentia universalis. Festschrift für Theo Mayer-Maly zum 70. Geburtstag, Köln 2002, 85–99.
- L'inadempimento delle obbligazioni, Padua 2008.
- Rezension zu: Harke, Mora debitoris und mora creditoris, Iura 57 (2008–2009) 281–324.

Cardilli, Riccardo: L'obbligazione di ‚praestare' e la responsabilità contrattuale in diritto romano (II sec. a. C. – II sec. d. C.), Mailand 1995.
- La nozione giuridica di fructus, Neapel 2000.
- Damnatio e oportere nell'obbligazione, Neapel 2016.
- Il nexum e l'oportere nelle XII tavole, in: Maria Floriana Cursi (Hg.), XII Tabulae. Testo e commento, Neapel 2018, Band 1, 401–424.

Coing, Helmut: Die clausola doli im klassischen Recht, in: Hans Niedermeyer, Werner Flume (Hg.), Festschrift Fritz Schulz, Band 1, Weimar 1951, 97–123.

Cosentini, Cristoforo: Condicio impossibilis, Mailand 1952.

Cossa, Giovanni: ‚Regula Sabiniana'. Elaborazioni giurisprudenziali in materia di condizioni impossibili, Mailand 2013.

Costa, Paolo: Pecunia constituta: ipotesi interpretative, SDHI 77 (2011) 129–255.

Cuena Boy, Francisco: Estudios sobre la imposibilidad de la prestación. La imposibilidad jurídica, Valladolid 1992.
- Rerum natura e imposibilidad física de la prestación en el derecho romano, Santiago de Compostela 2010.

Cujaz, Jacque: Opera omnia in decem tomos distributa, Paris 1658.

D'Ors, Álvaro: ‚Dare servum in quaestionem' e ‚Datio ex eventu' (Una reinterpretacion de D. 12.4.15), Iura 22 (1971) 138–141.
- ‚Familiam non habere' (D. 28,5,46[45]), in: Iuris vincula. Studi in onore di Mario Talamanca, Band 2, Neapel 2001, 511–517.

Dajczak, Wojciech: La generalizzazione della regola impossibilium nulla obligatio. La tradizione romanistica in Europa e sviluppi moderni del diritto privato, Seminarios Complutenses de Derecho Romano 25 (2012) 133–151.

DAUBE, DAVID: Novation of Obligations Giving a Bonae Fidei Iudicium, SZ 66 (1948) 91–134.
DAVID, MARTIN: Rezension zu: Flume, Studien zur Akzessorietät, SZ 53 (1933) 608–612.
DAVID, MARTIN / NELSON, HEIN L. W.: Gai institutiones. Philologischer Kommentar, 2. Lieferung (Seiten 177–342), Leiden 1960.
DAWSON, JOHN P.: Specific Performance in France and Germany, Michigan Law Review 57 (1959) 495–538.
DE MARTINO, FRANCESCO: Studi sulle garanzie personali, Band 1: L'autonomia classica della sponsio, Neapel 1937.
DE ROBERTIS, FRANCESCO M.: La responsabilità contrattuale nel sistema della grande compilazione,
- Band 1, Bari 1983.
- Band 2, Bari 1982.
DEDEK, HELGE: Die Konsumtion des § 283 a. F. BGB durch § 281 BGB, in: BARBARA DAUNER-LIEB, HORST KONZEN, KARSTEN SCHMIDT (Hg.), Das neue Schuldrecht in der Praxis. Akzente - Brennpunkte - Ausblick, Köln 2003, 183–202.
DEMELIUS, GUSTAV: Die confessio im römischen Civil-Process und das gerichtliche Geständniss der neuesten Processgesetzgebung, Graz 1880.
DIESTELKAMP, BERNHARD: Die Lehre von Schuld und Haftung, in: HELMUT COING, WALTER WILHEM (Hg.), Wissenschaft und Kodifikation des Privatrechts im 19. Jahrhundert, Band 6, Zur Verselbständigung des Vermögens gegenüber der Person im Privatrecht, Frankfurt am Main 1982, 21–51.
DI PAOLA, SANTI: Confessio in iure, Band 1, Mailand 1952.
DILCHER, HERMANN: Geldkondemnation und Sachkondemnation in der mittelalterlichen Rechtstheorie, SZ 78 (1961) 277–307.
DONDORP, HARRY: Specific Performance: a Historical Perspective, in: JAN SMITS, DANIEL HAAS, GEERTE HEESEN (Hg.), Specific Performance in Contract Law: National and Other Perspectives, Antwerpen 2008, 265–285.
- Precise cogi: Enforcing specific performance in medieval legal scholarship, in: JAN HALLEBEEK, HARRY DONDORP (Hg.), The Right to Specific Performance. The Historical Development, Antwerpen 2010, 21–56.
DONELLUS: Opera omnia, Zwölf Bände, Lucca 1767.
DÜLL, RUDOLF: Über Textkonjekturen zu Gaius Veronensis und zur Frage der Zwangsenteignung im römischen Formularprozeß, SZ 96 (1979) 290–302.
ECKARDT, BERND: Iavoleni epistulae, Berlin 1978.
EFFER-UHE, DANIEL OLIVER: Die Wirkung der condicio im römischen Recht, Baden-Baden 2009.
ENDEMANN, WILHELM: Das Deutsche Civilprozeßrecht, Heidelberg 1868.
ENNECCERUS, LUDWIG: Lehrbuch des Bürgerlichen Rechts. Recht der Schuldverhältnisse, 6.–8. Aufl. Marburg 1912.
ERHARDT, ARNOLD: Litis aestimatio im römischen Formularprozeß. Eine Untersuchung der materiellrechtlichen Folgen der Geldverurteilung, Berlin 1934.
- Litis aestimatio in der Zeit vor den leges Juliae iudiciariae, SZ 55 (1935) 36–98.
ERNST, WOLFGANG: Rechtsmängelhaftung, Tübingen 1995.
FEENSTRA, ROBERT: L'effet extinctif de la novation, TR 29 (1961) 397–415.

- Le caractère accessoire des différents types de cautionnement verbis en droit romain classique, in: Études offertes à Jean Macqueron, Aix-en-Provence 1970, 301–311.
- Grotius' doctrine of liability for negligence: its origin and its influence in Civil Law countries until moern codifications, in: ELTJO J. H. SCHRAGE (Hg.), Negligence. The Comparative History of the Law of Torts, Berlin 2001, 129–171.

FERRINI, CONTARDO: Atilicinus, SZ 7 (1886) 85–90. Auch abgedruckt in EMILIO ALBERTARIO (Hg.), Opere di Contardo Ferrini, Band 2: Studi sulle fonti del diritto romano, Mailand 1929, 87–93.
- Contributi allo studio critico delle fonti del diritto romano. Nota I. I libri ad Plautium di Paolo, in: Memorie della Reale Accademia di Scienze, Lettere ed Arti in Modena 10 (1894), Sezione di Scienze, 169–194. Auch abgedruckt in EMILIO ALBERTARIO (Hg.), Opere di Contardo Ferrini, Band 2: Studi sulle fonti del diritto romano, Mailand 1929, 205–228.

FINKENAUER, THOMAS: Stipulation und Geschäftsgrundlage, SZ 126 (2009) 305–357.
- Vererblichkeit und Drittwirkung der Stipulation im klassischen römischen Recht, Tübingen 2010.
- Duo rei – Neues von der Gesamtobligation?, SZ 130 (2013) 164–202.

FIORI, ROBERTO: Ea res agatur. I due modelli del processo formulare repubblicano, Mailand 2003.

FISCHER, OTTO: Unmöglichkeit als Nichtigkeitsgrund bei Urteilen und Rechtsgeschäften, München 1912.

FLUME, WERNER: Studien zur Akzessorietät der römischen Bürgschaftsstipulationen, Weimar 1932.
- Der Wegfall der Bereicherung in der Entwicklung vom römischen zum geltenden Recht, in: Festschrift für Hans Niedermeyer zum 70. Geburtstag, Göttingen 1953, 103–177. Auch abgedruckt als: Die Unterschiedlichkeit des römischen Kondiktionsrecht und des modernen Bereicherungsrechts am Beispiel des Wegfalls der Bereicherung, in: Studien zur Lehre von der ungerechtfertigten Bereicherung, hgg. von WOLFGANG ERNST, Tübingen 2003, 27–91.
- Rezension zu: Frezza, Le garanzie delle obbligazioni, Band I, SZ 80 (1963) 487–491.
- Der bedingte Rechtsakt nach den Vorstellungen der römischen Klassiker, SZ 92 (1975) 69–129.
- Allgemeiner Teil des Bürgerlichen Rechts, Band 2: Das Rechtsgeschäft, 3. Aufl. Berlin 1979.
- Rechtsakt und Rechtsverhältnis. Römische Jurisprudenz und modernrechtliches Denken, Paderborn 1990.
- Zu den römischen Bürgschaftsstipulationen, SZ 113 (1996) 88–131.

FREZZA, PAOLO: Le garanzie delle obbligazioni. Corso di diritto romano, Band 1, Padua 1962.
- Animus novandi, in: Studi in onore di Biondo Biondi, Band 1, Mailand 1965, 225–267.

GENZMER, ERICH: Der subjektive Tatbestand des Schuldnerverzugs im klassischen römischen Recht, SZ 44 (1924) 86–163.

GERKENS, JEAN-FRANÇOIS: „Aeque perituris...". Une approche de la causalité dépassante en droit romain classique, Lüttich 1997.

GIFFARD, ANDRÉ EDMOND: L'action qua incertum petimus, SDHI 4 (1938) 152–162.

Giglio, Francesco: The Taxonomy of the actio furti. Between Ownership and Commerce, SZ 134 (2917) 106–146.
Gigon, Olaf: Übersetzung, in: Rainer Nickel (Hg.), Aristoteles. Die Nikomachische Ethik. Griechisch-deutsch, Düsseldorf 2001.
Giodice-Sabatelli, Venanzia: „constituere“: dato semantico e valore giuridico, Labeo 27 (1981) 338–357.
Giomaro, Anna Maria: „Cautiones iudiciales“ e „officium iudicis“, Mailand 1982.
Glosse: Petrus ab area Baudoza Cestius (Hg.), Universi iuris civilis in quatuor tomos distributi corpus, Band 1 und 2, Lyon 1593.
Glück, Christian Friedrich: Ausführliche Erläuterung der Pandecten nach Hellfeld,
- 4. Teil, 2. Abt., Erlangen 1797.
- 16. Teil, 1. Abt., Erlangen 1814.

Göschen, Johann Friedrich Ludwig / Lachmann, Karl: Gaii institutionum commentarii quattuor, Bonn 1841.
González Roldán, Yuri: Il senatoconsulto Q. Iulio Balbo et P. Iuventio Celso consulibus factum nella lettura di Ulpiano, Bari 2008.
- Dolo desinere possidere fra editto del pretore e scienza giuridica, Bari 2010.

Gradenwitz, Otto: Das neuaufgefundene Fragment über die Formula Fabiana, SZ 9 (1888) 394–403.
- Quotiens culpa intervenit debitoris, perpetuari obligationem, SZ 34 (1913) 255–274.

Gröschler, Peter: Die Konzeption des mutuum cum stipulatione, TR 74 (2006) 261–287.
- Rezension zu: Salomone, Iudicati velut obligatio, SZ 128 (2011) 657–665.
- Überlegungen zu den Klagen strengen Rechts – certum und incertum als Leistungsgegenstand, in: Isabella Piro (Hg.), Scritti per Alessandro Corbino, Tricase 2016, Band 3, 497–522.

Grosso, Giuseppe: Usufrutto e figure affini nel diritto romano, 2. Aufl. Turin 1958.
- I legati nel diritto romano. Parte generale, 2. Aufl. Turin 1962.
- Obbligazioni. Contenuto e requisiti della prestazione. Obbligazioni alternative e generiche, 3. Aufl. Turin 1966.

Grotius, Hugo: De iure belli ac pacis libri tres, Paris 1625.
Grzimek, Philipp: Studien zur Taxatio, München 2001.
Gsell, Beate: Rechtskräftiges Leistungsurteil und Klage auf Schadensersatz statt der Leistung, Juristenzeitung 2004, 110–121.
Guzmán-Brito, Alejandro: Quia in eum casum res pervenit, a quo incipere non potest, in: Holger Altmeppen, Ingo Reichard, Martin Josef Schermaier (Hg.), Festschrift für Rolf Knütel zum 70. Geburtstag, Heidelberg 2009, 401–429.
- Die Haftung der im dinglichen Sakramentsprozeß unterlegenen Partei, in: Georg Klingenberg, Joh. Michael Rainer, Herwig Stiegler (Hg.), Vestigia iuris romani. Festschrift für Gunter Wesener zum 60. Geburtstag am 3. Juni 1992, Graz 1992, 147–158.
- Gaius 4,37 und die Formeln der actio furti, in: Martin Josef Schermaier, Zoltán Végh (Hg.), Ars boni et aequi, Festschrift für Wolfgang Waldstein zum 65. Geburtstag, Stuttgart 1993, 127–139.

Hägerström, Axel: Der römische Obligationsbegriff im Lichte der allgemeinen römischen Rechtsanschauung, Band 2, Über die Verbalobligation, Uppsala 1941.

Hähnchen, Susanne: Die causa condictionis. Ein Beitrag zum klassischen römischen Kondiktionenrecht, Berlin 2003.
- Rezension zu: Effer-Uhe, Die Wirkung der condicio im römischen Recht, Seminarios Complutenses de Derecho Romano 25 (2012) 433–436.

Hänel, Gustav (Hg.): Dissensiones Dominorum sive Controversiae veterum iuris Romani interpretum qui glossatores vocantur, Leipzig 1834.

Hagemann, Matthias: Iniuria. Von den XII-Tafeln bis zur Justinianischen Kodifikation, Köln 1998.

Hallebeek, Jan: Quae in rerum natura non sunt, in: Sine invidia communico. Opstellen aangeboden aan Prof. Dr. A. J. de Groot, Nijmegen 1985, 113–126.

Harke, Jan Dirk: Unmöglichkeit und Pflichtverletzung, Jahrbuch Junger Zivilrechtswissenschaftler 2001, 29–59.
- Das klassische römische Kondiktionensystem, Iura 54 (2003) 49–86.
- Mora debitoris und mora creditoris im klassischen römischen Recht, Berlin 2005.
- Si error aliquis intervenit – Irrtum im klassischen römischen Vertragsrecht, Berlin 2005.
- Vorübergehende Unmöglichkeit, SZ 123 (2006) 102–151.
- Geschäftsführung und Bereicherung, Berlin 2007.
- Römisches Recht, München 2008.
- Der Eid im klassischen römischen Privat- und Zivilprozessrecht, Berlin 2013.
- Actio utilis. Anspruchsanalogie im römischen Recht, Berlin 2016.

Harting, Friedhelm: Die „positiven Vertragsverletzungen“ in der neueren deutschen Privatrechtsgeschichte, Hamburg 1967.

Hartkamp, Arthur: Die Drittwirkung der ‚in integrum restitutio‘, in: Alan Watson (Hg.), Daube Noster, Edinburgh 1974, 131–160.

Hartmann, Gustav: Die Obligation. Untersuchungen über ihren Zweck und Bau, Erlangen 1875.

Hasse, D. Johann Christian: Die Culpa des Römischen Rechts. Eine civilistische Abhandlung, Kiel 1815.

Hausmaninger, Herbert: Die bona fides des Ersitzungsbesitzers im klassischen römischen Recht, Wien 1964.
- Celsus und die regula Catoniana, TR 36 (1968) 469–488.

Haymann, Franz: Textkritische Studien zum römischen Obligationenrecht, SZ 41 (1920) 44–185.
- Zur Klassizität des periculum emptoris, SZ 48 (1928) 314–418.

Heimbach, Karl Wilhelm Ernst: Basilicorum Libri LX
  - Band 1, Leipzig 1833.
  - Band 2, Leipzig 1840.
  - Band 3, Leipzig 1843.
  - Band 4, Leipzig 1846.

Heinemeyer, Susanne: Der Grundsatz der Akzessorietät bei Kreditisicherungsrechten, Berlin 2017.

Heumann, Hermann / Seckel, Emil: Handlexikon zu den Quellen des römischen Rechts, 11. Auflage Jena 1907 (Nachdruck Graz 1971).

Heymann, Ernst: Das Verschulden beim Erfüllungsverzug. Zugleich ein Beitrag zur Geschichte des Obligationenrechts, Marburg 1913.

HINRICHS, FOCKE TANNEN: Zur Geschichte der Klage finium regundorum. Eine Kontroverse mit Rolf Knütel, SZ 111 (1994) 242–279.
HkK: MATHIAS SCHMOECKEL, JOACHIM RÜCKERT, REINHARD ZIMMERMANN (Hg.), Historisch-kritischer Kommentar zum BGB,
- Band II/1 (§§ 241–304), Tübingen 2007.
- Band II/2 (§§ 305–432), Tübingen 2007.
HONORÉ, TONY: Ulpian. Pioneer of Human Rights, 2. Aufl. Oxford 2002.
HONSELL, HEINRICH: Rezension zu: J. G. Wolf, Causa stipulationis, SZ 92 (1975) 328–338.
HORAK, FRANZ: Rationes decidendi. Entscheidungsbegründungen bei den älteren römischen Juristen bis Labeo, I. Band, Aalen 1969.
- Wer waren die veteres? Zur Terminologie der klassischen römischen Juristen, in: GEORG KLINGENBERG, JOH. MICHAEL RAINER, HERWIG STIEGLER (Hg.), Vestigia iuris romani. Festschrift für Gunter Wesener zum 60. Geburtstag am 3. Juni 1992, Graz 1992, 201–236.
HUBER, ULRICH: Leistungsstörungen, Band 2, Die Folgen des Schuldnerverzugs. Die Erfüllungsverweigerung und die vom Schuldner zu vertretende Unmöglichkeit, Tübingen 1999.
HUVELIN, PAUL: Études sur le Furtum dans le très ancien droit romain, Lyon 1915.
IMMENHAUSER, MARTIN: Das Dogma von Vertrag und Delikt. Zur Entstehungs- und Wirkungsgeschichte der zweigeteilten Haftungsordnung, Köln 2006.
JAKAB, ÉVA: Praedicere und cavere beim Marktkauf. Sachmängel im griechischen und römischen Recht, München 1997.
JAKOBS, HORST HEINRICH: Eingriffserwerb und Vermögensverschiebung in der Lehre von der ungerechtfertigten Bereicherung, Bonn 1964.
- Unmöglichkeit und Nichterfüllung, Bonn 1969.
- Culpa und interpellatio bei der mora debitoris nach klassischem Recht, TR 42 (1974) 23–56.
JANSEN, NILS: Die Struktur des Haftungsrechts. Geschichte, Theorie und Dogmatik außervertraglicher Ansprüche auf Schadensersatz, Tübingen 2003.
JHERING, RUDOLPH: Das Schuldmoment im römischen Privatrecht, Gießen 1867.
JÖRS, PAUL: Römische Rechtswissenschaft zur Zeit der Republik. Erster Teil: Bis auf die Catonen, Berlin 1888.
KADEN, ERICH-HANS: Ein Beitrag zur Lehre der bedingten Novation, SZ 44 (1924) 164–210.
- Das Schrifttum der Jahre 1950–1953 zur römischen Bereicherungslehre, SZ 71 (1954) 555–590.
KÄSTLE-LAMPARTER, DAVID: Welt der Kommentare. Struktur, Funktion und Stellenwert juristischer Kommentare in Geschichte und Gegenwart, Tübingen 2016.
KAISER, JAN: Schuldrechtsreform – Der „Einwand des Unvermögens“ und der „unechte Hilfsantrag“ nach Wegfall des § 283 BGB a. F., Monatsschrift für Deutsches Recht 2004, 311–314.
- Der Unvermögensfall in der zivilrechtlichen Anwaltspraxis, Neue Juristische Wochenschrift 2014, 3497–3498.
KARLOWA, OTTO: Römische Rechtsgeschichte, Zweiter Band, Erster Theil: Privatrecht, Leipzig 1901.

Kaser, Max: Quanti ea res est. Studien zur Methode der Litisästimation im klassischen römischen Recht, München 1935.
- Das altrömische ius. Studien zur Rechtsvorstellung und Rechtsgeschichte der Römer, Göttingen 1949.
- Zur Methode der römischen Rechtsfindung, Nachrichten der Akademie der Wissenschaften in Göttingen, I. Philologisch-historische Klasse, 1962 Nr. 2, 47–78.
- Mutuum und stipulatio, in: Eranion in honorem Georgii S. Maridakis qui in fungendo professoris munere annos iam xxxv docendo consumpsit, Band 1, Athen 1963, 155–182.
- Rezension zu: Bretone, La nozione romana di usufrutto I, Labeo 9 (1963) 366–376.
- Das römische Zivilprozessrecht, München 1966 (zitiert: RZ).
- Rezension zu: van den Brink, Ius fasque, Opmerkingen over de dualiteit van het archaisch-romeins recht, TR 37 (1969) 571–582.
- Das römische Privatrecht, 2. Auflage (zitiert: RP),
  - Erster Abschnitt. Das altrömische, das vorklassische und klassische Recht, München 1971.
  - Zweiter Abschnitt. Die nachklassischen Entwicklungen, München 1975.
- Celsus D. 12,6,47 und die Akzessorietät der Bürgschaft, in: Franz Horak, Wolfgang Waldstein (Hg.), Festgabe für Arnold Herdlitczka zu seinem 75. Geburtstag dargebracht von seinen Schülern und Freunden, München 1972, 143–159.
- Die Stipulationsklausel ‚quanti ea res erit', SZ 90 (1973) 184–219.
- Stipulatio Aquiliana, SZ 90 (1973) 346–358.
- Formeln mit „intentio incerta", „actio ex stipulatu" und „condictio". Rezension zu: Walter Selb, Formeln mit unbestimmter intentio in ius, Labeo 22 (1976) 7–29.
- Zum römischen Grabrecht, SZ 95 (1978) 15–92.
- ‚Perpetuari obligationem', SDHI 46 (1980) 87–146.
- Nochmals über Besitz und Verschulden bei den ‚actiones in rem', SZ 98 (1981) 77–146.
- ‚Unmittelbare Vollstreckbarkeit' und Bürgenregreß, SZ 100 (1983) 80–135.
- Zu Novation und Delegation, in: J. A. Ankum, J. E. Spruit, F. B. J. Wubbe (Hg.), Satura Roberto Feenstra oblata, Freiburg (Schweiz) 1985, 141–155.

Kaser, Max / Hackl, Karl: Das römische Zivilprozeßrecht, 2. Aufl. München 1996.

Kaser, Max / Knütel, Rolf / Lohsse, Sebastian: Römisches Privatrecht. Ein Studienbuch, 21. Auflage München 2017.

Kaufmann, Horst: Rezeption und Usus Modernus der actio legis Aquiliae, Köln 1958.

Kindler, Martin: Affectionis aestimatio. Vom Ursprung des Affektionsinteresses im römischen Recht und seiner Rezeption, Berlin 2012.

Kley, Britta: Unmöglichkeit und Pflichtverletzung: Die Funktion der Unmöglichkeitstatbestände im BGB und der Reformversuch der Schuldrechtskommission, Berlin 2001.

Klinck, Fabian: Zum Nachweis der Benachteiligungsabsicht bei fraudatorischen Sklavenfreilassungen – Im Zweifel gegen die Freiheit!, in: Thomas Finkenauer (Hg.), Sklaverei und Freilassung im römischen Recht. Symposion für Hans Josef Wieling zum 70. Geburtstag, Heidelberg 2006, 83–108.
- Die persönliche Haftung des filius familias, SZ 132 (2015) 126–153.

Klingenberg, Georg: „Constitutum est" in D. 47,2,14,4, RIDA 46 (1999) 243–314.

- Servus Fugitivus (= Corpus der römischen Rechtsquellen zur antiken Sklaverei, Teil X. Juristisch speziell definierte Sklavengruppen, Band 6), Stuttgart 2005.

KNIEP, KARL FRIEDRICH FERDINAND: Die Mora des Schuldners nach Römischem und heutigem Recht,
  - Band 1, Rostock 1871.
  - Band 2, Rostock 1872.

KNÜTEL, CHRISTIAN: Zur Gleichstellung von zu vertretender und nicht zu vertretender Unmöglichkeit in § 275 BGB im Regierungsentwurf zur Schuldrechtsmodernisierung, Juristische Rundschau 2001, 353–355.
- Die Schwächen der „konkreten" und „abstrakten" Schadensberechnung und das positive Interesse bei der Nichterfüllung, AcP 202 (2002) 555–606.

KNÜTEL, ROLF: Contrarius consensus. Studien zur Vertragsaufhebung im römischen Recht, Köln 1968.
- Stipulatio poenae. Studien zur römischen Vertragsstrafe, Köln 1976.
- Die Haftung für Hilfspersonen im römischen Recht, SZ 100 (1983) 340–443.
- Rechtseinheit in Europa und römisches Recht, Zeitschrift für Europäisches Privatrecht 1994, 244–276.

KNÜTEL, ROLF / KUPISCH, BERTHOLD / SEILER, HERMANN / BEHRENDS, OKKO: Corpus Iuris Civilis. Text und Übersetzung, Band 4: Digesten 21–37, Heidelberg 2005.

KNÜTEL, ROLF: Rezension zu: Spruit/Feenstra/Bongenaar/Wubbe, Corpus Iuris Civilis: Tekst en Vertaling, SZ 125 (2008) 721–735.
- Zur Auslegung und Entwicklung der Stipulation im klassischen römischen Recht, in: MARTIN AVENARIUS, RUDOLF MEYER-PRITZ, COSIMA MÖLLER (Hg.), Ars Iuris. Festschrift für Okko Behrends zum 70. Geburtstag, Göttingen 2009, 223–257.

KNÜTEL, ROLF / KUPISCH, BERTHOLD / RÜFNER, THOMAS / SEILER, HERMANN: Corpus Iuris Civilis. Text und Übersetzung, Band 5: Digesten 28–34, Heidelberg 2012.

KNÜTEL, ROLF: Papinian D. 46,3,95 pr.-1 (28 quaest.), in: THOMAS FINKENAUER, A. J. BOUDEWIJN SIRKS (Hg.), Interpretationes iuris antiqui. Dankesgabe für Shigeo Nishimura, Wiesbaden 2018, 135–149.

KOHLER, JÜRGEN: Bestrittene Leistungsunmöglichkeit und ihr Zuvertretenhaben bei § 275 BGB – Prozesslage und materielles Recht, AcP 205 (2005) 93–126.

KOSCHAKER, PAUL: Bedingte Novation und pactum im römischen Recht, in: Abhandlungen zur antiken Rechtsgeschichte. Festschrift für Gustav Hanausek, Graz 1925, 118–158.
- Rezension zu: Astuti, Stui intorno alla promessa di pagamento, SZ 63 (1943) 469–477.

KRELLER, HANS: Ipsam rem condemnare. Zur Kritik von Gai. IV 48, SZ 58 (1938) 36–61.

KROPPENBERG, INGE: Rezension zu: Grzimek, Studien zur Taxatio, SZ 121 (2004) 628–632.

KRÜGER, PAUL: Geschichte der Quellen und Litteratur des Römischen Rechts, 2. Auflage München 1912.

KRÜGER, PAUL / STUDEMUND, WILHELM: Gai Institutiones ad Codicis Veronensis apographum Studemundianum novis curis auctum, 7. Aufl. Berlin 1923.

KÜBLER, BERNHARD: Rezension zu: Mélanges Gérardin, SZ 30 (1909) 419–433.
- Rezension zu: Festschrift Hanausek, SZ 46 (1926) 384–388.

KÜHLING, JÜRGEN: Die Klagenkonkurrenz im römischen Bürgschaftsrecht, Dissertation Göttingen 1962.

KUNKEL, WOLFGANG: Diligentia, SZ 45 (1925) 266–351.
- Die Römischen Juristen. Herkunft und soziale Stellung, Köln 2001 (Nachdruck der Ausgabe von 1967).

KUPISCH, BERTHOLD: Ungerechtfertigte Bereicherung. Geschichtliche Entwicklungen, Heidelberg 1987.
- La responsabilità da atto illecito nel diritto naturale, in: LETIZIA VACCA (Hg.), La responsabilità civile da atto illecito nella prospettiva storico-comparatistica. I Congresso Internazionale ARISTEC Madrid, 7–10 ottobre 1993, Turin 1995, 123–143.

LABORENZ, MARTIN: Solutio als causa. Die Frage des Abstraktionsprinzips im römischen Recht, Köln 2014.

LAMBRINI, PAOLA: La novazione. Pensiero classico e disciplina giustinianea, Padua 2006.
- Labeone, l'azione di dolo e l'inadempimento: per una rilettura critica di D. 4.3.7.3 (Ulp. 11 ad ed.), Iura 57 (2008–2009) 230–244.

LEGRAND, PIERRE: The Impossibility of ‚Legal Transplants', Maastricht Journal of European and Comparative Law 4 (1997) 111–124.

LENEL, OTTO: Palingenesia iuris civilis. Iuris consultorum reliquiae quae Iustiniani digestis conteinentur ceteraque iuris prudentiae civilis fragmenta minora secundum auctores et libros, Zwei Bände, Leipzig 1889 (zitiert nach dem Abdruck Graz 1960).
- Das edictum perpetuum: Ein Versuch zu seiner Wiederherstellung, 3. Aufl. Leipzig 1927 (zitiert EP).

LEVY, ERNST: Die Konkurrenz der Aktionen und Personen im klassischen römischen Recht,
  - Band 1, Berlin 1918.
  - Band 2, 1. Hälfte, Berlin 1922.
- Principal and surety in classical Roman Law, BIDR 55–56 (1951) 207–221.

LIEBS, DETLEF: ‚Variae lectiones' (Zwei Juristenschriften), in: Studi in onore di Edoardo Volterra, Mailand 1971, Band 4, 51–88.
- Die Klagenkonkurrenz im römischen Recht. Zur Geschichte der Scheidung von Schadensersatz und Privatstrafe, Göttingen 1972.
- The history of the Roman condictio up to Justinian, in: NEIL MACCORMICK, PETER BIRKS (Hg.), The Legal Mind. Essays for Tony Honoré, Oxford 1986, 163–183.

LIEBS, DETLEF: Römische Jurisprudenz in Africa, SZ 106 (1989) 210–247.
- Abschnitt „Jurisprudenz", in: REINHART HERZOG, PETER LEBRECHT SCHMIDT (Hg.), Handbuch der lateinischen Literatur der Antike
- WERNER SUERBAUM (Hg.), Band 1: Die archaische Literatur. Von den Anfängen bis Sullas Tod. Die vorliterarische Periode und die Zeit von 240 bis 78 v. Chr., München 2002, §§ 110–111, 194–195.
- KLAUS SALLMANN (Hg.), Band 4: Die Literatur des Umbruchs. Von der römischen zur christlichen Literatur. 117 bis 184 n. Chr., München 1997, §§ 410–431.

LINDE, JUSTIN TIMOTHEUS BALTHASAR: Lehrbuch des deutschen gemeinen Civilprocesses, 4. Aufl. Bonn 1835.

LOHSSE, SEBASTIAN: Ius adcrescendi. Die Anwachsung im römischen Vermächtnisrecht, Köln 2008.
- „Sowieso-Untergang" und hypothetischer Verkauf bei Ulp. 16 ad ed. D. 6.1.15.3 und Paul. 20 ad ed. D. 5.3.40 pr., in: PIERANGELO BUONGIORNO, SEBASTIAN LOHSSE

(Hg.), Fontes Iuris. Atti del VI. Jahrestreffen Junger Romanistinnen und Romanisten, Neapel 2013, 161–178.
LÜBTOW, ULRICH VON: Ursprung und Entwicklung der condemnatio pecuniaria, SZ 68 (1951) 320–359.
- Beiträge zur Lehre von der Condictio nach römischem und geltendem Recht, Berlin 1952.
MACCORMACK, GEOFFREY: Factum debitoris and culpa debitoris, TR 41 (1973) 59–74.
- Impossible conditions in wills, RIDA 21 (1974) 263–297.
- Ope consilio furtum factum, TR 51 (1983) 271–293.
- Dolus in the law of the early classical period (Labeo-Celsus), SDHI 52 (1986) 236–285.
MADAI, CARL OTTO VON: Die Lehre von der Mora, dargestellt nach Grundsätzen des Römischen Rechts, Halle 1837.
MAIER-REIMER, GEORG: Totgesagte leben länger! Die Unmöglichkeit aus der Sicht der Praxis, in: BARBARA DAUNER-LIEB, HORST KONZEN, KARSTEN SCHMIDT (Hg.), Das neue Schuldrecht in der Praxis. Akzente - Brennpunkte - Ausblick, Köln 2003, 291–311.
MANDRY, GUSTAV: Das gemeine Familiengüterrecht mit Ausschluss des ehelichen Güterrechts, Band 2, Tübingen 1876.
MANTHE, ULRICH: Gaius Institutiones. Die Institutionen des Gaius, herausgegeben, übersetzt und kommentiert, 2. Aufl. Darmstadt 2010.
MANTELLO, ANTONIO: La retorica di Celso figlio. A proposito d'una quaestio de bono et aequo, in: Studi per Giovanni Nicosia, Band 5, Mailand 2007, 121–142.
MANTOVANI, DARIO: Le formule del processo privato romano. Per la didattica delle Istituzioni di diritto romano, 2. Aufl. Mailand 1999.
- Contardo Ferrini e le opere dei giuristi, in: ders. (Hg.), Contardo Ferrini nel I centenario della morte. Fede, vita universitaria e studio dei diritti antichi alla fine del XIX secolo, Mailand 2003, 129–170.
- Quando i giuristi diventarono ‚veteres'. Augusto e Sabino, i tempi del potere e i tempi della giurisprudenza, in: STEFANO ROCCHI, CECILIA MUSSINI (Hg.), Imagines antiquitatis. Representations, Concepts, Receptions of the Past in Roman Antiquity and the Early Italian Renaissance, Berlin 2017, 249–302.
MARCHI, ANTONIO: Le disposizioni testamentarie a titolo di pena, BIDR 21 (1909) 5–109.
MASI, ANTONIO: Stipulatio praepostera, BIDR 63 (1960) 183–211.
- Studi sulla condizione nel diritto romano, Mailand 1966.
MAYER-MALY, THEO: Perpetuatio obligationis: D. 45.1.91, Iura 7 (1956) 6–23.
- Das Putativtitelproblem bei der usucapio, Köln 1962.
- Die Wiederkehr von Rechtsfiguren, Juristenzeitung 1971, 1–3.
- Die unzutreffende „confessio in iure", in: Studi in onore di Arnaldo Biscardi, Band 3, Mailand 1982, 303–314.
MEDICUS, DIETER: Zur Funktion der Leistungsunmöglichkeit im römischen Recht, SZ 86 (1969) 67–104.
MEINCKE, JENS PETER: Rechtsfolgen nachträglicher Unmöglichkeit der Leistung bei gegenseitigem Vertrag, AcP 171 (1971) 19–43.

MEYLAN, PHILIPPE: La réforme Justinienne de la novation son sens et sa portée (c. VIII, 41.8), in: Actis Congressus Internationalis Romae, 12–17 Novembris 1934, Rom 1935, Band 1, 277–331.

MIGLIETTA, MASSIMO: „Servius respondit". Studi intorno al metodo e interpretazione nella scuola giuridica serviana. Prolegomena I, Trient 2010.

MISERA, KARLHEINZ: Der Bereicherungsgedanke bei der Schenkung unter Ehegatten, Köln 1974.

MOLNÁR, IMRE: Die Haftungsordnung des römischen Privatrechts, Szeged 1998.

MOMMSEN, FRIEDRICH: Beiträge zum Obligationenrecht,
- 1. Abt.: Die Unmöglichkeit der Leistung in ihrem Einfluß auf obligatorische Verhältnisse, Braunschweig 1853.
- 2. Abt.: Zur Lehre von dem Interesse, Braunschweig 1855.
- 3. Abt.: Die Lehre von der Mora nebst Beiträgen zur Lehre von der Culpa, Braunschweig 1855.

Motive: Motive zu dem Entwurfe eines Bürgerlichen Gesetzbuches für das Deutsche Reich, Band 2, Recht der Schuldverhältnisse, Berlin 1888.

MÜLLER-EHLEN, MARTINA: Hereditatis petitio. Studien zur Leistung auf fremde Schuld und zur Bereicherungshaftung in der römischen Erbschaftsklage, Köln 1998.

MUSCHELER, KARLHEINZ: Römischrechtliche Exegese: Geschäftsführung ohne Auftrag – Afr. D. 3, 5, 48, Juristische Schulung 1988, 627–634.

NEHLSEN-VON STRYK, KARIN: Grenzen des Rechtszwangs: Zur Geschichte der Naturalvollstreckung, AcP 193 (1993) 529–555.

NELSON, HEIN L. W. / MANTHE, ULRICH: Gai Institutiones III 88–181. Die Kontraktsobligationen. Text und Kommentar, Berlin 1999.

NEUNER, CARL: Wesen und Arten der Privatrechtsverhältnisse, Kiel 1866.

NIEDERLÄNDER, HUBERT: Die Bereicherungshaftung im klassischen römischen Recht, Weimar 1953.

NIEDERMEYER, HANS: Studien zu den wissenschaftlichen Grundlagen der Lehre von der mora seit Sabinus, in: HANS NIEDERMEYER, WERNER FLUME (Hg.), Festschrift Fritz Schulz, Band 1, Weimar 1951, 399–457.

NÖRR, DIETER: Spruchregel und Generalisierung, SZ 89 (1972) 18–93.
- Prozessuales (und mehr) in der lex rivi Hiberiensis, SZ 125 (2008) 108–188.
- Anhang, Index 37 (2009) 599.
- exempla nihil per se valent. Bemerkungenzu Paul. 15 quaest. D. 46,3,98,8; 72 ad ed. D. 45,1,83,5, SZ 126 (2009) 1–54.
- Zur Formel der actio legis Aquiliae, in: HOLGER ALTMEPPEN, INGO REICHARD, MARTIN JOSEF SCHERMAIER (Hg.), Festschrift für Rolf Knütel zum 70. Geburtstag, Heidelberg 2009, 833–848.
- Minima prosopographica zu Celsus filius, in: KARLHEINZ MUSCHELER (Hg.), Römische Jurisprudenz – Dogmatik, Überlieferung, Rezeption. Festschrift für Detlef Liebs zum 75. Geburtstag, Berlin 2011, 489–503.

OSTERLOH, ROBERT: Lehrbuch des gemeinen, deutschen ordentlichen Civilprocesses, Band 2, Leipzig 1856.

OTTO, CARL ED. / SCHILLING, BRUNO / SINTENIS, CARL FRIEDRICH FERDINAND (Hg.): Das Corpus Juris Civilis in's Deutsche übersetzt von einem Vereine Rechtsgelehrter, Band 4, Leipzig 1832.

PAOLI, JULES: Lis infitiando crescit in duplum, Paris 1933.
PASTORI, FRANCO: Il negozio verbale in diritto romano, Bologna 1994.
PAULUS, CHRISTOPH: Die Idee der postmortalen Persönlichkeit im römischen Testamentsrecht. Zur gesellschaftlichen und rechtlichen Bedeutung einzelner Testamentsklauseln, Berlin 1992.
PELLOSO, CARLO: Il concetto di ‚actio' alla luce della struttura primitiva del vincolo obbligatorio, in: LUIGI GAROFALO (Hg.), ‚Actio in rem' e ‚actio in personam'. In ricordo di Mario Talamanca, Band 1, Padua 2011, 127–332.
PENNITZ, MARTIN: Der „Enteignungsfall" im römischen Recht der Republik und des Prinzipats, Wien 1991.
- Acria et severa iudicia de furtis habita esse apud veteres … (Gellius 6,15,1). Überlegungen zum furtum usus), SZ 134 (2017) 147–187.
PERNICE, ALFRED: Marcus Antistius Labeo. Das römische Privatrecht im ersten Jahrhundert der Kaiserzeit,
1. Aufl.:
- Band 1, Halle 1873. (zitiert: I)
- Band 2, Halle 1878. (zitiert: II)
- Band 3, Abteilung 1, Halle 1892. (zitiert: III.1)
2. Aufl.:
- Band 2, Abteilung 1, Halle 1895. (zitiert: II.1)
- Band 2, Abteilung 2, Teil 1, Halle 1900. (zitiert: II.2.1)
- Parerga II. Beziehungen des öffentlichen römischen Rechtes zum Privatrechte, SZ 5 (1884) 1–135.
PFLÜGER, HEINRICH HACKFELD: Ciceros Rede pro Q. Roscio Comoedo rechtlich beleuchtet und verwertet, Leipzig 1904.
PIKA, WOLFRAM: Ex causa furtiva condicere im klassischen römischen Recht, Berlin 1988.
Planck: GOTTLIEB PLANCK, EMIL STROHAL (Hg.), Planck's Kommentar zum Bürgerlichen Gesetzbuch nebst Einführungsgesetz, Band 2, 1. Halbband, Recht der Schuldverhältnisse (Allgemeiner Teil §§ 241–432), 4. Aufl. Berlin 1914.
PLATSCHEK, JOHANNES: Zum Aufbau von D. 45,1,83,5: Notiz „aus Anlass einer Kontroverse", SZ 129 (2012) 571–576.
- Das Edikt de pecunia constituta. Die römische Erfüllungszusage und ihre Einbettung in den hellenistischen Kreditverkehr, München 2013.
- Gefahrtragung und Wahlschuld. D. 43,3,95 pr.-1 (Pap. 28 quaest.), in: Emmanuelle Cherreau, Carla Masi Doria, Johannes Michael Rainer (Hgg.), Liber amicorum. Mélanges en l'honneur de Jean-Pierre Coriat, Paris 2019, 821–833.
POKROWSKY, JOSEPH VON: Die Actiones in factum des classischen Rechts, SZ 16 (1895) 7–104.
PROVERA, GIUSEPPE: Corrispondenze tra stipulatio ed intentio (riflessioni su Gaio, 4,53d), Annali della Facolta giuridica dell'Universita di Camerino 21 (1955) 197–216.
- La pluris petitio nel processo romano, Band 1: La procedura formulare, Turin 1958.
PUCHTA, GEORG FRIEDRICH: Pandekten, 3. Aufl. Leipzig 1845.
PUFENDORF, SAMUEL: De officio hominis et civis juxta legem naturalem libri duo, Frankfurt am Main 1734.
PUGLIESE, GIOVANNI: Actio e diritto subiettivo, Mailand 1939.

- Intorno all'impossibilità della prestazione causata dal ‚paterfamilias' e dal fideiussore, in: Studi in onore die Ugo Enrico Paoli, Florenz 1956, 569–597.

RABEL, ERNST: Origine de la règle: „Impossibilium nulla obligatio", in: Mélanges Gérardin, Paris 1907, 473–512.

- Unmöglichkeit der Leistung. Eine kritische Studie zum BGB, in: Aus Römischem und Bürgerlichem Recht. Ernst Immanuel Bekker zum 16. August 1907, Weimar 1907, 171–237. Auch abgedruckt in Gesammelte Aufsätze, hgg. von HANS G. LESER, Band 1, Tübingen 1965, 1–55.

RE: Paulys Realencyclopädie der classischen Altertumswissenschaft,
  - Band 7 (Fornax-Helikeia), Stuttgart 1912.
  - Band 21,1 (Plautius–Polemokrates), Stuttgart 1951.
  - Supplement XI, Stuttgart 1968.

REICHARD, INGO: Die Frage des Drittschadensersatzes im klassischen römischen Recht, Köln 1994.

- Delegation und Novation im klassischen römischen Recht, Bonn 1998 (unveröffentlichte Habilitationsschrift, ULB Bonn U4'98/39).
- Die Verzugsbereinigung bei Marcellus und Papinian, in: HOLGER ALTMEPPEN, INGO REICHARD, MARTIN JOSEF SCHERMAIER (Hg.), Festschrift für Rolf Knütel zum 70. Geburtstag, Heidelberg 2009, 909–929.
- The creation of the stipulatio Aquiliana (first century BC) – a change of paradigm?, in: BOUDEWIJN SIRKS (Hg.), Nova Ratione. Change of paradigms in Roman Law, Wiesbaden 2014, 63–86.

REPGEN, TILMAN: Vertragstreue und Erfüllungszwang in der mittelalterlichen Rechtswissenschaft, Paderborn 1994.

RICCOBONO, SALVATORE: Studi critici sui libri XVIII di Paulus ad Plautium, BIDR 6 (1893) 119–171 (mit einem Nachwort erneut abgedruckt in: Scritti di diritto romano, Palermo 1957, Band 1, 1–44).

- Dal diritto romano classico al diritto moderno, Palermo 1915.

RICCOBONO, SALVATORE JR.: Profilo storico della dottrina della mora nel diritto romano, AUPA 29 (1962) 105–458.

ROBINSON, OLIVIA: Slaves and the Criminal Law, SZ 98 (1981) 213–254.

RÖMER, ROBERT: Die Leistung an Zahlungsstatt nach dem römischen und gemeinen Recht, mit Berücksichtigung der neueren Gesetbücher, Tübingen 1866.

ROSSHIRT, CONRAD FRANZ: Die Lehre von den Vermächtnissen nach römischem Rechte. Erster oder Allgemeiner Theil, Heidelberg 1835.

RÜFNER, THOMAS: Vertretbare Sachen? Die Geschichte der res, quae pondere numero mensura constat, Berlin 2000.

RÜGER, DAVID: Die donatio mortis causa im klassischen römischen Recht, Berlin 2011.

RÜTTEN, WILHELM: Zur Entstehung des Erfüllungszwangs im Schuldverhältnis, in: HERMANN LANGE (Hg.), Festschrift für Joachim Gernhuber zum 70. Geburtstag, Tübingen 1993, 939–959.

SACCOCCIO, ANTONIO: Si certum petetur. Dalla condictio dei veteres alle condictiones giustiniaenee, Mailand 2002.

- Aliud pro alio consentiente creditore in solutum dare, Mailand 2008.

SACCONI, GIUSEPPINA: Ricerche sulla delegazione in diritto romano, Mailand 1971.

- Studi sulle obbligazioni solidali da contratto in diritto romano, Mailand 1973.

- La „pluris petitio" nel processo formulare. Contributo allo studio dell'oggetto del processo, Mailand 1977.
Sakaguchi, Kô: Doitsuhô ni okeru kôhatsuteki hunôron no seiritsu to tenkai (2) (Entstehung und Entwicklung der Lehre von der nachträglichen Unmöglichkeit im deutschen Recht, Teil 2), in Hôgaku zasshi (Journal of Law and Politics of Osaka City University) 63 (2017) Nr. 3, 45–97.
Salomone, Annamaria: Iudicati velut obligatio. Storia di un dovere giuridico, Neapel 2007.
Santoro, Raimondo: Studi sulla condictio, AUPA 32 (1971) 181–512.
- Perpetuari obligationem, AUPA 57 (2014) 177–208.
Sargenti, Manlio: Problemi della responsabilità contrattuale, SDHI 20 (1954) 127–258.
Savigny, Friedrich Carl: System des heutigen römischen Rechts,
  - Band 1, Berlin 1840.
  - Band 5, Berlin 1841.
Savigny, Friedrich Carl: Das Obligationenrecht als Theil des heutigen Römischen Rechts, Band 2, Berlin 1853.
- Pandektenvorlesung 1824/25, hgg. von Horst Hammen, Frankfurt am Main 1993.
- Pandekten. Obligationenrecht, Allgemeiner Teil (nach Savignys Vorlesungsmanuskript hgg. von Martin Avenarius), Frankfurt am Main 2008.
Scapini, Nevio: La confessione nel diritto romano, Band 1, Diritto Classico, Turin 1973.
Scheltema, Herman Jan / van der Wal, Nicolaas: Basilicorum Libri LX
  - Serie A, Band 3, Groningen 1960.
  - Serie A, Band 4, Groningen 1962.
  - Serie A, Band 6, Groningen 1969.
Scheltema, Herman Jan: Basilicorum Libri LX
  - Serie B, Band 1, Groningen 1953.
Scheltema, Herman Jan / Holwerda, Douwe: Basilicorum Libri LX
  - Serie B, Band 4, Groningen 1959.
Scherillo, Gaetano: La trasmissibilità della ‚stipulatio in faciendo', BIDR 36 (1928) 29–97.
Schermaier, Martin Josef: Materia. Beiträge zur Frage der Naturphilosophie im klassischen römischen Recht, Wien 1992.
- Rezension zu: Repgen, Erfüllungszwang, SZ 115 (1998) 640–647.
- An eadem res sit, quaeritur. Änderungen der Sachidentität als Problem des römischen Rechts, in: Iuris vincula. Studi in onore di Mario Talamanca, Neapel 2001, Band 7, 281–326.
- Impossibilium nulla obligatio. Vorverständnis, Begriff und Gegenstand der Unmöglichkeit der Leistung im römischen Recht, AUPA 51 (2006) 241–268.
- Debet homo facere quod in se est? Vertragstreue und nachträgliche Leistungserschwerung zwischen Recht und Moral, in: Byoung Jo Choe (Hg.), Law, Peace, and Justice: A Historical Survey, Seoul 2007, 191–237.
- Plus quam fecerit facere non potuit. Überlegungen zu den Grenzen der Leistungspflicht im römischen Recht, in: Fides Humanitas Ius. Studii in onore die Luigi Labruna, Band 7, Neapel 2007, 5081–5098.
- Anfängliche Unmöglichkeit und Kauf, in: Johannes Michael Rainer (Hg.), Vis ac potestas legum. Liber amicorum Zoltán Végh, Frankfurt am Main 2010, 139–156.

– Rezension zu: Saccoccio, Aliud pro alio, in: Seminarios Complutenses de Derecho Romano 23/24 (2010–2011) 438–448.
– Anmerkung zu BGH, Urteil vom. 13.1.2011, III ZR 87/10, Juristenzeitung 2011, 633–637.
– Kausalität oder Finalität? Überlegungen zur causa in Ulpian D. 2,14,7, in: Thomas Finkenauer, A. J. Boudewijn Sirks (Hg.), Interpretationes Iuris Antiqui. Dankesgabe für Shigeo Nishimura, Wiesbaden 2018, 293–310.
Schiemann, Gottfried: Das allgemeine Schädigungsverbot: „alterum non laedere", Juristische Schulung 1989, 345–350.
Schipani, Sandro: Responsabilità „ex lege Aquilia". Criteri di imputazione e problema della „culpa", Turin 1969.
– Responsabilità del convenuto per la cosa oggetto di azione reale, Turin 1971.
Schmidlin, Bruno: Die römischen Rechtsregeln. Versuch einer Typologie, Köln 1970.
Schmieder, Philipp: Duo rei. Gesamtobligationen im römischen Recht, Berlin 2007.
Schröder, Jan: Die zivilrechtliche Haftung für schuldhafte Schadenszufügung im deutschen usus modernus, in: Letizia Vacca (Hg.), La responsabilità civile da atto illecito nella prospettiva storico-comparatistica. I Congresso Internazionale ARISTEC Madrid, 7–10 ottobre 1993, Turin 1995, 144–167.
Schubert, Werner (Hg.): Die Vorlagen der Redaktoren für die erste Kommission zur Ausarbeitung des Entwurfs eines Bürgerlichen Gesetzbuches, Recht der Schuldverhältnisse, Teil 1, Verf.: Franz Philipp von Kübel (Berlin 1882), Berlin 1980.
Schulz, Fritz: Die actiones in id quod pervenit und in quantum locupletior factus est. Studie zur Entwicklung des Bereicherungsbegriffes, Leipzig 1905.
– Einführung in das Studium der Digesten, Tübingen 1916.
– Prinzipien des römischen Rechs, München 1934.
– Classical Roman Law, Oxford 1951.
– Geschichte der römischen Rechtswissenschaft, Weimar 1961.
Schur, Wolfgang: Schadensersatz nach rechtskräftiger Verurteilung zur Leistung, Neue Juristische Wochenschrift 2002, 2518–2520.
Schwarz, Fritz: Die Grundlage der condictio im klassischen römischen Recht, Münster 1952.
Scialoja, Vittorio: Tribonianismi in materia di obbligazioni alternative e generiche, BIDR 11 (1898) 61–72.
– Sulle condizioni impossibili nei testamenti. Nuove considerazioni, BIDR 14 (1901) 5–46.
Seckel, Emil / Levy, Ernst: Die Gefahrtragung beim Kauf im klassischen römischen Recht, SZ 47 (1927) 117–263.
Seckel, Emil / Kübler, Bernhard: Gai institutiones, 7. Aufl. 1935 (Nachdruck Stuttgart 1969).
Segrè, Gino: Obligatio, obligare, obligari nei testi della giurisprudenza classica e del tempo di Diocleziano, in: Studi in onore di Pietro Bonfante nel XL anno d'insegnamento, Mailand 1930, Band 3, 499–617.
Seidl, Erwin: Die Methode der Kommentatoren in der römischen Rechtsgeschichte, in: Studi in onore di Emilio Betti, Mailand 1962, Band 4, 117–133.
Selb, Walter: Formeln mit unbestimmter intentio in ius. Studien zum Formelaufbau. Teil I, Wien 1974.

- Die Formel der Injurienklage, Acta Juridica 1978, 29–38.
- Vom geschichtlichen Wandel der Aufgabe des iudex in der legis actio, in: DIETER NÖRR, DIETER SIMON (Hg.), Gedächtnisschrift für Wolfgang Kunkel, Frankfurt am Main 1984, 391–448.

SERRANO-VICENTE, MARTIN: Sobre la pluralidad de significados del término veteres en la jurisprudencia romana, Annaeus. Anales de la Tradición Romanística 2 (2005) 381–397.

SIBER, HEINRICH: Zur Theorie von Schuld und Haftung nach Reichsrecht, Jherings Jahrbücher für die Dogmatik des bürgerlichen Rechts 50 (1906) 55–276.
- Römisches Recht in Grundzügen für die Vorlesung, Band 2, Römisches Privatrecht, Berlin 1928.
- Retentio propter res donatas, in: Studi in onore di Salvatore Riccobono nel XL anno del suo insgenamento, Bd. 3, Palermo 1936, 241–282.

SICARI, AMALIA: Pena convenzionale e responsabilità, Bari 2001.

SIMONIUS, PASCAL: Die Donatio Mortis Causa im klassischen römischen Recht, Basel 1958.

SIMSHÄUSER, WILHELM: Rezension zu: Bruna, Lex Rubria, SZ 93 (1976) 380–403.

SINTENIS, CARL FRIEDRICH FERDINAND: Was ist Gegenstand der Klagen aus Obligationibus ad faciendum überhaupt und der actio emti im Besondern, d. i. worauf sind diese nach heutigem Rechte zu richten, wie ist die Verurtheilung zu fassen, und wie die Hülfe zu vollstrecken?, Zeitschrift für Civilrecht und Prozess 11 (1838) 20–88.

SOLAZZI, SIRO: Mora del convenuto con le azioni adiettizie e mora del fideiussor, Rivista italiana di scienze giuridice 61 (1919) 3–24, zitiert nach: Scritti di diritto romano, Band 2, 1913–1924, Neapel 1957, 259–274.
- Nè accessiones nè adpromissores, BIDR 38 (1930) 1–28. Auch abgedruckt in Scritti di diritto romano, Band 3, 1925–1937, Neapel 1960, 339–355.

SPENGLER, HANS-DIETER: Studien zur interrogatio in iure, München 1994.

STAGL, JAKOB: Favor dotis. Die Privilegierung der Mitgift im System des römischen Rechts, Wien 2009.

STEIN, PETER: Regulae iuris. From juristic rules to legal maxims, Edinburgh 1966.

STEINER, ANJA: Die praescriptio aus Gai. 4,137 und ihre Bedeutung für das „materielle" Bürgschaftsrecht, SZ 123 (2006) 185–196.
- Die römischen Solidarobligationen. Eine Neubesichtigung unter aktionenrechtlichen Aspekten, München 2009.

STEINER, HANS: Datio in solutum, München 1914.

STEPAN, SEBASTIAN: Scaevola noster. Schulgut in den ‚libri disputationum' des Claudius Tryphoninus?, Tübingen 2018.

STIEGLER, HERWIG: Vindicare portionem (D. 30,27), SZ 84 (1967) 357–363.

STOLL, HANS: Notizen zur Neuordnung des Rechts der Leistungsstörungen, Juristenzeitung 2001, 589–596.

STURM, FRITZ: Novation durch Versprechen des Geldwerts?, SZ 83 (1966) 68–99.
- Stipulatio Aquiliana, München 1972.
- Rezension zu Saccoccio, Si certum petetur, SZ 124 (2007) 513–530.
- Rezension zu: Lambrini, La novazione, SZ 127 (2010) 455–471.

TALAMANCA, MARIO: Giavoleno, l. 10 epistularum, D. 46.1.42 e la „fideiussio“ al „quanti ea res erit“, Temis 21 (1967) (= Homenaje al profesor Sachez del Rio y Peguero) 273–288.
- Conventio e stipulatio, in: NICLA BELLOCCI (Hg.), Le teorie contrattualistiche romane nella storiografia contemporanea. Atti del convegno di diritto romano, Siena 14–15 aprile 1989, Neapel 1991, 163–218.
- ‚Una verborum obligatio‘ e ‚obligatio re et verbis contracta‘, Iura 50 (1999) 7–112.

TELLEGEN, JAN WILLEM: The reliability of Quintilian for Roman law: on the causa curiana, in: OLGA TELLEGEN-COUPERUS (Hg.), Quintilian and the Law. The Art of Persuasion in Law and Politics, Leuven 2003, 191–200.

TORRENT, ARMANDO: Quotiens culpa intervenit debitoris, perpetuari obligationem, in: La responsabilidad civil, de Roma al derecho moderno. IV Congreso Internacional y VII Congreso Iberoamericano de Derecho Romano, Burgos 2001, 867–878.

TROJE, HANS ERICH: Celso tamen contra visum est, SZ 122 (2005) 172–176.

TUHR, ANDREAS: Eigenes und fremdes Interesse bei Schadenersatz aus Verträgen, Zeitschrift für das Privat- und öffentliche Recht der Gegenwart (Grünhuts Zeitschrift) 25 (1898) 529–584.

VARVARO, MARIO: Studi sulla restituzione della dote. I. La formula dell'actio rei uxoriae, Turin 2006.
- Sulla storia dell'editto De pecunia constituta, AUPA 52 (2007–2008) 327–366.
- Per la storia del certum. Alle radici della categoria delle cose fungibili, Turin 2008.

VOCI, PASQUALE: Per la storia della novazione, BIDR 68 (1965) 147–193.
- Diritto ereditario romano.
  - Band 1, Parte generale, 2. Aufl. Mailand 1967.
  - Band 2, Parte speciale, 2. Aufl. Mailand 1963.
- Una ‚quaestio‘ die Papiniano in tema di ‚stipulatio poenae‘: D. 45,1,115, in: Scritti in memoria di Antonino Giuffrè, Mailand 1967, Band 1, 858–880.

VÖLKL, ARTUR: Die Verfolgung der Körperverletzung im frühen Römischen Recht, Wien 1984.

WÄCHTER, CARL GEORG: Erörterungen aus dem Römischen, Deutschen und Württembergischen Privatrechte, 2. Heft, Stuttgart 1846.

WACKE, ANDREAS: Kannte das Edikt eine in integrum restitutio propter dolum?, SZ 88 (1971) 105–135.
- Zur causa der Stipulation. Rezension zu: J. G. Wolf, Causa stipulationis, TR 40 (1973) 231–261.
- Zum dolus-Begriff der actio de dolo, RIDA 27 (1980) 349–385.
- Gefahrerhöhung als Besitzverschulden. Zur Risikoverteilung bei Rückgabepflichten im Spannungsfeld der Zurechnungsprinzipien casum sentit dominus, fur semper in mora und versari in re illicita, in: GOTTFRIED BAUMGÄRTEL, HANS-JÜRGEN BECKER, ENST KLINGMÜLLER, ANDREAS WACKE (Hg.), Festschrift für Heinz Hübner zum 70. Geburtstag am 7. November 1984, Berlin 1984, 669–695.

WALDSTEIN, WOLFGANG: Operae libertorum. Untersuchungen zur Dienstpflicht freigelassener Sklaven, Stuttgart 1986.
- Haftung und dare oportere, in: GEORG KLINGENBERG, JOH. MICHAEL RAINER, HERWIG STIEGLER (Hg.), Vestigia iuris romani. Festschrift für Gunter Wesener zum 60. Geburtstag am 3. Juni 1992, Graz 1992, 519–530.

WATSON, ALAN: ‚Contrectatio' again, SDHI 28 (1962) 331–341.
- Legal Transplants. An Approach to Comparative Law, Charlottesville 1974.
- Law out of Context, Athens 2000.
- Legal Transplants and European Private Law, Electronic Journal of Comparative Law 4 (2000), www.ejcl.org/ejcl/44/44-2.html (aufgerufen am 10.3.2019).

WEISS, EGON: Schwund und Konservierung im römischen juristischen Schrifttum, SZ 67 (1950) 501–511.

WENGER, LEOPOLD: Zu drei Fragen aus dem römischen Zivilprozeßrechte (Eine Nachlese), SZ 59 (1939) 315–389.

WESTERMANN, WILLIAM LINN / SCHILLER, A. ARTHUR: Apokrimata. Decisions of Septimius Severus on Legal Matters, New York 1954.

WETZELL, GEORG WILHELM: System des ordentlichen Civilprocesses, 2. Aufl. Leipzig 1865

WIEACKER, FRANZ: Leistungshandlung und Leistungserfolg im bürgerlichen Schuldrecht, in: RUDOLF DIETZ, HEINZ HÜBNER (Hg.), Festschrift für Hans Carl Nipperdey zum 70. Geburtstag 21. Januar 1965, München 1965, 783–813.
- Rezension zu Peter Stein, Regulae Iuris, SZ 84 (1967) 434–443.
- Römische Rechtsgeschichte. Quellenkunde, Rechtsbildung, Jurisprudenz und Rechtsliteratur, Erster Abschnitt. Einleitung. Quellenkunde. Frühzeit und Republik, München 1988.

WIELING, HANS JOSEF: Falsa demonstratio, condicio pro non scripta, condicio pro impleta im römischen Testament, SZ 87 (1970) 197–245.
- Testamentsauslegung im römischen Recht, München 1972.

WIELING, HANS: Die „Mängel" des § 275 BGB, in: JEAN-FRANÇOIS GERKENS, HANS-JÖRG PETER, PETER TRENK-HINTERBERGER, ROGER VIGNERON (Hg.), Mélanges Fritz Sturm, Lüttich 1999, Band 2, 1135–1147.

WILHELM, JAN / DEEG, PETER: Nachträgliche Unmöglichkeit und nachträgliches Unvermögen, Juristenzeitung 2001, 223–233.

WIMMER, MARKUS: Besitz und Haftung des Vindikationsbeklagten, Köln 1995.

WINDSCHEID, BERNHARD: Rezension zu: Mommsen, Unmöglichkeit, Kritische Zeitschrift für die gesamte Rechtswissenschaft 2 (1855) 106–144.
- Die Actio des römischen Civilrechts vom Standpunkte des heutigen Rechts, Düsseldorf 1856.
- Lehrbuch des Pandektenrechts, Band 2, 4. Aufl. Düsseldorf 1875.

WINKEL, LAURENS: Error iuris nocet: Rechtsirrtum als Problem der Rechtsordnung, Band I: Rechtsirrtum in der griechischen Philosophie und im römischen Recht bis Justinian, Zutphen 1985.
- Specific Performance in Roman law, in: JAN HALLEBEEK, HARRY DONDORP (Hg.), The Right to Specific Performance. The Historical Development, Antwerpen 2010, 9–20.

WINKLER, MARKUS: Mathematik und Logik in Julians Digesten, Berlin 2015.

WOLF, JOSEPH GEORG: Error im römischen Vertragsrecht, Köln 1961.
- Causa stipulationis, Köln 1970.

WOLFF, CARL WILHELM: Zur Lehre von der Mora. Ein civilistischer Versuch, Göttingen 1841.

WOLFF, HANS JULIUS: Rezension zu: Cosentini, Condicio impossibilis, Iura 4 (1953) 399–406.
- Condictio ob Causam Datorum, Furtum, Aquilische Haftung. Ein exegetischer Versuch, in: WALTER G. BECKER, LUDWIG SCHNORR VON CAROLSFELD (Hg.), Sein und Werden im Recht. Festgabe für Ulrich von Lübtow zum 70. Geburtstag am 21. August 1970, Berlin 1970, 537–544.

WOLLSCHLÄGER, CHRISTIAN: Die Entstehung der Unmöglichkeitslehre. Zur Dogmengeschichte des Rechts der Leistungsstörungen, Köln 1970.
- Die willenstheoretische Unmöglichkeitslehre im aristotelisch-thomistischen Naturrecht, in: DETLEF LIEBS (Hg.), Sympotica Franz Wieacker sexagenario Sasbachwaldeni a suis libata, Göttingen 1970, 154–179.
- Das stoische Bereicherungsverbot in der römischen Rechtswissenschaft, in: OKKO BEHRENDS, MALTE DIESSELHORST, WULF ECKART VOSS (Hg.), Römisches Recht in der europäischen Tradition. Symposion aus Anlaß des 75. Geburtstages von Franz Wieacker, Ebelsbach 1985, 41–88.

WÜRTHWEIN, SUSANNE: Zur Schadensersatzpflicht wegen Vertragsverletzungen im Gemeinen Recht des 19. Jahrhunderts. Grundsätze des Leistungsstörungsrechts im Gemeinen Recht in ihrer Bedeutung für das BGB, Berlin 1990.

ZILIOTTO, PAOLA: Studi sulle obbligazioni alternative nel diritto romano, Padua 2004.

ZIMMER, DANIEL: Das neue Recht der Leistungsstörungen, Neue Juristische Wochenschrift 2002, 1–12.

ZIMMERMANN, REINHARD: The Law of Obligations. Roman Foundations of the Civilian Tradition, Oxford 1996.

ZIMMERN, SIGMUND WILHELM: Kurze Aufsätze. 2. Ob aus einer zu restituierenden hereditas veräußert werden dürfe?, AcP 8 (1825) 156–157.

Sachregister

Quellenregister

I. Vorjustinianische Quellen

I.1 Leges

I.2 Juristische Schriften

Gaius Augustodunensis (fr. Aug.)

Gai Epitome (GE)

Liber singularis regularum

Pauli Sententiae (PS)

I.3 Andere Schriften

Aristoteles, Ethica Nicomachica

Biblische Texte

Caesar, De bello civili

I.4 Geschäftsurkunden

TPSulp / TP / TPN

Tab. Herc.

II. Corpus Iuris Civilis

II.1 Institutiones (Inst.)

II.2 Digesta (D.)

Reichsgericht (RG)

Bundesgerichtshof (BGH)

Oberlandesgerichte

IV.2 Frankreich